Studienbücher Informatik

Reihe herausgegeben von
W. Hower, Albstadt-Ebingen, Deutschland

Die Reihe Studienbücher Informatik wird herausgegeben von Prof. Dr. Walter Hower. Die Buchreihe behandelt anschaulich, systematisch und fachlich fundiert Themen innerhalb einer großen Bandbreite des Informatikstudiums (in Bachelor- und Masterstudiengängen an Universitäten und Hochschulen für Angewandte Wissenschaften), wie bspw. Rechner-Architektur, Betriebssysteme, Verteilte Systeme, Datenbanken, Software-Engineering, Interaktive Systeme, Multimedia, Internet-Technologie oder Sicherheit in Informations-Systemen, ebenso Grundlagen und Operations Research. Jeder Band zeichnet sich durch eine sorgfältige und moderne didaktische Konzeption aus und ist als Begleitlektüre zu Vorlesungen sowie zur gezielten Prüfungsvorbereitung gedacht.

Weitere Bände in der Reihe http://www.springer.com/series/12197

Markus Nebel · Sebastian Wild

Entwurf und Analyse von Algorithmen

Eine Einführung in
die Algorithmik mit Java

2., vollständig überarbeitete Auflage

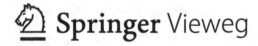 Springer Vieweg

Markus Nebel
Universität Bielefeld
Bielefeld, Deutschland

Sebastian Wild
University of Waterloo
Waterloo, ON, Kanada

ISSN 2522-0640 ISSN 2522-0659 (electronic)
Studienbücher Informatik
ISBN 978-3-658-21154-7 ISBN 978-3-658-21155-4 (eBook)
https://doi.org/10.1007/978-3-658-21155-4

Die Deutsche Nationalbibliothek verzeichnet diese Publikation in der Deutschen Nationalbibliografie; detaillierte bibliografische Daten sind im Internet über http://dnb.d-nb.de abrufbar.

Springer Vieweg
Springer Vieweg ist ein Imprint der eingetragenen Gesellschaft Springer Fachmedien Wiesbaden GmbH und ist ein Teil von Springer Nature
Die Anschrift der Gesellschaft ist: Abraham-Lincoln-Str. 46, 65189 Wiesbaden, Germany

Vorwort

Vorwort zur 2. Auflage

Die wesentliche Geschichte zur Entstehung dieses Buches habe ich bereits im Vorwort zur 1. Auflage erzählt. Seit deren Erscheinen im Jahr 2012 diente das Buch jährlich als Grundlage der gleichnamigen Vorlesung an der Technischen Universität Kaiserslautern. Über die Zeit erhielt ich so vielfältiges Feedback, einige Fehler wurden entdeckt, aber auch Wünsche an mich herangetragen. Insbesondere die Bitte nach der Verwendung von Java anstelle der an Pascal bzw. Modula-2 angelehnten Modell-Programmiersprache der ersten Auflage wurde immer lauter. Als ich im Jahr 2016 an die Universität Bielefeld wechselte und seitdem dort Algorithmen und Datenstrukturen bereits im ersten Semester parallel zur Programmierausbildung (unter anderem in Java) unterrichte, stand mein Entschluss fest: Sollte es eine zweite Auflage geben, so müsste diese entsprechend überarbeitet werden.

Doch warum nicht einfach auf eines der vielen anderen Werke zurückgreifen, die entsprechende Inhalte im Kontext von Java diskutieren? Auch diese Frage habe ich mir vielfach gestellt und mit meinem damaligen Doktoranden Sebastian Wild diskutiert. Wir sind letztlich zu der Überzeugung gekommen, dass das vorliegende Werk einige Besonderheiten besitzt, auf die ich für meine eigene Lehre auch in Zukunft nicht verzichten möchte. So waren Herr Wild und ich uns letztlich einig, dass es die Mühe wert sei, das Buch komplett zu überarbeiten, und ich bin froh, dass er mich dabei als Koautor massiv unterstützt hat.

Dabei haben wir neben der ursprünglich geplanten Übersetzung der Codebeispiele zu Java die Gelegenheit ergriffen, auch unzählige Detailpolituren vorzunehmen. Wir haben in der Überarbeitung den Charakter der ersten Auflage beibehalten: Wir präsentieren die Inhalte in einer induktiven Art und Weise, bei der wir ausgehend von einer ersten Lösungsidee, unter Verwendung von Beispielen Erkenntnisse über das behandelte algorithmische Problem erarbeiten, mit deren Hilfe wir dann zu einer verbesserten Lösung gelangen. Wir zeigen so auf, wie in der Praxis gute Algorithmen iterativ entstehen können, anstatt eine fertige Lehrbuchlösung vom Himmel fallen zu lassen, bei der sich Studierende oft fragen, wie man denn auf diese selbst nur kommen soll.

Für unsere Beschreibungen und Definitionen verwenden wir auch weiterhin viel mathematische Formelsprache. Die damit einhergehende Präzision ist ein großer Vorteil: sie beugt Missverständnissen vor, erlaubt formale Beweise und gestattet es nicht zuletzt dem Studierenden, sich am Formalisieren zu üben – auch wenn und gerade weil das eine typische Hürde für Studienanfänger darstellt. Wo möglich, leiten wir in den Analysen exakte Ergebnisse her und geben nicht nur Schranken in asymptotischer Notation an. Die dafür teils notwendigen längeren Rechnungen werden in allen Details dargestellt und bleiben so einfach nachvollziehbar. Entsprechend legen wir auch die meisten Beweise in allen Details dar und begnügen uns nicht nur mit Skizzen.

Insgesamt bietet das Buch so dem Studierenden eine Möglichkeit, entsprechende formale Konzepte zu erlernen. Dabei ist das natürlich kein Selbstzweck; es ist eine Kernkompetenz, die etwa bei der Arbeit an immer komplexeren Softwaresystemen für die präzise Spezifikation von Schnittstellen einen großen Gewinn darstellt.

Aus praktischer Sicht unterscheidet sich der vorliegende Text darin von etlichen anderen Werken, dass meist ausführbarer Java- anstelle von Pseudocode benutzt wird, um die behandelten Algorithmen zu beschreiben. Die Breite der behandelten Inhalte ist unverändert geblieben, wenige Themen wie Approximation, randomisierte Algorithmen oder das Lineare Programmieren werden dabei mit dem Ziel kurz angerissen, einen Ausblick zu liefern, was die Algorithmik neben den hier vertieft behandelten Inhalten sonst noch zu bieten hat.

Bei der Überarbeitung waren die Erfahrungen aus dem langjährigen Einsatz der ersten Auflage als Begleitbuch zur Vorlesung „Entwurf und Analyse von Algorithmen" an der TU Kaiserslautern unerlässlich. Unser Dank gilt allen Betreuern, Tutoren und Hörern der Vorlesung, die geholfen haben, Unklarheiten aufzudecken und Verbesserungsvorschläge zu dokumentieren; in besonderem Maße hat sich Raphael Reitzig um die Verbesserung der Vorlesung und dieses Buches verdient gemacht.

Bielefeld im Dezember 2017 MARKUS E. NEBEL
Waterloo im Dezember 2017 SEBASTIAN WILD

Vorwort zur 1. Auflage

Kenntnisse über effiziente Algorithmen und Datenstrukturen sind eine der zentralen Voraussetzungen für die Entwicklung leistungsfähiger Programme. Insofern ist es wichtig, für grundlegende Probleme der Informatik gute algorithmische Lösungen zu kennen und zu verstehen, wie diese zu Lösungen komplexerer Aufgaben kombiniert werden können. Entsprechend behandelt dieses Buch – wie für Lehrbücher zu diesem Themenkomplex üblich – eine Vielzahl bekannter Datenstrukturen und Algorithmen zu so elementaren Aufgaben wie das Sortieren von Daten, das Unterhalten eines Wörterbuchs und viele mehr. Doch nicht für alle Probleme, denen wir in unserer beruflichen oder akademischen Praxis begegnen, gelingt eine Lösung nur aus bereits bekannten Bausteinen; in diesem Fall ist der Weg zu einem Algorithmus deutlich steiniger. Über die Jahre haben sich jedoch verschiedene Herangehensweisen – Entwurfsmethoden genannt – bewährt, mit deren Hilfe die Auseinandersetzung mit einem neuen Problem strukturiert und entlang vorgezeichneter Pfade erfolgen kann. Auch solche Konzepte werden wir behandeln.

Mit diesem *Standardinhalt* themenverwandter Werke wäre der im Titel genannte Entwurf von Algorithmen abgedeckt. Doch in diesem Buch wollen wir weitergehen, und dies aus gutem Grund. Stehen uns verschiedene Algorithmen (und/oder Datenstrukturen) zur Lösung desselben Problems zur Verfügung – und das ist eigentlich der Regelfall – für welchen sollen wir uns entscheiden? Sie werden mir sofort begegnen „Natürlich für den Besten", doch genau da fängt die Crux an, denn es ist keinesfalls offensichtlich, wie wir die Güte einer Lösung bewerten sollen. Aus diesem Grunde ist ein zweiter, wesentlicher Aspekt der Abhandlung in diesem Buch die Analyse von Algorithmen und Datenstrukturen und die dafür notwendigen mathematischen Methoden. Die dabei erzielen Ergebnisse gestatten es uns nicht nur, verschiedene Algorithmen miteinander zu vergleichen, sie liefern uns auch Einsichten, warum bestimmte Lösungen nicht besser sein können als sie es sind und zeigen uns auf, welche Änderungen am Algorithmus notwendig werden, um seine Leistungsfähigkeit zu steigern. Bei all diesen Betrachtungen findet der sog. *Average-Case*, d.h. eine Betrachtung der gemittelten Kosten unter Annahme einer möglichst realistischen Verteilung der Eingaben, in diesem Buch besondere Berücksichtigung. Dies trägt dem Umstand Rechnung, dass die üblicherweise für den Vergleich von Algorithmen herangezogene Betrachtung des schlechtesten Falls (*Worst-Case*) aus Sicht der praktischen Anwendung oft ein verzerrtes Bild zeichnet, da er meist höchst unwahrscheinlich ist und in der Praxis entsprechend kaum vorkommt. Bei alledem lassen wir Details der Implementierung nicht außer Acht, denn auch diese können für die Effizienz und damit für unsere Analyse wesentlich sein. Entsprechend präsentieren wir neben den genannten theoretischen Betrachtungen meist auch eine ausformulierte Implementierung der Algorithmen und Datenstrukturen.

An diesem Punkt könnte man eigentlich zufrieden sein, wäre da nicht ein Dorn im Auge der Informatik: Nicht für alle Probleme existieren effiziente

Lösungen, ja es ist sogar möglich, dass wir einem Problem begegnen, für das ein Computer gar nicht in der Lage ist, eine Lösung zu berechnen, unabhängig davon, wie viele Ressourcen (Zeit, Platz) wir ihm dafür zur Verfügung stellen. Für den studierten Informatiker ist es wichtig, sich der Existenz solcher Situationen bewusst zu sein und entsprechende Probleme zu erkennen. Deshalb rekapitulieren wir essentielle Erkenntnisse aus dem Bereich der Algorithmentheorie (eine weiterführende Betrachtung würde den Rahmen sprengen und ist Gegenstand unseres Lehrbuchs *Formale Grundlagen der Programmierung* [20]), und behandeln ausführlich das Thema der sog. $\mathcal{NP}$-Vollständigkeit. Letzteres ist ein Konzept der theoretischen Informatik, das Einsichten in die Welt der (vermutlich) "nicht effizient lösbaren" Probleme liefert. Wir beschließen das Buch mit einer Betrachtung verschiedener Methoden, mit deren Hilfe wir versuchen können, uns solchen Problemen dennoch zu stellen.

*   *   *

Dieses Werk ist über viele Jahre gewachsen und hat seinen Ursprung in der Vorlesung „Theoretische Informatik 1", die ich im Wintersemester 2003/2004 an der Universität Frankfurt gehalten habe. Damals konnte ich die entsprechenden Vorlesungs-Skripte von Prof. Dr. Rainer Kemp sowie von Prof. Dr. Georg Schnitger und Maik Weinard als Vorlagen verwenden und deren Inhalte nach meinen Vorstellungen ergänzen und kombinieren. Seit meinem Wechsel an die Technische Universität Kaiserslautern im Jahr 2005 halte ich dort regelmäßig die inhaltlich verwandte Vorlesung „Entwurf und Analyse von Algorithmen". Entsprechend entwickelte ich das Material weiter und Inhalte wie die String-Algorithmen und die Komplexitätstheorie wurden ergänzt. Die zahlreichen und durchweg positiven Rückmeldungen meiner Studentinnen und Studenten zum letztlich so entstanden Manuskript haben mich schließlich dazu bewogen, das Ganze – nach einer erneuten Überarbeitung – als Buch zu veröffentlichen. Herausgekommen ist ein Werk, das im Umfang sicher die in einer einzelnen Vorlesung vermittelbare Stoffmenge übersteigt. Es ist jedoch einfach möglich, eine sinnvolle Stoffauswahl zu treffen und dabei unterschiedliche, der Hörerschaft angepasste Akzente zu setzen. Alle Kapitel sowie die zugehörigen Aufgaben sind dabei so gehalten, dass sie im Bachelor-Bereich unterrichtet werden können. Auch kann das gesamte Werk problemlos für ein autodidaktisches Studium herangezogen werden und interessierte Studierende können so die in einer Vorlesung nicht behandelten Kapitel oder Sektionen eigenständig erarbeiten.

Selbstverständlich hatte ich auch Unterstützung bei der Erstellung dieses Buches, und ich möchte nicht versäumen, den beteiligten Personen (in chronologischer Reihenfolge ihrer Beiträge) zu danken. Es sind dies mein Lehrer und Mentor Prof. Dr. Rainer Kemp, der inzwischen leider verstorben ist, sowie Prof. Dr. Georg Schnitger, denen ich für die Unterstützung bei der Erstellung der Urform dieses Werkes sowie letztgenanntem für der Überlassung mancher Materialien danke. Herrn Uli Laube gilt mein Dank für die Erzeugung verschiedener Grafiken. Frank Weinberg und Hannah Fudeus trugen während der

Betreuung meiner Vorlesungen in Kaiserslautern dazu bei, manchen Fehler zu entdecken und ersannen Übungsaufgaben zu dem Stoff. Als letztes möchte ich Herrn Prof. Dr. Walter Hower danken, der als Herausgeber dieser Reihe die fast finale Form des Buches Korrektur las.

Allen Studenten wünsche ich viel Vergnügen beim Studium dieses Werkes, den notwendigen Fleiß, um den behandelten Stoff zu vertiefen, und letztlich viel Freude an den dabei gewonnenen Erkenntnissen und ihrer Anwendung. Allen Dozenten wünsche ich, dass ihnen das vorliegende Buch eine Hilfe dabei sein möge, den spannenden Stoff zum Entwurf und der Analyse von Algorithmen zu unterrichten, und letztlich dieselbe Freude die ich verspüre, wenn ihn meine Studentinnen und Studenten schließlich verinnerlicht haben.

Kaiserslautern im April 2012   MARKUS E. NEBEL

Inhaltsverzeichnis

Kapitel 1
Einleitung

1.1 Ziele und Überblick

Ein Computer bedarf der Programmierung, um sinnvoll eingesetzt werden
zu können. Möchte man ihn zur Lösung bestimmter Probleme verwenden,
wie etwa das Sortieren von Daten oder die Multiplikation von Matrizen,
so muss die Programmierung eine Vorschrift beschreiben, die festlegt, in
welcher Reihenfolge der Computer welche Aktionen durchzuführen hat, damit
letztlich die gesuchte Lösung erzeugt wird. Dabei ist es unsinnig, die Vorschrift
für eine einzige Eingabe maßzuschneidern. Ziel muss es sein, alle für das
jeweilige Problem sinnvolle Eingaben nach derselben Vorschrift abzuarbeiten.
Eine solche Vorschrift nennen wir im Folgenden *Algorithmus* und verstehen
darunter ein mit (semi-)formalen Mitteln endlich beschriebenes, mechanisch
nachvollziehbares Verfahren zur Lösung einer Klasse von Problemen. Es sei
bemerkt, dass die Endlichkeit der Beschreibung eines Algorithmus keineswegs
impliziert, dass er auch für alle Eingaben eine endliche Berechnung beschreibt
(warum?).

Dieses Buch befasst sich mit der Entwicklung effizienter Algorithmen für
wichtige Probleme innerhalb der Informatik. Dabei messen wir die Effizienz
vornehmlich über die Laufzeit eines Verfahrens, aber auch andere Kriterien
wie der Platzbedarf kommen zum Einsatz. Effizienz ist ein notwendiges (aber
kein hinreichendes) Kriterium für gute Software (und auch Hardware). Dies
betrifft alle Bereiche innerhalb der Informatik, wie die Entwicklung von
Informationssystemen, Betriebssystemen, verteilten Systemen oder Hardware,
und alle Anwendungen der Informatik, wie in der Molekularbiologie, der
Logistik, der Physik oder Chemie. Somit ist die Kenntnis der Inhalte und
Methoden dieses Buchs grundlegend für alle Studierenden der Informatik,
unabhängig von ihrer späteren Spezialisierung.

Wie wir in diesem Buch mehrfach sehen werden, können naive Lösungen
aufgrund ihres großen Ressourcenbedarfs praktisch unbrauchbar sein. Mit
Hilfe des Einsatzes geeigneter Datenstrukturen und algorithmischer Methoden
lassen sich aber viele Probleme effizient lösen. Die Effizienz kann sich dabei im

© Springer Fachmedien Wiesbaden GmbH, ein Teil von Springer Nature 2018
M. Nebel und S. Wild, *Entwurf und Analyse von Algorithmen*,
Studienbücher Informatik, https://doi.org/10.1007/978-3-658-21155-4_1

praktischen Gebrauch erweisen oder zuvor durch Experimente belegt werden. Besser ist es jedoch, ein Produkt mit Gütegarantie herzustellen. Dies gelingt durch den formalen Beweis, dass die verwendete Datenstruktur und/oder der benutzte Algorithmus das Gewünschte leistet (Korrektheitsbeweis), und die Beschreibung der benötigten Ressourcen (Analyse). Diesen Weg werden wir hier beschreiten. Leider werden wir dabei einsehen müssen, dass selbst der beste Algorithmus kombiniert mit den besten Datenstrukturen für manche Probleme noch immer keine effiziente Lösung liefert.

Um für ein gegebenes Problem einen effizienten Algorithmus zu entwerfen, bedarf es der Kenntnisse über das Gebiet, aus dem das Problem stammt. In vielen Fällen handelt es sich dabei um Spezialwissen, wie es z.B. in vertiefenden Vorlesung eines Masterstudiums unterrichtet wird. In diesem grundlegenden Buch werden wir nur solche Probleme behandeln, für die kein solches Spezialwissen erforderlich ist oder für die die entsprechenden Kenntnisse problemlos im Buch selbst erworben werden können.

Ansonsten ist der Entwurf eines effizienten Algorithmus ein Handwerk, wobei Meisterleistungen nur mit viel Erfahrung, dem richtigen Gefühl für das Problem und einer Portion Intuition erbracht werden. Damit ist unser Ziel, das notwendige Handwerkszeug bereitzustellen und in ersten Anwendungen praktisch zu erproben.

Bei dem Entwurf eines effizienten Verfahrens zur Lösung eines Problems bedient man sich häufig bereits bekannter effizienter Lösungen bestimmter Teilprobleme. So erkennt man oft sehr schnell, wie die in einem Problem auftretenden Daten organisiert sein sollten, damit eine effiziente Lösung gelingen kann. Muss man beispielsweise für die schrittweise Lösung des Problems immer das kleinste Element unter allen noch nicht verarbeiteten Elementen kennen, so bedarf eine effiziente Lösung des Gesamtproblems eines effizienten Zugriffs auf das kleinste Element.

Damit man in solchen Situationen das Rad nicht immer neu erfinden muss, betrachten wir im Kapitel 2 eine große Anzahl an grundlegenden Datenstrukturen, die es gestatten, die gegebenen Daten unter den verschiedensten Anforderungen effizient zu verwalten. In den Kapiteln 3, 4 und 5 behandeln wir effiziente Lösungen für Standardprobleme wie z.B. die Verwaltung eines Wörterbuchs oder das Sortieren einer Menge von Daten, die auch oft als Teilprobleme komplexerer Aufgaben auftreten.

Im Kapitel 6 betrachten wir Algorithmen zur Verarbeitung von Texten. Diese Algorithmen und die zugehörigen Probleme haben große Aufmerksamkeit erhalten, da viele Objekte in der Bioinformatik als Wörter (Texte) kodiert sind, so dass deren effiziente Verarbeitung dort von großer Bedeutung ist.

Kapitel 7 wendet sich den Entwurfsmethoden zu. Es handelt sich dabei um Strategien für den Algorithmenentwurf die nicht immer, aber doch sehr oft zum Erfolg führen. Wie eingangs schon erwähnt, können nicht alle Probleme algorithmisch effizient gelöst werden. Eine formale Charakterisierung all jener Probleme, für die dies (mit großer Wahrscheinlichkeit) nicht möglich ist, lernen wir in Kapitel 8 kennen; es ist dies das Konzept der $\mathcal{NP}$-Vollständigkeit. Zum

Abschluss werden wir im Kapitel 9 Methoden betrachten, die es uns erlauben, selbst für schwierige Probleme aus dem Bereich der Optimierung, für die wir exakte Optima nicht effizient berechnen können, brauchbare Lösungen zu bestimmen.

Zur Erfolgskontrolle nach dem Durcharbeiten des Buches seien hier die angestrebten Lernziele aufgelistet:

- Kenntnis elementarer Datenstrukturen, ihre Eigenschaften, Vor- und Nachteile;
- Kenntnis wichtiger Entwurfsmethoden für effiziente Algorithmen;
- Kenntnis effizienter Algorithmen für grundlegende Probleme;
- Kenntnis von und Erfahrungen im Umgang mit Methoden zur Analyse der Effizienz von Algorithmen und Datenstrukturen;
- Kenntnis der Konzepte und Beweismethoden aus dem Bereich der Komplexitätstheorie und der behandelten $\mathcal{NP}$-vollständigen Probleme;
- Kenntnis der behandelten Strategien zum Entwurf von Optimierungsalgorithmen im Kontext schwerer Probleme.

Der Stoff des Buchs kann nicht durch einfaches Lesen verstanden werden! Insbesondere die komplexeren Sachverhalte können erst dann richtig begriffen werden, wenn man sich mit ihnen durch das Lösen der Aufgaben intensiv beschäftigt hat. Entsprechend ist für das Erreichen der Lernziele eine intensive Auseinandersetzung mit den Aufgaben unabdingbar.

1.2 Algorithmentheorie – eine kurze Einführung

Die sinnvolle Suche nach einem effizienten Algorithmus für ein gegebenes Problem setzt voraus, dass es einen solchen überhaupt gibt. Doch warum sollten wir dies in Frage stellen? Die Antwort darauf ist zweigeteilt: Zum einen gibt es Probleme, für deren Lösung es keine Algorithmen gibt, zum anderen solche für die (vermutlich) kein effizienter Algorithmus existiert. Letzteres werden wir in Kapitel 8 genauer betrachten, der Frage nach algorithmisch unlösbaren Problemen werden wir uns nachfolgend kurz zuwenden.

Die erkenntnistheoretische Grundlage für die sinnvolle Beschäftigung mit Algorithmen ist die *Algorithmentheorie* (auch Theorie der Berechenbarkeit oder Rekursionstheorie genannt), deren Ziel es ist, zu klären, welche Funktionen berechenbar sind. Der Begriff *Funktion* tritt dabei an die Stelle unserer Probleme, *berechenbar* ist mit der algorithmischen Lösbarkeit gleichzusetzen. Diese Begrifflichkeit ist dadurch zu erklären, dass wir in der Algorithmentheorie traditionell Probleme mit natürlichen Zahlen als Ein- und Ausgabe betrachten (also Funktionen $\mathbb{N}_0^k \mapsto \mathbb{N}_0$) und untersuchen, ob es möglich ist, deren Funktionswert für alle Eingaben algorithmisch zu berechnen. Zur Beschreibung der dabei zulässigen Algorithmen hat man unterschiedliche Ansätze gewählt, wie beispielsweise

- TURING-Maschinen (als Modell einer Rechenmaschine, siehe Kapitel 8),

- μ-rekursive Funktionen (als eine Art funktionale Programmiersprache), oder
- `While`-Programme (als eine Art prozedurale Programmiersprache),

konnte am Schluss jedoch beweisen, dass alle Ansätze zur selben Klasse berechenbarer Funktionen führen. Wir wollen hier deshalb nur kurz die `While`-Programme sowie die ihnen zugrunde liegenden `Loop`-Programme betrachten; Details zu den anderen Ansätzen werden beispielsweise im Buch *Formale Grundlagen der Programmierung* derselben Reihe [20] behandelt. Wir beginnen dabei mit der Beschreibung der Syntax der `Loop`-Programme. Der Aufbau dieser Beschreibung ist einfach: Zunächst definieren wir, wie einzelne, syntaktisch zulässige, Programmzeilen aussehen (wir verstehen diese als die kürzesten zulässigen Programme), um dann anzugeben, welche Konstruktionen erlaubt sind, um daraus komplexere Programme zu bauen. Initial benötigen wir dazu jedoch den Satz zulässiger Symbole eines `Loop`-Programms – also die syntaktischen Komponenten aus denen Programme bestehen dürfen. Diese seien wie folgt festgelegt:

- Variablen: x_0, x_1, x_2, ...
- Konstanten: 0, 1, 2, ...
- Trennsymbole: ; und :=
- Operationszeichen: $+$, $-$
- Schlüsselwörter: `Loop`, `Do`, `End`

Die *Syntax* der `Loop`-Programme definieren wir dann induktiv wie folgt:

1. Für $c \in \mathbb{N}_0$ eine Konstante und x_i und x_j Variablen, ist jede Wertzuweisung der Form $x_i := x_j + c$ bzw. $x_i := x_j - c$ ein (kürzestes) `Loop`-Programm.
2. Falls P_1, P_2 `Loop`-Programme sind, dann ist auch $P_1; P_2$ ein solches.
3. Ist P ein `Loop`-Programm und x_i eine Variable, dann ist auch `Loop` x_i `Do` P `End` ein `Loop`-Programm.

An dieser Stelle wissen wir, welche Texte wir als `Loop`-Programme notieren dürfen. Ein Programm soll jedoch kein Text sein, sondern eine Vorschrift festlegen, nach der eine Funktion zu berechnen ist. Dazu müssen wir den einzelnen Programmzeilen und -konstrukten eine Bedeutung (Semantik) geben. Die *Semantik* von `Loop`-Programmen ist dabei informell wie folgt definiert: Bei einem `Loop`-Programm, das eine k-stellige Funktion berechnen soll, gehen wir davon aus, dass die Eingaben $n_1, n_2, \ldots, n_k \in \mathbb{N}_0$ zu Beginn in den Variablen $x_1, x_2, \ldots, x_k$ stehen und alle anderen Variablen mit 0 vorbelegt sind. Die Wertzuweisung $x_i := x_j \circ c$ mit $\circ \in \{+, -\}$ wird wie üblich[1] interpretiert; der neue Wert der Variablen x_i berechnet sich zu $x_j \circ c$. Ein `Loop`-Programm der Form $P_1; P_2$ wird so interpretiert, dass zuerst P_1 und dann P_2 auszuführen ist. Ein `Loop`-Programm der Form `Loop` x_i `Do` P `End` führt dazu, dass das Programm P so oft ausgeführt wird, wie der Wert der Variablen x_i *zu Beginn*

---

[1] Ist $x < y$, so liefert $x - y$ hier dennoch das Ergebnis 0 (wir betrachten Funktionen mit Wertebereich $\mathbb{N}_0$).

angibt. Änderungen des Variablenwertes von x_i im Innern von P haben also keinen Einfluss auf die Anzahl der Wiederholungen (und sollten zur Vermeidung von Irritationen vermieden werden).

Das Resultat der Berechnung eines Loop-Programms nach seiner Ausführung ergibt sich als Wert der Variablen x_0.

Definition 1.1 (Loop-berechenbare Funktionen):
Eine Funktion $f \in \mathsf{Abb}(\mathbb{N}_0^k, \mathbb{N}_0)$ heißt Loop-berechenbar, falls es ein Loop-Programm P gibt, das f in dem Sinne berechnet, dass P, gestartet mit $n_1, n_2, \ldots, n_k$ in den Variablen $x_1, x_2, \ldots, x_k$ (und 0 in den restlichen Variablen) mit dem Wert $f(n_1, n_2, \ldots, n_k)$ in der Variablen x_0 stoppt. ◄

Diese Art der informellen Festlegung der Semantik und des Begriffs der Berechenbarkeit ist für unsere Zwecke ausreichend – hier soll ein erster Einblick in die Algorithmentheorie gewährt und die Existenz nichtberechenbarer Funktionen bewiesen werden. Möchte man jedoch beispielsweise die Korrektheit eines Programmes mathematisch beweisen, so muss man sich auf eine formale Semantik abstützen. Details dazu und über das Führen von Korrektheitsbeweisen können ebenfalls in [20] nachgelesen werden.

Offensichtlich sind alle Loop-berechenbaren Funktionen total, denn jedes Loop-Programm stoppt zwangsläufig nach endlicher Zeit – es ist nicht möglich, eine unendliche Schleife zu programmieren. Dennoch genügen ihre beschränkten Mittel, um wesentliche Konstrukte wie eine bedingte Verzweigung zu simulieren. Auch sind Zuweisungen der Form $x_i := x_j$ (man setzt $c = 0$) und $x_i := c$ (man verwendet eine nicht weiter benutzte Variable x_j, die noch ihren Anfangswert 0 trägt) möglich. Die Simulation von If $x = 0$ Then A End gelingt über das Loop-Programm

  $y := 1$;
  Loop x Do y:=0 End;
  Loop y Do A End

Dabei ist y eine beliebige ansonsten ungenutzte Variable; man überzeuge sich selbst von der Korrektheit der Simulation. Komplizierte If-Bedingungen kann man entsprechend formulieren. Wir werden nachfolgend die soeben beschriebenen simulierbaren Konstrukte wie If und obige Zuweisungen bei der Angabe spezieller Loop-Programme verwenden, um Schreibarbeit zu sparen. Weitere gängige Loop-berechenbare Funktionen sind die Additionsfunktion (sie wird durch das Programm $x_0 := x_1$; Loop x_2 Do $x_0 := x_0 + 1$ End simuliert und im Folgenden durch $x_0 := x_1 + x_2$ abgekürzt, wobei wir offensichtlich auch auf beliebig andere Variablen-Indizes wie etwa $x_i := x_j + x_k$ zurückgreifen können) und die Multiplikationsfunktion (berechnet durch $x_0 := 0$; Loop x_2 Do $x_0 := x_0 + x_1$ End, wir verwenden die verkürzte Schreibweise $x_0 := x_1 * x_2$ und beliebige andere Paare Indizes). Des Weiteren können die Operationen div und mod – also die ganzzahlige Division und der zugehörige Rest – auf ähnliche Weise simuliert werden, weshalb wir uns erlauben können, komplizierte Wertzuweisungen wie etwa

$$y := (x \operatorname{div} z) + (y \bmod 7) * y$$

in Loop-Programmen zu verwenden, ohne dadurch deren Ausdrucksstärke zu verändern. Damit haben wir ein Großteil der Möglichkeiten einer modernen Programmiersprache; was noch fehlt ist die Möglichkeit, bedingte Schleifen zu programmieren, die wir nachfolgend schaffen:

Die Syntax der While-Programme enthält neben dem neuen Schlüsselwort While alle Komponenten und Konstrukte der Loop-Programme, mit folgendem Zusatz: Ist P ein While-Programm und x_i eine Variable, dann ist auch

$$\text{While } x_i \neq 0 \text{ Do } P \text{ End}$$

ein While-Programm. Die Semantik dieses neuen Konstruktes ist so definiert, dass das Programm P solange wiederholt ausgeführt wird, bis die Variable x_i nach der Ausführung der letzten Anweisung von P den Wert 0 besitzt. Anders als bei der Loop-Schleife haben also Änderungen des Inhalts der Variable x_i durch P eine Auswirkung auf das Programmverhalten. Auch können wir für die While-Programme das Konzept der Loop-Schleife fallen lassen, da wir das Programmstück Loop x Do P End durch $y := x$; While $y \neq 0$ Do $y := y - 1$; P End für y eine bisher unbenutzte Variable simulieren können.

Definition 1.2 (While-berechenbare Funktionen):
Eine Funktion $f \in \text{Abb}(\mathbb{N}_0^k, \mathbb{N}_0)$ heißt While-berechenbar, falls es ein While-Programm P gibt, das f in dem Sinne berechnet, dass P, gestartet mit $n_1, n_2, \ldots, n_k$ in den Variablen $x_1, x_2, \ldots, x_k$ (und 0 in den restlichen Variablen) mit dem Wert $f(n_1, n_2, \ldots, n_k)$ in der Variablen x_0 stoppt, sofern $f(n_1, \ldots, n_k)$ definiert ist, und ansonsten nie anhält. ◄

Die Klasse der While-berechenbaren Funktionen fällt nun mit allen in der Literatur bekannten Klassen berechenbarer Funktionen zusammen, gleich welches Modell der Berechenbarkeit man unterstellt. Dennoch kann man Funktionen definieren, die nicht While-berechenbar sind und man muss sich dafür noch nicht einmal besonders konstruierten Fragestellungen zuwenden.

Wir betrachten dazu folgende Situation: Ein Computer rechnet auf Basis eines While-Programmes seit Tagen an ein und derselben Funktion und wird nicht fertig. Wir fragen uns an dieser Stelle, ob er womöglich in eine Endlosschleife geraten ist, da wir versuchen, die Funktion an einer undefinierten Stelle zu berechnen und der Computer folglich niemals fertig werden wird. In diesem Fall würden wir die Ausführung des Programms gerne abbrechen. Umgekehrt könnte der Programmabbruch gerade wenige Instruktionen zu früh kommen und ein Ergebnis hätte sofort vorgelegen. Was liegt also näher, als einen Algorithmus (ein Programm) zu entwerfen, der bei Eingabe eines Programmes P und seiner Eingabe $x_1, x_2, \ldots, x_k$ entscheidet (Ausgabe 1 oder 0), ob P für diese Eingabe irgendwann einmal terminiert oder nicht (Endlosschleife). Um in unserer Welt der While-berechenbaren Funktionen ein

Programm P als Eingabe verarbeiten zu können, benötigen wir eine Codierung des Programmes als natürliche Zahl.

Definition 1.3 (Gödelisierung):
Sei P *die Menge aller* While*-Programme. Eine bijektive Funktion* $g : \mathsf{P} \mapsto \mathbb{N}_0$ *heißt bijektive Gödelisierung[2].* ◄

Es ist für unser Anliegen nicht notwendig und auch nicht Gegenstand dieses Buchs, im Detail darauf einzugehen, wie eine bijektive Gödelisierung der While-Programme gelingen kann; es sei erneut an [20] verwiesen. Soviel sei jedoch verraten: Indem wir jeder syntaktischen Komponente eine andere Primzahl und entsprechende Potenzen zuordnen (z. B. könnte die Zahl 2 die Variablen repräsentieren, wobei dann 2^i für x_i steht) gelingt eine Übersetzung der zulässigen Symbole in natürliche Zahlen; wenn wir dann das Programm von links nach rechts notieren, kann aus der symbolweisen Übersetzung und unter Verwendung der Position des jeweiligen Symbols im Programmtext auf ähnliche Weise eine einzige natürliche Zahl (in Form des Produktes von Primzahlpotenzen deren Exponenten Primzahlpotenzen sind) abgeleitet werden. Die Bijektivität folgt dann aus der Eindeutigkeit der Primzahlfaktorisierung einer jeden natürlichen Zahl.

Definition 1.4 (Haltefunktion):
Sei P_1 *die Menge aller* While*-Programme, die eine einstellige Funktion, also eine Funktion* $f : \mathbb{N}_0 \mapsto \mathbb{N}_0$, *berechnen. Sei weiter* $g_1 : \mathsf{P}_1 \mapsto \mathbb{N}_0$ *eine bijektive Gödelisierung für* P_1. *Dann ist die Haltefunktion* $h_1 : \mathbb{N}_0^2 \mapsto \mathbb{N}_0$ *wie folgt definiert:*

$$h_1(p,x) \ := \ \begin{cases} 1 & \text{falls } P \text{ mit } g_1(P) = p \text{ bei Eingabe } x \text{ terminiert,} \\ 0 & \text{sonst.} \end{cases}$$

Satz 1.5:
Die Haltefunktion h *ist nicht* While*-berechenbar.*

Beweis: Angenommen es gäbe ein While-Programm H, welches die Funktion h_1 berechnet. Wir betrachten das Programm H', das eine einstellige Funktion berechnet (Eingabe in x_1) und wie folgt aussieht :

$x_2 := x_1$;
H;
While $x_0 \neq 0$ Do $x_0 := x_0$ End

Starten wir nun H' mit Eingabe $g_1(H')$, so wird H aufgrund der Zuweisung $x_2 := x_1$ mit der Gödelnummer von H' als Belegung seiner beiden

---

[2] Benannt nach dem Mathematiker Kurt Gödel.

Parameter ausgeführt. Liefert H dabei eine 1 zurück, hält also H' nach Definition der von H berechneten Funktion bei Eingabe $g_1(H')$, so gerät H' in eine Endlosschleife – ein Widerspruch. Liefert umgekehrt H das Ergebnis 0, so terminiert H' entgegen der Ausgabe von H. In beiden Fällen folgt also aus der Annahme, die Haltefunktion sei `While`-berechenbar, ein Widerspruch.   ∎

Wir haben damit gesehen, dass den Möglichkeiten eines Computers Grenzen gesetzt sind und nicht alles, was wir gerne mit einem Computer erledigen wollen von diesem auch tatsächlich geleistet werden kann.

Neben dieser generellen Unberechenbarkeit kann sich ein Problem in der Praxis aber auch aus anderen Gründen der Lösung durch einen Computer entziehen, nämlich dann, wenn die Ressourcen, die für eine entsprechende Berechnung benötigt würden den verfügbaren Rahmen sprengen. Ressourcen können dabei beispielsweise der benötigte Platz (Anzahl Register/Variablen, im realen Computer die Anzahl Bytes im Arbeitsspeicher) oder die benötigte Zeit (Anzahl ausgeführter Elementar-Operationen ohne die Verwendung von *Makros* wie der `If`-Anweisung) sein. Wir werden beispielsweise im Verlaufe dieses Buches erfahren, dass es Probleme gibt, für die man keine besseren Algorithmen kennt, als solche, die für typische Eingabegrößen aus der praktischen Anwendung Jahrhunderte an Rechenzeit benötigen können, um fertig zu werden. Ein entsprechendes Programm ist von daher nur bedingt hilfreich.

Der Informatiker steht damit vor der Aufgabe, den Ressourcenbedarf eines gegebenen Algorithmus bestimmen zu müssen. Die Quantifizierung des Ressourcenbedarfs bezeichnet man als *Analyse von Algorithmen*, deren Grundlagen wir uns nachfolgend zuwenden. Diese ist nicht nur von Interesse, um solche Algorithmen zu identifizieren, die den Rahmen verfügbarer Ressourcen sprengen, sondern auch, um unter verschiedenen praktikablen Alternativen die beste (da ressourcenschonenste) auszuwählen.

1.3 Grundlagen der Analyse von Algorithmen

Wenn wir ein algorithmisches Problem lösen, haben wir oft die Möglichkeit, zwischen mehreren Algorithmen zu wählen. Doch welche Alternative sollen wir verwenden? Meist verfolgen wir nämlich zwei sich widersprechende Ziele:

1. Wir hätten gerne einen Algorithmus, der sich einfach verstehen, implementieren und debuggen lässt;
2. Wir hätten gerne einen Algorithmus, der die Ressourcen des Rechners effizient nutzt und im Speziellen möglichst schnell zum Ergebnis kommt.

In den meisten Fällen erfüllt ein Algorithmus nach 2. aber nicht die Anforderungen unter 1. und wir müssen unsere Entscheidung davon abhängig machen, wie oft das zu schreibende Programm eingesetzt werden soll. Wollen wir eine Aufgabe nur einmal oder nur wenige Male lösen, so wird die Zeit, die das Programmieren eines schnelleren Algorithmus aufgrund seiner Komplexität mehr verbraucht, niemals durch seinen Effizienzvorteil gegenüber eines einfachen Verfahrens kompensiert. In diesem Fall sollte unsere Wahl auf einen Algorithmus nach 1. fallen. Wird aber ein Programm oft und u. U. sogar in einem produktiven Umfeld eingesetzt, dann ist es lohnenswert, den besten zur Verfügung stehenden Algorithmus zu implementieren. Doch wie können wir die Effizienz und im besonderen die Laufzeit von Algorithmen vergleichen? Die Laufzeit eines Programms hängt in der Regel von Faktoren wie der Eingabe, der Güte des vom Compiler erzeugten Codes, der Geschwindigkeit der CPU und der Zeitkomplexität des im Programm realisierten Algorithmus ab. Auf die Güte des Codes und die Geschwindigkeit der CPU haben wir keinen direkten Einfluss. Außerdem sagen beide nichts über die Güte des verwendeten Algorithmus aus. Wir sollten sie deshalb für unsere Betrachtungen ignorieren.

Dann bleibt als interessanter Aspekt die Abhängigkeit der Laufzeit von der Eingabe. Für den Vergleich zweier Algorithmen macht es keinen Sinn, ihre Laufzeit oder ihren Platzbedarf für einige wenige Eingaben zu vergleichen. Ein Vergleich des Verhaltens für alle Eingaben ist aufgrund deren großer Anzahl auch unmöglich. Man betrachtet deshalb das Verhalten in Abhängigkeit von der Eingabegröße. Will man z. B. eine Menge von n Zahlen ihrer Größe nach sortieren (siehe Kapitel 4), so ist es naheliegend, dass man dafür mehr Zeit benötigt, je mehr Zahlen vorliegen. Man fasst deshalb zum Vergleich mehrerer Algorithmen die Laufzeit jeweils als Funktion in der Eingabegröße n auf. Doch welche Eingabe der Größe n betrachtet man, um diese Funktion zu bestimmen? Es gibt dafür mehrere Möglichkeiten:

Definition 1.6 (Best-, Worst- und Average-Case):
Sei $\mathcal{A}$ ein Algorithmus, der Eingaben der Menge E verarbeitet und E_n die Teilmenge von E, die alle Eingaben der Größe n enthält. Für $e \in E_n$ sei $p(e)$ die Wahrscheinlichkeit dafür, dass für $\mathcal{A}$ die Eingabe e vorliegt und $T(e)$ die Laufzeit von $\mathcal{A}$ bei Eingabe e.

a) *Die Best-Case Rechenzeit $T_{bc}^{\mathcal{A}}(n)$ von $\mathcal{A}$ für Eingaben der Größe n ist definiert als*
$$T_{bc}^{\mathcal{A}}(n) \;=\; \min\{T(e) \mid e \in E_n\}.$$

b) *Die Worst-Case Rechenzeit $T_{wc}^{\mathcal{A}}(n)$ von $\mathcal{A}$ für Eingaben der Größe n ist definiert als*
$$T_{wc}^{\mathcal{A}}(n) \;=\; \max\{T(e) \mid e \in E_n\}.$$

c) *Die Average-Case Rechenzeit $T_{ac}^{\mathcal{A}}(n)$ von $\mathcal{A}$ für Eingaben der Größe n ist definiert als*
$$T_{ac}^{\mathcal{A}}(n) \;=\; \sum_{e \in E_n} p(e) \cdot T(e). \qquad \blacktriangleleft$$

Natürlich können auch für andere Parameter wie beispielsweise für den Speicherbedarf die Best- sowie Worst- und Average-Komplexität definiert werden. Man tauscht dazu in obiger Definition jeweils $T(e)$ gegen die Funktion aus, die den betrachteten Parameter beschreibt.

Es kann durchaus passieren, dass für zwei Algorithmen $\mathcal{A}$ und $\mathcal{B}$ gilt $T_{wc}^{\mathcal{A}}(n) > T_{wc}^{\mathcal{B}}(n)$ aber $T_{ac}^{\mathcal{A}}(n) < T_{ac}^{\mathcal{B}}(n)$. Deshalb lassen sich Algorithmen im Allgemeinen nur bzgl. einer der Verhaltensweisen vergleichen. In vielen Fällen ist es jedoch so, dass die Wahrscheinlichkeit für den Worst-Case mit wachsender Eingabegröße verschwindet, so dass dieser Fall seine Aussagekraft verliert. Dieses Problem kann für den Average-Case nicht auftreten, dieser ist in der Regel aber schwieriger zu berechnen.

1.3.1 Grundlagen aus der Stochastik

Mathematisch gesehen ist der Average-Case ein Erwartungswert. Für seine Herleitung müssen wir deshalb mit den Regeln zum Rechnen mit Wahrscheinlichkeiten und Erwartungswerten vertraut sein. Eine kurze Wiederholung elementarer stochastischer Begriffe ist daher angebracht.

Die Wahrscheinlichkeitstheorie beschäftigt sich mit sogenannten *Zufalls-experimenten*, deren Ergebnisse von zufällig wirkenden Faktoren beeinflusst werden und die dadurch in gewissen Grenzen unbestimmt sind. [3] Ein unmittelbar mögliches Ergebnis eines zufälligen Versuchs wird *Elementar-Ereignis* genannt, die Menge aller möglichen Elementar-Ereignisse ist der *Ereignisraum*. Beispiele für ein Zufallsexperiment sind das Würfeln (mit dem Ereignisraum *Würfel zeigt i* mit $i \in \{1, 2, 3, 4, 5, 6\}$) oder Roulette (mit dem Ereignisraum *Die Kugel bleibt auf Feld k liegen* mit k im (Integer-) Intervall $[0 : 36]$). Wir konzentrieren unsere Betrachtung auf abzählbar unendliche und endliche Ereignisräume Ω. Dann nennen wir eine Teilmenge $A \subseteq \Omega$ *Ereignis*. So können z. B. beim Roulette die Ereignisse *ungerade*, *gerade* oder *rot* als Teilmengen der Zahlen im Intervall $[0 : 36]$ beschrieben werden. Wir ordnen dem Auftreten von A die Wahrscheinlichkeit $\Pr[A]$ zu, wobei folgende Axiome eingehalten werden müssen:

1. $\Pr[A] \geq 0$ für alle $A \in \Omega$.

2. $\Pr[\Omega] = 1$.

3. Für *disjunkte* Ereignisse $A_1, A_2, \ldots$ in Ω, ist $\Pr\left[\bigcup_{i=1}^{\infty} A_i\right] = \sum_{i=1}^{\infty} \Pr[A_i]$.

Die Vereinigung von Ereignissen in 3. entspricht anschaulich der *Veroderung* der Bedingungen, die die einzelnen Ereignisse charakterisieren. Die *bedingte Wahrscheinlichkeit* für das Ereignis A, unter der Voraussetzung, dass Ereignis B bereits eingetreten ist, ist definiert als

$$\Pr[A \mid B] \quad := \quad \frac{\Pr[A \cap B]}{\Pr[B]}, \qquad \Pr[B] > 0.$$

Zwei Ereignisse A und B sind *unabhängig*, falls $\Pr[A \cap B] = \Pr[A] \cdot \Pr[B]$. Dabei entspricht $A \cap B$ anschaulich der *Verundung* der Ereignisse. Es gilt

---

[3] Für dieAverage-Case Komplexität ist die Wahl der Eingabe das zufällige Ereignis.

dann auch $\Pr[A \mid B] = \Pr[A]$, d.h. bei unabhängigen Ereignissen hat das Eintreten oder Nichteintreten von B keinen Einfluss auf die Wahrscheinlichkeit für das Eintreten von A, was der intuitiven Bedeutung von Unabhängigkeit entspricht.

Eine *Zufallsvariable* ist eine Funktion $X : \Omega \to \mathbb{R}$. Es ist üblich, für $X(\omega)$ nur X zu schreiben. Ist der Wertebereich von X gleich $\{a_i \mid i \in \mathcal{I}\}$, dann ist

$$\Pr[X = a_i] := \sum_{\substack{\omega \in \Omega \\ X(\omega) = a_i}} \Pr[\omega], \qquad (i \in \mathcal{I}),$$

die zugehörige *Wahrscheinlichkeitsverteilung*. Für unseren endlichen bzw. abzählbar unendlichen Ereignisraum ist auch $\mathcal{I}$ endlich bzw. abzählbar unendlich. In beiden Fällen nennt man X *diskret*. In der Literatur sind viele unterschiedliche Wahrscheinlichkeitsverteilungen bekannt. Beispiele sind die *uniforme Verteilung*, bei der $\Pr[X = a_i] = \frac{1}{n}$ für $i = 1, 2, \ldots, n = |\mathcal{I}| < \infty$ angenommen wird, und die BERNOULLI-Verteilung, bei der man davon ausgeht, dass ein Experiment zwei mögliche Ergebnisse besitzt, von denen eines mit Wahrscheinlichkeit p, das andere mit Wahrscheinlichkeit $1 - p$ angenommen wird.

Beispiel 1.7 (Zufallsraum und Zufallsvariablen): Wir betrachten das Würfeln mit zwei (unterscheidbaren) Würfeln (einem roten und einem grünen). Der Ereignisraum für beide Experimente ist identisch (s.o.). Die Zufallsvariable X ordne nun für den roten Würfel dem Ereignis *Würfel zeigt i* die Zahl $i \in \mathbb{R}$ zu; analog verfahre Y für den grünen Würfel. Das Ereignis *„Der rote Würfel zeigt 2 und der grüne Würfel zeigt 5"* wird dann durch $X = 2$, $Y = 5$ beschrieben.

$X + Y$ ordnet dem Versuchsergebnis die Zahl $X + Y = 7$ zu. Die Funktion $u(X, Y) \to X + Y$ kann also anschaulich als die Funktion interpretiert werden, die dem Versuchsergebnis die Summe der gewürfelten Zahlen zuordnet. Durch die Abbildung der zufälligen Ereignisse in die reellen Zahlen wird es also möglich, mit den Ergebnissen der Experimente zu *rechnen*. ◀

Definition 1.8 (Erwartungswert):
Ist X eine diskrete Zufallsvariable mit der Verteilung

$$\Pr[X = a_i] = p_i, \qquad i \in \mathcal{I},$$

und u eine Funktion auf X, dann ist der Erwartungswert von $u(X)$ definiert als

$$\mathbb{E}[u(X)] = \sum_{i \in \mathcal{I}} p_i \cdot u(a_i).$$
◀

Damit betrachten wir für den Average-Case als Abbildung u die Laufzeit (allgemein die Kosten), die Algorithmus $\mathcal{A}$ zur Verarbeitung der zufälligen Eingabe benötigt. Für die Berechnung der Wahrscheinlichkeiten nehmen wir dabei an, dass eine Zufallsvariable X die Eingaben als reelle Zahlen kodiert (wir verwenden $\Pr[X = a_i]$, $a_i \in \mathbb{R}$, obwohl unser Zufallsexperiment eigentlich die Eingabe bestimmt). Dieser rein formale Aspekt braucht uns jedoch nicht zu interessieren, wenn wir unsere Wahrscheinlichkeiten auf anderem Wege, z.B. durch modellhafte Festlegung, gewinnen. Für das Rechnen mit Erwartungswerten gilt nun folgendes Lemma:

Lemma 1.9 (Linearität des Erwartungswertes): Für alle reellen Zahlen a, b und c und alle Zufallsvariablen X und Y ist

$$\mathbb{E}[a \cdot X + b \cdot Y + c] = a \cdot \mathbb{E}[X] + b \cdot \mathbb{E}[Y] + c. \quad \blacktriangleleft$$

Bemerkung 1.10 (Erwartungswert bei Gleichverteilung): Wir erinnern uns, dass, falls die $e \in E_n$ uniform verteilt sind (dies nimmt man an, wenn die Wahrscheinlichkeiten nicht vernünftig geschätzt oder bestimmt werden können), für die Wahrscheinlichkeiten $p(e) = \frac{1}{|E_n|}$ gilt. In diesem Fall ist die Wahrscheinlichkeit vom Index der Summe des Erwartungswertes unabhängig und kann vor die Summe gezogen werden. Dann gilt also:

$$T_{ac}^{\mathcal{A}}(n) = \frac{1}{|E_n|} \sum_{e \in E_n} T(e).$$

Dabei ist $\sum_{e \in E_n} T(e)$ die *Gesamtlaufzeit* die Algorithmus $\mathcal{A}$ für *alle* Eingaben der Größe n benötigt. $\quad \blacktriangleleft$

In der Regel genügt es also für die Average-Case Analyse, die Werte von Summen bestimmen zu können. Unter anderem dafür sind Erzeugendenfunktionen ein probates Hilfsmittel.

1.3.2 Erzeugendenfunktionen

Bevor wir uns wieder der Analyse von Algorithmen als solche zuwenden, wollen wir zuerst eine elegante Methode betrachten, mit deren Hilfe es oft möglich ist, Erwartungswerte (aber auch Lösungen von Rekursionsgleichungen und vieles mehr) einfach zu bestimmen. Die Methode basiert auf *Erzeugendenfunktionen*, deren Definition wir als erstes betrachten wollen.

Definition 1.11 (Erzeugendenfunktion):
Die (gewöhnliche) Erzeugendenfunktion $A(z)$ der Zahlenfolge $(a_n)_{n\geq 0}$ ist die Potenzreihe (mit Entwicklungspunkt 0)

$$A(z) := \sum_{n \geq 0} a_n z^n.$$

Mit $[z^n]A(z)$ bezeichnen wir den Koeffizienten bei z^n (also a_n) der Erzeugendenfunktion $A(z)$. $\quad \blacktriangleleft$

Man bezeichnet diese Erzeugendenfunktion als *gewöhnlich*, da es noch andere Formen der Erzeugendenfunktion gibt. Auf diese wollen wir hier allerdings nicht eingehen.

Mathematisch gesehen transformieren wir mittels der Erzeugendenfunktion eine Folge in eine Potenzreihe, und wenn die Reihe konvergent ist, stellt diese eine Funktion in z dar. In anderen Disziplinen, z.B. der Elektrotechnik, wird sie unter dem Namen z-Transformation verwendet.

Beispiel 1.12 (Hin- und Rücktransformation): Für die konstante Folge $1, 1, 1 \ldots$ sind alle a_i, $i \geq 0$, gleich 1, so dass die zugehörige Erzeugendenfunktion von der Gestalt $\sum_{n \geq 0} 1 \cdot z^n$ ist. Dies ist die aus der Analysis bekannte geometrische Reihe. Von dort weiß man, dass diese Reihe für alle $z \in \mathbb{C}$ mit $|z| < 1$ absolut konvergiert und dann $\sum_{n \geq 0} z^n = \frac{1}{1-z}$ gilt.

Die Konvergenzeigenschaften einer Erzeugendenfunktion interessieren uns nur soweit, dass sie als Funktion nicht existiert, wenn sie ein *leeres* Konvergenzgebiet besitzt.[4] Da das Konvergenzgebiet für unser Beispiel durch den (offenen) Einheitskreis gegeben ist, folgern wir

$$1, 1, 1, \ldots \ \leadsto \ \frac{1}{1-z}.$$

Doch was haben wir von diesem Wissen? Nun, nach Taylor (siehe beispielsweise [15]) können wir jede Funktion $f(z)$, die im Ursprung beliebig oft differenzierbar ist, um $z = 0$ entwickeln, wobei für die Entwicklung gilt

$$f(z) \ = \ f(0) + f^{(1)}(0)z + \frac{f^{(2)}}{2!}(0)z^2 + \frac{f^{(3)}}{3!}(0)z^3 + \cdots .$$

Dabei ist $f^{(i)}(0)$ die i-te Ableitung von f evaluiert an der Stelle 0. Man erkennt, dass die Taylor-Entwicklung die Form einer gewöhnlichen Erzeugendenfunktion besitzt, wobei der Koeffizient bei z^n gleich $f^{(n)}(0)/n!$ ist! Haben wir also eine geschlossene Darstellung der Erzeugendenfunktion, wie in unserem Beispiel $\frac{1}{1-z}$, so können wir die Transformation der Folge in eine Funktion rückgängig machen, d.h. die Folgenglieder zurückgewinnen, indem wir jeweils $a_n = [z^n]A(z) = f^{(n)}(0)/n!$ berechnen.

In unserem Beispiel ist das einfach. Die n-te Ableitung von $\frac{1}{1-z}$ ist $\frac{n!}{(1-z)^{n+1}}$. Die $n!$ im Zähler kürzt sich gegen die $n!$ im Nenner der Taylor-Entwicklung, durch Setzen von $z = 0$ bleibt dann (wie erwartet) für alle n das Folgenglied 1 übrig. ◀

Oft ist die Rücktransformation über die Taylor-Entwicklung nicht so einfach zu berechnen; man kann stattdessen auch versuchen, bekannte Identitäten wie $\sum_{n \geq 0} z^n = \frac{1}{1-z}$ *rückwärts* anzuwenden. Das ist hilfreich, wenn die ursprüngliche Folge nicht explizit gegeben ist, sondern implizit, beispielsweise durch eine Rekursionsgleichung. Diesem Einsatzzweck von Erzeugendenfunktionen

---

[4] Die Größe des Konvergenzgebiets spielt dabei keine Rolle, es darf – wie gesagt – nur nicht leer sein. Identitäten wie $\sum_{n \geq 0} z^n = \frac{1}{1-z}$ sind immer an ein nicht leeres Konvergenzgebiet der Potenzreihe geknüpft – anders machen sie mathematisch keinen Sinn. Entsprechend können wir solche Identitäten stets verwenden, um die Potenzreihe (Erzeugendenfunktion) in eine *geschlossen* dargestellte Funktion zu überführen.

werden wir uns in Abschnitt 3.4.2 im Kontext der Analyse von AVL-Bäumen zuwenden.

Für einen weitere Anwendung von Erzeugendenfunktionen ist dagegen eine Rücktransformation zur Folge der Koeffizienten gar nicht nötig. Dieser wollen wir uns nun zuwenden.

Berechnung von Erwartungswerten: Wir betrachten die gewöhnliche Erzeugendenfunktion einer Wahrscheinlichkeitsverteilung. Haben wir eine Zufallsvariable X gegeben und setzen $\Pr[X = i] = p_i$ für $i \in \mathbb{N}_0$, wobei wir $\Pr[X = i] = 0$ für $i \notin \mathbb{N}_0$ annehmen, so können wir die Wahrscheinlichkeiten p_i als Zahlenfolge $(p_i)_{i \geq 0}$ auffassen. Die gewöhnliche Erzeugendenfunktion $P(z)$ für eine solche Folge nennt man dann *Wahrscheinlichkeiten-Erzeugendenfunktion*. Sie ist von der Gestalt $P(z) = \sum_{i \geq 0} p_i z^i$ und besitzt die Eigenschaft, dass $P(1) = 1$ gilt, da sich ja alle Wahrscheinlichkeiten zu 1 summieren müssen.

Den Erwartungswert $\mathbb{E}[X]$ der Zufallsvariable X können wir nun berechnen, indem wir die erste Ableitung von $P(z)$ bestimmen und anschließend $z = 1$ setzen. Denn durch das Ableiten wird der Summand $p_i z^i$ zu $i \cdot p_i z^{i-1}$, also die ganze Potenzreihe zu

$$1 \cdot p_1 + 2 \cdot p_2 z + 3 \cdot p_3 z^2 + 4 \cdot p_4 z^3 + \cdots = \sum_{i \geq 1} i \cdot p_i z^{i-1}$$

und durch setzen von $z = 1$ zu

$$1 \cdot p_1 + 2 \cdot p_2 + 3 \cdot p_3 + 4 \cdot p_4 + \cdots = \sum_{i \geq 1} i \cdot p_i.$$

Dies ist genau die Formel für den Erwartungswert aus Definition 1.8, wobei u die identische Funktion ist. Den Erwartungswert von $u(X)$ für nicht identisches u können wir bestimmen, indem wir $u(i)$ anstelle i in der Erzeugendenfunktion zum Exponenten von z bei p_i machen.

Beispiel 1.13 (Binomialverteilung): Wir betrachten eine Zufallsvariable, die entsprechend der Binomialverteilung verteilt ist. Dieser Verteilung liegt folgendes Experiment zugrunde: Gegeben ist eine Menge von Losen, die mit Wahrscheinlichkeit $p < 1$ gewinnen (von m Losen sind also $p \cdot m$ viele Gewinne) und mit Wahrscheinlichkeit $1 - p$ eine Niete darstellen. Wir ziehen nun n Lose aus einer Lostrommel, wobei wir jedes gezogene Los zurücklegen. Die Wahrscheinlichkeit, dass wir dann nach n Ziehungen genau k Gewinne gezogen haben ist $\binom{n}{k} p^k (1 - p)^{(n-k)}$, denn es gibt $\binom{n}{k}$ Möglichkeiten[5] die k Gewinne auf die n Ziehungen zu verteilen (bei welchen k der n Ziehungen zog ich die

---

[5] Der Binomialkoeffizient $\binom{n}{k}$ beschreibt die Anzahl der Möglichkeiten, aus n Elementen k Stück auszuwählen. Es gilt $\binom{n}{k} = \frac{n!}{k!(n-k)!} = \binom{n}{n-k}$. Für die Binomialkoeffizienten beschreibt das PASCALsche Dreieck, wie ein Koeffizient aus zwei *Vorgängern* berechnet werden kann: Es ist $\binom{n}{k} = \binom{n-1}{k} + \binom{n-1}{k-1}$.

Gewinne?), die Wahrscheinlichkeit dafür, dass k Ziehungen ein Gewinn liefern ist p^k und die Wahrscheinlichkeit dafür, dass die restlichen $n - k$ keinen liefern $(1 - p)^{n-k}$ (wir wollen genau k Gewinne). Die zu der Zufallsvariable X mit $\Pr[X = k] = \binom{n}{k} p^k (1 - p)^{(n-k)}$ gehörende Wahrscheinlichkeitsverteilung heißt *Binomialverteilung mit Parameter p und Umfang n.*

Die entsprechende Wahrscheinlichkeiten-Erzeugendenfunktion $P(z)$ erfüllt

$$
\begin{aligned}
P(z) &= \sum_{k \geq 0} \binom{n}{k} p^k (1 - p)^{(n-k)} z^k \\
&= \sum_{k \geq 0} \binom{n}{k} (1 - p)^{(n-k)} (p \cdot z)^k \\
&= (1 - p + pz)^n.
\end{aligned}
$$

Die letzte Gleichung folgt dabei mit dem sog. *Binomischen Satz*, der besagt, dass

$$
(x + y)^n = \sum_{k \geq 0} \binom{n}{k} x^k y^{(n-k)}
$$

gilt. Beachte, dass $P(z)$ ein Polynom ist. In der Darstellung als Potenzreihe wird dies dadurch garantiert, dass $\binom{n}{k}$ für $k > n$ zu Null wird (wir haben keine Möglichkeit, aus n Objekten mehr als n auszuwählen).

Den Erwartungswert der Binomialverteilung erhalten wir nun, indem wir $(1 - p + pz)^n$ nach z ableiten und anschließend $z = 1$ setzen. Diese Ableitung bestimmen wir mit Hilfe der Kettenregel und finden so

$$
\frac{d}{dz}(1 - p + pz)^n = \underbrace{p}_{\substack{\text{innere} \\ \text{Ableitung}}} \cdot \underbrace{n \cdot (1 - p + pz)^{(n-1)}}_{\text{äußere Ableitung}}.
$$

Setzen von $z = 1$ liefert dann den gesuchten Erwartungswert $n \cdot p$ (in Übereinstimmung mit den Lehrbüchern). ◄

Die Verwendung von Erzeugendenfunktionen bedarf in der Regel der Umformung von Summen bzw. Potenzreihen. Wir haben deshalb im nachfolgenden Lemma eine Auswahl entsprechender Rechenregeln zusammengefasst:

Lemma 1.14: Für absolut kovergente Reihen gelten folgende Rechenregeln:

- $\left(\sum_{i \geq 0} a_i \right) \cdot \left(\sum_{j \geq 0} b_j \right) = \sum_{i \geq 0} \left(\sum_{j \geq 0} a_i b_j \right)$ (Distributiv-Gesetz).

- $\sum_{i \geq 0} \sum_{j \geq 0} a_{i,j} = \sum_{j \geq 0} \sum_{i \geq 0} a_{i,j}.$ (Vertauschen der Summen)

- $\sum_{i \geq m} a_i = \sum_{i \geq m-k} a_{i+k}$ bzw. $\sum_{i=m}^{n} a_i = \sum_{i=m-k}^{n-k} a_{i+k},$ $k \in \mathbb{Z}$ beliebig

  (Indexverschiebung).

- $\displaystyle\sum_{m \leq i \leq n} a_i = \sum_{0 \leq i \leq n-m} a_{n-i}$ (reverse Summation).

Allgemein kann man jede Transformation auf den Summationsindex anwenden, der eine Permutation darstellt, also nur die Reihenfolge der Summation verändert (Kommutativ-Gesetz der Addition). ∎

Korollar 1.15 (Rechenregeln für Erzeugendenfunktionen):
Für gewöhnliche Erzeugendenfunktionen $A(z) = \sum_{i \geq 0} a_i z^i$ und $B(z) = \sum_{j \geq 0} b_j z^j$ gilt:

- $\displaystyle A(z) + B(z) = \sum_{i \geq 0} (a_i + b_i) z^i.$

- $\displaystyle A(z) \cdot B(z) = \sum_{i \geq 0} \left(\sum_{0 \leq k \leq i} a_k \cdot b_{i-k} \right) z^i$ (*Konvolution*). ∎

1.3.3 Kostenmaße für Laufzeit

Wir haben jetzt das mathematische Rüstzeug, um für gegebene Laufzeiten $T(e)$ den Worst-, Best- oder Average-Case zu bestimmen und so das Laufzeitverhalten eines Algorithmus zu charakterisieren. Wir haben uns dabei jedoch noch keine Gedanken darüber gemacht, wie wir die Funktion $T(e)$ für einen Algorithmus bestimmen können. Das Stoppen der Laufzeit mit einer Uhr scheidet aus, da das Ergebnis zum einen wieder von der Güte des Codes und der Geschwindigkeit der CPU abhängig und zum anderen wieder die Betrachtung aller Eingaben nötig wäre.

Deshalb ist man dazu übergegangen, in einem Algorithmus die Anzahl der ausgeführten *Elementar-Operationen* zu bestimmen, also die Anzahl der Operationen, die für die Laufzeit dominierend sind. Für einen Sortier-Algorithmus ist dies typischerweise die Anzahl an Vergleichen, die er zwischen den zu sortierenden Daten durchführt. Je mehr solcher Vergleiche ein Algorithmus benötigt, desto länger wird es dauern, bis er mit dem Sortieren fertig ist. Für andere Probleme, z. B. die Multiplikation von Matrizen, ist entscheidend, wie viele arithmetische Operationen (Multiplikationen von Matrix-Einträgen) durchgeführt werden.

Dabei kann es vorkommen, dass es Sinn macht, verschiedene Elementar-Operationen zu betrachten. Beim Sortieren beispielsweise ist nicht nur die Anzahl der Vergleiche, sondern auch die Anzahl der Elemente von Interesse, die beim Sortieren innerhalb des Arbeitsspeicher an einen anderen Ort kopiert werden müssen. Es ist dann möglich, dass die Betrachtung unterschiedlicher Operationen zu einem unterschiedlichen Ranking zwischen Algorithmen führt.

Für die Wahl der Elementar-Operationen kann leider kein allgemeingültiges Rezept gegeben werden. Wichtig ist, dass die Laufzeit für die einmalige Ausführung der gewählten Operation eine Konstante, d. h. unabhängig von der Eingabegröße, ist. Des Weiteren sollte der Aufwand, den der Algorithmus zwischen zwei Ausführungen der betrachteten Operationen betreibt, ebenfalls nur konstante Zeit benötigen, so dass sich die Gesamtlaufzeit des Algorithmus als Produkt einer Konstanten und der Anzahl an ausgeführten Elementar-Operationen darstellen lässt. Man kann dabei in der Regel davon ausgehen, dass Zuweisungen, eine Lese- oder Schreiboperation im Arbeitsspeicher und die Auswertung einer Bedingung nur konstante Zeit verbrauchen. Die Laufzeit für Schleifen ergibt sich als die Summe der Laufzeiten der Anweisungen in der Schleife.

1.3.4 Asymptotische Notationen

Die Laufzeiten einzelner Elementar=Öperationen sind stark von Details der Implementierung abhängig, sodass wir auf Basis eines abstrakten Algorithmus nicht in der Lage sind, diese Konstanten zu bestimmen. Man ist deshalb dazu übergegangen, die Laufzeit oder andere Güteparameter eines Algorithmus mit Hilfe der sog. *asymptotischen Notationen* darzustellen, in denen alle konstanten Faktoren unterdrückt werden.

Definition 1.16 (Asymptotische Notation [Landau-Klassen]):
] Sei $\mathcal{F} := \mathrm{Abb}(\mathbb{N}_0, \mathbb{R}_0^+)$ die Menge der Abbildungen von der Menge der natürlichen Zahlen inklusive der Null in die Menge der nicht-negativen reellen Zahlen. Sei ferner $g \in \mathcal{F}$. Wir definieren die folgenden Mengen von Funktionen:

1.) $\mathcal{O}(g) := \{ f \in \mathcal{F} \mid (\exists c > 0)(\exists n_0 \in \mathbb{N}_0)(\forall n \geq n_0) \, (f(n) \leq c \cdot g(n)) \}$,

2.) $\Omega(g) := \{ f \in \mathcal{F} \mid (\exists c > 0)(\exists n_0 \in \mathbb{N}_0)(\forall n \geq n_0) \, (f(n) \geq c \cdot g(n)) \}$,

3.) $\Theta(g) := \mathcal{O}(g) \cap \Omega(g)$,

4.) $o(g) := \{ f \in \mathcal{F} \mid (\forall c > 0)(\exists n_0 \in \mathbb{N}_0)(\forall n \geq n_0) \, (f(n) \leq c \cdot g(n)) \}$,

5.) $\omega(g) := \{ f \in \mathcal{F} \mid (\forall c > 0)(\exists n_0 \in \mathbb{N}_0)(\forall n \geq n_0) \, (f(n) \geq c \cdot g(n)) \}$,

6.) $\sim(g) := \{ f \in \mathcal{F} \mid (\forall \varepsilon > 0)(\exists n_0 \in \mathbb{N}_0)(\forall n \geq n_0) \, (\left| \frac{f(n)}{g(n)} - 1 \right| \leq \varepsilon) \}$.
Hier nehmen wir an, dass $g(n) = 0$ höchstens für endlich viele n gilt.

(Beachte die unterschiedlichen Quantoren bei c bzw. ε!)   ◄

Die $\mathcal{O}$-Notation wird zur Darstellung von oberen Schranken verwendet – in der Menge $\mathcal{O}(g)$ sind ja all jene Funktionen enthalten, die bis auf einen konstanten Faktor c höchstens so schnell wachsen (Bedingung $f(n) \leq c \cdot g(n)$) wie g. Dies gilt dabei potentiell jedoch erst für große Werte von n (Bedingung $n \geq n_0$), woher die Bezeichnung *asymptotische Notation* kommt.

Analog zieht man die Ω-Notation heran, um untere Schranken anzugeben (man überlege sich selbst, wie sich dies in der Definition ausdrückt), die Θ-Notation findet Anwendung, wenn man die exakte Wachstumsrate einer Funktion bestimmen kann (bis auf konstante Faktoren identische obere und untere Schranke).

Einbahnstraßen-Gleichungen: Bei der Verwendung der asymptotischen Notationen hat es sich eingebürgert, das Gleichheitszeichen anstatt dem $\in$ oder $\subseteq$ zu verwenden. So schreibt man $8n^2 + 17n = \mathcal{O}(n^2)$ statt $8n^2 + 17n \in \mathcal{O}(n^2)$ oder gar $8n^2+17n = 8n^2+\mathcal{O}(n)$ statt $8n^2+17n = 8n^2+f(n)$ mit $f(n) \in \mathcal{O}(n)$. Aus rein formaler Sicht ist diese Verwendung der Notationen inkorrekt. Wir werden uns dennoch an diese inzwischen anerkannte Form der Verwendung halten. Gleichungen, die die Notationen $\mathcal{O}$, Ω, Θ, o, ω und $\sim$ enthalten, dürfen damit stets nur von links nach rechts gelesen werden!

Eine weitere Abweichung von der formalen Schreibweise in Definition 1.16 besteht für Teil 6. Statt $f \in \sim(g)$ schreibt man gewöhnlich $f \sim g$ und nennt f und g *asymptotisch äquivalent*. Tatsächlich ist $\sim$ eine Äquivalenzrelation auf $\mathcal{F}$.

Beispiel 1.17: Wir geben nachfolgend einige Beispiele für die Verwendung der asymptotischen Notationen an. In allen Fällen sei $f(n) = 3n^3 + 2n^2$:

- Wähle in Definition 1.16, 1. $c = 5$ und $n_0 = 1$. Es folgt für $n \geq n_0$:

$$n^2(1-n) \leq 0 \quad \rightarrow \quad n^2 \leq n^3 \quad \rightarrow \quad 2n^2 \leq 2n^3$$
$$\rightarrow \quad 3n^3 + 2n^2 \leq 5n^3$$
$$\rightarrow \quad 3n^3 + 2n^2 = \mathcal{O}(n^3).$$

- Wähle in Definition 1.16, 2. $c = 1$ und $n_0 = 0$. Dann folgt für $n \geq n_0$:

$$3n^3 + 2n^2 \geq 3n^3 \geq n^3 \quad \rightarrow \quad 3n^3 + 2n^2 = \Omega(n^3).$$

- Aus den vorherigen beiden Beispielen folgt $f(n) = \Theta(n^3)$.

- Sei für Definition 1.16, 4. ein beliebiges $c > 0$ gegeben. Wähle $n_0 = \lceil \frac{5}{c} \rceil \geq 1$. Dann gilt für $n \geq n_0$

$$n \geq n_0 \geq \frac{5}{c}$$
$$\rightarrow \quad c \geq \frac{5}{n} = \frac{5n^3}{n^4} = \frac{3n^3 + 2n^3}{n^4} \underset{(n\geq 1)}{\geq} \frac{3n^3 + 2n^2}{n^4}$$
$$\rightarrow \quad 3n^3 + 2n^2 \leq cn^4,$$

also ist $f(n) = o(n^4)$.

- Sei für Definition 1.16, 6. ein beliebiges $\varepsilon > 0$ gegeben. Wähle nun $n_0 = \lceil \frac{2}{3\varepsilon} \rceil$; dann gilt für $n \geq n_0$

$$n \geq n_0 \geq \frac{2}{3\varepsilon}$$
$$\rightarrow \quad \varepsilon \geq \frac{2}{3n} = \frac{2n^2}{3n^3} + (1-1) = \frac{3n^3 + 2n^2}{3n^3} - 1 = \left| \frac{3n^3 + 2n^2}{3n^3} - 1 \right|,$$

also ist $f(n) \sim 3n^3$.   ◄

Die Definition der asymptotischen Notationen mittels der geschachtelten Quantoren hat den Vorteil, dass sie eine einheitliche Definition aller Landau-Klassen ermöglicht und damit die Unterschiede gut erkennen lässt. Allerdings ist sie in der Anwendung nicht bequem; im vorherigen Beispiel mussten wir umständlich die Konstanten c und n_0 konstruieren, um die asymptotischen Notationen anzuwenden.

Die Kriterien für o, ω und $\sim$ sind i.W. das aus der Definition des Grenzwertes bekannte „ε-δ-Kriterium" für Grenzwerte bzgl. $n \to +\infty$. (Größer als ein n_0 zu sein ist das Äquivalent von einen „Abstand kleiner als δ zu $+\infty$" zu haben.) Das legt nahe, die Landau-Notationen über Grenzwerte zu charakterisieren. Tatsächlich gelingt dies, es sind aber Randfälle zu beachten, in denen der Grenzwert potentiell nicht existiert.

Lemma 1.18 (Asymptotische Notation über Grenzwerte): Seien f und g Funktionen in $\mathcal{F}$ und sei

$$q(n) \; = \; \frac{f(n)}{g(n)} \qquad \text{sowie} \qquad c \; = \; \lim_{n \to \infty} q(n).$$

(Dabei vereinbaren wir hier für $m \in \mathbb{N}$, dass $\frac{m}{0} = \infty$ und $\frac{0}{0} = 42$ gilt.)
Es gilt dann

1.) $f = \mathcal{O}(g) \iff \exists n_0 \in \mathbb{N}\colon \big(q(n)\big)_{n \geq n_0}$ ist nach oben beschränkt.

2.) $f = \Omega(g) \iff \exists n_0 \in \mathbb{N}\colon \big(\frac{1}{q(n)}\big)_{n \geq n_0}$ ist nach oben beschränkt.

3.) $f = \Theta(g) \iff \exists n_0 \in \mathbb{N}\colon \big(q(n)\big)_{n \geq n_0}$ und $\big(\frac{1}{q(n)}\big)_{n \geq n_0}$ sind beide nach oben beschränkt.

4.) $f = o(g) \iff$ Der Limes c existiert mit $c = 0$.

5.) $f = \omega(g) \iff$ Der Limes c divergiert nach $c = +\infty$.

6.) $f \sim g \iff$ Der Limes c existiert mit $c = 1$.

Ferner gelten die Implikationen:

1'.) Der Limes c existiert und $0 \leq c < \infty \implies f = \mathcal{O}(g)$.

2'.) Der Limes c existiert und $0 < c \leq \infty \implies f = \Omega(g)$.

3'.) Der Limes c existiert und $0 < c < \infty \implies f = \Theta(g)$.   ◀

Dieses Lemma erlaubt es also, eine asymptotische Relation durch Berechnung des entsprechenden Grenzwertes zu verifizieren. Diese Methode versagt nur, wenn wie im folgenden Beispiel der Grenzwert nicht existiert, aber selbst dann ist es oft möglich, mit dem gewonnenen Wissen über die Folge der Quotienten zu argumentieren.

Beispiel 1.19: Sei $f(n) = 1$, falls n gerade ist, 0 sonst. Es sei $g(n) = 1$ für alle $n \in \mathbb{N}_0$. Dann existiert der Grenzwert von $\frac{f(n)}{g(n)}$ nicht, da die Werte 0 und 1 unendlich oft angenommen werden (es gibt also zwei Häufungspunkte). Dennoch gilt $f = \mathcal{O}(g)$, weil die Folge $\frac{f(n)}{g(n)} \leq 1$ für alle n, also nach oben beschränkt ist. Hier ist natürlich auch die direkte Anwendung der Definition mit $c = 1$ und $n_0 = 0$ einfach möglich.   ◄

Bemerkung 1.20 (Asymptotische Notationen für reelle Funktionen): Wir haben uns in Definition 1.16 auf die Familie von Funktionen $\mathcal{F}$ beschränkt, die uns im Kontext der Analyse von Algorithmen am häufigsten begegnet: Funktionen, die einer Eingabegröße $n \in \mathbb{N}_0$ die Laufzeit/Kosten $f(n) \in \mathbb{R}_0^+$ zuordnen. Das Konzept der asymptotischen Notationen hat sich aber auch außerhalb dieses Kontextes bewährt, sodass es sich lohnt, für die Landau-Klassen allgemeinere Funktionen zuzulassen, insbesondere Funktionen mit einem Kontinuum (wie etwa $\mathbb{R}$) als Definitionsbereich und mit negativen Werten. Wir verwenden dabei folgende Konvention:

Definition 1.16′ (Asymptotische Notationen $\mathbb{R} \to \mathbb{R}$):
Für beliebige Funktionen f und g von $\mathbb{R}$ nach $\mathbb{R}$ seien die Landau-Klassen über die Charakterisierung 1.)–6.) aus Lemma 1.18 definiert, wobei wir den Betrag des Quotienten, also

$$q(n) \;=\; \left| \frac{f(n)}{g(n)} \right|$$

verwenden.   ◄

Wir verwenden Aussagen wie $f(n) = \mathcal{O}(g(n))$ also nur, um das *betragsmäßige* Wachstum der Funktionen zu vergleichen, treffen aber keine Aussage darüber, ob f und/oder g negativ sind.   ◄

Bei der Bestimmung von Grenzwerten von Quotienten der Form „$\frac{0}{0}$" bzw „$\frac{\infty}{\infty}$" ist nachfolgender Satz von L'HOSPITAL oft hilfreich:

Satz 1.21:

$$\lim_{n \to \infty} \frac{f(n)}{g(n)} \;=\; \lim_{n \to \infty} \frac{f'(n)}{g'(n)},$$

falls der letzte der Grenzwerte existiert und falls $\lim_{n \to \infty} f(n) = \lim_{n \to \infty} g(n) \in \{0, \infty\}$.

Im nachfolgenden Lemma haben wir einige Regeln zusammengefasst, die für das *Rechnen* mit den asymptotischen Notationen hilfreich sind:

Lemma 1.22 (Rechenregeln für asymptotische Notationen): Es gilt:

a) $f = \mathcal{O}(f), \quad f = \Theta(f), \quad f = \Omega(f)$ (Reflexivität).

b) $c \cdot \mathcal{O}(f) = \mathcal{O}(f)$ für c konstant.

c) $\mathcal{O}(f) + \mathcal{O}(g) \;=\; \mathcal{O}(f + g) \;=\; \mathcal{O}(\max(f, g))$.

d) $\mathcal{O}(\mathcal{O}(f)) \;=\; \mathcal{O}(f)$.

e) $\mathcal{O}(f) \cdot \mathcal{O}(g) \;=\; \mathcal{O}(f \cdot g)$.

f) Falls $f \sim g$, dann gilt $f = g \cdot (1 \pm o(1))$.

g) $f = \mathcal{O}(g) \;\leftrightarrow\; g = \Omega(f)$ (Schiefsymmetrie),
   $f = \Theta(g) \;\leftrightarrow\; g = \Theta(f)$ (Symmetrie).

h) $\Omega(f) + \Omega(g) = \Omega(\min(f, g))$.

i) $f = \circ(g) \wedge g = \circ(h) \rightarrow f = \circ(h)$ für $\circ \in \{\mathcal{O}, o, \Omega, \omega, \Theta\}$

(Transitivität).   ◀

Damit ist Θ eine Äquivalenzrelation (reflexiv, transitiv und symmetrisch) auf den Funktionen $f : \mathbb{N}_0 \rightarrow \mathbb{R}$ mit $(\exists a \in \mathbb{N}_0)(\forall n > a)(f(n) > 0)$ – man nennt Funktionen mit dieser Eigenschaft auch *schließlich positive Funktionen*. $\mathcal{O}, o, \Omega, \omega$ definieren auf diesen Funktionen eine (nicht totale) Ordnungsrelation.

Da $\log_a(n) = \log_b(n)/\log_b(a)$ und für Konstanten a und b auch $\log_b(a)$ eine Konstante ist, gilt also $\log_a(n) = \Theta(\log_b(n))$ für alle Konstanten a und b. Aus diesem Grund hat es sich eingebürgert, innerhalb der Landau-Klassen die Basis des Logarithmus wegzulassen. Wir schreiben also $\mathcal{O}(\log n)$ statt $\mathcal{O}(\mathrm{ld}(n))$ und $\mathcal{O}(n \log n)$ statt $\mathcal{O}(n \ln(n))$.

$$* \qquad * \qquad *$$

Asymptotische Laufzeiten: Die Verwendung der asymptotischen Notationen zur Beschreibung der Laufzeit eines Algorithmus trägt dem Sachverhalt Rechnung, dass wir die in den Formeln beteiligten Konstanten in der Regel nicht kennen. Ihre Anwendung impliziert gleichzeitig, dass über sie gewonnene Ergebnisse nur für große Eingaben ($n \rightarrow \infty$) korrekt sind. So kann es vorkommen, dass ein Algorithmus mit einer Laufzeit in $\Theta(n^2)$ für kleinere Eingaben schneller ist als ein Algorithmus, dessen Laufzeit in $\Theta(n \cdot \mathrm{ld}(n))$ liegt; Abb. 1.1 soll diesen Sachverhalt verdeutlichen.

Man erkennt dort, dass erst für n größer 20 die lineare Funktion auch den kleinsten Funktionswert liefert. Für kleine n hat sogar die exponentielle Funktion einen kleineren Funktionswert. Der Grund dafür liegt in der großen Konstanten 100 als Steigung der linearen Funktion. Diese Konstante ist in den asymptotischen Notationen aber nicht mehr sichtbar. Die Funktion $n^3/2$ ist dann z. B. in $\Theta(n^3)$ und für $100n$ gilt $100n = \Theta(n)$. Bezüglich der Größenordnung ist damit ein Algorithmus mit der Laufzeit $100n$ klar dem Algorithmus mit der Laufzeit $n^3/2$ überlegen, anhand der asymptotischen Notation können wir aber nicht erkennen, ab welcher Eingabegröße diese Überlegenheit zum Tragen kommt.

Wenn die asymptotische Notation also zu irreführenden Vereinfachungen führen kann, warum verwendet man sie dann überhaupt? Wir wollen anhand der Funktionen aus Abb. 1.1 verdeutlichen, welchen massiven Einfluss das Wachstum einer Funktion im Kontext der Laufzeit von Algorithmen hat, und warum es i. d. R. doch gerechtfertigt ist, rein auf das asymptotische Wachstum zu schauen.

Seien $\mathcal{A}$, $\mathcal{B}$, $\mathcal{C}$ und $\mathcal{D}$ vier Algorithmen, deren Laufzeiten durch $T_{wc}^{\mathcal{A}}(n) = 100n$, $T_{wc}^{\mathcal{B}}(n) = 5n^2$, $T_{wc}^{\mathcal{C}}(n) = n^3/2$ und $T_{wc}^{\mathcal{D}}(n) = 2^n$ gegeben sind. Wie wir Abb. 1.1 entnehmen können, gibt es dann für jeden der Algorithmen eine Eingabegröße, für die er am schnellsten ist. Unter der Annahme, dass wir 3000 Zeiteinheiten zur Verfügung haben, können wir mit Algorithmus

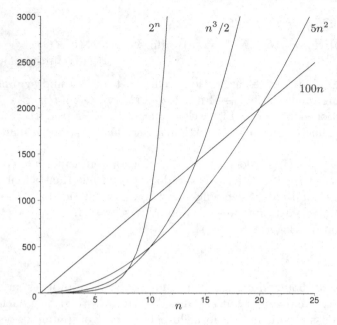

Abb. 1.1 Plot mehrerer Funktionen mit unterschiedlichem Wachstum.

- $\mathcal{A}$ alle Eingaben mit einer Größe ≤ 30
- $\mathcal{B}$ alle Eingaben mit einer Größe ≤ 24
- $\mathcal{C}$ alle Eingaben mit einer Größe ≤ 18
- $\mathcal{D}$ alle Eingaben mit einer Größe ≤ 11

verarbeiten. Falls in unserer Anwendung in 3000 Zeiteinheiten größere Eingaben verarbeitet werden müssen, so haben wir folgende Auswege:

1. Benutze einen schnelleren Computer, oder
2. benutze einen schnelleren Algorithmus, oder
3. mache den Algorithmus schneller.

Betrachten wir 1. Nehmen wir an, eine neue Maschine sei 10-mal so schnell wie die alte (eine ziemlich optimistische Annahme!), d.h. $T_{wc}^{\mathcal{A}}(n) = 10n$, $T_{wc}^{\mathcal{B}}(n) = \frac{1}{2}n^2$, $T_{wc}^{\mathcal{C}}(n) = \frac{1}{20}n^3$ und $T_{wc}^{\mathcal{D}}(n) = \frac{1}{10}2^n$. Nun kann Algorithmus $\mathcal{A}$ (bzw. $\mathcal{B}$, $\mathcal{C}$, $\mathcal{D}$) in 3000 Zeiteinheiten alle Probleme der Größe ≤ 300 (≤ 77, ≤ 39, ≤ 14) lösen. Man erkennt, dass die Geschwindigkeit einer Maschine bei sehr ineffizienten Algorithmen (wie z. B. $\mathcal{D}$) nur einen geringen Einfluss auf die Größe der maximal lösbaren Aufgaben hat. Der Übergang zu (asymptotisch) schnelleren Algorithmen (wie z. B. von $\mathcal{D}$ zu $\mathcal{C}$ oder von $\mathcal{C}$ zu $\mathcal{A}$) wirkt sich viel stärker aus.

Diese Aussage bleibt von den in den Funktionen vorkommenden Konstanten im Wesentlichen unberührt, d.h. auch ein Algorithmus mit einer Laufzeit von $\frac{1}{15}2^n$ kann bei verzehnfachter Rechenleistung kaum größere Eingaben verarbeiten. Deshalb ist es keine starke Einschränkung, wenn wir die Laufzeit von Algorithmen oder andere Güteparameter nur asymptotisch bestimmen und unsere Beurteilung eines Algorithmus an asymptotischen Ergebnissen (Ergebnisses in der $\mathcal{O}$-, Θ-, Ω-Notation etc.) ausrichten. Die Konstanten werden erst dann von Bedeutung, wenn wir zwei Algorithmen vergleichen wollen, deren Laufzeit (oder andere Güteparameter) von derselben Größenordnung sind (z.B. beide Algorithmen haben eine Laufzeit in $\Theta(n^2)$).

Damit gewinnen vorherige Punkte 2. und 3. an Bedeutung. Hier ist der Inhalt dieses Buches wesentlich, denn wir werden – wie bereits eingangs erwähnt – Konstruktionsprinzipien für effiziente Algorithmen kennenlernen. Auch können die nachfolgend behandelten effizienten Datenstrukturen dazu beitragen, dass ein vorhandener Algorithmus schneller auf die benötigten Daten zugreifen kann und damit effizienter wird.

Optimale Algorithmen: Weiter kann es passieren, dass ein gefundener Algorithmus *optimal* für das betrachtete Problem ist. Um die Optimalität eines Verfahrens zu beweisen, benötigen wir untere Schranken für die Laufzeit (oder den Platz), die (der) zur Lösung eines Problems notwendig ist. Der Beweis von unteren Schranken ist im Allgemeinen recht schwierig, da man im Prinzip gegen alle möglichen Algorithmen zur Lösung des betrachteten Problems argumentieren muss. Dennoch wird es uns für das Sortieren (Kapitel 4) gelingen, eine untere Schranke zu beweisen, und damit zu zeigen, dass es keine (bzgl. der Wachstumsrate) echt besseren Algorithmen geben kann, als die dort vorgestellten.

Beispiel einer Algorithmenanalyse: Wir wollen abschließend betrachten, wie in einfachen Fällen leicht eine obere Schranke für die Laufzeit eines Algorithmus mittels der asymptotischen Notationen bestimmt werden kann. Wir betrachten folgendes Programm zur Multiplikation zweier $n \times n$ Matrizen, die in den Feldern A und B gegeben sind, das Ergebnis werde im Feld C gespeichert:

```
1  double[][] matrixMultiplication(double[][] A, double[][] B) {
2     int n = A.length;
3     double[][] C = new double[n][n];
4     for (int i = 0; i < n; ++i) {
5        for (int j = 0; j < n; ++j) {
6           C[i][j] = 0;
7           for (int k = 0; k < n; ++k) {
8              C[i][j] += A[i][k] * B[k][j];
9           }
10       }
11    }
12    return C;
13 }
```

Bemerkung 1.23 (Java, Code-Konventionen): Die in diesem Buch präsentieren Programme sind in der Programmiersprache *Java* verfasst; der Leser sei für Details zu Java selbst an ein einführendes Lehrbuch zur Programmierung, wie etwa [30], verwiesen. Zum

Verständnis der Algorithmen sind rudimentäre Java-Kenntnisse ausreichend, um die (stark an C/C++ angelehnte) Syntax lesen zu können.

Die Programme sind vollständig *ausprogrammiert* und lauffähig; aus Gründen der besseren Lesbarkeit sind aber algorithmisch uninteressante Teile des Codes ausgelassen, z.B. eine Prüfung auf Gültigkeit der übergebenen Parameter. (Im Beispiel der Matrixmultiplikation beispielsweise hätte eine robuste Implementierung die Dimensionen der übergebenen Arrays zu überprüfen.) Ebenso sind Java-Spezifika (etwa `public` oder `private`) oder *Best Practices* (etwa `final` für nicht veränderliche Variablen) nur dann enthalten, wenn sie die Lesbarkeit des Codes nicht beeinträchtigen.

Wir werden gegebenenfalls in Bemerkungen wie dieser spezifische Eigenheiten von Java oder im Code getroffene Design-Entscheidungen diskutieren, die für angehende Java-Entwickler von Interesse sind und die interessierte Leser kritisch hinterfragen mögen. Für die abstrakten algorithmischen Ideen sind diese Diskussionen i.d.R. aber nicht von Belang.   ◄

Das Programm startet mit einer äußeren Schleife für i von 0 bis $n - 1$. Der Rumpf dieser Schleife wird also n-mal ausgeführt. Für die Laufzeit des Algorithmus resultiert daraus ein Faktor n. Der Rumpf dieser äußeren Schleife ist wiederum eine Schleife, die auch über n verschiedene Werte läuft. Daraus resultiert erneut ein Faktor n für die Laufzeit, so dass wir n^2 oft den Rumpf der zweiten (mittleren) Schleife ausführen.

In diesem Rumpf der zweiten Schleife wird die Zuweisung `C[i][j] = 0;` vorgenommen, die nur konstante Zeit benötigt. Weiter besteht der Rumpf aus einer dritten Schleife von 0 bis $n - 1$, also einem Programmstück, dessen Laufzeit nicht als konstant bzgl. der Eingabegröße n angesehen werden kann. Diese Schleife steuert erneut einen Faktor n zur Gesamtlaufzeit bei, so dass als bisher kalkulierte Laufzeit n^3-mal die Zeit für den Rumpf der dritten (inneren) Schleife resultiert. Dieser Rumpf der dritten Schleife ist nun eine Zuweisung mit konstanter Laufzeit, so dass wir gezeigt haben, dass diese Implementierung der Matrizenmultiplikation eine Laufzeit in $\Theta(n^3)$ besitzt.

Etwas formaler ordnet man jeder Schleife eine Funktion zu, die ihre Laufzeit in Abhängigkeit von der Eingabegröße beschreibt. Sei also $T_1(n)$ (bzw. $T_2(n)$, $T_3(n)$) die Laufzeit der äußeren (bzw. mittleren, inneren) Schleife. Dann gilt

$$T_3(n) \;=\; n \cdot c_3, \qquad \text{da } n\text{-mal eine Operation (Zuweisung)}$$
$$\text{mit konstanter Laufzeit ausführt wird,}$$

$$T_2(n) \;=\; n \cdot \big(c_2 + T_3(n)\big), \qquad \text{da } n\text{-mal eine Zuweisung und die}$$
$$\text{innerste Schleife ausgeführt wird,}$$

$$T_1(n) \;=\; n \cdot T_2(n), \qquad \text{da } n\text{-mal die mittlere Schleife ausgeführt wird.}$$

Die Laufzeit des Programms entspricht natürlich $T_1(n)$. Durch Einsetzen von *innen nach außen*, kommen wir zu

$$
\begin{aligned}
T_1(n) \;=\; n \cdot T_2(n) \;&=\; n \cdot \Big(n \cdot \big(c_2 + T_3(n)\big)\Big) \\
&=\; n \cdot \Big(n \cdot \big(c_2 + (n \cdot c_3)\big)\Big) \;=\; c_3 n^3 + c_2 n^2 \;=\; \Theta(n^3).
\end{aligned}
$$

Entsprechend unserer vorherigen Diskussion zeigt diese Betrachtung, dass die Anzahl an Multiplikationen (aber auch die Anzahl an Additionen oder Zuweisungen) eine geeignete Elementar-Operation ist, um die Laufzeit dieses Algorithmus zu bestimmen; zur Multiplikation zweier $n \times n$ Matrizen werden größenordnungsmäßig n^3 Multiplikationen verwendet.

Auch bedingte Schleifen können entsprechend analysiert werden. Betrachten wir z. B. das folgende Programmstück:

```
1  while (n >= 1) {
2      n = n / 2;   // Ganzzahlige Division durch 2 (div)!
3      // c weitere Anweisungen, c unabhängig von n
4      // n wird nicht weiter verändert
5  }
```

Um hier eine Abschätzung der Laufzeit vorzunehmen, muss man die Anzahl der Schleifendurchläufe bestimmen, bis $n < 1$ gilt. Da n bei jedem Durchlauf halbiert wird, ist dies offensichtlich nach $\mathcal{O}(\mathrm{ld}(n)) = \mathcal{O}(\log n)$ vielen Durchläufen der Fall, und da der Rumpf der Schleife nur eine konstante Laufzeit besitzt, ist dies auch die Größenordnung der Gesamtlaufzeit der Schleife.

1.3.5 Amortisierte Kosten

In manchen Fällen ist diese Betrachtungsweise zu grob und man möchte sich auf Bit-Ebene zurückziehen. Betrachtet man beispielsweise einen Binärzähler, so ist die Berechnung des direkten Nachfolgers stets eine Addition der Eins. Würden wir also nur gewöhnliche arithmetische Operationen betrachten, so wäre die Laufzeit für die Bestimmung des Nachfolgers stets unabhängig von der Eingabe. Auf Bit-Ebene jedoch gibt es große Unterschiede. Bei der Addition von 1 auf eine Binärzahl wird solange ein Übertrag auf die jeweils nächste Ziffer übertragen, bis eine Ziffer 0 erreicht wird. Diese wird dann invertiert. Im günstigsten Fall ist die Eingabe eine gerade Zahl und das Verfahren endet nachdem das niederwertigste Bit invertiert wurde. Im schlechtesten Fall besitzt die Eingabe nur Einsen, wobei dann alle Ziffern invertiert werden müssen. Man spricht bei der Betrachtung der Anzahl notwendiger Bit-Operationen für einen Algorithmus von dessen *Bitkomplexität*.

Oft ist es der Fall, dass man nicht an der Güte der einmaligen Ausführung eines Algorithmus interessiert ist, sondern Aussagen über das Verhalten einer Folge von Ausführungen treffen möchte. Die so berechneten Kosten bezeichnet man als *amortisierte Kosten*. Dies ist von daher etwas anderes, da man in der Analyse für den ersten Aufruf beispielsweise bei einer zufälligen (oder schlechtesten) Eingabe startet, alle anderen Aufrufe sich aber auf das Ergebnis des vorherigen beziehen. Für unseren Binärzähler beispielsweise hinterlässt eine Binärzahl, deren Nachfolger teuer zu berechnen war, eine Bitfolge mit vielen Nullen am Ende. Als Folge sind weitere Operationen billig. Wir wollen dieses Beispiel benutzen, um die Idee der amortisierten Analyse genauer zu beschreiben:

Bei der amortisierten Analyse betrachten wir eine Folge von Operationen $op_1, op_2, \ldots, op_n$ wobei op_i als Eingabe die Ausgabe von op_{i-1} betrachtet. Die Ausführungszeit der i-ten Operation sei T_i, $1 \leq i \leq n$. Die Ausführungszeit aller Operationen $T_1 + T_2 + \cdots + T_n$ bezeichnen wir mit T.

Bei unserem Beispiel des Binärzählers entspricht also jede der Operationen der Addition einer Eins. Für die Ausführungszeiten nehmen wir dabei an, dass die Invertierung eines Bits in konstanter Zeit möglich ist, so dass z.B. der Übergang $101111 \rightarrow 110000$ fünf und der Übergang $110000 \rightarrow 110001$ nur eine Zeiteinheit kostet. Allgemein benötigt der Übergang $i \rightarrow i+1$ eine Zeiteinheit mehr als es endende Einsen in der Binärdarstellung von i gibt. Wir setzen also

$$
\begin{aligned}
T_{i+1} \;&=\; \mathsf{cost}(i \rightarrow i+1) \\
&:=\; 1 + \text{Anzahl Einsen am Ende der Binärdarstellung von } i.
\end{aligned}
$$

Wie bereits erwähnt, schwanken die Kosten des Übergangs von i nach $i+1$ stark. Für eine Folge von n Additionen der 1 bei Startwert 0 liegen sie zwischen 1 und $\lceil \mathrm{ld}(n) \rceil + 1$. Die grobe Abschätzung für die Laufzeit der Folge, die sich aus dem n-fachen der maximalen (Worst-Case) Einzelkosten ergibt, ist daher $n \cdot \lceil \mathrm{ld}(n) \rceil$. Unser Ziel ist, zu zeigen, dass die Gesamtkosten linear beschränkt sind:

Satz 1.24 (Amortisierte Analyse des Binärzählers):
Die Gesamtkosten des Zählens von 0 nach n sind durch $2n$ beschränkt.

Beweisidee: Wie oben bereits schon erwähnt, können nur Zählerstände mit vielen (endenden) Einsen zu teuren Operationen führen. Dabei werden aber viele Einsen durch Nullen und nur eine Null durch Eins ersetzt. Damit werden nachfolgende Operationen billig. Die Idee der amortisierten Analyse ist nun, Teile der Kosten der teuren Operationen auf die der billigen zu verteilen, also im betriebswirtschaftlichen Sinn über die gesamte Folge zu amortisieren. Dabei ist die Berechnung des Nachfolgers einer Zahl mit weniger Einsen in der Lage, einen größeren Teil der Kosten zu tragen, oder in einem physikalischen Terminus, mehr Energie aufzunehmen.

Beweis von Satz 1.24: Wir definieren das Potential der Zahl i als $\mathsf{pot}(i) =$ Anzahl der Einsen in der Binärdarstellung von i. Der Ausgleich der Kosten geschieht nun, indem man

$$
a_i \;:=\; \underbrace{\mathsf{pot}(i+1) - \mathsf{pot}(i)}_{\text{Potentialdifferenz}} + \mathsf{cost}(i \rightarrow i+1)
$$

betrachtet, was anschaulich bedeutet, dass zwischen den am Übergang $i \rightarrow i+1$ beteiligten Zahlen ein Potentialausgleich vorgenommen wird. Wir bezeichnen a_i deshalb auch als die amortisierten Kosten der Operation op_i

(bzgl. des gegebenen Potentials). Es gilt nun für alle i, dass

$$a_i = \text{pot}(i+1) - \text{pot}(i) + \text{cost}(i \to i+1) = 2.$$

Denn endet die Binärdarstellung von i mit einer 0 gefolgt von k Einsen, dann sind die Kosten für den Übergang $k + 1$. Die Binärdarstellungen von i und $i + 1$ haben alle Ziffern links von der 0 gemeinsam, so dass sich die Potentialdifferenz zu $1 - k$ evaluiert.

Summieren wir nun die amortisierten Kosten a_i über alle i der betrachteten Operationenfolge, so entsteht eine *Teleskop-Summe*, in der sich alle Potentiale außer dem ersten und dem letzten gegenseitig aufheben:

$$\sum_{0 \le i < n} a_i = \sum_{0 \le i < n} \big(\text{pot}(i+1) - \text{pot}(i) + \text{cost}(i \to i+1)\big)$$

$$= \sum_{0 \le i < n} \big(\text{pot}(i+1) - \text{pot}(i)\big) + \sum_{0 \le i < n} \text{cost}(i \to i+1)$$

$$= \text{pot}(n) - \text{pot}(0) + T.$$

Lösen wir diese Gleichung nach T auf, so finden wir

$$T = \sum_{0 \le i < n} a_i + \text{pot}(0) - \text{pot}(n)$$

und da $\text{pot}(n) \ge \text{pot}(0)$ gilt

$$T \le \sum_{0 \le i < n} a_i$$

$$= 2n,$$

wobei wir im letzten Schritt unsere Erkenntnis von oben verwenden, dass $a_i = 2$ ist, unabhängig von i. ∎

Die Potentialmethode: Die in diesem Beweis verwendete Methode ist ein allgemeines Rezept für das Bestimmen von Gesamtkosten, wenn die Kosten einzelner Operationen stark schwanken können: Man versucht, ein Potential $\text{pot}(i)$ zu finden, das diese Schwankungen auffängt; also formal eine Funktion, für die man zeigen kann, dass

(a) $\text{pot}(n) \ge \text{pot}(0)$, und

(b) $a_i \le g(n)$ für alle $0 \le i < n$ und eine möglichst einfache Funktion $g(n)$ – im Beispiel die konstante Funktion 2.

Dann gilt mit dem Teleskopsummentrick von oben $T \le n \cdot g(n)$, d.h., jede der n Operationen kostet im Mittel (höchstens) $g(n)$. Man sagt auch, dass die Operation eine *amortisierte Laufzeit* in $\mathcal{O}(g(n))$ hat. Im obigen Beispiel des Binärzählers sind also die amortisierten Kosten einer Inkrementoperation kon-

stant, obwohl einzelne Operationen – isoliert betrachtet – eine logarithmische
Laufzeit haben.

Bemerkung 1.25: Eine alternative Anschauung, die Kosten unter den Operationen auszu-
gleichen, ist die sog. *Bankkontenmethode*. Sie ist eine Variante der amortisierten Analyse,
bei der man für unser Beispiel davon ausgeht, dass jeder Operation 2 Einheiten Geld
mitgegeben werden, und jede endende Eins sowie die Invertierung einer Null bei der
Berechnung des Nachfolgers eine Einheit Geld kostet.

Dann können alle Übergänge der Operationenfolge bezahlt werden, denn ein Übergang
von einer geraden zu einer ungeraden Zahl benötigt nur eine Einheit, die verbliebene
kann auf einem Bankkonto gutgeschrieben werden, damit sie von teureren Übergängen
benutzt werden kann.   ◀

1.3.6 Rekursion

Bei unseren bisherigen Betrachtungen zur Bestimmung der Laufzeit eines
Algorithmus haben wir ausschließlich Fälle diskutiert, in denen eine iterative
Beschreibung eines Verfahrens implementiert wurde. In diesen Fällen wird
der Programmfluss durch die Aneinanderreihung und Verschachtelung von
Schleifen erzeugt, wobei Abfragen in `if`-Anweisungen zu Verzweigungen führen
können. Oft ist es jedoch einfacher, ein Programm *rekursiv* zu gestalten, so
dass sich Prozeduren selbst aufrufen. Ein einfaches Beispiel dafür ist die
Berechnung der Fakultät. Betrachten wir nachfolgende Prozedur:

```
1  long factorial(int n) {
2    if (n <= 1) {
3      return 1;
4    } else {
5      return n * factorial(n - 1);
6    }
7  }
```

Das Programm berechnet $n!$ entsprechend der Definition $0! = 1$, $1! = 1$ und
$n! = n \cdot (n-1)!$ für $n \geq 2$. Sei $T(n)$ die Laufzeit, die die Prozedur benötigt,
um $n!$ zu berechnen. Die Zeit für die Abfrage `n <= 1` und die Rückgabe[6]
des Ergebnisses in `return 1` ist unabhängig von n, also konstant und liegt
damit in $\mathcal{O}(1)$. Die Zeit für die Rückgabe des Ergebnisses in `return n *
factorial(n-1)` ist ebenfalls konstant[7], nicht aber die Zeit für die *Berech-
nung* des Ergebnisses. Hierfür wird eine Multiplikation durchgeführt und
dieselbe Prozedur mit einem um eins verminderten Argument aufgerufen.
Sind die Kosten einer Multiplikation gleich c, so benötigt die Berechnung des
Ergebnisses also einen Aufwand von $c + T(n-1)$. Folglich gibt es Konstanten
c und d, so dass die Laufzeit der Prozedur durch

---

[6] Die Rückgabe des Ergebnisses einer Prozedur wird bewerkstelligt, indem das Resultat
bzw. ein Zeiger auf das Resultat auf den Systemstapel gelegt wird. Wenn die Datenmenge
des Ergebnisses von n unabhängig ist, kostet die Rückgabe des Resultats nur eine
konstante Anzahl an Speicherzugriffen.

[7] Wir nehmen hier an, dass wir Zahlen nur mit einer festen Anzahl Bits speichern; im
Falle von obigem Java-Programm wären es 64 Bit. Damit lassen sich tatsächlich nur die
Werte der Fakultät für $n \leq 20$ ohne Überlauf berechnen.

$$T(0) \;=\; T(1) \;=\; d, \qquad T(n) \;=\; T(n-1)+c, \qquad (n \geq 2),$$

gegeben ist.[8] Gleichungen von diesem Typ heißen *Rekursionsgleichungen*, $T(0)$ und $T(1)$ sind die *Anfangsbedingungen*.

Eine Rekursionsgleichung ist nur dann vollständig definiert, wenn mindestens so viele Anfangsbedingungen vorliegen, wie in der rekursiven Definition in der Gleichung auf Vorgänger des Arguments zurückgegriffen wird. So benötigt man für die Gleichung $S(n) = 2S(n-1) + S(n-3)$ mindestens 3 Anfangsbedingungen, denn nähmen wir an, es seien z.B. nur $S(0)$ und $S(1)$ als Anfangsbedingungen gegeben, dann benötigte die Berechnung von $S(2)$ die Anwendung der rekursiven Formel, also $S(2) = S(1) - S(-1)$. Für $S(-1)$ ist aber kein Wert über Anfangsbedingung definiert, und auch weitere Anwendungen der Rekursion werden auf keine Anfangsbedingung treffen.

Doch was können wir mit einer solchen Beschreibung der Laufzeit anfangen? Es gibt eine Fülle an Methoden, um eine solche Rekursionsgleichung zu lösen, d. h. um eine geschlossene, nicht rekursive Formel zu bestimmen, die den Funktionswert korrekt beschreibt.

Lösen durch Iteration: Die einfachste dieser Methoden ist die *Iteration*. Dazu setzen wir die Rekursion immer wieder in sich selbst ein, wobei wir in jedem dieser Schritte Vereinfachungen vornehmen. Ziel ist, ein *Muster* zu erkennen, wie sich das Endergebnis aus den rekursiven Formelteilen aufbaut. Haben wir eine entsprechende Vermutung, so ist es meist einfach, sie per *vollständiger Induktion* zu beweisen. Wir wollen dieses Vorgehen am Beispiel der vorherigen Rekursionsgleichung demonstrieren:

Wir starten mit $T(n)$ und wenden die Rekursion an und erhalten $T(n) = T(n-1)+c$. Hier können wir noch keine Vereinfachungen vornehmen. Setzen wir die Rekursion erneut ein, so finden wir $T(n) = T(n-2) + c + c$ und wir vereinfachen zu $T(n) = T(n-2) + 2c$. Erneutes Einsetzen und Vereinfachen führt zu $T(n) = T(n-3) + 3c$. An dieser Stelle ist spätestens klar, wie sich das Endergebnis zusammensetzt. Mit jeder Rekursion erniedrigt sich das Argument für T um eins und der Faktor von c erhöht sich um eins. Wenn wir die Anfangsbedingung $T(1) = d$ erreicht haben, hat sich so (als Vermutung) der Ausdruck $T(n) = T(1) + (n-1) \cdot c$ ergeben. Einsetzen der Anfangsbedingung liefert nun $T(n) = (n-1) \cdot c + d$.

Der Beweis, dass wir so das richtige Ergebnis gefunden haben ist einfach. Der Anker für die Induktion ist $T(1) = d + (1-1) \cdot c = d$. Nehmen wir an, unsere Formel gilt für n, so folgt aus $T(n+1) = T(n) + c$ durch Einsetzen der Induktionsannahme $T(n+1) = (n-1) \cdot c + d + c = n \cdot c + d$ was unserer Formel für das Argument $n+1$ entspricht.

---

[8] Wir erkennen, dass es wieder die Anzahl der durchgeführten arithmetischen Operationen (Multiplikationen) ist, die wir als Elementar-Operation zählen müssen, um die Laufzeit zu bestimmen.

Nicht immer ist es so leicht, für eine Rekursionsgleichung eine Lösung zu finden. Wir werden in Abschnitt 3.4.2 noch andere Methoden kennenlernen, um die uns interessierenden Resultate erzielen zu können.

Das Master-Theorem: In vielen Fällen hilft aber auch das sog. *Master-Theorem*, das die Lösung gewisser Rekursionen zumindest größenordnungsmäßig beschreibt. Wir betrachten dabei Rekursionsgleichungen, bei denen das Argument im rekursiven Aufruf *um einen festen Faktor kleiner* wird; (solche Rekursionen erhält man oft bei der Analyse von Divide & Conquer-Algorithmen, die wir in Abschnitt 7.3 betrachten werden).

Nun sind Eingabegrößen aber stets ganzzahlig, sodass die obige Beschreibung „um einen festen Faktor kleiner" um eine Auf- oder Abrundung zu ergänzen ist. Diese Komplikation macht das Lösen schwierig; das Master-Theorem erlaubt aber dennoch eine *asymptotische* Lösung. Um wertschätzen zu können, wie sehr das die Analyse vereinfacht, betrachten wir daher zuerst ein konkretes Beispiel.

Gegeben sei folgende Rekursion:

$$T(1) = T(0) = 0, \qquad T(n) = n + T\left(\left\lceil \frac{n}{2} \right\rceil\right) + T\left(\left\lfloor \frac{n}{2} \right\rfloor\right), \quad (n \geq 2).$$

Im allgemeinen sind exakte Lösungen solcher Rekursionen sehr schwierig zu finden (Versuchen Sie es!); wenn wir unsere Betrachtung aber auf *Zweierpotenzen* $n = 2^k$, $k \in \mathbb{N}_0$, beschränken, so vereinfacht das die Situation enorm, da wir nicht mehr Runden müssen! Wir erhalten dann

$$T(1) = T(0) = 0, \qquad T(2^k) = 2^k + 2T(2^{k-1}) \quad (k \geq 1).$$

Diese Gleichung können wir in der Tat leicht exakt lösen. Indem wir $T'(k) := T(2^k)$ setzen, erhalten wir für $k \geq 1$ die Rekursion $T'(k) = 2^k + 2T'(k-1)$ (und $T'(0) = T(1) = 0$), für die wir durch Iteration zu folgender Vermutung kommen:

$$\begin{aligned}
T'(k) &= 2^k + 2T'(k-1) \\
&= 2^k + 2\big(2^{k-1} + 2T'(k-2)\big) \\
&= 2^k + 2 \cdot 2^{k-1} + 2^2 T'(k-2) \\
&= 2^k + 2 \cdot 2^{k-1} + 2^2 \cdot 2^{k-2} + 2^3 T'(k-3) \\
&\;\;\vdots \\
&= \sum_{i=0}^{k-1} 2^i 2^{k-i} + 2^k \cdot 0 = k2^k.
\end{aligned}$$

Die Korrektheit der Lösung können wir – wie oben beschrieben – per Induktion verifizieren. Damit ist auch $T(2^k) = k2^k$ und somit $T(n) = n\,\mathrm{ld}(n)$ für n eine Zweierpotenz.

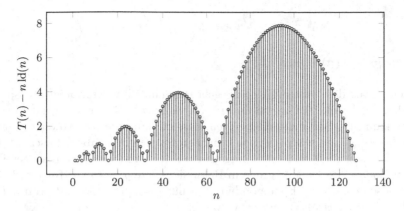

Abb. 1.2 Exakte Werte für $T(n)$ vergleichen mit der Lösung $n \operatorname{ld} n$ für $n = 2^k$, $k \in \mathbb{N}_0$.

Was ist aber, falls n keine Zweierpotenz ist? Abb. 1.2 zeigt die Differenz $T(n) - n \operatorname{ld}(n)$; das Verhalten dieser Differenz sieht ziemlich kompliziert aus; insbesondere ist es keine monotone Funktion ...

Man vermutet auf Basis der Abb. 1.2 aber auch, dass die absolute Abweichung sehr klein im Vergleich zu $T(n)$ selbst ist. Dies ist in der Tat der Fall, man kann zeigen, dass $T(n) \sim n \operatorname{ld}(n)$.

Bemerkung 1.26 (Exakte Lösung): Tatsächlich kann man für unser spezielles Beispiel die Lösung sogar *exakt* darstellen: $T(n) = n \lfloor \operatorname{ld}(n) \rfloor + 2n - 2^{\lfloor \operatorname{ld}(n) \rfloor + 1}$. Die Kürze des Ausdrucks sollte dabei nicht darüber hinwegtäuschen, dass eine solche Lösung durch reine Iteration kaum zu finden ist. Für weiterführende Methoden sei auf [29] verwiesen; wir werden uns im Kontext dieses Buches aber auf einfachere Approximationen beschränken. ◄

Für viele Fälle liefert uns das folgende Theorem eine zufriedenstellende Approximation:

Satz 1.27 (Master-Theorem):
Sei die Rekursionsgleichung

$$T(1) = d, \qquad T(n) = f(n) + a \cdot T\left(\frac{n}{b}\right), \quad (n \geq 2),$$

zu lösen, wobei $a \geq 1$, $b > 1$, $d \geq 1$ und $f : \mathbb{N} \to \mathbb{R}$ eine beliebige Funktion ist, und $\frac{n}{b}$ für $\lfloor \frac{n}{b} \rfloor$ oder $\lceil \frac{n}{b} \rceil$ steht. Mit $c := \log_b(a)$ gilt dann:

a) *Ist $f(n) = \mathcal{O}(n^{c-\varepsilon})$ für $\varepsilon > 0$ konstant, dann gilt $T(n) = \Theta(n^c)$.*

b) *Ist $f(n) = \Theta(n^c)$, dann gilt $T(n) = \Theta(n^c \log n)$.*

c) *Ist $f(n) = \Omega(n^{c+\varepsilon})$ für $\varepsilon > 0$ konstant und erfüllt f die Bedingung*

$$(\exists n_0)(\exists \alpha < 1)(\forall n \geq n_0)\left(a \cdot f\left(\frac{n}{b}\right) \leq \alpha f(n)\right)$$

dann ist $T(n) = \Theta(f(n))$.

Für den Beweis des Master-Theorems geht man ähnlich wie für obiges Beispiel vor: Man beschränkt sich zuerst auf $n = b^k$, womit die Rekursion exakt gelöst werden kann. Danach muss man zeigen, dass die kumulierten Abweichungen durch das Runden in jeder Iteration keinen großen Einfluss haben. Anschaulich gelingt das, weil auch die Abweichungen in jedem Schritt wieder durch b geteilt werden, sodass die Eingabegröße in Rekursionstiefe j – wo wir für den Fall $n = b^k$ also genau n/b^j Elemente hätten – nur um eine *Konstante* von n/b^j abweichen. Für Details sei auf [8] verwiesen.

Bemerkung 1.28 (Allgemeinere Master-Theoreme): Wir wollen ein zweites Theorem dieser Art zitieren, das in der Form der Rekursion deutlich großzügiger, aber dafür in der Wahl von f restriktiver ist. Hier dürfen verschiedene rekursive Aufrufe unterschiedliche Nenner b verwenden, und die Teilproblemgrößen dürfen jeweils um eine Konstante von n/b abweichen. Außerdem gibt uns dieses Theorem in vielen Fällen sogar genauere Informationen als nur die $\mathcal{O}$-Klasse.

Satz 1.29 (Rouras Diskretes Master-Theorem):
Es sei $T(n)$ rekursiv definiert durch

$$T(n) = \begin{cases} b_n & 0 \leq n < n_0, \\ f(n) + \sum_{d=1}^{D} a_d \cdot T\left(\frac{n}{b_d} + r_{n,d}\right) & n \geq n_0, \end{cases}$$

wobei $D \in \mathbb{N}$, $a_d > 0$, $b_d > 1$, $d = 1, \ldots, D$ Konstanten sind und $|r_{n,d}| = \mathcal{O}(1)$ für $n \to \infty$. Außerdem gelte $f(n) \sim B \cdot n^\alpha (\ln n)^\gamma$ für $B > 0$ und α, γ beliebige Konstanten.
Setze $H = 1 - \sum_{d=1}^{D} a_d (1/b_d)^\alpha$; es gilt:

a) *Ist $H < 0$, dann ist $T(n) = \mathcal{O}(n^{\tilde{\alpha}})$, wobei $\tilde{\alpha}$ der eindeutig bestimmte Wert für α ist, für den $H = 0$ gälte.*

b) *Ist $H = 0$ und $\gamma > -1$, dann ist $T(n) \sim f(n)\ln(n)/\tilde{H}$ für die Konstante $\tilde{H} = (\gamma + 1)\sum_{d=1}^{D} a_d b_d^{-\alpha} \ln(b_d)$.*

c) *Ist $H = 0$ und $\gamma = -1$, dann ist $T(n) \sim f(n)\ln(n)\ln(\ln(n))/\hat{H}$ für die Konstante $\hat{H} = \sum_{d=1}^{D} a_d b_d^{-\alpha} \ln(b_d)$.*

d) *Ist $H = 0$ und $\gamma < -1$, dann ist $T(n) = \mathcal{O}(n^\alpha)$.*

e) *Ist $H > 0$, dann ist $T(n) \sim f(n)/H$.*

*   *   *

Mit den Master-Theoremen beenden wir unsere Sammlung von Methoden zur Lösung von Rekursionsgleichungen.

1.4 Beispiel für Algorithmenentwurf: Subarrays mit maximaler Summe

Nachdem wir die mathematischen Grundlagen erarbeitet haben, wollen wir uns im Rest dieses ersten Kapitels anhand zweier Beispiele die typische Vorgehensweise beim Entwurf und der Analyse von Algorithmen für ein neues Problem (dieser Abschnitt) und Datenstrukturen für einen Abstrakten Datentyp (Abschnitt 1.5) aneignen.

Wir betrachten in diesem Abschnitt das folgende Beispielproblem.

Definition 1.30 (Subarrays mit maximaler Summe [Teilfolgenproblem):
]   Es sei eine Folge $a_1, a_2, \ldots, a_n$ gegeben mit $a_i \in \mathbb{Z}$, $1 \le i \le n$.
Wir definieren $f(i,j) = a_i + a_{i+1} + \cdots + a_j$.
Im Problem der maximalen Teilsumme ist der Wert

$$ s \; := \; \max \left\{ f(i,j) \,\big|\, 1 \le i, j \le n \right\} $$

gesucht; im Problem der Subarrays mit maximaler Teilsumme ist überdies ein Paar (i,j) mit anzugeben, sodass $s = f(i,j)$.   ◄

Bemerkung 1.31 (Randfälle): Wir beziehen dabei formal die Teilarrays für $i > j$ mit ein und vereinbaren $f(i,j) = 0$. Es ist also stets $s \ge 0$.

Dieser Randfall kommt nur dann zum Tragen, wenn *alle* Elemente a_i negativ sind; in diesem Fall wäre das Problem auch trivial, wenn wir nur nicht-leere Teilarrays erlaubten (warum?). Wir wollen uns im Folgenden daher darauf beschränken, Eingaben zu betrachten, die mindestens ein positives Element enthalten – oder anders ausgedrückt – Eingaben mit $s > 0$.   ◄

Wir beschränken uns im Folgenden auf die Bestimmung von s, also das Problem der maximalen Teilsumme. Alle betrachteten Algorithmen für dieses Problem haben die Eigenschaft, dass man sich durch einfache Anpassungen auch das tatsächlichen Subarray merken könnte, welches das Maximum lieferte.

Anhand dieses Beispielproblems werden wir einerseits sehen, dass sich durch geschickte algorithmische Methoden eine massive Verbesserung erreichen lässt, die auf den ersten Blick unmöglich erscheint; andererseits werden wir dabei unsere Methoden der Algorithmenanalyse an den Algorithmen zum Einsatz bringen und sehen, wie wir damit den Aufwand der Algorithmen einschätzen können. Als Elementar-Operationen betrachten wir dabei die Anzahl verwendeter Vergleiche (sie dominieren die Kosten zur Bestimmung des Maximums) und die Anzahl der Additionen (sie dominieren die Kosten für die Berechnung der $f(i,j)$).

Template für die Beschreibung eines Algorithmus: In der Beschreibung eines neuen Algorithmus sind im Allgemeinen die folgenden Schritte abzuarbeiten:

(1) Algorithmische Idee:
   Zu Beginn wird auf hohem Abstraktionsniveau die algorithmische Idee kurz beschrieben.

   Dies dient der schnellen Einordnung des Verfahrens und dient insbesondere Experten dazu, sich kurz und bündig auszutauschen.

(2) (Pseudo-) Code:
   Die Idee wird anschließend verfeinert und präzisiert, insbesondere sind
   Randfälle zu diskutieren.
   Die Ausdrucksweise muss hier (anders als in der Idee) Mehrdeutigkeiten
   vermeiden; eine (semi-) formale Beschreibung als Pseudocode oder sogar
   eine lauffähige Implementierung in Java eignen sich hierfür besser als
   Prosa.

(3) Begründung der Korrektheit:
   Sofern es nicht offensichtlich ist, folgt ein Beweis, warum das Verfahren
   die korrekte Antwort liefert.
   Bei rekursiven Methoden eignet sich die vollständige Induktion als
   formale Beweismethode; in iterativem Code ist oft eine Argumentation
   über Schleifeninvarianten angebracht.

(4) Analyse der Laufzeit:
   Abschließend wird die Laufzeit des beschriebenen Verfahrens analysiert.
   In der Regel beschränkt man sich auf den Worst-Case und gibt nur die
   Θ-Klasse an; falls eine Θ-Klasse schwierig zu zeigen ist, kann auch eine
   obere Schranke in Form einer $\mathcal{O}$-Klasse ausreichen. Sofern interessant,
   wird auch der Platzbedarf, der jenseits des Speicher, der für die Eingabe
   benötigt wird, gebraucht wird, analysiert.
   In diesem Punkt kommen die Methoden aus Abschnitt 1.3 zum Einsatz.
   Sofern relevant werden die zu zählenden Elementar-Operationen definiert.

   Auch die Beschreibung der Algorithmen in diesem Buch folgt dieser Glie-
derung; wir werden uns aus Platzgründen aber nicht sklavisch daran halten
und gegebenenfalls offensichtliche Teile unerwähnt lassen.

1.4.1 Naiver Algorithmus

Es ist oft hilfreich, zuerst die denkbar einfachste Lösung für ein Problem
durchzuspielen, um eine Messlatte zu haben, an der man bessere Verfahren
messen kann. Solche Algorithmen, die ohne jede problemspezifische Einsicht
arbeiten, nennen wir „naive Lösungen" oder Brute-Force-Methoden; der letztere Begriff wird insbesondere verwendet, wenn man plump alle Möglichkeiten
durchprobiert.

   Wir betrachten also die Brute-Force-Methode für das Maximale-Teilsum-
men-Problem: Dazu berechnet man $f(i, j)$ für alle Möglichkeiten von i und j
mit $i \leq j$ separat und merkt sich jeweils den größten bisher beobachteten Wert.
Da wir direkt das Maximum aus der Definition berechnen und annehmen,
dass die Lösung $s > 0$ ist, bestimmen wir damit offensichtlich den korrekten
Wert.

   Es ist klar, dass diese naive Herangehensweise kubische Laufzeit hat: Pro-
bieren wir alle möglichen Paare (i, j) durch, so sind dies

$$\sum_{1 \le i \le n}\sum_{i \le j \le n} 1 = \sum_{1 \le i \le n}(n-i+1)$$

$$= (n+1)\cdot\sum_{1 \le i \le n} 1 - \sum_{1 \le i \le n} i$$

$$= (n+1)n - \frac{1}{2}n(n+1)$$

$$= \Theta(n^2)$$

viele. Unter all diesen muss das Maximum bestimmt werden, was also $\Theta(n^2)$ viele Vergleiche impliziert. Außerdem muss für jedes der Paare (i,j) eine Summe aus $j - i + 1$ Summanden berechnet werden, so dass für die Anzahl benötigter Additionen folgt

$$\sum_{1 \le i \le n}\sum_{i \le j \le n}(j-i) = \sum_{1 \le i \le n}\sum_{0 \le j \le n-i} j$$

$$= \sum_{1 \le i \le n}\frac{(n-i)(n-i+1)}{2}$$

$$= \frac{1}{2}\sum_{1 \le i \le n}(n^2 + n - 2in - i + i^2)$$

$$= \frac{1}{2}\left((n^2+n)\cdot\sum_{1 \le i \le n} 1 - \sum_{1 \le i \le n}(2in+i) + \sum_{1 \le i \le n} i^2\right)$$

$$= \frac{1}{2}\left(n\cdot(n^2+n) - (2n+1)\cdot\sum_{1 \le i \le n} i \right.$$

$$\left. + \frac{n(n+1)(2n+1)}{6}\right)$$

$$= \frac{1}{2}\left(n^3 + n^2 - \frac{(2n+1)n(n+1)}{2} + \frac{n(n+1)(2n+1)}{6}\right)$$

$$= \frac{n^3 - n}{6}.$$

Wir haben dabei die Identitäten $\sum_{0 \le i \le n} i = \frac{1}{2}n(n+1)$ und $\sum_{0 \le i \le n} i^2 = \frac{1}{6}n(n+1)(2n+1)$ und Regeln aus dem Lemma 1.14 benutzt.

1.4.2 Optimierung: Teilsummen wiederverwerten

Der Grund, warum dieses Vorgehen so ineffizient ist, liegt darin, dass wir viele Additionen mehrfach durchführen. Haben wir aber die Teilsumme $f(i,j)$ berechnet, so benötigt die Berechnung von $f(i,j+1)$ nur eine weitere Addition, wenn wir uns das Ergebnis für $f(i,j)$ merken. Wir modifizieren also unseren Algorithmus und erhalten ein Verfahren mit quadratischer Laufzeit, indem wir die Teilsummen in der Reihenfolge

$$f(1,1)\ f(1,2)\ f(1,3)\ \dots\ f(1,n)$$
$$f(2,2)\ f(2,3)\ \dots\ f(2,n)$$
$$f(3,3)\ \dots\ f(3,n)$$
$$\dots$$

berechnen und abspeichern. Das Maximum wird weiter durch einen Vergleich aller $f(i,j)$ Werte (der Aufwand dafür ist wie wir wissen in $\Theta(n^2)$) bestimmt.

Das vorherige Schema hat in der erste Zeile n, in der zweiten Zeile $n-1$ usw. viele Elemente, die n-te (letzte) Zeile hat ein Element. Für die Berechnung jedes Elements wird jeweils nur höchstens eine Addition nötig, da sich $f(i,j+1)$ aus $f(i,j) + a_{j+1}$ ergibt. Damit kommen wir nun mit

$$\sum_{1\le i\le n} i \;=\; \frac{n(n+1)}{2} \;=\; \frac{1}{2}(n^2+n)$$

vielen Additionen aus. Da $n^2 = o(n^3)$ gilt, ist diese Variante also echt schneller als die naive (zur Erinnerung: $f = o(g)$ heißt anschaulich, dass f echt schwächer als g wächst). Wir werden in Kapitel 7 sehen, dass dieser Idee, zwischengespeicherte Ergebnisse geschickt auszunutzen, eine allgemeine Entwurfsmethoden zugrunde liegt.

1.4.3 Ein subquadratisches Verfahren

Bis zu diesem Punkt kamen wir mit einfachen Tricks aus. Wenn wir einen noch schnelleren Algorithmus entwerfen wollen, genügt es jedoch nicht, nur wieder bei den Additionen zu sparen, denn auch die Bestimmung des Maximums unter allen $f(i,j)$ Werten benötigt quadratisch viele Vergleiche. Tatsächlich kann ein subquadratisches Verfahren, also eines mit Laufzeit in $o(n^2)$, es sich nicht erlauben, alle Paare (i,j) überhaupt zu betrachten.

Mit einem rekursiven Verfahren können wir dennoch schneller werden und ein fast lineares Verfahren erhalten. Wir verwenden dazu folgende Beobachtung: Kennen wir die maximalen $f(i,j)$ Werte für $1 \le i \le j \le \lceil \frac{n}{2} \rceil$ und für $\lceil \frac{n}{2} \rceil + 1 \le i \le j \le n$, dann gibt es für den maximalen $f(i,j)$ Wert für $1 \le i \le j \le n$ nur drei Möglichkeiten: Er ist entweder

(1) der maximale Wert für $1 \le i \le j \le \lceil \frac{n}{2} \rceil$ (den wir bereits kennen),

(2) oder der maximale Wert für $\lceil \frac{n}{2} \rceil + 1 \le i \le j \le n$ (den wir auch bereits kennen),

(3) oder wir haben in den beiden bisher betrachteten Hälften der Folge das Maximum noch nicht gesehen, wobei dann $1 \le i \le \lceil \frac{n}{2} \rceil$ und $\lceil \frac{n}{2} \rceil + 1 \le j \le n$ gelten muss.

Dieses Verfahren wenden wir an, bis wir zu Teilarrays der Größe $n = 1$ gelangen; für diese ist die einzige Wahlmöglichkeit $i = j = 1$, und wir geben also den Wert des Elements an dieser Stelle zurück.

Für Fall (3) können wir i und j *unabhängig* voneinander bestimmen: Die maximale Teilsumme $f(i,j)$, mit i in der ersten und j in der zweiten Hälfte der Folge, muss nämlich aus zwei maximalen Teilsummen $f(i, \lceil \frac{n}{2} \rceil)$ und $f(\lceil \frac{n}{2} \rceil + 1, j)$ zusammengesetzt werden. Wäre eine dieser beiden Summen nicht maximal, gäbe es ein i' mit $1 \leq i' \leq \lceil \frac{n}{2} \rceil$ (oder analog ein j') und $f(i', \lceil \frac{n}{2} \rceil) > f(i, \lceil \frac{n}{2} \rceil)$ und es folgte $f(i,j) < f(i',j)$ (bzw. entsprechend $f(i,j) < f(i,j')$).

Wir wählen also i und j so, dass gilt

$$f(i, \lceil \tfrac{n}{2} \rceil) \ = \ \max \left\{ f(k, \lceil \tfrac{n}{2} \rceil) \ \middle| \ 1 \leq k \leq \lceil \tfrac{n}{2} \rceil \right\} \qquad \text{bzw.}$$

$$f(\lceil \tfrac{n}{2} \rceil + 1, j) \ = \ \max \left\{ f(\lceil \tfrac{n}{2} \rceil + 1, k) \ \middle| \ \lceil \tfrac{n}{2} \rceil + 1 \leq k \leq n \right\}.$$

Wir berechnen (und speichern) dabei die f-Werte in den Reihenfolgen

$$f(\lceil \tfrac{n}{2} \rceil, \lceil \tfrac{n}{2} \rceil), \ \ f(\lceil \tfrac{n}{2} \rceil - 1, \lceil \tfrac{n}{2} \rceil), \ \ f(\lceil \tfrac{n}{2} \rceil - 2, \lceil \tfrac{n}{2} \rceil), \ \ \ldots$$

und

$$f(\lceil \tfrac{n}{2} \rceil + 1, \lceil \tfrac{n}{2} \rceil + 1), \ \ f(\lceil \tfrac{n}{2} \rceil + 1, \lceil \tfrac{n}{2} \rceil + 2), \ \ f(\lceil \tfrac{n}{2} \rceil + 1, \lceil \tfrac{n}{2} \rceil + 3), \ \ \ldots$$

so dass wir i mit $\lceil \frac{n}{2} \rceil - 1$ vielen Additionen und Vergleichen und j mit $n - (\lceil \frac{n}{2} \rceil + 1)$ vielen Additionen und Vergleichen bestimmen können, also mit Gesamtaufwand $\lceil \frac{n}{2} \rceil - 1 + n - (\lceil \frac{n}{2} \rceil + 1)) = n - 2$. Eine zusätzliche Addition genügt dann, um den optimalen Wert $f(i,j) = f(i, \lceil \frac{n}{2} \rceil) + f(\lceil \frac{n}{2} \rceil + 1, j)$ für Fall (3) zu berechnen.

Da wir nicht wissen, welcher der drei Fälle vorliegt, führen wir zwei weitere Vergleiche durch, um das Maximum unter den drei Kandidaten zu bestimmen. Damit benötigen wir n viele Vergleiche und $n - 1$ viele Additionen, also zusammen $2n - 1$ viele Elementar-Operationen. Nehmen wir an, dass n eine Zweierpotenz ist, resultiert damit folgende Rekursionsgleichung für die Laufzeit $T(n)$ dieses Verfahrens:

$$T(1) \ = \ 1,$$

$$T(n) \ = \ 2 \cdot T\left(\frac{n}{2}\right) + 2n - 1, \qquad (n \geq 2).$$

Der Term $2 \cdot T(\frac{n}{2})$ steht dabei für den Aufwand, mit derselben Methode das Maximum für die linke bzw. rechte Hälfte der Folge zu bestimmen. Obwohl für eine Folge der Länge 1 kein Vergleich und keine Addition notwendig ist, haben wir $T(1) = 1$ gesetzt, um das Master-Theorem (Satz 1.27) anwenden zu können. Wir interpretieren diese 1 als den konstanten Aufwand, der notwendig ist zu erkennen, dass ein Intervall der Länge 1 vorliegt; ist dieser Aufwand vernachlässigbar, so überschätzen wir die Kosten ein wenig.

Für die im Master-Theorem vorkommenden Bezeichner gilt dann $c = 1$, $a = 2$, $b = 2$ und $f(n) = 2n - 1$. Damit ist $\log_b(a) = \log_2(2) = 1$ und $f(n) = \Theta(n^{\log_b(a)})$. Folglich findet der zweite Fall Anwendung und es gilt

$$T(n) \;=\; \Theta(n \log(n)).$$

Dieser Algorithmus ist schneller als der vorherige, denn

$$\lim_{n \to \infty} \frac{n \, \mathrm{ld}(n)}{n^2} \;=\; \lim_{n \to \infty} \frac{\mathrm{ld}(n)}{n} \;=\; \ln(2)^{-1} \lim_{n \to \infty} \frac{\ln(n)}{n}$$

und nach L'HOSPITAL

$$\lim_{n \to \infty} \frac{\ln(n)}{n} \;=\; \lim_{n \to \infty} \frac{\frac{1}{n}}{1} \;=\; 0,$$

d. h. $n \, \mathrm{ld}(n) = o(n^2)$.

Doch warum schreiben wir oben, wir würden ein „fast lineares" Verfahren erhalten? Nun, der Logarithmus ist eine so schwach wachsende Funktion, dass er aus praktischer Sicht als Faktor $\mathrm{ld}(n)$ kaum ins Gewicht fällt. So gehen Physiker davon aus, dass die Anzahl aller Protonen im Universum durch 2^{300} gegeben ist. Haben wir also eine Laufzeit $n \, \mathrm{ld}(n)$ und eine Eingabe, die so groß ist wie die Anzahl der Protonen im Universum, so ist $\mathrm{ld}(n)$ dennoch nur 300.

1.4.4 Eine untere Schranke

An diesem Punkt mag man sich fragen, ob es denn *noch* besser geht, oder ob $\Theta(n \log n)$ die intrinsische *(Zeit-) Komplexität des Problems* der Subarrays mit maximaler Summe ist. Offensichtlich stellt die Laufzeit eines bestimmten Algorithmus stets eine *obere Schranke* für die Komplexität des Problems dar: Schließlich zeigt der Algorithmus gerade, dass mit höchstens dieser Laufzeit die Lösung stets gefunden werden kann.

Eine naheliegende Frage ist, ob man auch eine *untere Schranke* $\Omega(n \log n)$ beweisen kann; wenn dem so wäre, dann wäre obiger Algorithmus *optimal* – kein Algorithmus könnte eine Laufzeit mit echt besserer Θ-Klasse aufweisen – und die Komplexität des Problems wäre $\Theta(n \log n)$. (Wir werden gleich sehen, dass dem aber *nicht* so ist!)

Eine einfache untere Schranke erhalten wir meist durch die Argumentation, dass ein korrekter Algorithmus zumindest die Gelegenheit haben muss, seine komplette Eingabe „anzusehen". Sofern die Ausgabe von potentiell jedem Teil der Eingabe abhängt, führt die Annahme eines schnelleren Algorithmus zum Widerspruch. In unserem Beispielproblem können wir damit argumentieren, dass jeder Algorithmus Zeit in $\Omega(n)$ haben muss. So anschaulich das Argument ist, es ist doch – auf diesem Abstraktionsniveau – kein mathematischer Beweis.

Wir wollen deshalb einmal am Beispiel der maximalen Teilsummen detailliert argumentieren, warum diese untere Schranke gilt.

> **Satz 1.32 (Untere Schranke für maximale Teilsummen):**
> *Jeder (korrekte) Algorithmus für das Problem der maximalen Teilsumme hat eine Laufzeit von $\Omega(n)$ im Worst-Case.*

Beweis: Angenommen, es gäbe einen korrekten (deterministischen) Algorithmus $\mathcal{A}$, der Subarrays mit maximaler Teilsumme bestimmt und mit $T(n) = o(n)$ Vergleichen und Additionen auskommt. Dann muss ab einem n_0 auch $T(n) < n - 1$ gelten. Sei nun $A = a_1, \ldots, a_{n_0}$ eine Eingabe der Länge n_0 und $s = \max\{f(i,j) \mid 1 \le i, j \le n_0\}$ die Lösung für diese Eingabe. Da $T(n_0) < n_0 - 1$ gilt, kann $\mathcal{A}$ für diese Eingabe nicht alle Zahlen in die Bestimmung der Ausgabe mit einbeziehen, d.h. es existiert ein i, sodass die Berechnung $\mathcal{A}(A)$ nicht von a_i abhängt.

Damit muss die Ausgabe von $\mathcal{A}$ auf Eingabe A mit der bei Eingabe $A' = a_1, \ldots, a_{i-1}, M, a_{i+1}, \ldots, a_{n_0}$ übereinstimmen, also mit der einer Eingabe, die sich von A nur an der nicht inspizierten Position i unterscheidet. Das ist aber ein Widerspruch zur Annahme, $\mathcal{A}$ berechne die maximale Teilsumme: Wenn nämlich $M > s$ ist, so muss i definitiv Teil des optimalen Subarrays sein und die Lösung s' für A' erfüllt $s' > s$; wenn dagegen $M < -s$ kann i definitiv *nicht* Teil des optimalen Subarrays sein und $s' \le s$. $\mathcal{A}$ muss aber für beide Fälle das gleiche Ergebnis liefern. ∎

Damit haben wir bewiesen, dass jeder korrekte Algorithmus $\Omega(n)$ Zeit benötigt. Wir wissen also über die Komplexität des Problems, dass sie in $\Omega(n)$ und $\mathcal{O}(n \log n)$ liegt; es klafft aber noch eine Lücke von $\log n$ zwischen den beiden Schranken.

1.4.5 Ein optimaler Algorithmus

Im Falle unseres Beispielproblems können wir diese Lücke zwischen unterer und oberer Schranke komplett schließen: Es gibt tatsächlich einen (überraschend einfachen!) Linearzeit-Algorithmus für das Problem der maximalen Teilsumme.

Die Idee ist, das Array genau einmal zu durchlaufen und dabei stets zwei Dinge vorzuhalten: Die maximale Teilsumme im aktuellen Präfix der Eingabe und die *maximale Teilsumme eines Suffixes dieses Präfixes*. Bei Hinzunahme eines neuen Elements lässt sich beides in Konstantzeit aktualisieren. In Java lässt sich diese Idee kompakt beschreiben:

```java
public static double findMaxSubarraySum(double[] A) {
    int n = A.length;
    double suffixMax = 0, globalMax = 0;
    for (int r = 0; r < n; ++r) {
        suffixMax = Math.max(suffixMax + A[r], 0);
        globalMax = Math.max(globalMax, suffixMax);
    }
}
```

```
8       return globalMax;
9   }
```

Offensichtlich ist die Laufzeit in $\mathcal{O}(n)$, da wir genau einmal über A iterieren und innerhalb der Schleife nur konstant viele Operationen ausgeführt werden. Auch der Speicherbedarf ist äußerst gering: wir brauchen nur zwei zusätzliche Variablen. Damit hat dieser Algorithmus – bezüglich der Θ-Klasse – optimale Laufzeit (und optimalen Platzbedarf).

Aber warum findet dieser einfache Code die korrekte Teilsumme? Wir beweisen per Induktion über $\mathtt{r}$, dass

$$\mathtt{globalMax} \;=\; \max\left(\{0\} \cup \left\{\sum_{\ell=i}^{j} \mathtt{A}[\ell] \;\middle|\; 0 \le i \le j \le \mathtt{r}\right\}\right)$$

$$\mathtt{suffixMax} \;=\; \max\left(\{0\} \cup \left\{\sum_{\ell=i}^{\mathtt{r}} \mathtt{A}[\ell] \;\middle|\; 0 \le i \le \mathtt{r}\right\}\right)$$

jeweils am Ende des Schleifenrumpfs gilt.

IA: Für $\mathtt{r} = 0$ gibt es nur zwei Möglichkeiten: Wenn $\mathtt{A[r]} = \mathtt{A[0]} > 0$, so setzt der Algorithmus $\mathtt{globalMax} = \mathtt{suffixMax} = \mathtt{A[0]}$ und die Behauptung gilt. Falls $\mathtt{A[0]} \le 0$, so verbleiben $\mathtt{globalMax} = \mathtt{suffixMax} = 0$, was ebenfalls der Behauptung für $\mathtt{r} = 0$ entspricht.

IV: Angenommen die Behauptung galt für $\mathtt{r} - 1 \ge 0$, am Ende der letzten Schleifeniteration.

IS: Unter Annahme der Induktionsvoraussetzung ist die Aktualisierung von $\mathtt{suffixMax}$ offensichtlich korrekt: Sofern das Maximum für einen Wert $i < \mathtt{r}$ angenommen wird muss dies das gleiche i wie für $\mathtt{r} - 1$ sein (sonst könnten wir auch dort das Maximum verbessern), und $\mathtt{suffixMax}$ ändert sich gerade um $\mathtt{A[r]}$. Durch die Maximum-Operation stellen wir sicher, dass $\mathtt{suffixMax} \ge 0$, auch für den Fall, dass alle Teilsummen mit rechter Grenze $\mathtt{r}$ negativ sind.

Für $\mathtt{globalMax}$ gibt es stets zwei Möglichkeiten: Das optimale Paar (i, j) kann $j = \mathtt{r}$ oder $j < \mathtt{r}$ erfüllen. Im ersten Fall ist dann $\mathtt{globalMax}$ gleich $\mathtt{suffixMax}$, im zweiten Fall bleibt $\mathtt{globalMax}$ bei seinem Wert aus der vorigen Iteration. Damit gilt nach dem Update von $\mathtt{globalMax}$ auch der zweite Teil der Behauptung.

Für $\mathtt{r} = n-1$ ist offensichtlich $\mathtt{globalMax}$ die maximale Teilsumme im Array $\mathtt{A}$, der Rückgabewert ist also korrekt.

Ausblick Entwurfsmuster: Eine berechtigte Frage ist, wie man auf Algorithmen wie den gerade beschriebenen kommen soll. Woher sollte man wissen, dass es hier letztendlich hilfreich ist, das auf den ersten Blick unnütze $\mathtt{suffixMax}$ mit durchzuschleifen?

Neben der Erfahrung aus vielen Beispielen helfen uns dabei die diversen Entwurfsmuster für Algorithmen, die wir in Kapitel 7 im Detail studieren werden. Unser Beispielproblem der maximalen Teilfolgen werden wir in Abschnitt 7.2.1 noch einmal im Detail diskutieren, und sehen, wie man in der Tat *systematisch* zu obiger Idee finden kann.

1.5 Abstrakte Datentypen

In den nachfolgenden Kapiteln werden wir diverse Datenstrukturen diskutieren. Wir werden dabei in der Regel voll funktionsfähige Beispielimplementierungen in Java angeben; unser Hauptaugenmerk wird aber nicht auf den Implementierungstechniken liegen, wie es in einem Buch über Praktische Informatik oder einem Werk über eine spezielle Programmiersprache der Fall wäre. Auch wird das Programm nicht verwendet, um die Datenstruktur zu definieren. Vielmehr werden wir die Datenstrukturen über ihre Eigenschaften und dem Verhalten der zur Verfügung stehenden Operationen abstrakt charakterisieren. Eine Implementierung muss dann die geforderten Eigenschaften und das geforderte Verhalten der Operationen korrekt widerspiegeln. Man spricht bei dieser Art, eine Datenstruktur nur abstrakt zu beschreiben, von einem *Abstrakten Datentyp*.

Abstrakt bedeutet in diesem Zusammenhang die Abstraktion von Implementierungsdetails, nicht aber vom Verhalten. Wir können uns einen Abstrakten Datentyp als ein mathematisches Modell mit einer Menge von auf diesem Modell definierten Operationen vorstellen. Ein einfaches Beispiel sind Mengen von ganzen Zahlen mit den Operationen Durchschnitt, Vereinigung und Mengendifferenz. Für alle drei Operationen ist das Ergebnis eindeutig festgelegt. Wie dieses Ergebnis aber erreicht wird, wird nicht gesagt.

Für einen Abstrakten Datentyp müssen die Operationen nicht ausschließlich Argumente des betrachteten Modells besitzen oder Elemente aus dem Modell als Resultat liefern. Wir gehen aber davon aus, dass mindestens ein Argument oder das Ergebnis einer Operation vom entsprechenden Typ ist.

Für die Verwendung des Datentyps fordern wir, dass der Zugriff (z. B. auf eine Menge oder auf ihre Elemente) ausschließlich über zum Datentyp gehörende Operationen erfolgt. Nur so können wir sicherstellen, dass das Modell stets in einem konsistenten Zustand verbleibt, sodass für alle Operationen ein wohldefiniertes Ergebnis vorhanden ist.

In unserem Beispiel der Mengen ganzer Zahlen wäre es beispielsweise fatal, wenn *der Benutzer* an den Operationen vorbei ein bereits vorhandenes Element in die Menge doppelt einfügen könnte, da dann z. B. das Ergebnis der Durchschnitts zweier Mengen nicht eindeutig wäre (kommt das doppelte Element nur einmal in den Schnitt, oder zweimal?). Im abstrakten Modell mathematischer Mengen ist per Definition ausgeschlossen, dass eine Element mehrfach vorkommt; in einer Implementierung müssen wir aber etwa in der Einfügeoperation selbst sicherstellen, dass sie diesen Fall verhindert. Die Kapselung von Daten und deren exklusive Manipulation mittels Methoden im Kontext der Objektorientierung trägt diesen Forderungen Rechnung.

In diesem Buch wird es darum gehen, solche Abstrakte Datenstrukturen einzuführen, die in vielen Bereichen der Informatik von Bedeutung sind. Wir werden dabei untersuchen, mit welchen Kosten (Zeit, Platz) wir sie implementieren können. An dieser Stelle tritt die Realisierung in den Vordergrund, nun aber aus einem anderen Blickwinkel als in der Praktischen Informatik.

Diese Trennung zwischen Abstraktem Datentyp und Implementierung ist hilfreich, um auf verschiedene Aspekte des Entwurfs von Algorithmen und Datenstrukturen zu fokussieren. Während uns der Abstrakte Datentyp und seine Beschreibung anhand eines mathematischen Modells eine Sprache an die Hand gibt, in der wir klar und präzise auszudrücken können, *was* eine Datenstruktur können soll und wie sie zu benutzen ist, dient die Implementierung vorrangig dazu, aussagen zu können, *wie schnell* (und mit welchem Platzbedarf) sich diese Aufgabe tatsächlich auf unseren Computern lösen lässt.

In Java bieten Interfaces die Möglichkeit, diese Trennung umzusetzen; man beachte allerdings, dass ein Interface alleine keinen Abstrakten Datentyp definiert, da es nur die Signatur, aber nicht die Bedeutung/Semantik der Operationen umfasst. (In der Praxis wird letztere aber oft in Javadoc-Kommentaren zumindest informell beschrieben.) Um die Idee hinter diesem Konzept zu verdeutlichen, wollen wir nachfolgend den Abstrakten Datentyp des *Feldes* beispielhaft betrachten.

1.5.1 Beispiel: Felder (Arrays)

Wir gehen an dieser Stelle davon aus, dass bekannt ist, was man unter einem Array versteht. Wir wollen dennoch (oder gerade deshalb) eine abstrakte Definition angeben. Unsere Definition von Arrays ist außerdem deutlich flexibler, als etwa die Arrays, die Teil des Sprachumfangs von Java sind; wir werden dann skizzieren, wie sich die allgemeinere Definition in Java umsetzen lässt. Das soll auch daran erinnern, dass man sich beim Entwurf von Algorithmen nicht von den Eigenschaften einer konkreten Programmiersprache einschränken lassen sollte.

Definition 1.33 (Feld/Array):
Ein (ganzzahliges) Feld (Array) A der Dimension k, $k \in \mathbb{N}$, ist eine Abbildung

$$A : [n_1 : m_1] \times [n_2 : m_2] \times \cdots \times [n_k : m_k] \to \mathbb{Z},$$

mit $n_i, m_i \in \mathbb{Z}$, $n_i \leq m_i$, $1 \leq i \leq k$.

Die Operation := hat als Argumente ein Feld A der Dimension k, einen Vektor $(i_1, i_2, \ldots, i_k) \in [n_1 : m_1] \times [n_2 : m_2] \times \cdots \times [n_k : m_k]$ und eine ganze Zahl z, und bildet diese Argumente in die Menge aller Felder der Dimension k ab. Dabei gilt

$$:=\bigl(A, (i_1, \ldots, i_k), z\bigr) \; = \; A'$$

$$\text{mit } A'[\boldsymbol{i}] \;=\; \begin{cases} z & \text{für } \boldsymbol{i} = (i_1, \ldots, i_k), \\ A[\boldsymbol{i}] & \text{sonst,} \end{cases} \quad \big(\boldsymbol{i} \in [n_1 : m_1] \times \cdots \times [n_k : m_k]\big). \blacktriangleleft$$

Das Auslesen eines Feldelements entspricht der Berechnung des Funktionswerts der das Feld repräsentierenden Abbildung an der betreffenden Stelle. Die Zuweisung := macht aus der Abbildung (dem Feld) A die Abbildung A', die an der adressierten Stelle den spezifizierten Wert z zurückgibt, und an allen anderen Stellen des Definitionsbereichs mit A übereinstimmt. Dies ist eine formale Umschreibung dessen, was bei der Zuweisung `A[i]:=z` in nahezu jeder Programmiersprache geschieht: Alle Komponenten des Feldes bleiben unverändert, nur in `A[i]` ist von nun ab der Wert `z` gespeichert.

Bemerkung 1.34 (Datenstrukturen und Zeit): Da unsere mathematische Formalisierung nur unveränderliche Werte und keinen zeitlichen Ablauf kennt, müssen wir dynamische Datenstrukturen wie Arrays, deren Zustand sich durch Operationen ändern kann, über den Umweg einer zusätzlichen Zeitdimension beschreiben. Wir wählen also die Perspektive eines selbst aus der Zeit losgelösten Wesens, das sowohl auf die Vergangenheit, als auch auf die Zukunft Zugriff hat, und diese durch Gleichungen in Beziehung setzt. Konkret versehen wir dazu alle Variablen mit einem Index für die Zeit: A_t ist der Zustand von Datenstruktur A *in Zeitschritt t*. Eine Zuweisung in einem Array ist dann formal über eine Gleichung

$$A_{t+1} \;=\; := \!\big(A_t, (i_1, \ldots, i_k), z\big)$$

beschrieben, die also besagt, dass A in Zeitschritt $t+1$ das Ergebnis der Zuweisungsoperation := angewandt auf A aus Zeitschritt t ist.

In der Informatik erlaubt man sich – auch wenn man auf der Ebene von Pseudocode mit Abstrakten Datentypen operiert – diesen Zusammenhang einfach als

$$A[i_1, \ldots, i_k] := z$$

zu beschreiben – wie man es auch (in ähnlicher Syntax) in einer Programmiersprache tun würde – da die Zeitschritte durch die Abfolge im Programm implizit gegeben sind.

An dieser Stelle sei nochmal auf die unterschiedlichen Ziele von abstrakter Beschreibung und Implementierung hingewiesen: erstere dient der Definition des gewünschten Verhaltens, letztere zeigt wie man dieses Verhalten möglichst effizient auf dem Computer erreichen kann. Würde man tatsächlich für jede Zuweisung in einem Array eine Kopie des gesamten Arrays anlegen, wie in der abstrakten Modellierung getan, so wären Arrays in der Praxis nicht sinnvoll einsetzbar: Alleine die Zeit, die der Computer benötigte, um das Ergebnis auszugeben, wäre schon inakzeptabel hoch.

Nichtsdestoweniger hat das mathematische Modell der unveränderlichen Werte durchaus Einzug in die Praxis gehalten, etwa in funktionalen Programmiersprachen und in vielen Klassen der Java-Bibliothek (wie etwa bei `Strings`). Der Grund dafür ist, dass Methoden mit *Seiteneffekten*, die also Änderungen am *Zustand* eines Objektes vornehmen, insbesondere in nebenläufigen Programmen leichter zu Programmierfehlern führen. Dieser Vorteil kann in der Praxis die zusätzlichen Kosten des Kopierens rechtfertigen. Wir berücksichtigen diesen Aspekt in unserer Betrachtung hier aber nicht weiter. $\blacktriangleleft$

Im Allgemeinen muss der Definitionsbereich (Indexbereich) eines Feldes keine Teilmenge von $\mathbb{Z}^k$ sein und man darf beispielsweise Aufzählungstypen (mit einer linearen Ordnung) als Indextyp verwenden. Auch muss der Wertebereich des Feldes (der im Feld gespeicherte Typ) nicht zwingend $\mathbb{Z}$ sein, und es können typischerweise alle Basistypen als Wertebereich verwendet werden. Es

ist aber offensichtlich, wie wir obige Definition anpassen müssen, um diese
Möglichkeiten zu berücksichtigen.

Wir wollen nun sehen, wie man diesen Abstrakten Datentyp in Java implementiert, indem man (aus der abstrakten Sicht) im Arbeitsspeicher eine
Tabelle mit allen Funktionswerten anlegt und so die Abbildung realisiert. Aus
der Sicht auf ein Array, die wir gewohnt sind, ist dieses Vorgehen gleichbedeutend dazu, für jede der im Feld angelegten Variablen genügend Platz im
Arbeitsspeicher zu reservieren, und die Adressierung der Variablen über die
Indizes zu gewährleisten. Wir wollen dazu folgendes Interface implementieren.

```
1 public interface MultidimensionalArray<E> {
2     E get(int... indices);
3     void set(E newValue, int... indices);
4 }
```

Bemerkung 1.35 (Varargs und generische Typen): Obiges Interface verwendet zwei er-
wähnenswerte Sprachkonstrukte von Java. Die sogenannten *Vararg-Typen* wie `int...`
bezeichnen formal den Typ `int[]`, erlauben aber die einzelnen Elemente dieses Arrays
beim Aufruf der Methode einfach aufzulisten, etwa `array.get(2,7,17)`. Des Weiteren
definieren wir `MultidimensionalArray` als einen *generischen Typ* mit dem *Typparameter*
`E`, da die Implementierung tatsächlich nicht davon abhängig ist, wie der Basistyp des
Wertebereichs aussieht. `E` ist dabei ein Platzhalter, der in einer Instanziierung einer
Implementierung durch einen konkreten Typ, etwa `Integer` (den *Wrapper-Typ* für `int`)
ersetzt wird.   ◄

1.5.2 Sequentielle Repräsentation mehrdimensionaler Arrays

Bei dieser Repräsentation von Arrays macht man von der Linearität der
heutigen Arbeitsspeicher Gebrauch. Beginnend bei der Basisadresse ordnet
man die Feldelemente sequentiell an.

Definition 1.36 (Speicherabbildungsfunktion):
Sei $A : [n_1 : m_1] \times \ldots \times [n_k : m_k] \to \mathbb{Z}$ *ein* k-*dimensionales Feld und* S *ein
Speicher mit den Adressen* $[N : M]$. *Die Funktion*

$$LOC_A \in \mathsf{Abb}\big([n_1 : m_1] \times \ldots \times [n_k : m_k], [N : M]\big)$$

mit

$$LOC_A(i_1, \ldots, i_k) = \alpha \in [N : M] \qquad ◄$$

heißt Speicherabbildungsfunktion bzgl. A, *falls* LOC_A *injektiv ist. Ist* LOC_A
auch surjektiv, dann heißt LOC_A *sequentiell.*

Definition 1.37 (lexikographische Ordnung):
Die lexikographische Ordnung $\prec$ *der* k-*Tupel* $(i_1, \ldots, i_k) \in [n_1 : m_1] \times \ldots \times [n_k : m_k]$ *ist definiert durch*

$$(a_1, \ldots, a_k) \prec (b_1, \ldots, b_k) :\leftrightarrow (\exists j \in [1 : k])(\forall i \in [1 : j-1])(a_j < b_j \wedge a_i = b_i).$$

Eine Speicherabbildungsfunktion LOC_A heißt lexikographisch, falls gilt:

a) LOC_A ist sequentiell, und
b) $(a_1, \ldots, a_k) \prec (b_1, \ldots, b_k) \to LOC_A(a_1, \ldots, a_k) < LOC_A(b_1, \ldots, b_k)$,

wobei $<$ die natürliche Ordnung in $[N : M]$ ist. ◄

Beispiel 1.38: Die lexikographische Ordnung in $[0 : 1] \times [0 : 1] \times [1 : 3]$ ist
$(0, 0, 1) \prec (0, 0, 2) \prec (0, 0, 3) \prec (0, 1, 1) \prec (0, 1, 2) \prec (0, 1, 3) \prec (1, 0, 1) \prec (1, 0, 2) \prec$
$(1, 0, 3) \prec (1, 1, 1) \prec (1, 1, 2) \prec (1, 1, 3)$.

Die Speicherabbildungsfunktion $LOC_A : [0 : 1] \times [0 : 1] \times [1 : 3] \to [0 : 11]$ mit
$LOC_A(i_1, i_2, i_3) = 6i_1 + 3i_2 + i_3 - 1$ ist lexikographisch, denn sie legt folgende
Adressen fest:

Feldelement	Adresse
$A[0, 0, 1]$	0
$A[0, 0, 2]$	1
$A[0, 0, 3]$	2
$A[0, 1, 1]$	3
$A[0, 1, 2]$	4
$A[0, 1, 3]$	5
$A[1, 0, 1]$	6
$A[1, 0, 2]$	7
$A[1, 0, 3]$	8
$A[1, 1, 1]$	9
$A[1, 1, 2]$	10
$A[1, 1, 3]$	11

◄

Bemerkung 1.39: Für 2-dimensionale Felder (Matrix) entspricht die lexikographische
Speicherung dem sukzessiven Abspeichern der Zeilen, d. h. zuerst speichert man die erste
Zeile, dann die zweite, usw. Die einzelnen Elemente einer Zeile werden dabei von links
nach rechts abgearbeitet. ◄

Auch wenn wir noch keine allgemeine lexikographische Speicherabbildungsfunktion gesehen haben, können wir unter der Annahme LOC sei eine solche
schon den Rest unserer mehrdimensionalen Arrays implementieren:

```
1  public class LexicographicArray<E> implements MultidimensionalArray<E> {
2      private int k;
3      private int[] n, m;
4      private E[] data;
5      public LexicographicArray(int k, int[] ns, int[] ms) { ... }
6
7      public E get(final int... indices) {
8          checkIndices(indices);
9          return data[LOC(indices)];
10     }
11     public void set(final E newValue, final int... indices) {
12         checkIndices(indices);
```

```
13        data[LOC(indices)] = newValue;
14     }
15     private int LOC(int[] indices) { ... }
16
17     private void checkIndices(int[] indices) {
18        if (indices.length != k) throw new IllegalArgumentException();
19        for (int i = 0; i < indices.length; i++)
20           if (indices[i] < n[i]  indices[i] > m[i])
21              throw new IllegalArgumentException();
22     }
23  }
```

Bemerkung 1.40 (Überprüfung der Eingabeparameter): Wir werden in Zukunft die Überprüfung der Eingabeparameter auf gültige Werte aus Platzgründen weglassen; in einer tatsächlichen Implementierung ist dies aber ein wichtiger Schritt, um die Konsistenz der Datenstruktur sicherzustellen.   ◄

Es fehlt nun noch der entscheidende Teil der Implementierung: die lexikographische Speicherabbildungsfunktion. Tatsächlich lassen sich diese durch eine bestimmte Form charakterisieren, was es uns erlaubt, mit einer Formel alle möglichen Größe und Dimensionen von mehrdimensionalen Arrays nach unserer Definition zu behandeln.

Satz 1.41:

Sei $A : [n_1 : m_1] \times \ldots \times [n_k : m_k] \to \mathbb{Z}$ ein k-dimensionales Feld. Eine lexikographische Speicherabbildungsfunktion

$$LOC_A \in \mathsf{Abb}\left([n_1 : m_1] \times \ldots \times [n_k : m_k], \left[N : N - 1 + \prod_{1 \leq p \leq k} (m_p - n_p + 1) \right] \right)$$

ist gegeben durch

$$LOC_A(i_1, \ldots, i_k) \;=\; N + \sum_{1 \leq j \leq k} (i_j - n_j) \prod_{j+1 \leq p \leq k} (m_p - n_p + 1).$$

Beweis: Wir zeigen die Bedingungen für lexikographische Speicherabbildungsfunktionen nacheinander.

Beh. 1: Sei $(b_1, \ldots, b_k)$ direkter Nachfolger von $(a_1, \ldots, a_k)$ in der lexikographischen Ordnung $\prec$, d.h. $\left(\neg \exists (c_1, \ldots, c_k) \in [n_1 : m_1] \times \cdots \times [n_k : m_k] \right) \left((a_1, \ldots, a_k) \prec (c_1, \ldots, c_k) \prec (b_1, \ldots, b_k) \right)$, dann ist $LOC_A(b_1, \ldots, b_k) = LOC_A(a_1, \ldots, a_k) + 1$.

Bew.   Ist $(b_1, \ldots, b_k)$ direkter Nachfolger von $(a_1, \ldots, a_k) \to (\exists s \in [1 : k])(a_1 = b_1 \wedge a_2 = b_2 \wedge \ldots \wedge a_{s-1} = b_{s-1} \wedge a_s = b_s - 1 \wedge a_{s+1} = m_{s+1} \wedge \ldots \wedge a_k = m_k \wedge b_{s+1} = n_{s+1} \wedge \ldots \wedge b_k = n_k)$. Nun ist

$$LOC_A(b_1, \ldots, b_k)$$

$$= N + \sum_{1 \leq j \leq k} (b_j - n_j) \prod_{j+1 \leq p \leq k} (m_p - n_p + 1)$$

$$= N + \sum_{1 \leq j \leq s-1} (\underbrace{b_j}_{a_j} - n_j) \prod_{j+1 \leq p \leq k} (m_p - n_p + 1)$$

$$+ (\underbrace{b_s}_{a_s+1} - n_s) \prod_{s+1 \leq p \leq k} (m_p - n_p + 1)$$

$$+ \sum_{s+1 \leq j \leq k} (\underbrace{b_j}_{n_j} - n_j) \prod_{j+1 \leq p \leq k} (m_p - n_p + 1)$$

$$= N + \sum_{1 \leq j \leq s-1} (a_j - n_j) \prod_{j+1 \leq p \leq k} (m_p - n_p + 1)$$

$$+ (a_s - n_s) \prod_{s+1 \leq p \leq k} (m_p - n_p + 1) + \prod_{s+1 \leq p \leq k} (m_p - n_p + 1)$$

$$= LOC_A(a_1, \ldots, a_k) - \sum_{s+1 \leq j \leq k} (\underbrace{a_j}_{m_j} - n_j) \prod_{j+1 \leq p \leq k} (m_p - n_p + 1)$$
$$\underbrace{\qquad\qquad}_{(m_j - n_j + 1) - 1}$$

$$+ \prod_{s+1 \leq p \leq k} (m_p - n_p + 1)$$

$$= LOC_A(a_1, \ldots, a_k)$$

$$- \sum_{s+1 \leq j \leq k} \left[\prod_{j \leq p \leq k} (m_p - n_p + 1) - \prod_{j+1 \leq p \leq k} (m_p - n_p + 1) \right]$$

$$+ \prod_{s+1 \leq p \leq k} (m_p - n_p + 1)$$

$$= LOC_A(a_1, \ldots, a_k)$$

$$- \left[\prod_{s+1 \leq p \leq k} (m_p - n_p + 1) - \underbrace{\prod_{k+1 \leq p \leq k} (m_p - n_p + 1)}_{=1} \right]$$

$$+ \prod_{s+1 \leq p \leq k} (m_p - n_p + 1)$$

$$= LOC_A(a_1, \ldots, a_k) + 1$$

Beh. 2: $(a_1, \ldots, a_k) \lessdot (b_1, \ldots, b_k) \rightarrow LOC_A(a_1, \ldots, a_k) < LOC_A(b_1, \ldots, b_k)$.

Bew. $\boldsymbol{a} = (a_1, \ldots, a_k) \lessdot \boldsymbol{b} = (b_1, \ldots, b_k)$
$\rightarrow (\exists \boldsymbol{c}_0, \boldsymbol{c}_1, \ldots, \boldsymbol{c}_l \in [n_1 : m_1] \times \ldots \times [n_k : m_k])$ mit $(\boldsymbol{a} = \boldsymbol{c}_0 \wedge$
$\boldsymbol{c}_l = \boldsymbol{b} \wedge \boldsymbol{c}_{i+1}$ ist direkter Nachfolger von $\boldsymbol{c}_i$ bzgl. $\lessdot$, $0 \leq i \leq l - 1$).

Beh1 $\rightarrow LOC_A(\boldsymbol{a}) = LOC_A(\boldsymbol{c}_0)$

$$= LOC_A(\boldsymbol{c}_1) - 1$$
$$= LOC_A(\boldsymbol{c}_2) - 2 = \cdots = LOC_A(\boldsymbol{c}_\lambda) - \lambda = \cdots$$
$$\overset{\lambda = l}{=} LOC_A(\boldsymbol{c}_l) - l$$
$$= LOC_A(\boldsymbol{b}) - l$$
$$LOC_A(\boldsymbol{a}) < LOC_A(\boldsymbol{b}), \qquad \text{da } l \geq 1.$$

Beh. 3: LOC_A ist injektiv.

Bew.   Sei $\boldsymbol{a} = (a_1, \ldots, a_k) \neq \boldsymbol{b} = (b_1, \ldots, b_k) \to$ o. B. d. A. $(a_1, \ldots, a_k) \prec$
        $(b_1, \ldots, b_k)$. Mit Beh. 2 folgt dann $LOC_A(\boldsymbol{a}) < LOC_A(\boldsymbol{b}) \to$
        $LOC_A(\boldsymbol{a}) \neq LOC_A(\boldsymbol{b})$.

Beh. 4: LOC_A ist bijektiv.

Bew.   Folgt mit Beh. 3 und der Tatsache, dass Bild und Urbild dieselbe
        Mächtigkeit haben. (Bei endlichen Definitions- bzw. Wertebereichen
        folgt daraus nämlich die Surjektivität.) Wir rechnen nach:

$$\left| [n_1 : m_1] \times \ldots \times [n_k : m_k] \right|$$
$$= \left| [n_1 : m_1] \right| \cdots \left| [n_k : m_k] \right|$$
$$= \prod_{1 \leq p \leq k} (m_p - n_p + 1)$$
$$= \left| \left[N : N - 1 + \prod_{1 \leq p \leq k} (m_p - n_p + 1) \right] \right|. \qquad \blacksquare$$

Man könnte nun diese Formel direkt in Java realisieren, allerdings würde man
dabei einige Rechnungen unnötigerweise immer und immer wieder ausführen:
Das Produkt in der Summe hängt nämlich gar nicht von den Indices $i_1, \ldots, i_k$,
sondern nur von den festen Grenzen ab. Das erlaubt es, diese inneren Produkte
ein für allemal bei der Instanziierung des Arrays zu berechnen:

Definition 1.42 (Dopevektor):
Der Vektor $\boldsymbol{p} = (p_1, p_2, \ldots, p_k)$ mit

$$p_j = \prod_{j+1 \leq p \leq k} (m_p - n_p + 1)$$

heißt *Dopevektor*.   ◀

Damit gilt

$$LOC_A(i_1, \ldots, i_k) = N + \sum_{1 \leq j \leq k} (i_j - n_j) p_j,$$

was sich (abgesehen von der Zählweise ab 0 statt ab 1) direkt in Java umsetzen
lässt:

```
1    private int LOC(int[] indices) {
2        int res = 0;
3        for (int j = 0; j < k; ++j) res += (indices[j] - n[j]) * dope[↵
             j];
4        return res;
5    }
```

Damit fehlt lediglich noch die Berechnung von **dope** selbst. Diese erledigen
wir im Konstruktor der Klasse unter Verwendung der rekursiven Beziehung

$$p_k = 1,$$
$$p_{k-1} = m_k - n_k + 1,$$
$$p_{k-2} = p_{k-1}(m_{k-1} - n_{k-1} + 1),$$
$$p_{k-3} = p_{k-2}(m_{k-2} - n_{k-2} + 1),$$
$$\vdots$$
$$p_1 = p_2(m_2 - n_2 + 1).$$

```
1    private final int[] dope;
2    @SuppressWarnings("unchecked")
3    public LexicographicArray(int k, int[] ns, int[] ms) {
4        if (ns.length != k || ms.length != k) throw new ↵
             IllegalArgumentException();
5        this.k = k; this.n = ns.clone(); this.m = ms.clone();
6        this.dope = new int[k]; this.dope[k - 1] = 1;
7        for (int j = k - 2; j >= 0; j--)
8            dope[j] = dope[j + 1] * (ms[j + 1] - ns[j + 1] + 1);
9        int size = dope[0] * (ms[0] - ns[0] + 1);
10       data = (E[]) new Object[(int) size];
11   }
```

Bemerkung 1.43 (Defensive Kopien und Generische Arrays): Die Aufrufe ns.clone()
und ms.clone() erzeugen eine Kopie der beiden Arrays, was nach unnötigem Aufwand
aussehen mag. Da Java Arrays (wie alle Objekte) aber als Referenz übergibt und Arrays
stets beschreibbar sind, würde die direkte Verwendung mittels this.n = ns einem
Benutzer erlauben, nach dem Erzeugen des Arrays die Indexgrenzen zu verändern; das
würde die Konsistenz der Datenstruktur zerstören! Indem wir eine private Kopie der
Arrays speichern, ist dieser Fall ausgeschlossen.

Man könnte alternativ dem Benutzer schlicht *verbieten*, die übergebenen Arrays
je wieder zu verändern; allerdings ist die Gefahr hoch, dass eine solche Vereinbarung
vergessen wird, und wir als Programmierer der Klasse LexicographicArray hätten keine
Möglichkeit, das zu überprüfen.

Die letzte Zeile des obigen Codes offenbart eine Schwäche in Java: Es ist in Java
nicht möglich, ein Array eines generischen Typs anzulegen (new E[] kompiliert nicht),
deshalb müssen wir ein Array beliebiger Objektreferenzen verwenden. Der *Cast* (E[])
würde normalerweise zu einer Warnung führen, die wir hier explizit unterdrücken, da wir
beweisen können, dass wir stets nur Objekte vom Typ E in data speichern.   ◄

Wir haben damit eine gültige Implementierung unseres Abstrakten Datentyps
Array gefunden, welche für eine Ausführung der Operationen **get** oder **set**
je $\mathcal{O}(k)$ Operationen benötigt. Solange wir in jedem Fall die k übergebenen

Indizes betrachten müssen, sind $\Omega(k)$ Operationen auch nicht vermeidbar, sodass unsere Implementierung bezüglich der Wachstumsrate der Laufzeit optimal ist! Auch bezüglich des Speicherbedarfs lässt die Lösung kaum Wünsche offen; der zusätzliche Speicher für den Dope-Vektor fällt gegenüber dem in aller Regel deutlich größeren `data` kaum ins Gewicht, und Platz für all diese Elemente zu reservieren, lässt sich im Allgemeinen auch nicht vermeiden.

Bemerkung 1.44 (Kosten mehrdimensionaler Arrays): Schauen wir uns einige Spezialfälle für lexikographische Speicherabbildungsfunktionen an:

$$\text{1-dim. Feld:} \quad LOC_A(i_1) = N + (i_1 - n_1)p_1$$
$$= N + i_1 - n_1,$$
$$\text{2-dim. Feld:} \quad LOC_A(i_1, i_2) = N + (i_1 - n_1)p_1 + (i_2 - n_2)p_2$$
$$= N + (i_1 - n_1)(m_2 - n_2 + 1) + (i_2 - n_2).$$

Man erkennt einen wesentlichen Unterschied zwischen ein- und mehrdimensionalen Feldern: Bei mehrdimensionalen Feldern sind zur Adressrechnung Multiplikationen erforderlich, während im eindimensionalen Fall nur Additionen notwendig sind. Dies kann sich stark auf die Geschwindigkeit der Adressrechnung und damit auf die Laufzeit des Programmes auswirken, da je nach Hardware die Zeit für eine Multiplikation ein Vielfaches der Zeit einer Addition sein kann.

Berechnet man den Dopevektor im Voraus (erfordert $(k-2)$ Multiplikationen und $(2k-2)$ Additionen) und speichert ihn als Hilfsfeld ab, dann erfordert das Auffinden von $A[i_1, \ldots, i_k]$ (d.h. die Berechnung von $LOC_A(i_1, \ldots, i_k)$) immer noch $(k-1)$ Multiplikationen und $(2k-1)$ Additionen. Man sollte also mit der Verwendung von mehrdimensionalen Feldern durchaus geizen. ◀

Die lexikographische Speicherung von Arrays im linearen Speicher ist eine mögliche Implementierung für unseren abstrakten Datentyp Feld. Es ist dies vielleicht die naheliegendste Art von Speicherabbildungsfunktionen; es gibt aber viele denkbare Alternativen. Wir wollen daher die Vor- und Nachteile der lexikographischen Variante festhalten:

- Die *Speicherausnutzung* ist optimal: alle Elemente liegen direkt hintereinander, es entsteht keine Fragmentierung.

- Manche Operationen auf k-dimensionalen Feldern benötigen geringen Aufwand, z.B. das *Traversieren* entlang einer Achse i_l, d.h. $i_1, \ldots, i_{l-1}, i_{l+1}, \ldots, i_k$ fest, i_l durchläuft n_l bis m_l.

- Andere Operationen benötigen dagegen erheblichen Aufwand.
  Will man z.B. ein Feld $A : [n_1 : m_1] \times \cdots \times [n_k : m_k] \to \mathbb{Z}$ *vergrößern* zu einem Feld $A' : [n_1 : m_1] \times \cdots \times [n_r : m_r+1] \times \ldots \times [n_k : m_k] \to \mathbb{Z}$, also in Dimension r einen weiteren Index hinzufügen, dann müssen mindestens $\prod_{1 \leq p \leq k}(m_p - n_p + 1) - \prod_{r \leq p \leq k}(m_p - n_p + 1)$ Elemente umgespeichert werden: Das alte Feld A hat $a = \prod_{1 \leq i \leq k}(m_i - n_i + 1)$ viele Elemente, das neue Feld A' hat

$$a' = (\underbrace{m_r - n_r + 2}_{((m_r-n_r+1)+1)}) \prod_{\substack{1 \le i \le k \\ i \ne r}} (m_i - n_i + 1)$$

$$= \prod_{1 \le i \le k} (m_i - n_i + 1) + \prod_{\substack{1 \le i \le k \\ i \ne r}} (m_i - n_i + 1)$$

$$= a + \prod_{\substack{1 \le i \le k \\ i \ne r}} (m_i - n_i + 1)$$

viele. Wir haben die in Abb. 1.3 dargestellte Situation.

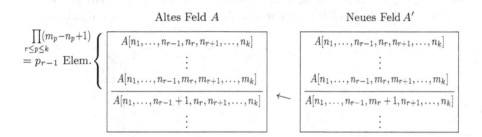

Abb. 1.3 Vergrößerung des lexikographisch abgespeicherten Feldes A in der r-ten Dimension – zur Erzeugung des neuen Feldes A' sind Umspeicherungen unvermeidlich.

Es sind $a' - a = \prod_{1 \le i < k, i \ne r}(m_i - n_i + 1)$ Elemente nach der in der Abbildung durch $\leftarrow$ markierten Position (nicht hintereinander!) einzufügen, d.h. jedes der

$$\prod_{1 \le p \le k} (m_p - n_p + 1) - p_{r-1} = \prod_{1 \le p \le k} (m_p - n_p + 1) - \prod_{r \le p \le k} (m_p - n_p + 1)$$

Elemente nach Position $\leftarrow$ muss mindestens einmal umgestellt werden.

$\rightsquigarrow$ Aufwand in $\Omega\left(\prod_{1 \le p \le k} (m_p - n_p + 1) - \prod_{r \le p \le k} (m_p - n_p + 1) \right)$.

(Spezialfall $r = 1$: Dann ist nach der Formel der Aufwand ≥ 0, und tatsächlich ist in diesem Fall nichts umzustellen, sondern nur die neuen Elemente $A[m_1 + 1, i_2, \ldots, i_k]$ an das alte Feld anzuhängen!)

1.5.3 Dreiecksmatrizen

In einigen Anwendungen kommen noch allgemeinere Teilmengen von Indizes vor. Ein besonders häufiges Beispiel ist, dass in einem 2-dimensionalen Feld $A : [1 : m] \times [1 : m] \to \mathbb{Z}$ nur die Elemente $A[i_1, i_2]$ mit $1 \leq i_2 \leq i_1 \leq m$ verwendet werden; das entspricht einer *unteren Dreiecksmatrix*.

Auf den ersten Blick liegt es nahe, für deren Abspeicherung ein 2-dimensionales Feld zu verwenden, da jeder Eintrag über zwei Indizes adressiert wird. Dabei verschwendet man aber die Hälfte des reservierten Speichers, was bei großen Matrizen ein Problem darstellen kann. Als Ausweg reserviert man sich ein eindimensionales Feld vom passenden Typ (passend zu den Einträgen der Matrix), fasst dessen Indexbereich als Adressraum auf, und verwendet eine selbst implementierte Speicherabbildungsfunktion, um die Elemente ohne Verschwendung von Speicher im linearen Adressraum des Feldes abzulegen.

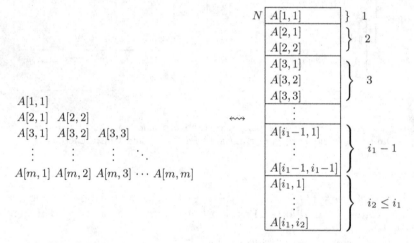

Abb. 1.4 Lexikographische Speicherung einer unteren Dreiecksmatrix.

Wir verwenden wieder eine lexikographische Speicherabbildungsfunktion, die in Abb. 1.4 illustriert ist. Hier gilt

$$LOC_A(i_1, i_2) = N + \frac{1}{2}i_1(i_1 - 1) + i_2 - 1,$$

da $LOC_A(i_1, i_2) = N - 1 + 1 + 2 + 3 + \ldots + i_1 - 1 + i_2 = N + \frac{1}{2}i_1(i_1 - 1) + i_2 - 1.$ Der Speicher ist zu 100% ausgenutzt, und das Vergrößern des Arrays erfordert hier kein Umstellen der Elemente im Speicher. (Für die Verallgemeinerung auf k-dimensionale Felder siehe nachfolgende Aufgaben.)

Bemerkung 1.45 (Java: Arrays von Arrays): Java bietet in der tat *gar keine* mehrdimensionalen Arrays an, wohl aber Arrays vom Typ Array. Damit kann man mehrdimensionale Arrays simulieren: Ein Zugriff A[i][j] verwendet hier indirekte Adressierung, um die i-te Zeile der Matrix anzusprechen, auf die dann der Spaltenoffset j wie üblich addiert wird. Da hierbei die Zeilen jeweils unabhängige eindimensionale Arrays sind, haben wir für die Dreiecksmatrix sogar den Vorteil, dass man ohne Probleme jeder Zeile eine andere Länge geben kann.

Allerdings hat diese Flexibilität durchaus ihren Preis. Weil eben die Zeilen der Matrix nacheinander dynamisch alloziert werden, geben wir die Garantie auf, einen einzigen, zusammenhängenden Bereich zu bekommen. Das untergräbt die Datenlokalität, von der moderne Prozessoren profitieren, sodass eine eigene Speicherabbildungsfunktion u. U. vorzuziehen ist. Letzteren Aspekt diskutieren wir unten im Detail. ◄

1.5.4 Nicht-konsekutive Speicherung

Im allgemeinen Fall eines k-dimensionalen Feldes haben wir gesehen, dass die Vergrößerung das Umstellen der Elemente zur Folge hat. Verlangt man keine 100%ige Ausnutzung des Speichers, dann kann dieses teilweise vermieden werden. Betrachte z. B. das 2-dimensionale Feld $A[1:n, 1:m]$ mit $LOC_A(i_1, i_2) = N + 2^{i_1 - 1} 3^{i_2 - 1} - 1$.

Für $n = 3, m = 2$ erhalten wir die in Abb. 1.5 gezeigte Abspeicherung. Die Zeilen- und Spaltenadressen bilden eine geometrische Progression. Erweitern wir die Matrix

$$A = \begin{bmatrix} A[1,1] & A[1,2] \\ A[2,1] & A[2,2] \\ A[3,1] & A[3,2] \end{bmatrix}$$

um eine Spalte zur Matrix

$$A = \begin{bmatrix} A[1,1] & A[1,2] & \underline{A[1,3]} \\ A[2,1] & A[2,2] & \underline{A[2,3]} \\ A[3,1] & A[3,2] & \underline{A[3,3]} \end{bmatrix},$$

so finden die neuen Elemente in den vorhandenen Zwischenräumen Platz.

Leider ist diese Form der Erweiterung um Spalten und Zeilen teuer erkauft! Eine Feld $A[1:n, 1:m]$ hat nm Elemente, die über einen Speicherbereich mit maximaler Adresse $\alpha = N + 2^{n-1} 3^{m-1} - 1$ verteilt sind, d. h. $2^{n-1} 3^{m-1}$ Speicherzellen werden für nm Elemente belegt, d. h. die Speicherausnutzung ist äußerst gering: Schon für $n = m = 4$ sind die 16 Elemente auf 216 Speicherplätze verteilt, was einer Ausnutzung von $16/216 \approx 7\%$ entspricht; für größere Arrays verschlimmert sich die Situation rasant. Ferner handelt es sich hierbei um keine lexikographische Speicherabbildungsfunktion.

Bemerkung 1.46 (Speicherlokalität): Die vorherigen Betrachtungen sind nicht nur hilfreich, um zu verstehen, wie ein Compiler die Verwaltung eines Arrays organisiert. Vielmehr wird die bewusste Verwaltung des Speichers, z. B. über eigene Speicherabbildungsfunktionen, in performancekritischen Anwendungen immer wichtiger: In den Cache-Hierarchien moderner Computer treten Cache-Fehler nämlich genau dann besonders häufig auf, wenn das Programm fortwährend auf Elemente im Speicher zugreift, die an voneinander weit entfernten Adressen abgelegt sind. Als Konsequenz müssen dann häufig neue Seiten in den Cache geladen und alte entfernt werden, wodurch viel Zeit beansprucht wird. Das Ziel der Speicherverwaltung ist also, die *Lokalität der Speicherzugriffe* eines Programmes zu erhöhen.

$$
\begin{array}{ll}
N & A[1,1] \\
N+1 & A[2,1] \\
N+2 & A[1,2] \\
N+3 & A[3,1] \\
N+4 & \\
N+5 & A[2,2] \\
N+6 & \\
N+7 & \\
N+8 & \underline{A[1,3]} \\
N+9 & \\
N+10 & \\
N+11 & A[3,2] \\
N+12 & \\
N+13 & \\
N+14 & \\
N+15 & \\
N+16 & \\
N+17 & \underline{A[2,3]} \\
\vdots & \\
N+35 & \underline{A[3,3]}
\end{array}
$$

Abb. 1.5   Mit Lücken gespeichertes Feld – hier kann ohne Umstellungen vergrößert werden.

Muss man beispielsweise ein 2-dimensionales Feld (Matrix, Tabelle) spaltenweise abarbeiten oder ausfüllen, so führt die typischerweise vom Compiler realisierte lexikographische (zeilenweise) Abspeicherung dazu, dass bei hinreichend großem Feld viele Cache-Fehler entstehen. Eine spaltenweise Abspeicherung hingegen würde die Lokalität der Speicherzugriffe optimieren. Ein solche Abspeicherung kann man nun durch eine geeignet gewählte Speicherabbildungsfunktion erreichen. Die dynamische Programmierung (siehe Abschnitt 7.4) ist eine gängige Entwurfsmethode, in der dieses Szenario von großer Bedeutung ist.   ◀

Das Array wird für unsere folgenden Betrachtungen ein wichtiger Baustein für Implementierungen der unterschiedlichsten Abstrakten Datentypen sein. Daneben werden wir intensiven Gebrauch von Referenzen (auch Zeiger oder Pointer genannt) auf dynamisch allozierte Objekte machen. Es ist deshalb empfohlen, sich zur Vorbereitung auf die nachfolgenden Kapitel noch einmal mit dem Umgang mit Zeigern vertraut zu machen.

1.6 Quellenangaben und Literaturhinweise

Eine ausführliche Behandlung der Berechenbarkeit (Algorithmentheorie) findet sich in [20]. Eine kompakte Abhandlung der Loop- und While-berechenbaren

Funktionen, an die wir unsere Darstellung angelehnt haben, kann in [26] nachgelesen werden. Tiefere Einsichten in die Anwendung und den Umgang mit Erzeugendenfunktionen werden in [37] vermittelt; ihr Einsatz speziell im Kontext der Analyse von Algorithmen und Datenstrukturen wird in [9] erschöpfend behandelt. Die asymptotischen Notationen werden – neben vielen weiteren nützlichen mathematischen Techniken – beispielsweise in [11] diskutiert. Der Einsatz amortisierter Kosten wird in [36], aber auch in [21] (Potential- und Bankkontenmethode) ausführlich behandelt; von dort stammt auch unser Beispiel des Binärzählers. Das Konzept der abstrakten Datentypen wird u.a. in [2] intensiv beleuchtet. Aus diesem Buch wurde auch das Beispiel zur Bedeutung des Wachstums einer Funktion übernommen. Speicherabbildungsfunktionen werden in [17] betrachtet.

1.7 Aufgaben

Aufgabe 1.1: Im Folgenden seien x_i und x_j Variablen und c eine Konstante.

a) Geben Sie ein While-Programm an, das die Zuweisung $x_j := c - x_i$ ausführt.
b) Geben Sie ein While-Programm an, das If $x_i = c$ Then $x_j := 0$ Else $x_j := x_j + 1$ End berechnet.
c) Geben Sie ein While-Programm an, das die Potenz $x_i^{x_j}$ berechnet.
d) Geben Sie ein While-Programm an, das $\frac{x_i}{x_j}$ mit drei Nachkommastellen berechnet, wobei die Nachkommastellen für die Ausgabe an die Vorkommastelle konkateniert werden sollen. (Also würde das Ergebnis $3,725$ als 3725 ausgegeben werden.)

Aufgabe 1.2: Wir betrachten die Menge $\Omega = \{1, 2, \ldots, n\}$. In einem ersten Zufallsexperiment bestimmen wir eine Menge $A \subseteq \Omega$, indem wir jedes Element aus Ω mit Wahrscheinlichkeit p_A in A aufnehmen. Wir wiederholen das Experiment und bilden eine Menge B, wobei wir jedes Element aus Ω mit Wahrscheinlichkeit p_B in B aufnehmen.

a) Bestimmen Sie $\mathbb{E}[|A \cap B|]$, den Erwartungswert der Mächtigkeit der Schnittmenge.
b) Bestimmen Sie $\mathbb{E}[|A \cup B|]$, den Erwartungswert der Mächtigkeit der Vereinigungsmenge.

Aufgabe 1.3: Für eine *geometrisch* verteilte Zufallsvariable X mit Parameter $p \in {]0, 1[}$ gilt

$$\Pr[X = k] = (1 - p)^{k-1} \cdot p.$$

Anschaulich beschreibt X die Anzahl der Wiederholungen, bis bei der iterierten Ausführung eines Zufallsexperiments ein Ereignis mit Wahrscheinlichkeit p das erste Mal auftritt.

Bestimmen Sie mit Hilfe einer Wahrscheinlichkeiten-Erzeugendenfunktion den Erwartungswert $\mathbb{E}[X]$ in Abhängigkeit von p.

Aufgabe 1.4: Sei X eine Zufallsvariable mit $p_n := \Pr[X = n]$, wobei $\sum_{k \in \mathbb{N}_0} p_k = 1$ gelte. Zeigen Sie, dass für $P(z)$ die zugehörige Wahrscheinlichkeiten-Erzeugendenfunktion die Varianz von X über

$$\mathbb{V}[X] \;=\; \frac{d^2}{dz^2}P(z)\Big|_{z=1} \;+\; \frac{d}{dz}P(z)\Big|_{z=1} \;-\; \left(\frac{d}{dz}P(z)\Big|_{z=1}\right)^2$$

berechnet werden kann.

Aufgabe 1.5: Berichtigen Sie alle Fehler in den folgenden Herleitungen:

a)
$$\sum_{1 \le i \le n} (2i - 1)\ln(n) \;=\; \ln(n)\left(\sum_{1 \le i \le n} 2i - \sum_{1 \le i \le n} 1\right)$$
$$=\; 2\ln(n)\sum_{1 \le i \le n} i - n\ln(n)$$
$$=\; 2\ln(n)\tfrac{1}{2}n(n+1) - n\ln(n) \;=\; n^2\ln(n)$$
$$=\; \Theta(n^2\ln(n)).$$

b)
$$\sum_{k \ge 1} \frac{1}{k}n \;=\; n\sum_{k \ge 1}\frac{1}{k} \;=\; n \cdot c \;=\; \mathcal{O}(n).$$

c)
$$\sum_{1 \le k \le n} k\,\mathcal{O}(n) \;=\; \sum_{1 \le k \le n} \mathcal{O}(kn) \;=\; \sum_{1 \le k \le n} \mathcal{O}(n) \;=\; n\mathcal{O}(n)$$
$$=\; \mathcal{O}(n^2)$$

d) $2^{3n} \;=\; 2^{\mathcal{O}(n)} \;=\; \mathcal{O}(2^n)$

Aufgabe 1.6: Berechnen Sie für festes m > 1 die Worst-Case Laufzeiten (in $\mathcal{O}$-Notation) folgender Prozeduren in Abhängigkeit von n.

a)
```
1  void sort(int[] A) {
2      int n = A.length;
3      for (int i = 0; i <= n-1; ++i) {
4          for (int j = n-1; j >= i+1; --j) {
5              if (A[j-1] > A[j]) {
6                  int t = A[j-1];  A[j-1] = A[j];  A[j] = t;
7              }
8          }
9      }
10 }
```

b)
```
1  int l(int n, int m) {
2      int i = 0;
3      int j = m;
4      while (j <= n) {
5          j = m * j;
6          ++i;
7      }
8      return i;
```

₉ }

Aufgabe 1.7: Beweisen oder widerlegen Sie:

a) $\sqrt[n]{n} = 1 + \frac{\ln(n)}{n} + \mathcal{O}\left(\frac{\ln^2(n)}{n^2}\right)$ b) $\sqrt[n]{n} = \mathcal{O}\left(\frac{\ln(n)}{n}\right)$

c) $\sqrt[n]{n} = o(1)$ d) $\sqrt[n]{n} = \mathcal{O}(1)$

e) $3^n = \mathcal{O}(2^n)$ f) $2^n = \mathcal{O}(3^n)$

g) $\sqrt{n} - \sqrt{n-1} \sim \frac{1}{2\sqrt{n}}$ h) $\sqrt{n} - \sqrt{n-1} = \Omega\left(\frac{1}{2\sqrt{n}}\right)$

Aufgabe 1.8: Zeigen Sie

$$f(n) := \sum_{3 \le i \le \frac{n}{2}} \frac{1}{i}\left(\frac{i}{n}\right)^i = \mathcal{O}(n^{-3}).$$

Hinweis: Der Nachweis gelingt durch geschicktes Zerlegen der Summe in Teilsummen.

Aufgabe 1.9: Seien $f(n)$ und $g(n)$ zwei Funktionen, $n \in \mathbb{N}$. Sei weiter $\prec$ definiert durch

$$f(n) \prec g(n) \quad :\Leftrightarrow \quad f(n) = o(g(n)).$$

Außerdem seien $\varepsilon, c \in \mathbb{R}$ mit $0 < \varepsilon < 1 < c$. Ordnen Sie die folgenden Funktionen bzgl. $\prec$ an:

$$n^{\log(n)}, \ \log(n), \ 1, \ c^{c^n}, \ (c^c)^n, \ n^c, \ \log(\log(n)), \ n^\varepsilon, \ c^n, \ n^n.$$

Aufgabe 1.10: Betrachten Sie alle möglichen Paarungen von je zwei der folgenden Funktionen g_i, $1 \le i \le 10$, und geben Sie mindestens je eine gültige Beziehung zwischen den betrachteten Funktionen mittels $\mathcal{O}, \Omega, \Theta, o, \omega$ oder $\sim$ an.

$$g_1(n) = \ln(\ln(n)), \quad g_2(n) = \ln^2(n), \quad g_3(n) = \frac{n}{\ln(n)}, \quad g_4(n) = \frac{\ln(n)}{n},$$

$$g_5(n) = \sqrt{n}\ln^2(n), \quad g_6(n) = (2/3)^n, \quad g_7(n) = (3/2)^n, \quad g_8(n) = n,$$

$$g_9(n) = \sqrt{n}, \quad g_{10}(n) = \ln(n).$$

Aufgabe 1.11: Seien $x \in \mathbb{R}$ und $n \in \mathbb{N}$. Seien ferner $\text{bin}(n) \in \{0,1\}^\star$ die Binärdarstellung von n ohne führende Nullen und $\varphi : \{0,1\} \mapsto \{\mathsf{Q}, \mathsf{M}\}^\star$ der Monoidhomomorphismus vermöge $\varphi(0) := \mathsf{Q}$ und $\varphi(1) := \mathsf{QM}$.

a) Zeigen Sie: Interpretiert man Q als „Multipliziere den aktuellen Wert mit sich selbst" und M als „Multipliziere den aktuellen Wert mit x", dann beschreibt das Wort $\varphi(\text{rest}(n))$ vermöge $\text{bin}(n) = 1 \cdot \text{rest}(n)$, buchstabenweise von links nach rechts gelesen, eine Vorschrift zur Berechnung von x^n aus dem Startwert x (*binäre Methode*).

b) Beweisen oder widerlegen Sie: Die binäre Methode ist optimal, das heißt sie liefert für jedes n eine Berechnungsvorschrift mit einer minimalen Anzahl von Multiplikationen.

c) Berechnen Sie die Anzahl der Multiplikationen zur Berechnung von x^n nach der binären Methode in Abhängigkeit von n. Charakterisieren Sie den Worst-Case.

Aufgabe 1.12: Berechnen Sie mit Hilfe von amortisierten Kosten eine möglichst scharfe obere Schranke für die Gesamtkosten (gemessen in der Anzahl der modifizierten Ziffern) des Zählens von 0 nach n bei einer Zahlendarstellung zur Basis b.

Aufgabe 1.13: Lösen Sie folgende Rekursionsgleichungen durch Iteration (Vermutungen sind zu beweisen):

a) $A(0) = 1, \quad A(1) = 1, \quad A(n) = 3 \cdot A(n-2) + 5, \quad (n \geq 2)$.

b) $B(0) = c, \quad B(1) = c, \quad B(n) = 2 \cdot B(n-2) + 3n, \quad (n \geq 2)$.

c) $C(0) = 2, \quad C(n) = n \cdot C(n-1) + n, \quad (n \geq 1)$.

Aufgabe 1.14: Lösen Sie folgende Rekursionsgleichungen mit Hilfe des Master-Theorems:

a) $A(1) = 1, \quad A(n) = \frac{5}{2} \cdot A(\frac{n}{2}) + \frac{n}{2}, \quad (n \geq 2)$.

b) $B(1) = 6, \quad B(n) = B(\frac{n}{3}) + n - 1, \quad (n \geq 3)$.

c) $C(1) = 1, \quad C(n) = 4 \cdot C(\frac{n}{2}) + 7 \cdot (\frac{n}{2})^2, \quad (n \geq 2)$.

Aufgabe 1.15: Wir betrachten Arrays und entsprechende Speicherabbildungsfunktionen:

a) Beschreibe $A : [0 : m] \times [0 : m] \to \mathbb{Z}$ ein 2-dimensionales Feld mit den Elementen $A[i_1, i_2]$, $0 \leq i_1 + i_2 \leq m$.

   a1) Bestimmen Sie eine sequentielle Speicherabbildungsfunktion

$$LOC_A \in \mathsf{Abb}\Big(\{ (i_1, i_2) \in [0 : m] \times [0 : m] \mid 0 \leq i_1 + i_2 \leq m \}, [N : M] \Big).$$

   Beweisen Sie, dass Ihre Lösung sequentiell ist! Wie ist M zu wählen?

   a2) Angenommen man ließe $0 \leq i_1 + i_2 \leq 2m$ zu. Wie würde sich diese Erweiterung auf die Eigenschaften der Speicherabbildungsfunktion aus a1) auswirken?

b) Finden Sie eine sequentielle Speicherabbildungsfunktion, welche zu einer beliebigen $(n \times n)$-Matrix eine Erweiterung zu einer $((n+k) \times (n+k))$-Matrix, $k \geq 1$, ohne Umstellung der vorhandenen Elemente zulässt.

c) Sei $A : [1 : m] \times \cdots \times [1 : m] \to \mathbb{Z}$ ein k-dimensionales Feld mit den Elementen $A[i_1, i_2, \ldots, i_k]$, $1 \leq i_k \leq i_{k-1} \leq \cdots \leq i_2 \leq i_1 \leq m$ (Verallgemeinerung der unteren Dreiecksmatrix).

Bestimmen Sie eine lexikographische Speicherabbildungsfunktion $LOC_A \in \mathsf{Abb}(\{(i_1, \ldots, i_k) \in [1 : m] \times \cdots \times [1 : m] \mid 1 \leq i_k \leq \cdots \leq i_1 \leq m\}, [N : M])$. Wie ist M zu wählen?

Aufgabe 1.16: Es sei eine $(n \times n)$-Matrix $A : [1 : n] \times [1 : n]$ gegeben, in der jedes Element $A[i, j]$ die Werte *Wasser* oder *Ente* annehmen kann. Zwei Enten gehören zu derselben Entenfamilie, wenn sie entweder in zwei horizontal oder vertikal oder diagonal benachbarten Feldern *schwimmen*. Entwerfen Sie einen Algorithmus, der folgendes leistet: Bei Eingabe (i, j), $1 \leq i, j \leq n$, betrachte $A[i, j]$. Ist $A[i, j] = \text{\textit{Ente}}$, so berechne die Größe der Entenfamilie, zu der die Ente an Position (i, j) gehört.

Kapitel 2
Elementare Datenstrukturen

Wie wir im vorherigen Kapitel gesehen haben, unterscheiden wir zwischen einem Abstrakten Datentyp und seiner Implementierung. In diesem Kapitel werden wir einige fundamentale Abstrakte Datentypen kennenlernen und verschiedene Möglichkeiten der Implementierung beleuchten. Ziel dabei ist, die Vor- und Nachteile der jeweiligen Implementierung zu erkennen. Einige der hier behandelten Typen werden wir später als Teil der Lösung von speziellen Problemen wiederfinden.

2.1 Lineare Listen

Eine Lineare Liste ist eine Menge von Objekten, die in einer bestimmten Reihenfolge angeordnet sind. Es handelt sich um eine dynamische Struktur, da ihre Größe bei Bedarf zu- oder abnehmen kann. Elemente können an jeder Stelle eingefügt oder gelöscht werden. Auch können mehrere Listen zu einer Liste verschmolzen werden. Bevor wir jedoch auf diese und weitere Details eingehen, wollen wir den Begriff der Linearen Liste zuerst exakt fassen.

Bemerkung 2.1 (Lineare Listen in Java): In der Java-Bibliothek existiert das Interface `java.util.List`, das i.W. eine Lineare Liste darstellt, sich aber in einigen Details von unserer Definition unterscheidet. Grundsätzlich liegt der Fokus in der Java-Bibliothek auf der Reduzierung von Fehlern durch die inkorrekte Verwendung der Klassen, wofür in einigen Fällen mögliche Performancesteigerungen geopfert werden. Wir wollen hier dagegen gerade diese Tricks mit berücksichtigen lernen. ◄

Wir verwenden dazu den Begriff einer (endlichen) *Folge* (auch Tupel oder Sequenz genannt) aus der Mathematik, der uns einerseits eine platzsparende Notation erlaubt, und andererseits als präzise Sprache dient, in der wir die Operationen auf Linearen Listen eindeutig beschreiben können.

Definition 2.2 (Lineare Liste):
Eine Lineare Liste L ist eine Folge von Null oder mehr Elementen eines bestimmten Typs (Elementtyp). Sind a_i, $1 \leq i \leq n$, die Elemente der Liste L, so schreiben wir $L = a_1, a_2, \ldots, a_n$. Die Zahl n ist dann die Länge von L

© Springer Fachmedien Wiesbaden GmbH, ein Teil von Springer Nature 2018
M. Nebel und S. Wild, *Entwurf und Analyse von Algorithmen*,
Studienbücher Informatik, https://doi.org/10.1007/978-3-658-21155-4_2

(Schreibweise $|L| = n$), a_1 (a_n) heißt erstes (letztes) Element der Liste. Ist $n = 0$, so heißt L leer. Das Element a_i heißt für $i < n$ Vorgänger von a_{i+1} und für $i > 1$ Nachfolger von a_{i-1}. ◀

Bemerkung 2.3: Der Name *Lineare Liste* stammt daher, dass die Liste L im mathematischen Sinne entsprechend der Indizes *linear* geordnet ist. Zur Erinnerung: Eine Relation $\prec$ über S (Relation $\prec \subseteq S \times S$) heißt lineare Ordnung (auch totale Ordnung genannt), falls sie antisymmetrisch, reflexiv und transitiv ist und für alle $x, y \in S$ gilt: $x \prec y \vee y \prec x \vee x = y$. Durch diese Ordnung wird es möglich, von einem ersten, zweiten, ... Element zu sprechen. ◀

Auf die Elemente in einer Linearen Liste wird nur über spezielle Operationen zugegriffen. Wir besprechen zuerst einige elementare Operationen, deren Realisierung sich zwischen verschiedenen Implementierungen maßgeblich unterscheidet. Für andere Operationen werden wir nachfolgend sehen, dass sie sich unter ausschließlicher Verwendung der elementaren Operationen implementieren lassen, sodass wir diese nur einmal für alle denkbaren Linearen Listen programmieren müssen. Wir geben die Operationen einer Linearen Liste im folgenden Java interface an und besprechen ihre Bedeutung danach auf mathematischen Sequenzen.

```
1  interface LinearList<Elem, Position extends LinearList.ListPosition> {
2      Position start();
3      Position end();
4      Position next(Position p);
5      Position previous(Position p);
6
7      void insert(Position p, Elem x);
8      void delete(Position p);
9      Elem get(Position p);
10     void set(Position p, Elem x);
11
12     /** Represents a position of an element in the list */
13     interface ListPosition { }
14
15     // default methods
16 }
```

Der zweite Typparameter `Position` ist hier notwendig, da die Repräsentation der Abstraktion „Position" in der Liste sich für verschiedene Implementierungen ebenfalls unterscheidet. Angenommen wir haben die Sequenz $L = a_1, a_2, \ldots, a_n$ gegeben. Positionen entsprechen hier *Indizes*, also schlicht Zahlen $p \in \mathbb{N}$; Die Positionsoperationen haben dann formal folgende Bedeutung:

- `L.start()` $:= 1$
- `L.end()` $:= n + 1$
- `L.next(p)` $:= \begin{cases} p + 1 & \text{falls } p \neq \texttt{L.end()}, \\ \text{Exception} & \text{sonst.} \end{cases}$
- `L.previous(p)` $:= \begin{cases} p - 1 & \text{falls } p \neq \texttt{L.start()}, \\ \text{Exception} & \text{sonst.} \end{cases}$

Bemerkung 2.4 (Wozu Positionen in Linearen Listen?): Auf den ersten Blick erscheinen die Operationen `next` und `previous` vielleicht überflüssig, da sie nur die Position um eins erhöhen oder erniedrigen. `start` liefert stets die Konstante 1. Wir werden später aber Implementationen der Linearen Liste kennenlernen, bei denen die Position durch einen Zeiger realisiert wird. In diesen Fällen ist die Bestimmung des Vorgängers bzw. des Nachfolgers nicht ohne Kenntnis der internen Struktur der Liste möglich, und nicht mehr ganz so einfach. Insbesondere erlaubt uns die Abstraktion einer *Position* in der Liste, eine aus Performancegründen erwünschte, aber in der Verwendung der Liste unbequeme Optimierung vorzunehmen.

Die Java-Bibliothek kennt mit `java.util.Iterator` ein den Positionen sehr verwandtes Konzept.   ◄

Für die eigentlichen Operationen auf der Liste $L = a_1, a_2, \ldots, a_n$ mit $p \in [1 : n + 1]$ gelten folgende Definitionen; wir gehen dabei stets davon aus, dass x vom Elementtyp der Linearen Liste L ist.

- $\texttt{L.get(p)} := \begin{cases} a_p & \text{falls } \texttt{p} \neq \texttt{L.end()}, \\ \texttt{Exception} & \text{sonst.} \end{cases}$

- Der Aufruf von `L.set(p,x)` wirft eine `Exception` falls $\texttt{p} = \texttt{L.end()}$ und terminiert sonst normal. Nach dem Aufruf gilt

$$L = \begin{cases} a_1, \ldots, a_{p-1}, \texttt{x}, a_{p+1}, \ldots, a_n & \text{falls } \texttt{p} \neq \texttt{L.end()}, \\ \texttt{Exception} & \text{sonst.} \end{cases}$$

- Der Aufruf von `L.insert(p,x)` terminiert stets normal und nach dem Aufruf gilt

$$L = a_1, \ldots, a_{p-1}, \texttt{x}, a_p, a_{p+1}, \ldots, a_n.$$

Man beachte, dass hier $\texttt{p} = \texttt{L.end()}$ erlaubt ist; in diesem Fall bewirkt `L.insert(p,x)`, dass `x` ans Ende von L angehängt wird.

- Der Aufruf von `L.delete(p)` wirft eine `Exception` falls $\texttt{p} = \texttt{L.end()}$ und terminiert sonst normal. Nach dem Aufruf gilt

$$L = \begin{cases} a_1, \ldots, a_{p-1}, a_{p+1}, \ldots, a_n & \text{falls } \texttt{p} \neq \texttt{L.end()}, \\ \texttt{Exception} & \text{sonst.} \end{cases}$$

Bemerkung 2.5 (Index- und Pointer-basierte Positionen): Die obige Beschreibung der Wirkung der Operationen auf die Liste ist für alle Implementierungen von Linearen Listen gültig, allerdings ist ein Aspekt – absichtlich! – nicht explizit geklärt worden: die Auswirkungen eines `insert` und `delete` auf *existierende* Positionen. Das Modell der mathematischen Sequenzen verwendet *Index-basierte* Positionen, d. h. Position $p \in \mathbb{N}$ referenziert stets das p-te Element der Liste, gezählt vom Anfang. Der Wert von a_p kann sich also durch Einfügungen und Löschungen von Elementen an Positionen $p' < p$ ändern. Indizes sind eine globale Form der Positionsbestimmung.

Andere Implementierungen, wie die verkette Repräsentation, verwenden *Pointer-basierte* Positionen, die weiterhin auf „ihr" Element zeigen, auch wenn weiter vorne in der Liste Einfügungen und Löschungen vorgenommen wurden.

Im Allgemeinen ist es nicht möglich, beide Varianten ohne Abstriche im gleichen abstrakten Datentyp unterzubringen. Die Java-Bibliothek umgeht dieses Problem beispielsweise, indem sie effektiv verbietet, eine Position einer Liste vorzuhalten, wenn jene auf anderem Wege als über dieses eine Positionsobjekt verändert wird. (Tut man es doch, so werfen die Iterator-Methoden aller anderen Positionen eine `ConcurrentModificationException`.)

Wir wollen uns dagegen die Möglichkeit, mehrere Positionen in einer Liste zu speichern, grundsätzlich offenhalten und akzeptieren darum, dass die Auswirkungen auf vorhandene Positionen sich zwischen verschiedenen Implementierungen Linearer Listen unterscheiden. Man beachte, dass das bedeutet, dass man unsere verschiedenen Implementierungen von Linearen Listen *nicht* ohne Weiteres gegeneinander austauschen kann. (Man beachte dazu auch Bemerkung 2.9 auf Seite 75.)   ◄

Wir werden im Folgenden zwei grundsätzlich unterschiedliche Möglichkeiten kennenlernen, um diese 8 Basisoperationen der Linearen Liste zu realisieren: die sequentielle Repräsentation auf der Basis eines Arrays und die verkettete Repräsentation mit Hilfe von Pointern. Vorher betrachten wir aber einige häufig benötigte Operationen, die sich auch in Unkenntnis der zugrundeliegenden Datenstruktur implementieren lassen, indem wir ausschließlich auf die Basisoperationen zurückgreifen.

2.1.1 Abgeleitete Operationen

Ein großer Vorteil einer vereinheitlichenden Abstraktion verschiedener Implementierungen liegt in der Möglichkeit, *abgeleitete Operationen* ein für alle mal für alle konkreten Implementierungen zu programmieren. Mit *default methods* kann man (seit Java 8), solche abgeleiteten Operationen direkt ins Interface integrieren. Wir betrachten hier die folgenden abgeleiteten Methoden für Lineare Listen:

- `L.append(x)` hängt x ans Ende von L an.
- `L.prepend(x)` fügt x am Anfang (vor allen existierenden Elementen) von L an.
- `L.isEmpty()` liefert `true`, wenn L keine Elemente enthält und `false` sonst.
- `L.firstOccurrence(x)` liefert die erste Position in L, an der x in der Liste vorkommt bzw. `L.end()` falls x gar nicht in der Liste vorkommt.
- `L.firstOccurrenceAfter(p,x)` liefert die erste Position in L hinter p (inklusive p selbst), an der x in der Liste vorkommt bzw. `L.end()` falls x dort nicht in der Liste vorkommt.

Alle lassen sich auf einfache Weise unter Verwendung der Basismethoden implementieren:

```
1  // public interface LinearList...
2
3     default void append(Elem x) {
4        insert(isEmpty() ? start() : end(), x);
5     }
6     default void prepend(Elem x) { insert(start(), x); }
7
8     default boolean isEmpty() { return start().equals(end()); }
```

```
 9
10    default Position firstOccurrence(Elem x) {
11        return firstOccurrenceAfter(start(), x);
12    }
13    default Position firstOccurrenceAfter(Position p, Elem x) {
14        for (Position cur = p; !cur.equals(end()); cur = next(cur))
15            if (get(cur).equals(x)) return cur;
16        return end();
17    }
```

Bemerkung 2.6 (Elvis-Operator, equals-Methode): Zwei weitere Java-Spezifika seien hier in Erinnerung gerufen, auch wenn sie Ihnen aus einer Einführungsveranstaltung bekannt sein dürften:

Der Ausdruck `condition ? value1 : value2` ist eine Fallunterscheidung analog zur mathematischen Schreibweise

$$\begin{cases} \texttt{value1} & \text{falls } \texttt{condition} \text{ wahr ist} \\ \texttt{value2} & \text{sonst.} \end{cases}$$

Dieser sogenannte Elvis-Operator „`?:`", der optische Ähnlichkeit mit einer gewissen Haarmode haben mag, erlaubt oft, kompakten Code zu schreiben.

Zweitens sei auf die *equals-hashCode-Konvention* der Java Library hingewiesen, die wir auch für unsere Datenstrukturen einhalten wollen: Um zu prüfen, ob zwei Objekte semantisch den gleichen Wert repräsentieren verwendet man `object1.equals(object2)`; der kürzere Ausdruck `object1 == object2` ist nur wahr, wenn es sich um zwei Referenzen auf *dasselbe* Objekt handelt. Jede Klasse, für die mehrere Instanzen als gleich anzusehen sind, muss daher die Methoden `equals` und `hashCode` passend überschreiben. Letzteres berechnet den Hash-Wert eines Objekts, eine ganze Zahl, die man in manchen Datenstrukturen verwendet (siehe Abschnitt 3.6). Dabei muss sichergestellt werden, dass für alle Instanzen `object1` und `object2` aus `object1.equals(object2)` stets `object1.hashCode() == object2.hashCode()` folgt.					◄

Bemerkung 2.7 (Iteratoren in Java): Java verwendet die Abstraktion von *Iteratoren* um einheitlichen Zugriff auf verschiedene Datenstrukturen (Oberbegriff in Java: *Collections*) anzubieten. Ein Iterator zu einer Datenstruktur besitzt die Methoden `hasNext` zum Prüfen, ob noch weitere Elemente vorhanden sind, und `next`, die in einem Schritt den Iterator um ein Element weiterbewegt und das nächste Element zurückgibt. Weil die Iteration über eine Collection ein so häufig benötigter Vorgang ist, gibt es in Java dafür die kompakte *for-each*-Schreibweise: `for (Typ x : Iterable<Typ> collection) {}`. Indem man eigene Datenstrukturen das `Iterable` Interface implementieren lässt, kann man auch diese in den for-each-Schleifen verwenden. Für unsere Lineare Liste genügen dazu die Basisoperationen:

```
 1  interface LinearList<Elem, Position extends LinearList.ListPosition> ↵
        extends Iterable<Elem> {
 2    // ...
 3    default Iterator<Elem> iterator() {
 4        return new Iterator<Elem>() {
 5            Position cur = start();
 6            public boolean hasNext() { return !cur.equals(end()); }
 7            public Elem next() {
 8                if (!hasNext()) throw new NoSuchElementException();
 9                Elem elem = get(cur);
10                cur = LinearList.this.next(cur);
11                return elem;
```

```
12              }
13          };
14      }
15  }
```

Wir verwenden eine anonyme innere Klasse für `Iterator`, der i.W. eine Position speichert.   ◄

Laufzeitanalyse: Viele weitere Methoden ließen sich ergänzen, doch wir wollen es hier bei dieser Auswahl belassen. Stattdessen wollen wir hier eine erste Laufzeitbetrachtung durchführen. Da `append` und `prepend` im Wesentlichen einen Aufruf von `insert` verursachen, stimmt ihre Laufzeit auch bis auf einen kleinen Overhead mit der von `insert` überein; dazu kommen wir im Kontext der konkreten Implementierungen zu sprechen. Wir nehmen hier an, dass die Positionsmethoden `start`, `end`, `next` und `Position.equals` in $\mathcal{O}(1)$ arbeiten; für alle unsere Implementierungen wird das der Fall sein.

Für die Methode `firstOccurrence` können wir unter dieser Annahme schon mehr aussagen. Sie testet sukzessive die Elemente der Liste auf Gleichheit mit dem Datum x; falls für alle Elemente $a_i \neq x$ gilt, so wird `L.end()` zurückgegeben.

Aufwand: Wird das Datum x zum ersten Mal an Index $p \in [1:n]$ gefunden (also $a_p = x$), wobei $n = |L|$ die Länge der Liste ist, so sind genau p Vergleiche notwendig. Wir erhalten somit für den Aufwand

- Worst-Case $(p = n)$: $|L|$ viele Vergleiche,
- Best-Case $(p = 1)$: 1 Vergleich,
- Average-Case: Wir nehmen wieder an, dass alle Positionen $p \in [1:n]$ gleichwahrscheinlich sind. Dann ist die mittlere Anzahl an Vergleichen gegeben durch

$$\sum_{1 \leq p \leq n} p \cdot \frac{1}{n} \;=\; \frac{1}{n} \sum_{1 \leq i \leq n} i \;=\; \frac{1}{n} \cdot \frac{n(n+1)}{2} \;=\; \frac{1}{2}(n+1).$$

Man beachte, dass der erfolg*lose* Fall (x kommt gar nicht in der Liste vor) ebenfalls n Vergleiche benötigt und damit auch einen Worst Case darstellt.

$$*\qquad *\qquad *$$

Neben diesen lokalen Operation sind auch viele *globale* Operationen auf Listen nützlich. Beispiele sind Operationen zum

- Verbinden mehrere Listen zu einer,
- Aufspalten einer Liste in mehrere,
- Herstellen einer Kopie einer Liste,
- Sortieren der Elemente einer Linearen Liste gemäß einer Ordnung auf dem Elementtyp.

Die Realisierung dieser Operationen hängt wesentlich davon ab, wie die Liste selbst repräsentiert wird; zwar könnte man auch diese mithilfe der

Basisoperationen realisieren, aber deutlich effizienter geht es, wenn man die zugrundeliegende Datenstruktur direkt ansprechen kann.

2.1.2 Sequentielle Repräsentation Linearer Listen

Bei der sequentiellen Repräsentation legt man die Elemente a_i, $1 \le i \le n$, hintereinander in einem Array ab. Da ein Array eine feste Größe hat, impliziert diese Repräsentation auch eine maximale Listenlänge – wir werden später sehen, wie sich diese Einschränkung aufweichen lässt. Man sollte deshalb für die Anwendung dieser Implementierung a priori eine verlässliche Abschätzung der größtmöglichen Listenlänge besitzen. Über die aktuelle Länge der Liste führen wir mit Hilfe der Variablen `size` Buch.

Anschaulich legen wir eine Liste $L = a_1, a_2, \ldots, a_n$ in einem Array wie in Abb. 2.1 gezeigt ab. In Java sieht die Klassendefinition wie folgt aus:

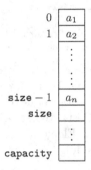

Abb. 2.1   Die sequentielle Repräsentation einer Linearen Liste.

```
1  public class FixedSizeArrayList<Elem> implements LinearList<Elem,
          FixedSizeArrayList.Position> {
2     private final int capacity;
3     private final Object[] elements;
4     private int size = 0;
5
6     public FixedSizeArrayList(int capacity) {
7        this.capacity = capacity;
8        elements = new Object[capacity];
9     }
10
11    /** Represents an array index */
12    public static class Position implements LinearList.ListPosition {
13       private final int index;
14       public Position(int index) { this.index = index; }
15       public boolean equals(Object o) {
16          return index == ((IndexPosition) that).index;
17       }
18       public int hashCode() { return index; }
```

```
19      }
20
21      // methods
22
23  }
```

Mit Hilfe dieser Vereinbarungen können wir nun die zuvor eingeführten Basisoperationen realisieren. Die Positionsmethoden sowie **get** und **set** sind trivial:

```
1       public Position start() { return new Position(0); }
2       public Position end() { return new Position(size); }
3       public Position next(Position p) {
4           if (p.index == size) throw new IndexOutOfBoundsException();
5           return new Position(p.index+1);
6       }
7       public Position previous(Position p) {
8           if (p.index == 0) throw new IndexOutOfBoundsException();
9           return new Position(p.index-1);
10      }
11   .  public Elem get(Position p) { return elements[p.index]; }
12      public void set(Position p, Elem x) { elements[p.index] = x; }
```

Da wir in einem Feld in konstanter Zeit auf die Elemente zugreifen können und in unserer Implementierung der Feldindex mit der Position innerhalb der Linearen Liste übereinstimmt, benötigen alle obigen Operationen offensichtlich nur Aufwand in $\mathcal{O}(1)$ (für den Best-, Worst- und Average-Case).

Für das Einfügen eines neuen Elementes müssen wir erst Platz schaffen; wir realisieren **insert** daher wie folgt:

```
1       public void insert(Position p, Elem x) {
2           if (size >= capacity) throw new CapacityExceededException();
3           for (int j = size - 1; j >= p.index; --j)
4               elements[j + 1] = elements[j];
5           elements[p.index] = x; ++size;
6       }
```

Die Methode arbeitet wir folgt: Nachdem überprüft wurde, ob im Feld noch Platz für eine weiteres Listenelement und ob die spezifizierte Position gültig ist, werden die Elemente in den Positionen L.size $- 1$, L.size $- 2, \ldots, p$ im Feld jeweils um eine Position nach oben verschoben. Auf diese Weise wird an der Position p Platz für das neue Datum x geschaffen.

Aufwand: Zum Einfügen an Index $p =$ p.index in einer Liste der Größe $n = |L| =$ L.size sind $n - p$ Umsetzungen notwendig.

- Worst-Case $(p = 0)$: $|L|$ viele Umsetzungen,
- Best-Case $(p = n)$: 0 Umsetzungen,
- Average-Case: Wir nehmen an, dass alle Positionen $p \in [0 : n]$ gleichwahrscheinlich sind. Dann ist die erwartete Anzahl an Umsetzungen gegeben durch

$$\sum_{0\leq p\leq n} (n-p)\cdot \frac{1}{n+1} \;=\; \frac{1}{n+1} \sum_{0\leq i\leq n} i \;=\; \frac{1}{n+1}\cdot \frac{n(n+1)}{2} \;=\; \frac{1}{2}n.$$

*   *   *

Damit bleibt uns noch das Löschen zu realisieren. Ähnlich zum Einfügen müssen wir dabei potentiell einige Elemente verschieben.

```
1    public void delete(Position p) {
2        if (p.equals(end())) throw new IndexOutOfBoundsException();
3        for (int j = p.index; j <= size-2; ++j)
4            elements[j] = elements[j+1];
5        --size;
6    }
```

Zum Löschen des Elements in Position $p =$ p.index verschiebt diese Prozedur die Elemente in den Positionen $p+1, p+2, \ldots,$ L.size -1 jeweils um eine Position nach unten. Auf diese Weise wird das Element in Position p überschrieben. Beachte, dass dabei das letzte Element der Liste doppelt im Array verbleibt. Dadurch, dass wir aber L.size anpassen, greifen unsere Operationen nur auf den vorderen dieser Einträge zu.

Aufwand: Beim Löschen des Elementes an Index $p \in [0:n-1]$, wobei wieder $n = |L| =$ L.size die Länge der Liste ist, werden $n-p-1$ Umsetzungen vorgenommen. Daraus resultiert für den

- Worst-Case $(p=0)$: $(n-1)$ Umsetzungen,
- Best-Case $(p=n-1)$: 0 Umsetzungen, lediglich L.ende wird angepasst,
- Average-Case: Sind alle Positionen $p \in [0:n-1]$ gleichwahrscheinlich, so ist die mittlere Anzahl an Umsetzungen gegeben durch

$$\frac{1}{n} \sum_{0\leq p\leq n-1} (n-p-1) \;=\; \frac{1}{n} \sum_{0\leq i\leq n-1} i \;=\; \frac{1}{2}(n-1).$$

2.1.2.1 Globale Operationen

Das Verbinden zweier Listen L_1 und L_2 als eine der vorne genannten globalen Operationen ist in dieser Implementierung ebenfalls einfach (aber ineffizient) zu realisieren. Die Elemente der Liste L_2 werden in das Feld der Liste L_1 kopiert und zwar an die Positionen hinter L_1.size. Anschließend ist L_1.size anzupassen.

Die Kosten für das Sortieren der Liste können wir jetzt noch nicht abschätzen, wir werden aber später eine Reihe von Algorithmen kennenlernen, die diese Aufgabe lösen.

2.1.2.2 Dynamisch wachsende Arrays

Die schnelle Zugriffszeit von Arrays möchte man ungern aufgeben, aber in vielen Anwendungen ist schlicht die Maximalgröße der Liste vorab nicht bekannt. Mit folgendem Trick erreicht man oft trotzdem eine akzeptable Lösung, die Einzug in die Standardbibliotheken der Programmiersprachen gehalten hat (z.B. als `java.util.ArrayList` in der Java Runtime Library und als `std::vector` in der C++ Standard Template Library): Sobald die Kapazität unseres Arrays erreicht ist, legen wir ein neues, *doppelt so großes* an und kopieren die bisherigen Element dorthin.

Diese Vergrößerung ist natürlich sehr teuer, da wir unsere gesamte Liste umkopieren müssen; da wir aber immer gleich den doppelten Platz reservieren, erkaufen wir uns mit einer einzigen teuren Einfügeoperation das Potential, viele zukünftige Einfügungen günstig durchführen zu können. Im Sinne der amortisierten Kosten (Abschnitt 1.3.5) sind damit Einfügungen am Ende der Liste mit amortisierter Laufzeit in $\mathcal{O}(1)$ möglich.

Es ist aber beim Einsatz dieser Implementierung von Linearen Listen essentiell zu verstehen, dass eine einzelne Operation teuer sein kann, was in manchen Anwendungen kritisch sein kann. Erst die Verkette Darstellung, die wir im nächsten Kapitel betrachten, schafft es, alle Basisoperationen linearer Listen in konstanter Zeit zu realisieren.

2.1.3 Verkettete Repräsentation Linearer Listen

Ein wesentlicher Nachteil der zuvor behandelten Repräsentation Linearer Listen auf der Basis eines Feldes ist, dass die feste Feldgröße nicht zu der dynamischen Größe einer Linearen Liste passt. Oft ist die Maximalgröße nicht bekannt, oder man wählt aus Angst, die Liste könne in der Anwendung länger werden als erwartet, die Kapazität unnötig hoch und vergeudet dabei den im Feld ungenutzten (jedoch reservierten) Arbeitsspeicher.

Moderne Programmiersprachen bieten die Möglichkeit, Speicher dynamisch anzufordern und wieder freizugeben, je nach Bedarf. Im Falle von C/C++ oder Pascal geschieht dies über Pointer-Variablen, in Java verwendet man Objekt-Referenzen, die auf dynamisch allozierte Objektinstanzen verweisen. Diese verwenden wir im Folgenden, um eine zweite Implementierung der Linearen Liste zu erhalten.

Wir reservieren dazu im Arbeitsspeicher Blöcke, die jeweils ein Listenelement speichern können und einen Zeiger (Pointer) auf das nächste Listenelement besitzen. Die Lineare Liste kann dann als Kette solcher Blöcke repräsentiert werden, konkret wird die Liste $L = a_1, a_2, \ldots, a_n$ wie in Abb. 2.2 dargestellt gespeichert. Es ist dabei nicht auszuschließen, dass die relative Position der Blöcke im Arbeitsspeicher nichts mit der Ordnung innerhalb der Liste zu tun hat.

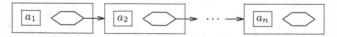

Abb. 2.2 Die verkettete Repräsentation einer Linearen Liste.

Wir kapseln eine solche Liste in einer Instanz der Klasse `LinkedList`; für die Blöcke definieren die (statische) innere Klasse `ListNode`. (Das erlaubt es, den ganzen Typ `ListNode` nur innerhalb von `LinkedList` sichtbar zu machen.)

```
1  public class LinkedList<Elem> implements LinearList<Elem, LinkedList.↵
       PointerPosition> {
2
3      private static class ListNode {
4          Object element;
5          ListNode next;
6          public ListNode() {  }
7          public ListNode(Object element, ListNode next) {
8              this.element = element; this.next = next;
9          }
10     }
11     public static class PointerPosition implements LinearList.↵
           ListPosition {
12         private final ListNode pointer;
13         private PointerPosition(ListNode pointer) {
14             this.pointer = pointer;
15         }
16         public boolean equals(final Object o) {
17             return pointer.equals(((PointerPosition) o).pointer);
18         }
19         public int hashCode() { return pointer.hashCode(); }
20     }
21
22     public PointerPosition next(PointerPosition p) {
23         if (p.equals(end())) throw new NoSuchElementException();
24         return new PointerPosition(p.pointer.next);
25     }
26     // ...
27 }
```

Anders als in der sequentiellen Repräsentation sind die Positionen in der verketteten Darstellung Pointer-basiert: Eine Instanz von `PointerPosition` speichert eine Referenz auf einen `ListNode`, dessen Index in der Liste kann sich aber durch Einfügungen und Löschungen ändern (ohne dass wir davon etwas in der Positionsinstanz mitbekämen). Die Methode `next` verwendet einfach das `next`-Feld um in der Liste ein Element weiterzugehen.

Bemerkung 2.8 (Statische innere Klassen und generische Typen): Es sei darauf hingewiesen, dass wir in `ListNode` der Einfachheit halber den unspezifischen Typ `Object` für `element` statt dem Typparameter `Elem` verwendet haben. Da wir den Zugriff auf diese Felder innerhalb der Klasse kontrollieren, können wir trotzdem garantieren, dass nur `Elem`-Instanzen gespeichert werden.

Wir vermeiden durch diese unvollständige Nutzung der Typparameter eine Kaskade von generischen Typen: `ListNode` ist eine *statische* innere Klasse, damit nicht jede `ListNode`-Instanz einen Pointer auf das zugehörige `LinkedList`-Objekt speichert. Das bedeutet aber, dass der Typparameter `Elem` innerhalb von `ListNode` nicht existiert und die Klasse selbst generisch werden müsste; das gleiche gälte auch für `PointerPosition`. Um nicht an jede Deklaration einer lokalen Variable den Typparameter anhängen zu müssen, belassen wir die inneren Klassen nicht-generisch und verwenden an einigen

Stellen Casts von `Object` auf `Elem`, die wir für den Compiler explizit markieren, um eine Warnung zu unterdrücken. ◀

2.1.3.1 Positionen

Wir müssen noch festlegen, wie wir den Listenanfang, das Listenende und die leere Liste charakterisieren wollen. Dafür gibt es verschiedene Alternativen, die wir in Bemerkung 2.10 kurz diskutieren. Wir beschränken uns hier auf die Variante, die letztendlich zum effizientesten und elegantesten Code führt, obwohl sie auf den ersten Blick wenig intuitiv erscheinen mag: Um die Position eines Elements anzugeben, speichern wir (in `PointerPosition.pointer`) stets eine Referenz auf den *Vorgänger* dieses Elementes in der Liste. Anschaulich:

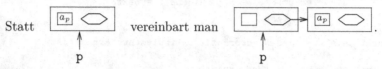

Mit dieser Konvention muss der Zugriff auf Elemente also wie folgt implementiert werden:

```
1    @SuppressWarnings("unchecked")
2    public Elem get(PointerPosition p) {
3        if (p.equals(end())) throw new NoSuchElementException();
4        return (Elem) p.pointer.next.element;
5    }
6    public void set(PointerPosition p, Elem x) {
7        if (p.equals(end())) throw new NoSuchElementException();
8        p.pointer.next.element = x;
9    }
```

Die bisherige Konvention hat noch eine Lücke: Für das erste Element der Liste gibt es keinen echten Vorgänger, auf den wir zeigen könnten! Wir führen deshalb einen Dummy-Startblock ein, der stets vor allen echten Elementen in der Liste verbleibt. Wir speichern diesen Block in `head`. Es ist bequem analog einen Dummy-Endblock nach allen Elementen zu verwenden, den wir in `tail` speichern. Um für Methode `end` Zugriff auf den Vorgänger von `tail` zu haben, vereinbaren wir folgende Invariante:

`tail.next` zeigt stets auf den Vorgänger von `tail`.

Die Liste $L = a_1, a_2, \ldots, a_n$ wird dann wie in Abb. 2.3 repräsentiert. Als

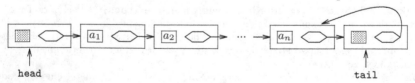

Abb. 2.3 Verkettete Repräsentation der Linearen Liste $L = a_1, a_2, \ldots, a_n$.

Position verwenden wir wieder einen Zeiger wie unter 1. Die leere Liste entspricht dann der Konfiguration aus Abb. 2.4.

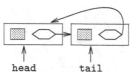

head   tail

Abb. 2.4   Verkettete Repräsentation der leeren Liste.

```
1    private ListNode head = new ListNode(), tail = new ListNode();
2
3    public LinkedList() {
4        // initialize to representation of empty list
5        head.next = tail;
6        tail.next = head;
7    }
8
9    public PointerPosition end() {
10        return new PointerPosition(tail.next);
11    }
12   public PointerPosition start() {
13        return new PointerPosition(head);
14   }
15
16   /** Warning: takes linear time! */
17   public PointerPosition previous(final PointerPosition p) {
18        if (p.equals(start())) throw new NoSuchElementException();
19        ListNode node = head;
20        while (p.pointer != node.next) node = node.next;
21        return new PointerPosition(node);
22   }
```

previous wird von unserer Repräsentation nicht effizient unterstützt; die
angegebene Implementierung muss daher vom Anfang der Liste aus den
Vorgänger der aktuellen Position suchen.

2.1.3.2 Einfügen

Schließlich bleiben uns noch **insert** und **delete** übrig. Wie können wir
bei dieser Darstellung einer Linearen Liste ein neues Element in Position p
einfügen? Hierzu ist aus der Situation in Abb. 2.5 vor dem Einfügen, die in

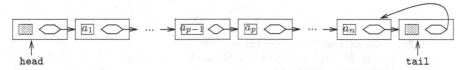

head   tail

Abb. 2.5   Lineare Liste vor dem Einfügen eines neuen Elements an Position p.

Abb. 2.6 gezeigte Situation nach dem Einfügen herzustellen. Wir müssen also
den Nachfolger-Zeiger des Vorgängers des p-ten Blocks auf den neuen Block

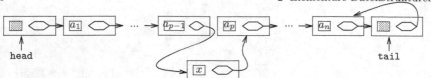

Abb. 2.6 Lineare Liste aus Abb. 2.5 nach dem Einfügen eines neuen Elements an Position p.

umlegen; der Nachfolger-Zeiger des neuen Blocks muss auf den (ehemals) p-ten Block verweisen.

```
1   public void insert(PointerPosition p, Elem x) {
2       ListNode pred = p.pointer;
3       ListNode newNode = new ListNode(x,pred.next);
4       pred.next = newNode;
5       // Restore invariant
6       if (newNode.next == tail) tail.next = newNode;
7   }
```

Falls sich dabei der Vorgänger von `tail` geändert hat (also eine Einfügung bei `L.end()`), so müssen wir nach unserer Konvention das `next`-Feld von `tail` aktualisieren.

2.1.3.3 Löschen

Das Löschen gelingt in ähnlicher Weise durch „Umbiegen" von Pointern; das entsprechende Vorgehen ist in Abb. 2.7 veranschaulicht.

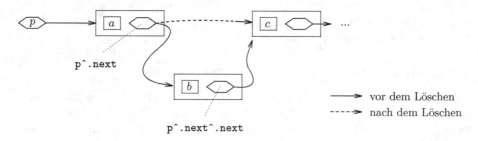

Abb. 2.7 Löschen des Elements an Position p nach neuer Vereinbarung.

```
1   public void delete(PointerPosition p) {
2       if (p.equals(end())) throw new NoSuchElementException();
3       ListNode pred = p.pointer;
4       pred.next = pred.next.next;
5       // Restore invariant:
6       if (pred.next == tail) tail.next = pred;
7   }
```

Es ist offensichtlich, dass in dieser Darstellung auch das Konkatenieren zweier Listen einfach durch das Umhängen einer konstanten Anzahl von Zeigern bewerkstelligt werden kann.

Bemerkung 2.9 (Subtile Auswirkungen): Wie oben erwähnt, haben wir für `insert` und `delete` auf abstrakten Linearen Listen nicht genau festgelegt, welche Auswirkungen sie auf existierende Positionen haben. Mit unserer Konvention, eine Referenz auf den Vorgänger zu speichern, haben wir uns aber für die verkette Repräsentation auf eine konkrete Bedeutung festgelegt:

1. Einfügungen an einer Position p *ändern* den Wert der Position: p verweist danach stets auf das *neue* Element.
2. Nach dem Löschen des Elements an Position p verweist p auf den Nachfolger des gelöschten Elements.

Diese Konvention ist sicherlich eine natürliche Wahl. (Zur Abgrenzung sei erwähnt, dass man aber auch hätte vereinbaren können, dass p beim Einfügen „mitrückt", also nach dem Einfügen immer noch auf das gleiche Element verweist.)

Leider hat die Konvention subtile Auswirkungen, derer man sich bewusst sein muss, wenn man einfach verkettete Listen verwendet. Der folgende Code sieht harmlos aus:

```
1      PointerPosition p = L.start();
2      PointerPosition q = L.next(p);
3      L.delete(p);
4      L.insert(q,x);
```

Da wir aber (über p) den *Vorgänger* von q aus der Liste entfernen, verweist q nun auf ein `ListNode`-Objekt, das nicht mehr Teil der Liste ist! Das nachfolgende `insert` an Position q führt folglich *nicht* dazu, dass x in die Liste eingefügt wird, obwohl wir mittels `L.get(q)` noch den korrekten Wert in der Liste auslesen können. Wir halten fest: *Das Löschen des Vorgängers macht eine Position ungültig.* Bei der Verwendung von verketteten Listen müssen wir also darauf achten, solche Positionen nicht mehr (für Einfügungen) zu verwenden.   ◄

Bemerkung 2.10 (Alternative Konventionen?): Die naheliegende Konvention, die Position eines Elementes durch eine Referenz auf seinen Block selbst zu repräsentieren, ermöglicht ebenfalls Konstantzeit-Implementierungen von `insert`: Um x an Position p einzufügen, fügen wir einen neuen Block *nach* dem aktuellen ein und geben ihm den (alten) Wert a_p. Danach *überschreiben* wir im aktuellen Block den Wert mit x.

Man mag verleitet sein, `delete` ähnlich anzugehen: Wir kopieren den Wert unseres Nachfolgers in den aktuellen Block und löschen dann den Nachfolgerblock; diese Variante führt aber leider *nicht* zum Ziel. Für `end` benötigen wir eine (globale) Referenz auf das Ende der Liste (siehe unsere Invariante!). Wenn wir aber das letzte Element wie oben beschrieben löschen, so können wir diesen End-Pointer nicht anpassen: Wir kommen von einer Position nicht (in Konstantzeit) zum Vorgänger, aber genau den brauchen wir beim Löschen.

2.1.3.4 Optimierung für die Suche: Sentinels

Mit obiger Implementierung der Basisoperationen sind die in Abschnitt 2.1.1 definierten abgeleiteten Operationen dank unserer Abstraktion der Linearen Liste direkt funktionsfähig. Dieser Komfort hat aber einen gewissen Preis: Die Abstraktion macht manche Optimierungen unmöglich, wie wir an folgendem Beispiel kurz demonstrieren wollen. Wenn eine Implementierung also besonders effizient sein muss ist, kann es sich lohnen, die Abstraktion aufzubrechen, um das Letzte Bisschen Performance aus einer Datenstruktur herauszuholen.

Wir betrachten die Implementierung von `firstOccurrenceAfter` (Seite 65). In jeder Iteration der `for`-Schleife (außer potentiell der letzten) führen wir 2 Vergleiche durch: wir testen ob x and Position `cur` vorkommt und ob wir mit `cur` schon am Ende der Liste angelangt sind. Durch einen Trick können wir den zweiten Vergleich einsparen:

```
1   public PointerPosition firstOccurrenceAfter(PointerPosition p, Elem↵
        x) {
2     ListNode cur = p.pointer;
3     tail.element = x;
4     while (!cur.next.element.equals(x)) cur = cur.next;
5     return new PointerPosition(cur);
6   }
```

Dadurch, dass wir x in den (eigentlich ungenutzten) `tail`-Block schreiben, wird x garantiert gefunden und die `while`-Schleife terminiert spätestens für `cur == tail`; nämlich genau dann, wenn x gar nicht in der Liste vorkommt. (Man mache sich klar, dass die Methode in beiden Fällen die korrekte Antwort liefert). Hier fungiert x also als Wachposten (engl. Sentinel), der das Ende der Suche markiert, ohne dass wir eine explizite Überprüfung brauchen. Diesem Trick werden wir im Kontext der Sortier-Algorithmen wieder begegnen.

2.1.3.5 Eliminierung der Positionsobjekte

Unsere obige Implementierung verwendet eine eigene innere Klasse `PointerPosition`, die eine Referenz auf ein `ListNode`-Objekt speichert, um die nur für interne Zwecke vorgesehene Klasse `ListNode` nicht nach außen hin sichtbar zu machen. Es wäre beispielsweise für die Korrektheit der Listenoperationen fatal, wenn ein Benutzer der Liste von außen `next`-Pointer umbiegen und damit die Invariante, dass `tail.next` stets auf den Vorgänger von `tail` verweist, verletzen könnte.

Es gibt aber einen Trick, mit dem wir den Overhead, für jede Position ein eigenes Objekt zu erzeugen, umgehen können, ohne das Kapselungsprinzip aufzugeben: Wir verwenden eine „leere" öffentliche Klasse `PointerPosition` und lassen `ListNode` von dieser erben. Dadurch können wir direkt unsere `ListNode`-Instanzen nach außen reichen, erlauben aber von außen nur den Zugriff auf die Schnittstelle von `PointerPosition` – also gar keinen Zugriff!

Beispielhaft ist hier diese alternative Implementierung für einige Methode ausgeführt; die anderen Methoden lassen sich analog anpassen.

```
1 public class LinkedList<Elem> implements LinearList<Elem, ↵
      PointerPosition> {
2   public static abstract class PointerPosition implements LinearList.↵
        ListPosition {
3     private PointerPosition() {} // forbid external instances
4   }
5   private static class ListNode extends PointerPosition {
```

```
6       // same as before
7     }
8     public PointerPosition start() { return head; }
9     public PointerPosition end() { return tail.next; }
10    public void set(PointerPosition p, Elem x) {
11        if (p == end()) throw new NoSuchElementException();
12        ((ListNode) p).next.element = x;
13    }
14    public PointerPosition next(PointerPosition p) {
15        if (p == end()) throw new NoSuchElementException();
16        return ((ListNode) p).next;
17    }
18    // ...
19 }
```

Da wir nun direkt die Blöcke der Liste als Position verwenden, müssen wir außerdem in `PointerPosition` die equals-Methode nicht überschreiben, denn zwei `ListNode`-Referenzen sind nur gleich, wenn sie auf *dasselbe* Objekt verweisen. Wir können daher hier statt `equals` auch direkt den Operator `==` für den Vergleich von Positionen verwenden.

Bemerkung 2.11 (Casts): Weil wir den (einzigen) Konstruktor von `PointerPosition` als `private` und die Klasse als `abstract` deklariert haben, kann der Java Compiler beweisen, dass alle Instanzen von `PointerPosition` tatsächlich `ListNode`-Instanzen sind: Alle Instanzen von `PointerPosition` müssen von Code aus dieser Klasse erzeugt werden, und in dieser Klasse gibt es keine weiteren Subklassen von `PointerPosition`. Der Compiler liefert deshalb für die Casts in obigem Code *keine* Warnung vor *unchecked casts*. ◀

2.1.4 Doppelt verkettete Lineare Listen

Wie wir im vorherigen Abschnitt gesehen haben, bereitet es Probleme, dass man bei der verketteten Darstellung Linearer Listen nicht ohne weiteres auf den Vorgänger eines Listenelements zugreifen kann. Dies fällt besonders dann ins Gewicht, möchte man die Liste in beide Richtungen durchlaufen. In diesem Fall ist es von Vorteil, jeden Block der Liste mit einem weiteren Zeiger auszustatten, der jeweils auf den Vorgänger verweist.

Abb. 2.8 Struktur einer doppelt verketteten Linearen Liste.

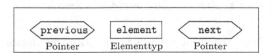

Abb. 2.9 Struktur der Blöcke einer doppelt verketteten Linearen Liste.

Wir erreichen dies durch die folgenden Klassen

```
1  public class DoublyLinkedList<Elem> implements LinearList<Elem, ↩
       DoublyLinkedList.PointerPosition> {
2    // ...
3    private static class ListNode {
4      Object element;
5      ListNode next, previous;
6      public ListNode(Object element) {
7        this.element = element;
8      }
9    }
10   public static class PointerPosition implements LinearList.↩
       ListPosition {
11     private ListNode pointer;
12     // rest same as for singly-linked lists
13   }
14 }
```

Ein Block der Liste sieht dann anschaulich wie in Abb. 2.9 gezeigt aus. Damit ist die Struktur einer doppelt verketteten Linearen Liste die in Abb. 2.8 gezeigte.

Um `null`-Pointer zu vermeiden, ist es für manche Anwendungen praktisch, mit dem Kopf (Header) die doppelt verkettete Lineare Liste zu einem Ring zu schließen, siehe Abb. 2.10.

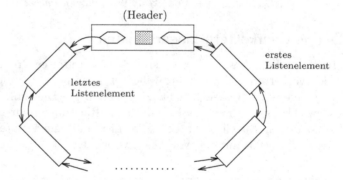

Abb. 2.10   Ringförmig geschlossene doppelt verkettete Lineare Liste.

```
1    private final ListNode header;
2    public DoublyLinkedList() {
3      header = new ListNode(null);
4      header.next = header; header.previous = header;
5    }
```

Wählt man nicht diese verschmolzene Form der Begrenzungsblöcke, so sehen die Listenenden wie in Abb. 2.11 aus, wobei der erste bzw. letzte Block jeweils kein Element der Liste speichert. Die Implementierung beider Varianten sind bis auf `start` und `end` identisch, weshalb wir uns hier auf die ringförmig

Abb. 2.11 Alternative Konvention ohne verschmolzene Begrenzungsblöcke.

geschlossene Darstellung beschränken wollen. Dadurch, dass nun problemlos auf den Vorgänger eines Listenelements zugegriffen werden kann, können wir als Position p hier auch wieder einen Zeiger auf den Block, der a_p enthält, verwenden. Damit ergeben sich die Positionsoperationen wie folgt:

```
1   public PointerPosition start() {
2       return new PointerPosition(header.next);
3   }
4   public PointerPosition end() {
5       return new PointerPosition(header);
6   }
7   public PointerPosition next(PointerPosition p) {
8       if (p.equals(end())) throw new NoSuchElementException();
9       return new PointerPosition(p.pointer.next);
10  }
11  public PointerPosition previous(PointerPosition p) {
12      if (p.equals(start())) throw new NoSuchElementException();
13      return new PointerPosition(p.pointer.previous);
14  }
15  @SuppressWarnings("unchecked")
16  public Elem get(PointerPosition p) {
17      if (p.equals(end())) throw new NoSuchElementException();
18      return (Elem) p.pointer.element;
19  }
20  public void set(PointerPosition p, Elem x) {
21      if (p.equals(end())) throw new NoSuchElementException();
22      p.pointer.element = x;
23  }
```

Die strukturverändernden Operationen, `insert` und `delete`, gelingen i.W. durch „Umbiegen" einer Handvoll Zeiger (und damit in Konstantzeit):

```
1   public void insert(PointerPosition p, Elem x) {
2       ListNode node = p.pointer, newNode = new ListNode(x);
3       newNode.previous = node.previous;
4       newNode.next = node;
5       node.previous.next = newNode;
6       node.previous = newNode;
7       p.pointer = newNode;
8   }
9   public void delete(PointerPosition p) {
10      if (p.equals(end())) throw new NoSuchElementException();
11      ListNode node = p.pointer;
12      node.previous.next = node.next;
13      node.next.previous = node.previous;
14  }
```

Der Code ist sehr kompakt und am besten mithilfe einer Skizze verständlich. Betrachten wir beispielsweise das Löschen eines Elements. Ist **p** eine

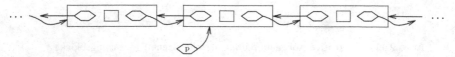

Abb. 2.12 Beispiel des Löschens eines Elements in einer doppelt verketteten Linearen Liste (Startkonfiguration).

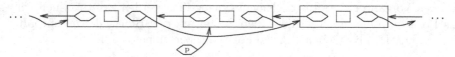

Abb. 2.13 Beispiel des Löschens eines Elements in einer doppelt verketteten Linearen Liste (nach erster Zeigeranpassung).

Position in der Liste und gleich `end()` (also kein Verweis auf den Header), so ist unsere Startkonfiguration die in Abb. 2.12 gezeigte. Durch die Zuweisung `node.previous.next = node.next` erhalten wir die Konfiguration aus Abb. 2.13. Die Anweisung `node.next.previous = node.previous` erzeugt letztlich die in Abb. 2.14 dargestellte Situation.

2.1.5 Vergleich von sequentieller und verketteter Repräsentation

Wir wollen kurz die Vor- und Nachteile der Repräsentationen für Lineare Listen diskutieren. Neben der Problematik der festen Feldgröße im Falle der sequentiellen Repräsentation, die sich durch dynamische Arrays (Abschnitt 2.1.2.2) in gewissem Sinne beheben lässt, haben wir über die Verwendung von Verkettung auch eine effizientere Darstellung gefunden.

So ist sowohl in der einfach verketteten, als auch der doppelt verketteten Darstellung das Einfügen und Löschen eines Elements an einer beliebigen, durch ein Positionsobjekt gegebenen Stelle innerhalb der Liste stets in konstanter Zeit möglich möglich. Selbiges gilt auch für die Konkatenation (das „Verschmelzen") zweier Listen. Diese Operationen benötigen bei der sequentiellen Darstellung im Mittel $\Theta(|L|)$ viele Operationen.

Diese drastische Verbesserung der Laufzeit ist aber nicht umsonst. Zwar erzeugt die verkettete Repräsentation nie mehr Blöcke als zur Darstellung der Liste notwendig sind (der Speicherbedarf bleibt also in $\Theta(|L|)$), der

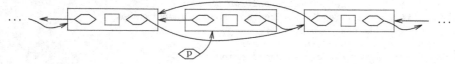

Abb. 2.14 Beispiel des Löschens eines Elements in einer doppelt verketteten Linearen Liste (nach zweiter Zeigeranpassung).

Speicherplatz, der für ein Listenelement verbraucht wird, ist aber größer als bei der sequentiellen Repräsentation, da jeweils noch ein Nachfolger-Zeiger, und im Falle der doppelt verketteten Liste, ein Vorgänger-Zeiger, benötigt werden.

Bemerkung 2.12 (Speicherlokalität): Ein weiterer potentieller Nachteil der verketteten Darstellungen liegt in der Speicherhierarchie moderner Computer begründet. Diese laden stets einen ganzen Block benachbarter Speicherzellen in den Cache, sobald eine der Speicheradressen benötigt wird. In einem Array sind benachbarte Elemente auch im Speicher nacheinander angeordnet, und wir profitieren beim Traversieren des Arrays von dieser Lokalität der Zugriffe. Da der Speicher für die Listenblöcke dynamisch alloziert wird, haben wir keine Garantie dieser Art in verketteten Listen.   ◄

Aus theoretischer Sicht ist die verkettete Darstellung aber klar überlegen und dient als elementarer Baustein unzähliger komplizierterer Algorithmen. Zwei direkte Anwendungen Linearer Listen wollen wir im Folgenden kurz betrachten.

2.1.6 Anwendung 1: Speicherverwaltung selbstgemacht

Es gibt Programmiersprachen, z. B. Visual Basic, die keine Pointer zur Verfügung stellen. In diesem Fall kann man Zeiger durch sog. *Cursor* simulieren. Das kann aber auch in Sprachen Sinn machen, die dynamische Allokation grundsätzlich schon unterstützen, denn die nachfolgend beschriebene manuelle Speicherverwaltung kann Effizienzgewinne ermöglichen. Die beschriebene Technik ist allgemein anwendbar, wir wollen sie hier aber im Kontext der einfach verketteten Darstellung Linearer Listen betrachten.

Wir verwalten mit Hilfe eines Arrays einen Speicher für die Listenelemente. An die Stelle von Objektreferenzen bzw. Zeigern treten Integer-Variablen, die die Positionen im Array (Index) angeben.

```
1  public class DIYMemoryManagement {
2      private MemoryCell[] mem;
3      public static final int NULL = -1;
4      // ...
5      public MemoryCell get(int address) { return mem[address]; }
6      public static class MemoryCell {
7          Object element;
8          int next;
9          public MemoryCell(Object element, int next) {
10             this.element = element;
11             this.next = next;
12         }
13     }
14 }
```

Bemerkung 2.13 (Array von Paaren vs. parallele Arrays): In obiger Implementierung ist jede Speicherzelle als ein eigenes `MemoryCell`-Objekt repräsentiert. Der Speicheroverhead für all diese Objekte kann vermieden werden, indem man statt eines `MemoryCell`-Arrays zwei *„parallele Arrays"* für die beiden Felder **element** und **next** separat verwendet.   ◄

Haben wir z.B. die Listen $L_1 = a_1, a_2, a_3$ und $L_2 = b_1, b_2, b_3, b_4$ gegeben, so können diese Listen mittels Cursor wie folgt im Speicher abgelegt werden. In Variablen 11 (12) vom Typ `int` speichern wir den Feldindex, unter dem a_1 (b_1) abgespeichert ist. Die Referenz `mem[11].element` verweist auf a_1 selbst, `mem[11].next` enthält den Index des Listen-Nachfolgers. Ein Eintrag NULL, also -1, zeigt das Ende der Liste an; Abb. 2.15 zeigt ein Beispiel.

0		1
1		4
2	b_1	14
3	b_4	-1
4		13
5	a_1	12
6	b_3	3
7		10
8	a_3	-1
9		11
10		-1
11		7
12	a_2	8
13		9
14	b_2	6

Abb. 2.15 Verkettete Repräsentation Linearer Listen durch Cursor; hier ist 11 = 5, 12 = 2, nextFree = 0.

Da wir unsere Listen dynamisch wachsen und schrumpfen lassen wollen, müssen wie den Überblick darüber behalten, welche Speicherzellen/Indizes schon in Benutzung sind und welche wir für neue Speicheranfragen verwenden können. Um das ohne zusätzlichen Speicher tun zu können, sorgen wir dafür, dass die aktuell nicht verwendeten Einträge des Feldes eine dritte Liste bilden, deren Anfang wir in `nextFree` speichern. Will man ein neues Listenelement erzeugen (`alloc`), so nimmt man einfach das erste Element in dieser Liste und setzt `nextFree` auf dessen Nachfolger. Gibt man ein Element frei, so fügt man es vorne in die free-Liste ein.

```
1    private int nextFree = 0;
2
3    public DIYMemoryManagement(int memorySize) {
4        this.mem = new MemoryCell[memorySize];
5        for (int i = 0; i < mem.length; i++)
6            mem[i] = new MemoryCell(null,i+1);
7        mem[memorySize-1].next = NULL;
8    }
9    public int alloc() {
10        if (nextFree == NULL) throw new OutOfMemoryError();
11        int result = nextFree;
```

```
12      this.nextFree = mem[result].next;
13      return result;
14    }
15    public void free(int address) {
16      mem[address].element = null;
17      mem[address].next = nextFree;
18      nextFree = address;
19    }
```

Auf Basis dieser Operationen kann man verkettete Listen wie in Abschnitt 2.1.3 beschrieben realisieren. Auf diese Weise haben wir zwar weiterhin die Nachteile einer festgelegten Größe, gewinnen aber die Laufzeitvorteile der verketteten Darstellung, da z.B. beim Einfügen keine Elemente mehr versetzt werden müssen. Man beachte, dass es hier – anders als in Java sonst üblich – zwingend notwendig ist, nicht benötigte Speicherzellen in `delete` explizit wieder freizugeben.

Bemerkung 2.14 (Ungültige Positionen): Wie in Bemerkung 2.9 diskutiert, führt das Löschen in (einfach) verketteten Listen an einer Position p dazu, dass bisherige Nachfolgerpositionen von p ungültig werden. Im Kontext unserer manuellen Speicherverwaltung (und in Sprachen ohne Garbage Collector) ist diese Situation sogar noch problematischer: Jetzt verweist eine solche ungültige Position auf eine gänzlich ungültige Speicherstelle, da diese schon freigegeben ist!   ◀

2.1.7 Anwendung 2: Dünn besetzte Matrizen

Lineare Listen sind eine attraktive Datenstruktur z.B. im Kontext von Graphen, wie wir später noch sehen werden. Dies ist besonders dann der Fall, wenn eine dynamische Implementierung vorliegt. Ein anderes Anwendungsbeispiel, das wir hier betrachten wollen, ist die Addition dünn besetzter Matrizen.

Eine dünn besetzte Matrix ist eine Matrix mit nur wenigen von Null verschiedenen Einträgen. Sind A und B zwei $n \times m$ Matrizen dargestellt als zweidimensionale Felder, so können wir nach der Schulmethode die Summe $C = A + B$ wie folgt bestimmen:

```
1 for (int i = 0; i < n; ++i) {
2   for (int j = 0; j < m; ++j){
3     C[i][j] = A[i][j] + B[i][j];
4   }
5 }
```

Die Laufzeit für die Addition ist damit $\Theta(n \cdot m)$, jedoch werden für dünn besetzte Matrizen dabei oft Additionen der Null durchgeführt, also eine Operation, die wir uns sparen können. Angenommen A hat a und B hat b viele von Null verschiedene Einträge. Unser Ziel ist eine Addition von A und B in Zeit $\mathcal{O}(a + b)$. Hierfür verlangen wir, dass A und B in einer geeigneten Datenstruktur vorliegen: Für A wie auch für B sei eine Liste (L_A bzw. L_B) gegeben, in der die von Null verschiedenen Einträge in *Zeilenordnung* verkettet sind. Dabei ist neben dem Wert eines Eintrags auch die Zeile und die Spalte des Eintrags zu speichern. Ein Beispiel wird in Abb. 2.16 gezeigt.

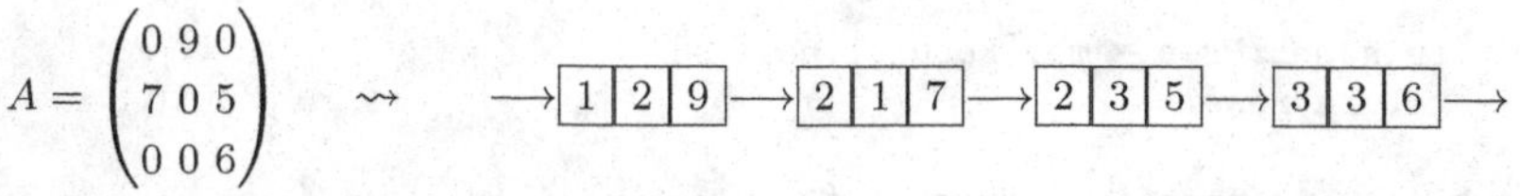

$$A = \begin{pmatrix} 0 & 9 & 0 \\ 7 & 0 & 5 \\ 0 & 0 & 6 \end{pmatrix} \quad \rightsquigarrow \quad \longrightarrow \boxed{1\;|\;2\;|\;9} \longrightarrow \boxed{2\;|\;1\;|\;7} \longrightarrow \boxed{2\;|\;3\;|\;5} \longrightarrow \boxed{3\;|\;3\;|\;6} \longrightarrow$$

Abb. 2.16 Beispiel für die Listendarstellung einer Matrix.

Das erste Feld in einem Block bezeichnet also die Zeile, das zweite Feld die Spalte und das dritte Feld den Wert des entsprechenden Eintrags der Matrix. Die von Null verschiedenen Einträge der ersten Zeile erscheinen zuerst, gefolgt von denen der zweiten Zeile usw. Innerhalb einer Zeile erscheinen die Einträge gemäß aufsteigender Spaltennummern.

Mit dieser Darstellung ist es einfach, eine Liste L_C zu berechnen, die die von Null verschiedenen Einträge von $C = A + B$ in Zeilenordnung verkettet:

1. Setze Position a auf L_A.start() und Position b auf L_B.start().
2. Solange a != L_A.end() *und* b != L_B.end(), wiederhole:

   2.1 Habe ca = L_A.get(a) die Koordinaten (i_A, j_A) und cb = L_B.get(b) die Koordinaten (i_B, j_B). Unterscheide die Fälle:
   * Wenn $i_A < i_B \vee (i_A = i_B \wedge j_A < j_B)$, dann füge eine Kopie von ca am Ende der Liste L_C ein und setze a auf L_A.next(a).
   * Wenn $i_A > i_B \vee (i_A = i_B \wedge j_A > j_B)$, dann füge eine Kopie von cb am Ende der Liste L_C ein und setze b auf L_B.next(b).
   * Sonst (also $i_A = i_B \wedge j_A = j_B$), addiere die beiden zugehörigen Matrixeinträge und füge – falls das Resultat ungleich Null ist – ein Element mit den Koordinaten (i_A, j_A) und der Summe als Matrixeintrag am Ende der Liste L_C ein. Setze a und b jeweils auf das nächste Listenelement.

3. Solange a != L_A.end() *oder* b != L_B.end(), wiederhole:

   3.1 Ist a != L_A.end(), füge eine Kopie von L_A.get(a) ans Ende der Liste L_C an und setzte a = L_A.next(a).
   3.2 Sonst (b != L_B.end()), füge eine Kopie von L_B.get(b) ans Ende der Liste L_C an und setzte b = L_B.next(b).

Da jeder von Null verschiedene Eintrag von A oder B in konstanter Zeit behandelt wird und die Nulleinträge überhaupt nicht mehr betrachtet werden, ist die Laufzeit tatsächlich durch $\mathcal{O}(a + b)$ beschränkt.

Bemerkung 2.15: Natürlich gilt $a = \mathcal{O}(n \cdot m)$ sowie $b = \mathcal{O}(n \cdot m)$ und damit $a + b = \mathcal{O}(n \cdot m)$. Damit ist der Algorithmus auch bei nicht dünn besetzten Matrizen asymptotisch der Schulmethode gleichwertig. Man sieht aber auch, dass diese Methode bei fast voll besetzten Matrizen der Standardtechnik in den Konstanten weit unterlegen ist.

Auch sei darauf hingewiesen, dass eine Überführung einer Matrix von der Listendarstellung in die gewohnte, tabellarische in $\mathcal{O}(a + b)$ möglich ist, nicht jedoch die Gegenrichtung, die $\mathcal{O}(n \cdot m)$ Zeit benötigt. Es ist also nicht ratsam, permanent zwischen den verschiedenen Darstellungen hin und her zu transformieren, in der Hoffnung, stets das Letzte an Effizienz herauszuholen.   ◀

Bemerkung 2.16: Für die Addition zweier Matrizen ist es ausreichend, beide Matrizen zeilenweise abzuarbeiten. Wollen wir jedoch zwei Matrizen multiplizieren, so muss eine von beiden spaltenweise durchlaufen werden. Dann ist die vorherige Darstellung in Zeilenordnung ineffizient. Wir können dann beispielsweise eine verkettete Struktur aufbauen, die die von Null verschiedenen Einträge der dünn besetzten Matrizen sowohl zeilen- als auch spaltenweise verkettet. Dann sind beide Operationen einfach und effizient zu realisieren. Für die Matrix

$$A = \begin{pmatrix} 0\ 1\ 0\ 0\ 6 \\ 2\ 0\ 8\ 0\ 0 \\ 0\ 0\ 1\ 0\ 0 \\ 0\ 4\ 0\ 0\ 0 \end{pmatrix}$$ ◄

zeigt Abb. 2.17 die entsprechende Struktur.

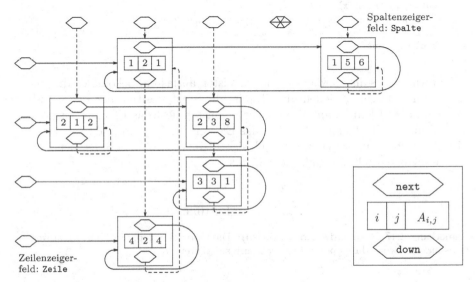

Abb. 2.17 Listendarstellung einer Matrix mit zeilen- und spaltenweiser Verkettung.

2.2 Stacks und Queues

Bei den in diesem Abschnitt behandelten Datenstrukturen handelt es sich um spezielle Lineare Listen, die sich dadurch hervorheben, dass die Zugriffsmöglichkeiten eingeschränkt sind. Man könnte also statt dieser auch direkt mit Linearen Listen arbeiten; oft ist es aber für das Verständnis hilfreich, mit dem eingeschränkten Interface zu arbeiten. Darüber hinaus ergeben sich durch die Einschränkungen Optimierungsmöglichkeiten in der Implementierung, die uns auf allgemeinen Listen verwehrt blieben.

2.2.1 Stacks

Ein *Stack* (auch Stapel oder Kellerspeicher genannt) ist eine Lineare Liste, in welcher Elemente nur an einem Ende, dem sog. *Top*[1], eingefügt, gelesen und gelöscht werden können. Ähnlich wie bei einem Stapel Bücher ist ein direkter Zugriff auf weiter unten liegende Elemente des Stacks nicht möglich (ohne Gefahr zu laufen, den gesamten Stapel zum Einsturz zu bringen). Man kann also neue Bücher lediglich oben auf den Stapel drauflegen und nur das oberste Buch kann weggenommen werden. Diese Eigenschaft wird oft mit LIFO abgekürzt: *Last in, first out*. Als Java-Interface modellieren wir Stacks wie folgt:

```
1  public interface Stack<Elem> extends Iterable<Elem> {
2      void push(Elem x);
3      Elem pop();
4      Elem top();
5      boolean empty();
6  }
```

Indem wir Stacks als Spezialfall Linearer Listen auffassen, bekommen die vier Operationen folgende Bedeutung: Top ist die Start-Position der Liste, push fügt ein neues Element am Top der Liste ein, top liest das Element aus, das aktuell im Top liegt, und pop löscht das Element im Top und gibt es zurück. Mittels empty kann erfragt werden, ob sich Elemente auf dem Stack befinden. Der Stack entspricht also folgender Liste:

$$a_1, a_2, \ldots, a_n$$
$$\uparrow \uparrow$$
$$\text{Top} \text{Bottom}$$

Bemerkung 2.17 (Alternative Konventionen): Die Operation top wird manchmal weggelassen, da wir sie durch pop gefolgt von push simulieren können:

```
1      default Elem top() {
2          Elem top = pop();
3          push(top);
4          return top;
5      }
```

Es ist aber in manchen Anwendungen bequem, top als eigene Operation zu haben, und ihre direkte Implementierung kann (geringfügig) effizienter als obiger Code sein. Umgekehrt wird manchmal vereinbart, dass pop das Element nur entfernt, aber nicht zurückliefert.

Unser Java-Interface erlaubt außerdem über alle im Stack vorhandenen Elemente zu iterieren, wobei wir bei Top beginnen. Diese Operation wird oft nicht zum klassischen Kanon der Stack-Operationen gezählt, sie ist aber oft hilfreich und von allen Implementierungen leicht zu unterstützen.   ◀

Alle zuvor besprochenen Repräsentationen für Lineare Listen können auf Stacks übertragen werden; insbesondere können wir Stacks realisieren, indem wir einfach eine entsprechende Lineare Liste als Blackbox verwenden.

---

[1] Das entgegengesetzte Ende der Liste bezeichnet man als *Bottom*.

a) Verkettete Repräsentation

Wir erhalten einen Stack in verketteter Repräsentation, indem wir eine
LinkedList-Instanz verwenden:

```
1  public class LinkedStack<Elem> implements Stack<Elem> {
2      private LinkedList<Elem> list = new LinkedList<>();
3      public void push(final Elem x) { list.prepend(x); }
4      public Elem top() { return list.get(list.start()); }
5      public Elem pop() {
6          Elem result = top();
7          list.delete(list.start());
8          return result;
9      }
10     public boolean empty() { return list.isEmpty(); }
11     public Iterator<Elem> iterator() { return list.iterator(); }
12 }
```

Man kann geringfügige Performancesteigerungen erreichen, indem man
den Stack direkt mit Hilfe von ListNode Objekten realisiert und ausnutzt,
dass wir in einem Stack niemals eine andere Position als list.start()
verwenden.

b) Sequentielle Repräsentation

Wir könnten aus obiger Implementierung einen Stack in sequenti-
eller Repräsentation machen, indem wir lediglich in Zeile 2 eine
FixedSizeArrayList verwenden; davon ist allerdings dringend abzuraten.
(Warum?)

Wir können aber dennoch unsere vorhandene Implementierung von
Linearen Listen zum Einsatz bringen, wenn wir den Stack *am Ende* der
Liste wachsen lassen:

```
1  public class ArrayStack<Elem> implements Stack<Elem> {
2      private FixedSizeArrayList<Elem> list;
3      public ArrayStack(int capacity) {
4          this.list = new FixedSizeArrayList<>(capacity);
5      }
6      public void push(final Elem x) { list.append(x); }
7      public Elem top() { return list.get(list.previous(list.end())); }
8      public Elem pop() {
9          Elem result = top();
10         list.delete(list.previous(list.end()));
11         return result;
12     }
13     // ...
14 }
```

Wieder erkaufen wir uns die Einfachheit im Code durch kleine Performanceeinbußen, die wir eliminieren können, indem wir direkt auf einem
Array arbeiten, statt die fertige Lineare Liste zu verwenden. Dabei bietet
es sich an, dass Array von hinten nach vorne zu füllen: Wir speichern einen
Index top, der initial capacity - 1 enthält. Für eine push-Operation
wird der Wert erniedrigt und an entsprechender Stelle das neue Element
in das Feld eingetragen; für eine pop-Operation verfährt man analog.

In beiden Varianten haben alle Stack-Operationen konstante Laufzeit.

2.2.2 Queues

Eine *Queue* (Warteschlange) ist eine Lineare Liste, in der Elemente nur an
einem Ende (*Rear*) eingefügt und am anderen Ende (*Front*) gelöscht werden
können. Zugriffe auf Listenelemente an anderen Positionen sind nicht möglich.
Das Verhalten der Queue entspricht einer Warteschlange an einer Kasse,
in der Neuankömmlinge sich stets am Ende der Schlange einreihen müssen
(kein Vordrängeln und keine Sonderprivilegien!), während der Erste in der
Warteschlange als nächstes bedient wird. Diese Regel wird mit FIFO abgekürzt:
First in, first out. Die üblicherweise für die Operationen verwendeten Synonyme
sind enqueue für das Einfügen und dequeue für das Löschen. Zusätzlich gibt
es eine Operation peek, die das reine Auslesen des Elements im Front erlaubt;
die Operation dequeue liefert das Element im Front zurück und entfernt es
gleichzeitig. Als Java-Interface ergibt sich die Queue wie folgt:

```
1  public interface Queue<Elem> extends Iterable<Elem> {
2      void enqueue(Elem x);
3      Elem dequeue();
4      Elem peek();
5      boolean empty();
6  }
```

Bemerkung 2.18 (Alternative Konventionen): Ähnlich zu den Stacks wir manchmal auf
peek verzichtet; allerdings ist es hier nicht möglich peek auf Basis der anderen Operationen zu simulieren! (Warum?) Ebenso wird der Rückgabewert für dequeue manchmal
weggelassen, aber in vielen Anwendungen ist unsere Konvention bequemer.   ◄

Eine verkettete Repräsentation der Queue erhalten wir wieder einfach durch
Verwendung der verketteten Linearen Liste:

```
1   public class LinkedQueue<Elem> implements Queue<Elem> {
2       private LinkedList<Elem> list = new LinkedList<>();
3       public void enqueue(final Elem x) { list.append(x); }
4       public Elem peek() { return list.get(list.start()); }
5       public Elem dequeue() {
6          Elem front = peek();
7          list.delete(list.start());
8          return front;
9       }
10      public boolean empty() { return list.isEmpty(); }
11      public Iterator<Elem> iterator() { return list.iterator(); }
12  }
```

Alle Operationen benötigen konstante Zeit, und der Speicherplatz ist linear
in der Anzahl gespeicherter Elemente. Aus theoretischer Sicht ist das optimal,
allerdings sind – wie in Abschnitt 2.1.5 diskutiert – der Speicherbedarf und
die Laufzeit einer sequentiellen Repräsentation um einen signifikanten Faktor
geringer. Wie Stacks können auch Queues sequentiell repräsentiert werden
und dabei alle Operationen in konstanter Laufzeit anbieten; allerdings ist
anders als bei Stacks ein zusätzlicher Trick dafür nötig: der *Ringpuffer.*

2.2.2.1 Ringpuffer

Da in Queues sowohl am Anfang, als auch am Ende der Liste Modifikationen nötig sind, ist bei direkter Verwendung von Einfügen und Löschen in sequentiell repräsentierten Linearen Listen stets eine der beiden Operationen sehr teuer, da alle Elemente in der Queue um eine Arrayposition verschoben werden. Die Idee des Ringpuffers ist, statt der Elemente unsere *Sichtweise* auf Anfang und Enge der Queue zu verschieben. Dazu verwendet man zwei Variablen `front` und `rear`, die den *Index* der Front und des Rears speichern. Sukzessives Einfügen und Löschen bewirken dabei, dass die Queue „durch das Array wandert". Anschaulich müssen wir uns das Array als *ringförmig geschlossen* vorstellen, siehe Abb. 2.18.

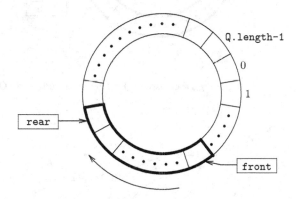

Abb. 2.18   Eine als ringförmig geschlossenes Feld repräsentierte Queue.

Wir beginnen mit den Feldern der Klasse; es ist hier praktischer, direkt auf einem Array zu arbeiten, statt eine sequentiell repräsentierte Liste zu verwenden.

```
1 public class ArrayQueue<Elem> implements Queue<Elem> {
2     private Object[] Q;
3     private int front, rear;
4     public ArrayQueue(final int capacity) {
5       Q = new Object[capacity+1];
6       front = 0; rear = Q.length-1;
7     }
8     // ...
9 }
```

Die Operation dequeue (enqueue) erhöht `front` (`rear`) jeweils um 1, wodurch die Queue im Uhrzeigersinn durch das Feld wandert; um bequem nach dem größten Index wieder bei 0 anzufangen (und den Ring dadurch zu schließen), können wir die Modulo-Operation (in Java %) verwenden: in dequeue nutzen wir entsprechend `front = (front + 1) % Q.length`; zum Inkrementieren der Front.

Doch wie können wir feststellen, ob die Queue leer ist? Im Falle einer komplett gefüllten Queue ergibt sich die in Abb. 2.19 gezeigte Situation, Abb. 2.20 stellt die Situation einer Queue mit nur einem Element dar. Löschen

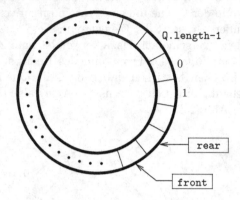

Abb. 2.19   Eine als ringförmig geschlossenes Feld repräsentierte volle Queue.

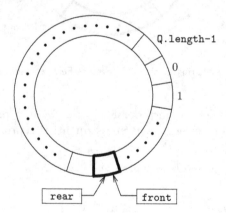

Abb. 2.20   Eine als ringförmig geschlossenes Feld repräsentierte Queue mit nur einem Element.

wir dieses eine Element, so resultiert die in Abb. 2.21 gezeigte Konfiguration des Feldes sowie der verwendeten Cursor. Die dort zu beobachtende relative Position von **front** zu **rear** ist dieselbe wie im Fall der vollen Queue. Damit können wir über einen Vergleich der beiden Cursor nicht entscheiden, ob die Queue voll oder leer ist. Machen wir aber die Einschränkung, dass die im Feld abgelegte Queue höchstens die Länge $Q.length - 1$ haben darf, dann treten

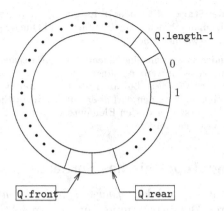

Abb. 2.21 Eine als ringförmig geschlossenes Feld repräsentierte leere Queue.

für eine volle bzw. leere Queue die in Abb. 2.22 gezeigten Kombinationen der Cursor auf. (Daher haben wir oben Q mit einem Array Größe `capacity+1` initialisiert.)

Situation für „Queue ist voll":

rear	front
Q.length − 2	0
Q.length − 1	1
0	2
1	3
⋮	⋮
Q.length − 4	Q.length − 2
Q.length − 3	Q.length − 1

Situation für „Queue ist leer":

rear	front
0	1
1	2
2	3
⋮	⋮
Q.length − 3	Q.length − 2
Q.length − 2	Q.length − 1
Q.length − 1	0

Abb. 2.22 Mögliche Kombinationen der Cursor-Inhalte einer vollen bzw. leeren Queue mit maximal Q.length − 1 vielen Elementen.

Eine leere Queue ist also dadurch charakterisiert, dass front *eine* Zelle vor rear ist, während die volle Queue einem Abstand von *zwei* Zellen entspricht. Wir ergänzen also die folgenden Hilfsfunktionen:

```
1    public boolean empty() { return (rear + 1) % Q.length == front; }
2    public boolean full() { return (rear + 2) % Q.length == front; }
```

Somit können wir beide Situationen für den Preis eines ungenutzten Feldelements unterscheiden. Die Operationen **peek**, **dequeue** und **enqueue** lassen sich darauf aufbauend leicht mit konstanter Laufzeit implementieren (siehe Aufgaben zu diesem Kapitel).

Bemerkung 2.19 (Deque: Stack trifft Queue): Es gibt noch weitere spezielle Formen der Linearen Liste, welche man mit den zuvor für Stacks und Queues genannten Methoden implementieren kann. Zu erwähnen sind

- Deques: Hierbei handelt es sich um eine Lineare Liste, in welcher Elemente an beiden Enden eingefügt und gelöscht werden können.
- Input restricted Deques: Für diese Lineare Liste ist es erlaubt, Elemente an beiden Enden zu löschen, eingefügt werden darf aber nur an einem Ende.
- Output restricted Deques: Hier dürfen Elemente an beiden Enden eingefügt aber nur an einem Ende gelöscht werden.   ◀

2.2.3 Anwendung: Topologisches Sortieren

Wir lernen jetzt an dem Beispiel des *topologischen Sortierens*, wie wir aus den bisherigen elementaren Datenstrukturen eine recht mächtige Datenstruktur bauen können.

Gegeben sind n Aufgaben $a_1, \ldots, a_n$ und Prioritäten zwischen den einzelnen Aufgaben. Die Prioritäten sind in der Form von p Paaren $P_1, \ldots, P_p \in \{(i,j) \mid 1 \leq i, j \leq n, i \neq j\}$ gegeben. Wenn $P_k = (k_1, k_2)$, dann bedeutet dies, dass Aufgabe a_{k_1} auszuführen ist, bevor Aufgabe a_{k_2} ausgeführt werden kann. Das Ziel ist die Erstellung einer Reihenfolge, in der alle Aufgaben ausgeführt werden können respektive festzustellen, dass eine solche Reihenfolge nicht existiert.

Die entsprechende mathematische Sichtweise ist folgende: Gegeben ist eine irreflexive *partielle Ordnung* $\prec$ auf der Menge $S = \{a_1, \ldots, a_n\}$; das heißt, die Relation $\prec$ ist irreflexiv:

$$\forall i \; a_i \nprec a_i$$

und transitiv:

$$\forall i, j, k \; (a_i \prec a_j \wedge a_j \prec a_k \; \rightarrow \; a_i \prec a_k).$$

Gesucht ist eine *totale Ordnung* $\prec_T$, die die partielle Ordnung vervollständigt. Mit anderen Worten,

$$a_i \prec a_j \; \rightarrow \; a_i \prec_T a_j$$

für alle $a_i, a_j \in S$. Außerdem erfüllt $\prec_T$ die Vollständigkeits-Eigenschaft

$$\forall i, j \; (a_i \prec_T a_j \vee a_j \prec_T a_i).$$

Der folgende Algorithmus ist naheliegend: Finde eine erste ausführbare Aufgabe a_{j_1} und erachte sie als erledigt. Das reduziert die Anzahl Prioritäten und wir können unsere Vorgehensweise wiederholen: Wir suchen unter den verbleibenden Aufgaben eine erste ausführbare Aufgabe a_{j_2} usw.

Wie finden wir eine solche erste Aufgabe? a_{j_1} hat die Eigenschaft, dass keine andere Aufgabe a_{j_i} vor a_{j_1} auszuführen ist: Es gibt also kein Paar P_i von der Form $P_i = (a_k, a_{j_1})$. Wir können also einfach alle möglichen Kandidaten überprüfen.

Zuerst verfolgen wir einen naiven Ansatz zur Implementierung des Algorithmus: Wir verketten alle p Prioritäten in einer Liste `priorities` und benutzen ein Integer-Array `schedule[1..n]`, sowie zwei BOOLEsche Arrays `ready[1..n]` und `done[1..n]`.

2.2.3.1 Naive Implementierung

`tasksDone = 0`. Für alle i setze `done[i] = false`.
Wiederhole bis `tasksDone` gleich n ist oder `done` in einem Durchlauf nicht verändert wurde:

(0) Setze jede Zelle `ready[i]` auf `true`, wenn die entsprechende Zelle `done[i]` auf `false` gesetzt ist. Sonst setze `ready[i]` auf `false`.

(1) Durchlaufe die Prioritätsliste. Wenn Priorität (a_i, a_j) angetroffen wird, dann setze `ready[j] = false`.

(2) Nachdem die Prioritätsliste abgearbeitet ist, durchlaufe das Array `ready`. Wenn `ready[j] == false`, gehe zur Nachbarzelle. Wenn `ready[j] == true`, dann führe die folgenden Schritte durch

    (a) `++tasksDone; schedule[tasksDone] = j`. (Aufgabe j wird ausgeführt.)

    (b) Durchlaufe die Prioritätsliste und entferne jede Priorität der Form (a_j, a_k). (Die Ausführung von Aufgabe a_k wird durch Aufgabe a_j nicht mehr behindert.)

    (c) Setze `done[j]` auf `true`.

Laufzeitanalyse: In Schritt (0) und (1) der Hauptschleife wird jedesmal das Array `ready` initialisiert (n Schritte) und die Prioritätsliste durchlaufen ($\mathcal{O}(p)$ Schritte).

In jeder Iteration der Hauptschleife wird mindestens eine ausführbare Aufgabe gefunden und somit wird die Hauptschleife höchstens n-mal durchlaufen. Wir haben also, abgesehen von der Behandlung der ausführbaren Aufgaben, $\mathcal{O}(n(p + n))$ Schritte ausgeführt.

Für jede ausführbare Aufgabe entstehen die wesentlichen Kosten bei dem Durchlaufen der Prioritätsliste. Da für alle n Aufgaben die Prioritätsliste durchlaufen wird, "bezahlen" wir mit einer Laufzeit von $\mathcal{O}(n \cdot p)$.

Insgesamt wird diese Implementierung also in Zeit $\mathcal{O}(n(p + n))$ laufen.

2.2.3.2 Verbesserung: Adjazenzlisten

Wie erreichen wir eine Verbesserung? Zuerst fällt auf, dass das vollständige Durchlaufen der Prioritätsliste beim Auffinden einer ausführbaren Aufgabe umgangen werden kann. Dazu ersetzen wir die Prioritätsliste durch eine sogenannte *Adjazenzliste*: ein Array `successors` mit n Zellen, wobei `successors[i]` ein Zeiger auf eine Liste L_i mit allen Aufgaben

$$\{a_j \mid (a_i, a_j) \text{ ist eine Priorität}\}$$

ist, also alle Aufgaben a_j, die nur *nach* Aufgabe i ausgeführt werden dürfen.

Mit Hilfe der Adjazenzliste haben wir also die Prioritätsliste unterteilt. Die wesentliche Beobachtung ist jetzt, dass Aufgabe a_k nur dann eine *neue* ausführbare Aufgabe werden kann, wenn für eine gerade ausgeführte Aufgabe a_j, eine Priorität (a_j, a_k) entfernt wird *und* wenn Aufgabe a_j, zu diesem Zeitpunkt, die einzige vor a_k auszuführende Aufgabe ist.

Aber wie können wir feststellen, dass a_j die einzige Aufgabe war, die eine Ausführung von a_k verhinderte? Wir ändern unsere Datenstruktur und ersetzen das BOOLEsche Array `ready` durch ein Integer-Array `prerequisites`, das über die Anzahl vor dieser Aufgabe auszuführender Aufgaben Buch führt. Wir benötigen dazu zuerst eine einmalige *Vorbereitungsphase*:

(1) Für $i = 1, \ldots, n$ setze `prerequisites[i] = 0`;
(2) Durchlaufe alle Adjazenzlisten `successors[i]`. Wenn die Priorität (a_i, a_j) angetroffen wird, `++prerequisites[j]`.

Wir können jetzt die ausführbaren Aufgaben bestimmen: Dies sind alle Aufgaben a_i mit `prerequisites[i]` $= 0$. Wir legen alle diese Aufgaben in einer *Queue* mit Namen `todo` ab (`todo` ist zu Anfang leer).

(3) Für $i = 1, \ldots, n$
    wenn `prerequisites[i]` `==` `0`, dann füge Aufgabe a_i am Ende von `todo` an.

Damit ist die Vorbereitungsphase beendet. Beachte, dass wir mit der Laufzeit $\mathcal{O}(n)$ für die Schritte (1) und (3) sowie mit der Laufzeit $\mathcal{O}(n + p)$ für Schritt (2) bezahlen. Der Beitrag n für die Laufzeit von Schritt (2) tritt auf, da es passieren kann, dass viele Listen L_i leer sind, dies jedoch erst durch einen Zugriff auf die Listen festgestellt wird.

Nach der Vorbereitungsphase sind alle sofort ausführbaren Aufgaben in `todo` gesammelt. Wir müssen eine der ausführbaren Aufgaben (sei dies Aufgabe a_i) aus `todo` entnehmen und in das `schedule`-Array eintragen. Jede der Aufgaben a_j, für die (a_i, a_j) eine Priorität ist, verliert durch die Ausführung von Aufgabe a_i eine Vorbedingung. Diese Änderung können wir mit Hilfe der Liste `priorities[i]` leicht vermerken. Wir haben nun alle Komponenten für die zweite Implementierung beisammen.

2.2.3.3 Optimierte Implementierung

(1) Initialisiere die Adjazenzliste `priorities` durch Einlesen der Prioritäten.
    (Zeit $= \mathcal{O}(n + p)$).
(2) Führe die Vorbereitungsphase durch (Zeit$= \mathcal{O}(n + p)$).
(3) Setze `tasksDone = 0`;
    Wiederhole solange, bis `todo` leer ist:

    (a) Entferne eine Aufgabe a_i aus `todo`.
    (b) `++tasksDone; schedule[tasksDone] = i`.
    (c) Durchlaufe die Liste `priorities[i]` und setze den `prerequisites`-Wert jeder gefundenen Aufgabe a_j um 1 herab. Wenn damit Aufgabe

a_j einen `prerequisites`-Wert von 0 erhält, hänge a_j an `todo` an. (Aufgabe a_j ist ausführbar.)

Betrachten wir jetzt die Laufzeit von Schritt (3): n Aufgaben werden (irgendwann) genau einmal in `todo` eingefügt, aus `todo` entfernt und in das Array `schedule` eingetragen. Die Laufzeit $\mathcal{O}(n)$ genügt somit für alle Operationen in Schritt (3), die `todo` betreffen.

Wenn Aufgabe a_i entfernt wird, dann muss aber auch die Liste `priorities[i]` durchlaufen werden. Wir nehmen an, dass `priorities[i]` p_i Elemente besitzt. Demgemäß ist die Laufzeit $\mathcal{O}(p_i)$ für Aufgabe i und beträgt

$$\mathcal{O}(p_1 + \cdots + p_n) \;=\; \mathcal{O}(p)$$

für alle n Aufgaben. Insgesamt lässt sich also Schritt (3) in Zeit $\mathcal{O}(n + p)$ durchführen, und wir erhalten folgendes Ergebnis:

Satz 2.20:
Das Problem des topologischen Sortierens von n Aufgaben und p Prioritäten kann in Zeit $\mathcal{O}(n + p)$ gelöst werden. ∎

Wir haben somit, verglichen mit der Laufzeit der naiven Implementierung, den Faktor n gespart! (Nebenbei: War es notwendig, eine Queue zur Verfügung zu stellen? Hätte ein Stack gereicht?)

Zuletzt vermerken wir noch, dass es höchstens so viele Prioritäten wie Paare von Aufgaben geben kann. Damit gilt die Abschätzung:

$$p = \mathcal{O}\left(\binom{n}{2}\right) = \mathcal{O}(n^2) \qquad \text{und deshalb} \qquad \text{Zeit} = \mathcal{O}(n^2).$$

Für ein Beispiel zur Anwendung dieser Algorithmen sei an die Aufgaben verwiesen.

2.3 Mengen

Die Abstraktion einer Menge ist in der Mathematik allgegenwärtig, und viele Probleme lassen sich auf natürliche Weise mit Hilfe von Mengen beschreiben. Während mathematische Mengen unveränderliche Werte sind, ist es in der Informatik üblich, auch Operationen auf Mengen zu betrachten, die ein neues Element hinzufügen oder ein vorhandenes löschen. Neben der elementaren Operation „$x \in A$?", die fragt, ob ein Element in der Menge enthalten ist, interessieren uns oft auch Operationen auf *mehreren* Mengen, wie etwa der Durchschnitt zweier Mengen. In diesem Abschnitt wollen wir erste elementare Repräsentationen für Mengen betrachten, die diese Operationen unterstützen. Es sei darauf hingewiesen, dass der abstrakte Datentyp des Wörterbuchs, dem das gesamte Kapitel 3 gewidmet ist, weitere und mitunter effizientere

Möglichkeiten bietet, Mengen darzustellen; unser Fokus dort wird aber auf den elementweisen Operationen liegen, und wir werden nur am Rande auf Operationen wie den Durchschnitt zu sprechen kommen.

Ob eine Repräsentation für Mengen effizient ist, hängt wesentlich von den auszuführenden Operationen und der Kardinalität der Menge ab. Für die Darstellung von Mengen unterscheiden wir hier zwei Datenstrukturen: Die *Bitvektordarstellung* und die *Listendarstellung*. Wir nehmen im Folgenden an, dass alle zu betrachtenden Mengen Teilmengen einer festen, endlichen Grundmenge U (o. B. d. A. $\{1, 2, \ldots, n\}$) sind.

2.3.1 Bit-Vektor-Repräsentation

Die Bitvektordarstellung ist besonders geeignet, wenn das Universum U nicht allzu groß ist. Wir repräsentieren $A \subseteq U$ dabei durch den Bit-Vektor $(a_1, a_2, \ldots, a_n)$ mit

$$a_i = \begin{cases} \text{true} & \text{falls } i \in A \\ \text{false} & \text{falls } i \notin A \end{cases}, \quad (1 \leq i \leq n).$$

Die üblicherweise aus der Mathematik bekannten Mengenoperationen sind dann einfach zu realisieren. Mengenoperationen, die nur ein Element betreffen, sind in konstanter Zeit ausführbar:

- Ist $i \in A$? Antwort a_i.
- Füge i zu A hinzu: $a_i := \text{true}$.
- Entferne i aus A: $a_i := \text{false}$.

Die anderen Mengenoperationen sind in linearer Zeit ausführbar, allerdings linear bezüglich n, d. h. bezüglich der Mächtigkeit des Universums U und nicht bzgl. der Kardinalität der dargestellten Mengen. Sei $a^{(1)}$ (bzw. $a^{(2)}$) die Bitvektordarstellung der Menge A_1 (bzw. A_2). Dann berechnen wir

- $A := A_1 \cup A_2$ mittels $a_i = a_i^{(1)} \vee a_i^{(2)}$ für $1 \leq i \leq n$.
- $A := A_1 \cap A_2$ mittels $a_i = a_i^{(1)} \wedge a_i^{(2)}$ für $1 \leq i \leq n$.
- $A := A_1 \setminus A_2$ mittels $a_i = a_i^{(1)} \wedge (\neg a_i^{(2)})$ für $1 \leq i \leq n$.
- $A := A_1 \, \Delta \, A_2$ (symmetrische Differenz) mittels $a_i = a_i^{(1)} \oplus a_i^{(2)}$ für $1 \leq i \leq n$.

Bemerkung 2.21 (Bit-weise Operationen auf Wörtern): In einem realen Computer passen w Bits in ein Maschinenwort. Im Allgemeinen sind die BOOLEschen Operationen $\wedge, \vee, \neg, \oplus$ auf ganzen Wörtern in konstanter Zeit durchführbar. Die Ausführungszeit der zuvor beschriebenen Operationen verringert sich dann zu $\lceil n/w \rceil$. Die erste Gruppe von Operationen bleibt auch bei der bitweisen Ausnutzung ganzer Maschinenwörter in Zeit $\mathcal{O}(1)$ ausführbar, wenn auf jedes Bit des Wortes in konstanter Zeit zugegriffen werden kann. Das Bit a_i steht dann im $\lceil i/w \rceil$-ten Wort an der Position $(i-1) \bmod w$, wenn die Positionen mit $0, 1, \ldots, w-1$ nummeriert sind.   ◄

Bemerkung 2.22 (Jenseits von Zahlen): Ist U nicht $\{1, 2, \ldots, n\}$, so müssen wir eine Bijektion $\varphi : U \to \{1, 2, \ldots, n\}$, $n = |U|$, definieren, um die Bitvektordarstellung, wie zuvor formuliert, anwenden zu können. Die Zeit zur Berechnung von φ ist dann natürlich zu allen obigen Angaben hinzuzuzählen. Eine allgemeine Lösung für solche Abbildungen stellen Wörterbücher dar, denen wir uns im gesamten Kapitel 3 ausführlich zuwenden; da aber U hier schon bekannt ist, kann man manchmal eine einfachere Lösung manuell finden.   ◀

2.3.2 Sortierte-Listen-Repräsentation

Um die Abhängigkeit der Laufzeit vieler Operationen bei der Bitvektordarstellung von der Größe des Universums zu umgehen, können wir eine Listendarstellung der Menge verwenden. Hierzu stellen wir A als verkettete Liste dar, wobei die Listenelemente den Elementen aus A entsprechen. Betrachten wir zwei Listen L_A und L_B, welche die Mengen A und B repräsentieren. Ein Element liegt in $A \cap B$, falls es in L_A und in L_B vorkommt. Um also die Liste für $A \cap B$ zu berechnen, muss jedes Element aus L_A mit jedem Element aus L_B auf Gleichheit überprüft (verglichen) werden. Dies liefert einen nicht akzeptablen Aufwand von $\Theta(|A| \cdot |B|)$. Wie können wir dies vermeiden?

Wir verwenden *sortierte* Listen. Eine Lineare Liste $a_1, a_2, \ldots, a_n$ heißt sortiert, falls $a_1 < a_2 < \cdots < a_n$ gilt. Dabei ist $<$ eine Ordnungsrelation[2] für den Elementtyp der Liste. Werden die Mengen nun als sortierte Listen dargestellt, so kann für $x \in A$ nun $x \in A \cap B$ wie folgt entschieden werden:

(1) Durchlaufe L_B beginnend beim ersten Listenelement, bis ein Element y mit $x \leq y$ auftritt.
(2) Ist $x = y$, dann ist $x \in A \cap B$, andernfalls $x \notin A \cap B$.

Sei nun z der direkte Nachfolger von x in L_A, und nehmen wir an, dass unsere Suche nach x in L_B bei y mit $x \leq y$ endete. Um nun festzustellen, ob $z \in A \cap B$ liegt, müssen wir L_B nicht wieder vom ersten Element an durchlaufen, sondern wir können bei y fortfahren; es gilt ja für alle Vorgänger v von y in L_B, dass $v < x$ ist (andernfalls wäre obige Suche unter (1) schon vor y abgebrochen worden) und $x < z$ (da z Nachfolger von x ist) woraus folgt, dass alle Vorgänger v von y $v < z$ erfüllen. Es kann vorkommen, dass auch $z < y$ gilt; dann betrachten wir sofort das nächste Element in L_A.

Damit müssen bei sortierten Listen L_A und L_B zur Berechnung des Durchschnittes $A \cap B$ beide Listen nur *einmal* durchlaufen werden, woraus ein Aufwand in $\mathcal{O}(|A| + |B|)$ resultiert.

Beispiel 2.23: (Wir unterstreichen das in L_A und das am Ende von (1) in L_B betrachtete Element.)

$A = \{19, 7, 3, 9, 10\}$, $B = \{7, 19, 6, 1, 13, 17, 4, 2\}$.

$L_A = \underline{3}, 7, 9, 10, 19$, $L_B = 1, 2, \underline{4}, 6, 7, 13, 17, 19 \rightarrow 3 \notin A \cap B$.

$L_A = 3, \underline{7}, 9, 10, 19$, $L_B = 1, 2, 4, 6, \underline{7}, 13, 17, 19 \rightarrow 7 \in A \cap B$.

$L_A = 3, 7, \underline{9}, 10, 19$, $L_B = 1, 2, 4, 6, 7, \underline{13}, 17, 19 \rightarrow 9 \notin A \cap B$.

---

[2] Diese muss im Anwendungsfall u. U. durch eine selbst implementierte Funktion zur Verfügung gestellt werden.

$L_A = 3, 7, 9, \underline{10}, 19,\ L_B = 1, 2, 4, 6, 7, \underline{13}, 17, 19 \rightarrow 10 \notin A \cap B.$

$L_A = 3, 7, 9, 10, \underline{19},\ L_B = 1, 2, 4, 6, 7, 13, 17, \underline{19} \rightarrow 19 \in A \cap B.$ ◀

Sind die Mengen als verkettete Liste in sortierter Reihenfolge gegeben, so sieht eine Implementierung dieses Vorgehens wie folgt aus:

```
1  public static <Elem extends Comparable<Elem>> LinkedList<Elem>
          intersection(LinkedList<Elem> A, LinkedList<Elem> B) {
2    LinkedList<Elem> C = new LinkedList<>();
3    LinkedList.PointerPosition pa = A.start(), pb = B.start();
4    while (!pa.equals(A.end()) && !pb.equals(B.end())) {
5      int cmp = A.get(pa).compareTo(B.get(pb));
6      if (cmp == 0) { // elements equal
7        C.append(A.get(pa));
8        pa = A.next(pa); pb = B.next(pb);
9      } else if (cmp < 0) // A.get(pa) smaller
10       pa = A.next(pa);
11     else
12       pb = B.next(pb);
13   }
14   return C;
15 }
```

Man beachte, dass eine auf diese Weise erzeugte Liste für $A \cap B$ automatisch wieder eine sortierte Liste ist.

Bemerkung 2.24 (Java-Abstraktion Comparable): Der komplizierte Ausdruck für den Typparameter `<Elem extends Comparable<Elem>>` erzwingt, dass wir diese Methode nur für Listen von Typen verwenden können, die das Interface `java.lang.Comparable` implementieren. Dadurch ist der Aufruf von `compareTo` in Zeile 5 wohldefiniert. `compareTo` ist die Abstraktion einer Ordnungsrelation in Java, wobei der Rückgabewert von $c = x.\texttt{compareTo}(y)$ sich genauso zu 0 verhält wie x zu y: $c = 0$ falls $x = y$, $c < 0$ falls $x < y$ und $c > 0$ falls $x > y$.   ◀

Es ist auch einfach möglich, die Vereinigung sowie die Differenz und symmetrische Differenz auf eine ähnliche Weise zu implementieren (siehe Aufgaben). In allen Fällen genügt eine Laufzeit in $\mathcal{O}(|A| + |B|)$. Diesen Vorteil im Vergleich zur Bitvektordarstellung erkaufen wir uns durch eine Laufzeit in $\Theta(|A|)$ für die Entscheidung $x \in A$ sowie für das Hinzufügen oder Entfernen eines Elements zu/aus A.

Mit den einfachen Mitteln aus diesem Abschnitt sind weitere Verbesserungen schwierig. Wir werden aber in Kapitel 3 weitere Datenstrukturen kennenlernen, die Durchschnitt und die anderen Mengenoperationen in der gleichen Laufzeit $\mathcal{O}(|A| + |B|)$ unterstützen, aber gleichzeitig effizienteren elementweisen Zugriff ermöglichen.

2.4 Graphen und Bäume: Definitionen

In diesem Abschnitt behandeln wir Graphen und Bäume, die innerhalb der Informatik eine sehr wichtige Rolle spielen, da sie oft als Modell realer Objekte verwendet werden oder der Strukturierung einer Menge von Daten dienen. Wir beginnen mit den notwendigen Definitionen.

2.4.1 Ungerichtete Graphen

Definition 2.25 (Graph):
Sei V eine endliche Menge, und $\mathcal{K}(V) := \{T \in 2^V \mid |T| = 2\}$, (d.h. $\mathcal{K}(V)$ ist die Menge aller 2-elementigen Teilmengen von V). Das Tupel $G = (V, E)$ mit

a) V ist eine endliche Menge von Knoten, und
b) E ist eine endliche Menge über $\mathcal{K}(V)$ von Kanten

heißt (ungerichteter, einfacher) Graph. ◀

Graphen können beispielsweise verwendet werden, um Beziehungen zwischen Objekten auszudrücken. Man wählt dann die Menge der Objekte als Knoten und führt zwischen je zwei Objekten (Knoten) eine Kante ein, wenn diese in der betrachteten Beziehung zueinander stehen. Es hat sich dabei bewährt, die Graphen bildlich darzustellen; die Knoten werden durch Kreise repräsentiert, die Kanten durch Linien oder Kurven, welche die beteiligten Knoten miteinander verbinden.

Beispiel 2.26: Sei $G = (V, E)$ mit $V = \{0, 1, 2, 3, 4, 5\}$ und $E = \{\{0, 1\}, \{1, 2\}, \{1, 4\}, \{1, 3\}, \{0, 2\}, \{2, 4\}, \{2, 3\}, \{3, 4\}, \{3, 5\}, \{4, 5\}\}$. Dann zeigt die Grafik in Abb. 2.23 eine mögliche bildliche Darstellung von G.

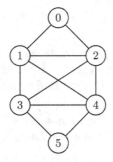

Abb. 2.23   Bildliche Darstellung des Graphen aus Beispiel 2.26.

Bemerkung 2.27 (Anomalien: Parallele Kanten und Self-Loops): Manchmal ist es sinnvoll zuzulassen, dass es *mehrere* Kanten zwischen den selben zwei Knoten gibt (*parallele Kanten* genannt). Diese Möglichkeit können wir in unserem obigen Formalismus nicht ausdrücken. Es wäre hierzu notwendig, die Kanten als *Multimenge* über $\mathcal{K}(V)$ zu definieren. Zur klaren Unterscheidung nennet man einen Graphen, in dem je zwei Knoten höchstens durch eine Kante verbunden sind, *einfach*. Da wir im Folgenden ausschließlich einfache Graphen betrachten werden, haben wir auf die kompliziertere Definition mit Multimengen verzichtet.

Ähnlich ist es mitunter bequem, Kanten von einem Knoten zu sich selbst zu erlauben (*Self-Loops*). Dafür müsste man $\mathcal{K}(V)$ als Menge aller Teilmengen mit *höchstens* zwei Elementen definieren. Auch davon wollen wir hier absehen, da die üblichen Anwendungen, die wir betrachten, keine Self-Loops erlauben. ◀

Eine Reihe von Begriffen sind hilfreich um über Graphen zu sprechen, diese wollen wir hier formal einführen.

Definition 2.28 (Terminologie in Graphen):
Sei $G = (V, E)$ ein Graph.

- Zwei Knoten v_1, v_2 heißen *adjazent*, falls $\{v_1, v_2\} \in E$.

- Der *Grad eines Knotens* $v \in V$ (Schreibweise $\mathsf{grad}(v)$) ist gleich der Anzahl der zu v adjazenten Knoten.

- Ein Knoten $v \in V$ und eine Kante $e \in E$ heißen *inzident*, wenn $v \in e$ gilt.

- Das n-Tupel $(v_1, v_2, \ldots, v_n) \in V^n$, $n \in \mathbb{N}$, heißt *Weg der Länge* $(n-1)$ von v nach v', falls $v = v_1$, $v' = v_n$ und $\{v_k, v_{k+1}\} \in E$, $1 \le k < n$, gilt. (Die Länge eines Weges ist also die Anzahl Kanten.)

- Ein Weg heißt *(Knoten-)einfach*, falls die Knoten $v_1, v_2, \ldots, v_{n-1}$ und $v_2, v_3, \ldots, v_n$ paarweise verschieden sind (d.h. für $n \ge 4$ auch, dass keine Kante auf dem Weg mehrmals benutzt wird).

- Ein Weg heißt *Kanten-einfach*, wenn alle Kanten des Weges paarweise verschieden sind.

- Der Weg heißt *geschlossen*, falls $v_1 = v_n$.

- G heißt *zusammenhängend*, falls für je zwei Knoten $v, v' \in V$ mindestens ein Weg von v nach v' existiert.

- (V', E') mit $V' \subseteq V$ und $E' = E \cap \mathcal{K}(V')$ heißt der von V' *induzierte Subgraph* von G.

- $V' \subseteq V$ (bzw. der von V' induzierte Subgraph G') heißt *(maximale) Zusammenhangskomponente* von G, wenn es zwischen jedem Paar von Knoten in V' einen Weg in G' gibt und wenn V' inklusionsmaximal mit dieser Eigenschaft ist.

- G heißt *azyklisch*, falls es keinen Knoten $v \in V$ gibt, für den ein Kanten-einfacher Weg von v nach v mit einer Länge ≥ 1 existiert.   ◀

Bemerkung 2.29 (Randfälle der Einfachheit): Nach unserer Definition ist im Graph $G = (\{1,2\}, \{\{1,2\}\})$ der Weg $(1,2,1)$ ein *einfacher*, geschlossener Weg, da er nur seinen Start- und Zielknoten 1 doppelt besucht (einfach ist synonym für *Knoten*-einfach). Der Weg ist jedoch nicht Kanten-einfach, da die Kante $\{1,2\}$ doppelt verwendet wird, und stellt folglich keine Verletzung der Azyklizität dar. In der Tat ist G ein azyklischer Graph.   ◀

Betrachte nochmal Beispiel 2.26. $p_1 = (0,1,3,4,1,0)$ und $p_2 = (0,1,3,5,4,2,0)$ sind Wege von 0 nach 0 der Länge 5 bzw. 6. p_1 ist nicht Kanten-einfach, da die Kante $\{1,0\}$ doppelt verwendet wird, p_2 dagegen ist Kanten-einfach (und Knoten-einfach). Damit ist p_2 ein Beleg dafür, dass der Graph nicht azyklisch ist. Er ist offensichtlich aber zusammenhängend.

Wie wir an p_1 erkennen, haben die Kanten eines Graphen keine Richtung. Wir verwenden die Kante $\{1,0\}$ um von Knoten 0 nach Knoten 1 zu gelangen und umgekehrt. Dies ist konsistent mit den mathematischen Eigenschaften einer Menge, da ja $\{1,0\} = \{0,1\}$ gilt.

2.4.2 Gerichtete Graphen

In manchen Anwendungen müssen wir die Kanten mit einer Richtung versehen.

Definition 2.30 (Digraph):
Ein (einfacher) gerichteter Graph (Digraph) ist ein Tupel $G = (V, E)$ mit

a) *V ist eine endliche Menge von Knoten, und*
b) *E ist eine endliche Teilmenge von $V \times V$ von Kanten.*   ◀

Digraph ist die Abkürzung für *directed graph*. In dieser Definition sind die Kanten nun durch Tupel gegeben. Da mit $a \neq b$ auch $(a, b) \neq (b, a)$ gilt, haben im Digraphen Kanten eine Richtung.

Bemerkung 2.31 (Anomalien in Digraphen): Wie auch für ungerichtete Graphen können in Digraphen im allgemeinen Fall mehrere Kanten derselben Richtung zwischen zwei Knoten existieren. Auch hier können wir diese Möglichkeit in unserem Formalismus nicht ausdrücken, sondern es wäre eine Definition der Kantenmenge als Multimenge notwendig. Da wir aber nachfolgend nur *einfache* Digraphen, also Digraphen ohne Mehrfachkanten, betrachten werden, haben wir darauf verzichtet.

Beachte, dass – anders als bei ungerichteten Graphen – obige Definition einen gerichteten Self-Loop (v, v) *nicht* ausschließt.   ◀

Definition 2.32 (Terminologie in Digraphen):
Sei $G = (V, E)$ ein Digraph.

- *Zwei Knoten $v_1, v_2 \in V$ heißen adjazent, falls $(v_1, v_2) \in E$ oder $(v_2, v_1) \in E$.*
- *Ein Knoten $v \in V$ und eine Kante $e \in E$ heißen inzident, wenn $e = (v, x)$ oder $e = (x, v)$ für ein beliebiges $x \in V$ gilt.*
- *Ist $v \in V$, dann heißt $\mathrm{out}(v) := |\{v' \mid (v, v') \in E\}|$ der Ausgrad von v und $\mathrm{in}(v) := |\{v' \mid (v', v) \in E\}|$ der Eingrad von v.*
- *Das Tupel $(v_1, v_2, \ldots, v_n) \in V^n$, $n \in \mathbb{N}$, heißt Weg der Länge $(n-1)$ von v nach v', falls $v = v_1$, $v' = v_n$ und $(v_k, v_{k+1}) \in E$, $1 \leq k < n$, gilt.*
- *Der Weg heißt (Knoten-)einfach, falls die Knoten $v_1, v_2, \ldots, v_{n-1}$ und $v_2, v_3, \ldots, v_n$ paarweise verschieden sind und Kanten-einfach, falls jede Kante höchstens einmal verwendet wird;*
- *Der Weg heißt geschlossen, falls $v_1 = v_n$.*
- *Ein einfacher, geschlossener Weg heißt Zykel oder Kreis.*
- *G heißt streng zusammenhängend, falls zwischen je zwei Knoten v und v', $v \neq v'$, ein Weg von v nach v' existiert.*
- *G heißt (schwach) zusammenhängend, falls der (ungerichtete) Graph $G' = (V', E')$ mit $V' = V$ und*

$$E' = \{\{v_1, v_2\} \mid v_1 \neq v_2, (v_1, v_2) \in E \vee (v_2, v_1) \in E\}$$

zusammenhängend ist. (Man bezeichnet G' als zu G assoziierten Graph.)

- *Ein Knoten $v_r \in V$ heißt Wurzel, wenn ein Weg von jedem Knoten $v \neq v_r$ nach v_r existiert.*
- *G heißt gewurzelt, falls G mindestens eine Wurzel besitzt.* ◀

Beispiel 2.33: Abb. 2.24 zeigt den Digraphen mit $V = \{0, 1, 2, 3, 4, 5\}$ und $E = \{(0,2), (1,0), (1,4), (2,1), (2,4), (3,1), (3,2), (4,3), (4,5), (5,3)\}$. In der Grafik wird die Kante (v_1, v_2) als $v_1 \rightarrow v_2$ dargestellt. Dies entspricht der Richtung, die die Kante gemäß der Definition eines Weges besitzt. Es ist

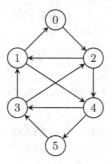

Abb. 2.24   Bildliche Darstellung des Digraphen aus Beispiel 2.33.

$\mathrm{out}(4) = 2$ und $\mathrm{in}(4) = 2$. Das Tupel $(0, 2, 4, 5)$ beschreibt einen einfachen Weg der Länge 3 von Knoten 0 zu Konten 5. Der Weg $(0, 2, 1, 0)$ ist ein Zykel. Der dargestellte Digraph ist zusammenhängend (der ihm assoziierte Graph ist in Beispiel 2.26 gegeben) und auch streng zusammenhängend. Knoten 0 ist eine Wurzel. ◀

2.4.3 Gewichtete Graphen

In der Anwendung von Graphen kommt es oft vor, dass den Kanten Informationen zugeordnet werden müssen. Dies können beispielsweise die Distanzen zwischen zwei Orten in einer Straßenkarte sein, die durch einen Graphen modelliert ist. In dieser Anwendung wird typischerweise jeder Verzweigung im Straßennetz ein Knoten zugeordnet, und die Kanten verwendet, um die Straßen darstellen. Die Länge der Straßen oder die zu erwartende Reisezeit zwischen je zwei Orten (Knoten) wird dann an den Kanten notiert. In diesem Fall spricht man von sog. *markierten* oder (im Falle von Zahlen als Markierungen) *gewichteten Graphen*, die wir nachfolgend einführen wollen.

Definition 2.34 (Kanten-Markierung):
Sei $G = (V, E)$ ein Graph oder Digraph. G heißt markiert mit Marken aus der Menge M, falls uns eine totale Abbildung f von E in die Menge M gegeben ist; f heißt Markierungsfunktion. ◀

Anschaulich ordnet die Markierungsfunktion jeder Kante ein Element in M als Marke zu.

Bemerkung 2.35 (Knoten-Markierungen): Es ist natürlich auch möglich, die Knoten eines Graphen zu markieren. Aus formaler Sicht kann man dies einfach über die Vergabe der Namen in der Knotenmenge V bewerkstelligen. Man kann aber auch eine Markierungsfunktion mit der Menge der Knoten als Definitionsbereich einführen. Will man Kanten und Knoten gleichzeitig markieren, so benutzt man dann zwei Markierungsfunktionen. Wir kommen auf Knoten-Markierungen im Kontext der Repräsentationen im Computer nochmal zu sprechen. ◀

2.4.4 Bäume

Wir kommen nun zu den wesentlichen Definitionen für (gerichtete) Bäume.

Definition 2.36 (Baum):
Ein einfacher gewurzelter Digraph $T = (V, E)$ mit genau einer Wurzel v_r heißt (ungeordneter gewurzelter) Baum, falls $\text{out}(v_r) = 0$ und $(\forall v \in V \setminus \{v_r\})(\text{out}(v) = 1)$. ◀

Bäume spielen in der Informatik eine zentrale Rolle, daher hat sich auch hier ein gewisses Vokabular eingebürgert, das auf die Analogie zu Stammbäumen anspielt. Wir beschreiben hier die maskulinen Formen, natürlich können auch die weiblichen oder neutralen Formen verwendet werden.

Definition 2.37 (Terminologie für Bäume):
Sei $T = (V, E)$ ein Baum.

- *Falls $(v_1, v_2) \in E$, dann heißt v_1 (v_2) Sohn (Vater) von v_2 (v_1).*
- *Ein Knoten v_1 ist ein Bruder von $v_2 \in V$, falls v_1 und v_2 denselben Vater besitzen.*
- *v_1 (v_2) ist Vorgänger/Vorfahre (Nachfolger/Nachkomme) von v_2 (v_1), falls es in T einen Weg von v_2 nach v_1 gibt.*
- *Ein Blatt (innerer Knoten) ist ein Knoten $v \in V$ mit $\text{in}(v) = 0$ ($\text{in}(v) > 0$). Die Menge aller Blätter (inneren Knoten) von T bezeichnen wir mit $\mathcal{L}(T)$ ($\mathcal{I}(T)$).*
- *Der Baum $T' = (V', E')$ mit $V' \neq \emptyset$, $V' \subseteq V$, $E' = (V' \times V') \cap E$ und kein Knoten von $V \setminus V'$ ist Nachfolger eines Knotens in V' heißt Teilbaum T' von T.*
- *Ein Teilbaum T' von T heißt v-Teilbaum für ein $v \in V$, falls für die Wurzel v_r' von T' $(v_r', v) \in E$ gilt.*
- *Ein Baum T heißt erweiterter Binärbaum, falls $(\forall v \in V)(\text{in}(v) \in \{0, 2\})$.*
- *T ist ein t-närer Baum, $t \in \mathbb{N}$, falls $(\forall v \in V)(\text{in}(v) \leq t)$. Für $t = 2$ sagen wir auch Binärbaum statt 2-närem Baum.*
- *Das Niveau eines Knotens $v \in V$ (Schreibweise $\text{niv}(v)$) ist die Anzahl der Knoten auf dem Weg von v nach v_r, einschließlich v und v_r.*
- *Die Höhe des Baumes T (Schreibweise $\text{h}(T)$) ist das maximale Niveau eines Knotens $v \in V$.* ◀

Bemerkung 2.38 (Bäume auf dem Kopf): Es scheint auf den ersten Blick verwunderlich, das Vorgänger und Nachfolger im Baum entgegen der Richtungen der Kanten definiert sind. Diese Verwunderung verschwindet, zieht man in Betracht, dass wir im Baum stets eine Orientierung von der Wurzel zu den Blättern unterstellen. In diesem Sinne ist die Wurzel so etwas wie der erste Knoten, und alle anderen sind ihre Nachfolger. Diese Sichtweise wird sich auch in der Art widerspiegeln, wie wir Bäume graphisch darstellen (siehe Abb. 2.25): Bäume wachsen in der Informatik traditionell von der Wurzel *ganz oben* zu den Blättern ganz unten ...

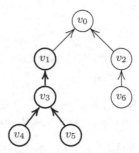

Abb. 2.25   Grafische Darstellung des Baums aus Beispiel 2.39.

Beispiel 2.39: Betrachte den in Abb. 2.25 gezeigten Baum. Es ist $T = (V, E)$ mit $V = \{v_i \mid 0 \leq i \leq 6\}$ und $E = \{(v_1, v_0), (v_2, v_0), (v_3, v_1), (v_4, v_3), (v_5, v_3), (v_6, v_2)\}$. Die Wurzel des Baumes ist v_0. v_3 ist Vater von v_4 und v_5; v_1 und v_2 sind Söhne von v_0, v_1 ist somit Bruder von v_2 (und umgekehrt). v_0 ist Vorgänger von v_3, v_6 ist Nachfolger von v_0. Die Blätter von T sind $\mathcal{L}(T) = \{v_4, v_5, v_6\}$, die inneren Knoten sind $\mathcal{I}(T) = \{v_0, v_1, v_2, v_3\}$. $T' = (V', E')$ mit $V' = \{v_1, v_3, v_4, v_5\}$ und $E' = \{(v_3, v_1), (v_4, v_3), (v_5, v_3)\}$ ist ein v_0-Teilbaum von T (er ist in der Abbildung durch dickere Kanten und Knoten hervorgehoben). $T'' = (V'', E'')$ mit $V'' = \{v_1, v_3, v_4\}$ und $E'' = \{(v_3, v_1), (v_4, v_3)\}$ ist kein Teilbaum von T, da $v_5 \in V \setminus V''$ ein Nachfolger von v_1 ist. T ist ein 2-närer Baum (d.h. ein t-närer Baum für $t = 2$) aber kein erweiterter Binärbaum. Es ist $\mathsf{niv}(v_0) = 1$, $\mathsf{niv}(v_1) = \mathsf{niv}(v_2) = 2$, $\mathsf{niv}(v_3) = \mathsf{niv}(v_6) = 3$ und $\mathsf{niv}(v_4) = \mathsf{niv}(v_5) = 4$. Damit ist $\mathsf{h}(T) = 4$.   ◄

In Zukunft werden wir die Pfeile in der graphischen Darstellung von Bäumen weglassen. Die Richtung der Kanten ergibt sind dann durch die Konvention, dass ein Baum *von oben nach unten* gezeichnet wird, d.h. der oberste Knoten ist die Wurzel des Baumes, darunter befinden sich die Knoten auf Niveau 2 usw. Dabei ist zu beachten, dass wir (bisher) keine Ordnung auf den Söhnen eines Knoten vorsehen, so dass auch der Baum in Abb. 2.26 zu dem Baum aus Beispiel 2.39 identisch ist.

Definition 2.40 (Geordneter Baum):
Sei $T = (V, E)$ ein Baum und $v \in V$ ein Knoten. Sei weiter R_v die Menge aller Eingangskanten von v (d.h. $R_v = E \cap (V \times \{v\})$). T heißt geordneter

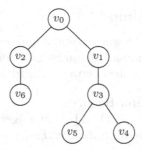

Abb. 2.26 Alternative Darstellung des Baums aus Beispiel 2.39. Man beachte die entfallenen Richtung der Kanten (Pfeilspitzen) sowie die geänderte Anordnung der Teilbäume.

Baum, falls es auf jeder nichtleeren Menge R_v, $v \in V$, eine lineare Ordnung $\prec$ gibt. Ist (v', v) das i-te Element in R_v bzgl. $\prec$, dann heißt der Teilbaum T' von T mit Wurzel v' i-ter Teilbaum von v. ◀

Wir werden im Folgenden stets die *Links-Rechts-Ordnung* auf den Nachfolgerkanten, wie man sie in der graphischen Darstellung beobachten kann, als lineare Ordnung $\prec$ verwenden.

Beispiel 2.41: Betrachte den Baum T aus Beispiel 2.39 wie in Abb. 2.27 (links) dargestellt (nun entsprechend unserer Konvention ohne Pfeile gezeichnet). Wir haben die Ordnungsrelationen $R_{v_0} = \{(v_1, v_0), (v_2, v_0)\}$, $R_{v_1} = \{(v_3, v_1)\}$,

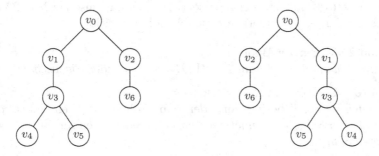

Abb. 2.27 **Links:** Darstellung des Baumes aus Beispiel 2.39 (gemäß Konvention) ohne Kantenrichtung. **Rechts:** Darstellung eines Baumes, der als ungeordneter Baum dem aus Abb. 2.27 entspricht, als geordneter jedoch nicht.

$R_{v_2} = \{(v_6, v_2)\}$, $R_{v_3} = \{(v_4, v_3), (v_5, v_3)\}$ und $R_v = \emptyset$ für $v \in \mathcal{L}(T)$. Die in der Darstellung verwendete Links-Rechts-Ordnung entspricht den linearen Ordnungen R_{v_0}: $(v_1, v_0) \prec (v_2, v_0)$ und R_{v_3}: $(v_4, v_3) \prec (v_5, v_3)$. Wählen wir für R_{v_0}: $(v_2, v_0) \prec (v_1, v_0)$ und für R_{v_3}: $(v_5, v_3) \prec (v_4, v_3)$, so erhalten wir den Baum aus Abb. 2.27 (rechts). Beide Bäume sind als ungeordnete Bäume identisch, als geordnete Bäume aber verschieden! ◀

2.4.5 Ungerichtete Bäume

Während unsere Bäume stets gewurzelt und damit gerichtet sind, gibt es auch Anwendungen (z. B. das Minimale-Spannbaum-Problem, Abschnitt 5.4), in denen eine andere Art von Bäumen verwendet wird, die *ungerichteten* Bäume:

Definition 2.42 (Ungerichteter Baum):
Ein (ungerichteter) Graph $T = (V, E)$ heißt ungerichteter Baum, wenn T sowohl azyklisch als auch zusammenhängend ist.   ◄

Auch in ungerichteten Bäumen spricht man von Blättern (alle Knoten mit Grad 1); andere Konzepte haben aufgrund der fehlenden Richtung keine Entsprechung. Beachte dass der zu einem (ungeordneten gewurzelten) Baum assoziierte Graph stets ein ungerichteter Baum ist; umgekehrt können wir in einem ungerichteten Baum einen beliebigen Knoten zur Wurzel erwählen und erhalten stets einen gewurzelten (gerichteten) Baum, indem wir alle Kanten „in Richtung der Wurzel" orientieren.

2.4.6 Binäre Bäume

In der Repräsentation von 2-nären Bäumen (also Binärbäumen) bietet es sich an, explizite Referenzen auf die maximal zwei Kinder eines Knotens zu speichern; tatsächlich bildet diese Darstellung die Basis von Binären Suchbäumen, siehe Abschnitt 3.3. Wenn wir das tun, haben wir aber implizit die beiden „Kinderslots" unterscheidbar gemacht: Selbst wenn ein Knoten nur ein Kind hat, kann man unterscheiden, ob der Knoten ein „linkes Kind" oder ein „rechtes Kind" hat; der repräsentierte Baum ist also gar kein 2-närer Baum! Diese Anwendung motiviert die folgende Definition:

Definition 2.43 (Binärer Baum):
Ein binärer Baum ist ein Baum $T = (V, E)$ mit folgender Eigenschaft:

  a) Entweder ist $|V| = 0$, d. h. $T = \Lambda$, oder
  b) jeder Knoten in T besitzt entweder keine Söhne (er ist ein Blatt) oder einen linken Sohn, oder einen rechten Sohn, oder einen linken und einen rechten Sohn.   ◄

Beachte, dass ein binärer Baum also spezieller als ein geordneter Baum ist! Für einen Knoten im geordneten Baum mit nur einem Kind impliziert die geforderte Ordnung $\prec$ keine Position für den einen Nachfolger. Im binären Baum kann dieser eine Nachfolger aber ein linker oder ein rechter Sohn sein. Dies können wir über $\prec$ nicht ausdrücken. Für die graphische Darstellung binärer Bäume treffen wir die Konvention, dass linke Söhne nach links und rechte Söhne nach rechts gezeichnet werden.

Beispiel 2.44: Der linke und der mittlere der in Abb. 2.28 gezeigten drei Bäume sind binäre Bäume, der rechte Baum ist kein binärer Baum, sondern (u. U.) ein geordneter Baum. Damit ist der rechte Baum mit den beiden

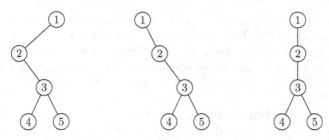

Abb. 2.28 Beispiel für binäre (links und mittig) und nicht binäre (rechts) Bäume.

anderen nicht vergleichbar. Der linke und der mittlere Baum sind als binäre Bäume verschieden, denn Knoten 1 hat einmal einen linken und einmal einen rechten Sohn. ◄

Bemerkung 2.45 (Binärbaum / binärer Baum / erweiterter Binärbaum): Wir haben nun fünf (!) (unterschiedliche) Arten von Bäumen mit ähnlichen Namen ... es sei also hier nochmal auf ihre Unterschiede hingewiesen:

- *Binärbaum* ist ein Synonym für 2-närer Baum. Jeder Baum, in dem jeder Knoten ≤ 2 Kinder hat, ist ein Binärbaum.
  Binärbäume können geordnet oder ungeordnet sein.
- Ein *erweiterter Binärbaum* dagegen fordert eine Kinderzahl in $\{0, 2\}$, es darf also keine unären (Grad 1) Knoten geben. Auch erweiterte Binärbäume können geordnet oder ungeordnet sein. Jeder (un)geordnete erweiterte Binärbaum ist folglich auch ein (un)geordneter Binärbaum.
- *Binäre Bäume* fordern ≤ 2 Kinder und unterscheiden aber stets zwischen linken und rechten Kindern. Sie sind daher immer (mehr als) geordnet.

Es gibt einen interessanten Zusammenhang, den wir bisweilen für unsere Analysen ausnutzen: Füllt man in einem binären Baum mit n Knoten jeden der $n + 1$ freien Kindslots (Warum stets $n + 1$?) mit einem neuen Blatt, so erhält man einen eindeutig bestimmten geordneten erweiterten Binärbaum mit $2n + 1$ Knoten (n inneren Knoten und $n + 1$ Blättern). Umgekehrt entspricht jeder geordnete erweiterte Binärbaum mit $2n + 1$ Knoten genau einem binären Baum, indem man alle $n + 1$ Blätter entfernt (Warum immer $n + 1$ Blätter?). ◄

*   *   *

Damit haben wir alle wichtigen Begriffe formal definiert und wollen uns der Repräsentation von Graphen und Bäumen im Computer zuwenden.

2.5 Datenstrukturen für Graphen

Wir betrachten drei grundlegende Datenstrukturen für Graphen, nämlich Inzidenzmatrizen, Adjazenzmatrizen und Adjazenzlisten.

Annahmen: Wir werden dabei hier (und für die Algorithmen aus Kapitel 5) stets annehmen, dass die Knoten als Indizes gegeben sind, also dass $V = \{1, \ldots, n\}$ oder $V = \{0, \ldots, n - 1\}$ gilt. Insbesondere bezeichnet $n = |V|$

stets die Anzahl Knoten; und $m = |E|$ ist die Anzahl Kanten. Damit können wir die Knoten direkt als Indizes in Arrays verwenden, was für die Effizienz der Verfahren essentiell ist. Falls es sich in einer Anwendung anbietet, die Knoten als andere Objekte zu modellieren, so können wir mithilfe eines Wörterbuchs (Kapitel 3) eine Abbildung zwischen diesen Objekten und den Indizes herstellen.

Darüber hinaus gehen wir davon aus, dass die Knotenmenge sich nicht ändert; dies ist in den Anwendungen, die wir später betrachten i.d.R. tatsächlich nicht der Fall. Das Hinzufügen oder Löschen von Kanten ist dagegen nicht ausgeschlossen.

2.5.1 Inzidenzmatrix

Bei der *Inzidenzmatrix* I zum (ungerichteten) Graphen $G = (V, E)$ handelt es sich um eine $(n \times m)$-Matrix, deren Einträge $I_{i,j}$ wie folgt belegt werden. Wir gehen dabei davon aus, dass eine Nummerierung der Kanten gegeben ist:

$$I_{i,j} := \begin{cases} 1 \text{ falls} & \text{Knoten } i \text{ und Kante } j \text{ inzident sind,} \\ 0 \text{ sonst.} \end{cases}$$

Für einen gerichteten Graphen ist die Definition der $I_{i,j}$ wie folgt anzupassen:

$$I_{i,j} := \begin{cases} 1 \text{ falls} & \text{Knoten } i \text{ Anfangsknoten von Kante } j \text{ ist,} \\ 2 \text{ falls} & \text{Knoten } i \text{ Endknoten von Kante } j \text{ ist,} \\ 3 \text{ falls} & \text{Knoten } i \text{ Anfangs- und Endknoten von Kante } j \text{ ist,} \\ 0 \text{ sonst.} \end{cases}$$

Da jede Kante genau zwei Knoten besitzt, sind nur $2 \cdot m$ der $n \cdot m$ Einträge von I von Null verschieden. Die Inzidenzmatrix ist damit dünn besetzt.

Beispiel 2.46: Wir betrachten den Digraphen aus Beispiel 2.33 und nummerieren seine Kanten in der Reihenfolge, wie sie dort in $E = \{(0,2), \ldots, (5,3)\}$ aufgelistet sind. Knoten $i \in V$ habe die Nummer $i+1$. Dann ist die zugehörige Inzidenzmatrix

$$\begin{pmatrix} 1 & 2 & 0 & 0 & 0 & 0 & 0 & 0 & 0 & 0 \\ 0 & 1 & 1 & 2 & 0 & 2 & 0 & 0 & 0 & 0 \\ 2 & 0 & 0 & 1 & 1 & 0 & 2 & 0 & 0 & 0 \\ 0 & 0 & 0 & 0 & 0 & 1 & 1 & 2 & 0 & 2 \\ 0 & 0 & 2 & 0 & 2 & 0 & 0 & 1 & 1 & 0 \\ 0 & 0 & 0 & 0 & 0 & 0 & 0 & 0 & 2 & 1 \end{pmatrix}.$$

An der Inzidenzmatrix kann man einfach den Ein- und Ausgrad der Knoten ablesen. Wir betrachten dazu die zum Knoten gehörende Zeile. Die Anzahl der Einsen in dieser Zeile ist sein Ausgrad, die Anzahl der Zweien sein Eingrad. Ohne zusätzliche Datenstrukturen ist die Laufzeit hierfür aber $\Theta(m)$.

2.5.2 Adjazenzmatrix

So wie die Inzidenzmatrix die Inzidenzen im Graphen beschreibt, beschreibt die *Adjazenzmatrix* die Adjazenzen. Für den (ungerichteten) Graphen $G = (V, E)$ ist seine Adjazenzmatrix A eine $(n \times n)$-Matrix mit folgenden Einträgen:

$$A_{i,j} := \begin{cases} 1 \text{ falls } \text{Knoten } i \text{ und Knoten } j \text{ adjazent sind,} \\ 0 \text{ sonst.} \end{cases}$$

Auch hier gehen wir von einer gegebenen Nummerierung der Knoten aus. Die Adjazenzmatrix für einen (ungerichteten) Graphen ist stets symmetrisch, und es ist ausreichend die Elemente unterhalb der Hauptdiagonalen abzuspeichern. Für Digraphen treffen wir folgende Vereinbarung:

$$A_{i,j} := \begin{cases} 1 \text{ falls } \text{ es in } E \text{ eine Kante vom Knoten } i \text{ zum Knoten } j \text{ gibt,} \\ 0 \text{ sonst.} \end{cases}$$

Mit Hilfe der Adjazenzmatrix können wir in konstanter Zeit entscheiden, ob zwei Knoten durch eine Kante verbunden sind. Auch macht sie es algorithmisch einfach möglich, zu entscheiden, ob ein Weg der Länge n zwischen zwei Knoten existiert, da die n-te Potenz einer Adjazenzmatrix genau dann einen Eintrag ungleich Null an Position (i, j) besitzt, wenn ein Weg der Länge n vom Knoten i zum Knoten j existiert (siehe Aufgaben).

Haben wir einen markierten Graphen, so können wir diesen mittels der sog. *markierten Adjazenzmatrix* repräsentieren. Hierbei werden in der Matrix anstelle der Eins jeweils die Markierung der entsprechenden Kante eingetragen, die Null wird durch einen Wert ersetzt, der nicht als Marke vorkommen kann.

Beispiel 2.47: Wir betrachten wieder den Digraphen aus Beispiel 2.33. Bei der gleichen Nummerierung der Knoten wie zuvor erhalten wir für seine Adjazenzmatrix

$$\begin{pmatrix} 0 & 0 & 1 & 0 & 0 & 0 \\ 1 & 0 & 0 & 0 & 1 & 0 \\ 0 & 1 & 0 & 0 & 1 & 0 \\ 0 & 1 & 1 & 0 & 0 & 0 \\ 0 & 0 & 0 & 1 & 0 & 1 \\ 0 & 0 & 0 & 1 & 0 & 0 \end{pmatrix}.$$

◄

Auch hier können wir den Ein- und den Ausgrad eines Knotens einfach bestimmen. Der Eingrad ist dabei gleich der Anzahl Einsen in der zum Knoten gehörenden Spalte, sein Ausgrad die Anzahl der Einsen in der zu ihm gehörenden Zeile. Die Laufzeit zur Bestimmung des Grades eines Knotens ist also proportional zu n (und es gilt oft $n \ll m$). Allerdings benötigt jeder Algorithmus, der sich jede Kante anschaut, eine Laufzeit in $\Omega(n^2)$.

2.5.3 Adjazenzlisten

Die Idee der *Adjazenzlisten* ist ähnlich zu der, die wir bei der Darstellung dünn besetzter Matrizen verwendet haben. Wir verwalten ein Array `adj` der Länge n, das für jeden Knoten v einen Zeiger auf eine Lineare Liste (ohne Dummy-Header) enthält, in der alle zu v adjazenten Knoten abgespeichert sind. Wir stellen so im Prinzip alle von Null verschiedenen Einträge der Adjazenzmatrix dar. Für den Digraphen aus Beispiel 2.33 sehen die Adjazenzlisten beispielsweise wie in Abb. 2.29 gezeigt aus. Offensichtlich benötigt diese

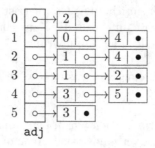

Abb. 2.29   Adjazenzlisten-Repräsentation des Graphen aus Beispiel 2.33.

Darstellung einen Speicherplatz von $\Theta(n + m)$. Sie wird meist dann benutzt, wenn $m \ll n^2$ gilt. Der Test, ob es eine Kante zwischen zwei Knoten gibt, ist allerdings in dieser Darstellung aufwändiger als in der Matrixdarstellung; er ist im Worst-Case $\Theta(n)$, da eine Adjazenzliste die Länge n annehmen kann. Der Ausgrad eines Knotens kann auch hier effizient bestimmt werden, die Berechnung des Eingrades allerdings ist merklich aufwendiger (wenn nicht auch Adjazenzlisten für eingehende Kanten vorliegen).

2.6 Datenstrukturen für Bäume

Natürlich ist es möglich, einen Baum als spezielle Art des Graphen mittels der im vorherigen Abschnitt behandelten Repräsentationen für Graphen darzustellen. Dabei ließen wir allerdings außer Acht, dass die Darstellung stets daran orientiert sein sollte, welche Operationen wir für die Strukturen implementieren wollen bzw. müssen. Nur dann können wir erwarten, dass alle oder zumindest die meisten Operationen effizient realisiert werden können. Da typischer Weise für Graphen und Bäume in den Anwendungen verschiedene Operationen benötigt werden, bieten sich auch andere Datenstrukturen für die Repräsentation von Bäumen an. Typische, für Bäume benötigte Operationen sind:

a) $T.\text{father}(x)$: Diese Operation bestimmt den Vater von Knoten x im Baum T. Ist x die Wurzel von T, so wird der leere Baum Λ zurückgegeben.

b) $T.\mathsf{lson}(x)$ bzw. $T.\mathsf{rson}(x)$: Diese Operation bestimmt den linkesten (lson) bzw. rechtesten (rson) Sohn des Knotens x im geordneten Baum T. Falls x ein Blatt ist, so ist die Ausgabe Λ.

c) $T.\mathsf{root}()$: Diese Operation bestimmt die Wurzel von T und liefert Λ, falls T selbst der leere Baum ist.

d) $\mathsf{create}(x, T_1, \ldots, T_i)$: Diese Operation erzeugt einen Knoten x mit den Teilbäumen $T_1, T_2, \ldots, T_i$ in Links-Rechts-Ordnung. Falls $i = 0$, dann wird nur x erzeugt.

Es handelt sich bei dieser Auflistung natürlich nur um einen kleinen Ausschnitt dessen, was in den Anwendungen benötigt wird. Sie ist aber von daher recht repräsentativ, dass sich die meisten Datenstrukturen für Bäume darin unterscheiden, wie effizient auf Vorgänger oder Nachfolger zugegriffen werden kann und welche Kosten für das Erzeugen neuer Knoten und Teilbäume entsteht.

Beachte, dass wir – anders als bei Graphen – davon ausgehen, dass wir Bäume typischerweise strukturell verändern, z.B. neue Knoten mittels create erzeugen. Nachfolgend geben wir einen Überblick über gängige Datenstrukturen für Bäume.

2.6.1 Repräsentation durch Vater-Array

Sei $T = (V, E)$ ein Baum mit $V = \{1, \ldots, n\}$. Wir verwenden ein Feld $\mathtt{P[1..n]}$ mit

$$
\mathtt{P}[i] \;=\; \begin{cases} j & \text{falls Knoten } j \text{ der Vater von Knoten } i \text{ ist,} \\ 0 & \text{sonst} \end{cases}.
$$

Beispiel 2.48: Der in Abb. 2.30 gezeigte Baum und die nebenstehende Array-Darstellung entsprechen einander.

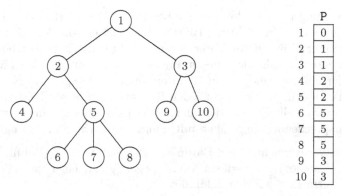

Abb. 2.30   Baum mit äquivalenter Array-Darstellung.

Im Wesentlichen entsprechen die Feldeinträge einem Cursor, der als Pointer-Ersatz auf den Vaterknoten deutet. Greifen wir diese Idee auf und verwenden Zeiger, so kommen wir zur folgenden Darstellung.

2.6.2 Vater-Zeiger

Jeder Knoten wird wie bei der verketteten Repräsentation einer Linearen Liste durch einen Block repräsentiert, der neben der Marke des Knotens und u. U. vorhandenen zusätzlichen Informationen einen Zeiger zu einem *nächsten* Block besitzt. Im Falle der Bäume ist dies jeweils der Vaterknoten, der Zeiger der Wurzel des Baumes ist `null`. Der Baum aus Beispiel 2.48 besitzt dann die in Abb. 2.31 gezeigte Darstellung.

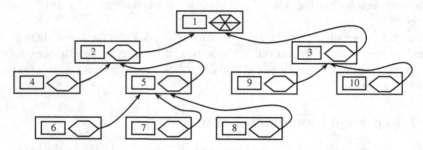

Abb. 2.31   Repräsentation des Baumes aus Beispiel 2.48 mittels Vater-Zeiger.

In beiden Darstellungen kann die Operation father in konstanter Zeit implementiert werden. Beide Darstellungen besitzen jedoch den wesentlichen Nachteil, dass die Reihenfolge der Söhne eines Knotens unberücksichtigt bleibt. Damit ist es nicht möglich, geordnete Bäume zu repräsentieren.

2.6.3 Sohn-Listen

In vielen Anwendungen verwendet man die bereits erwähnte Orientierung des Baumes von der Wurzel in Richtung Blätter. Dann ist es von Vorteil, wenn Cursor oder Pointer nicht auf den Vater, sondern auf die Söhne eines Knotens verweisen. Da deren Anzahl nicht beschränkt sein muss, und in allen Fällen mehrere Kinder zulässig sind, reicht dann ein einzelner Zeiger pro Knoten nicht mehr aus. Deshalb legt man für jeden Knoten eine Lineare Liste seiner Söhne an. Diese Darstellung entspricht der Adjazenzlistendarstellung für den dem Baum entsprechenden Digraphen mit *umgekehrter* Kantenrichtung.

Beispiel 2.49: Wir betrachten den Baum aus Beispiel 2.48. Die Sohnlisten-Darstellung des Baumes ist dann die in Abb. 2.32 gezeigte; in einer zusätzlichen Variable `root` vermerken wir den Feldindex der Wurzel.   ◄

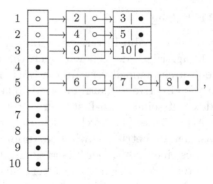

Abb. 2.32 Sohnlisten-Darstellung des Baumes aus Beispiel 2.48.

Im Gegensatz zu den Vater-Zeigern (oder Cursorn) können wir hier die Listen so sortieren, dass sie die Links-Rechts-Ordnung der Söhne widerspiegeln. Es ist so möglich, auch geordnete Bäume darzustellen.

In dieser Darstellung ist die Operation father teuer, da u. U. alle Listen durchforstet werden müssen, um den entsprechenden Knoten zu finden. Die Operationen lson ist dagegen billig. Da die Listen sortiert sind (es macht nur Sinn, vom linkesten oder rechtesten Sohn zu sprechen, wenn wir geordnete Bäume betrachten), ist der linkeste Sohn stets das erste Element in der Sohnliste; für rson geben wir das letzte Element der Liste zurück. Die Operation root ist durch die zusätzliche Variable `root` in konstanter Zeit realisierbar.

Die Operation create erzeugt einen neuen Knoten, was in unseren Graphrepräsentationen nicht vorgesehen ist. Daher erfordert create in Sohn-Listen-Darstellung das Kopieren der Listen für $T_1, \dots, T_i$ in die Sohn-Listen des neuen Baumes. (Jeder Baum T_j unterhält seine eigenen Listen und sein eigenes Feld, das implizit seine Knotenmenge repräsentiert.)

2.6.3.1 Globaler Knotenraum

Wir können eine Variante der Sohn-Listen verwenden, um auch create effizient zu unterstützen. Wir geben dazu die aus den Graphrepräsentationen geerbte Konvention auf, dass die Knoten des Baumes den Indizes $[1:n]$ entsprechen und verwenden stattdessen einen globalen „Knotenraum" $[1:\mathtt{max}]$, aus dem jeder Knoten jedes Baumes in unserem Programm einen global eindeutigen Index bekommt. max ist dementsprechend so zu wählen, dass wir nie mehr als max Knoten zu einem Zeitpunkt benötigen.

Ähnlich wie in Abb. 2.32 für einen Baum speichern wir ein großes Array `adj[1..max]`, wobei in `adj[i]` die Sohn-Liste des Knotens i gespeichert ist. Die Operation create erhält dann die Indizes $c_1, \dots, c_k$ der k Söhne des neuen Knotens und speichert unter einem freien Index j die Liste $c_1, \dots, c_k$ in `adj`. (Zur Verwaltung der freien Indizes können die Techniken aus Abschnitt 2.1.6 verwendet werden.)

2.6.3.2 Links-Sohn-Darstellung

Eine weitere Optimierung der Sohn-Listen mit globalem Knotenraum ist
die Links-Sohn-Darstellung. Hier ersetzen wir auch die bisher dynamisch
verwalteten Sohn-Listen durch manuell verwalteten Speicher.

Konkret verwenden wir ein Array KRaum[1..max], das für jeden Knoten
seine marke einen Index auf seine Sohn-Liste verwaltet (sofern er welche
hat). In einem zweiten Array ZRaum[1..max] speichern wir für jeden Eintrag
den Index des Knotens, den er betrifft, sowie den Index im ZRaum seinens
nächsten Bruders (sofern es einen gibt). Der ZRaum dient also der verketteten
Darstellung der Sohn-Listen mit manuell verwaltetem Speicher. Wir nutzen
dabei aus, dass in einem Baum (oder allgemeiner, einem *Wald* von Bäumen)
mit n Knoten höchstens $n - 1$ Kanten existieren, sodass wir im ZRaum nie
mehr Einträge als im KRaum benötigen.

Bemerkung 2.50 (Variante mit einem Array): Es ist möglich, die beiden Felder dieser
Darstellung zu einem Feld zu verschmelzen. Dieses Feld hat dann drei Komponenten (Markierung, linkester Sohn, nächster Bruder). Details hierzu werden in den Übungsaufgaben
behandelt.   ◄

Beispiel 2.51: Abb. 2.33 zeigt als Beispiel einen Baum mit dessen Links-Sohn-
Darstellung mittels der Felder KRaum und ZRaum.

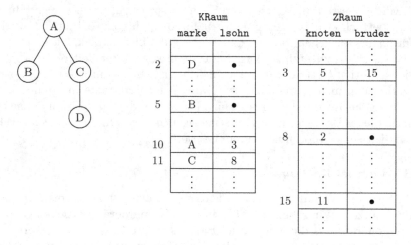

Abb. 2.33 Links-Sohn-Darstellung eines Baumes mittels der Felder KRaum und
ZRaum.

Den Index (im KRaum) des linkesten Sohns des Knotens mit Index i im KRaum
erhalten wir über ZRaum[KRaum[i].lsohn].knoten. Den rechtesten Sohn
bestimmen wir, indem wir das Element ZRaum[KRaum[i].lsohn] aufsuchen
und solange den bruder-Cursor verfolgen, bis wir auf einen Eintrag ● (z.B.
−1, falls −1 kein zulässiger Index im ZRaum ist) stoßen. Der dort unter knoten
gespeicherte Index ist die Adresse des gesuchten Knotens im KRaum.

Die Operation create kann in dieser Darstellung effizient implementiert werden, da nur die neue Sohn-Liste angelegt werden muss. Die Operation father ist dagegen auch in dieser Darstellung teuer.

Bemerkung 2.52 (Komprimierte Bäume): Man beachte, dass es grundsätzlich möglich ist, in create den selben Knoten mehrmals anzugeben. In diesem Fall erhalten wir eine *komprimierte* Darstellung eines Baumes, in dem ein ganzer Teilbaum mehrmals vorkommt, aber nur einmal gespeichert wird.

Beispiel 2.53: Sei T der Baum aus Beispiel 2.51, dann erzeugt der Aufruf create(E, T, T) den in Abb. 2.34 samt entsprechender Links-Sohn-Darstellung gezeigten Baum. Der neue

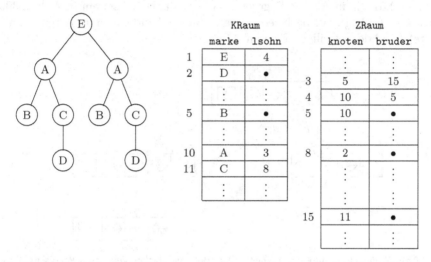

Abb. 2.34 Links-Sohn-Darstellung des Baumes, den der Aufruf create(E, T, T) (T der Baum aus Abb. 2.33) erzeugt.

Baum wird über den Index seiner Wurzel (Index 1) im KRaum zur Verfügung gestellt, der alte Baum T kann auch weiterhin über Index 10 adressiert und unverändert benutzt werden.   ◀

Es sei aber darauf hingewiesen, dass bei mehrfacher Verwendung eines Teilbaums an verschiedenen Stellen im Baum die Operation father kein eindeutiges Ergebnis mehr hat. Auch kann es nun im ZRaum mehrere Einträge für den selben Knoten geben, sodass die obige Größenbeschränkung nicht mehr gilt. Diese Möglichkeit ist also mit großer Vorsicht zu genießen; sie kann aber in manchen Anwendungen sehr nützlich sein.   ◀

2.6.4 Mehrfache Verkettung

Wissen wir, dass alle Knoten eines Baumes einen Eingrad $\leq k$ haben (also ein k-närer Baum vorliegt), dann können wir ihn durch mehrfach verkettete Blöcke darstellen. Ein Knoten wird dann durch einen Block folgender Gestalt repräsentiert:

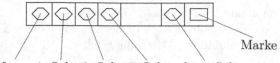

Marke

Vater   1. Sohn   2. Sohn   3. Sohn k-ter Sohn

Der Baum wird dann durch einen Zeiger auf seinen Wurzelknoten verwaltet. Wenn k klein ist, z. B. 2 oder 3, so ist es üblich anstelle des Feldes für die Kind-Zeiger im Rekord jeweils einzelne Namen zu verwenden.

Beispiel 2.54: Unter der Annahme, dass $k = 3$ gilt, wird der Baum aus Beispiel 2.51 wie in Abb. 2.35 gezeigt dargestellt. Dabei sei ein in Abb. 2.33 nach links (mittig bzw. nach rechts) gezeichnetes Kind das erste (zweite bzw. dritte) Kind des jeweiligen Knotens. ◀

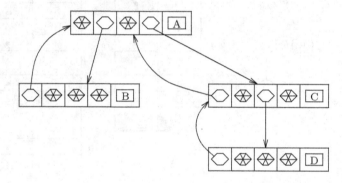

Abb. 2.35   Der Baum aus Beispiel 2.51 mittels mehrfacher Verkettung repräsentiert.

Bemerkung 2.55 (Mehrfache Verkettung in Java): Sofern man nicht jede der k Kind-Referenzen als eigenes Feld speichert, wird ein *Array* von Referenzen verwenden. Da in Java der Speicherplatz für alle Arrays dynamisch alloziert wird und wir auf Arrays stets über eine Objektreferenz zugreifen, stellt eine solche Implementierungen streng genommen gar keine mehrfache Verkettung, sondern eine Sohn-Liste dar. Da Java insbesondere zu jedem Array auch seine Länge speichert, können wir in jedem Knoten einfach ein Array der passenden Länge verwenden.

Wir ignorieren diese Möglichkeit aber im Kontext der mehrfachen Verkettung. Wie wir unten sehen werden, ist die mehrfache Verkettung ohnehin nur für kleine k sinnvoll einsetzbar; in diesem Fall können wir für die k Kinder je ein Feld mit eigenen Namen verwenden. ◀

Der wesentliche Vorteil dieser Darstellung ist, dass alle unsere Operationen in konstanter Zeit durchgeführt werden können.

Diese Darstellung benötigt relativ viel Speicherplatz. Man benötigt bei n Knoten insgesamt $n(k + 1)$ Zeiger. Davon zeigen nk viele auf Söhne, $n - 1$ viele Zeiger verweisen auf den Vater (der Vater-Zeiger der Wurzel ist `null`). Da ein Baum mit n Knoten stets $n - 1$ Kanten hat und jede Kante zwei Zeiger ungleich `null` erzeugt, gilt: Von den $n(k+1)$ vielen Zeigern sind insgesamt $2n-2$ ungleich `null` und damit $nk+n-(2n-2) = nk-n+2$ Zeiger gleich `null`. Folglich ist der Anteil der `null`-Pointer gleich

$$\frac{nk-n+2}{n(k+1)} = 1 - \frac{2n-2}{n(k+1)} = 1 - \frac{2}{k+1} + \frac{2}{n(k+1)} > 1 - \frac{2}{k+1}$$

und damit z. B. für $k=10$ größer als 80%. Der beste Wert wird für $k=1$ erreicht (doppelt verkettete Lineare Liste). Für $k=2$ gilt, dass der Anteil der `null`-Pointer größer 33% ist.

Auf den ersten Blick erscheint die Forderung nach einem beschränkten Knotengrad (Eingrad aller Knoten $\leq k$) hinderlich für die Anwendung dieser Datenstruktur. Wir werden aber gleich sehen, dass jeder Baum mit beliebigen Knotengraden durch einen sog. *binären Baum* dargestellt werden kann, so dass die mehrfach verkettete Darstellung stets unter Verwendung zweier Kind-Zeiger benutzt werden kann. Ist es von der Anwendung her nicht notwendig, schnellen Zugriff auf den Vater zu haben, so kann man natürlich die Vater-Zeiger aus den Knoten entfernen und so n Pointer-Variablen einsparen.

2.6.5 Kind-Geschwister-Darstellung

Mithilfe eines Tricks können wir die relativ gute Speicherauslastung von binären Bäumen in mehrfacher Verkettung auch für Bäume mit beliebigen Graden erreichen. Die essentielle Beobachtung ist, dass man *jeden geordneten Baum eindeutig in einen binären Baum transformieren kann*. Dabei wird aus einem Knoten v mit dem linkesten Sohn v_l und nächstem rechten Bruder v_b im binären Baum ein Knoten v, mit linkem Sohn v_l und rechtem Sohn v_b. Hat v im geordneten Baum keinen Sohn, so bleibt der linke Sohn leer, hat v keinen nächsten rechten Bruder, so bleibt der rechte Sohn frei. Das Ergebnis dieser Transformation bezeichnet man als Kind-Geschwister-Darstellung des Baumes.

Man kann sich diese Transformation am besten veranschaulichen, indem man im binären Baum der Kind-Geschwister-Darstellung Kanten zum linken Kind nach unten, aber Kanten zum rechten Kind waagrecht nach rechts zeichnet. Dann entspricht die Umformung der Anwendung folgender Regel:

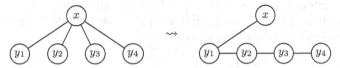

Folgendes Beispiel verdeutlicht die Transformation:

Beispiel 2.56: Aus dem geordneten Baum der Abb. 2.36 wird durch Anwendung der Transformation der binäre Baum aus Abb. 2.37.

Diese Transformation ist offensichtlich eine 1-1-Korrespondenz zwischen geordneten Bäumen mit n Knoten und binären Bäumen mit n Knoten. Verwendet

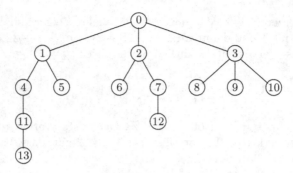

Abb. 2.36 Geordneter Baum, dessen Darstellung als binärer Baum in Abb. 2.37 gezeigt wird.

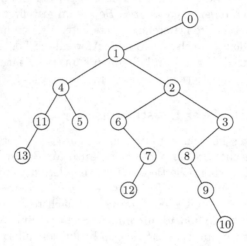

Abb. 2.37 Binärer Baum, der aus dem geordneten Baum der Abb. 2.36 entsteht.

man die mehrfache Verkettung zur Darstellung der Bäume, so reduziert sich die Anzahl an Pointern von $n(k+1)$ zu $3n$. Damit reduziert sich die Anzahl der **null**-Pointer von $n(k-1)+2$ zu $n+2$.

Die beschriebene Transformation findet zum Beispiel bei den in der Bioinformatik intensiv eingesetzten *Suffix-Bäumen* Anwendung. Dort hat man es oft mit einem großen Knotengrad k zu tun, so dass die Transformation wirklich lohnend ist (siehe Abschnitt 6.3).

*   *   *

Damit sind wir mit unserer Betrachtung der Datenstrukturen für Bäume am Ende. Es ist hoffentlich klar geworden, dass die beste Darstellung jeweils von den Bedürfnissen der Anwendung abhängt und wir in dem einen oder anderen Fall die hier diskutierten Datenstrukturen für Bäume noch modifizieren müssen, um zu einem möglichst guten Ergebnis zu gelangen.

2.7 Traversieren von Bäumen

Eine bei den unterschiedlichsten Anwendungen von Bäumen und Graphen
immer wiederkehrende Aufgabe besteht darin, den Baum oder Graphen zu
traversieren, d.h. alle seine Knoten systematisch zu besuchen. Wir wollen
deshalb im Folgenden die wichtigsten Strategien für diese Aufgabe besprechen.
Da das Traversieren von Bäumen merklich einfacher ist als das von Graphen,
werden wir mit Strategien für das Traversieren von Bäumen beginnen. Das
Traversieren von Graphen betrachten wir im Detail in Abschnitt 5.2.

Definition 2.57 (Pre-, In- und Postorder):
*Sei T ein geordneter Baum mit Wurzel v_r und den Teilbäumen $T_1, \ldots, T_k$
$(k \geq 0)$.*

(a) *Wenn T in Postorder durchlaufen wird, dann werden (rekursiv) die Teilbäume $T_1, \ldots, T_k$ entsprechend ihrer Links-Rechts-Ordnung in Postorder
durchlaufen und danach wird die Wurzel v_r besucht.*
(b) *Wenn T in Preorder durchlaufen wird, dann wird zuerst v_r besucht und
dann werden die Teilbäume $T_1, \ldots, T_k$ (rekursiv) entsprechend ihrer Links-
Rechts-Ordnung in Preorder durchlaufen.*
(c) *Wenn T in Inorder durchlaufen wird, wird zuerst T_1 (rekursiv) in Inorder
durchlaufen, sodann wird die Wurzel v_r besucht und letztlich werden die
Teilbäume $T_2, \ldots, T_k$ (rekursiv) in Inorder durchlaufen.* ◄

Man erkennt also, dass die Namensgebung dieser Traversierungs-Strategien
daran geknüpft ist, wann ein Knoten relativ zu seinen direkten Nachfolgern
besucht wird.

Beispiel 2.58: Für den Baum aus Abb. 2.38 ergeben sich die folgenden
Besuchs-Reihenfolgen der Knoten:

Postorder: 2,8,9,5,10,6,3,7,4,1
Preorder: 1,2,3,5,8,9,6,10,4,7
Inorder: 2,1,8,5,9,3,10,6,7,4 ◄

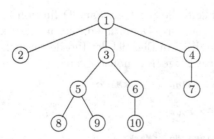

Abb. 2.38 Geordneter Baum, dessen Post-, Pre- und Inorder in Beispiel 2.58
betrachtet wird.

Bemerkung 2.59 (Rekonstruktion des Baums): Pre-, Post- und Inorder beschreiben einen Baum nicht eindeutig. Gleiches gilt für die Preorder zusammen mit der Inorder bzw. für die Postorder zusammen mit der Inorder. Lediglich die Pre- und die Postorder können gemeinsam verwendet werden, um aus der Besuchsreihenfolge der Knoten den zugehörigen Baum eindeutig zu rekonstruieren.   ◀

2.7.1 Inorder in binären Bäumen

Besonders häufig werden Baumtraversierungen von *binären Bäumen* verwendet. Darum wollen wir hier eine Feinheit der Definition der Inorder unterstreichen. In binären Bäumen haben wir die Besonderheit, dass jeder Knoten per Definition zwei Teilbäume (einen linken und einen rechten) haben kann, die aber jeweils leer sein können. Definition 2.57 ist hier so zu verstehen, dass wir v_r stets nach Abarbeiten des ersten Teilbaum*slots* und vor Abarbeitung des zweiten Teilbaum*slots* besuchen, selbst wenn diese Slots leer sein sollten.

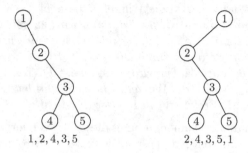

Abb. 2.39   Zwei binäre Bäume und ihre Inorder-Reihenfolge.

In einem binären Baum besucht die Inorder also zuerst rekursiv den linken Teilbaum (sofern vorhanden), dann die Wurzel, und dann rekursiv den rechten Teilbaum (sofern vorhanden). Abb. 2.39 zeigt zwei Beispiele.

2.7.2 Berechnung von In-, Pre- und Postorder

Die einfachste Möglichkeit, die Strategien aus Definition 2.57 zu implementieren, besteht darin, ihre rekursive Definition direkt in eine rekursive Prozedur zu übersetzen. Wir wollen dies am Beispiel der Inorder in mehrfacher Verkettung Darstellung (ohne Vater-Zeiger) demonstrieren:

```
1  public class OrderedChildLinkTree<Mark> {
2      private int k
3      private Node<Mark> root;
4
5      private static class Node<Mark> {
6          Mark label;
7          Node<Mark>[] children;
8      }
9      public LinkedQueue<Mark> inorder() {
```

```
10      LinkedQueue<Mark> res = new LinkedQueue<>();
11      appendInorder(root, res);
12      return res;
13    }
14    void appendInorder(Node<Mark> root, LinkedQueue<Mark> out) {
15      if (root == null) return;
16      appendInorder(root.children[0], out);
17      out.enqueue(root.label);
18      for (int i = 1; i < k; ++i)
19        appendInorder(root.children[i], out);
20    }
21  }
```

Der Einfachheit halber liefert die Methode `inorder` eine Queue der Marken der besuchten Knoten zurück. Je nach Anwendung muss man die Aufrufe `out.enqueue(root.label)` eventuell durch anderen Code ersetzen, je nachdem was das Besuchen eines Knotens tun soll.

Optimierungen 1: Endrekursionsbeseitigung: Wir können jeweils einen der rekursiven Aufrufe und damit Platz auf dem System-Stack sparen, indem wir den Aufruf im letzten Schleifendurchlauf (für $i = k - 1$) auslassen und stattdessen `root` auf `root.children[k-1]` setzen und an den Anfang der Prozedur springen. Diese Technik kann generell für rekursive Prozeduren eingesetzt werden und wird als *Endrekursionsbeseitigung* bezeichnet.

Optimierung 2: Selbstverwalteter Stack: Wir kommen komplett ohne Rekursion aus, wenn wir einen Stack zu Hilfe nehmen. Dies ist insbesondere für große Bäume wichtig, da die Größe des System-Stacks für rekursive Aufrufe oft beschränkt ist. Wir wollen dieses Vorgehen am Beispiel der Preorder eines Baumes mit Wurzel v verdeutlichen.

```
1   public LinkedQueue<Mark> preorder() {
2     LinkedQueue<Mark> res = new LinkedQueue<>();
3     LinkedStack<Node<Mark>> stack = new LinkedStack<>();
4     stack.push(root);
5     while (!stack.empty()) {
6       Node<Mark> v = stack.pop();   res.enqueue(v.label);
7       for (int i = k-1; i >= 0; --i)
8         if (v.children[i] != null) stack.push(v.children[i]);
9     }
10    return res;
11  }
```

Die Kinder von v werden in umgekehrter Reihenfolge in den Stack eingefügt (wobei nur tatsächlich existierende Kinder berücksichtigt werden), weil der Stack die Reihenfolge nochmals umkehrt. Damit werden die Teilbäume später in der korrekten Links-Rechts-Ordnung abgearbeitet.

Bemerkung 2.60 (In- und Postorder ohne Rekursion): Die Preorder erlaubt besonders einfach die Umsetzung mittels explizitem Stack, da wir einen Knoten direkt besuchen und „abhaken" können, bevor wir uns seinen Kindern zuwenden. Aber auch Inorder und Postorder lassen sich mit einem expliziten Stack realisieren, wenn wir auf dem Stack an passender Stelle einen Hinweis hinterlassen, dass wir für einen Knoten noch seine Marke

ausgeben müssen. Eine kompakte Möglichkeit besteht darin, die Labels direkt auf den
Stack zu legen und Javas Typsystem für die Unterscheidung zu verwenden.

```
1    @SuppressWarnings("unchecked")
2    public LinkedQueue<Mark> inorder() {
3        LinkedQueue<Mark> res = new LinkedQueue<>();
4        LinkedStack<Object> stack = new LinkedStack<>();
5        stack.push(root);
6        while (!stack.empty()) {
7            Object o = stack.pop();
8            if (o instanceof Node) {
9                Node<Mark> v = (Node<Mark>) o;
10               for (int i = k-1; i > 0; --i)
11                   if (v.children[i] != null) stack.push(v.children[i]);
12               stack.push(v.label);
13               if (v.children[0] != null) stack.push(v.children[0]);
14           } else // o is a label to output
15               res.enqueue((Mark) o);
16       }
17       return res;
18   }
```

(Achtung: Diese Lösung nimmt an, dass Mark niemals ein Subtyp von Node ist!)   ◀

2.7.3 Analyse

Was ist die Laufzeit der nicht-rekursiven Preorder-Prozedur? Jeder Knoten
wird genau einmal in den Stack eingefügt, und einmal herausgenommen und
bearbeitet. Insgesamt werden also $\mathcal{O}(n)$ Stackoperationen durchgeführt. Die
Zeit zum Bearbeiten eines Knotens ist in $\mathcal{O}(k)$; da k im Bezug auf die Größe
des Baumes als Konstante anzusehen ist, resultiert insgesamt eine Laufzeit
in $\mathcal{O}(n)$. Dasselbe gilt in der rekursiven Variante von Inorder: Wir rufen
appendInorder für jeden Knoten nur einmal auf, und der Aufwand für einen
Aufruf ist $\mathcal{O}(k)$.

Offensichtlich gilt ein entsprechendes Ergebnis für jede der drei
Traversierungs-Strategien und unabhängig davon, ob wir sie rekursiv oder
mit Hilfe eines Stacks implementieren.

Wie sieht es aus, wenn der Baum nicht in mehrfacher Verkettung, sondern
in Kind-Geschwister-Darstellung oder als Sohn-Listen vorliegt? Da auch hier
der Zugriff auf die Kinder eines Knotens in konstanter Zeit möglich ist,
verursacht in Summe über alle Knoten jeder einzelne Knoten nur konstanten
Aufwand, sodass die Stackoperationen hier dominierend sind. Entsprechend
gilt folgendes Theorem:

Satz 2.61:
*Für einen Baum mit n Knoten, der in Kind-Geschwister-Darstellung,
in Sohnlisten-, Links-Sohn- oder mehrfach verketteter Darstellung vorliegt, können die Preorder-Reihenfolge, die Postorder-Reihenfolge und die
Inorder-Reihenfolge in Zeit $\mathcal{O}(n)$ berechnet werden.*

2.7.4 Gefädelte Darstellung

An dieser Stelle ist es angebracht, nochmals auf die ungenutzten Zeiger bei der Darstellung eines binären Baumes mittels mehrfacher Verkettung zurückzukommen. Wenn wir zu jedem Zeiger ein zusätzliches Bit speichern, ist es möglich, diese so zu verwenden, dass sie jeweils auf den direkten Vorgänger bzw. Nachfolger des Knotens bzgl. der Inorder verweisen. Hierzu geht man wie folgt vor (wir gehen davon aus, dass die beiden Nachfolger eines Knotens über die Zeiger `left` bzw. `right` erreicht werden):

Ist v ein Knoten mit $v.\texttt{left} = \texttt{null}$, dann markieren wir den Zeiger `left` als „unecht" und lassen ihn auf den direkten Vorgänger von v in der Inorder-Reihenfolge des betrachteten Baums zeigen. $v.\texttt{right} = \texttt{null}$ so verfahren wir analog und verweisen auf den direkten Inorder-*Nachfolger*. Um echte von unechten Kanten zu unterscheiden, verwenden wir die beiden zusätzlichen Bits. Das Resultat dieses Vorgehens bezeichnet man als die *gefädelte Darstellung* des binären Baumes.

Beispiel 2.62: Abb. 2.40 zeigt zur Verdeutlichung des Konzepts einen Baum mit der Inorder c, d, b, a, e, i, k, g, f, h, j samt den unechten Zeigern (gepunktet dargestellt), die auf Inorder-Vorgänger bzw. -Nachfolger verweisen.

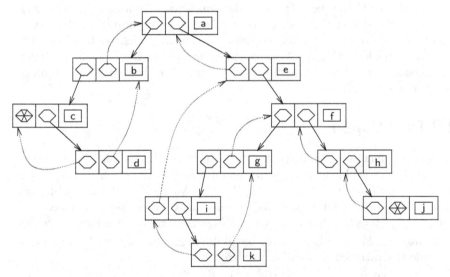

Abb. 2.40 Gefädelte Darstellung eines binären Baumes (unechte Zeiger sind gepunktet dargestellt).

Was sind die Vorteile? Durch die gefädelte Darstellung des Baumes kann man die Inorder in Zeit $\Theta(|V|)$ berechnen, *ohne zusätzlichen Speicher* für einen Stack oder zur Verwaltung rekursiver Aufrufe (System-Stack) zu benötigen! Das erste Element der Inorder findet man, indem man den Baum beginnend bei der Wurzel solange nach links durchläuft, bis ein Knoten v ohne (echten) linken Nachfolger angetroffen wird. Den Inorder-Nachfolger von v (und den Nachfolger aller weiteren Knoten) bestimmt man nun wie folgt:

1. **Fall:** Ist der rechte Teilbaum von v leer, dann ist der rechte Zeiger unecht und zeigt auf den gesuchten Inorder-Nachfolger.
2. **Fall:** Ist der rechte Teilbaum von v nicht leer, dann ist der linkeste Knoten dieses Teilbaums der Inorder-Nachfolger von v. Wir verfolgen also den echten rechten Zeiger, um danach solange nach links zu gehen, bis wieder ein unechter linker Zeiger auftritt. Der so erreichte Knoten ist der gesuchte Nachfolger.

Offensichtlich kommt man dabei ohne zusätzlichen Speicher aus; allerdings benötigen wir in jedem Knoten zwei zusätzliche BOOLEsche Variablen. Obwohl wir in Fall 2 mitunter viele Schritte machen, bevor wir den nächsten Knoten erreichen, besuchen wir jeden Knoten *insgesamt* höchstens zweimal: Höchstens einmal ohne ihn seine Marke auszugeben (während wir eine „Linksflanke" verfolgen) und genau einmal um seine Marke auszugeben. Tatsächlich ist bekannt (siehe [18]), dass das Traversieren eines Baumes in gefädelter Darstellung etwa um den Faktor 1.5 schneller ist, als das Traversieren unter Verwendung eines Stacks, weil wir die Verwaltung des Stacks einsparen.

Ein weiterer Vorteil besteht darin, dass man von einem beliebigen Knoten zu dessen Nachfolger bzgl. der Inorder gelangen kann, ohne den Baum von seiner Wurzel aus traversieren zu müssen. Wie man sich leicht überzeugt, erkauft man die erwähnten Vorteile durch einige Nachteile beim Einfügen bzw. Löschen von Knoten, insbesondere, wenn diese keine Blätter, sondern innere Knoten sind.

2.8 Partitionen

Als letzte elementare Datenstruktur betrachten wir das Union-Find-Problem, das als Basis verschiedener Algorithmen dient. Sei $U = \{1, 2, \ldots, n\}$, $n > 1$, ein Universum und sei $P = \{P_1, \ldots, P_k\}$ eine Menge von Partitionsblöcken über U (d.h. eine Menge von disjunkten, nicht leeren Teilmengen von U mit $\bigcup_{1 \le i \le k} P_i = U$). Jedem P_i ist ein *Repräsentant* zugeordnet, eines der Elemente von P_i, das als Name dieser Teilmenge dient. Über P können nun folgende Operationen ausgeführt werden:

- union(a, b): Die beiden Blöcke mit den Namen / Repräsentanten a und b werden vereinigt. Der neue Block erhält den Namen a oder den Namen b.
- find(x): Für $x \in U$ wird der Name des Blocks ermittelt, der x enthält.

Indem wir für zwei Elemente des Universums den Rückgabewert von find vergleichen, können wir prüfen, ob die Elemente in der selben Teilmenge sind oder nicht. Oft haben die Partitionsblöcke die Bedeutung von Äquivalenzklassen, wobei die zugrundeliegende Äquivalenzrelation implizit durch die union-Aufrufe definiert wird.

Beispiel 2.63: Wir starten mit der Partition $\{1\}$, $\{2\}$, $\{3\}$, $\{4\}$, $\{5\}$, $\{6\}$, $\{7\}$, $\{8\}$, $\{9\}$ und betrachten die in nachfolgender Tabelle dargestellte Operationenfolge:

Operation	Ergebnis	Partition nach Ausführung der Operation (Name *kursiv*)
union$(2,3)$		$\{1\}, \{2,3\}, \{4\}, \{5\}, \{6\}, \{7\}, \{8\}, \{9\}$
union$(7,8)$		$\{1\}, \{2,3\}, \{4\}, \{5\}, \{6\}, \{7,8\}, \{9\}$
find(4)	4	$\{1\}, \{2,3\}, \{4\}, \{5\}, \{6\}, \{7,8\}, \{9\}$
union$(4,7)$		$\{1\}, \{2,3\}, \{4, 7, 8\}, \{5\}, \{6\}, \{9\}$
find(4)	7	$\{1\}, \{2,3\}, \{4, 7, 8\}, \{5\}, \{6\}, \{9\}$
union$(2,7)$		$\{1\}, \{2, 3, 4, 7, 8\}, \{5\}, \{6\}, \{9\}$
find(4)	7	$\{1\}, \{2, 3, 4, 7, 8\}, \{5\}, \{6\}, \{9\}$

Da jeder union-Befehl die Anzahl der Partitionsblöcke um eins verringert, und wir höchstens mit n Blöcken starten, kann eine Befehlsfolge nie mehr als $n-1$ union-Befehle enthalten.

Wir wollen nun mehrere Möglichkeiten betrachten, wie wir diesen Abstrakten Datentyp implementieren können.

2.8.1 Einfach verkettete Listen: Schnelles Find

Wir benutzen ein Array R[1..n], wobei R[i] den Namen des Partitionsblockes enthält, zu dem i gehört. Jeden aktuellen Partitionsblock a verwalten wir durch eine einfach verkettete Lineare Liste L[a], die die Elemente der Menge speichert. Außerdem merken wir uns für jede Liste a ihre aktuelle Länge size[a]. Wir treffen hier die Konvention, dass union(a, b) stets den Namen der größeren der beiden Mengen als Namen für das Ergebnis vergibt.

Die Initialisierung der Datenstruktur ist in Zeit $\Theta(n)$ möglich. Das Ergebnis von find(x) ist einfach R[x]; damit kostet ein find-Befehl nur konstante Zeit. union-Befehle werden mit folgendem Algorithmus ausgeführt: Für union(a, b)

(1) teste, ob size[a] $>$ size[b] ist. Falls ja, tausche a und b.
    (a ist also jetzt stets die kleinere Partition.)
(2) Für jedes x in L[a] setze R[x] auf b und hänge x an L[b] an und erhöhe size[b] += size[a].

Da wir nur die kürzere Liste Traversieren, beträgt die Laufzeit dieses Algorithmus $\Theta\big(\min(\text{size}[a], \text{size}[b])\big)$. Im Worst-Case können natürlich beide Listen $n/2$ Elemente enthalten, sodass eine Laufzeit in $\Theta(n)$ für einzelne union-Aufrufe resultiert. Ein typischer Aufruf im Sinne der *amortisierten Kosten* ist aber deutlich effizienter. So kann man zeigen, dass mit Hilfe der listenorientierten Darstellung jede Folge von $n-1$ union- und m find-Befehlen in Zeit $\mathcal{O}(m + n\,\mathrm{ld}(n))$ ausgeführt werden kann, weil die meisten union-Aufrufe mit kurzen Listen hantieren.

Falls m deutlich größer als n ist, ist die einfache Listendarstellung also keine schlechte Wahl. Wir werden nun eine deutlich kompliziertere Alternative betrachten, die am Ende beide Operationen sehr effizient unterstützt.

2.8.2 Baumdarstellung: Schnelles Union

So wie die listenorientierte Darstellung die find-Befehle besonders unterstützt, so wird die jetzt vorgestellte Repräsentation die union-Befehle bevorteilen. Wir stellen die Mengen durch Bäume dar (pro Menge einen Baum), wobei jeder Knoten ein Element aus U repräsentiert. Wir verwenden dabei die Vater-Array Darstellung der Bäume (Abschnitt 2.6.1).

So entspricht die Partition mit n einelementigen Blöcken dem Wald aus n Einknoten-Bäumen; dieser Wald entspricht im Array P der Situation, dass der Vater-Cursor für alle n Feldelemente P[i] $= -1$ (entspricht null) ist. Als Repräsentant eines jeden Blocks wird der Name des Wurzelknotens des zugehörigen Baumes verwendet. Wie zuvor auch, gehen wir davon aus, dass für jeden Block a seine Größe size[a] gepflegt wird. Wir implementieren die beiden Operationen wie folgt:

- find(x):
  Wir wandern im Baum des Knotens x den eindeutigen Pfad bis zur Wurzel nach oben und geben deren Namen zurück.
- union(a, b):
  Die Parameter a und b liefern uns die Referenz auf die Wurzeln der beiden die zu vereinigenden Blöcke repräsentierenden Bäume. Wir hängen den kleineren Baum (sei dies o. B. d. A. Baum a) als neuen Teilbaum an die Wurzel des größeren (also b), indem wir P[a] auf b setzen. Wir aktualisieren die Größe über size[b] += size[a].

Damit sind union-Befehle in konstanter Zeit durchführbar. Indem wir die kleineren Mengen in die größeren einhängen, versuchen wir Bäume mit möglichst kurzen Pfaden zu den Wurzeln entstehen zu lassen. Diesen Trick, den wir für die Listendarstellung auch schon verwendet haben, bezeichnet man als *gewichtete* Vereinigung.

Lemma 2.64 (Baumhöhe): Bei der baumorientierten Darstellung haben die Bäume eine durch $\lceil \text{ld}(n + 1) \rceil$ beschränkte Höhe. Damit können find-Befehle in Zeit $\mathcal{O}(\log(n))$ durchgeführt werden.   ◀

Beweis: Wir zeigen durch Induktion über die Höhe h, dass jeder erzeugte Baum, dessen Höhe (mindestens) h beträgt, mindestens 2^{h-1} Knoten besitzt. Daraus folgt die Behauptung.

Für $h = 1$ ist die Behauptung erfüllt. Sei nun T ein möglicher Baum, der unter allen Bäumen mit Höhe h, $h \geq 2$, die kleinste Knotenzahl hat. T entstand dadurch, dass T_1 in T_2 eingehängt wurde. Also ist size[T_1] $\leq$ size[T_2] $<$ size[T]. Nach Konstruktion von T ist die Höhe von T_1

höchstens $h-1$, denn sonst wäre T höher als h. Wäre umgekehrt die Höhe von T_1 kleiner $h-1$, dann müsste T_2 bereits Höhe h haben, damit T Höhe h hat. Dies stünde wegen $\texttt{size}[T_2] < \texttt{size}[T]$ im Widerspruch zur Konstruktion von T als Baum mit kleinster Knotenzahl und Höhe h.

Folglich muss T_1 die Höhe $h-1$ haben, und damit nach der Induktionsannahme mindestens 2^{h-2} Knoten besitzen. Es folgt

$$\texttt{size}[T] \;=\; \texttt{size}[T_1] + \texttt{size}[T_2] \;\geq\; 2 \cdot \texttt{size}[T_1] \;\geq\; 2^{h-1}. \quad \blacksquare$$

Wir erhalten mit diesem Lemma eine Laufzeit in $\mathcal{O}(n + m\,\mathrm{ld}(n))$ für eine Folge von $n-1$ union- und m find-Operationen.

Beispiel 2.65: In Abb. 2.41 wird die Baumdarstellung der Partitionsblöcke $\{2,3\}$ und $\{4,7,8\}$ sowie das Ergebnis von union$(2,7)$ illustriert.

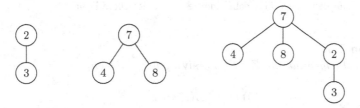

Abb. 2.41 Baumdarstellung der Partitionsblöcke $\{2,3\}$ (links) und $\{4,7,8\}$ (mittig) sowie das Ergebnis von union$(2,7)$ (rechts).

2.8.2.1 Pfadkomprimierung

In vielen Fällen der Anwendung unseres Abstrakten Datentyps ist m größer als n. Dann verschenken wir bei der Ausführung von find-Befehlen gewonnene Information, da wir ja bestimmte Bäume mehrmals betrachten, bevor sie durch einen union-Befehl u. U. wieder verändert werden.

Die Idee ist nun, die Bäume flacher und damit die find-Operation schneller zu machen, indem wir bei jedem find alle auf dem Pfad zur Wurzel besuchten Knoten abspeichern, um anschließend, wenn wir die Wurzel gefunden haben, die Vater-Zeiger aller gespeicherten Knoten auf die Wurzel umzuhängen. Dadurch erhöhen sich die Kosten für den gerade ausgeführten find-Befehl nur um einen konstanten Faktor, spätere find-Befehle werden aber viel effizienter ausgeführt. Je teurer ein find-Befehl ist, desto größer ist die so erzielte Ersparnis für zukünftige Suchen. Die eben beschriebene Technik wird als *Pfadkomprimierung* bezeichnet. Ihre Auswirkung auf einen Baum bei der Suche nach x ist in Abb. 2.42 dargestellt. Es steht links der Baum vor und rechts der Baum nach der durch den Aufruf find(x) hervorgerufenen Pfadkomprimierung.

Die zugehörige Abschätzung der Kosten für m find-Befehle würde den Rahmen dieses Buches sprengen. Wir stellen hier lediglich das Ergebnis vor.

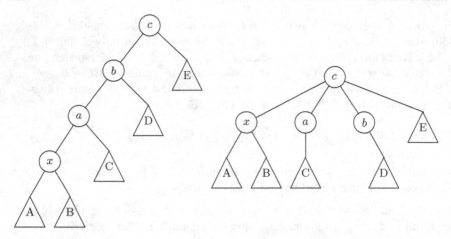

Abb. 2.42 Pfadkomprimierung der Baumdarstellung von Partitionen; der Aufruf find(x) für den linken führt dabei zum rechts dargestellten Baum.

Definition 2.66:

Die Zweierturm-Funktion Z ist rekursiv definiert durch

$$Z(0) := 1, \; Z(i) := 2^{Z(i-1)}.$$

Dazu sei $\mathrm{ld}^\star(n) := \min\{k \in \mathbb{N} \mid Z(k) \geq n\}$.   ◀

Wir können $\mathrm{ld}^\star(n)$ als die kleinste Anzahl iterierter Anwendungen von ld auf n interpretieren, die zu einem Ergebnis kleiner gleich 1 führt. Es ist

$$Z(1) = 2, \; Z(2) = 4, \; Z(3) = 16, \; Z(4) = 65536, \; Z(5) = 2^{65536}.$$

Damit ist $\mathrm{ld}^\star(n) \leq 5$ für $n \leq 2^{65536}$.

Satz 2.67:

Mit Hilfe der baumorientierten Darstellung, der gewichteten Vereinigung und der Technik der Pfadkomprimierung kann jede Folge von $n-1$ union- und m find-Befehlen, $m \geq n$, bei Startpartition $\{1\}, \{2\}, \ldots, \{n\}$ in Zeit $\mathcal{O}(n + m \cdot \mathrm{ld}^\star(n))$ ausgeführt werden.

Bemerkung 2.68 (Bessere Schranke: Invers-Ackermann): Eine in der Algorithmentheorie bedeutsame Funktion ist die sog. *Ackermann-Funktion* $\mathcal{A}_i(n)$. Es ist

$$\mathcal{A}_0(n) = 2n, \qquad \mathcal{A}_1(n) = 2^n, \qquad \mathcal{A}_2(n) = 2^{2^{\cdot^{\cdot^2}}}$$

mit n Zweien im Exponenten usw., d. h. mit größer werdendem Index i wird die Ackermann-Funktion eine immer schneller wachsende Funktion. Sei nun $\alpha_i(n)$ die inverse Funktion zu $\mathcal{A}_i(n)$, so ist $\alpha_i(n)$ eine mit größer werdendem i immer langsamer wachsende Funktion.

Es ist möglich zu zeigen, dass die Laufzeit einer Folge von $n-1$ union- und m find-Befehlen bei Verwendung der Pfadkomprimierung und der gewichteten Vereinigung bei

Startpartition $\{1\}, \{2\}, \ldots, \{n\}$ für $m \geq n$ in $\mathcal{O}(n + m \cdot \alpha_m(n))$ liegt. Dabei wächst $\alpha_n(n)$ merklich langsamer als $\mathrm{ld}^*(n)$ aus Satz 2.67.

Tarjan hat bewiesen, dass für ein spezielles Maschinenmodell (den sog. Pointer-Maschinen) und unter der Annahme, dass die Mengen als mit Zeigern verkettete Komponenten dargestellt sind, jede Lösung des Union-Find-Problems (amortisiert) Zeit $\Omega(m \cdot \alpha_m(n))$ benötigt.   ◀

Wir beschließen diesen Abschnitt mit dem Hinweis darauf, dass wir ein wichtiges Anwendungsbeispiel für den soeben behandelten Abstrakten Datentyp im Kapitel über Graph-Algorithmen kennenlernen werden.

2.9 Quellenangaben und Literaturhinweise

Einige Passagen aus diesem Kapitel, insbesondere die Darstellung der Listen, Stacks und Queues, sind an [2] angelehnt; dort werden auch die hier diskutierten Baum-Darstellungen betrachtet. Eine vertiefte Abhandlung der listenartigen Datentypen im Kontext der Implementierung in Java ist in [36] zu finden. Das Beispiel zum topologischen Sortieren stammt aus [23]. Der abstrakte Datentyp der Partitionen (Union-Find-Datenstruktur) wird in [36] ausführlicher behandelt.

2.10 Aufgaben

Aufgabe 2.1: Nehmen Sie an, Sie dürfen ausschließlich die Datenstruktur *Stack* verwenden, ohne daran Veränderungen vorzunehmen. Wie können Sie dann unter Verwendung zweier Stacks effizient eine Queue implementieren?

Eine Lösung ist genau dann effizient, wenn jedes Element in der Phase von seinem Eintritt in die Queue bis zu seinem Verlassen der Queue nur konstant oft *gepusht* oder *gepopt* wird, unabhängig davon, wie viele Elemente dazwischen in die Queue eingefügt oder aus der Queue entfernt werden. Für die Lösung dieser Aufgabe muss kein Programm geschrieben werden; es genügt, wenn Sie die Idee einer Implementierung detailliert ausarbeiten. Dabei ist zu zeigen, dass Ihre Lösung tatsächlich effizient ist.

Lässt sich auch umgekehrt ein Stack durch 2 Queues effizient implementieren? Wie bzw. warum nicht?

Aufgabe 2.2: Gegeben sei die Permutation[3] $1, 2, 3, \ldots, n$ der Zahlen 1 bis n und ein Stack. Wir können eine neue Permutation erzeugen, indem wir die Zahlen in der Reihenfolge $1, 2, \ldots$ auf einen Stack *pushen* und (sofern der Stack nicht leer ist) zwischendurch beliebig Zahlen vom Top des Stacks

---

[3] Eine Permutation der Zahlen 1 bis n ist eine Aufzählung dieser Zahlen in beliebiger Reihenfolge. In dieser Aufzählung muss jede der Zahlen genau einmal vorkommen; zur Darstellung einer Permutation listen wir die Zahlen entsprechend ihrer Anordnung innerhalb der Aufzählung durch Kommata getrennt in einer Zeile auf. So sind alle Permutationen der Zahlen 1,2 und 3 die folgenden: 1,2,3 1,3,2 2,1,3 2,3,1 3,1,2 3,2,1. Allgemein gilt: Die Anzahl der Permutationen der Zahlen $1, 2, \ldots, n$ ist gleich $n!$. Warum?

entnehmen. Die erste so entnommene Zahl wird die führende Position in der Ergebnispermutation, die zweite Zahl die zweite Position usw. Zur Erzeugung einer Permutation werden dabei genau n push- und n pop-Operationen ausgeführt.

Beispiel: Wir betrachten den Fall $n = 4$. Die Folge der Operationen push(1), push(2), pop, push(3), push(4), pop, pop, pop erzeugt aus der Permutation $1, 2, 3, 4$ die neue Permutation $2, 4, 3, 1$.

a) Nicht jede Folge von n push- und n pop-Operationen kann zur Erzeugung einer Permutation verwendet werden, denn für manche Folgen würde die pop-Operation versuchen, eine Zahl vom leeren Stack zu lesen. Wir nennen eine Folge von Operationen *zulässig*, wenn keine der in ihr enthaltenen pop-Operation auf einen leeren Stack zugreift, sonst nennen wir sie *unzulässig*.

Formulieren Sie eine Regel, mit deren Hilfe man einfach unzulässige von zulässigen Folgen von n pop- und n push-Operationen unterscheiden kann. Zeigen Sie, dass zwei verschiedene zulässige Folgen stets verschiedene Permutationen erzeugen.

b) Bestimmen Sie eine einfache Formel für die Anzahl a_n der Permutationen, die wir (wie oben beschrieben) aus der Permutation $1, 2, \ldots, n$ erzeugen können.

c) Wenn wir obiges Vorgehen nicht mit der Startpermutation $1, 2, \ldots, n$, sondern mit einer beliebigen Permutation der Zahlen 1 bis n als *Eingabe* durchführen, können wir dann jede mögliche Permutation sortieren, d.h. in die Ergebnispermutation $1, 2, \ldots, n$ überführen?

Hinweis: Für die Lösung der zweiten Teilaufgabe dürfen Sie verwenden, dass für jede Folge $x_1, x_2, \ldots, x_n$ von n ganzen Zahlen, deren Summe $\sum_{1 \leq i \leq n} x_i$ gleich $+1$ ist, nur genau einer der zyklischen Shifts dieser Folge (d.h. nur genau eine der Folgen $x_1, x_2, \ldots, x_n \quad x_2, x_3, \ldots, x_n, x_1 \quad x_3, x_4, \ldots, x_n, x_1, x_2$ $\cdots \quad x_n, x_1, x_2, \ldots, x_{n-1}$) die Eigenschaft besitzt, dass alle n Teilsummen seiner i ersten Zahlen echt positiv sind, $1 \leq i \leq n$. Zum Beispiel ist die Summe zur Folge $3, -5, 2, -2, 3, 0$ gleich $+1$, aber nur für den zyklischen Shift $3, 0, 3, -5, 2, -2$ sind die Teilsummen $3 = 3$, $3 + 0 = 3$, $3 + 0 + 3 = 6$, $3 + 0 + 3 - 5 = 1$, $3 + 0 + 3 - 5 + 2 = 3$ und $3 + 0 + 3 - 5 + 2 - 2 = 1$ alle echt positiv. Für den Shift $2, -2, 3, 0, 3, -5$ beispielsweise ist die Teilsumme $2 - 2 = 0$ nicht echt positiv.

Aufgabe 2.3: Implementieren sie die Prozeduren dequeue, enqueue und peek für die Realisierung einer Queue mittels ringförmig geschlossenem Feld. Ergänzen Sie außerdem einen Iterator, der die Elemente der Queue von Front zu Rear durchläuft.

Aufgabe 2.4: Gegeben seien folgende zwei Sätze von Prozeduren, die von einem Compiler übersetzt werden sollen. Sortieren Sie diese jeweils mittels beider Implementierungen zum topologischen Sortieren, um eine Reihenfolge herzustellen, in der die aktuell zu übersetzende Prozedur nur solche Pro-

zeduren aufruft, die bereits compiliert sind. Stellen Sie dazu als erstes die
Prioritätenlisten auf.

```
a) Prozedur a()              b) Prozedur a()
   { Aufruf von b()             { Aufruf von b()
     Aufruf von c()               Aufruf von c()
   }                            }
   Prozedur b()                 Prozedur b()
   { Aufruf von c()             { Aufruf von d()
   }                            }
   Prozedur c()                 Prozedur c()
   { Aufruf von b()             { Aufruf von b()
     Aufruf von d()               Aufruf von d()
   }                            }
   Prozedur d()                 Prozedur d()
   {                            {
   Print("Juchhu")              Print("Fertig")
   }                            }
```

Aufgabe 2.5: Implementieren sie die Vereinigung, Differenz sowie die symmetrische Differenz für Mengen in verketteter Darstellung analog zu der Implementierung des Durchschnitts. (Auch hier soll die resultierende Liste wieder eine sortierte Liste sein!)

Aufgabe 2.6: Wir betrachten die Graphen mit der Knotenmenge $\{1, 2, \ldots, n\}$, in denen es *keine* Kante von einem Knoten zu sich selbst gibt. Bestimmen Sie unter dieser Annahme

a) die Anzahl der einfachen unmarkierten Digraphen in Abhängigkeit von n.
b) die Anzahl der einfachen unmarkierten Graphen in Abhängigkeit von n.

Aufgabe 2.7: Wir haben die Links-Sohn-Darstellung für Bäume behandelt, in der die Felder KRaum und ZRaum verwendet werden, um alle Knoten und die Struktur der Bäume darzustellen. Dabei ist es möglich, diese beiden Felder zu einem Feld mit drei Komponenten (Markierung, linkester Sohn, nächster Bruder) zu verschmelzen.

a) Wie müssen in dieser verschmolzenen Darstellung die Einträge *linkester Sohn* und *nächster Bruder* verwendet werden, um einen Baum zu repräsentieren.
   Stellen Sie dazu erklärend einen beliebigen erweiterten Binärbaum mit mindestens 7 Knoten und einer Höhe von mindestens 3 in dieser Darstellung dar.
b) Wie kann die Operation create(x, T_1, T_2, T_3) bei Verwendung dieser Baumdarstellung realisiert werden. Gehen Sie dabei davon aus, dass die drei Teilbäume T_1, T_2 und T_3 bereits im Array abgespeichert sind und der Operation als Cursor auf ihre Wurzelknoten übergeben werden.
   Wo liegt der Nachteil dieser Darstellung zu der zuvor behandelten Darstellung mit den zwei Feldern KRaum und ZRaum?

Aufgabe 2.8: Im Zuge der Diskussion des Traversierens von Bäumen

a) hatten wir festgestellt, dass weder die In- noch die Pre- als auch nicht die Postorder einen Baum eindeutig festlegt. Finden Sie für jeden der drei Fälle jeweils ein Beispiel, das diese Aussage belegt.

b) hatten wir bemerkt, dass die Pre- und die Postorder gemeinsam verwendet werden können, um den zugehörigen Baum eindeutig zu rekonstruieren. Entwerfen Sie einen Algorithmus, der genau dies leistet.

   Erläutern Sie, warum Ihr Algorithmus die gestellte Aufgabe auch tatsächlich löst. Wenden Sie Ihr Verfahren zur Verdeutlichung beispielhaft auf die Pre- und Postorder eines beliebigen Baum mit mindestens 9 Knoten und einer Höhe von mindestens 4 an.

   Hinweis: Um einen Baum eindeutig aus seiner Pre- und Postorder zu rekonstruieren, muss man schrittweise die Wurzeln seiner Teilbäume identifizieren. Untersuchen Sie also, wie Sie anhand der Pre- und Postorder die Wurzel des Baumes bestimmen können, wie Sie anschließend die Wurzeln aller Teilbäume der Wurzel ablesen können usw. Aus den entsprechenden Beobachtungen ist es dann einfach möglich, ein passendes Verfahren abzuleiten.

Aufgabe 2.9: Gegeben seien ein Graph mit $n \geq 2$ Knoten und ohne Kanten, sowie folgende Operation auf Graphen:

O: Füge dem Graphen (V, E) einen neuen Knoten v sowie 2 Kanten $\{v, w_1\}$ und $\{v, w_2\}$, $w_1, w_2 \in V$, $w_1 \neq w_2$ hinzu.

Wie oft hintereinander kann die Operation O ausgeführt werden, wenn kein Knoten einen Grad > 3 haben darf? Leiten Sie eine geschlossene Darstellung für die maximal mögliche Anzahl der Ausführungen in Abhängigkeit von n her.

Aufgabe 2.10: Sei A die Adjazenzmatrix eines Digraphen G. Beweisen Sie, dass es in G genau dann einen Weg von v_i nach v_j der Länge n gibt, wenn $(A^n)_{i,j} \neq 0$, d.h. wenn der Eintrag an Position i, j in der n-ten Potenz der Adjazenzmatrix ungleich 0 ist. Verwenden Sie diese Erkenntnis, um die Anzahl der Wege der Länge n von einem Knoten v zu einem Knoten v' im vollständigen Graphen $G = (V, \mathcal{K}(V))$ mit $|V| = n$ zu berechnen.

Aufgabe 2.11: Bei der Baumdarstellung der Partitionen zur Lösung des Union-Find-Problems sind wir davon ausgegangen, dass wir die Größen eines jeden Baumes kennen, und zur Implementierung der union-Operation den kleineren Baum zum Sohn der Wurzel des größeren machen. In dieser Aufgabe gehen wir davon aus, dass wir keine Größen kennen, sondern einen jeden Knoten x mit einem Gewicht $g(x)$ versehen. Wird eine Partition mit nur einem Element als Einknotenbaum initialisiert, so wird das Gewicht dieses Knotens auf 0 gesetzt. Die union-Operation macht nun die Wurzel mit einem höheren Gewicht zum Vater der Wurzel mit dem kleineren Gewicht; haben beide Wurzelknoten dasselbe Gewicht, so wählen wir zufällig einen der Wurzelknoten als Vater aus und erhöhen sein Gewicht um 1. find-Operationen belassen alle Gewichte unverändert.

Beweisen Sie, dass für die Anzahl $|T_x|$ der Knoten in einem derart konstruierten Baum mit Wurzel x stets $|T_x| \geq 2^{g(x)}$ gilt.

Kapitel 3
Das Wörterbuchproblem

In diesem Kapitel befassen wir uns mit der Suche nach bereits gespeicherten Daten. Hierfür nehmen wir an, dass jeder Datensatz (jedes Element der Menge gespeicherter Daten) durch einen sog. Schlüssel eindeutig identifiziert wird. In der Anwendung kann dies z.B. die Matrikelnummer sein, die einen Studenten unter allen anderen eindeutig identifiziert. Der Datensatz kann noch weitere Informationen wie den Namen oder die Adresse des Studenten speichern. Für die Suche nach den Daten, werden wir aber ausschließlich den Schlüssel verwenden.

In unserer Darstellung gehen wir davon aus, dass die Menge der Schlüssel gleich $[1 : N]$ für eine große Natürliche Zahl N ist und verwenden hin und wieder auch Buchstaben als Schlüssel. Für einige Datenstrukturen muss zusätzlich eine Ordnung auf den Schlüssel definiert sein (z.B. die alphabetische Ordnung auf den Buchstaben). Um uns auf die algorithmischen Herausforderungen zu konzentrieren, werden wir keine Informationen neben dem Schlüssel verwalten, es ist aber stets durch einfache Änderungen an den Datenstrukturen möglich, diese ebenfalls zu speichern.

Ein zu diesem Problem passender Abstrakter Datentyp ist das *Wörterbuch* (Dictionary). Es besteht aus einer Menge S von Schlüsseln (bzw. Datensätzen, die eindeutig durch ihren Schlüssel identifiziert sind), für die folgende Operationen zur Verfügung stehen:

insert(x): Hier wird der Schlüssel x in S aufgenommen, falls noch nicht enthalten.

delete(x): Ist $x \in S$, so wird x aus S entfernt.

find(x): Entscheide, ob $x \in S$ (und greife gegebenenfalls auf den Datensatz von x zu).

Wir sprechen von einem *statischen Wörterbuch*, wenn nur die Operation find existiert. Wir sprechen von einem *geordneten Wörterbuch*, falls zusätzlich noch folgende Operationen bereitgestellt werden:

© Springer Fachmedien Wiesbaden GmbH, ein Teil von Springer Nature 2018
M. Nebel und S. Wild, *Entwurf und Analyse von Algorithmen*,
Studienbücher Informatik, https://doi.org/10.1007/978-3-658-21155-4_3

select(k):   Für $k \in \mathbb{N}$ wird hier der k-kleinste in S gespeicherte Schlüssel bestimmt.

rank(x):   Liefert $\left|\{y \in S \mid y \leq x\}\right|$, also die Anzahl Elemente in S, die kleiner gleich x sind.

rankInterval(a, b): Für $a, b \in \mathbb{N}$ werden alle in S gespeicherten Schlüssel y mit Rang zwischen a und b in aufsteigender Reihenfolge ausgegeben.

interval(x, y):   Liefert alle in S gespeicherten Schlüssel z mit $x \leq z \leq y$.

Wörterbücher (engl. dictionaries) sind vermutlich der am meisten verwendete (nicht-triviale) abstrakte Datentyp, und es haben sich leider verschiedene, synonym verwendete Begriffe eingebürgert: So werden Wörterbücher auch als *Symboltabellen, assoziative Arrays, (dynamische) Abbildungen* (engl. *Maps*) oder als *Key-Value-Stores* bezeichnet.

Alle gängigen Programmiersprachen bieten Wörterbuch-Implementierungen in ihren Bibliotheken an oder zählen sie sogar zum Sprachumfang (wie etwa Python). In Java existieren mit `java.util.(Sorted)Set<Elem>` und `java.util.(Sorted)Map<Key,Value>` sowohl Varianten, die nur eine Menge von Elementen speichern, als auch Wörterbücher, die jedem gespeicherten Schlüssel einen Wert zuweisen. Für beide Varianten gibt es jeweils ein Interface, das keine Ordnung auf den Schlüsseln verlangt und eine Erweiterung dieser Schnittstelle, die zusätzliche Operationen (ähnlich unseren oben) für geordnete Schlüsseltypen ergänzt.

Bemerkung 3.1 (Wörterbücher in C++): Die *Standard Template Library* von C++ kennt mit `std::set` und `std::map` ebenfalls Implementierungen von geordneten Mengen von Schlüsseln bzw. Wörterbüchern.   ◀

3.1 Konventionen für die Implementierungen

Auch wenn wir uns in der Beschreibung des abstrakten Datentyps auf natürliche Zahlen als Schlüssel beschränken, muss eine in der Praxis verwendbare Implementierung eines Wörterbuchs für beliebige Objekte funktionieren; schließlich wollen wir nicht für jeden denkbaren Typ wie Strings, Zahlen, Listen von Zahlen, Arrays, Dateien etc. eine eigene Implementierungen schreiben müssen.

3.1.1 Ordnungs- und Äquivalenzrelationen in Java

In Java wollen wir deshalb – wie schon bei den Linearen Listen – *generische* Klassen schreiben, die den Schlüsseltyp als Typparameter bekommen. In der Tat müssen wir über den Schlüsseltyp selbst ja auch gar keine Details kennen, um eine Datenstruktur für diesen Typ zu programmieren. Allerdings gibt es schon gewisse Mindestanforderungen, die ein gültiger Schlüsseltyp erfüllen muss, damit er in einem Wörterbuch verwendet werden kann; diese wollen wir hier nochmal erwähnen.

Äquivalenzrelationen: Eine davon haben wir schon im Kontext der Linearen Listen kennen gelernt: Jede Klasse, deren Instanzen in einer Linearen Liste gespeichert werden sollte, musste eine sinnvolle Implementierung der equals-Methode sicherstellen, damit wir z.B. in firstOccurrenceAfter prüfen konnten, ob ein gegebenes Objekt gleich einem in der Liste gespeicherten ist (Seite 65). Dasselbe gilt nun auch für die find-Operation in Wörterbüchern. Details zu equals (und hashCode) haben wir in Bemerkung 2.6 diskutiert.

Ordnungsrelationen: Viele Datenstrukturen für Wörterbücher verwenden eine (totale) *Ordnung* auf den Objekten des Schlüsseltyps. In Java ist diese durch Implementierungen der compareTo-Methode des Comparable-Interfaces gegeben. Auch diese Abstraktion haben wir schon kennen gelernt: So haben wir in der Sortierte-Listen-Repräsentation von Mengen (Abschnitt 2.3.2) die Einschränkung <Elem extends Comparable<Elem>> verwendet, um auszudrücken, dass Elem-Objekte eine compareTo-Methode haben müssen (siehe auch Bemerkung 2.24).

Da für viele Typen *mehrere* sinnvolle Ordnungsrelationen existieren, es aber nur eine compareTo-Methode pro Klasse geben kann, sieht Java eine Alternative vor, die man auch verwenden kann, wenn man eine existierende Klasse nicht verändern kann: der Comparator. Ein Comparator<T> bietet eine Methode compare(T t1, T t2), die denselben Regeln unterliegt wie compareTo.

Bemerkung 3.2 (Lambda-Ausdrücke, Comparator-Methoden): Seit Version 8 kennt Java auch Lambda-Ausdrücke für die Angabe von Funktionen; das ist insbesondere auch für Comparator möglich. Durch statische Methoden wird der Aufwand zusätzlich reduziert; so definieren die beiden folgenden Statements zwei äquivalente Comparator-Instanzen, die Strings bzgl. ihrer Länge ordnen.

```
1   Comparator<String> c1 = (s1,s2) -> { s1.length - s2.length } ;
2   Comparator<String> c2 = Comparator.comparingInt(String::length);
```

Falls man einen expliziten Comparator angeben muss, obwohl der Datentyp Comparable implementiert, so liefert Comparator.naturalOrder() diesen bequem.

Schließlich kann man die inverse Ordnungsrelation, die alle Paare von Objekten gerade umgekehrt anordnet, als ein gegebener Comparator c, über Collections.reverseOrder(c) erhalten. ◄

Bemerkung 3.3 (Relationen in C++): Da C++ erlaubt, Operatoren zu überladen, also insbesondere den binären Operatoren == und < eigene Bedeutungen zu geben, ist es dort üblich, einfach diese Operatoren in generischen Implementierungen zu verwenden. Abgesehen von diesem optischen Unterschied gelten obige Bemerkungen dort aber genauso. Ein allgemeines Äquivalent zu hashCode existiert dort übrigens nicht. ◄

3.1.2 Wörterbuch-ADT in Java

Basierend auf obigen Konventionen beschreiben wir unsere Wörterbücher in Java mit folgendem Interface:

```
1  public interface Dictionary<Elem> {
2      void insert(Elem x);
3      void delete(Elem x);
```

```
4    Elem find(Elem x);
5    int size();
6
7    default boolean contains(Elem x) { return find(x) != null; }
8    default boolean isEmpty() { return size() == 0; }
9  }
```

Wir erlauben in unseren Wörterbüchern keine null-Einträge, insert(null) liefert also einen Fehler. Falls ein gleiches Objekt schon im Wörterbuch enthalten ist, sollen insert-Aufrufe ohne Effekt bleiben. Analog tut delete nichts, falls kein solches Objekt gefunden wird. Die Methode find(x) liefert null, wenn kein Objekt im Wörterbuch gespeichert ist, das gleich zu x ist; falls ein Objekt y mit y.equals(x) gefunden wird, so wird dieses y zurückgegeben (und nicht etwa x selbst).

Von der Menge zur Abbildung: Die letztgenannte Konvention für find mag unnötig kompliziert erscheinen, sie erlaubt es uns aber, ein allgemeineres Wörterbuch, das zu den Schlüsseln tatsächlich Werte assoziiert, rein unter Verwendung eines Dictionary als Blackbox zu simulieren: Wir verwenden dazu einfach ein Dictionary<Entry>, wobei Entry eine Klasse ist, die einen Schlüssel und einen Wert speichert, aber (in equals) nur bzgl. des Schlüssels vergleichen wird.

```
1  public class MapView<Key, Value> {
2    private Dictionary<Entry<Key, Value>> dict;
3    // ...
4    public Value get(final Key key) {
5      Entry<Key, Value> found = dict.find(new Entry<>(key, null));
6      return found != null ? found.value : null;
7    }
8    public void put(final Key key, final Value value) {
9      Entry<Key, Value> entry = new Entry<>(key, value);
10     dict.delete(entry); dict.insert(entry);
11   }
12   public void delete(final Key key) {
13     dict.delete(new Entry<>(key, null));
14   }
15   public static class Entry<Key, Value> {
16     private Key key; private Value value;
17     public Entry(Key k, Value v) { this.key = k; this.value = v; }
18     @Override public boolean equals(Object o) {
19       return o instanceof Entry && key.equals(((Entry) o).key);
20     }
21     @Override public int hashCode() { return key.hashCode(); }
22   }
23 }
```

In performancekritischen Anwendungen kann es sich lohnen, die Implementierung des Wörterbuches selbst um Felder für Werte zu ergänzen. Tatsächlich ist auch diese Variante für alle unsere Implementierungen problemlos möglich. Es lässt sich aber durch die Klasse MapView *jede* Implementierung von Dictionary zur Implementierung eines Key-Value-Stores machen, in der die

Operationen höchstens einen konstanten Faktor langsamer als im verwendeten Wörterbuch selbst sind, denn jede Operation in obigem Code verwendet nur konstant viele Aufrufe von Operationen auf dict.

Wir können uns also in diesem Kapitel ohne Einschränkung der Allgemeinheit auf die reinen algorithmischen Konzepte im Kontext von Wörterbüchern als Mengen konzentrieren. Wir werden dementsprechend im Text für $x \in S$ synonym die Begriffe *Schlüssel* (des Wörterbuchs) und *Elemente* (der Menge S) verwenden.

Geordnete Wörterbücher: Geordnete Wörterbücher bieten oben bereits genannte, zusätzliche Operationen an, die wir in folgendem Java-Interface beschreiben.

```
1  public interface OrderedDictionary<Elem> extends Dictionary<Elem> {
2      Elem select(int rank);
3      int rank(Elem x);
4
5      default LinkedList<Elem> rankInterval(int fromRank, int toRank) {
6          LinkedList<Elem> res = new Ch2_05_LinkedList<>();
7          for (int rank = fromRank; rank <= toRank; ++rank)
8              res.append(select(rank));
9          return res;
10     }
11     default LinkedList<Elem> interval(Elem from, Elem to) {
12         return rankInterval(rank(from), rank(to));
13     }
14     default Elem ceiling(Elem x) {
15         Elem found = find(x); if (found != null) return found;
16         int rank = rank(x);
17         return rank == size() ? null : select(rank + 1);
18     }
19     default Elem floor(Elem x) {
20         Elem found = find(x); if (found != null) return found;
21         int rank = rank(x);
22         return rank == 0 ? null : select(rank);
23     }
24     default Elem min() { return select(1); }
25     default Elem max() { return select(size());  }
26 }
```

Neben den eingangs beschriebenen Operationen rank, select und rankInterval sind ceiling(x) und floor(x) hilfreiche Operationen: Diese erlauben das zu x nächstgelegene gespeicherte Element zu finden, das $\geq x$ (ceiling) bzw. $\leq x$ (floor) ist.

Beachte, dass nur **rank** und **select** Basisoperationen sind, die eine Implementierung bereitstellen muss; alle anderen Operationen lassen sich, wie gezeigt, auf diese zurückführen. Es ist aber besonders für **rankInterval** oft lohnend, die separaten **select**-Aufrufe durch eine direktere Implementierung zu ersetzen.

Ähnlich wie oben für das reine **Dictionary** demonstriert, kann man auch für geordnete Wörterbücher eine allgemeine Realisierung eines Key-Value-

Stores auf Basis der Mengensicht `OrderedDictionary` realisieren. Wir werden uns also auch hier wieder auf die Beschreibung als Mengen von geordneten Elementen/Schlüsseln beschränken.

3.2 Primitive Implementierungen

Bevor wir uns den komplizierteren Datenstrukturen zuwenden, wollen wir uns kurz überlegen, ob die eine oder andere der uns bereits bekannten Datenstrukturen zur effizienten Implementierung eines Wörterbuchs geeignet ist.

Speichern wir die Elemente unsortiert in einem Array, so können wir schnell einfügen, die Suche nach einem Element kostet aber im Mittel Zeit $\Theta(|S|)$. Ebenso wird das Löschen teuer, denn wir können den Platz im Array auf Dauer nur verwalten, indem wir (wie bei der sequentiellen Repräsentation einer Linearen Liste) alle *oberhalb* des zu löschenden Schlüssels gespeicherten Daten im Array um eine Position nach unten verschieben. Diesen Nachteil können wir beseitigen, indem wir eine Lineare Liste mit einfacher Verkettung verwenden, um die Schlüssel zu speichern. Aber auch dort kostet die Suche eine zur Größe des Wörterbuchs proportionale Zeit.

Binäre Suche

Schneller suchen können wir, wenn wir die Schlüssel in *sortierter Reihenfolge* im Array abspeichern. Dann kann die sog. *binäre Suche* Anwendung finden: Wir starten (in etwa) in der Mitte des Feldes. Finden wir dort den gesuchten Schlüssel, so sind wir fertig. Andernfalls vergleichen wir den dort gefundenen Schlüssel mit unserem gesuchten. Ist der gefundene Schlüssel kleiner, so müssen wir oberhalb der Mitte im Feld suchen (da das Array aufsteigend sortiert ist), sonst unterhalb. Dies machen wir rekursiv, bis nur noch ein Index übrig bleibt.

Wir verwenden unsere `FixedSizeArrayList` (Abschnitt 2.1.2) um die Elemente zu speichern. Dann können wir die binäre Suche wie folgt realisieren:

```
1  public class SortedArrayDictionary<Elem> implements OrderedDictionary<↵
       Elem> {
2    private FixedSizeArrayList<Elem> A;
3    private Comparator<Elem> comparator;
4    // ...
5    int binarySearch(Elem x) {
6       int l = 0, r = A.size() - 1;
7       while (l <= r) {
8          int mid = l + (r-l)/2;
9          int cmp = cmp(x, A.get(mid));
10         if (cmp == 0) return mid;
11         if (cmp < 0) r = mid - 1;
12         else          l = mid + 1;
13      }
14      return l;
```

```
15    }
16    int cmp(Elem e1, Elem e2) {    return comparator.compare(e1,e2); }
17 }
```

(Der besseren Lesbarkeit halber haben wir in `FixedSizeArrayList` Varianten
der Methoden ergänzt, die direkt einen Index statt eines Positionsobjektes
erwarten.) Die Methode `binarySearch` besteht nur aus wenigen Zeilen Code,
ist aber trickreich im Detail. Nach genauer Betrachtung erkennt man, dass
der Rückgabewert stets entweder der Index im Array ist, an dem x gefunden
wurde, oder aber – falls kein Objekt gleich zu x vorkommt – der Index, an
dem wir x einfügen müssten, um die Sortierung aufrecht zu erhalten.

Damit können wir alle Operationen des geordneten Wörterbuchs auf einen
Aufruf der binären Suche zurückführen:

```
1    public Elem find(final Elem x) {
2        int i = binarySearch(x);
3        if (i >= A.size()) return null;
4        Elem ith = A.get(i);
5        return ith.equals(x) ? ith : null;
6    }
7    protected void insert(final Elem x) {
8        if (contains(x)) return;
9        A.insert(binarySearch(x), x);
10    }
11    protected void delete(final Elem x) {
12        if (!contains(x)) return;
13        A.delete(binarySearch(x));
14    }
15    public int rank(final Elem x) {
16        int i = binarySearch(x);
17        return i + (i < A.size() && A.get(i).equals(x) ? 1 : 0);
18    }
19    public Elem select(final int rank) { return A.get(rank-1); }
```

Analyse: Es ist somit essentiell, die Laufzeit der binären Suche zu kennen.
Wir wollen die Anzahl Vergleiche im Worst-Case bestimmen. Die Anzahl
Vergleiche ist hier dominierend, da wir in einem sortierten Array in konstanter
Zeit das i-te Element bzgl. der Sortierung der Schlüssel adressieren können.

Der Worst-Case liegt vor, wenn die Suche nicht erfolgreich ist und wir stets
in die größere (rechte) Hälfte verzweigen. Wir führen dann in jedem Schritt
einen Vergleich aus, und müssen (im jeweiligen Ausschnitt des Arrays) im
linken oder rechten Teil weiter suchen (sofern er nicht leer ist). Wenn das
Wörterbuch insgesamt n Elemente enthält, erfüllt die Worst-Case-Anzahl an
Vergleichen $C(n)$ also folgende Rekursionsgleichung:

$$
\begin{aligned}
C(1) &= 1 \\
C(n) &= 1 + C(\lfloor n/2 \rfloor), \qquad (n \geq 2).
\end{aligned}
$$

Für den zweiten Teil hilft es, gerade und ungerade n separat zu betrachten.
Für eine ungerade Anzahl von Elemente ist `mid` genau in der Mitte und beide
Teilprobleme haben Größe $\lfloor n/2 \rfloor$. (Beachte, dass wir das mittlere Element

auch ausschließen). Für gerade n ist der größere Teilbereich genau $n/2 = \lfloor n/2 \rfloor$ groß. Lösen der Rekursionsgleichung liefert das folgende Ergebnis.

> **Satz 3.4:**
> *Die (erfolglose) binäre Suche in einem Array mit n Elementen benötigt im Worst-Case $\lfloor \mathrm{ld}(n) \rfloor + 1$ Vergleiche.*

Beweis: Wir zeigen die Behauptung zuerst für $n = 2^k$, $k \in \mathbb{N}_0$: Da hier $\lfloor \mathrm{ld}(n) \rfloor = \lfloor k \rfloor = k$ und $\lfloor n/2 \rfloor = n/2$ gilt, reduziert sich das Problem auf die Lösung von $C(2^k) = 1 + C(2^{k-1})$. Diese Rekursion lässt sich durch Iteration direkt zu $C(2^k) = k + 1$ auflösen (was wir formal per Induktion über k verifizieren).

Für allgemeine n gibt es nun stets eine eindeutige Darstellung $n = 2^k + r$ für $k \in \mathbb{N}_0$ und $0 \leq r < 2^k$. Wir zeigen per Induktion über k, dass stets $C(n) = k + 1$ für alle n der obigen Form gilt. Für $k = 0$ ist $0 \leq r < 1$, also nur $r = 0$ möglich; die Behauptung gilt offensichtlich. Für $k \geq 1$ ist nun die Darstellung von $\lfloor n/2 \rfloor$ in obiger Form

$$\lfloor n/2 \rfloor \;=\; \lfloor (2^k + r)/2 \rfloor \;=\; 2^{k-1} + \lfloor r/2 \rfloor,$$

denn $0 \leq \lfloor r/2 \rfloor < 2^{k-1}$. Hier ist also k um 1 kleiner und wir können nach der Induktionsvoraussetzung $C(\lfloor n/2 \rfloor) = (k-1) + 1$ folgern. Einsetzen in die Rekursion liefern schließlich $C(n) = 1 + C(\lfloor n/2 \rfloor) = k + 1$; der Induktionsschritt ist getan. ∎

Damit findet die binäre Suche jedes Elements in logarithmischer Zeit. Konkret könnten wir mit nur 30 Vergleichen eine Liste aller je registrierten Webseiten durchsuchen![1] Da `rank` und `find` direkt auf der binären Suche aufbauen, laufen auch diese Operationen in $\mathcal{O}(\log n)$; die Laufzeit von `select` liegt sogar in $\mathcal{O}(1)$.

Die schnelle Suche wird aber leider nicht umsonst möglich. Um die Liste gleichzeitig sortiert zu halten und in konstanter Zeit auf jedes Element zugreifen zu können, dürfen wir ein neues Element nur an der passenden Stelle einfügen und müssen dafür alle größeren Schlüssel um eine Position nach oben verschieben, um Platz zu schaffen. Es resultiert so ein im Mittel linearer Aufwand.

Insgesamt können wir festhalten, dass ein Array mit sortiert gespeicherten Schlüsseln eine gute Darstellung für ein statisches, geordnetes Wörterbuch ist, `insert` und `delete` sind aber zu teuer für die meisten Anwendungsfälle.

*   *   *

Nach dieser kurzen Einleitung, die uns bereits einige der Probleme vor Augen geführt hat, die bei der Implementierung eines Wörterbuchs auftreten

---

[1] 2016 wurde die Anzahl weltweit registrierter Top-Level-Domains auf 326 400 000 geschätzt.

können, wollen wir uns nun den verschiedenen, auf das Wörterbuchproblem zugeschnittenen Datenstrukturen zuwenden.

3.3 Binäre Suchbäume

Die bei der binären Suche verwendete Idee, bei jedem erfolglosen Vergleich möglichst viele der gespeicherten Schlüssel ausschließen zu können, kann man auch auf eine Baumstruktur übertragen. Da die binäre Suche stets in den rechten oder linken Teilbereich verzweigt, ist ein binärer Baum eine natürliche Wahl. Wir speichern nun die Daten statt im Array in den Knoten des Baums, und zwar so, dass man beim Abstieg in einen linken (rechten) Teilbaum den zugehörigen rechten (linken) Teilbaum von der weiteren Betrachtung ausschließen kann.

Bei der binären Suche gelingt uns dies, wenn das zugrundeliegende Array sortiert ist; in binären Bäumen gelingt es uns, wenn die *Suchbaum-Eigenschaft* erfüllt ist:

Definition 3.5 (Suchbaum-Eigenschaft, Binärer Suchbaum):
Ein binärer Baum T hat die Suchbaum-Eigenschaft, wenn für jeden Knoten v von T gilt: Ist x der in v gespeicherte Schlüssel, so befinden sich im linken Teilbaum von v nur solche Knoten mit einem Schlüssel kleiner als x und im rechten Teilbaum nur solche, mit einem Schlüssel größer als x.

Ein binärer Baum mit dieser Eigenschaft wird binärer Suchbaum genannt.

Ist T ein binärer Suchbaum, so können wir einen Schlüssel x wie folgt im Baum finden: Wir starten bei der Wurzel von T, und vergleichen den dort gespeicherten Schlüssel y mit x. Gilt $x = y$, so sind wir fertig. Ist $x < y$, so wissen wird, dass x nur im linken Teilbaum gespeichert sein kann, denn die Suchbaum-Eigenschaft garantiert uns ja, dass im rechten Teilbaum ausschließlich Schlüsseln zu finden sind, die noch größer als das schon zu große y sind. Folglich genügt es, die Suche rekursiv im linken Teilbaum fortzuführen. (Man beachte, dass alle Teilbäume von binären Suchbäumen selbst wieder binäre Suchbäume sind.) Analog verfahren wir mit dem rechten Teilbaum, falls $x > y$.

Die Suche endet, wenn wir entweder x gefunden haben, oder kein entsprechender Teilbaum existiert (wir also auf einen `null`-Pointer stoßen). Die Suchzeit ist damit offensichtlich durch die Höhe des Baumes beschränkt.

Da wir für die Suche nur effizienten Zugriff auf die beiden Kinder benötigen, ist es zweckmäßig, die Bäume über mehrfache Verkettung ohne Vater-Zeiger zu repräsentieren. Obige Beschreibung entspricht einer rekursiven Realisierung, da wir aber stets nur einen Pfad verfolgen, ist eine effizientere iterative Implementierung nicht komplizierter:

```
1  public class BinarySearchTree<Elem> implements OrderedDictionary<Elem> {
2      private Comparator<Elem> comparator;
3      private Node<Elem> root;
4
```

```
5   public BinarySearchTree(final Comparator<Elem> comparator) {
6       this.comparator = comparator;
7   }
8   private static class Node<Elem> {
9       Elem element;
10      Node<Elem> left, right;
11      public Node(final Elem element) { this.element = element; }
12  }
13  public Elem find(Elem x) {
14      Node<Elem> node = root;
15      while (node != null) {
16          int cmp = cmp(x, root.element);
17          if (cmp == 0) return node.element;
18          node = cmp < 0 ? node.left : node.right;
19      }
20      return null;
21  }
22  int cmp(Elem e1, Elem e2) { return comparator.compare(e1, e2); }
23  // ...
24 }
```

Wie üblich definieren wir eine (statische) innere Klasse für die elementaren Teile unserer Datenstruktur, hier also die Knoten des binären Suchbaumes. Für die Vergleiche speichern wir ein Comparator-Objekt und verwenden die Hilfsmethode cmp.

Die Suche in binären Suchbäumen ähnelt also konzeptionell der binären Suche; doch was gewinnen wir durch den Wechsel von Arrays zu Bäumen?

3.3.1 Einfügen

Die Suche war auch in unserer primitiven Wörterbuch-Implementierung als sortiertes Array effizient möglich, teuer war dagegen das Einfügen: Wir können mit binärer Suche zwar schnell die passende Einfügeposition ermitteln, konnten dort aber keine Platz für das neue Element schaffen. Die Formulierung als Baum erlaubt uns aber genau das!

Wir starten mit einer erfolglosen Suche nach dem einzufügenden Schlüssel x – wäre die Suche erfolgreich, so wäre der Schlüssel bereits im Wörterbuch vorhanden und wir müssten ihn nicht mehr einfügen. Die Suche endet also in einem null-Pointer und dies ist gleichzeitig die Position, an der wir den neuen Knoten erzeugen: Der null-Pointer, der für den Abbruch der Suche verantwortlich war, wird auf den neuen Knoten zeigen.

Man mache sich klar, dass die Suche nach x die *eindeutige* Position im aktuellen Baum findet, an der x zu sein hätte, wenn es schon im Baum vorhanden wäre; das ist analog zur binären Suche, die den eindeutigen Index im sortierten Array liefert, an dem ein Wert sein muss, wenn er denn vorhanden ist. Wir haben also gar keine andere Wahl als x an dieser Stelle in den Baum einzufügen. Beispiel 3.6 illustriert dieses Vorgehen.

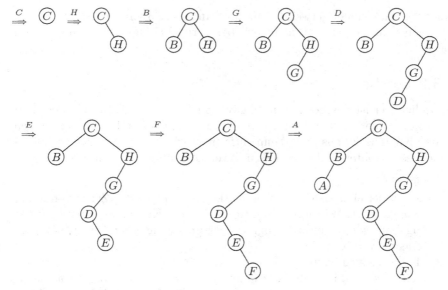

Abb. 3.1 Konstruktion eines binären Suchbaums zur Schlüsselfolge C, H, B, G, D, E, F, A durch sukzessives Einfügen.

Beispiel 3.6: Wir starten dabei mit dem leeren Baum und fügen die Schlüsselfolge C, H, B, G, D, E, F, A schrittweise in den binären Suchbaum ein. Abb. 3.1 zeigt die resultierende Folge von Bäumen.   ◄

Nachfolgend ist eine kompakte Java-Implementierung des Einfügens gegeben.

```
1    private int size;
2    public void insert(final Elem x) { root = insert(root, x); }
3    private Node<Elem> insert(Node<Elem> root, Elem x) {
4       if (root == null) { ++size; return new Node<>(x); }
5       int cmp = cmp(x, root.element);
6       if      (cmp < 0) root.left  = insert(root.left, x);
7       else if (cmp > 0) root.right = insert(root.right, x);
8       return root;
9    }
10   public int size() { return size; }
```

Wir nutzen hier eine rekursive Variante der Suche, um die Einfügeposition zu finden. In der rekursiven Prozedur stellen wir erst fest, dass wir die Einfügeposition erreicht haben, wenn die Wurzel des aktuellen Teilbaums (`root`) schon `null` ist; wir bräuchten aber Zugriff auf den „Vater" dieses `null`-Pointers, um den neuen Knoten in den Baum einzuhängen (und müssten uns merken, ob wir dessen linkes oder rechtes Kind werden).

Wir umgehen diese aufwändigere Buchführung, indem wir den neuen Knoten als Rückgabewert der Methode verwenden und erst im rekursiven Aufstieg die Referenz auf den neuen Knoten im Vater speichern. Wir schreiben dabei die Kind-Zeiger auf dem kompletten Pfad von der Wurzel zum Vater des neuen

Knotens neu – unnötigerweise, denn dort ändert sich gar nichts. Diese über-
flüssigen Schreiboperationen stellen aber vernachlässigbaren Mehraufwand
dar.

3.3.2 Löschen

Komplizierter ist das Löschen in binären Suchbäumen. Natürlich muss hier
zuerst der entsprechende Schlüssel erfolgreich gefunden werden; wir bestimmen
so den Knoten, der aus dem Baum entfernt werden muss. Nehmen wir an, es
sei x dieser Knoten und y sei dessen Vater. Wir unterscheiden drei Fälle:

1. x ist ein Blatt.
   Dies ist der einfachste Fall, denn wir können einfach den Zeiger von y, der
   auf x verweist, auf `null` setzen (und den vom Knoten belegten Speicher
   freigeben, sofern unsere Programmierumgebung über keinen Garbage
   Collector verfügt).
2. x hat nur einen Sohn z.
   Auch dieser Fall ist einfach, denn auf x wird durch einen Zeiger verwiesen,
   und x selbst verweist auch auf nur einen Nachfolger. Wir können also x
   löschen, indem wir den von y auf x verweisenden Zeiger auf z umhängen
   (und ggf. anschließend den von x belegten Speicher freigeben).
3. x hat zwei Söhne.
   Dies ist der komplizierte Fall, denn x verweist auf zwei Nachfolger, es
   steht aber nur ein Zeiger in y zur Verfügung, den wir umhängen könnten.
   Deshalb suchen wir im linken Teilbaum von x den Knoten z mit dem
   größten dort gespeicherten Schlüssel. Falls z einen Sohn hat, dann kann
   dies nach Konstruktion nur ein linker Sohn sein, ein rechter Sohn trüge
   einen größeren Schlüssel. Wir ersetzen x durch z, d.h. wir kopieren die
   Inhalte von Knoten z in den Knoten x und löschen anschließend Knoten
   z nach einem der Fälle 1. oder 2.

Man mache sich klar, dass in allen drei Fällen die Suchbaum-Eigenschaft des
Baumes erhalten bleibt!

Beispiel 3.7: Wir starten mit dem in Abb. 3.2 gezeigten Baum. Wenn wir
in diesem den Schlüssel T löschen wollen, so geschieht dies gemäß Fall 1.,
wir machen aus dem Zeiger auf Knoten T einen `null`-Pointer und entfernen
den Knoten. Es entsteht so der Baum aus Abb. 3.3. In diesem Baum wollen
wir nun exemplarisch den Schlüssel F entfernen. Nachdem wir F durch eine
erfolgreiche Suche gefunden haben, erkennen wir, dass Fall 2. anzuwenden
ist (der Zeiger `left` im Knoten ist `null`). Wir setzen also den linken Zeiger
von V auf S und entfernen den Knoten F aus dem Speicher. Wir erhalten
so den in Abb. 3.4 gezeigten Baum. Fehlt noch ein Beispiel für den dritten
Fall, der z.B. beim Löschen der Wurzel des Baumes Verwendung findet. Um
die Wurzel (Schlüssel E) zu löschen, gehen wir in den linken Teilbaum und
suchen dort den größten Schlüssel. Es ist dies D. Wir kopieren die Daten aus
D in die Wurzel und entfernen den (alten) Knoten D aus dem Baum. Hierbei

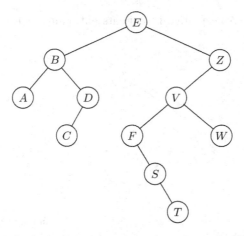

Abb. 3.2 Der in Beispiel 3.7 betrachtete binäre Suchbaum.

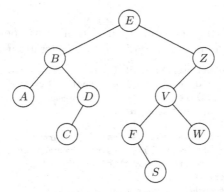

Abb. 3.3 Der aus dem Baum in Abb. 3.2 und dem Löschen des Schlüssels T resultierende binäre Suchbaum.

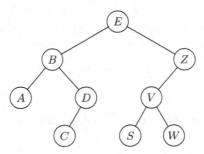

Abb. 3.4 Der aus dem Baum in Abb. 3.3 und dem Löschen des Schlüssels F resultierende binäre Suchbaum.

findet wieder Fall 2. Anwendung. Dabei entsteht dann der Baum aus Abb. 3.5.

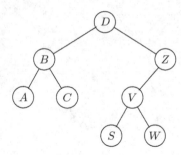

Abb. 3.5 Endergebnis des Löschens der Schlüssel T, F und E aus dem binären Suchbaum der Abb. 3.2.

Für die Implementierung verwenden wir – ähnlich wie beim `insert` – eine rekursive Methode, die im Aufstieg die Kinder-Referenzen überschreibt.

```
1    public void delete(final Elem x) { root = delete(root, x); }
2    private Node<Elem> delete(Node<Elem> root, Elem x) {
3        if (root == null) return null; // not present, no change
4        int cmp = cmp(x, root.element);
5        if (cmp == 0) {
6            if (root.left  == null) { --size; return root.right; }
7            if (root.right == null) { --size; return root.left; }
8            Elem succ = min(root.right).element;
9            root.element = succ;
10           root.right = delete(root.right, succ);
11       } else if (cmp < 0) root.left  = delete(root.left, x);
12       else if   (cmp > 0) root.right = delete(root.right, x);
13       return root;
14   }
15   private Node<Elem> min(Node<Elem> root) {
16       if (root == null) throw new NoSuchElementException();
17       Node<Elem> node = root;
18       while (node.left != null) node = node.left;
19       return node;
20   }
```

Dabei ist `min` eine Hilfsprozedur, die den Knoten mit kleinstem Schlüssel eines Teilbaums findet.

3.3.3 Analyse der Suchzeit in binären Suchbäumen

Wir haben gesehen, dass dem Einfügen eine erfolglose und dem Löschen eine erfolgreiche Suche voraus geht. Damit sind die Suchzeiten in einem binären Suchbaum die maßgeblichen Parameter für die Laufzeit aller Wörterbuch-Operationen. In der folgenden Analyse nehmen wir stets an, dass alle in einem Suchbaum gespeicherten Schlüssel mit der gleichen Wahrscheinlichkeit gesucht werden. Wir wollen die Suchzeiten durch die Anzahl notwendiger Schlüssel-Vergleiche messen. Damit gilt für die mittlere[2] Zeit $\mathbb{E}[\mathsf{CS}_n(T)]$ für eine erfolgreiche Suche in einem gegebenen binären Suchbaum $T = (V, E)$ mit n Schlüsseln (Knoten)

$$\mathbb{E}[\mathsf{CS}_n(T)] = \frac{1}{n} \sum_{v \in V} \mathsf{niv}(v).$$

Beispiel 3.8: Betrachte die beiden Suchbäume

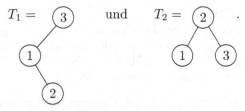

In T_1 müssen wir für die Suche nach 1 zwei Vergleiche, für die nach 2 drei Vergleiche und für die nach 3 einen Vergleich durchführen. Die Summe der Vergleiche entspricht obiger Summe über die Niveaus. Damit ist die mittlere Suchzeit $\mathbb{E}[\mathsf{CS}_3(T_1)] = \frac{1}{3}(1 + 2 + 3) = 2$. Für T_2 benötigen wir für die Suche nach 1 und nach 3 zwei Vergleiche und für die nach 2 einen. Damit folgt $\mathbb{E}[\mathsf{CS}_3(T_2)] = \frac{1}{3}(1 + 2 + 2) = 1.6666\ldots$ Man erkennt, dass die Struktur des Baumes einen merklichen Einfluss auf die Suchzeiten besitzt.   ◀

Um die mittlere Zeit für eine erfolglose Suche zu berechnen, betrachten wir den zu T gehörenden *erweiterten binären Suchbaum* T'. Dieser entsteht aus T, indem wir in allen leeren Nachfolgerpositionen (für alle `null`-Pointer) ein fiktives Blatt $\square$ einfügen, das keinen Schlüssel trägt. So entstehen aus den Bäumen des Beispiels 3.8 die in Abb. 3.6 dargestellten Bäume. Die erfolglose

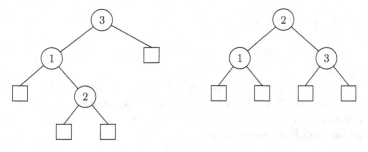

Abb. 3.6 Die erweiterten binären Suchbäume zu den Bäumen aus Beispiel 3.8 (T_1 links, T_2 rechts).

---

[2] Wir mitteln hier nur über die verschiedenen gesuchten Schlüssel; der betrachtete Baum T ist fest.

Suche endet nun stets in einem der fiktiven Blättern □. Damit ist die mittlere Zeit $\mathbb{E}[\mathsf{CU}_n(T)]$ für eine erfolglose Suche in einem gegebenen binären Suchbaum $T = (V, E)$ mit n Schlüsseln gleich

$$\mathbb{E}[\mathsf{CU}_n(T)] = \frac{1}{n+1} \sum_{v \in L'} (\mathsf{niv}(v) - 1),$$

wobei L' die Menge der fiktiven Blätter in T' ist und wir annehmen, dass die erfolglose Suche mit der gleichen Wahrscheinlichkeit bei jedem der $n + 1$ fiktiven Blätter □ terminiert.

Definition 3.9 (Pfadlänge):
Sei $T = (V, E)$ ein erweiterter binärer Baum. Die interne Pfadlänge $\mathsf{IPL}(T)$ ist die Summe aller Längen aller Wege von den inneren Knoten zu der Wurzel des Baumes. Die externe Pfadlänge $\mathsf{EPL}(T)$ ist die Summe aller Längen aller Wege von den (fiktiven) Blättern zu der Wurzel.

Beachte, dass alle Knoten eines Baumes T innere Knoten werden, wenn wir T durch das Hinzufügen der fiktiven Blätter erweitern.

Bemerkung 3.10 (Relation von IPL und EPL): Für T ein erweiterter binärer Baum mit n inneren Knoten (dies entspricht der Situation, dass wir einen binären Suchbaum mit n Schlüsseln um die fiktiven Blätter erweitern) gilt stets: $\mathsf{EPL}(T) = \mathsf{IPL}(T) + 2n$. Dies lässt sie durch Induktion zeigen (siehe Aufgaben zu diesem Kapitel).   ◄

Offensichtlich ist für $T = (V, E)$ mit dem erweiterten Baum $T' = (V', E')$, $V' = V \cup L'$, $\sum_{v \in V} \mathsf{niv}(v) = \mathsf{IPL}(T') + |V|$ und $\sum_{v \in L'} \mathsf{niv}(v) = \mathsf{EPL}(T') + |V| + 1 = \mathsf{EPL}(T') + |L'|$. Damit ist $\sum_{v \in L'} (\mathsf{niv}(v) - 1) = \mathsf{EPL}(T')$ und wir können die Suchzeiten im binären Suchbaum über die Pfadlängen ausdrücken:

$$\mathbb{E}[\mathsf{CS}_n(T)] = \frac{1}{n} \cdot \mathsf{IPL}(T') + 1,$$
$$\mathbb{E}[\mathsf{CU}_n(T)] = \frac{1}{n+1} \cdot \mathsf{EPL}(T').$$

Mit Bemerkung 3.10 folgt damit

$$\mathbb{E}[\mathsf{CU}_n(T)] = \frac{n}{n+1} \big(\mathbb{E}[\mathsf{CS}_n(T)] + 1 \big) \qquad (3.1)$$

und es genügt entsprechend, die erfolgreiche Suche zu untersuchen, um auch das Verhalten der erfolglosen zu kennen. Damit müssen wir uns mit der internen Pfadlänge des zu einem binären Suchbaum mit n Schlüsseln gehörenden erweiterten binären Baumes befassen.

3.3.3.1 Worst-Case

Dies ist der Fall, wenn T eine Lineare Liste ist, d.h. wenn jeder Knoten in T höchstens einen Nachfolger hat. Der zu T gehörende erweiterte Baum T' hat dann auf jedem der Niveaus 1 bis n genau einen inneren Knoten, wobei der

Beitrag eines Knotens v zur internen Pfadlänge gleich $\mathsf{niv}(v)-1$ ist. Folglich ist der Worst-Case der internen Pfadlänge durch $\sum_{1 \leq i < n} i = \frac{1}{2}n(n-1)$ gegeben. Damit gilt für den Worst-Case der erwarteten Zeit für eine erfolgreiche Suche $\frac{1}{2}(n+1) \approx \frac{1}{2}n$; der für eine erfolglose Suche erfüllt $\frac{1}{2}n\frac{n+3}{n+1} \approx \frac{1}{2}n$.

3.3.3.2 Best-Case

Der Best-Case liegt offensichtlich vor, wenn T' ein vollständiger erweiterter binärer Baum ist, d.h. ein Baum, bei dem nur evtl. auf dem größten Niveau nicht alle Positionen besetzt sind. Ein Beispiel für einen solchen Baum wird in Abb. 3.7 gezeigt.

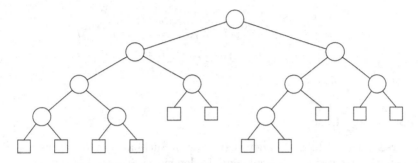

Abb. 3.7 Mögliche Best-Case Struktur eines (erweiterten) binären Suchbaumes mit 10 Schlüsseln; Alternativen bestehen darin, an welchen Positionen des größten Niveaus Lücken auftreten, d.h. keine Schlüssel platziert sind.

Nummerieren wir die inneren Knoten niveauweise von links nach rechts, also entsprechend der Illustration aus Abb. 3.8, dann ist der linkeste Knoten

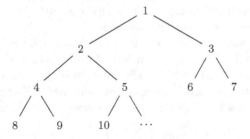

Abb. 3.8 Nummerierung der Knoten eines binären Suchbaums zwecks Analyse seiner internen Pfadlänge.

auf Niveau i mit 2^{i-1} und der rechteste mit $2^i - 1$ markiert. Knoten auf Niveau i liefern aber einen Beitrag $i-1$ zur Pfadlänge. Also liefern die Knoten mit den Nummern 2^{i-1}, $2^{i-1}+1$, $2^{i-1}+2, \ldots, 2^i - 1$ einen Beitrag von $i-1$ zu IPL. Die höchste Nummer ist offensichtlich n, womit für den Best-Case folgt

$$\mathsf{IPL}(T') \;=\; \sum_{1 \le i \le n} \lfloor \mathrm{ld}(i) \rfloor \;=\; (n+1)\lfloor \mathrm{ld}(n) \rfloor - 2^{\lfloor \mathrm{ld}(n) \rfloor + 1} + 2$$

und damit folgt für den Best-Case der erwarteten Zeit für eine erfolgreiche Suche

$$\frac{n+1}{n} \lfloor \mathrm{ld}(n) \rfloor - \frac{1}{n} 2^{\lfloor \mathrm{ld}(n) \rfloor + 1} + \frac{2}{n} + 1 \;\approx\; \mathrm{ld}(n),$$

und entsprechend für die erfolglose Suche

$$\frac{n}{n+1} \left(\frac{n+1}{n} \lfloor \mathrm{ld}(n) \rfloor - \frac{1}{n} 2^{\lfloor \mathrm{ld}(n) \rfloor + 1} + \frac{2}{n} + 2 \right)$$

$$= \;\; \lfloor \mathrm{ld}(n) \rfloor - \frac{1}{n+1} 2^{\lfloor \mathrm{ld}(n) \rfloor + 1} + \frac{2n+2}{n+1}$$

$$\approx \;\; \mathrm{ld}(n).$$

3.3.3.3 Average-Case

Da n verschiedene Schlüssel in den betrachteten Suchbäumen gespeichert sind, existieren $n!$ verschiedene Reihenfolgen, in denen die Schlüssel in den anfangs leeren Suchbaum eingefügt werden können. Wir nehmen an, dass alle diese Reihenfolgen gleichwahrscheinlich sind und betrachten die daraus resultierende Verteilung auf allen binären Bäumen mit n Knoten (Schlüsseln).[3] Für die Suche nehmen wir an, dass alle n Schlüssel mit der gleichen Wahrscheinlichkeit gesucht werden, bzw. dass eine erfolglose Suche in alle $n+1$ fiktiven Blättern mit derselben Wahrscheinlichkeit endet. Wir bezeichnen die Gesamtheit dieser Annahmen als *Permutationsmodell*.

Wenn wir einen Schlüssel x erfolgreich suchen, benötigen wir einen Schlüsselvergleich mehr als wir benötigten, um x zuvor einzufügen. Dies liegt daran, dass zum Einfügen eine erfolglose Suche nach x durchgeführt wurde, die beim Vaterknoten von x endete. Zur erfolgreichen Suche müssen wir dieselben Vergleiche durchführen, um zum Vaterknoten von x zu gelangen, und dann noch einen zusätzlichen Vergleich mit x, um zu entscheiden, dass wir fündig geworden sind. Damit können wir die erwartete Zeit $\mathbb{E}[\mathsf{CS}_n]$ für eine erfolgreiche Suche wie folgt über die der erfolglosen Suche ausdrücken:

$$\mathbb{E}[\mathsf{CS}_n] \;=\; \frac{1}{n} \sum_{0 \le i < n} (\mathbb{E}[\mathsf{CU}_i] + 1) \;=\; 1 + \frac{1}{n} \sum_{0 \le i < n} \mathbb{E}[\mathsf{CU}_i].$$

---

[3] Beachte, dass dies *nicht* der Gleichverteilung aller Bäume mit n Knoten entspricht.

Beachte, dass die Notationen $\mathbb{E}[\mathsf{CS}_i]$ und $\mathbb{E}[\mathsf{CU}_i]$ nun kein Argument T mehr besitzen, da wir hier keinen festen Baum mehr betrachten, sondern (zusätzlich) über alle Suchbäume der Größe n mitteln.

Formen wir Gleichung (3.1) auf Seite 150 nach $\mathbb{E}[\mathsf{CS}_n(T)]$ um, so folgt $\mathbb{E}[\mathsf{CS}_n(T)] = (1+\frac{1}{n}) \times \mathbb{E}[\mathsf{CU}_n(T)] - 1$. Wenden wir dies auf obige Gleichung an (dies ist aufgrund der Additivität des Erwartungswerts möglich), so erhalten wir eine Rekursion für $\mathbb{E}[\mathsf{CU}_n]$, nämlich

$$\left(1+\frac{1}{n}\right)\mathbb{E}[\mathsf{CU}_n] - 1 \;=\; 1 + \frac{1}{n}\sum_{0\leq i<n}\mathbb{E}[\mathsf{CU}_i],$$

oder durch entsprechende Umformungen

$$(n+1)\mathbb{E}[\mathsf{CU}_n] \;=\; 2n + \sum_{0\leq i<n}\mathbb{E}[\mathsf{CU}_i].$$

Die Verankerung dieser Rekursion ist offensichtlich $\mathbb{E}[\mathsf{CU}_0] = 0$: Im binären Suchbaum ohne Schlüssel endet eine erfolglose Suche sofort im fiktiven Blatt $\square$, das den erweiterten Suchbaum ohne Schlüssel repräsentiert, und benötigt folglich keinen Vergleich.

Eine Rekursion dieses Typs bezeichnet man als *Full History*, da jedes Folgenglied von allen seinen Vorgängern abhängt. Meist kann man sie in ihrer eigentlichen Form nicht lösen, es hilft aber oft, geschickt gewählte Differenzen der Folgenglieder zu betrachten (man bezeichnet dieses Vorgehen als Subtraktionsmethode), um die Summationen zu beseitigen. In unserem Fall ist es eine gute Idee, die Rekursion für $\mathbb{E}[\mathsf{CU}_{n-1}]$ von der für $\mathbb{E}[\mathsf{CU}_n]$ abzuziehen. Wir erhalten

$$(n+1)\mathbb{E}[\mathsf{CU}_n] - n\,\mathbb{E}[\mathsf{CU}_{n-1}]$$
$$= 2n + \sum_{0\leq i<n}\mathbb{E}[\mathsf{CU}_i] - 2(n-1) - \sum_{0\leq i<n-1}\mathbb{E}[\mathsf{CU}_i]$$
$$= 2 + \mathbb{E}[\mathsf{CU}_{n-1}]$$

und damit

$$\mathbb{E}[\mathsf{CU}_n] \;=\; \mathbb{E}[\mathsf{CU}_{n-1}] + \frac{2}{n+1}.$$

Dies ist wieder eine einfache Rekursionsgleichung, die wir problemlos durch Iteration lösen können. Mit $H_n := \sum_{1\leq i\leq n}\frac{1}{i}$ die n-te Harmonische Zahl erhalten wir

$$\mathbb{E}[\mathsf{CU}_n] \;=\; \underbrace{0}_{=\mathbb{E}[\mathsf{CU}_0]} + \sum_{1\leq i\leq n}\frac{2}{i+1} \;=\; \sum_{1\leq i\leq n}\frac{2}{i+1} \;=\; 2H_{n+1} - 2.$$

Damit resultiert für den Erwartungswert der erfolgreichen Suche

$$\mathbb{E}[\mathsf{CS}_n] \;=\; \left(1 + \frac{1}{n}\right)\mathbb{E}[\mathsf{CU}_n] - 1 \;=\; 2\left(1 + \frac{1}{n}\right)H_n - 3.$$

Es ist nun möglich, für die n-te Harmonische Zahl eine exakte Asymptotik zu berechnen. Dies geschieht beispielsweise über die EULERsche Summations-formel (siehe z.B. [17]), über die man $H_n = \ln(n) + \mathcal{O}(1)$ zeigen kann. Wir haben so $\mathbb{E}[\mathsf{CS}_n] = 2\ln(n) + \mathcal{O}(1)$ und $\mathbb{E}[\mathsf{CU}_n] = 2\ln(n) + \mathcal{O}(1)$ und über die Modifikation der Basis des Logarithmus letztlich folgendes Ergebnis.

> **Satz 3.11 (Erwartete Suchkosten in binären Suchbäumen):**
> *Im Permutationsmodell für binäre Suchbäume mit n Schlüsseln gilt für die erwartete Anzahl an Vergleichen für eine erfolgreiche ($\mathbb{E}[\mathsf{CS}_n]$) bzw. erfolglose ($\mathbb{E}[\mathsf{CU}_n]$) Suche*
>
> $$\mathbb{E}[\mathsf{CS}_n] \;=\; 1.386\ldots \operatorname{ld}(n) + \mathcal{O}(1) \qquad und$$
> $$\mathbb{E}[\mathsf{CU}_n] \;=\; 1.386\ldots \operatorname{ld}(n) + \mathcal{O}(1).$$ ∎

Sind alle $n!$ Einfügefolgen gleichwahrscheinlich, ist damit im Durchschnitt das Suchen in einem binären Suchbaum um etwa 38.6% langsamer als im besten Fall. Mit anderen Worten, baut man mit n Daten zufällig einen Suchbaum auf, dann ist die Wahrscheinlichkeit, dass er in die Richtung eines vollständigen Baumes tendiert wesentlich größer, als dass er zu einer Linearen Liste entartet. Dabei wird natürlich implizit vorausgesetzt, dass die Zugriffswahrscheinlichkeiten gleichverteilt sind.

Dieses Ergebnis ist im Grunde gut, da es sich vom besten Fall nur durch einen konstanten Faktor, nicht aber im Funktionsverlauf von $\operatorname{ld}(n)$ unterschei-det. In beiden Fällen haben wir ein logarithmisches Verhalten. Dies bedeutet, dass man sich gut überlegen muss, ob es sich lohnt, Algorithmen zu verwenden, die eine logarithmische Suchzeit in allen Fällen, also nicht nur im Mittel, ge-währleisten. Solche Verfahren erfordern nämlich beim Einfügen bzw. Löschen von Schlüsseln (Knoten) einen zusätzlichen Aufwand, da die Datenstruktur reorganisiert werden muss (mehr dazu in Abschnitt 3.4). An dieser Stelle sei jedoch eine Warnung ausgesprochen: Auch wenn in unseren modellhaften Annahmen der schlimmste Fall einer Linearen Liste sehr unwahrscheinlich ist, so ist er in der Realität sehr oft anzutreffen. Nicht selten liegen Daten in einer bzgl. des Schlüssels sortierten (oder teilsortierten) Reihenfolge vor. In diesem Fall erzeugt der oben behandelte Einfügealgorithmus eine Lineare Liste (bzw. einen Baum mit langen Linearen Listen als Teilstrukturen). Dann erzielt man bei der Implementierung eines Wörterbuchs durch binäre Suchbäume katastrophale Laufzeiten.

Unser Modell lässt außerdem den Einfluss von Löschungen außer Acht; wir haben angenommen, dass der Baum lediglich durch Einfügungen aufgebaut wird. Werden dagegen zusätzlich zu den Einfügungen auch zufällige Elemente wieder gelöscht, so verlängert sich die durchschnittliche Suchzeit erheblich, da unser Löschalgorithmus eine einseitige Tendenz aufweist, rechte Teilbäume schrumpfen zu lassen und größere Elemente näher zur Wurzel zu bringen.

3.3.4 Einsatz als geordnetes Wörterbuch

Bevor wir uns den balancierten Suchbäumen zuwenden, wollen wir uns kurz überlegen, ob sich binäre Suchbäume auch eignen, ein geordnetes Wörterbuch zu realisieren. Hierzu ist folgender Satz hilfreich:

> **Satz 3.12:**
> *Sei T ein binärer Suchbaum der alle Schlüssel der Menge S speichert. Dann ist* inorder(T) *die sortierte Folge der Schlüssel in S.*

Der Beweis dieses Satzes ist offensichtlich, zieht man die Suchbaum-Eigenschaft zusammen mit der Definition der Inorder in Betracht.

Damit haben wir eine einfache, wenn auch nicht besonders effiziente Möglichkeit, die Operationen rank und select, sowie interval und rankInterval zu implementieren: Wir erweitern unsere Prozedur für eine Inorder-Traversierung um einen Zähler rank, der stets angibt, den wievielten Knoten (Schlüssel) des Baumes wir gerade besuchen.

Für select(k) wird zusätzlich eine Abfrage auf Gleichheit dieses Zählers mit k durchgeführt und im positiven Fall der gerade betrachtete Schlüssel zurückgegeben. Nach Satz 3.12 ist dieser k-te Knoten in Inorder-Reihenfolge gerade der k-kleinste im Wörterbuch. Die Realisierung von rankInterval(a, b) ist ähnlich; wir nehmen während einer Inorder-Traversierung nur dann den gerade besuchten Schlüssel in die Ausgabe mit auf, wenn der Zähler einen Wert zwischen a und b besitzt; sobald wir rank $> b$ erreicht haben, können wir abbrechen. Für rank(x) geben wir umgekehrt den Wert von rank zurück, sobald der nächste betrachtete Schlüssel größer als x ist.

In all diesen Methoden müssen wir die Inorder-Traversierung stets komplett vom Anfang her durchlaufen, um die korrekten Zählerwerte zu bekommen. Zwar können wir die Traversierung u. U. frühzeitig abbrechen, wenn etwa k bei select(k) recht klein ist, trotzdem resultiert im Worst- und Average-Case eine Laufzeit in $\Theta(n)$ für n die Anzahl gespeicherter Schlüssel für alle obigen Operationen. Wir werden im nächsten Abschnitt eine einfache Erweiterung der binären Suchbäume betrachten, die diese Laufzeiten massiv verbessert.

interval(x, y) lässt sich dagegen auch in gewöhnlichen Suchbäumen effizienter realisieren, da wir hier nicht auf die Bestimmung von Rängen angewiesen sind. Wir können stattdessen eine Zwischenlösung aus dem Suchalgorithmus – der stets nur einen der beiden Teilbäume weiter verfolgt – und der Inorder-Traversierung – die stets beide Teilbäume besucht – verwenden:

```
1   public LinkedList<Elem> interval(final Elem from, final Elem to) {
2       LinkedList<Elem> res = new LinkedList<>();
3       appendInterval(root, from, to, res);
4       return res;
```

```
5      }
6      private void appendInterval(Node<Elem> root, Elem from, Elem to,
7          LinkedList<Elem> out) {
8        if (root == null) return;
9        int cmp1 = cmp(from, root.element);
10       int cmp2 = cmp(root.element, to);
11       if (cmp1 < 0) appendInterval(root.left, from, to, out);
12       if (cmp1 <= 0 && cmp2 <= 0) out.append(root.element);
13       if (cmp2 < 0) appendInterval(root.right, from, to, out);
14     }
```

Wir verzweigen potentiell in beide Teilbäume, aber nur, wenn dort auch Schlüssel zu finden sein könnten, die uns interessieren. Die Laufzeit dieser Implementierung ist nun $\mathcal{O}(h+k)$ für h die Höhe des Suchbaumes und k die Größe der Ausgabe, denn für jeden rekursiven Aufruf von appendInterval haben wir entweder einen Beitrag zum Ergebnis gefunden, oder aber wir verzweigen in höchstens einen der Teilbäume. Der zweite Fall kann also insgesamt höchstens h mal vorkommen.

Bemerkung 3.13 (Optimierung durch Fädelung): Die bisherigen Operationen auf binären Suchbäumen lassen sich ohne zusätzlichen Speicher realisieren, auch wenn wir der Einfachheit halber bei insert und delete auf rekursive Methoden zurückgegriffen haben. Die rekursive Methode appendInterval (und die Berechnung der Inorder-Reihenfolge oben) kann aber nicht einfach ohne zusätzlichen Speicher iterativ geschrieben werden, da wir teilweise beide rekursive Aufrufe ausführen müssen.

Wir können aber die gefädelte Darstellung (Abschnitt 2.7.4) verwenden, vom Endpunkt einer einfachen (iterative) Suche nach from den Baum ohne zusätzlichen Speicher in Inorder-Reihenfolge abzulaufen. Alternativ gelingt das auch durch die Verwendung von Vaterzeigern.   ◄

3.3.4.1 Augmentierte binäre Suchbäume

Wir können die Effizienz dieses Vorgehens wesentlich steigern, indem wir in jedem Knoten zusätzlich die um eins erhöhte Anzahl seiner Nachfolger im linken Teilbaum – also den Rang des Knotens innerhalb der Schlüsselmenge des Teilbaumes, dessen Wurzel er ist – abspeichern. Sei für Knoten v diese Anzahl v.rank. Dann können wir das k-te Element wie folgt finden:

```
1      public Elem select(int rank) {
2        Node<Elem> node = root; int k = soughtRank;
3        while (true) {
4          int cmp = Integer.compare(k, node.rank);
5          if (cmp == 0) return node.element;
6          if (cmp > 0) k -= node.rank;
7          node = cmp < 0 ? node.left : node.right;
8        }
9      }
```

Da wir auf diese Weise jeweils nur einen Nachfolger im Baum verfolgen, ergibt sich ein direkter Pfad zum k-ten Element, und die Zeit für die Suche nach dem k-ten Schlüssel ist durch die Höhe des Baumes beschränkt. rank gelingt ähnlich effizient durch Mitzählen der übersprungenen Knoten beim Abstieg in einen rechten Teilbaum.

```
1    public int rank(Elem x) {
2        int rank = 0; Node<Elem> node = root;
3        while (node != null) {
4            int cmp = cmp(node.element, x);
5            if (cmp <= 0) {rank += node.rank;}
6            if (cmp == 0) break;
7            node = cmp > 0 ? node.left : node.right;
8        }
9        return rank;
10   }
```

Da interval bereits effizient implementiert ist, können wir rankInterval mittels rank darauf zurückführen und erhalten ebenfalls eine Laufzeit in $\mathcal{O}(h + k)$. Im Permutationsmodell sind nun also alle Operationen der geordneten Wörterbücher auf binären Suchbäumen mit nur logarithmischen Mehraufwand (zusätzlich zur Größe der Ausgabe) möglich.

Es fehlt noch sicherzustellen, dass wir beim Einfügen und Löschen ohne großen zusätzlichen Aufwand die Einträge v.rank pflegen können. Tatsächlich sind minimale Erweiterungen unserer rekursiven Methoden ausreichend. Dies sei hier am Beispiel des Einfügens gezeigt; das Löschen verlangt analoge Anpassungen.

```
1    private Node<Elem> insert(Node<Elem> root, Elem x) {
2        if (root == null) { ++size; return new Node<>(x); }
3        int cmp = cmp(x, root.element), oldSize = size;
4        if      (cmp < 0) root.left  = insert(root.left, x);
5        else if (cmp > 0) root.right = insert(root.right, x);
6        if (size != oldSize && cmp < 0) ++root.rank;
7        return root;
8    }
```

Wir verwenden dabei, dass sich der relative Rang eines Knotens nur bei Einfügungen in seinen linken Teilbaum ändert; wann immer dies geschieht, erhöhen wir hier seinen Rang. Wir müssen allerdings vorher (mit Hilfe des size-Feldes) prüfen, ob überhaupt eine echte Einfügung stattgefunden hat.

3.3.4.2 Sortieren mittels Suchbaum

Beachte, dass wir mit Satz 3.12 unsere erste Möglichkeit kennengelernt haben, eine Menge S von Daten zu sortieren. Wir konstruieren zuerst einen binären Suchbaum für S und geben anschließend seine Inorder aus.

3.4 Balancierte Bäume

Wie wir im vorherigen Abschnitt gesehen haben, sind binäre Suchbäume im Mittel eine effiziente Implementierung eines Wörterbuchs. Entscheidend ist dabei, dass die Bäume eine möglichst balancierte Struktur haben, d. h. die Niveaus müssen alle möglichst komplett besetzt sein. Wir wollen uns in diesem Abschnitt überlegen, wie wir eine solche Baumstruktur in allen Fällen gewährleisten können, also insbesondere auch dann, wenn die Schlüssel in sortierter Reihenfolge in den Suchbaum eingefügt werden, und wenn beliebige Abfolgen von Einfügen und Löschen zu bearbeiten sind.

3.4.1 Höhenbalancierte Bäume

Wir beginnen mit den wesentlichen Definitionen.

Definition 3.14 (Balancegrad, höhenbalanciert):
Sei $T = (V, E)$ ein binärer Baum. Für $v \in V$ seien $T_l(v)$ bzw. $T_r(v)$ der linke bzw. rechte Teilbaum von v. Die Differenz $b(v) := \mathsf{h}(T_l(v)) - \mathsf{h}(T_r(v))$ heißt Balancegrad des Knotens v.
Der Baum T heißt höhenbalanciert, wenn $(\forall v \in V)\ (|b(v)| \leq 1)$ gilt. ◄

Beispiel 3.15: Betrachte die Bäume aus Abb. 3.9. Der linke Baum ist höhenbalanciert. Der rechte ist es nicht, da für den schraffierten Knoten der Absolutbetrag des Balancegrads 2 ist.

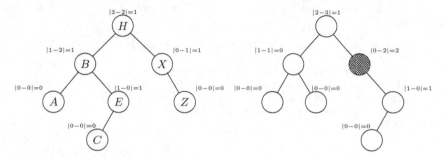

Abb. 3.9   Zwei binäre Suchbäume, deren Knoten zusammen mit ihrem Balancegrad dargestellt sind. Der schraffiert Knoten des rechten Baumes verletzt die für höhenbalancierte Bäume geforderte Bedingung.

Fügen wir in den linken Baum aus Abb. 3.9 nun den Schlüssel D ein, so entsteht der Baum aus Abb. 3.10. Offensichtlich ist dieser Baum nicht mehr höhenbalanciert; an mehreren Stellen ist der Balancegrad 2. Dieses Problem resultiert daraus, dass zwar vor dem Einfügen von D noch Positionen auf dem letzten und vorletzten Niveau des Baumes frei waren, aufgrund der Suchbaum-Eigenschaft D aber einen Platz auf einem neuen Niveau (die Höhe des Baumes ist um 1 gewachsen) zugewiesen bekam. Also wäre der Baum an dieser Stelle zu rebalancieren.

Bevor wir uns aber dieser nicht ganz einfachen Aufgabe zuwenden, wollen wir sehen, ob sich der Aufwand überhaupt lohnt, d. h. ob höhenbalancierte Bäume auch tatsächlich stets eine logarithmische Höhe besitzen. Wir betrachten also die Höhe eines höhenbalancierten Baumes T.

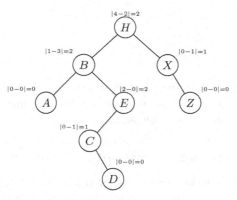

Abb. 3.10 Effekt des Einfügens des Schlüssels D in den linken Baum aus Abb. 3.9; mehrere Knoten geraten außer Balance.

3.4.1.1 Untere Schranke

Ein höhenbalancierter Baum ist ein binärer Baum. Folglich kann seine Höhe nie geringer werden als bei einem vollständigen binären Baum, den wir als Best-Case des binären Suchbaums ja schon analysiert haben. Damit ist die Höhe $h(T)$ eines höhenbalancierten binären Baums T mit n Knoten mindestens $\lfloor ld(n) \rfloor + 1 = \lceil ld(n+1) \rceil$.

3.4.1.2 Obere Schranke

Zur Bestimmung einer oberen Schranke konstruiert man eine Folge T_i von höhenbalancierten binären Bäumen derart, dass T_i die Höhe i hat und es keinen höhenbalancierten binären Baum mit weniger als $|T_i|$ vielen Knoten und einer Höhe $\geq h(T_i)$ gibt, $i = 1, 2, 3, \ldots$

Ein Bildungsgesetz, das eine solche Folge von Bäumen erzeugt, ist folgendes: Wir setzen

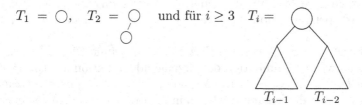

Solche Bäume heißen FIBONACCI-Bäume. (Der Grund für diesen Namen wird sich uns am Ende des Abschnittes offenbaren.)

Sei nun n_i die Anzahl an Knoten in T_i. Die rekursive Definition der Bäume übersetzt sich sofort in

$$n_1 = 1,$$
$$n_2 = 2, \quad \text{und}$$
$$n_i = n_{i-1} + n_{i-2} + 1, \quad (i \geq 3).$$

Eine Rekursionsgleichung dieser Gestalt nennt man *lineare Rekursionsglei-chung mit konstanten Koeffizienten* und wie wir im folgenden Abschnitt sehen werden, können wir solche Gleichungen exakt lösen.

3.4.2 Einschub: Lineare Rekursionsgleichungen

Wir betrachten in diesem Abschnitt, wie man lineare Rekursionsgleichungen, wie sie bei der Analyse von höhenbalancierten Suchbäumen auftraten, lösen kann.

Definition 3.16 (Lineare Rekursionsgleichung):
Eine Zahlenfolge $(a_i)_{i=0,1,\ldots}$ genügt einer linearen Rekursionsgleichung der Ordnung k mit konstanten Koeffizienten, falls für $n \geq k$ gilt

$$a_n = c_1 a_{n-1} + c_2 a_{n-2} + \cdots + c_k a_{n-k} + b_n, \qquad c_k \neq 0.$$

Hierbei sind die c_i, $1 \leq i \leq k$, Konstanten und $(b_n)_{n=k,k+1,\ldots}$ eine beliebige Zahlenfolge. $a_0, \ldots, a_{k-1}$ sind die Anfangsbedingungen. Ist $(b_n)_{n=k,k+1,\ldots} = 0, 0, 0, \ldots$, so heißt die Rekursionsgleichung homogen. ◀

Die Ordnung legt also die Distanz zum entferntesten Vorgänger fest, von dem a_n noch (direkt) abhängt. Unsere Rekursion der Größe der FIBONACCI-Bäume hat entsprechend Ordnung 2 und ist inhomogen mit $(b_n)_{n=2,3,\ldots} = 1$. Wir können solche Rekursionsgleichungen stets mit Hilfe von Erzeugenden-funktionen lösen. Wir wollen das Vorgehen am Beispiel der Größe obiger FIBONACCI-Bäume verdeutlichen. Zuvor jedoch wollen wir die Rekursions-gleichung vereinfachen, indem wir sie in eine homogene Gleichung verwandeln. Mit $f_0 := 1$, $f_1 := 1$ und $f_n := f_{n-1} + f_{n-2}$ für $n \geq 2$ gilt $n_i = f_{i+1} - 1$, denn diese Aussage ist richtig für die beiden Anfangsbedingungen der Rekursion n_i und wird (per Induktion) auch für die rekursiv definierten Folgenglieder erfüllt.

Der kleinste Index, für den ein Folgenglied f_i definiert ist, ist 0. Entspre-chend lassen wir die Summation der Erzeugendenfunktion ab 0 starten und definieren $F(z) := \sum_{k \geq 0} f_k z^k$. Die Methode sieht nun vor, dass wir zunächst alles, was wir über die Rekursion wissen, in die Erzeugendenfunktion einsetzen. Wir wissen, dass $f_0 = 1$ gilt. Setzen wir dies in die Erzeugendenfunktion ein, so heißt das $F(z) = f_0 + \sum_{k \geq 1} f_k z^k = 1 + \sum_{k \geq 1} f_k z^k$. Ebenso wissen wir, dass $f_1 = 1$ gilt. Einsetzen liefert $F(z) = 1 + z + \sum_{k \geq 2} f_k z^k$. Für $k \geq 2$ kennen wir aber eine rekursive Darstellung von f_k; da die verbliebene Summe nun ab

2 startet, können wir diese einsetzen[4] und erhalten

$$
\begin{aligned}
F(z) &= \sum_{k \geq 0} f_k z^k \\
&= 1 + z + \sum_{k \geq 2} (f_{k-1} + f_{k-2}) z^k \\
&= 1 + z + \underbrace{\sum_{k \geq 2} f_{k-1} z^k}_{=:s_1} + \underbrace{\sum_{k \geq 2} f_{k-2} z^k}_{=:s_2}.
\end{aligned}
$$

Als nächstes müssen wir nun versuchen, die Summen s_1 und s_2 wieder über $F(z)$ auszudrücken. Betrachten wir zuerst s_1: Im Vergleich zu $F(z)$ ist hier der Index der f_i um eins verschoben. Wir erhöhen also überall in der Summe k um eins und erniedrigen zum Ausgleich den Startwert der Summation um eins, also $s_1 = \sum_{k \geq (2-1)} f_{(k+1)-1} z^{k+1} = \sum_{k \geq 1} f_k z^{k+1} = z \sum_{k \geq 1} f_k z^k$. Das ist schon fast $zF(z)$, es fehlt lediglich der erste Summand. Also addieren wir $0 = f_0 z^0 - f_0 z^0$ und erhalten so

$$
\begin{aligned}
s_1 &= z \sum_{k \geq 1} f_k z^k \\
&= z \left(\sum_{k \geq 1} f_k z^k + (f_0 z^0 - f_0 z^0) \right) \\
&= z \left(\sum_{k \geq 0} f_k z^k - f_0 \right) \\
&= zF(z) - f_0 z.
\end{aligned}
$$

Für s_2 verfahren wir genauso: Wir verschieben den Index der Summation um zwei und finden $s_2 = \sum_{k \geq 2} f_{k-2} z^k = z^2 \sum_{k \geq 0} f_k z^k$. Hier besteht, nachdem wir den Index von f_i angepasst haben, kein Unterschied mehr bezüglich der Summationsgrenze von $F(z)$ und wir haben $s_2 = z^2 F(z)$.

Setzen wir die beiden gefundenen Darstellungen für die Summen ein, so erhalten wir (da $f_0 = 1$)

$$
F(z) = 1 + z + zF(z) - z + z^2 F(z)
$$

und durch Auflösen dieser Gleichung nach $F(z)$

$$
F(z) = \frac{1}{1 - z - z^2}.
$$

---

[4] Es ist immer so, dass man nach dem Abspalten aller Anfangsbedingungen die Rekursion einsetzen kann, denn andernfalls lägen für eine korrekt definierte Rekursionsgleichung zu wenige Anfangsbedingungen vor.

Wir müssen nun die TAYLOR-Koeffizienten dieser Funktion in ihrer Entwicklung um 0 bestimmen (denn es ist ja $F(z) = f_0 + f_1 z + f_2 z^2 + f_3 z^3 + \ldots$, d.h. die uns interessierenden Folgenglieder sind gleich den besagten TAYLOR-Koeffizienten).

Bei einer gebrochen rationalen Erzeugendenfunktion wie in diesem Fall bestimmt man dazu stets deren Partialbruchzerlegung. Denn dadurch erhalten wir die Erzeugendenfunktion in Form einer Summe über geometrische Reihen, deren Koeffizienten wir einfach *ablesen können!* Da $\frac{1}{1-cz} = \sum_{i \geq 0}(cz)^i$ gilt, ist der TAYLOR-Koeffizient bei z^n von $\frac{1}{1-cz}$ (zur Erinnerung: Schreibweise $[z^n]\frac{1}{1-cz}$) gleich c^n.

Wir bestimmen also die Partialbruchzerlegung von $F(z)$. Man benötigt dafür die Nullstellen z_i, $1 \leq i \leq \lambda$, des Nenners, die wir hier (für unser $F(z)$ ist $\lambda = 2$) über die *pq*-Formel berechnen. Wir finden $z_1 = -(1 - \sqrt{5})/2$ und $z_2 = -(1 + \sqrt{5})/2$. Die Partialbruchzerlegung liefert nun

$$
F(z) = \frac{\frac{1+\sqrt{5}}{2\sqrt{5}}}{1 - \frac{z}{z_1}} - \frac{\frac{1-\sqrt{5}}{2\sqrt{5}}}{1 - \frac{z}{z_2}}
$$

$$
= \frac{1 + \sqrt{5}}{2\sqrt{5}} \sum_{n \geq 0} \left(\tfrac{1}{z_1}\right)^n z^n - \frac{1 - \sqrt{5}}{2\sqrt{5}} \sum_{n \geq 0} \left(\tfrac{1}{z_2}\right)^n z^n,
$$

woraus wir direkt ablesen, dass

$$
[z^n]F(z) = \frac{1 + \sqrt{5}}{2\sqrt{5}} \cdot \frac{1}{z_1^n} - \frac{1 - \sqrt{5}}{2\sqrt{5}} \cdot \frac{1}{z_2^n}
$$

$$
= \frac{1}{\sqrt{5}}\left(\left(\frac{1 + \sqrt{5}}{2}\right)^{n+1} - \left(\frac{1 - \sqrt{5}}{2}\right)^{n+1}\right),
$$

da $1/z_1 = -z_2$ und $1/z_2 = -z_1$ gilt. Damit kennen wir exakt die Anzahl an Knoten in unseren FIBONACCI-Bäumen.

Man kann dieses Vorgehen bei allen homogenen linearen Rekursionsgleichungen mit konstanten Koeffizienten anwenden. Dabei erhält man für jeden Vorgänger, von dem das rekursiv definierte Folgenglied abhängt, eine *Version* der Erzeugendenfunktion mit verschobenen Indizes. Bei der Anpassung deren Summationsgrenzen an die der Erzeugendenfunktion entstehen die Terme $c_i z^i F(z)$ zuzüglich Korrekturen für die $k - i$ fehlenden Summanden. Lösen wir dann die resultierende Gleichung nach $F(z)$ auf, so hat die Lösung im Nenner stets das Polynom $1 - (c_1 z + c_2 z^2 + \cdots + c_k z^k)$, der Zähler kann durchaus ein von 1 verschiedenes Polynom sein; das war im obigen Beispiel ein Sonderfall. Sind $z_1, \ldots, z_\lambda$ die Nullstellen des Nennerpolynoms, so liefert die Partialbruchzerlegung eine Darstellung des gesuchten Koeffizienten über z_i^{-n}. Man betrachtet deshalb gleich das Polynom $z^k - c_1 z^{k-1} - c_2 z^{k-2} \cdots - c_k$, das sog. *charakteristische Polynom* der Rekursionsgleichung. Dieses Polynom hat die Nullstellen $z_1^{-1}, \ldots, z_\lambda^{-1}$ mit unveränderten Vielfachheiten (diese spielen bei der Partialbruchzerlegung eine Rolle). Insgesamt kann man so folgenden Satz beweisen:

Satz 3.17:
Die Lösung der homogenen linearen Rekursionsgleichung der Ordnung k mit konstanten Koeffizienten

$$a_n = c_1 a_{n-1} + c_2 a_{n-2} + \cdots + c_k a_{n-k}, \qquad (c_k \neq 0),$$

ist stets eine Linearkombination (deren Koeffizienten von den Anfangsbedingungen $a_0, a_1, \ldots, a_{k-1}$ abhängen) der Terme $n^{j_i} z_i^n$, $0 \leq j_i < \eta_i$, wobei z_i die i-te Nullstelle mit Vielfachheit η_i des charakteristischen Polynoms $z^k - c_1 z^{k-1} - c_2 z^{k-2} \cdots - c_k$ ist, $1 \leq i \leq \lambda$.

Dieser Satz liefert ein allgemeingültiges Verfahren zur Lösung von homogenen linearen Rekursionsgleichungen mit konstanten Koeffizienten. Wir bestimmen die Nullstellen des charakteristischen Polynoms samt Vielfachheiten und machen den Ansatz $a_n = \sum_{1 \leq i \leq \lambda} \sum_{0 \leq j < \eta_i} b_{i,j} \cdot n^j z_i^n$; dies ist die im Satz genannte Linearkombination.

Da die Anzahl der Nullstellen eines Polynoms gezählt mit ihren Vielfachheiten gleich dem Grad des Polynoms ist, haben wir genau k Koeffizienten $b_{i,j}$, die wir bestimmen müssen. Hierzu verwenden wir die k Anfangsbedingungen, denn auch für diese muss die Darstellung von a_n gelten. Wir erhalten so k Gleichungen mit k Unbekannten, deren Lösung eindeutig bestimmt ist.

Beispiel 3.18: Betrachte die Rekursionsgleichung $a_n = 5a_{n-1} - 6a_{n-2}$ für $n \geq 2$ mit $a_0 = 0$ und $a_1 = 1$. Das charakteristische Polynom ist $z^2 - 5z + 6$ mit den (einfachen) Nullstellen $z_1 = 3$ und $z_2 = 2$. Damit gelangen wir zu dem Ansatz $a_n = b_{1,0} 3^n + b_{2,0} 2^n$, und es resultiert das Gleichungssystem

$$a_0 = 0 = (b_{1,0} 3^n + b_{2,0} 2^n)\big|_{n=0} = b_{1,0} + b_{2,0},$$
$$a_1 = 1 = (b_{1,0} 3^n + b_{2,0} 2^n)\big|_{n=1} = b_{1,0} 3 + b_{2,0} 2.$$

Wir finden als Lösung $b_{1,0} = 1$ und $b_{2,0} = -1$, so dass $a_n = 3^n - 2^n$ gilt. ◄

Wir wollen diesen Einschub mit dem Hinweis beschließen, dass auch andere Arten von Rekursionsgleichungen mittels Erzeugendenfunktionen gelöst werden können. Die Methode unterscheidet sich dabei kaum, der Unterschied liegt hauptsächlich in der Art der resultierenden Bestimmungsgleichung (Differentialgleichung, ...), die wir lösen müssen, um eine geschlossene Darstellung zu finden.

3.4.3 Analyse höhenbalancierter Suchbäume

Wir wollen uns nun wieder den balancierten Bäumen zuwenden. Wir wissen nun also, dass

$$n_i = \frac{1}{\sqrt{5}}\left(\left(\tfrac{1+\sqrt{5}}{2}\right)^{i+2} - \left(\tfrac{1-\sqrt{5}}{2}\right)^{i+2}\right) - 1$$

gilt. Sei nun T ein höhenbalancierter binärer Baum mit n Knoten. Nun sieht man durch Nachrechnen, dass

$$\left|\frac{1-\sqrt{5}}{2}\right| < 1 \quad \text{und}$$

$$\left(\frac{1+\sqrt{5}}{2}\right)^2 = \frac{3+\sqrt{5}}{2} > \frac{\sqrt{5}+\sqrt{5}}{2} = \sqrt{5}$$

gilt, und folglich erhalten wir

$$n_i > \frac{1}{\sqrt{5}}\left(\left(\frac{1+\sqrt{5}}{2}\right)^{i+2} - 1\right) - 1$$

$$> \left(\frac{1+\sqrt{5}}{2}\right)^i - \frac{1}{\sqrt{5}} - 1.$$

Nach Konstruktion hat T_i die Höhe i, und es gibt keinen höhenbalancierten binären Baum (mit mindestens) derselben Höhe und echt weniger Knoten. Damit hat T mindestens ebenso viele Knoten wie $T_{\mathsf{h}(T)}$, d.h. $n \geq n_{\mathsf{h}(T)}$. Folglich ist

$$n \geq n_{\mathsf{h}(T)} > \left(\frac{1+\sqrt{5}}{2}\right)^{\mathsf{h}(T)} - \frac{1}{\sqrt{5}} - 1, \quad \text{also}$$

$$n + \frac{1}{\sqrt{5}} + 1 > \left(\frac{1+\sqrt{5}}{2}\right)^{\mathsf{h}(T)}.$$

Lösen wir diese Ungleichung durch Logarithmieren nach $\mathsf{h}(T)$ auf, so ergibt sich

$$\mathsf{h}(T) < \mathrm{ld}^{-1}\left(\frac{1+\sqrt{5}}{2}\right) \cdot \mathrm{ld}\left(n + \frac{1}{\sqrt{5}} + 1\right) \approx 1.4404 \cdot \mathrm{ld}\left(n + \frac{1}{\sqrt{5}} + 1\right).$$

Da aber $\frac{1}{\sqrt{5}} + 1 < 2$ gilt und der Logarithmus eine streng wachsende Funktion ist, haben wir bewiesen:

Satz 3.19 (Worst-Case-Höhe höhenbalancierter Bäume):
Sei T ein höhenbalancierter binärer Baum mit n Knoten, dann ist seine Höhe $\mathsf{h}(T) < 1.4404 \cdot \mathrm{ld}(n+2)$.

Insgesamt hat unsere Diskussion also gezeigt, dass $\lceil \mathrm{ld}(n+1) \rceil \leq \mathsf{h}(T) < 1.4404 \cdot \mathrm{ld}(n+2)$ oder anders ausgedrückt $\mathsf{h}(T) = \Theta(\mathrm{ld}(n))$. Damit haben

wir in einem höhenbalancierten binären Suchbaum stets eine logarithmische
Suchzeit, wobei der Worst-Case um etwa 44% schlechter ist als der Best-
Case. Zwar hat ein höhenbalancierter binärer Suchbaum nicht zwingend
eine *minimale* Höhe unter allen für die verwaltete Schlüsselmenge möglichen
binären Suchbäume, aber er weicht auch nie allzu weit davon ab.

*   *   *

Es scheint von daher interessant, höhenbalancierte binäre Suchbäume zu
implementieren, es stellt sich jedoch die Frage, wie wir die ausgewogene
Struktur beim Einfügen und Löschen von Schlüsseln aufrecht erhalten können.

3.4.4 AVL-Bäume

Wir beschreiben nachfolgend eine Realisierung höhenbalancierter binärer
Suchbäume der Autoren ADEL'SON-VEL'SKIĬ und LANDIS, die nach ihren
Erfindern AVL-Bäume genannt werden.

3.4.4.1 Einfügen in AVL-Bäumen

Ein insert in einem AVL-Baum wird anfänglich genau wie ein insert in einem
binären Suchbaum behandelt: Der Schlüssel wird erfolglos gesucht und an
der so erreichten Position eingefügt. Dabei kann es passieren, dass sich der
Balancegrad mehrerer Knoten ändert und einen unzulässigen Wert annimmt.
Änderungen können aber nur für solche Knoten entstehen, die auf dem Pfad
von der Wurzel des Baumes zu der Einfügeposition des neuen Schlüssels liegen.
   Wir werden deshalb nach dem Einfügen den Suchpfad (möglicherweise
ganz) zurücklaufen, um nachzuprüfen, ob der Balancegrad auch weiterhin
zulässig ist. Damit dies einfach möglich ist, notieren wir in jedem Knoten
v seinen Balancegrad $v.\texttt{balance} = b(v)$ und aktualisieren ihn auf unserem
Weg zurück zur Wurzel. Dadurch ersparen wir uns, tatsächlich die Höhen der
Teilbäume berechnen zu müssen. Wir haben also folgenden Klassenrumpf für
AVL-Bäume; find können wir unverändert übernehmen.

```
1  public class AVLTree<Elem> implements OrderedDictionary<Elem> {
2      int size = 0;
3      private Node<Elem> root;
4
5      private static class Node<Elem> {
6          Elem element;
7          Node<Elem> left, right;
8          byte balance; // left-height - right-height
9          public Node(final Elem element) { this.element = element; }
10      }
11      // ...
12  }
```

Liegt bei einem Knoten v ein Verstoß des Balancegrads vor, so müssen
wir den Baum strukturell verändern, ohne dabei die Suchbaum-Eigenschaft

zu zerstören. Aus Effizienzgründen muss diese Veränderung überdies lokal begrenzt bleiben. Auf den ersten Blick mag es durchaus überraschend klingen, dass das überhaupt möglich sein soll!

Tatsächlich werden wir sehen, dass es stets genügt, von v aus die *letzten beiden* Kanten nochmal zu betrachten und „umzubiegen", wobei v der erste unbalancierte Knoten auf dem Weg vom neuen Blatt zurück zur Wurzel ist. Dieses Umbiegen ist (weit über den ursprünglichen Einsatz in AVL-Bäumen hinaus) als *AVL-Rotation* bekannt geworden.

Wir unterscheiden Linksrotationen und Rechtsrotationen sowie einfache und doppelte Rotationen. Somit ergeben sich vier verschiedene Rotationstypen. Diese entsprechen genau der vollständigen Fallunterscheidung bzgl. der möglichen *Richtungen der letzten beiden Kanten:* rechts-rechts, links-links, rechts-links und links-rechts. Im Folgenden werden wir uns die Rotationstypen einzeln im Detail ansehen.

Dabei werden wir auch feststellen, dass wir beim Einfügen für höchstens *einen* Knoten einen unzulässigen Balancegrad vorfinden können. Wird der Baum nämlich an entsprechender Stelle durch eine Rotation *rebalanciert*, so hat der resultierende Teilbaum die *gleiche* Höhe wie der entsprechende Teilbaum vor dem Einfügen, sodass ein weiterer Verstoß oberhalb dieses Knotens ausgeschlossen ist.

Wir können damit die grobe Struktur der Einfügemethode schon festhalten: In einer rekursiven Methode suchen wir den passenden `null`-Pointer, an dessen Stelle nun ein neuer Knoten tritt. Wir verwenden, wie gehabt, den rekursiven Aufstieg um die Kind-Zeiger anzupassen; da sich jeder Wurzelknoten eines Teilbaums Aufgrund von Rotation potentiell ändern kann, ist diese Konvention für AVL-Bäume besonders bequem.

```
1    public void insert(final Elem x) {
2        root = insert(root, x, new boolean[]{false});
3    }
4    private Node<Elem> insert(Node<Elem> root, Elem x, boolean[] inc) {
5        if (root == null) {
6            ++size; inc[0] = true; return new Node<>(x);
7        }
8        int cmp = cmp(x, root.element);
9        if      (cmp < 0) root.left  = insert(root.left, x, inc);
10       else if (cmp > 0) root.right = insert(root.right, x, inc);
11       if (inc[0]) root.balance += cmp < 0 ? +1: -1;
12       if (root.balance == 0) inc[0] = false; // tree not higher
13       // If root.balance == ±2, rebalance
14       // ...
15       return root;
16   }
```

Falls sich die Höhe des Teilbaums, in dem eingefügt wurde, erhöht hat, müssen wir den Balancegrad des Vaters anpassen, und nötigenfalls die Balance wiederherstellen, worauf wir im Folgenden genauer eingehen.

Bemerkung 3.20 (Der Array-Parameter-Hack für Ausgabeparameter): Wir brauchen eine Möglichkeit, dem vorangegangenen rekursiven Aufruf zu signalisieren, ob unser

Teilbaum höher geworden ist oder nicht. Java erlaubt aber nur *einen* Rückgabewert einer Methode, und den haben wir in `insert` schon dazu verwendet, um einen Pointer auf den neuen Wurzelknoten zurückzuliefern! Die idiomatische Lösung wäre, ein Objekt mit zwei Instanzvariablen zurückzugeben. Diese Variante wäre etwa in C++ mittels `std::pair` bequem und dank pass-by-value ohne großen Overhead möglich; in Java ist aber der Aufwand für die Erzeugung eigener Objekte für die Rückgabewerte nicht zu vernachlässigen.

Wir verwenden deshalb hier den *Array-Parameter-Hack:* Wir übergeben das einelementige Array `inc` und vereinbaren, dass die aufgerufene Methode ihr Ergebnis in `inc[0]` ablegt. Da Arrays per Referenz übergeben werden, können wir den Wert in `inc[0]` in der aufgerufenen Methode ändern und die Änderungen bleiben auch nach Verlassen der Methode erhalten.

Für Methoden der öffentlichen Schnittstelle einer Klasse sollten solche Optimierungen vermieden werden, da sie zu weniger intuitiven Signaturen führen. Für interne Hilfsmethoden ist der Array-Parameter-Hack aber ein zweckdienliches Mittel den Overhead der Objekterzeugung zu umgehen. ◀

Einfache Linksrotation – „Rechts-Rechts": Wir starten mit dem in Abb. 3.11 gezeigten Baum und nehmen an, ein neuer Schlüssel solle eingefügt werden, der – wie in Abb. 3.12 illustriert – zu einem neuen Knoten (bei Höhenzunahme) in Teilbaum T_3 führt. Die senkrechte Kante oberhalb von

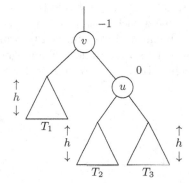

Abb. 3.11 Ausgangsbaum unserer Betrachtung zur Herleitung der einfachen AVL-Rotationen.

v in beiden Abbildungen soll verdeutlichen, dass die dargestellte Situation irgendwo im Suchbaum auftreten kann, also v nicht zwingend die Wurzel des Baumes ist. Auf unserem Weg zurück zur Wurzel aktualisieren wir die Balancegrade und stellen keinen Verstoß fest, bis wir Knoten v erreichen. Aufgrund einer Höhenzunahme in T_3, und damit auch im rechten Teilbaum von v, wird `v.balance` zu -2. Wir haben also die in Abb. 3.12 dargestellte Situation (die Schraffur von T_3 soll hervorheben, dass hier eine Höhenzunahme stattgefunden hat).

Man beachte, dass die in Abb. 3.12 gezeigten Balancegrade die *einzig mögliche* Konstellation darstellen, wenn v der *erste* unbalancierte Knoten ist und die letzten beiden Kanten nach rechts zeigen: Eine Einfügung rechts kann den Balancegrad nur verringern. Ein Verstoß $+2$ bei v ist also nicht möglich und es muss `v.balance` $= -2$ gelten. Aus demselben Grund kann u nicht

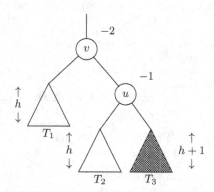

Abb. 3.12 Situation nach dem Einfügen eines neuen Knotens (bei Höhenzunahme) im Teilbaum T_3 des Baumes aus Abb. 3.11. Auch $h = 0$ ist möglich und entspricht dem Spezialfall, dass T_3 nur aus dem neu eingefügten Knoten besteht.

Balancegrad $+1$ haben, sonst hätte u vor der Einfügung $+2$ haben müssen. Schließlich ist auch u.balance $= 0$ nicht möglich, denn in diesem Fall hätte die Einfügung in T_3 gar *nicht* zu einer Höhenzunahme des Teilbaums von u geführt und v könnte keinen Verstoß aufweisen. Abb. 3.12 zeigt also das allgemeine Szenario für den Fall „rechts-rechts".

Um Knoten v wieder in Balance zu bringen, führen wir eine *einfache Linksrotation* um v durch. Dabei wird anschaulich der rechte Sohn u von v nach links (und oben) verschoben und an die Kante, die v mit seinem Vater verbindet, gehängt. Dann hat v (anschaulich) keinen Halt mehr, fällt nach unten, und hängt sich stattdessen als linkes Kind von u an. Die drei Teilbäume T_1, T_2, T_3 behalten ihre relative Ordnung, werden aber u. U. (nämlich im Falle von T_2) an eine andere Kante gehängt. Es entsteht so als Ergebnis der einfachen Linksrotation um v der in Abb. 3.13 dargestellte Baum. In

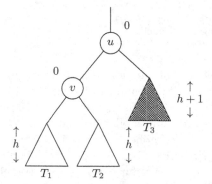

Abb. 3.13 Ergebnis einer einfachen Linksrotation um Knoten v des Baumes aus Abb. 3.12.

diesem Baum haben nun v und u wieder einen Balancegrad von 0. Außerdem ist auch weiterhin die Suchbaum-Eigenschaft erfüllt, denn u ist als rechter Sohn im Baum vor der Rotation größer als v und von daher ist v im neuen Baum zu Recht der linke Sohn von u. Gleiches gilt für die Schlüssel in den Teilbäumen T_1, T_2 und T_3. In Java lässt sich die Linksrotation durch eine Handvoll Zuweisungen – und damit mit konstanter Laufzeit – realisieren:

```
1    /** assumes v.balance == -2 && u.balance == -1 */
2    private Node<Elem> rotateLeft(Node<Elem> v) {
3        Node<Elem> u = v.right;
4        v.right = u.left; u.left = v;
5        u.balance = v.balance = 0;
6        return u;
7    }
```

Man kann sich überlegen, dass oberhalb von v (nach der Rotation oberhalb von u) kein weiterer Verstoß auftreten kann: Der gesamte dargestellte Baum hatte vor dem Einfügen des neuen Schlüssel die Höhe $h + 2$, und die hat er auch nach der einfachen Linksrotation wieder. Damit können sich keine weiteren Balancegrade verändern.

Einfache Rechtsrotation – „Links-Links": Kommen wir nun zur einfachen Rechtsrotation. Dies ist der symmetrische Fall zur gerade behandelten einfachen Linksrotation, wir können uns also eine detaillierte Betrachtung sparen. Wir starten im linken Baum der Abb. 3.14 und erhalten durch das Einfügen eines neuen Schlüssels eine Höhenzunahme in Teilbaum T_1. Bei der Anpassung der Balancegrade stoßen wir auf dem Weg zur Wurzel auf den ersten unzulässigen Grad bei Knoten v. Die zugehörige Situation entspricht dem rechten Baum der Abb. 3.14. Hier nun müssen wir eine einfache Rechtsrotation um v

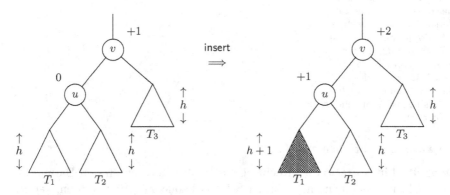

Abb. 3.14 Einfügevorgang mit Höhenzunahme, die eine einfache Rechtsrotation um Knoten v verlangt.

durchführen. Der Knoten u wird anschaulich nach rechts verschoben und an den Vater von v gehängt. Es entsteht so die in Abb. 3.15 gezeigte Situation, in der aus den gleichen Gründen wie zuvor die Suchbaum-Eigenschaft erfüllt ist, und in der auch keine weiteren Änderungen von Balancegraden weiter oben im Baum vorkommen können.

Bei der einfachen Linksrotation (Rechtsrotation) sind wir über zwei rechte (linke) Kanten aus dem Teilbaum, der Ort der Einfügung war, zum Knoten v mit unzulässigem Balancegrad zurückgekehrt. Es fehlen noch die Fälle

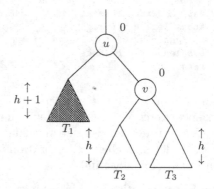

Abb. 3.15 Ergebnis der einfachen Rechtsrotation um Knoten v des rechten Baumes aus Abb. 3.14.

„links-rechts" und „rechts-links". Dies sind die Fälle der doppelten Rotationen,

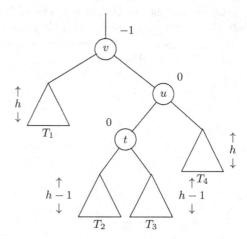

Abb. 3.16 Ausgangsbaum unserer Betrachtung zur Herleitung der doppelten AVL-Rotationen. Der Fall $h = 0$ ist möglich und entspricht der Situation, dass t noch gar nicht im Baum vorhanden, sondern der als nächstes eingefügte Knoten ist.

die wir nun besprechen wollen.

Doppelte Linksrotation – „Rechts-Links": Wir betrachten den Baum aus Abb. 3.16 und nehmen an, ein neuer Schlüssel solle eingefügt werden, der zu einem neuen Knoten (bei Höhenzunahme) in Teilbaum T_2 oder T_3 führt. Die senkrechte Kante oberhalb von v soll wieder verdeutlichen, dass die dargestellte Situation irgendwo im Suchbaum auftreten kann, also v nicht zwingend die Wurzel des Baumes ist. Wir nehmen an, die Einfügung erfolgte in T_3. Auf unserem Weg zurück zur Wurzel aktualisieren wir die Balancegrade und stellen keinen Verstoß fest, bis wir Knoten v erreichen. Aufgrund einer Höhenzunahme in T_3 hat auch die Höhe des rechten Teilbaums von v zugenommen und v.balance wird zu -2. Wir haben also die in Abb. 3.17 illustrierte Situation.

Man kann sich wieder klarmachen, dass die in Abb. 3.17 gezeigten Balancegrade von v und u die einzig möglichen sind; allerdings kann t.balance auch $+1$ sein, wenn die Einfügung in T_2 erfolgt, oder auch t.balance $= 0$ für

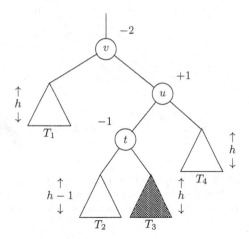

Abb. 3.17 Situation nach dem Einfügen eines neuen Knotens (bei Höhenzunahme) im Teilbaum T_3 des Baumes aus Abb. 3.16; alternative Szenarien, die hier nicht gezeigt sind, die aber auch zur doppelten Linksrotation führen, sind eine Zunahme in T_2 oder das Einfügen von t selbst.

den Spezialfall, dass alle vier Teilbäume T_i leer sind und t der gerade neu eingefügte Knoten ist. Die Struktur der Rotation ist in diesen drei Fällen identisch, sodass wir uns auf den gezeigten beschränken wollen. Allerdings müssen wir die drei Fälle sehr wohl unterscheiden werden, wenn es um die Updates der Balancegrade geht!

Bemerkung 3.21 (Geht es auch einfacher?): Braucht man denn diese komplizierteren Rotation wirklich? Würden wir nur eine einfache Linksrotationen um v verwenden, so wäre zwar die Imbalance bei v tatsächlich repariert; aber die neue Wurzel, u, hätte danach Balancegrad $+2$; es wäre also nichts gewonnen! Da bei den einfachen Rotationen nur die äußeren Teilbäume ihr Niveau im Baum ändern, muss eine Zunahme im mittleren Teilbaum also unter Berücksichtigung eines weiteren Knotens, t, repariert werden. ◀

Die Rebalancierung gelingt uns durch eine *doppelte Linksrotation* um v. Dabei wird anschaulich zunächst eine einfache Rechtsrotation um u durchführt und anschließend eine einfache Linksrotation um v; in der Implementierung erledigen wir aber beides in einem. Damit entsteht der in Abb. 3.18 gezeigte Baum als Ergebnis der doppelten Linksrotation um v. In diesem Baum hat nun v einen Balancegrad von $+1$ und für u gilt $u.\mathtt{balance} = 0$. Außerdem ist auch weiterhin die Suchbaum-Eigenschaft erfüllt, denn wir haben nur zwei einfache Rotationen hintereinander ausgeführt von denen wir wissen, dass sie die Eigenschaft nicht verletzen. Oberhalb von v (nach der Rotation oberhalb von t) kann kein weiterer Verstoß auftreten, denn der dargestellte Baum hat vor dem Einfügen und nach der doppelten Rotation dieselbe Höhe $h + 2$.

Auch die Doppelrotation lässt sich durch wenige Zuweisungen implementieren; aufgrund der verschiedenen Fälle, wo eingefügt wird, sind wir hier aber zu einer Fallunterscheidung gezwungen.

```
1   /** assumes v.balance == -2 && u.balance == +1 */
2   private Node<Elem> rotateLeftDouble(Node<Elem> v) {
3       Node<Elem> u = v.right, t = u.left;
4       u.left = t.right; v.right = t.left; t.left = v; t.right = u;
5       switch (t.balance) {
```

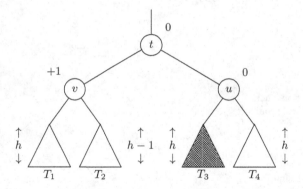

Abb. 3.18 Ergebnis einer doppelten Linksrotation um Knoten v des Baumes aus Abb. 3.17. In den dort erwähnten, alternativen Szenarien resultiert die gleiche Baumstruktur, jedoch mit anderen Balancegraden.

```
6          case -1: v.balance = +1; u.balance =  0; break;
7          case +1: v.balance =  0; u.balance = -1; break;
8          case  0: v.balance =  0; u.balance =  0; break;
9      }
10     t.balance = 0; return t;
11  }
```

Doppelte Rechtsrotation: Wie auch für die einfachen Rotationen, sind die doppelten Rotationen symmetrisch zueinander, weshalb eine kurze Beschreibung der doppelten Rechtsrotation ausreicht. Wir starten also im linken Baum der Abb. 3.19 und fügen einen Knoten unterhalb von u ein. Wie oben gibt es drei Fälle, je nachdem ob wir t selbst einfügen, oder einen Knoten in T_2 oder eine Knoten in T_3. Unter der Annahme, dass dies in T_2 geschieht, liefert die Aktualisierung der Balancegrade bis zum Knoten v die in der Abbildung rechts dargestellte Situation. Hier ist der Balancegrad von v gleich $+2$ und damit unzulässig. Wir führen eine *doppelte Rechtsrotation* durch, die anschaulich aus einer einfachen Linksrotation um u und einer anschließenden einfachen Rechtsrotation um v besteht. Wir erhalten so den Baum aus Abb. 3.20 und auch hier bleibt die Suchbaum-Eigenschaft erhalten und es sind keine weiteren Änderungen von Balancegraden im Suchbaum möglich.

Implementierung: Die Entscheidung, welche Rotation anzuwenden ist, kann einfach getroffen werden. Haben wir für v einen unzulässigen Balancegrad von -2, so betrachten wir das Vorzeichen des rechten Sohnes von v. Ist dieses $-$, so ist eine einfache, ist es $+$ ist eine doppelte Linksrotation anzuwenden. Ist der unzulässige Balancegrad $+2$, so betrachten wir den linken Sohn von v und führen bei einem positiven Balancegrad eine einfache, bei einem negativen eine doppelte Rechtsrotation durch. Der nicht vorhandene bzw. vorhandene Vorzeichenwechsel entsteht nämlich, je nach dem, ob der Höhenzuwachs über zwei linke oder zwei rechte Kanten oder eben im Zickzack nach oben propagiert

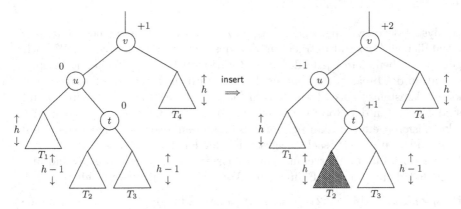

Abb. 3.19 Einfügevorgang mit Höhenzunahme, die eine doppelte Rechtsrotation um Knoten v verlangt.

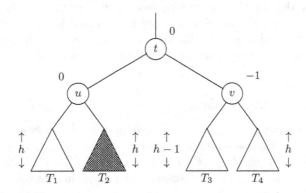

Abb. 3.20 Ergebnis der doppelten Rechtsrotation um Knoten v des rechten Baumes aus Abb. 3.19.

wurde. Damit können wir unsere Methode **insert** von oben (Seite 166) vervollständigen:

```
private Node<Elem> insert(Node<Elem> root, Elem x, boolean[] inc) {
    // ...
    // If root.balance == ±2, rebalance
    if (root.balance == +2) {
        inc[0] = false;
        if (root.left.balance == +1) return rotateRight(root);
        else return rotateRightDouble(root);
    } else if (root.balance == -2) {
        inc[0] = false;
        if (root.right.balance == -1) return rotateLeft(root);
        else return rotateLeftDouble(root);
    }
    return root;
```

Analyse: Bevor wir uns einem Beispiel zuwenden, wollen wir noch kurz den zusätzlichen Aufwand betrachten, den das Rebalancieren erzeugt. Wie wir gesehen haben, kann jede der vier Rotationen bei entsprechender Repräsentation des binären Suchbaums dadurch implementiert werden, dass eine kleine (konstante) Anzahl von Zeigern (oder Cursorn) umgehängt wird. Damit sind die Kosten der Rotationen von der Größe des Baumes unabhängig. Das Aktualisieren eines Balancegrads benötigt ebenfalls nur einen konstanten Aufwand. Damit verursacht insgesamt jeder Knoten auf dem Pfad von der Einfügeposition zur Wurzel nur einen konstanten zusätzlichen Aufwand und insert hat damit für AVL-Bäume eine Worst-Case Laufzeit in $\Theta(\mathrm{ld}(n))$.

Beispiel 3.22: Abb. 3.21 illustriert das Einfügen der Schlüsselfolge $1, 2, 3, 5, 6, 4$ in den anfangs leeren AVL-Baum. Dazu führen wir nacheinander die Operationen insert(1), insert(2), usw. aus.

Betrachte in der Abbildung die Situation nach insert(6). Der Balancegrad der Wurzel ist -2, auf unserem Pfad von der Einfügeposition zur Wurzel treffen wir aber zuerst auf den aus der Balance geratenen Knoten 3. Die einfache Linksrotation um 3 bewirkt nun, dass die Wurzel ihren alten Knotengrad -1 zurückerhält. ◄

3.4.4.2 Löschen in AVL-Bäumen

Die vier Rotationstypen können auch verwendet werden, um eine Lösch-Operation für AVL-Bäume zu implementieren. Dabei kann es aber geschehen, dass in mehreren, ja im Worst-Case in allen Knoten auf dem Weg von der Löschposition zu der Wurzel eine Rotation durchgeführt werden muss. Dennoch hat aufgrund des konstanten Aufwands für eine Rotation auch dieses Löschen in allen Fällen eine Laufzeit in $\mathcal{O}(\mathrm{ld}(n))$.

Statt diese Operation im Detail zu besprechen, weisen wir auf einen allgemeinen Trick hin, mit dem Löschungen sehr viel einfacher gelingen, wobei wir allerdings nur noch *amortisiert* die gleiche Laufzeit erhalten.

Lazy Delete: Statt einen Knoten aus dem AVL-Baum zu entfernen und mühsam die Balance wiederherzustellen, *markieren* wir den zu löschenden Knoten lediglich als „entfernt" ohne aber tatsächlich zu löschen. Falls uns find einen so markierten Knoten als Ergebnis liefert, tun wir einfach so, als ob wir den Knoten gar nicht gefunden hätten. Damit verhält sich das Wörterbuch „nach außen" genauso wie bei einem echten Löschen.

Auf Dauer würden durch die vielen Überreste gelöschter Knoten – in der Literatur auch *tombstones* (Grabmale) genannt – aber die Suchzeiten verlängert. Darum beginnt, wenn mehr als 50% aller Schlüssel als entfernt markiert worden sind, ein *Garbage Collection* Lauf: Der gegenwärtige Baum

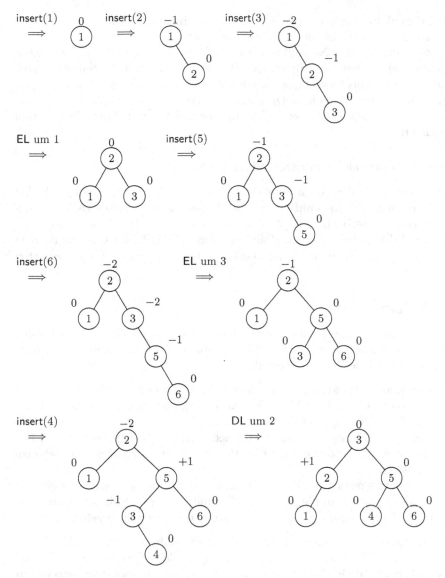

Abb. 3.21 Schrittweise Konstruktion eines AVL-Baumes zur Schlüsselfolge 1, 2, 3, 5, 6, 4; mit EL bezeichnen wir die einfache, mit DL die doppelte Linksrotation.

wird durchlaufen und ein neuer AVL-Baum wird aus den nicht als gelöscht
markierten Knoten des alten Baumes aufgebaut.[5]

Die Laufzeit des Neuaufbaus ist groß, aber gegen die vielen delete-
Operationen *amortisiert*. Mit anderen Worten, die Laufzeit des teuren Neuaufbaus fällt nicht ins Gewicht, wenn wir einen Bruchteil seiner Kosten auf jede
der zuvor ausgeführten delete-Operationen verteilen. Beachte, dass ein lazy delete einfach zu implementieren ist, da im Wesentlichen nur eine find-Operation
durchzuführen ist.

3.4.4.3 Einsatz als geordnetes Wörterbuch

Wir wollen außerdem noch bemerken, dass ein AVL-Baum als spezielle Art
des binären Suchbaums auf die gleiche Weise benutzt werden kann, um ein
geordnetes Wörterbuch zu implementieren, wie die binären Suchbäume selbst.
Aufgrund der logarithmischen Höhe resultiert so eine Worst-Case Laufzeit in
$\mathcal{O}(\mathrm{ld}(n))$ für die Suche nach dem k-kleinsten im Wörterbuch gespeicherten
Schlüssel.

3.4.5 Splay-Trees

Eine weitere spezielle Art binärer Suchbäume (und damit eine weitere Lösung
des Wörterbuchproblems) sind die sog. Splay-Trees. Gegenüber den AVL-
Bäumen haben sie folgende Vorteile:

- Die Knoten speichern keine zusätzliche Information (wie den Balance-
  Grad oder die entfernt-Marke für ein lazy delete). Splay-Trees sind damit
  speichereffizienter als AVL-Bäume.
- Der Programmieraufwand ist ungleich geringer. So können wir zum Beispiel eine vollwertige delete-Operation mit wenigen zusätzlichen Befehlen
  realisieren.
- Splay-Trees *passen sich den Anfragen an:* Schlüssel, die relativ oft abgefragt
  werden, werden an die Spitze des Baumes bewegt. (Splay-Trees werden
  deshalb den *selbstorganisierenden* Datenstrukturen zugerechnet.)

Sie besitzen jedoch auch Nachteile: Splay-Trees haben eine miserable Worst-
Case Laufzeit für eine einzelne Operation (nämlich $\Theta(n)$, wenn n Schlüssel
gespeichert sind). Die Ausführung einer *einzelnen* Operation kann somit sehr
lange dauern. Aber, wenn wir n Operationen auf einen anfänglich leeren
Splay-Tree anwenden, dann werden diese Operationen in der Worst-Case
Gesamtlaufzeit $\mathcal{O}(n\,\mathrm{ld}(n))$ berechnet, obwohl es durchaus einzelne Operationen
mit Worst-Case Laufzeit $\Theta(n)$ geben kann. Die Operationen für Splay-Trees
haben also die amortisierte Laufzeit $\mathcal{O}(\mathrm{ld}(n))$: eine teure Operation wird
amortisiert gegen die vorher ausgeführten billigen Operationen.

---

[5] Wir sollten dafür nicht die Inorder-Traversierung verwenden. Warum?

Kommen wir zurück zum Aspekt der Selbstorganisation. Angenommen, ein Splay-Baum ist aufgebaut und wird als ein statisches Wörterbuch benutzt. Im Allgemeinen wird man nicht erwarten können, dass alle Schlüssel mit gleicher Wahrscheinlichkeit abgefragt bzw. aktualisiert werden, vielmehr werden einige Schlüssel häufiger als andere abgefragt. (Ein Beispiel ist die Kundendatei einer Bank: Die Anzahl der finanziellen Transaktionen wird sich von Kunde zu Kunde stark unterscheiden.) Splay-Trees werden sich dann fast optimal auf die unbekannte Wahrscheinlichkeit einstellen: Sind zum Beispiel m von n Schlüsseln hochwahrscheinlich, wird die amortisierte Laufzeit einer Lookup- oder Update-Operation für jeden dieser m Schlüssel durch $\mathcal{O}(\mathrm{ld}(m))$ beschränkt sein.

Bemerkung 3.23 (Sind Splay-Trees optimal?): Splay-Trees sind also in der Lage, sich automatisch den Eigenheiten einer gegebenen Sequenz von Operationen anzupassen. Tatsächlich hat man – trotz intensiver Bemühungen – keine Familie von Anfragesequenzen gefunden, für die irgendeine andere Variante von binären Suchbäumen die Splay-Trees um mehr als einen konstanten Faktor an Zeit schlagen konnte.

Daher gilt die unbewiesene Vermutung als wahrscheinlich, dass Splay-Trees tatsächlich bezüglich *beliebiger* Anfragesequenzen optimal sind, d. h. nie mehr als einen um einen konstanten Faktor größeren Aufwand benötigen als jede andere Klasse von binären Suchbäumen. Der Beweis dieser sogenannten *dynamic optimality conjecture* ist eines der größten ungelösten Probleme im Kontext elementarer Datenstrukturen.   ◄

Doch wie können sich diese Bäume ohne die Verwendung zusätzlicher Informationen den Daten anpassen? Die Grundidee ist einfach: Wenn nach einem Schlüssel x gefragt wird, dann wird der Knoten mit Schlüssel x durch Rotationen zur Wurzel gemacht. Nachfolgende Operationen für andere Schlüssel werden Schlüssel x langsam tiefer und tiefer nach unten drücken. Wenn aber nach einiger Zeit Schlüssel x wieder abgefragt wird, wird er sofort wieder zur Wurzel. Wenn also zwischen sukzessiven Anfragen nach x nicht zuviel Zeit vergeht, wird jede Abfrage schnell sein: Da x nicht tief im Baum sitzt, ist eine Suche im binären Suchbaum schnell erfolgreich. Somit sind Splay-Trees dann hervorragend geeignet, wenn bestimmte Schlüssel sehr viel wahrscheinlicher sind als andere.

3.4.5.1 Wörterbuch-Operationen

Bei den Splay-Trees werden die Wörterbuch-Operationen alle mittels der Operation splay implementiert, wobei $T.\mathsf{splay}(x)$ den Knoten mit Schlüssel x zur neuen Wurzel des Baumes T macht. Ist x kein im Baum gespeicherter Schlüssel, so wird der letzte auf der erfolglosen Suche nach x besuchte Knoten zur Wurzel. In beiden Fällen geschieht dies so, dass die Suchbaum-Eigenschaft erhalten bleibt. Die Wörterbuch-Operationen werden dann wie folgt realisiert:

- find(x):
  Hierfür wird auf den das Wörterbuch repräsentierenden Splay-Tree T die Operation $T.\mathsf{splay}(x)$ angewendet. Anschließend betrachtet man die Wurzel des Baumes. Speichert diese den Schlüssel x, so ist x gefunden (siehe Abb. 3.22), andernfalls ist x nicht im Wörterbuch gespeichert.

Abb. 3.22 Verwendung der Operation T.splay(x) zur Suche nach Schlüssel x. Ist x im Wörterbuch gespeichert, wird x die neue Wurzel und kann dort gefunden werden.

- insert(x):

  Hierfür wird ebenfalls auf den das Wörterbuch repräsentierenden Splay-Tree T die Operation T.splay(x) angewendet. Ist x noch kein Element des Wörterbuchs, so hat der Baum nach der splay-Operation einen bzgl. aller im Wörterbuch gespeicherten Schlüssel direkten Vorgänger (erfolglose Suche endete in einem rechten null-Pointer) oder Nachfolger (erfolglose Suche endete in einem linken null-Pointer) von x als Wurzel y. Alle Schlüssel im linken (rechten) Teilbaum der Wurzel sind damit kleiner (größer) als x und wir können x in T einfügen, indem wir ihn zur neuen Wurzel machen. y wird dabei linker oder rechter Sohn von x, je nachdem, ob $y < x$ oder $y > x$ gilt (siehe Abb. 3.23).

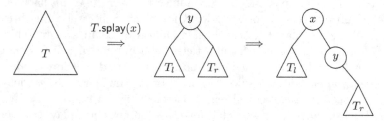

Abb. 3.23 Einfügung im Splay-Tree T: Nach dem Aufruf T.splay(x) befindet sich ein Inorder-Nachbar von x in der Wurzel, so dass x einfach diesen Schlüssel verdrängen kann.

- delete(x):

  Nachdem wir T.splay(x) aufgerufen haben, ist x die Wurzel des neuen Baumes oder x gehört nicht zum Wörterbuch, und wir sind fertig. Im ersten Fall entfernen wir x und erhalten so zwei Bäume T_l (der linke Teilbaum von x nach der Ausführung von T.splay(x)) und T_r (der rechte Teilbaum von x nach der Ausführung von T.splay(x)), die wir wie folgt zu einem neuen Baum zusammensetzen. Wir führen erneut splay(x, T_l) aus. Der so entstehende Baum hat das größte in T_l gespeicherte Element als Wurzel y, da ja alle in T_l gespeicherten Schlüssel kleiner als x sind und damit die erfolglose Suche nach x im rechten Nachfolgerzeiger des größten Elements in T_l endet. y hat folglich nur einen linken Nachfolger und ist kleiner als alle in T_r gespeicherten Schlüssel, denn x ist ja ein Schlüssel der größer als alle in T_l und kleiner als alle in T_r gespeicherten Schlüssel ist (Suchbaum-Eigenschaft). Damit können wir T_r zum rechten Nachfolger von y machen und sind fertig (siehe Abb. 3.24).

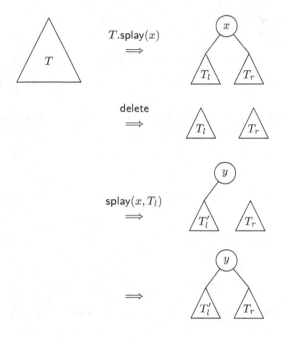

Abb. 3.24 Löschen im Splay-Tree T: Nach dem Aufruf T.splay(x) befindet sich x in der Wurzel und kann dort entfernt werden. Ein erneuter Aufruf macht einen Inorder-Nachbarn von x zur Wurzel, die nun verwendet werden kann, um die zuvor entstandenen Teilbäume zu verbinden.

3.4.5.2 Die Splay-Operation

Damit gilt unser ganzes Augenmerk der splay-Operation. Um diese zu implementieren sucht man zuerst nach x. Dabei landen wir entweder im Knoten a, der x speichert, oder die Suche endet in einem null-Pointer. In diesem Fall setzen wir a auf den Knoten, in dessen null-Pointer die Suche erfolglos endete.

Nun wird a mittels Rotationen zur Wurzel hin bewegt. Dies geschieht durch wiederholtes Anwenden der ZigZig- und ZigZag-Operationen sowie ihrer symmetrischen Varianten. Wenn keine dieser Operationen mehr anwendbar ist, dann ist a entweder bereits die Wurzel des Baumes oder aber ein Kind der Wurzel. In letzterem Fall folgt einmalig die sog. Zig- oder die symmetrische Zag-Operation, und a ist spätestens dann der neue Wurzelknoten. Die genannten

Rotationen werden in den Abbildungen 3.25 bis 3.30 skizziert. In allen sechs
Fällen bezeichnen wir a als das Argument der Operation.

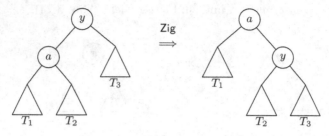

Abb. 3.25 Die Zig-Operation (mit Argument a) der Splay-Trees.

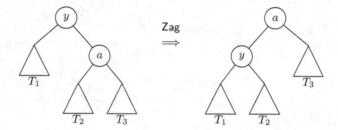

Abb. 3.26 Die Zag-Operation (mit Argument a) der Splay-Trees.

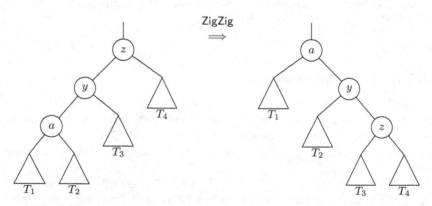

Abb. 3.27 Die ZigZig-Operation (mit Argument a) der Splay-Trees.

Welche Operation angewendet wird hängt davon ab, wie der (eindeutige)
Pfad von der aktuellen Position von a zur Wurzel aussieht. Sind die nächsten

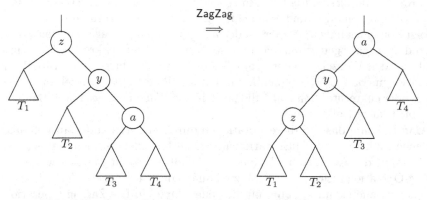

Abb. 3.28 Die ZagZag-Operation (mit Argument a) der Splay-Trees.

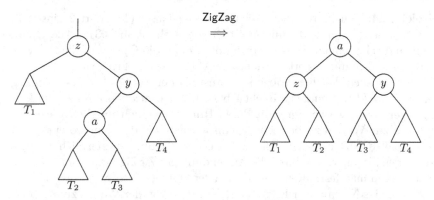

Abb. 3.29 Die ZigZag-Operation (mit Argument a) der Splay-Trees.

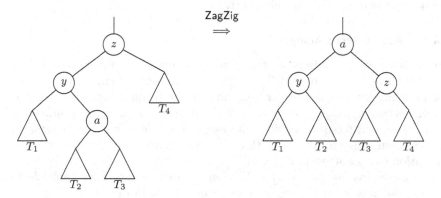

Abb. 3.30 Die ZagZig-Operation (mit Argument a) der Splay-Trees.

zwei Kanten auf diesem Pfad zwei linke (rechte), so findet die ZigZig- (ZagZag-) Operation Anwendung, sind es eine linke gefolgt von einer rechten (eine rechte gefolgt von einer linken), so verwendet man die ZigZag- (ZagZig-) Operation.

In den zugehörigen graphischen Darstellungen soll die senkrechte Eingangskante an den Wurzeln wieder symbolisieren, dass die dargestellte Situation irgendwo im Baum vorkommen kann. Ob die dargestellte Wurzel dabei ein linker oder ein rechter Sohn oder die tatsächliche Wurzel des gesamten Baumes ist, spielt keine Rolle.

Man beachte, dass all diese Rotationen durch hintereinander ausgeführte einfache Links- oder Rechtsrotationen realisiert werden können, wie wir sie im Kontext der AVL-Bäume kennengelernt haben. So ist beispielsweise die ZigZig-Operation nichts anderes, als zwei aufeinander folgende einfache Rechtsrotationen, zuerst um z, dann um die neue Wurzel y. Die ZagZig-Operation entspricht einer einfachen Linksrotation um a gefolgt von einer einfachen Rechtsrotation um z. Damit ist ZagZig eine doppelte Rechtsrotation.

Beispiel 3.24: Wir führen zuerst die Operationen insert(1), insert(2), insert(3), insert(4), insert(5), insert(6) und insert(7) aus (siehe Abb. 3.31). Alle Operationen sind sehr schnell. Dies ist auch nötig, denn die Operation find(1) wird teuer, muss also amortisiert werden, wie Abb. 3.32 belegt.

Hier wird auch deutlich, warum wir anstelle der ZigZig- bzw. der ZagZag-Operation *nicht* nur einfache Rechts- bzw. Linksrotationen um den direkten Vorgänger von a verwenden, mit deren Hilfe es ja auch möglich wäre, den Knoten a zur Wurzel zu bewegen. Denn würden wir dies tun, so entstünde im Beispiel der Baum aus Abb. 3.33. Dieser Baum ist merklich weniger ausgewogen als jener, der durch die Anwendung der ZigZig-Operation entsteht. Generell kann man festhalten, dass die bei der Operation splay(x) ausgeführten Rotationen das Niveau aller Knoten auf dem Pfad von der Wurzel zum Knoten a (das ist x oder ein direkter Vorgänger bzw. Nachfolger von x, falls $x \notin S$) in etwa halbieren. Dabei wird an keiner Stelle angenommen, dass der Baum vor der splay-Operation balanciert war.   ◄

3.4.5.3 Amortisierte Analyse

Wir wollen nun die Laufzeit der splay-Operation untersuchen und zeigen, dass eine beliebige Folge von m Wörterbuch-Operationen auf einem Splay-Tree, der während der Ausführung der Folge maximal n Schlüssel speichert, in Zeit $\mathcal{O}((m+n)\log(n))$ abgearbeitet wird. Wir betrachten also die Gesamtlaufzeit der Folge, womit dieses Resultat nicht besagt, dass alle einzelnen Operationen effizient sein müssen, aber gemittelt über die ganze Folge, haben wir pro Operation eine Laufzeit in $\mathcal{O}(\log n)$.

Um diese Aussage beweisen zu können, betrachten wir also amortisierte Kosten. Sei ϕ eine Abbildung von den Splay-Trees in die positiven reellen Zahlen. Die amortisierten Kosten $\chi_{\mathsf{op}}(T)$ einer Operation op, angewendet auf Baum T, sind

$$\chi_{\mathsf{op}}(T) := c_{\mathsf{op}}(T) + \phi(\mathsf{op}(T)) - \phi(T),$$

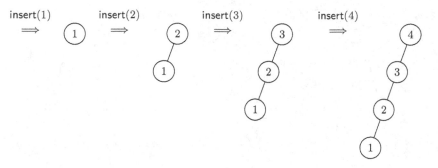

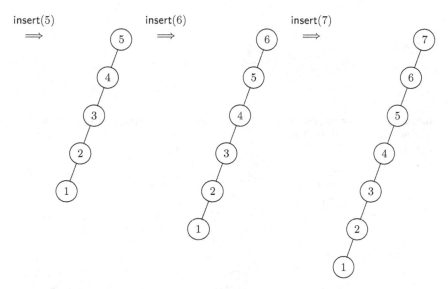

Abb. 3.31 Schrittweise Konstruction eines Splay-Trees zur Schlüsselfolge
$1, 2, 3, 4, 5, 6, 7$.

für $c_{\mathsf{op}}(T)$ die tatsächlichen Kosten für Operation op angewendet auf T.
Man bezeichnet die Funktion ϕ als Potential der Datenstruktur (siehe Abschnitt 1.3.5). Sei nun $\mathsf{op}_1, \mathsf{op}_2, \ldots, \mathsf{op}_m$ eine Folge von Operationen und
bezeichne T_i den Baum nach Ausführung von Operation op_i, $1 \le i \le m$, T_0
sei der Baum mit dem wir starten. Die amortisierten Kosten der Operationen-
Folge sind dann

$$\sum_{1 \le i \le m} \chi_{\mathsf{op}_i}(T_{i-1}) \;=\; \sum_{1 \le i \le m} c_{\mathsf{op}_i}(T_{i-1}) + \sum_{1 \le i \le m} (\phi(T_i) - \phi(T_{i-1})).$$

Man erkennt, dass die letzte Summe eine Teleskop-Eigenschaft besitzt, d.h.
aufeinanderfolgende Summenglieder heben sich gegenseitig auf, so dass nur
das erste und das letzte Summenglied übrig bleiben. Damit gilt

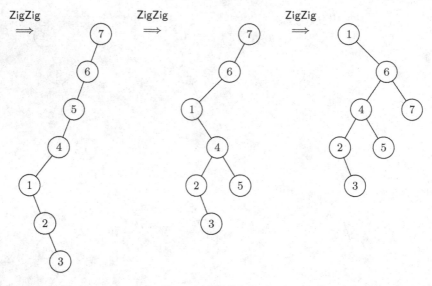

Abb. 3.32 Realisierung der Operation find(1) für den letzten Baum der Abb. 3.31 (hier nicht erneut dargestellt).

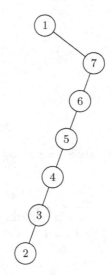

Abb. 3.33 Entarteter "Splay-Tree"; die Anwendung einfacher AVL-Rotationen anstatt der ZigZig- bzw. der ZagZag-Operationen hinterlässt eine lineare Struktur anstelle einer balancierten.

$$\sum_{1 \le i \le m} \chi_{\mathsf{op}_i}(T_{i-1}) \;=\; \sum_{1 \le i \le m} c_{\mathsf{op}_i}(T_{i-1}) + \phi(T_m) - \phi(T_0),$$

und folglich

$$\sum_{1 \le i \le m} c_{\mathsf{op}_i}(T_{i-1}) \;=\; \sum_{1 \le i \le m} \chi_{\mathsf{op}_i}(T_{i-1}) + \phi(T_0) - \phi(T_m)$$

$$\le \sum_{1 \le i \le m} \chi_{\mathsf{op}_i}(T_{i-1}) + \phi(T_0).$$

Also: Die tatsächlichen Gesamtkosten der Operationen-Folge sind nach oben durch die amortisierten Gesamtkosten zuzüglich des Anfangspotentials beschränkt. Um dies auszunutzen, brauchen wir eine gut gewählte Potentialfunktion ϕ.

Hierzu nehmen wir an, dass jeder Knoten x in einem Splay-Tree ein positives Gewicht $w(x)$ besitzt. Weiter seien für Knoten z

$$W(z) \;:=\; \sum_{\substack{y \text{ ist Knoten} \\ \text{im Teilbaum } T_z \\ \text{mit Wurzel } z}} w(y), \quad \text{und} \quad r(z) := \operatorname{ld}(W(z)).$$

Wir bezeichnen $r(z)$ als den Rang des Knotens z. Wir wählen nun $\phi(T)$ als die Summe der Ränge aller Knoten in T, also mit $T = (V, E)$, $\phi(T) := \sum_{v \in V} r(v)$. Ist beispielsweise $w(v) = 1$ für alle $v \in V$, so ist $W(z) = |T_z|$, $r(z) = \operatorname{ld}(|T_z|)$ und $\phi(T) = \sum_{v \in V} \operatorname{ld}(|T_v|) \le n \cdot \operatorname{ld}(|T|) = n \cdot \operatorname{ld}(n)$ für $n = |V|$.

Lemma 3.25 (Amortisierte Kosten): Sei $r(x)$ der Rang von x vor und $r'(x)$ der Rang von x nach einer splay-Operation.

a) Eine Zig-Operation mit Argument x hat amortisierte Kosten $\le 3(r'(x) - r(x)) + 1$.

b) Eine ZigZig- bzw. ZigZag-Operation mit Argument x hat amortisierte Kosten $\le 3(r'(x) - r(x))$. ◀

Beweis: Wir wählen $w(x) = 1$ für alle Knoten x. Für x ein Nachfolger von y gilt damit $r(x) \le r(y)$, da $|T_x| \le |T_y|$.

a) Zig-Operation:

Für y der Vater von x sind die amortisierten Kosten gleich $1 + r'(x) + r'(y) - r(x) - r(y)$, da die eine Rotation konstante Kosten in Höhe von 1 verursacht und sich nur die Ränge der Knoten x und y verändern und damit ($T.\mathsf{splay}(x)$ bezeichnet den Baum T nach Ausführung der Zig-Operation mit Argument x)

$$\phi(T.\mathsf{splay}(x)) - \phi(T) \;=\; \sum_{\substack{v \text{ ist Knoten} \\ \text{von } T.\mathsf{splay}(x)}} r(v) \;-\; \sum_{\substack{v \text{ ist Knoten} \\ \text{von } T}} r(v)$$

$$= r'(x) + r'(y) - r(x) - r(y)$$

$$+ \underbrace{\sum_{\substack{v \text{ ist Knoten} \\ \text{von } T.\mathsf{splay}(x) \\ v \neq x,\, v \neq y}} r(v) \;-\; \sum_{\substack{v \text{ ist Knoten} \\ \text{von } T \\ v \neq x,\, v \neq y}} r(v)}_{=0}$$

gilt. Weiter ist $1+r'(x)+r'(y)-r(x)-r(y) = 1+r'(y)-r(x)$, da $r'(x) = r(y)$ (durch die **Zig**-Operation tauschen x und y bis auf Symmetrie lediglich die Positionen im Baum). Da nach der **Zig**-Operation y ein Nachfolger von x ist, gilt $r'(y) \leq r'(x)$ und damit $1 + r'(y) - r(x) \leq 1+r'(x)-r(x)$. Da x vor der **Zig**-Operation linker Sohn der Wurzel war und nach der Operation die neue Wurzel ist, gilt $r(x) \leq r'(x)$ und damit $r'(x) - r(x) \geq 0$. Wir erhalten so $1 + r'(x) - r(x) \leq 1 + 3(r'(x) - r(x))$.

b1) **ZigZig**-Operation:

Sei y der Vater von x und z der Vater von y. Dann sind die amortisierten Kosten für die **ZigZig** Operation mit Argument x gleich $2+r'(x)+r'(y)+r'(z) - r(x) - r(y) - r(z)$, da (anschaulich) 2 Rotationen durchgeführt werden und aus denselben Gründen wir oben nur die veränderten Ränge betrachtet werden müssen. Da aber $r'(x) = r(z)$ folgt

$$2 + r'(x) + r'(y) + r'(z) - r(x) - r(y) - r(z)$$
$$\leq\; 2 + r'(y) + r'(z) - r(x) - r(y)$$
$$\leq\; 2 + r'(x) + r'(z) - r(x) - r(y),$$

wobei die letzte Ungleichung aus $r'(x) \geq r'(y)$ (da y Nachfolger von x in $T.\mathsf{splay}(x)$ ist) folgt. Da aber auch $r(y) \geq r(x)$ gilt, erhalten wir $2 + r'(x) + r'(z) - r(x) - r(y) \leq 2 + r'(x) + r'(z) - 2r(x)$.

Allgemein gilt für $0 \leq a,b \leq 1$ mit $a+b \leq 1$, dass $\mathrm{ld}(a) + \mathrm{ld}(b) \leq -2$ gilt. Mit $W'(u)$ die Summe der Gewichte $w(v)$ aller Knoten v im Teilbaum T_u mit Wurzel u *nach* der **splay**-Operation ist $0 \leq \frac{W'(z)}{W'(x)} \leq 1$, denn nach dem **ZigZig**-Schritt gilt $|T_z| \leq |T_x|$ (z wurde zum Nachfolger von x) und damit $W'(z) \leq W'(x)$ (das Gewicht $w(v)$ jedes Knotens v ist gleich 1). Ebenso gilt $0 \leq \frac{W(x)}{W'(x)} \leq 1$, in beiden Fällen sind die Brüche größer 0, da die Summen W nicht negativ werden können. Weiter ist $W'(z) + W(x) \leq W'(x)$, denn mit T_1 (T_2) der linke (rechte) Teilbaum von x, T_3 der rechte Teilbaum von y und T_4 der rechte Teilbaum von z (siehe obige Darstellung der **ZigZig**-Operation) ist $W(x) = 1+|T_1|+|T_2|$, $W'(z) = 1 + |T_3| + |T_4|$ und $W'(x) = 3 + |T_1| + |T_2| + |T_3| + |T_4|$. Damit ist $\frac{W'(z)}{W'(x)} + \frac{W(x)}{W'(x)} \leq 1$ und mit obiger Bemerkung also

$$\mathrm{ld}\!\left(\frac{W'(z)}{W'(x)}\right) + \mathrm{ld}\!\left(\frac{W(x)}{W'(x)}\right) \leq -2.$$

Da aber $\mathrm{ld}(a/b) = \mathrm{ld}(a) - \mathrm{ld}(b)$ gilt weiter

$$\underbrace{\mathrm{ld}(W'(z))}_{=r'(z)} + \underbrace{\mathrm{ld}(W(x))}_{=r(x)} - 2 \cdot \underbrace{\mathrm{ld}(W'(x))}_{=r'(x)} \leq -2.$$

Damit gilt $r'(z) \leq -2 - r(x) + 2r'(x)$ und folglich für die amortisierten Kosten weiter

$$\begin{aligned} 2 + r'(x) + r'(z) - 2r(x) &\leq 2 + r'(x) - 2r(x) + (-2 - r(x) + 2r'(x)) \\ &= 3(r'(x) - r(x)). \end{aligned}$$

b2) ZigZag-Operation:

Sei auch hier y der Vater von x und z der Vater von y. Aus den gleichen Gründen wie zuvor, sind die amortisierten Kosten gleich $2 + r'(x) + r'(y) + r'(z) - r(x) - r(y) - r(z)$. Da aber $r'(x) = r(z)$ folgt

$$\begin{aligned} 2 + r'(x) + r'(y) + r'(z) - r(x) - r(y) - r(z) & \\ = 2 + r'(y) + r'(z) - r(x) - r(y) & \\ \leq 2 + r'(y) + r'(z) - 2r(x), & \end{aligned}$$

wobei die Ungleichung mit $r(x) \leq r(y)$ folgt. Wir können nun dieselbe Rechnung mit den Logarithmen wie unter b1) durchführen, um letztlich die obere Schranke $3(r'(x) - r(x))$ zu erhalten. ∎

Korollar 3.26: Mit den Bezeichnungen aus Lemma 3.25 sind die amortisierten Kosten der Operation $T.\mathsf{splay}(x)$ höchstens

$$3(r(t) - r(x)) + 1 = \mathcal{O}\left(1 + \mathrm{ld}\left(\frac{W(t)}{W(x)}\right)\right),$$

wobei t die Wurzel von T ist. ◀

Beweis: Es ist offensichtlich, dass aus Gründen der Symmetrie auch für die in Lemma 3.25 nicht behandelten Rotations-Operationen die dort angegebenen Schranken für die amortisierten Kosten gelten. Sei nun T' der Baum der aus T durch Anwenden von $T.\mathsf{splay}(x)$ hervorgeht.

Wie wir oben gesehen haben, wird eine splay-Operation als Folge solcher Rotationen realisiert, wobei eine Zig- bzw. Zag-Operation höchstens einmal als letzte Rotation auftritt. Damit sind für die amortisierten Kosten einer splay-Operation die amortisierten Kosten für die Rotationen zu summieren. Bei dieser Summation heben sich alle Ränge bis auf des Startranges und des Endranges gegenseitig auf (Teleskop-Eigenschaft), so dass letztlich

$$3 \cdot (\text{Rang von } x \text{ in } T' - \text{Rang von } x \text{ in } T) + 1$$

resultiert, wobei die +1 der Beitrag einer möglichen Zig- oder Zag-Operation ist. Da x im Baum T' die neue Wurzel ist, der Rang eines Knotens nur von der Anzahl seiner Nachfolger abhängt, und die Anzahl der Nachfolger der Wurzel vor und nach der splay-Operation dieselbe ist, ist der Rang von x in T' gleich $r(t)$. Verwenden wir noch $r(v) = \mathrm{ld}(W(v))$ und $\mathrm{ld}(a) - \mathrm{ld}(b) = \mathrm{ld}(a/b)$, so resultiert der im Korollar gegebene $\mathcal{O}$-Term.   ∎

Tragen wir nun alle Teile zusammen, so folgt der oben bereits erwähnte Satz:

> **Satz 3.27 (Kosten in Splay-Trees):**
> *Eine beliebige Folge von m Wörterbuch-Operationen, angewendet auf den Splay-Tree T, wird in Zeit $\mathcal{O}((m + n)\,\mathrm{ld}(n))$ abgearbeitet, wobei n die Anzahl der Knoten des größten entstehenden Baumes ist.*

Beweis: Alle Wörterbuch-Operationen werden bei den Splay-Trees durch eine konstante Anzahl splay-Operationen mit einem konstanten zusätzlichen Aufwand implementiert. Aus dem Korollar folgt für jede dieser splay-Operationen, dass mit x das Argument der Operation ihre amortisierten Kosten $\leq 3(\mathrm{ld}(|T|) - \mathrm{ld}(|T_x|)) + 1 = \mathcal{O}(\mathrm{ld}(n))$ sind. Wie wir oben gezeigt haben, sind die tatsächlichen Kosten nach oben durch die summierten amortisierten Kosten plus dem Potential von T (Startpotential) beschränkt. Die Summe der amortisierten Kosten ist mit unserer Schranke durch $m \cdot \mathcal{O}(\mathrm{ld}(n))$ beschränkt, das Anfangspotential kann nicht größer $n\,\mathrm{ld}(n)$ sein, denn offensichtlich ist $W(z) \leq n$ für jeden beliebigen Knoten z in jedem der entstehenden Bäume und damit $r(z) \leq \mathrm{ld}(n)$ und letztlich $\phi(T) = \sum r(z) \leq n\,\mathrm{ld}(n)$. Fassen wir die beiden $\mathcal{O}$-Terme zusammen, resultiert die Aussage des Satzes.   ∎

In den $\mathcal{O}$-Termen können große Konstanten versteckt sein, und es stellt sich die Frage, ob Splay-Trees tatsächlich einen Kostenvorteil gegenüber den üblichen binären Suchbäumen haben. Man untersucht zur Beantwortung dieser Frage die Splay-Trees für eine feste Folge von Such-Operationen und vergleicht die resultierenden Kosten mit denen, die dieselbe Folge von Operationen für einen gewöhnlichen, fest gewählten (statischen) binären Suchbaum verursachen würde. Man kann so folgendes Resultat beweisen:

> **Satz 3.28:**
> *Seien T_1 und T_2 zwei beliebige binäre Suchbäume für die (beliebige) Schlüsselmenge S, $|S| = n$, und C eine beliebige Folge von find-Operationen. Sei weiter t die Anzahl an Vergleichen, die für die Folge C auf T_1 entsprechend der normalen Suchbaum-Methode benötigt werden. Dann gilt für die Kosten, um C mit Hilfe der splay-Operation und dem Startbaum T_2 abzuarbeiten, die obere Schranke $\mathcal{O}(t + n^2)$.*

Der Beweis dieses Satzes benutzt wieder eine gut gewählte Potentialfunktion.

Die Konsequenzen dieses Satzes sind weitreichend, denn wir dürfen T_1 und T_2 beliebig wählen und damit im Speziellen T_1 optimal für C und der binären Suchbaum-Methode. Dann besagt der Satz, dass die Kosten für die Abarbeitung von C mittels der **splay**-Operation beginnend bei einem (nicht unbedingt optimalen) Baum T nicht sehr viel größer sind als die optimalen Kosten bei Verwendung gewöhnlicher binärer Suchbäume. Insbesondere wenn die Anzahl an **find**-Operationen hinreichend groß ist ($t = \Omega(n^2)$), sind beide Kosten asymptotisch gleich. Damit sind die Splay-Trees eine sehr gute Datenstruktur für statische Wörterbücher mit einer langen Einsatzdauer.

3.4.6 B-Bäume

Bisher sind wir immer davon ausgegangen, dass die Daten unseres Wörterbuchs im Arbeitsspeicher gehalten werden. Dann ist es unproblematisch, Knoten einer kleinen Speichergröße zu verwenden, denn wir können den Arbeitsspeicher byteweise adressieren. Ist unser Datenbestand jedoch so groß, dass der Arbeitsspeicher nicht mehr ausreicht, müssen wir die Datensätze auf einen Sekundärspeicher, wie etwa eine Festplatte, auslagern. Dabei tritt das Problem auf, dass dort nur größere Einheiten, beispielsweise Seiten der Platte, adressiert werden können. Der Zugriff auf einen Knoten eines Suchbaums bedeutet dann stets, dass mindestens eine Seite gelesen werden muss, die aber in der Regel die vielfache Größe eines Knotens besitzt. Da der Zugriff auf eine Festplatte in etwa um den Faktor 10^6 langsamer ist als der auf den Arbeitsspeicher, können wir es uns nicht erlauben, unnötig viele Bytes von der Festplatte zu lesen oder unnötig oft auf die Festplatte zuzugreifen.

Deshalb gruppiert man viele Schlüssel in einem Knoten, so dass der Knoten möglichst exakt den Platz einer Seite belegt. Die Schlüssel innerhalb eines Knotens sollten so organisiert sein, dass eine effiziente Suche möglich ist. Dann liest der langsame Zugriff auf den Sekundärspeicher viele Schlüssel ein, die wir im schnellen Arbeitsspeicher durchsuchen. Eine balancierte Baumstruktur, die dies ermöglicht, ist der B-Baum.

Definition 3.29:
Ein B-Baum der Ordnung m, $m \geq 3$, ist ein geordneter Baum mit folgenden Eigenschaften:

1) *Jeder Knoten hat höchstens m Söhne.*
2) *Jeder Knoten außer der Wurzel hat mindestens $\lceil m/2 \rceil$ Söhne[6].*
3) *Die Wurzel ist entweder ein Blatt oder hat mindestens zwei Söhne.*
4) *Alle Blätter haben dasselbe Niveau.*
5) *Jeder Knoten mit k Söhnen speichert $k - 1$ Schlüssel.*
6) *Die Schlüssel eines jeden Knotens sind in aufsteigender Reihenfolge angeordnet.*

---

[6] Für ein Blatt des B-Baums ist dabei mit *Sohn* ein leerer Nachfolgerzeiger (`null`-Pointer) gemeint. Dasselbe gilt für Punkt 5) dieser Definition.

7) *Sind* $T_0, T_1, \ldots, T_\lambda$ *die* $\lambda + 1$ *Söhne eines Knotens und* $k_1 < k_2 < \cdots < k_\lambda$
   seine Schlüssel, dann speichert Teilbaum T_0 *nur Schlüssel kleiner* k_1,
   Teilbaum T_λ *nur Schlüssel größer* k_λ *und Teilbaum* T_i *nur Schlüssel aus*
   dem Intervall (k_i, k_{i+1}), $1 \le i < \lambda$.   ◄

Beachte, dass Eigenschaft 7) die natürliche Verallgemeinerung der Suchbaum-
Eigenschaft auf Bäume mit größerem Verzweigungsgrad darstellt. Eigenschaft
4) ist dagegen eine starke Einschränkung, und man mag sich fragen, ob es
möglich ist, diese Einschränkung bei beliebigen Einfügungen und Löschungen
aufrechtzuerhalten; dazu gleich mehr.

Beispiel 3.30: Sei $m = 3$. Dann hat jeder Knoten 2 oder 3 Söhne und speichert
1 oder 2 Schlüssel. Ein möglicher B-Baum der Ordnung 3 wird in Abb. 3.34
gezeigt.

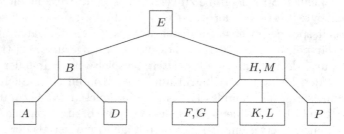

Abb. 3.34   Ein B-Baum der Ordnung 3.

Der primäre Einsatzzweck von B-Bäumen besteht in Wörterbüchern in exter-
nem Speicher. Dabei sind die Nachfolgerzeiger Verweise auf den Sekundärspeicher; diese können von System zu System recht unterschiedlich aussehen.
Als abstrakte Datenstruktur benötigen wir jedoch in jedem Knoten lediglich
ein Array `keys` der Länge $m - 1$ für die Schlüssel und ein Array `children`
der Länge m für die Kind-Zeiger. Diese Darstellung ist wieder eine direkte
Verallgemeinerung der Repräsentation für binäre Bäume.

In unserer Diskussion der Operationen werden wir uns auf die schematische
Darstellung der Knoten beschränken; ein Knoten der (aktuell) j Schlüssel
$k_1 \le \cdots \le k_j$ speichert, $\lceil m/2 \rceil - 1 \le j \le m - 1$, ist dann wie folgt dargestellt,
wobei wir die $j + 1$ Kind-Zeiger ◦ graphisch zwischen (sowie vor und nach)
den Schlüsseln anordnen:

$$\boxed{\,\circ\, k_1 \,\circ\, k_2 \,\circ\, \cdots \,\circ\, k_j \,\circ\,}\,.$$

Bemerkung 3.31 (B⁺-Bäume): In unserer Einleitung zum Wörterbuch-Problem haben
wir bereits darauf hingewiesen, dass wir in der Regel Datensätze speichern, die jeweils
eindeutig über einen Schlüssel adressiert werden können. Für die B-Bäume hieße dies,
dass ein Knoten viele Datensätze speichern müsste. Für die Suche nach dem richtigen
Datensatz werden die restlichen Details des Datensatzes aber gar nicht benötigt; ihr

Abspeichern in den Knoten des B-Baumes führte so zu dem unnötigen Transfer großer Datenmengen zwischen Sekundär- und Arbeitsspeicher.

Man schafft Abhilfe, indem man Schlüssel und den Rest des Datensatzes getrennt abspeichert. Außer dem Schlüssel hält der Knoten einen Zeiger auf den Sekundärspeicher vor, der auf die zugehörigen Daten verweist. Im Fall einer erfolgreichen Suche kann so mit nur einem zusätzlichen Zugriff auf den Sekundärspeicher der Datensatz gelesen werden. In der Literatur ist diese Variante als B^+-Baum bekannt. ◄

3.4.6.1 Die Höhe von B-Bäumen

Zunächst wollen wir zeigen, dass die Höhe eines B-Baumes der Ordnung m mit n gespeicherten Schlüsseln von der Größenordnung $\Theta(\log_{\lceil m/2 \rceil}(n))$ ist.

Satz 3.32:
Sei T ein B-Baum der Ordnung m mit n Schlüsseln. Dann gilt für die Höhe $\mathsf{h}(T)$ von T

$$\log_m(n+1) \;\leq\; \mathsf{h}(T) \;\leq\; 1 + \log_{\lceil m/2 \rceil}\left(\frac{n+1}{2}\right).$$

Beweis: Wir betrachten zunächst die obere Schranke und überlegen uns dazu, wieviele Knoten ein B-Baum der Ordnung m minimal auf Niveau i besitzt:

Niveau	Mindestanzahl Knoten
$i = 1$	1 Knoten (die Wurzel) mit mindestens einem Schlüssel
$i = 2$	2 Knoten mit je mindestens $\lceil m/2 \rceil - 1$ Schlüsseln
$i = 3$	$2\lceil m/2 \rceil$ Knoten mit je mindestens $\lceil m/2 \rceil - 1$ Schlüsseln
$i = 4$	$2\lceil m/2 \rceil^2$ Knoten mit je mindestens $\lceil m/2 \rceil - 1$ Schlüsseln
$\vdots$	$\vdots$
$i = \mathsf{h}(T)$	$2\lceil m/2 \rceil^{\mathsf{h}(T)-2}$ Knoten mit je mindestens $\lceil m/2 \rceil - 1$ Schlüsseln

Also speichert ein B-Baum T der Ordnung m mit Höhe $\mathsf{h}(T)$ mindestens

$$
\begin{aligned}
&1 + 2\big(\lceil m/2 \rceil - 1\big) + 2\lceil m/2 \rceil\big(\lceil m/2 \rceil - 1\big) \\
&\quad + 2\lceil m/2 \rceil^2\big(\lceil m/2 \rceil - 1\big) + \ldots + 2\lceil m/2 \rceil^{\mathsf{h}(T)-2}\big(\lceil m/2 \rceil - 1\big) \\
=\;& 1 + 2\big(\lceil m/2 \rceil - 1\big) \sum_{0 \leq i \leq \mathsf{h}(T)-2} \lceil m/2 \rceil^i \\
=\;& 1 + 2\big(\lceil m/2 \rceil - 1\big) \frac{\lceil m/2 \rceil^{\mathsf{h}(T)-1} - 1}{\lceil m/2 \rceil - 1} \\
=\;& 2\lceil m/2 \rceil^{\mathsf{h}(T)-1} - 1
\end{aligned}
$$

viele Schlüssel. Entsprechend gilt bei n abgespeicherten Daten $n \geq 2\lceil m/2 \rceil^{\mathsf{h}(T)-1} - 1$ oder $(n+1)/2 \geq \lceil m/2 \rceil^{\mathsf{h}(T)-1}$. Logarithmieren und

Auflösen nach $h(T)$ liefert letztlich

$$h(T) \;\leq\; 1 + \log_{\lceil m/2 \rceil}\left(\frac{n+1}{2}\right).$$

Kommen wir nun zur unteren Schranke. Wieviele Knoten hat ein B-Baum der Ordnung m höchstens auf Niveau i?

Niveau	Höchstanzahl Knoten
$i = 1$	1 Knoten (die Wurzel) mit höchstens $m - 1$ Schlüsseln
$i = 2$	m Knoten mit je höchstens $m - 1$ Schlüsseln
$i = 3$	m^2 Knoten mit je höchstens $m - 1$ Schlüsseln
$\vdots$	$\vdots$
$i = h(T)$	$m^{h(T)-1}$ Knoten mit je höchstens $m - 1$ Schlüsseln

Also speichert ein B-Baum T der Ordnung m mit Höhe $h(T)$ höchstens

$$(m-1) + m(m-1) + m^2(m-1) + \cdots + m^{h(T)-1}(m-1)$$

$$= (m-1) \sum_{0 \leq i < h(T)} m^i$$

$$= (m-1)\frac{m^{h(T)} - 1}{m - 1}$$

$$= m^{h(T)} - 1$$

viele Schlüssel. Damit gilt bei n abzuspeichernden Schlüsseln $n \leq m^{h(T)} - 1$ und folglich

$$h(T) \geq \log_m(n + 1).$$

Beispiel 3.33: Ein B-Baum der Ordnung 30 und einer Höhe 5 kann bis zu $30^5 - 1 = 24\,299\,999$ Schlüssel aufnehmen, mindestens nimmt er $101\,249$ Schlüssel auf. Die Höhe eines optimalen binären Suchbaums mit $24\,299\,999$ Schlüsseln wäre dagegen 25. ◀

3.4.6.2 Suchen im B-Baum

Wir wollen nun sehen, wie die Operation find(x) im B-Baum realisiert wird. Hierfür ist Punkt 7) der Definition entscheidend. Für die Suche nach Schlüssel x starten wir in der Wurzel des Baumes. Sei v der aktuelle Knoten. Wir suchen x unter allen in v gespeicherten Schlüsseln. Haben wir x gefunden, so sind wir fertig. Andernfalls bestimmen wir entsprechend 7) der Definition 3.29 den Teilbaum T_i, dessen Intervall x enthält und setzen v auf T_i. Treffen wir so auf einen `null`-Pointer, so ist die Suche erfolglos.

Beachte, dass durch dieses Vorgehen die Höhe eines B-Baumes eine obere Schranke für die Anzahl an Seitenzugriffen für eine erfolgreiche oder erfolglose Suche ist.

In der Regel wird die Wurzel des B-Baumes als Einstiegspunkt der Suche stets im Hauptspeicher gehalten. Weitere Knoten werden je nach Bedarf dazugeladen.

Bemerkung 3.34 (Im Inneren der Knoten): Es sei darauf hingewiesen, dass nach Definition die Schlüssel sortiert im Knoten (im Feld `keys`) abgespeichert werden. Schlüssel können somit mittels Binärer Suche innerhalb der Knoten gesucht werden. Das lohnt sich allerdings nur für B-Bäume mit einer großen Ordnung.   ◄

Beispiel 3.35: Betrachte den B-Baum aus Beispiel 3.30: Eine Suche nach L betrachtet zunächst die Wurzel und stellt fest, dass L dort nicht gespeichert ist. Da L größer als E ist, zeigt der rechteste Nachfolgerzeiger der Wurzel auf das entsprechende Intervall. Im so erreichten Knoten sind beide Schlüssel (H und M) ebenfalls ungleich L, L liegt aber in der Sortierung zwischen H und M, so dass der mittlere Nachfolgerzeiger verwendet wird. Im so aufgesuchten Knoten wird L gefunden.

Würden wir nach J suchen, so gelangten wir über den gleichen Pfad in den Knoten mit den Schlüsseln K, L, würden dort aber nicht fündig. Da $J < K$ verfolgten wir nun den linkesten Nachfolgerzeiger, die Suche endete erfolglos.   ◄

3.4.6.3 Einfügen im B-Baum

Das Einfügen ist schon etwas komplizierter als die Suche. Auch im B-Baum geht dem Einfügen eine erfolglose Suche voraus. Nehmen wir an, wir treffen bei der erfolglosen Suche nach x auf einen Knoten v der Form

$$\boxed{\bullet\, k_1 \bullet k_2 \bullet \cdots \bullet k_j \bullet}\ .$$

Wir unterscheiden zwei Fälle:

Fall 1: $j < m - 1$

   In diesem Fall ist v noch nicht voll, und wir fügen x in diesem Knoten an der richtigen Position ein. Ist z.B. $k_2 < x < k_3$, dann wird v zu

$$\boxed{\bullet\, k_1 \bullet k_2 \bullet x \bullet k_3 \bullet \cdots \bullet k_j \bullet}\ .$$

Fall 2: $j = m - 1$

   In diesem Fall hat v keinen Platz mehr und kann x nicht aufnehmen. Konzeptionell verfahren wir trotzdem nach dem ersten Fall und erhalten – vorübergehend – den (unzulässigen) Knoten

$$v' \ = \ \boxed{\bullet\, k_1 \bullet k_2 \bullet \cdots \bullet k_m \bullet}$$

   für x eines der k_i, $1 \leq i \leq m$. Wir lösen den Regelverstoß nun auf, indem wir v' um das mittlere Element herum *aufspalten*. Das ergibt die beiden (zulässigen) Knoten

$$v_l \;=\; \boxed{\bullet\, k_1 \,\bullet \cdots \bullet\, k_{\lceil m/2 \rceil - 1} \,\bullet} \;,\quad v_r \;=\; \boxed{\bullet\, k_{\lceil m/2 \rceil + 1} \,\bullet \cdots \bullet\, k_m \,\bullet}\;,$$

sowie das Datum $k_{\lceil m/2 \rceil}$, das wir nun in den *Vater* von v' einfügen.

Nehmen wir an, v wird über den Zeiger p seines Vaters w referenziert, der das Intervall (k'_j, k'_{j+1}) repräsentiert, k'_j und k'_{j+1} Schlüssel aus w. Dann gilt $k'_j < k_{\lceil m/2 \rceil} < k'_{j+1}$, und es entsteht dementsprechend in w die Reihenfolge $k'_j, k_{\lceil m/2 \rceil}, k'_{j+1}$. Da alle Schlüssel in v_l aus dem Intervall $(k'_j, k_{\lceil m/2 \rceil})$ sind, wird v_l über den Zeiger *rechts von* k'_j referenziert (das ist p), v_r über den Zeiger eine Position weiter rechts, der das Intervall $(k_{\lceil m/2 \rceil}, k'_{j+1})$ adressiert. Anschaulich ergibt sich die in Abb. 3.35 dargestellte Situation.

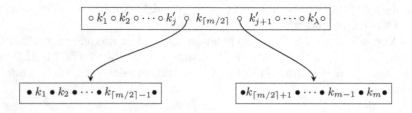

Abb. 3.35 Situation im B-Baum nach dem Aufspalten des Knotens mit den Schlüsseln $k_1, k_2, \ldots k_m$ und Verlagerung des Schlüssels $k_{\lceil m/2 \rceil}$ in den Vaterknoten.

Ist auch in w kein Platz für $k_{\lceil m/2 \rceil}$, so wird dieser Vorgang wiederholt, d. h. man fügt $k_{\lceil m/2 \rceil}$ fiktiv in w ein, zerteilt den resultierenden Knoten w' in der Mitte und versucht den überzähligen mittleren Schlüssel im Vater zu speichern. Dieser Vorgang kann sich wiederholen, bis man u. U. die Wurzel des Baumes erreicht. Ist auch diese voll, so kreiert man eine neue Wurzel und speichert dort den überzähligen Schlüssel.[7] Nur auf diese Weise kann die Höhe eine B-Baumes zunehmen.

3.4.6.4 Analyse des Einfügens

Offensichtlich benötigt das Aufspalten der Knoten nur einen konstanten Aufwand, weshalb der Aufwand für das Einfügen in B-Bäumen durch die Höhe des Baumes beschränkt ist, also durch $\mathcal{O}\big(\log_{\lceil m/2 \rceil}\big(\frac{n+1}{2}\big)\big)$.

Nun ist zwar das Aufspalten eines Knotens von beschränkter Zeit, erfordert aber stets einen Datentransfer zwischen Arbeits- und Sekundärspeicher. Im Worst-Case müssen wir auf jedem Niveau des Baumes eine Aufspaltung vornehmen, also $\leq 1 + \log_{\lceil m/2 \rceil}\big(\frac{n+1}{2}\big)$ viele.

---

[7] Jetzt ist auch klar, warum wir für die Wurzel keine untere Grenze für die Anzahl Schlüssel fordern können.

Wie sieht aber der Average-Case bezüglich der Anzahl Datentransfers aus? Wenn wir einen B-Baum mit n Schlüsseln aufbauen, dann gilt:

- Hat der Baum vor und nach dem Einfügen eines Schlüssels die Höhe h, dann nimmt die Anzahl der Knoten im Baum bei jeder Aufspaltung um 1 zu.
- Hat der Baum vor dem Einfügen die Höhe h und danach die Höhe $h+1$, so ist die Wurzel des alten Baumes aufgespalten worden. Dieses Aufspalten erzeugt 2 zusätzliche Knoten.

Würde nur der erste Fall auftreten, so hätten wir im Wesentlichen genau so viele Aufspaltungen wie Knoten im Baum. Nimmt aber entsprechend dem zweiten Fall die Höhe um 1 zu, so erzeugt eine Aufspaltung zwei Knoten. Damit haben wir mit jeder Höhenzunahme eine Aufspaltung weniger als Knoten im Baum, ein Baum mit Höhe h und p Knoten wird folglich mit $p - h$ Aufspaltungen erzeugt.

Hat der Baum p Knoten, so speichert er mindestens $1 + (p-1)(\lceil m/2 \rceil - 1)$ Schlüssel. Damit gilt $1 + (p-1)(\lceil m/2 \rceil - 1) \leq n$ oder $p \leq (n-1)/(\lceil m/2 \rceil - 1) + 1$. Folglich ist die mittlere Anzahl an Aufspaltungen beim Einfügen von n Schlüsseln gleich

$$
\begin{aligned}
\frac{(p-h)}{n} &\leq \frac{1}{n}\left(\frac{n}{\lceil m/2 \rceil - 1} - \frac{1}{\lceil m/2 \rceil - 1} + 1 - h \right) \\
&= \frac{1}{\lceil m/2 \rceil - 1} - \frac{1}{n}\underbrace{\left(\frac{1}{\lceil m/2 \rceil - 1} - 1 + h \right)}_{>0} \\
&< \frac{1}{\lceil m/2 \rceil - 1}.
\end{aligned}
$$

Es sind also die amortisierten Kosten bzgl. Datentransfers konstant; selbst für die kleinstmögliche Ordnung $m = 3$ spalten wir dabei im Mittel höchstens einen Knoten auf.

3.4.6.5 Löschen im B-Baum

Wir wollen uns nun dem Löschen im B-Baum zuwenden. Sei x der zu löschende Schlüssel. Wir führen zuerst eine erfolgreiche Suche nach x durch. Dabei können folgende Situationen resultieren:

1) x steht in einem Blatt und wird dadurch gelöscht, dass alle rechts von x befindlichen Schlüssel (anschaulich) um eine Position nach links verschoben werden.

2) x steht in einem inneren Knoten und wird dadurch gelöscht, dass es durch einen Schlüssel, der sich in die bestehende Ordnung entsprechend Punkt 7) von Definition 3.29 einfügt, überschrieben wird. Wir wählen dafür das größte Element des Teilbaums, für dessen Intervall x die obere Grenze ist.

In beiden Fällen wird ein Schlüssel aus einem Blatt entfernt. Dabei kann es passieren, dass der Knoten „zu leer" wird, d.h. dass nach dem Löschen weniger als $\lceil m/2 \rceil - 1$ viele Schlüssel gespeichert werden. Wir füllen dann das Blatt mit neuen Schlüsseln wie folgt auf:

Vorher:

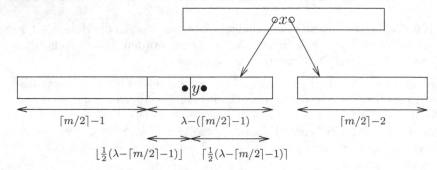

Nachher:

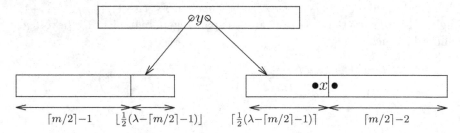

Abb. 3.36 Ausgleich des Defizits eines Knotens im B-Baum durch Verlagerung von Schlüsseln (hier von links nach rechts).

1. Fall: Ein direkter Bruder (links oder rechts) des Blattes speichert $\lambda \geq \lceil m/2 \rceil$ viele Schlüssel. In diesem Fall verlagern wir in etwa die Hälfte[8] des Überschusses des Bruders in den defizitären Knoten. Im Detail geschieht dies wie in Abb. 3.36 gezeigt (wir nehmen an, dass Schlüssel aus dem linken Bruder übernommen werden). Für das Auffüllen mit Schlüsseln aus dem rechten Bruder gilt die analoge Vorgehensweise.

2. Fall: Beide Brüder des Blattes besitzen nur $\lceil m/2 \rceil - 1$ viele Schlüssel. In diesem Fall wird das Blatt und einer seiner Brüder zu einem Knoten verschmolzen und durch das Herunterziehen eines Schlüssels aus ihrem Vaterknoten zu einem Blatt mit $1 + \lceil m/2 \rceil - 1 + \lceil m/2 \rceil - 2 = 2\lceil m/2 \rceil - 2$ vielen Schlüsseln vervollständigt; das ist im Prinzip die Umkehrung des Aufspaltens beim Einfügen.

---

[8] Eigentlich würde es genügen, einen Schlüssel zu verlagern. Wir verhindern aber so, dass der nächste Löschvorgang sofort wieder zu einem Defizit im Knoten führt.

Vorher:

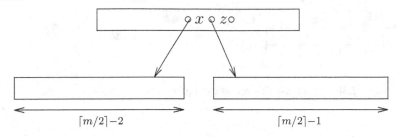

Nachher:

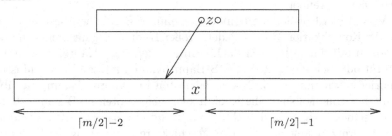

Abb. 3.37 Verschmelzen eines defizitären Knotens im B-Baum mit seinem (rechten) Bruder unter Einbeziehung eines Schlüssels aus dem Vaterknoten.

Das Verschmelzen geschieht im Detail wie in der Abb. 3.37 gezeigt (wir gehen davon aus, dass der defizitäre Knoten mit seinem rechten Bruder verschmolzen wird).

Das Verschmelzen mit dem linken Bruder verläuft analog.

Das Absinken eines Datums im zweiten Fall kann natürlich zur Folge haben, dass der Vaterknoten defizitär wird. Dann wenden wir die Fälle 1 und 2 auf diesen Knoten an. Auf diese Weise kann das Defizit bis zur Wurzel durchschlagen, sie wird daraufhin (da sie nur noch einen Schlüssel speichert) gelöscht. Das ist die einzige Möglichkeit, wie die Höhe eines B-Baumes abnehmen kann.

3.4.6.6 2-3-Bäume und 2-3-4-Bäume

B-Bäume der Ordnung 3 werden auch 2-3-Bäume genannt, ähnlich sind B-Bäume der Ordnung 4 auch als 2-3-4-Bäume bekannt. Die geringe Anzahl an Schlüsseln in einem Knoten lässt darauf schließen, dass diese Art balancierter Bäume nicht im Kontext sehr großer Wörterbücher (Sekundärspeicher) eingesetzt werden. Es handelt sich vielmehr um eine weitere effiziente Implementierung eines Wörterbuchs im Arbeitsspeicher (die Operationen insert, find und delete benötigen Zeit in $\mathcal{O}(\log(n))$), wobei dann selbstverständlich wieder herkömmliche Zeiger in den Knoten verwendet werden.

Eine besonders effiziente, von B-Bäumen mit geringem Grad abgeleitete Datenstruktur, stellen Rot-Schwarz-Bäume dar. Diese werden in vielen

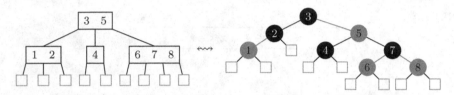

Abb. 3.38   Eine 2-3-4-Baum und ein äquivalenter Rot-Schwarz-Baum.

Standard-Bibliotheken, z. B. in Java und C++, zur Realisierung geordneter
Wörterbücher verwendet.

Der Vorteil von Rot-Schwarzbäumen gegenüber B-Bäumen besteht darin,
dass sie die Komplikationen verschieden großer Knoten elegant umgehen. Wir
starten dazu mit einem binären Suchbaum, in dem jede Kanten eine *Farbe*,
nämlich rot oder schwarz, hat. Einen B-Baum-Knoten mit 2 oder 3 Schlüsseln
repräsentieren wir nun durch 2 oder 3 Knoten im binären Baum, die über
rote Kanten verbunden sind; alle Kanten zwischen Knoten im B-Baum stellen
wir durch schwarze Kanten dar. Abb. 3.38 zeigt ein Beispiel. Konzeptionell
sind Rot-Schwarz-Bäume also nur eine geschicktere Darstellung der B-Bäume,
und wir können die gleichen Algorithmen fürs Einfügen und Löschen zum
Einsatz bringen.

3.4.7 Gewichtsbalancierte Suchbäume

In der Literatur gibt es weitere Typen balancierter binärer Bäume. Ein
Beispiel sind die *gewichtsbalancierten Bäume* (auch BB[α]-Trees genannt).
Man definiert hier den Balancegrad eines Knotens v als den Quotienten

$$\frac{1 + |V_l|}{1 + |V|},$$

wobei V die Menge aller Knoten im Teilbaum mit Wurzel v und V_l die Menge
der Knoten im linken Teilbaum von v ist. Als Balancegrade erlaubt man
Werte aus dem Intervall $[\alpha, 1 - \alpha]$ für ein fest gewähltes $\alpha \in [0, \frac{1}{2}]$. Man kann
dann zeigen, dass für die Höhe eines α-balancierten Baumes T ($\alpha \neq 0$) mit n
Knoten gilt:

$$\mathsf{h}(T) \;\leq\; 1 + \mathrm{ld}^{-1}\left(\frac{1}{1 - \alpha}\right)\left(\mathrm{ld}(n + 1) - 1\right).$$

Auch hier werden die obigen einfachen und doppelten Rotationen verwendet,
um den Baum nötigenfalls zu rebalancieren.

3.5 Digitale Suchbäume und Tries

Digitale Suchbäume und Tries[9] sind zwei weitere Datenstrukturen für das
Wörterbuchproblem. Sie unterscheiden sich von den bisher behandelten darin,
dass keine Vergleiche zwischen den Schlüsseln durchgeführt werden, um in der
baumförmigen Struktur zu navigieren. Vielmehr greift man auf die Ziffern der
Darstellung der Schlüssel zurück. Dies können bei einem Integer-Schlüssel die
Bits seiner Binärdarstellung sein, bei einer Zeichenkette deren Buchstaben.
Wir gehen dabei davon aus, dass keine Ziffernfolge eines Schlüssels Präfix
einer anderen ist.

Wir beschreiben zuerst die Digitalen Suchbäume (kurz DSTs). Ein DST
ist ein geordneter Baum. Hat der verwendete Schlüsseltyp pro Ziffer r Möglichkeiten, so hat ein Knoten eines entsprechenden DSTs r Nachfolgerkanten.
Jede Kante ist dabei eindeutig einer der Ziffern zugeordnet, die Schlüssel
werden ebenfalls in den Knoten gespeichert. Die Suche nach Schlüssel x im
DST geschieht nun wie folgt. Wir vergleichen den in der Wurzel gespeicherten
Schlüssel mit x. Bei Übereinstimmung sind wir fertig, sonst betrachten wir die
erste Ziffer von x und gehen über den zu dieser Ziffer gehörenden Zeiger zu
einem Kind der Wurzel. Dort wiederholt sich das Vorgehen; für die Navigation
in einem Knoten auf Niveau i verwenden wir die i-te Ziffer des Schlüssels. Auf
diese Weise findet man x oder landet in einem null-Pointer, falls x nicht im
DST gespeichert ist.

Ein Trie unterscheidet sich vom Digitalen Suchbaum im Wesentlichen darin,
dass Schlüssel nur in den Blättern gespeichert werden. Die Navigation im
Baum geschieht auf die gleiche Art und Weise.

Beispiel 3.36: Wir nehmen an, die Schlüsselfolge u, v, w, x, y, z sei gegeben
und die Binärdarstellung der Schlüssel entspreche den in der Tabelle aus
Abb. 3.39 gegebene Binärfolgen. Mit der Vereinbarung, dass in der Abbildung
eine 0 dem linken und eine 1 dem rechten Nachfolger zugeordnet ist, resultiert
der mittig gezeigte DST bzw. rechts dargestellte Trie. Man beachte, dass die
Reihenfolge, in der die Schlüssel eingefügt werden, für den DST von Bedeutung
sind, für den Trie spielt sie keine Rolle.   ◄

Bemerkung 3.37 (Average-Case von Tries und DSTs): Man kann zeigen, dass unter
der Annahme zufälliger Schlüsselfolgen, im Mittel beide Datenstrukturen zu einer sehr
balancierten Baumstruktur neigen. Da offensichtlich auch hier die Kosten der Wörterbuch-
Operationen durch die Höhen der Bäume beschränkt sind, resultieren gute erwartete
Laufzeiten für find, insert und delete.   ◄

*   *   *

Wir wollen damit unsere Betrachtung baumförmiger Datenstrukturen für
das Wörterbuchproblem beenden. Mit den balancierten Suchbäumen haben
wir universell einsetzbare und robuste Implementierungen von Wörterbüchern gefunden; AVL-Bäume und B-Bäume gehörten zu den am meisten

---

[9] Der Name Trie stammt von dem englischen Wort *retrieval*.

k	k_2
u	1100
v	1001
w	0111
x	1011
y	0110
z	0010

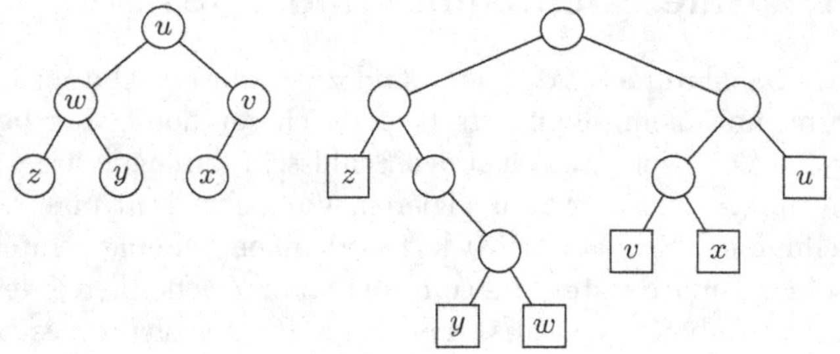

Abb. 3.39 Eine Menge von Schlüsseln k samt ihrer Binärdarstellung k_2 (links), ein zugehöriger DST (mittig) und der zugehörige Trie (rechts).

s

verwendeten Datenstrukturen in der Praxis. Auch wenn die Bibliotheken der meisten Programmiersprachen schon eine gute Implementierung balancierter Suchbäume enthalten, ist es doch essentiell deren Charakteristika und auch Einschränkungen zu kennen, um sie adäquat einsetzen zu können.

Alle oben betrachteten Datenstrukturen erlauben mit wenig zusätzlichem Aufwand, eine sortierte Liste der gespeicherten Elemente zu erhalten. Wie wir in Kapitel 4 sehen werden, bedeutet das, dass es *unmöglich* ist, ein solches mittels Schlüsselvergleiche organisiertes (geordnetes) Wörterbuch mit im Worst-Case weniger als logarithmischer Laufzeit für das Einfügen zu realisieren.

Was ist aber, falls wir für eine Anwendung mit den reinen Wörterbuch-Operationen völlig zufrieden sind, etwa da wir gar kein geordnetes Wörterbuch benötigen oder mit Schlüsseln arbeiten, für die sich keine sinnvolle Ordnung definieren lässt? Können wir für diesen Fall noch bessere Laufzeiten erreichen? In gewissem Sinne lautet die Antwort Ja, wie wir im folgenden Abschnitt sehen werden.

3.6 Hashing

Hashing ist eine der faszinierendsten Ideen aus der Welt der Datenstrukturen, aber gleichzeitig auch eine Technik, die auf subtile Weise „falsch" verwendet werden kann und dann enttäuschend schlechte Performance bietet. Im Kern steht dabei die Möglichkeit unserer Computer, mit allen Objekten wie mit Zahlen zu *rechnen*; indem wir diese Zahlen als Indizes in einem Array verwenden, lässt sich ein Wörterbuch realisieren, das – zumindest in Erwartung und unter gewissen Annahmen – die Wörterbuch-Operationen in *konstanter* Laufzeit anbietet. Noch mehr als bei den Suchbäumen, ist es beim Hashing aber wichtig, die Grenzen und Randbedingungen zu kennen, die zu diesen Performanceaussagen gehören.

Wir beginnen mit einigen grundlegenden Definitionen. Sei S die Menge der zu verwaltenden Schlüssel. Beim *Hashing* werden diese nicht hintereinander in einer bestimmten Reihenfolge, sondern verstreut über den Speicher (das Array) gespeichert. Die Position wird dabei aus dem Schlüssel selbst über eine sog. *Hash-Funktion h* berechnet. Man bezeichnet diese Art des Zugriffs als *assoziativ*.

Da man a priori nicht weiß, welche Schlüssel aus dem Universum $U :=$ $[1 : N]$ tatsächlich abgespeichert werden müssen, ist der Definitionsbereich der Hash-Funktion stets U. Ihr Bildbereich ist gleich dem Adressraum, der im Speicher für das Wörterbuch reserviert wurde (man bezeichnet diesen Speicherbereich als *Hash-Tabelle*). Wir gehen im Folgenden davon aus, dass es sich dabei um ein Feld mit den Indizes $0, 1, \ldots, m - 1$ handelt, so dass $h : U \to \{0, 1, \ldots, m - 1\}$ gilt.

Bemerkung 3.38 (Hashen von Strings): Wie eingangs erwähnt, kann Hashing auch für andere Universen benutzt werden. Betrachten wir z. B. Zeichenketten als Typ der Schlüssel. In diesem Fall ist

$$h(x) \; = \; \left(\sum_{\substack{\text{Buchstabe } a \text{ kommt in } x \text{ vor}}} (\texttt{int})a \right) \bmod m$$

eine mögliche Hash-Funktion. Mit $m = 13$ ist dann $h(\text{'A'}) = 0$ (das Zeichen 'A' hat den ASCII-Code 65) und $h(\text{'Hallo'}) = (72 + 97 + 108 + 111) \bmod 13 = 11$. ◄

In der Anwendung wird nur ein kleiner Teil des Universums als Schlüssel gespeichert werden müssen. Außerdem will man möglichst nur so viel Speicher reservieren, wie für das Wörterbuch tatsächlich benötigt wird. Damit folgt, dass $m < |U|$ (ja sogar $m \ll |U|$) gilt. Folglich kann h keine injektive Funktion sein, d. h. es treten Kollisionen zwischen verschiedenen Schlüsseln auf, da die Hash-Funktion für beide dieselbe Adresse bestimmt. Es muss sich dann überlegt werden, wie mit einer Kollision umgegangen wird. Insgesamt stellen wir also folgende Forderungen an eine Hash-Funktion und die verwendete Speicherung der Schlüssel:

- Es sollen möglichst wenige Kollisionen auftreten.
- Kollisionen sollen möglichst effizient aufgelöst werden können.

3.6.1 Hash-Funktionen

Neben der Vermeidung von Kollisionen sollte eine Hash-Funktion natürlich auch effizient berechnet werden können. Außerdem sollte sie die Schlüssel möglichst gleichmäßig auf den reservierten Speicher verteilen, auch dann, wenn die Schlüssel des Wörterbuchs alles andere als gleichverteilt aus dem Universum entstammen. Wie wir später sehen werden, ist letztere Forderung eine Voraussetzung dafür, dass wir bei vielen Strategien zur Kollisionsbeseitigung auch über die Zeit die Wörterbuch-Operationen effizient implementieren können.

In der Praxis haben sich dabei verschiedene Bildungsschemata für Hash-Funktionen entwickelt, die wir nachfolgend betrachten wollen. Wir gehen dabei stets davon aus, das x als Binärzahl kodiert ist und wir über x_i auf das entsprechende i-te Bit mit Wertigkeit 2^i zugreifen können, $0 \leq i \leq s$.

a) **Divisionsmethode**
   Wir wählen

$$h(x) \;=\; \left(\sum_{0 \leq i \leq s} x_i 2^i \right) \bmod m \qquad \text{(d.h. } h(x) = x \bmod m\text{)}.$$

Beachte, dass der Rest einer ganzzahligen Division durch die Modulo-Funktion gegeben ist, woraus sich der Name dieser Strategie ableitet.

Bei dieser Methode ist die Wahl von m besonders kritisch. Für m eine gerade Zahl, ist $h(x)$ gerade, wenn x gerade ist, und ungerade, wenn x ungerade ist. Ist etwa $m = 2^p$, dann hängt $h(x)$ nur von den p niederwertigsten Bits in x ab. Die restlichen Bits gehen nicht in die Adresse mit ein. Generell müssen wir vermeiden, dass m für a und k kleine Integer und r die Basis der verwendeten Zahlendarstellung (in unserem Fall 2, aber auch 256 beim vollen ASCII-Zeichensatz und Zeichenketten als Schlüssel) die Zahlen $r^k \pm a$ teilt, da andernfalls $h(x)$ lediglich eine simple Überlagerung der Ziffern in x darstellt. In der Praxis hat sich die Wahl von m als Primzahl ausgezeichnet bewährt.

b) **Additionsmethode**
   Hier verfährt man wie bei der Divisionsmethode, summiert aber nicht über alle Bits der Binärzahl, sondern nur über bestimmte Teile.

c) **Mid-Square-Methode**
   Man berechnet x^2 und interpretiert anschließend gewisse Bits aus der Mitte der Binärdarstellung von x^2 als Binärzahl. Die so erhaltene Zahl wird als Adresse verwendet (oder noch per Modulofunktion in den zulässigen Adressbereich abgebildet). Der Grund für dieses Vorgehen liegt darin, dass die Bits in der Mitte der Binärdarstellung von x^2 von allen Bits der Binärdarstellung von x abhängen. Wir erhalten also insgesamt

$$h(x) \;=\; (x^2 \operatorname{div} c) \bmod m,$$

wobei durch die Anwendung von div hintere Bits abgeschnitten werden, durch die Anwendung von mod vordere.

d) **Multiplikationsmethode**
   Man wählt
$$h(x) \;=\; \left\lfloor m \cdot (a \cdot x - \lfloor a \cdot x \rfloor) \right\rfloor,$$

wobei a eine irrationale Zahl zwischen 0 und 1 ist. Wir multiplizieren also x mit a, behalten die Nachkommaziffern des Ergebnisses und multiplizieren mit der Größe der Hash-Tabelle.

Man erhält dabei eine ziemlich gleichmäßige Streuung über alle Adressen und wählt m üblicherweise als Zweierpotenz. Eine gute Wahl für a ist beispielsweise der *goldene Schnitt* ϕ, also $a = (\sqrt{5} - 1)/2 \approx 0.6180339887$. Aber warum soll dies eine gute Wahl sein? Die Punkte $ia - \lfloor ia \rfloor$, $1 \leq i \leq n$, unterteilen das Intervall $[0, 1]$ so in $(n + 1)$ Teilintervalle, dass höchstens drei verschiedene Intervalllängen vorkommen. Der nächste Punkt $(n + 1)a - \lfloor (n + 1)a \rfloor$ fällt in eines der größten existierenden Segmente. Unter allen $a \in [0, 1]$ führt dabei der goldene Schnitt zur gleichmäßigsten Verteilung. So liefert obige Hash-Funktion mit $a = \phi$ und $m = 10$ $(h(1), h(2), h(3), \ldots, h(10)) = (6, 2, 8, 4, 0, 7, 3, 9, 5, 1)$, also eine Permutation und folglich keine Kollisionen.

3.6.2 Kollisionsbeseitigung

Wie zuvor schon erwähnt, treten beim Hashing dann Probleme auf, wenn zwei Elemente dieselbe Adresse zugewiesen bekommen (Kollision). Wollen wir beispielsweise a in eine Hashtabelle einfügen, so bestimmen wir $h(a)$ und speichern das Element an der entsprechenden Adresse ab. Ist nun aber $h(b) = h(a)$ für $b \neq a$, so bereitet das Einfügen von b ein Problem, denn die vorgesehene Adresse ist bereits belegt. Nachfolgende Strategien können nun angewendet werden:

3.6.2.1 Verkettung

Bei dieser Technik werden alle Schlüssel a mit derselben Hash-Adresse $h(a)$ zu einer Linearen Liste zusammengefasst. Dabei speichert die Hash-Tabelle nur noch die Zeiger auf den Kopf der Listen (*Indirect Chaining*) oder aber sie speichert das erste Listenelement und einen Zeiger auf dessen Nachfolger. Die (anderen) Listenelemente und damit die (anderen) Schlüssel werden in einer dynamisch außerhalb der Hash-Tabelle verwalteten Linearen Liste gehalten. Nachfolgend werden beide Varianten veranschaulicht.

Beispiel 3.39: Wir nehmen an, dass $m = 10$, $h(a) = 1$ und $h(b) = h(c) = 3$ gilt. Schlüssel c sei nach Schlüssel b eingefügt worden. Dann ergibt sich jeweils die in Abb. 3.40 gezeigte Konfiguration der Hash-Tabelle.

Beide Varianten haben ihren Nachteil. In der linken Form aus Abb. 3.40 kann es dazu kommen, dass wir beim Löschen einen Schlüssel aus der extern gehaltenen Liste in die Hash-Tabelle kopieren müssen. Dies wäre z.B. nötig, wenn wir b löschten. In diesem Fall ist für alle Elemente mit Adresse 3 genügend Platz, so dass die externe Lineare Liste gelöscht und c in die Hash-Tabelle verlagert würde. Das Indirect Chaining (die rechte Variante in Abb. 3.40) verbraucht offensichtlich mehr Speicherplatz.

Beiden gemeinsam ist der Nachteil, dass Speicher verschwendet wird, wenn unter den für die Hash-Tabelle reservierten Adressen noch unbenutzte Einträge existieren, für einen neuen Schlüssel aber zusätzlicher Speicher außerhalb der Hash-Tabelle allokiert wird. Dieser Missstand kann beseitigt werden, indem man die Linearen Listen *innerhalb* der Hash-Tabelle aufbaut. Man spricht dann vom *Direct Chaining*.

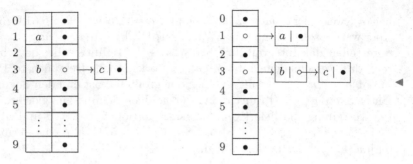

Abb. 3.40 Beispiel zweier Hash-Tabellen mit Verkettung; links wird das erste Element einer Liste innerhalb der Hash-Tabelle abgespeichert, rechts wird auch dieses außerhalb der Tabelle abgelegt.

3.6.2.2 Offene Hashverfahren (open addressing)

Bei den offenen Hashverfahren versucht man die Kollisionen dadurch aufzulösen, dass die kollidierenden Elemente an anderen Positionen der Hash-Tabelle untergebracht werden. Wenn also a eingefügt werden soll, und die Adresse $h(a)$ bereits belegt ist, so wird nach einer festen Regel eine Ausweichadresse für a berechnet und versucht, a dort unterzubringen. Ist auch diese Position besetzt, sieht die Regel weitere Ausweichmöglichkeiten vor. Im allgemeinen Fall wird also $(h(a) + f(i,a)) \bmod m$ für $i = 0, 1, 2, 3, \ldots$ betrachtet, bis eine freie Position angetroffen wird. Je nach Wahl der Funktion f unterscheidet man:

a) **Linear Probing:**

Hier ist $f(i,x) = \gamma \cdot i$ für $\gamma \in \mathbb{N}$ fest. In der Situation von Beispiel 3.39 wäre für $\gamma = 1$ Schlüssel c also unter Adresse 4 gespeichert worden. Dieses einfache Verfahren hat den wesentlichen Nachteil, dass keine Streuung bei der Auflösung von Kollisionen stattfindet und es zur Klumpenbildung kommt (hierzu später mehr).

b) **Quadratic Probing:**

Hier wählt man $f(i,x) = (\lceil i/2 \rceil)^2 (-1)^i$. Falls m eine Primzahl der Form $4s + 3$ ist, so wird garantiert, dass die Adressen $(h(x) + f(i,x)) \bmod m$ eine Permutation der Adressen 0 bis $m - 1$ sind. Dennoch behindern sich Schlüssel mit gleicher Hash-Adresse auch bei den Ausweichpositionen gegenseitig, da f nur von i aber nicht von den Schlüsseln selbst abhängt.

c) **Random Probing:**

Hier setzen wir $f(i,x) = z_i$ für z_i eine zufällig erzeugte Zahlenfolge. Die Güte dieser Strategie hängt stark von der des verwendeten Zufallszahlengenerators ab. Im Idealfall treten alle Zahlen zwischen 0 und $m - 1$ genau einmal auf, bevor sich eine Zahl wiederholt. Um dies zu erreichen, können wir zufällige Permutationen betrachten. Für eine einmal erzeugte, zufällige

Permutation $(d_0, d_1, \ldots, d_m,)$ der Elemente $\{0, 1, \ldots, m-1\}$ setzen wir $f(i,x) = d_i$.

Es ist möglich, diese Methode ohne einen Zufallszahlengenerator zu implementieren. Mit $d(0) = 0$ und $d(i+1) = (\beta \cdot d(i) + 1)$ mod m können wir d_i durch $d(i)$ genau dann ersetzen, wenn $\beta - 1$ ein Vielfaches von 4 und aller Primzahlfaktoren von m ist. In diesem Fall ist nämlich sichergestellt, dass die Rekursion der $d(i)$ eine Permutation über $\{0, \ldots, m-1\}$ erzeugt.

d) **Double Hashing:**
Hier verwendet man eine zweite Hash-Funktion $h_2 : U \to M$ und setzt $f(i,x) = i \cdot h_2(x)$. Dabei muss sichergestellt werden, dass der Funktionswert von h_2 und m teilerfremd sind, da andernfalls nicht alle Adressen der Hash-Tabelle besucht werden. Wählen wir m als Primzahl, so kann h_2 z.B. den Wertebereich $M = \{1, 2, \ldots, m-1\}$ haben, ist m gleich 2^k, dann kann h_2 jede ungerade Zahl zwischen 1 und $2^k - 1$ annehmen.

Es ist in der Praxis von Vorteil, nur eine Hash-Funktion (h) wirklich zu berechnen und die andere (h_2) über deren Funktionswert auszudrücken. Ist beispielsweise m eine Primzahl, so ist eine Möglichkeit für dieses Vorgehen durch

$$h_2(x) := \begin{cases} 1 & \text{falls } h(x) = 0, \\ m - h(x) & \text{sonst,} \end{cases}$$

gegeben.

e) **Add to hash:**
Diese Strategie ist der Spezialfall des Double Hashing für $h_2 = h$, man verwendet also die Hash-Funktion h selbst, um Ausweichpositionen zu bestimmen. Entsprechend setzt man $f(i,x) := i \cdot h(x)$ und betrachtet so sukzessive die Adressen $i \cdot h(x)$ mod m, $i = 1, 2, \ldots$, bis eine freie Position erreicht wird. Damit wir so alle Adressen aus $[0 : m-1]$ betrachten, muss m eine Primzahl sein. In der Praxis wird dieses Verfahren oft verwendet, da die Adressen-Berechnung einfach ist und die erzielte Streuung ausreicht.

3.6.3 Wörterbuch mit Indirect Chaining

Nun haben wir alle Details beisammen, um uns der Implementierung eines Wörterbuchs mittels Hashing zuzuwenden. Wir wollen zuerst eine Implementierung einer Hash-Tabelle unter Verwendung von außerhalb der Hash-Tabelle liegenden Linearer Listen betrachten.

Es sei daran erinnert, dass in diesem Fall keine Kollisionsbeseitigung notwendig ist; durch die Verlängerung der Listen wird stets für neuen Platz gesorgt. Dieser Umstand und die Tatsache, dass wir Lineare Listen schon in Kapitel 2 implementiert haben, vereinfacht die Implementierung deutlich. Wir verwenden als Hash-Tabelle in diesem Fall einfach ein Array von Linearen Listen in verketteter Repräsentation:

```
1  public class IndirectChainingHashtable<Elem>
2                          implements Dictionary<Elem> {
```

```
3    private int m;
4    private Function<? super Elem, Integer> h;
5    private LinkedList<Elem>[] buckets;
6    private int size = 0;
7
8    @SuppressWarnings("unchecked")
9    public IndirectChainingHashtable(
10        int m, Function<? super Elem, Integer> h) {
11      this.m = m; this.h = h;
12      this.buckets = (LinkedList<Elem>[]) new LinkedList[m];
13      for (int i = 0; i < m; i++) buckets[i] = new LinkedList<>();
14    }
15    public Elem find(Elem x) {
16      LinkedList<Elem> bucket = buckets[bucketIndex(x)];
17      LinkedList.PointerPosition p = bucket.firstOccurrence(x);
18      return p.equals(bucket.end()) ? null : bucket.get(p);
19    }
20    public void insert(Elem x) {
21      LinkedList<Elem> bucket = buckets[bucketIndex(x)];
22      LinkedList.PointerPosition p = bucket.firstOccurrence(x);
23      if (p.equals(bucket.end())) { ++size; bucket.insert(p, x); }
24    }
25    public void delete(Elem x) {
26      LinkedList<Elem> bucket = buckets[bucketIndex(x)];
27      LinkedList.PointerPosition p = bucket.firstOccurrence(x);
28      if (!p.equals(bucket.end())) { --size; bucket.delete(p); }
29    }
30    public int size() { return size; }
31    private int bucketIndex(Elem x) {
32      int j = h.apply(x) % m;
33      if (j < 0) j += m; // Java % returns negative numbers
34      return j;
35    }
36  }
```

Die Konvention für Hash-Tabellen in Java ist, einfach die Methode `hashCode` als Hash-Funktion zu verwenden. Wir wollen uns hier etwas mehr Flexibilität erlauben, und übergeben eine beliebige Hash-Funktion h im Konstruktor; das ist analog zur Verwendung von `Comparator`-Objekten für Ordnungsrelationen. Möchte man der Java-Konvention folgen, so übergibt man für Parameter `h` einfach `Object::hashCode`.

Da `hashCode` einen beliebigen `int`-Wert liefert, wandeln wir diesen in `bucketIndex` erst noch in einen gültigen Index für unsere Hash-Tabelle um; mathematisch gesehen gelingt das einfach durch $h(x) \bmod m$. Die Modulo-Operation in Java, also der %-Operator, ist aber leider nicht ganz identisch zum mathematischen Modulo bzgl. der Handhabung negativer Zahlen: so ist etwa `-1 % 5 == -1`, was natürlich kein gültiger Arrayindex ist. Wir müssen deshalb negative Zahlen wieder in den passenden Bereich bringen.

3.6.4 Wörterbuch mit offenem Hashverfahren

Wir wollen uns nun der Implementierung eines Wörterbuchs mit einem offenen Hashverfahren zuwenden. Wir verwenden hierbei eine Variante des Lazy-Delete, das wir schon bei AVL-Bäumen kennengelernt haben.

insert(x): Betrachte sukzessive die Adressen $(h(x) + f(i,x))$ mod m, $i = 0, 1, \ldots$, bis die erste freie Speicherzelle gefunden wird. Trage dort x ein.

find(x):   Betrachte sukzessive $(h(x) + f(i,x))$ mod m, $i = 0, 1, \ldots$, bis x oder eine freie Speicherposition gefunden wird. Im ersten Fall ist $x \in S$ im zweiten $x \notin S$.

delete(x): Betrachte sukzessive $(h(x)+f(i,x))$ mod m, $i = 0, 1, \ldots$, bis x oder eine freie Speicherposition gefunden wird. Im ersten Fall, markiere den entsprechenden Eintrag der Hash-Tabelle als gelöscht.

Damit die drei Operationen auf diese Weise problemlos funktionieren, werden alle Einträge der Hash-Tabelle initial als leer markiert. Nur als leer markierte Einträge der Hash-Tabelle werden als freie Speicherzellen interpretiert! Wir müssen zwischen leeren und gelöschten Einträgen unterscheiden, da andernfalls nach dem Löschen eines Elements u. U. nicht mehr alle Elemente gefunden werden könnten. Würden wir die Suche bei einem durch das Löschen frei werdenden Eintrag abbrechen, so würden zuvor *weiter hinten* abgelegte Schlüssel übersehen. Betrachte hierzu folgendes Beispiel:

Beispiel 3.40: Sei $m = 8$, $h(a) = 3$, $h(b) = 0$, $h(c) = 4$ und $h(d) = 3$. Wir verwenden Linear Probing mit $\gamma = 1$. Nach dem Einfügen der Schlüssel in der Reihenfolge a, b, c, d sieht die Hash-Tabelle wie in der Abb. 3.41 links gezeigt aus. Würden wir bei delete(c) nun einfach das entsprechende Datum entfernen und den Eintrag wieder als frei markieren, so erhielten wir die Situation der Mitte von Abb. 3.41. Dort würde die Suche nach d zuerst Adresse 3 betrachten, dann Adresse 4 und dort erfolglos enden. Erst mit der Markierung des Eintrags als gelöscht (Abb. 3.41 rechts) kann die Suche nach Schlüssel d auch nach dem Entfernen von c erfolgreich sein.

Entsprechend ergibt sich folgende Realisierung in Java. Dabei seien h und f nicht näher spezifizierte Implementierungen einer Hash-Funktion und einer *Ausweichfunktion*. Wir verwenden die Konvention, dass null in der Hash-Tabelle signalisiert, dass dieser Eintrag leer ist, während wir eine Referenz auf ein spezielles TOMBSTONE-Objekt als Markierung für gelöschte Zellen verwenden. Die Hash-Tabelle ist zu Beginn mit null, als leer, initialisiert.

```
1 public class OpenAddressingHashtable<Elem> implements Dictionary<Elem> {
2     private int m;
3     private Function<? super Elem, Integer> h;
4     private BiFunction<Integer, ? super Elem, Integer> f;
5     private Object[] hashTable;
6     private int size = 0;
```

0	b
1	leer
2	leer
3	a
4	c
5	d
6	leer
7	leer

0	b
1	leer
2	leer
3	a
4	leer
5	d
6	leer
7	leer

0	b
1	leer
2	leer
3	a
4	gelöscht
5	d
6	leer
7	leer

Abb. 3.41 Beispiel einer Hash-Tabelle bei Verwendung von Linear Probing; links wird die Ausgangssituation gezeigt, für die der Schlüssel an Adresse 4 gelöscht wird (Mitte), nur durch die Markierung deleted kann Schlüssel d danach noch gefunden werden (rechts).

```
7     private static final Object TOMBSTONE = new Object();
8
9     public OpenAddressingHashtable(
10        int capacity,
11        Function<? super Elem, Integer> h,
12        BiFunction<Integer, ? super Elem, Integer> f) {
13      this.h = h; this.f = f; m = capacity;
14      hashTable = new Object[m];
15    }
16    public void insert(Elem x) {
17      int j = index(x);
18      if (hashTable[j] == null) { ++size; hashTable[j] = x; }
19      else if (!hashTable[j].equals(x))
20        throw new HashTableFullException();
21    }
22    public void delete(Elem x) {
23      int j = index(x);
24      if (hashTable[j] != null) { --size; hashTable[j] = TOMBSTONE; }
25    }
26    public Elem find(Elem x) {
27      Object o = hashTable[index(x)];
28      if (o == null) return null;
29      @SuppressWarnings("unchecked") Elem found = (Elem) o;
30      return found;
31    }
32    public int size() { return size; }
33    private int index(Elem x) {
34      for (int hash = h.apply(x), i = 0; i < m; ++i) {
35        int j = hashToIndex(x, hash, i);
36        if (hashTable[j] == null  hashTable[j].equals(x)) return j;
37      }
38      throw new IllegalStateException();
39    }
40    private int hashToIndex(final Elem x, final int hash, final int i)
            {
41      int j = hash % m + f.apply(i, x) % m;
```

```
42        if (j >= m) j -= m; if (j < 0) j += m;
43        return j;
44    }
45 }
```

Die Berechnung von j (Zeile 41ff) ist im mathematischen Sinne lediglich $h(x)+f(i,x) \bmod m$; ihre Realisierung erfordert aber etwas Sorgfalt: Neben dem oben beschriebenen Problem, dass die Modulo-Operation negative Ergebnisse liefert, müssen wir (z.B. durch separate Modulo-Operationen der Summanden) einen möglichen Überlauf bei der Addition verhindern.

In der Praxis werden oft etwas effizientere Möglichkeiten verwendet, um aus dem Wert $h(x) + f(i,x)$ einen gültigen Arrayindex zu berechnen. Allerdings sind diese i.d.R. nicht vollständig äquivalent zum mathematischen Modulo, und geben damit die zahlentheoretischen Garantien auf, die wir oben erwähnt haben. So ist dann z.B. für quadratic probing nicht mehr garantiert, dass die Folge der betrachteten Adressen eine Permutation von $[0 : m - 1]$ ist, (selbst wenn wie oben gefordert m eine Primzahl mit $m \equiv 3 \pmod 4$ ist). Wir finden dann womöglich keine freie Zelle, obwohl noch viele solche vorhanden sind!

Im Konstruktor geben wir der Hash-Tabelle eine Hash-Funktion h und eine Ausweichfunktion f mit. Die typischen Ausweichfunktionen lassen sich einfach beschreiben; die Berechnung des quadratic probing kann man durch bitweise Operationen beschleunigen:

```
1   public static final BiFunction<Integer, Object, Integer>
2       LINEAR_PROBING = (i,x) -> i;
3   public static final BiFunction<Integer, Object, Integer>
4       QUADRATIC_PROBING = (i,x) -> {
5           int ceilIOver2 = i/2 + (i & 1);
6           int minusOneToI = (1 - ((i & 1) << 1));
7           return ceilIOver2 * ceilIOver2 * minusOneToI;
8       };
9   public static <Elem> BiFunction<Integer, Elem, Integer>
10      doubleHashing(Function<? super Elem, Integer> hashFunction) {
11          return (i,x) -> i*hashFunction.apply(x);
12      }
```

Grabpflege: Bei dieser Implementierung werden einmal als gelöscht markierte Einträge der Hash-Tabelle nie wieder verwendet. Damit läuft die Tabelle bei sukzessiven Lösch- und Einfügevorgängen voll, obwohl u.U. sehr viele Zellen unbenutzt (gelöscht) sind. Wir müssten dann einen Garbage-Collection Lauf anstoßen und die Tabelle neu aufbauen.

Eine einfache Möglichkeit, um das zu umgehen, liegt darin, beim Einfügen auch als gelöscht markierte Zellen wieder zu verwenden. Das erfordert lediglich eine separate Methode index für insert:

```
1   private int indexForInsert(Elem x) {
2       for (int hash = h.apply(x), i = 0; i < m; ++i) {
3           int j = hashToIndex(x, hash, i);
4           if (hashTable[j] == null ||
5               hashTable[j] == TOMBSTONE ||
```

```
6              hashTable[j].equals(x)) return j;
7        }
8        throw new IllegalStateException();
9    }
```

Wir müssen in `insert` aber trotzdem den gesamten Suchpfad ablaufen, um doppelte Einfügungen zu verhindern.

Echtes Löschen: Für einfache Ausweichfunktionen wie linear probing ist es außerdem möglich, eine echte Delete-Operation ohne Grabmale zu realisieren. Um die Suchpfade anderer Elemente nicht zu beeinflussen, sucht man für die Lücke, die durch das Löschen eines Elements entstanden ist, ein Ersatzelement, das beim Einfügen auch diese Position in der Hash-Tabelle hätte einnehmen können, aber bei seiner Einfügung verdrängt wurde.

Bei linear probing kann ein so verdrängtes Element nur in einer der (modulo m!) nachfolgenden Zellen zu finden sein. Finden wir ein solches, so verschieben wir es in die aktuelle Lücke und behandeln die neu entstandene auf die gleiche Weise, bis wir kein Ersatzelement mehr finden können. Dann unterbricht die letzte Lücke keinen Suchpfad, und wir können sie frei lassen.

*   *   *

Nachdem wir nun die beiden grundsätzlichen Möglichkeiten gesehen haben, wie man Hash-Tabellen verwenden kann, wollen wir uns der Analyse zuwenden. Diese wird uns Hinweise darauf geben, was die Stärken und Schwächen der verschiedenen Varianten sind.

3.6.5 Analyse des Linear Probing

Wie zuvor schon erwähnt, neigt die Methode des Linear Probing zur Klumpenbildung. Dies liegt daran, dass selbst bei einer idealen Hash-Funktion, die jede Adresse mit gleicher Wahrscheinlichkeit adressiert, bei einer nicht leeren Hash-Tabelle die Positionen mit unterschiedlicher Wahrscheinlichkeit Ort der nächsten Einfügung sind. Betrachte hierzu die linke Hash-Tabelle aus Beispiel 3.40. Wenn alle 8 Adressen durch h mit Wahrscheinlichkeit $\frac{1}{8}$ adressiert werden, so findet eine Einfügung in Adresse 7 mit Wahrscheinlichkeit $\frac{1}{8}$, in Adresse 6 aber mit Wahrscheinlichkeit $\frac{4}{8} = \frac{1}{2}$ statt. Dies liegt daran, dass sich die Wahrscheinlichkeiten der Adressen 3, 4, 5 und 6 addieren, denn Linear Probing (mit $\gamma = 1$) wird jeden Schlüssel, der auf eine dieser Adressen hasht, unter Adresse 6 ablegen. Damit wachsen lange, sequentiell belegte Speicherblöcke mit einer höheren Wahrscheinlichkeit als kürzere. Man bezeichnet diesen Effekt als *Primary Clustering*; er wird durch das Zusammenwachsen langer belegter Speicherblöcke noch verstärkt. Ein zweiter negativer Effekt entsteht dadurch, dass sich einmal kollidierte Schlüssel auch bei der Suche nach einer Ausweichposition stets weiter gegenseitig behindern, da beide jeweils um 1 (allgemein um γ) Position(en) weitergehen. Diesen Effekt nennt man *Secondary Clustering*.

Um zu sehen, wie stark die daraus resultierenden negativen Auswirkungen auf die Laufzeit der Wörterbuch-Operationen sind, wollen wir das Linear Probing einer detaillierten mathematischen Analyse unterziehen.

Für unsere Analyse betrachten wir eine Hash-Tabelle nach dem Einfügen von n Schlüsseln in eine anfangs leere Tabelle. Wir gehen dabei davon aus, dass alle m^n Folgen von n Hash-Adressen gleichwahrscheinlich sind (Startadressen, nicht die tatsächlichen Einfügepunkte). Im Folgenden wollen wir solche Folgen als *Hashfolgen* $a_1, a_2, \ldots, a_n$ mit $0 < a_j < m$ bezeichnen. Wir interessieren uns für die Anzahl an Zugriffen auf die Hash-Tabelle, die für die erfolgreiche bzw. die erfolglose Suche nach einem zufälligen Schlüssel notwendig sind.

> **Satz 3.41 (Mittlere Suchkosten unabhängig von der Reihenfolge):**
> *Die mittlere Anzahl an Zugriffen auf die Hash-Tabelle, die für eine erfolgreiche Suche notwendig sind, ist unabhängig von der Reihenfolge, in der die Schlüssel eingefügt werden; sie hängt nur von der Anzahl der Schlüssel ab, die auf die einzelnen Adressen hashen.*

Beweis: Es genügt zu zeigen, dass die Gesamtzahl der Zugriffe für die beiden Hashfolgen $\mathcal{A}_1 := a_1, a_2, \ldots, a_i, a_{i+1}, \ldots, a_n$ und $\mathcal{A}_2 := a_1, a_2, \ldots, a_{i-1}, a_{i+1}, a_i, a_{i+2} \ldots, a_n$ die gleiche ist. Sei k der Schlüssel, der auf a_i hasht, k' entsprechend für a_{i+1}.

1. Fall: $a_i = a_{i+1}$

   Es ist offensichtlich, dass hier k und k' nur ihre Position in der Hash-Tabelle tauschen. Damit bleibt aber die *Belegungsstruktur* unverändert und die mittlere Zugriffszahl für eine erfolgreiche Suche invariant.

2. Fall: $a_i \neq a_{i+1}$

   Das Vertauschen der beiden Hash-Adressen führt nur dann zu einer anderen Hash-Tabelle, wenn für $\mathcal{A}_2$ Schlüssel k' den Platz belegt, der für $\mathcal{A}_1$ durch k belegt wurde. Sonst entstehen für beide Folgen identische Hash-Tabellen. In diesem Fall aber nimmt k die Position von k' ein, also auch hier tauschen die beiden Schlüssel höchstens ihre Position. ∎

Mit diesem Satz wissen wir, dass jede Permutation der Hashfolge $a_1, \ldots, a_n$ zur selben mittleren Anzahl an Zugriffen führt, entscheidend ist nur, wieviele Schlüssel auf die einzelnen Adressen hashen. Sei also $b_0, b_1, \ldots, b_{m-1}$ die Folge mit

$$b_j := |\{a_i \mid 1 \leq i \leq n \wedge a_i = j\}|, \qquad (0 \leq j < m).$$

Aus dieser Folge leiten wir die sog. *carry sequence* $c_0, c_1, \ldots, c_{m-1}$ ab, für die c_j die Anzahl der Schlüssel ist, bei deren Einfügung sowohl die Adresse j als auch die Adresse $j+1$ betrachtet wird. Es gilt für $j \in \{0, 1, \ldots, m-1\}$

$$c_j = \begin{cases} 0 & \text{falls } b_j = c_{(j-1) \bmod m} = 0, \\ b_j + c_{(j-1) \bmod m} - 1 & \text{sonst,} \end{cases}$$

denn:

1. Fall: $c_{j-1} = 0$ (d. h. kein *Übertrag* nach j)

$$
\begin{array}{r|c|}
j-1 & \phantom{\text{leer}} \\ \cline{2-2}
j & \text{leer} \\ \cline{2-2}
j+1 & \phantom{\text{leer}} \\ \cline{2-2}
\end{array}
\quad \leftarrow b_j \text{ viele Schlüssel hashen auf diese Adresse}
$$

Falls $b_j \in \{0,1\}$, so besucht keiner der auf j hashenden Schlüssel Adresse j und $j+1$, da genügend Platz in der Hash-Tabelle ist, um die Schlüssel an Adresse j zu speichern. Folglich ist $c_j = 0$. Ist $b_j \geq 2$, so werden Adresse j *und* $j+1$ von $b_j - 1$ vielen Schlüsseln besucht, einer der Schlüssel wird an Adresse j gespeichert und betrachtet deshalb Adresse $j+1$ nicht. Also: $c_j = b_j - 1$.

2. Fall: $c_{j-1} = 1$ (d. h. ein *Übertrag* nach j)

$$
\begin{array}{r|c|}
j-1 & \text{belegt} \\ \cline{2-2}
j & \text{belegt} \\ \cline{2-2}
j+1 & \phantom{\text{belegt}} \\ \cline{2-2}
\end{array}
\quad \leftarrow b_j \text{ viele Schlüssel hashen auf diese Adresse}
$$

Falls $b_j = 0$, so wird der eine von Adresse $j-1$ nach oben gereichte Schlüssel an Adresse j gespeichert; er muss also nicht Adresse $j+1$ betrachten. Damit ist $c_j = 0$. Ist $b_j \geq 1$ so werden die Adressen j und $j+1$ von b_j vielen Schlüsseln betrachtet, also $c_j = b_j$.

3. Fall: $c_{j-1} \geq 2$ (d. h. es gibt mehr als einen *Übertrag* nach j)

$$
\begin{array}{r|c|}
j-1 & \text{belegt} \\ \cline{2-2}
j & \text{belegt} \\ \cline{2-2}
j+1 & \text{belegt} \\ \cline{2-2}
\end{array}
\quad \leftarrow b_j \text{ viele Schlüssel hashen auf diese Adresse}
$$

Einer der nach oben gereichte Schlüssel kann an Adresse j gespeichert werden, die restlichen, also $c_{j-1} - 1$ viele, suchen weiter nach einer freien Position, betrachten also die Adressen j und $j+1$. Alle b_j vielen Schlüssel, die auf Adresse j hashen, finden diese auch belegt vor, und müssen so ebenfalls Adresse j und Adresse $j+1$ betrachten.

Wir haben also insgesamt

$$c_j = \begin{cases} 0 & \text{falls } b_j = c_{j-1} = 0, \\ b_j + c_{j-1} - 1 & \text{sonst.} \end{cases}$$

Die Berücksichtigung der Modulo-Arithmetik ergibt die obige Aussage. Dabei gibt es stets eine eindeutige Lösung für die c_j nach obiger Formel solange $n < m$ gilt.

Aus den c_j können wir nun leicht die mittlere Anzahl an Zugriffen für das Auffinden der Schlüssel zur Hashfolge $a_1, a_2, \ldots, a_n$ herleiten. Sie ist gegeben durch

$$\frac{1}{n}\left(n + \sum_{0 \leq i < m} c_i\right) = 1 + \frac{1}{n}\sum_{0 \leq i < m} c_i. \qquad (3.2)$$

Dabei entsteht der Faktor $\frac{1}{n}$ durch die Mittelung über alle n Schlüssel, deren Suche wir als gleichwahrscheinlich ansehen wollen, der Summand n in der Klammer entspricht dem Zugriff auf die Hash-Adresse $h(x)$ für alle n zu suchenden Schlüssel, und die Summe der c_i gibt an, wieviele zusätzliche Zugriffe notwendig sind, um Kollisionen mittels Linear Probing zu beseitigen.

Um von der festen Hashfolge $a_1, \ldots, a_n$ zu zufälligen Hashfolgen überzugehen, betrachten wir $q_k = \Pr[c_j = k]$, $j, k \in [0 : m-1]$. Dann ist $\sum_{0 \leq i < m} i \cdot q_i$ offensichtlich die mittlere Anzahl der Überträge von Adresse j nach Adresse $j + 1$. Folglich gilt für die erwartete Anzahl $\mathbb{E}[\mathsf{CS}_n]$ an Zugriffen zur erfolgreichen Suche eines zufälligen Schlüssels bei einer zufälligen Hashfolge der Länge n

$$\mathbb{E}[\mathsf{CS}_n] = 1 + \frac{1}{n}\sum_{0 \leq k < m}\sum_{0 \leq i < m} i q_i = 1 + \frac{m}{n}\sum_{0 \leq i < m} i q_i,$$

denn wir ersetzen in Gleichung (3.2) die feste Anzahl an Überträgen durch die erwartete. Fehlt uns noch ein Ausdruck für q_k. Unter unseren Annahmen ist die Wahrscheinlichkeit $p_k := \Pr[b_j = k]$, also die Wahrscheinlichkeit dafür, dass genau k Elemente einer zufälligen Hashfolge den Wert j haben, unabhängig von j und es gilt

$$p_k = \binom{n}{k}\left(\frac{1}{m}\right)^k \left(1 - \frac{1}{m}\right)^{n-k},$$

denn wir haben $\binom{n}{k}$ Möglichkeiten, die k mit j belegten Positionen auszuwählen, mit Wahrscheinlichkeit $\left(\frac{1}{m}\right)^k$ haben k Elemente einer zufälligen Hashfolge einen vorgegebenen Wert (nämlich j) und mit Wahrscheinlichkeit $\left(1 - \frac{1}{m}\right)^{n-k}$ haben die anderen Positionen einen anderen Wert (genau k viele sollen den Wert j haben). Für die Wahrscheinlichkeit q_k gilt nun:

$$
\begin{aligned}
q_0 = \Pr[c_j = 0] &= \Pr[b_j = 0 \wedge c_{(j-1) \bmod m} = 0] \\
&\quad + \Pr[b_j = 1 \wedge c_{(j-1) \bmod m} = 0] \\
&\quad + \Pr[b_j = 0 \wedge c_{(j-1) \bmod m} = 1] \\
&= q_0 p_0 + q_1 p_0 + q_0 p_1, \\
q_1 = \Pr[c_j = 1] &= \Pr[b_j = 0 \wedge c_{(j-1) \bmod m} = 2] \\
&\quad + \Pr[b_j = 1 \wedge c_{(j-1) \bmod m} = 1] \\
&\quad + \Pr[b_j = 2 \wedge c_{(j-1) \bmod m} = 0] \\
&= q_0 p_2 + q_1 p_1 + q_2 p_0
\end{aligned}
$$

und es gilt allgemein für $1 \leq k < m$

$$q_k = \Pr[c_j = k] = \sum_{0 \leq \lambda \leq k+1} \Pr[b_j = \lambda \wedge c_{(j-1) \bmod m} = k + 1 - \lambda]$$

$$= \sum_{0 \leq \lambda \leq k+1} p_\lambda \cdot q_{k+1-\lambda}.$$

Mit Hilfe der zwei Wahrscheinlichkeiten-Erzeugendenfunktionen $B(z) := \sum_{k \geq 0} p_k z^k$ und $C(z) := \sum_{k \geq 0} q_k z^k$ können wir nun den gesuchten Mittelwert bestimmen. Es ist (Konvolutionsformel)

$$\begin{aligned} B(z)C(z) &= p_0 q_0 + (q_0 - p_0 \cdot q_0)z + q_1 z^2 + q_2 z^3 + \cdots \\ &= p_0 q_0 (1 - z) + zC(z). \end{aligned} \tag{3.3}$$

Da $B(1) = 1$ gilt (B ist eine Wahrscheinlichkeiten-Erzeugendenfunktion) können wir entsprechend der TAYLOR-Entwicklung um den Punkt $z = 1$ $B(z)$ schreiben als $B(z) = 1 + (z - 1)D(z)$ für eine Potenzreihe $D(z)$ und es folgt, indem wir Gleichung (3.3) nach $C(z)$ auflösen,

$$\begin{aligned} C(z) &= \frac{p_0 q_0 (1 - z)}{B(z) - z} = \frac{p_0 q_0 (1 - z)}{1 + (z - 1)D(z) - z} \\ &= \frac{p_0 q_0 (1 - z)}{(1 - z)(1 - D(z))} = \frac{p_0 q_0}{1 - D(z)} = \frac{1 - D(1)}{1 - D(z)}. \end{aligned}$$

Die letzte Gleichung folgt, da $C(1) = 1$ gelten muss, also $\frac{p_0 q_0}{1 - D(1)} = 1$ und damit $p_0 q_0 = 1 - D(1)$ gilt.

Die mittlere Anzahl an Zugriffen ist demnach (wir kürzen $\frac{d^k}{dz^k} F(z)|_{z=1}$ als $F^{(k)}(1)$ ab)

$$1 + \frac{m}{n} C^{(1)}(1) = 1 + \frac{m}{n} \frac{D^{(1)}(1)}{1 - D(1)} = 1 + \frac{m}{2n} \frac{B^{(2)}(1)}{1 - B^{(1)}(1)},$$

da entsprechend der TAYLOR-Entwicklung

$$D(z) = B^{(1)}(1) + \frac{B^{(2)}(1)(z - 1)}{2!} + \frac{B^{(3)}(1)(z - 1)^2}{3!} + \cdots$$

gilt. Wir können nun unsere explizite Darstellung der p_k verwenden, um $B(z)$ und deren Ableitungen zu bestimmen. Es ist

$$B(z) = \sum_{k \geq 0} \binom{n}{k} \left(\frac{1}{m}\right)^k \left(1 - \frac{1}{m}\right)^{n-k} z^k = \left(\frac{z}{m} + 1 - \frac{1}{m}\right)^n$$

nach dem Binomischen Satz. Für die Ableitungen ergibt sich damit

$$B^{(1)}(1) \;=\; \frac{n}{m} \quad \text{und} \quad B^{(2)}(1) \;=\; \frac{n(n-1)}{m^2}.$$

Folglich erhalten wir insgesamt:

Satz 3.42 (Suchkosten mit linear probing (erfolgreich)):
Unter der Annahme, dass alle Hashfolgen der Länge n gleichwahrscheinlich sind, gilt für die erwartete Anzahl $\mathbb{E}[\mathrm{CS}_n]$ der zur erfolgreichen Suche eines zufälligen Schlüssels betrachteten Einträge der Hash-Tabelle

$$\mathbb{E}[\mathrm{CS}_n] \;\simeq\; \frac{1}{2}\left(1 + \frac{m-1}{m-n}\right) \;\sim\; \frac{1}{2}\left(1 + \frac{1}{1-\alpha}\right) \quad \text{für } \alpha = \frac{n}{m}.$$

Den Quotienten α in vorherigem Satz bezeichnet man als *Auslastungsgrad* der Hash-Tabelle.

Bemerkung 3.43 (Achtung: Vereinfachungen): Das Ergebnis im vorherigen Satz ist nicht exakt (deshalb $\simeq$), da wir bei seiner Herleitung bisher noch nicht erwähnte *Vereinfachungen* vorgenommen haben. So sind die Wahrscheinlichkeiten p_k *nicht* unabhängig voneinander, da die Nebenbedingung $\sum_j b_j = n$ erfüllt sein muss. In unserer Herleitung jedoch ist die Wahrscheinlichkeit für das Ereignis $\sum_j b_j < n$ potentiell größer als Null. Dennoch haben wir die wesentlichen Schritte der Analyse vollzogen, und man kann zeigen, dass die auf unserem Wege erzielte Asymptotik korrekt ist.   ◄

Wir wollen unsere Betrachtung des Linear Probing in diesem Modell damit beschließen, dass wir die mittlere Anzahl an Zugriffen für eine erfolglose Suche zitieren:

Satz 3.44 (Suchkosten mit linear probing (erfolglos)):
Unter der Annahme, dass alle Hashfolgen der Länge n gleichwahrscheinlich sind, gilt für die erwartete Anzahl $\mathbb{E}[\mathrm{CU}_n]$ der zur erfolglosen Suche eines zufälligen Schlüssels betrachteten Einträge der Hash-Tabelle

$$\mathbb{E}[\mathrm{CU}_n] \;\sim\; \frac{1}{2}\left(1 + \frac{1}{(1-\alpha)^2}\right) \quad \text{für } \alpha = \frac{n}{m}.$$

Bemerkung 3.45 (Einfluss von Löschungen): Wie wir schon zuvor erwähnt haben, verändern sich die Suchzeiten durch Löschungen beim Linear Probing nicht, da wir die Grabmale nicht wiederverwenden. Tatsächlich verschlechtern sich die Suchzeiten kontinuierlich, wenn Schlüssel gelöscht und neue wieder eingefügt werden, da immer längere Distanzen in der Hash-Tabelle abgesucht werden müssen, um eine freie Position zu finden. Diese Distanzen sind dann auch bei der Suche abzugehen. Man kann zeigen, dass nach einer längeren Zeit kontinuierlicher Löschungen und Einfügungen die erfolgreiche Suche im Mittel nahezu so schlecht wird wie die erfolglose.   ◄

3.6.5.1 Quadratic Probing

Doch wie verhalten sich andere Verfahren? Man kann durch eine entsprechende Analyse für das Quadratic Probing beweisen, dass dort

$$\mathbb{E}[\mathrm{CS}_n] \ \sim \ 1 + \ln\left(\frac{1}{1-\alpha}\right) - \frac{1}{2}\alpha \quad \text{und}$$

$$\mathbb{E}[\mathrm{CU}_n] \ \sim \ \frac{1}{1-\alpha} - \alpha + \ln\left(\frac{1}{1-\alpha}\right)$$

gilt. Die Plots in Abb. 3.42 zeigen einen Vergleich der erfolgreichen und erfolglosen Suche zwischen Linear und Quadratic Probing. Dabei gehört die untere Kurve in beiden Fällen zum Quadratic Probing (f ist auch hier unabhängig vom einzufügenden Schlüssel x). Da das Quadratic Probing bei der

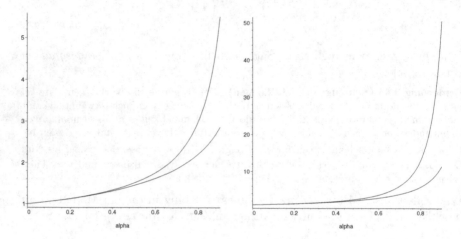

Abb. 3.42 Kosten der erfolgreichen (links) und erfolglosen Suche (rechts) des Linear und Quadratic (jeweils die untere Kurve) Probing als Funktion des Auslastungsgrades α.

Suche nach einer Ausweichposition besser streut, kann man den Unterschied der Suchzeiten als den Effekt des *Primary Clustering* interpretieren. Man erkennt, dass dieser mit $\alpha \to 1$ besonders für die erfolglose Suche drastische Ausmaße annimmt. Über den Einfluss des *Secondary Clustering* können wir noch keine Aussage treffen, denn davon ist auch das Quadratic Probing betroffen.

3.6.5.2 Uniformes Hashen

Um auch den Einfluss des Secondary Clustering quantifizieren zu können, betrachten wir nun ein idealisiertes Modell der offenen Adressierung, in dem beide Arten der Klumpenbildung vermieden werden. Dies ist das Modell des *Uniform Probing*, bei dem wir annehmen, dass die Folge der betrachteten Tabellenpositionen eine zufällige Permutation der Positionen $\{0, 1, \ldots, m-1\}$ ist. Damit ist bei jeder Konfiguration einer Hash-Tabelle der Größe m die n Schlüssel speichert, jede der *freien* Positionen mit gleicher Wahrscheinlichkeit

Ort der nächsten Einfügung (kein Primary Clustering) und Schlüssel behindern sich nicht gegenseitig bei der Suche nach einer Ausweichposition, da diese Suche rein zufällig verläuft (kein Secondary Clustering).

Bemerkung 3.46 (Uniformes Hashen und Random Probing): Man beachte, dass Uniform Probing eine stärkere Annahme als das oben besprochene Random Probing ist. Dort wird die Ausweichfolge $f(i, x)$ einmalig (und unabhängig von x) zufällig gewählt, dann aber für alle Einfügungen beibehalten. (Wir müssen schließlich beim Suchen diese Folge rekonstruieren können!)

Das Uniform Probing ist also eine idealisierte Annahme für die Analyse eines bestmöglichen offenes Hashverfahrens, die aber in dieser Form nicht implementierbar ist. ◄

Betrachte eine Hash-Tabelle mit n Schlüsseln, in die wir einen $(n + 1)$-sten Schlüssel einfügen wollen. Dieser Einfügevorgang benötigt genau r Zugriffe auf die Hash-Tabelle, wenn die (zufällige) Adresse auf die der Schlüssel hasht belegt ist, wenn die ersten $r - 2$ (zufälligen) Ausweichpositionen belegt sind und die $(r - 1)$-te Ausweichposition frei ist. Insgesamt müssen also $r - 1$ zufällige Positionen belegt und eine zufällige Position frei sein.

Wählen wir also r Positionen der Hash-Tabelle fest, $r - 1$ davon seien belegt, eine frei (wir tun so, also könnten wir die Folge der zufälligen Ausweichpositionen vorhersagen). Damit die Hash-Tabelle insgesamt n belegte Positionen hat, müssen noch $n - (r - 1)$ weitere Positionen belegt sein. Für diese stehen alle nicht von uns ausgewählten Positionen, also $m - r$ viele, zur Verfügung. Damit ist die Anzahl der Konfigurationen unserer Hash-Tabelle, die zu genau r Zugriffen führen durch $\binom{m-r}{n-r+1}$ gegeben. Folglich ist die Wahrscheinlichkeit p_r dafür, dass zum Einfügen eines $(n + 1)$-sten Schlüssels genau r Zugriffe auf die Hash-Tabelle notwendig sind, gleich

$$p_r = \binom{m-r}{n-r+1} \bigg/ \binom{m}{n},$$

denn der Binomialkoeffizient im Nenner entspricht der Anzahl aller möglichen Konfigurationen unserer Hash-Tabelle (Anzahl günstiger durch Anzahl möglicher Konfigurationen). Für die mittlere Anzahl an Zugriffen für eine erfolglose Suche (diese endet ja genau dort, wo ein neues Element eingefügt würde) folgt damit

$$
\begin{aligned}
\mathbb{E}[\mathsf{CU}_n] &= \sum_{1 \le r \le m} r \cdot p_r \\
&= (m + 1) - (m + 1) \underbrace{\sum_{1 \le r \le m} p_r}_{=1} + \sum_{1 \le r \le m} r \cdot p_r \\
&= (m + 1) - \sum_{1 \le r \le m} (m + 1 - r) p_r \\
&= (m + 1) - \sum_{1 \le r \le m} (m + 1 - r) \binom{m-r}{m-1-n} \bigg/ \binom{m}{n}
\end{aligned}
$$

$$
\begin{aligned}
&= (m+1) - \sum_{1 \leq r \leq m} (m-n) \binom{m+1-r}{m-n} \Big/ \binom{m}{n} \\
&= (m+1) - \frac{m-n}{\binom{m}{n}} \sum_{1 \leq r \leq m} \binom{m+1-r}{m-n} \\
&= m+1 - \frac{m-n}{\binom{m}{n}} \binom{m+1}{m-n+1} \\
&= m+1 - (m-n)\frac{m+1}{m-n+1} \\
&= \frac{m+1}{m-n+1} \qquad \text{für } 1 \leq n < m.
\end{aligned}
$$

Drücken wir dieses Ergebnis mit Hilfe des Auslastungsgrades $\alpha = \frac{n}{m}$ aus, so erhalten wir asymptotisch $\frac{1}{1-\alpha} = 1 + \alpha + \alpha^2 + \alpha^3 + \dots$ Dieses Ergebnis können wir wie folgt interpretieren: Mit Wahrscheinlichkeit 1 benötigen wir mindestens einen Zugriff. Mit Wahrscheinlichkeit α benötigen wir mehr als einen Zugriff, mit Wahrscheinlichkeit α^2 mehr als zwei Zugriffe usw.

Für die Anzahl Zugriffe für eine erfolgreiche Suche gilt folgender Zusammenhang:

$$
\mathbb{E}[\mathsf{CS}_n] = \frac{1}{n} \sum_{0 \leq k < n} \mathbb{E}[\mathsf{CU}_k].
$$

Diese Beziehung erklärt sich wie folgt: Die Kosten für eine erfolglose Suche sind gleich den Kosten dafür, das gesuchte Element einzufügen. Will man ein Element später wiederfinden, so ist exakt die gleiche Anzahl an Zugriffen nötig, die für dessen Einfügung benötigt wurde. Damit ergibt sich die mittlere Anzahl an Zugriffen für eine erfolgreiche Suche aus der Summe der Einfügekosten für die n gespeicherten Schlüssel gemittelt über die Anzahl der Schlüssel n.

Wir erhalten somit

$$
\begin{aligned}
\mathbb{E}[\mathsf{CS}_n] &= \frac{1}{n} \sum_{0 \leq k < n} \frac{m+1}{m-k+1} \\
&= \frac{m+1}{n} \left(\frac{1}{m+1} + \frac{1}{m} + \dots + \frac{1}{m-n+2} \right) \\
&= \frac{m+1}{n} (H_{m+1} - H_{m-n+1}) \\
&\sim \frac{1}{\alpha} \ln\left(\frac{1}{1-\alpha} \right).
\end{aligned}
$$

Dabei ist $H_n := \sum_{1 \leq i \leq n} \frac{1}{i}$ wieder die n-te Harmonische Zahl für die $H_n \sim \ln(n) + \gamma + \mathcal{O}(n^{-1})$ gilt, wobei γ die EULER-MASCHERONI-Konstante mit $\gamma = 0.5772156649\dots$ ist. Wir haben also insgesamt gezeigt:

Satz 3.47 (Suchkosten mit Uniform Probing):
Die erwartete Anzahl an Zugriffen auf eine Hash-Tabelle der Größe m
mit n Schlüsseln für eine erfolgreiche ($\mathbb{E}[\mathsf{CS}_n]$) bzw. erfolglose ($\mathbb{E}[\mathsf{CU}_n]$)
Suche ist für Uniform Probing mit $\alpha = \frac{n}{m}$ gegeben durch

$$\mathbb{E}[\mathsf{CU}_n] = \frac{m+1}{m-n+1} \sim \frac{1}{1-\alpha}, \qquad bzw.$$

$$\mathbb{E}[\mathsf{CS}_n] = \frac{m+1}{n}(H_{m+1} - H_{m-n+1}) \sim \frac{1}{\alpha}\ln\left(\frac{1}{1-\alpha}\right).$$

Bemerkung 3.48: Empirische Untersuchungen haben ergeben, dass die Ergebnisse aus vorherigem Satz bei der Verwendung des Double Hashing nahezu erreicht werden. ◀

Wir wollen die Plots aus Abb. 3.42 um die entsprechenden Kurven erweitern, um nun auch den Effekt des Secondary Clustering beobachten zu können (siehe Abb. 3.43). Die unterste der drei Kurven gehört jeweils dem Uniform

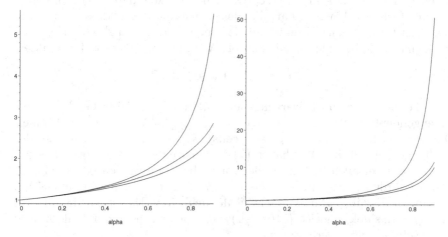

Abb. 3.43 Kosten der erfolgreichen (links) und erfolglosen Suche (rechts) des Linear, Quadratic (mittlere Kurven) und Uniform (unterste Kurven) Probing als Funktion des Auslastungsgrades α.

Probing. Wir erkennen, dass der negative Einfluss des Secondary Clustering eher gering ist, sodass es sich in der Praxis nicht lohnen wird, eine aufwändigere Ausweichstrategie als etwa das Quadratic Probing zu verwenden.

Bemerkung 3.49 (Einfluss der Speicherhierarchie): Tatsächlich basieren viele praktische Implementierungen auf dem Linear Probing, da dies die Lokalität der Speicherzugriffe garantiert. Dem Effekt des Clustering muss man dann durch eine großzügigere Wahl der Größe der Hash-Tabelle begegnen. ◀

3.6.6 Analyse des Indirect Chaining

Wir wollen nun die Kosten für eine erfolgreiche und eine erfolglose Suche in einer Hash-Tabelle mit Verkettung untersuchen. Wir nehmen auch hier wieder an, dass alle m^n möglichen Hashfolgen $a_1, a_2, \ldots, a_n$ mit $a_i \in [0 : m-1]$, $1 \leq i \leq n$, gleichwahrscheinlich sind.

Sei X_i die Zufallsvariable, welche die Länge der i-ten Liste beschreibt. Eine erfolglose Suche nach x referenziert einmal die Hash-Tabelle, um den Zeiger auf die entsprechende Lineare Liste zu finden, und vergleicht anschließend jedes Element der Liste mit x. Hat die betrachtete Liste die Länge k, so resultiert ein Gesamtaufwand von $1 + k$. Für CU_n die Kosten einer erfolglosen Suche in einer Hash-Tabelle mit n Schlüsseln ergibt sich so

$$\mathbb{E}[\mathsf{CU}_n] \;=\; \mathbb{E}\left[\frac{1}{m} \sum_{1 \leq i \leq m} (1 + X_i)\right],$$

wobei X_i von i unabhängig ist, denn in unserem Modell werden alle Positionen gleich behandelt. Deshalb ist die Wahrscheinlichkeit dafür, dass die erste Lineare Liste die Länge k hat, die gleiche wie die dafür, dass irgend eine andere Liste Länge k hat. Damit sind die Längen aller Listen gleich verteilt und wir können jede beliebige Zufallsvariable X_i durch X_1 ersetzen. Es resultiert

$$\mathbb{E}[\mathsf{CU}_n] \;=\; 1 + \mathbb{E}[X_1].$$

Wir können diesen Erwartungswert über die Wahrscheinlichkeiten-Erzeugendenfunktion $X(u)$ mit $X(u) := \sum_{k \geq 0} \Pr[X_1 = k] u^k$ bestimmen. Die erste Liste hat eine Länge von genau k, wenn k der n Elemente der Hashfolge gleich 0 sind. Wir haben $\binom{n}{k}$ Möglichkeiten die Positionen dieser k Elemente unter allen Positionen der Hashfolge auszuwählen. Da wir *genau* Länge k fordern, müssen die anderen $n - k$ Elemente einen Wert ungleich 0 annehmen. Es gibt dafür $(m-1)^{n-k}$ Möglichkeiten. Damit ist die Zahl der *günstigen* Hashfolgen gleich $\binom{n}{k}(m-1)^{n-k}$, teilen wir noch durch die Anzahl der *möglichen* m^n, so erhalten wir

$$\Pr[X_1 = k] \;=\; m^{-n} \binom{n}{k} (m-1)^{n-k}.$$

Wir erhalten damit

$$\begin{aligned}
X(u) &= \sum_{k \geq 0} m^{-n} \binom{n}{k} (m-1)^{n-k} u^k \\
&= m^{-n} \sum_{k \geq 0} \binom{n}{k} (m-1)^{n-k} u^k \\
&= m^{-n} (u + m - 1)^n.
\end{aligned}$$

Da aber $\frac{d}{du} \sum_{k\geq 0} \Pr[X_1 = k]u^k = \sum_{k\geq 1} k\Pr[X_1 = k]u^{k-1}$ gilt, ist

$$\mathbb{E}[X_1] \;=\; \frac{d}{du}X(u)\bigg|_{u=1} \;=\; \frac{n(u+m-1)^n}{(u+m-1)m^n}\bigg|_{u=1} \;=\; \frac{n}{m}.$$

Folglich ergibt sich insgesamt für die erfolglose Suche $\mathbb{E}[\mathsf{CU}_n] = 1 + \alpha$, α der Auslastungsgrad.

Bemerkung 3.50 (Binomialverteilung, Balls-into-Bins): Die Länge der Liste X_1 im uniformen Modell lässt sich auch als Ergebnis des sog. Balls-into-Bins-Zufallsexperiments beschreiben: Wir verteilen n Bälle (Balls) uniform und unabhängig auf m Körbe (Bins) und fragen uns, wie viele Bälle dabei im ersten Korb landen. Für jeden einzelnen Ball ist die Wahrscheinlichkeit dafür $1/m$, d.h. wir fragen nach der Gesamtzahl von Erfolgen bei n Wiederholungen eines Bernoulli-Experiments (eines Münzwurfs) mit Erfolgswahrscheinlichkeit $1/m$. Die Verteilung dieser Anzahl ist auch als Binomialverteilung mit Parametern n und $1/m$ bekannt, und wir haben oben eine Möglichkeit gesehen, den Erwartungswert dieser Verteilung zu berechnen. ◀

Wenden wir uns nun der erfolgreichen Suche zu. Sucht man (nacheinander) nach allen Elementen einer Liste der Länge k, so ist die Summe der hierzu notwendigen Zugriffe gleich $2 + 3 + \cdots + (k+1) = \frac{3}{2}k + \frac{1}{2}k^2$. Damit ist die erwartete Anzahl $\mathbb{E}[\mathsf{CS}_n]$ an Zugriffen für eine erfolgreiche Suche in einer Hash-Tabelle mit n Schlüsseln gegeben durch

$$\mathbb{E}[\mathsf{CS}_n] \;=\; \mathbb{E}\left[\frac{1}{n}\sum_{1\leq i\leq m}\frac{3}{2}X_i + \frac{1}{2}X_i^2\right] \;=\; \frac{m}{n}\left(\frac{3}{2}\mathbb{E}[X_1] + \frac{1}{2}\mathbb{E}[X_1^2]\right)$$

aufgrund der oben bereits erwähnten Gleichbehandlung aller Hash-Adressen. Nun ist

$$
\begin{aligned}
\frac{3}{2}\mathbb{E}[X_1] + \frac{1}{2}\mathbb{E}[X_1^2] \;&=\; \frac{3}{2}\sum_{k\geq 0} k\Pr[X_1 = k] + \frac{1}{2}\sum_{k\geq 0} k^2\Pr[X_1 = k] \\[2mm]
&=\; \sum_{k\geq 0} k\left(\frac{1}{2}k + \frac{3}{2}\right)\Pr[X_1 = k] \\[2mm]
&=\; \sum_{k\geq 0} k\left(\frac{1}{2}k - \frac{1}{2} + 2\right)\Pr[X_1 = k] \\[2mm]
&=\; 2\sum_{k\geq 0} k\Pr[X_1 = k] + \frac{1}{2}\sum_{k\geq 0} k(k-1)\Pr[X_1 = k] \\[2mm]
&=\; 2\frac{d}{du}X(u)\bigg|_{u=1} + \frac{1}{2}\frac{d^2}{du^2}X(u)\bigg|_{u=1} \\[2mm]
&=\; \frac{n(n-1+4m)}{2m^2}.
\end{aligned}
$$

Damit folgt für die erwartete Anzahl an Zugriffen für eine erfolgreiche Suche

$$\mathbb{E}[\mathsf{CS}_n] = \frac{n - 1 + 4m}{2m} = 2 + \frac{n-1}{2m} \sim 2 + \frac{\alpha}{2}.$$

Wir haben damit bewiesen:

Satz 3.51 (Suchkosten bei Indirect Chaining):
Die erwartete Anzahl an Zugriffen auf eine Hash-Tabelle der Größe m, welche n Schlüssel speichert, beträgt für eine erfolgreiche (CS_n) bzw. erfolglose (CU_n) Suche bei der Verwendung von Indirect Chaining

$$\mathbb{E}[\mathsf{CS}_n] = 2 + \frac{n-1}{2m} \qquad bzw. \qquad \mathbb{E}[\mathsf{CU}_n] = 1 + \frac{n}{m}.$$

Diese Suchzeiten können marginal verbessert werden, wenn man die zweite beschriebene Form einer Hash-Tabelle mit Verkettung verwendet, bei der das jeweils erste Element in der Hash-Tabelle abgespeichert wird. Damit entfällt der an und für sich nutzlose erste Zugriff auf die Tabelle, um den Zeiger auf den Listenanfang zu erhalten. Für unsere Erwartungswerte bedeutet dies, dass jede erfolgreiche Suche um einen Zugriff kürzer und eine erfolglose Suche um 1 verkürzt wird, sofern die adressierte Liste nicht leer ist. Es folgt

$$\mathbb{E}[\mathsf{CS}_n] = 1 + \frac{n-1}{2m} \qquad \text{und} \qquad \mathbb{E}[\mathsf{CU}_n] = \frac{n}{m} - \Pr[X_1 > 0] + 1.$$

Nach unserer Definition von $X(u)$ ist $X(0) = \Pr[X_1 = 0] = \left(\frac{m-1}{m}\right)^n$ und folglich $\Pr[X_1 > 0] = 1 - \Pr[X_1 = 0] = 1 - \left(\frac{m-1}{m}\right)^n$. Damit ist $\mathbb{E}[\mathsf{CU}_n] = \frac{n}{m} + \left(1 - \frac{1}{m}\right)^n$ und wegen $\left(1 - \frac{x}{n}\right)^n \to e^{-x}$ für $n \to \infty$ auch $\mathbb{E}[\mathsf{CU}_n] \sim \alpha + e^{-\alpha}$.

3.6.7 Universelles Hashing

Die oben gemachte Annahme der Gleichverteilung[10] auf den Schlüsseln in U bzw. einer Gleichverteilung aller durch die Hash-Funktion adressierten Positionen ist stark idealisierend. Es wäre deshalb vorteilhaft, Aussagen zu erhalten, die unabhängig von deren (unbekannten) Verteilung sind. Eine erste Überlegung jedoch zeigt, dass wir für jede Hash-Funktion eine Worst-Case Laufzeit von $\Theta(n)$ erzwingen können.

Aber was passiert, wenn wir mit einer Klasse $\mathcal{H}$ von Hash-Funktionen arbeiten, anstatt mit einer einzelnen Hash-Funktion? Zu Beginn der Berechnung würden wir *zufällig* eine Hash-Funktion $h \in \mathcal{H}$ wählen und Hashing mit Verkettung (Indirect Chaining) mit dieser Hash-Funktion durchführen. Die Idee dieses Vorgehens ist, dass eine einzelne Hash-Funktion durch eine

---

[10] Wir haben bei den Untersuchungen angenommen, dass alle Hashfolgen gleichwahrscheinlich sind. Bei einer Hash-Funktion, die idealerweise alle Adressen der Hash-Tabelle mit gleicher Wahrscheinlichkeit adressiert, ist dies gleichbedeutend mit einer Gleichverteilung auf den Schlüsseln.

bestimmte Operationenfolge zum Scheitern verurteilt ist, dass aber die meisten Hash-Funktionen diese Folge mit Bravour bestehen. Als erste Frage drängt sich auf: Was ist eine geeignete Klasse $\mathcal{H}$?

Definition 3.52 (Universelle Hash-Funktionen):
Eine Menge $\mathcal{H} \subseteq \{h \mid h : U \to \{0, \ldots, m-1\}\}$ heißt c-universell, falls für alle $x, y \in U$ mit $x \neq y$ gilt, dass

$$\left| \{h \in \mathcal{H} \mid h(x) = h(y)\} \right| \;\leq\; c \cdot \frac{|\mathcal{H}|}{m}. \qquad \blacktriangleleft$$

Wenn $\mathcal{H}$ c-universell ist, dann gibt es somit keine zwei Schlüssel, die mit Wahrscheinlichkeit größer als $\frac{c}{m}$ auf die gleiche Zelle abgebildet werden. Gibt es c-universelle Klassen von Hash-Funktionen für kleine Werte von c? Offensichtlich, man nehme z. B. alle Hash-Funktionen. Diese Idee ist alles andere als praktikabel: Wie wollen wir eine zufällig gewählte, *beliebige* Hash-Funktion auswerten? Der folgende Satz liefert eine kleine Klasse von leicht auswertbaren Hash-Funktionen.

Satz 3.53:
Es sei $U = \{0, 1, 2, \ldots, p-1\}$ für eine Primzahl p. Dann ist

$$\mathcal{H} \;=\; \left\{ h_{a,b} \;\middle|\; 0 \leq a, b < p, \; h_{a,b}(x) = ((ax + b) \bmod p) \bmod m \right\}$$

c-universell mit $c = (\lceil \frac{p}{m} \rceil / \frac{p}{m})^2$.

Beweis: Seien $x, y \in U$ beliebig gewählt. Es gelte $h_{a,b}(x) = h_{a,b}(y)$. Dies ist genau dann der Fall, wenn es $q \in \{0, \ldots, m-1\}$ und $r, s \in \{0, \ldots, \lceil \frac{p}{m} \rceil - 1\}$ gibt mit

$$\begin{aligned} ax + b &\equiv q + r \cdot m \pmod{p} \\ ay + b &\equiv q + s \cdot m \pmod{p}. \end{aligned} \qquad (*)$$

Für festes r, s, q ist dieses Gleichungssystem (mit den Unbekannten a und b) eindeutig lösbar. (Da p eine Primzahl ist, ist dies ein Gleichungssystem über dem Körper $\mathbb{Z}_p$. Die Matrix des Gleichungssystem ist

$$\begin{pmatrix} x & 1 \\ y & 1 \end{pmatrix}$$

und damit regulär.) Die Abbildung, die jedem Vektor (a, b) (mit $h_{a,b}(x) = h_{a,b}(y)$), den Vektor (q, r, s) mit Eigenschaft $(*)$ zuweist, ist somit bijektiv. Wir erhalten deshalb

$$\left|\{h \in \mathcal{H} \mid h(x) = h(y)\}\right| \;\leq\; m \cdot \left(\left\lceil \frac{p}{m} \right\rceil\right)^2$$

$$= \left(\left\lceil \frac{p}{m} \right\rceil / \frac{p}{m}\right)^2 \cdot \frac{p^2}{m}$$

$$= c \cdot \frac{|\mathcal{H}|}{m},$$

da $|\mathcal{H}| = p^2$. ∎

Die Annahme „$U = \{0, \ldots, p-1\}$ und p prim" sieht auf den ersten Blick realitätsfremd aus: Wir würden z. B. auch Zeichenketten als Schlüssel erwarten. Jedoch ist für uns nur die im Speicher abgelegte Binärdarstellung interessant und deshalb können wir tatsächlich stets annehmen, dass $U = \{0, \ldots, p-1\}$ gilt. Es bleibt die Forderung, dass p prim ist. Diese Forderung ist in den seltensten Fällen erfüllt, aber wer hindert uns daran, U so zu vergrößern, dass die Mächtigkeit eine Primzahl ist? Niemand!

Bemerkung 3.54: Auf den ersten Blick ist nicht abzusehen, um wie viel wir unser U vergrößern müssen, damit seine Mächtigkeit eine Primzahl wird. Das sog. BERTRAND'sche Postulat sagt uns aber, dass im schlimmsten Fall eine Verdoppelung der Größe notwendig ist:

> Für alle $n \geq 1$ gibt es eine Primzahl p mit $n < p \leq 2n$.

Sei nun $\mathcal{H}$ eine beliebige c-universelle Klasse von Hash-Funktionen und sei eine *beliebige* Folge von $n-1$ insert-, delete- und find-Operationen vorgegeben. Wir betrachten die n-te Operation mit Operand x und möchten die erwartete Laufzeit dieser Operation untersuchen.

Beachte, dass der Erwartungswert über alle Hash-Funktionen in $\mathcal{H}$ zu bestimmen ist. Die Operationenfolge ist fest vorgegeben und könnte möglicherweise von einem cleveren Gegner gewählt worden sein, um unser probabilistisches Hashverfahren in die Knie zu zwingen. Der Gegner kennt sehr wohl die Klasse $\mathcal{H}$, aber nicht die zufällig gewählte Funktion $h \in \mathcal{H}$.

Sei S die Menge der vor Ausführung der n-ten Operation präsenten Elemente aus U. Die erwartete Laufzeit der n-ten Operation bezeichnen wir mit E_n. Die erwartete Anzahl von Elementen aus S, deren Wert der Hash-Funktion mit dem des Operanden x der n-ten Operation kollidiert, sei mit K_n bezeichnet. Dann gilt

$$E_n \;\leq\; 1 + K_n \;=\; 1 + \frac{1}{|\mathcal{H}|} \sum_{h \in \mathcal{H}} \left|\{y \in S \mid h(x) = h(y)\}\right|$$

$$= 1 + \frac{1}{|\mathcal{H}|} \sum_{h \in \mathcal{H}} \sum_{y \in S, h(x)=h(y)} 1$$

$$= 1 + \frac{1}{|\mathcal{H}|} \sum_{y \in S} \sum_{h \in \mathcal{H}, h(x)=h(y)} 1$$

$$\leq 1 + \frac{1}{|\mathcal{H}|} \sum_{y \in S} c \cdot \frac{|\mathcal{H}|}{m},$$

denn die Klasse $\mathcal{H}$ ist c-universell! Folglich gilt

$$
\begin{aligned}
E_n &\leq 1 + c \cdot \frac{|S|}{m} \\
&\leq 1 + c \cdot \frac{n-1}{m}.
\end{aligned}
$$

Jetzt können wir auch sofort die erwartete Laufzeit E der ersten n Operationen bestimmen:

$$
\begin{aligned}
E &= E_1 + \cdots + E_n \\
&\leq \sum_{i=1}^{n} \left(1 + c \cdot \frac{i-1}{m} \right) \\
&= n + \frac{c}{m} \cdot \sum_{i=1}^{n} (i-1) \\
&= n + \frac{c}{m} \cdot \frac{n \cdot (n-1)}{2} \\
&\leq n \cdot \left(1 + \frac{c}{2} \cdot \frac{n}{m} \right)
\end{aligned}
$$

und die erwartete Laufzeit ist linear, wenn $n = \mathcal{O}(m)$. Wir haben damit den folgenden Satz gezeigt:

> **Satz 3.55 (Kosten bei universellem Hashing):**
> *Sei $\mathcal{H}$ eine c-universelle Klasse von Hash-Funktionen. Eine Folge von n Operationen sei beliebig (z.B. in Worst-Case Manier) gewählt. Dann ist die erwartete Laufzeit aller n Operationen durch*
>
> $$ n \left(1 + \frac{c}{2} \cdot \frac{n}{m} \right) $$
>
> *nach oben beschränkt.* ∎

3.7 Datenstrukturen für das Information Retrieval

Die Aufgabe des Information Retrievals besteht in der Konstruktion von Informationssystemen, die die inhaltliche Suche nach Dokumenten unterstützen. Die entwickelten Informationssysteme sollten dabei die *relevantesten* Dokumente bei meist nur vagen Anfragen ermitteln. Beispiele solcher Informationssysteme sind:

- Suchmaschinen für das Internet.
- Elektronische Ressourcen wie die Wikipedia (`http://www.wikipedia.de/`).
- Nachrichtenarchive wie etwa das Archiv der Frankfurter Allgemeinen Zeitung (`http://www.faz.net/`).
- Literatur- und Fachinformationsdatenbanken wie etwa das Fachinformationszentrum Karlsruhe (`http://www.fiz-karlsruhe.de`).

Wir gehen im Folgenden von dem einfachsten Fall aus, nämlich dass ein einzelnes Stichwort w als Anfrage vorliegt; der allgemeinere Fall von BOOLEschen Kombinationen von Stichwörtern lässt sich mit nur geringen konzeptionellen Modifikationen lösen. Das Informationssystem muss dann die relevantesten Dokumente bestimmen, in denen das Stichwort w vorkommt.

Wir konzentrieren uns in diesem Abschnitt auf die Datenstrukturen in Informationssystemen und nehmen an, dass bereits eine Relevanzgewichtung[11] der Dokumente vorgegeben ist.

Ein Informationssystem hat im Wesentlichen zwei Aufgaben zu lösen. Zuerst müssen Dokumente *indiziert*, also nach den im Dokument auftretenden Stichworten durchsucht werden. Für die Verwaltung der Stichwörter ist ein Index aufzubauen. Der Index sollte nur *inhalt-tragende* Wörter enthalten, wobei Kürzel wie ARD, BVB, EUR durchaus auftreten dürfen; Artikel hingegen wie auch Stopwörter (wie *und*, *oder*, *aber*) treten im Allgemeinen nicht auf. Basierend auf diesem Index sind als zweite Aufgabe die anfallenden Anfragen zu beantworten.

Die zu entwickelnde Datenstruktur muss somit die folgenden Operationen effizient unterstützen:

- Das Entfernen und Einfügen von Dokumenten.
- Das Einfügen neuer Stichwörter wie auch das Suchen nach Stichwörtern.
- Das Erzeugen einer nach Relevanz sortierten Auflistung der Dokumente, die ein vorgegebenes Stichwort enthalten.

Typischerweise müssen Informationssysteme gigantische Datenmengen verwalten. Beispielsweise speicherte die Suchmaschine Google bereits im Jahr 2011 etwa 38 Milliarden Webseiten[12] und beantwortete zig Millionen Anfragen täglich. Während die Kapazität moderner Festplatten wie auch die Prozessorgeschwindigkeit stetig zunimmt, so hat sich die Zugriffszeit der Festplatten mit 10 Millisekunden nur unwesentlich verbessert. Deshalb setzt man Datenstrukturen ein, die die Anzahl der Plattenzugriffe minimieren (betrachte als Beispiel die Lucene Java-Bibliothek von Apache `https://lucene.apache.org/core/`).

Wir beschreiben eine Datenstruktur, die Speicherplatz verschwenderisch nutzt, um die Antwortzeiten für Anfragen möglichst klein zuhalten. Die

---

[11] Dies ist bei einer Suchmaschine der sog. *Page Rank*; in einem statischen Informationssystem könnte eine durch Fachleute vorgenommene Sortierung verwendet werden.

[12] Konservative Schätzung aus dem August 2011.

Datenstruktur setzt sich typischerweise aus den folgenden Komponenten zusammen:

1) Die Sekundärstruktur bestehend aus der *Invertierten Liste*. Die Invertierte Liste unterstützt die effiziente Beantwortung der Anfragen und besteht ihrerseits aus dem *Index* und den *Fundstellendateien*. Für jedes Stichwort des Indexes wird eine eigene Fundstellendatei angelegt, die sämtliche Dokumente aufführt, die das Stichwort (oder ähnliche Stichworte) enthalten. Eine Fundstellendatei ist im Allgemeinen eine nach Relevanz sortierte Liste von Zeigern auf die jeweiligen Dokumente des Dokumentenindexes.

    Der Index wird in zwei Varianten implementiert. In der ersten Variante sind die Stichworte alphabetisch zu ordnen und ein B-Baum dient zur Implementierung. In der zweiten Variante wird Hashing eingesetzt, wobei vorausgesetzt wird, dass der Index (die für ihn verwendete Hash-Tabelle) im Hauptspeicher gespeichert werden kann. Die zweite Variante wird zum Beispiel von Google benutzt.

2) Die Primärstruktur besteht aus dem *Dokumentenindex* und der *Dokumentendatei*. Der Dokumentenindex enthält sämtliche gespeicherten Dokumente, die jeweils über eindeutige Dokumentennummern (diese dienen als Schlüssel) repräsentiert sind. Jedem Dokument ist eine Dokumentendatei zugeordnet, die auf sein Auftreten in den Fundstellendateien seiner Stichworte zeigt. Der Dokumentenindex wird als B-Baum implementiert.

Für eine Anfrage w wird der Index durchsucht und die relevantesten Dokumente der Fundstellendatei von w werden gezeigt. Wird ein Dokument mit Dokumentennummer d gelöscht, so wird das Dokument d zuerst mit Hilfe des Dokumentenindexes lokalisiert. Sodann wird d aus dem Dokumentenindex entfernt und sämtliche Verweise auf d werden (mit Hilfe seiner Dokumentendatei) in den jeweiligen Fundstellendateien beseitigt.

Wird d hinzugefügt, so werden, falls präsent, neue Wörter aus d dem Index hinzugefügt. (Für die Aufnahme eines neuen Wortes sind sorgfältige Kriterien zu erarbeiten!) Sodann wird d in den Index eingefügt und seine Dokumentendatei wird erstellt. Gleichzeitig werden die Fundstellendateien der Invertierten Liste um einen Verweis auf d erweitert, falls es sich um Fundstellen für Stichworte von d handelt. Für die Erweiterung einer Fundstellendatei zum Stichwort w ist die Relevanz von d zu ermitteln. Um ein schnelles Einfügen in Fundstellendateien zu gewährleisten, bietet sich auch für Fundstellendateien eine Organisation über B-Bäume an.

3.8 Quellenangaben und Literaturhinweise

Die hier dargestellte Analyse zur Effizienz binärer Suchbäume stammt aus [18]; dort sind viele weitere interessante Details zu finden. AVL-Bäume wurden erstmalig in [1] vorgestellt. Die hier präsentierte Implementierung ist an die aus [38] angelehnt. Splay-Trees gehen auf [32] zurück; ihr Effizient wurde zuerst in [33] ausführlich diskutiert. B-Bäume stammen aus [3]. Die zuvor nur skizzierten Digitalen Suchbäume und Tries werden in aller Ausführlichkeit in [19] diskutiert und analysiert. Auch für die Betrachtung des Hashing ist [18] eine ergiebige Quelle, die hier präsentierten Analysen gehen zum Großteil auf diese zurück. Das universelle Hashing wird beispielsweise in [8] behandelt.

3.9 Aufgaben

Aufgabe 3.1: Beweisen oder widerlegen Sie: Es gibt erweiterte binäre Bäume mit einer geraden Anzahl von Knoten $n \geq 2$.

Aufgabe 3.2: Sei T ein erweiterter Binärbaum mit n inneren Knoten. Beweisen Sie, dass stets $\mathsf{EPL}(T) = \mathsf{IPL}(T) + 2n$ gilt.

Aufgabe 3.3: Sei $T = (V, E)$ ein erweiterter Binärbaum mit Wurzel $r \in V$, und seien $u, v \in V$. Die Distanz $d(u,v)$ zwischen u und v ist gleich der Anzahl an Kanten auf dem kürzesten Weg von u nach v, wobei wir annehmen, dass wir die Kanten im Baum auch entgegen ihrer Richtung traversieren dürfen (Vater- und Nachfolgerzeiger). Mit dieser Bezeichnung gilt für die bereits bekannten Pfadlänge IPL und EPL

$$\mathsf{IPL}(T) \;=\; \sum_{v \in \mathcal{I}(T)} d(r,v) \quad \text{bzw.} \quad \mathsf{EPL}(T) \;=\; \sum_{v \in \mathcal{L}(T)} d(r,v).$$

(Zur Wiederholung: $\mathcal{I}(T)$ bezeichnet die Menge alle inneren Knoten, $\mathcal{L}(T)$ die Menge aller (fiktiven) Blätter von T.)

Wir führen die *interne freie* und die *interne-externe freie* Pfadlängen IFPL und IEFPL wie folgt ein:

$$\mathsf{IFPL}(T) \;:=\; \frac{1}{2} \cdot \sum_{u,v \in \mathcal{I}(T)} d(u,v) \quad \text{bzw.} \quad \mathsf{IEFPL}(T) \;=\; \sum_{u \in \mathcal{I}(T),\, v \in \mathcal{L}(T)} d(u,v).$$

Wir modifizieren die Struktur eines binären Suchbaums, indem wir in jedem Knoten v außer dem Schlüssel noch den größten und den kleinsten Schlüssel speichern, der im gesamten (Teil)suchbaum mit Wurzel v vorkommt. Mit dieser Information kann man direkt das im Teilbaum mit Wurzel v vorkommende *Schlüsselintervall* ablesen. Die Operation find(x,T) realisieren wir nun wie folgt: Wir beginnen unsere Suche bei einem beliebigen Knoten v von T. Dort überprüfen wir, ob x in dem durch den Teilbaum mit Wurzel v repräsentierten Intervall liegt. Falls ja, setzen wir an dieser Stelle die Suche nach dem üblichen Verfahren fort (d.h. wir entscheiden durch einen Schlüsselvergleich, ob wir in den linken oder rechten Teilbaum laufen müssen usw.). Falls nein, dann gehen wir zum Vaterknoten von v und starten die Suche nach dem modifizierten Verfahren erneut (d.h. wir testen, ob x im repräsentierten Intervall liegt usw.).

Zeigen Sie, dass für diesen Algorithmus (bei Gleichwahrscheinlichkeit der zu suchenden Schlüssel und der Startknoten) für die mittlere Laufzeit (wir betrachten Schlüsselvergleiche als Elementaroperationen) einer erfolgreichen

Suche $\mathsf{CS}_n(T)$ bzw. einer erfolglosen Suche $\mathsf{CU}_n(T)$ in einem binären Suchbaum T mit n Knoten gilt:

a) $\mathbb{E}[\mathsf{CS}_n(T)] \;=\; \dfrac{2}{n^2} \cdot \mathsf{IFPL}(T_e) + 1,$

b) $\mathbb{E}[\mathsf{CU}_n(T)] \;=\; \dfrac{1}{n(n+1)} \cdot \mathsf{IEFPL}(T_e).$

Dabei ist T_e der zu T gehörende erweiterte Baum.

Aufgabe 3.4: Konstruieren Sie aus der Schlüsselfolge $91, 11, 49, 85, 56, 77, 32$ den zugehörigen AVL-Baum. Starten Sie dazu mit dem leeren Baum, in den Sie den Schlüssel 91 einfügen. Fügen Sie in den resultierenden AVL-Baum den Schlüssel 11 ein usw. Stellen Sie jeden so entstehenden Baum einzeln graphisch dar, wobei an jedem Knoten sein Balancegrad notiert werden soll. Wird nach dem Einfügen eine Rotation notwendig, so geben Sie an, welcher Typ von Rotation an welchem Knoten angewendet werden muss; der aus der Rotation resultierende Baum soll dann als neue Graphik dargestellt werden. Geben Sie auch den aus der Schlüsselfolge $91, 11, 49, 85, 56, 32, 77$ resultierenden Baum an. Was fällt beim Vergleich der beiden Bäume auf?

Aufgabe 3.5: Bei der Analyse der FIBONACCI-Bäume haben wir für die Rekursionsgleichung $f_0 = f_1 = 1$, $f_i = f_{i-1} + f_{i-2}$, $i \geq 2$, eine geschlossene Darstellung der Erzeugendenfunktion $F(z) := \sum_{i \geq 0} f_i z^i$ hergeleitet.

a) Wie sieht eine geschlossene Darstellung der Erzeugendenfunktion für die über die (inhomogene) Rekursionsgleichung $n_1 = 1$, $n_2 = 2$, $n_i = n_{i-1} + n_{i-2} + 1$, $i \geq 3$, definierte Zahlenfolge aus?

b) Lösen Sie die inhomogene lineare Rekursionsgleichung

$$a_0 \;=\; 1, \quad a_i \;=\; 3 \cdot a_{i-1} + 2^i, \quad (i \geq 1),$$

c) und die inhomogene lineare Rekursionsgleichung

$$b_0 \;=\; b_1 = 1, \quad b_{i+2} \;=\; 3 \cdot b_{i+1} - 2 \cdot b_i + i, \quad (i \geq 0),$$

durch den Einsatz von Erzeugendenfunktionen.

Aufgabe 3.6: Verwenden Sie Satz 3.17, um folgende homogene lineare Rekursionsgleichungen zu lösen:

a) $a_1 = 1$, $a_2 = 4$, $a_i = 2 \cdot a_{i-1} + 3 \cdot a_{i-2}$, $(i \geq 3)$.

b) $b_0 = 5$, $b_1 = 7$, $b_2 = 9$, $b_i = 12 \cdot b_{i-2} - 16 \cdot b_{i-3}$, $(i \geq 3)$.

Aufgabe 3.7: Bestimmen Sie mit Hilfe der Subtraktionsmethode (diese haben wir bei der Analyse der Suchzeiten binärer Suchbäume kennengelernt) eine lineare Rekursionsgleichung, die dieselbe Zahlenfolge erzeugt, wie die nachfolgende Rekursionsgleichung mit *Full History*:

$$X_0 \;=\; 1, \quad X_i \;=\; 3 + \frac{2}{i} \sum_{0 \leq k < i} X_k, \quad (i \geq 1).$$

Aufgabe 3.8: Wir haben gesehen, dass das Einfügen einer sortierten Folge in einen binären Suchbaum diesen zu einer Liste entarten lässt. Wir untersuchen, ob dieser Effekt bereits durch das Vorkommen sortierter Teilfolgen in der Einfügefolge erzwungen wird.

Sei $(x_i)_i = x_1, \ldots, x_k$ eine Folge, dann ist $x_{i_1}, \ldots, x_{i_l}$ eine Teilfolge von $(x_i)_i$ der Länge $l \leq k$, falls $i_j < i_{j+1}$ für $1 \leq j \leq l - 1$ gilt. (Eine Teilfolge ist also die ursprüngliche Folge oder sie entsteht durch Weglassen von Einträgen der ursprünglichen Folge.)

Eine Folge $y_1, \ldots, y_l$ heißt monoton, falls entweder $y_i \leq y_{i+1}$ für alle i mit $1 \leq i \leq l - 1$ gilt, oder $y_i \geq y_{i+1}$ für alle i mit $1 \leq i \leq l - 1$ gilt.

Die Einfügefolge $(x_i)_i = x_1, \ldots, x_k$, die den binären Suchbaum T erzeugt, bestehe aus paarweise verschiedenen natürlichen Zahlen. Es sei H die Höhe von T und es sei l die Länge einer längsten monotonen Teilfolge von $(x_i)_i$.

Zeigen oder widerlegen Sie:

1. Es gilt stets $H \leq l$.
2. Es gilt stets $H \geq l$.
3. Es gilt stets $H = l$.

Aufgabe 3.9: Zur Wiederholung: Ein gewichtsbalancierter Baum ist ein binärer Baum, in dem für jeden Knoten $v \in V$ der Quotient $\frac{1+|V_l|}{1+|V|}$ einen Wert aus dem Intervall $[\alpha, 1 - \alpha]$ annimmt, α fest aus $[0, \frac{1}{2}]$. Dabei ist V die Menge der Knoten des Teilbaums mit Wurzel v und V_l die Menge der Knoten im linken Teilbaum des Knotens v.

a) Zeigen Sie, dass für die Höhe $\mathsf{h}(T)$ eines α-balancierten Baums T für $\alpha \neq 0$ gilt

$$\mathsf{h}(T) \;\leq\; 1 + \mathrm{ld}^{-1}\left(\frac{1}{1-\alpha}\right)(\mathrm{ld}(n+1) - 1).$$

b) Seien u, v und t die in der Darstellung der einfachen und doppelten AVL-Rotationen ausgezeichneten Knoten. Sei weiter $bal_{vor}(\cdot)$ der Gewichts-Balancegrad des Knotens $\cdot$ vor einer Rebalancierungs-Operation und $bal_{nach}(\cdot)$ der Gewichts-Balancegrad von $\cdot$ nach dieser Operation. Berechnen Sie für die relevanten Knoten u, v und t und für jede der vier Rotationsarten die Balancegrade $bal_{nach}(\cdot)$ in Abhängigkeit der Balancegrade $bal_{vor}(\cdot)$.

Aufgabe 3.10: Stellen Sie für jedes Element der Einfügefolge 3, 6, 16, 17, 30, 31, 46, 60, 68, 69, 76, 78, 87, 95, 125 jeweils den Baum nach Einfügen des Elements in einen anfänglich leeren

a) B-Baum der Ordnung $m = 4$,
b) Digitalen Suchbaum und
c) Trie

dar. Für die Aufgabenteile b) und c) wandeln Sie die Elemente zunächst in 7-Bit-Binärzahlen um.

Aufgabe 3.11: Geben Sie Algorithmen für das Einfügen (insert) und Löschen (delete) eines Elements im Trie an. Ein Element sei dabei als binärer String der Länge k (globale Konstante) gegeben.

Aufgabe 3.12: Wir betrachten Hashing mit dem Universum $\mathbb{N}$ und der Hash-Funktion $h(x) = x^2 \bmod 17$. Unsere Hash-Tabelle habe entsprechend die Adressen $\{0, 1, 2, \ldots, 16\}$. Gegeben ist die Schlüsselfolge $16, 22, 5, 19, 4, 12, 1, 7, 10, 3$.

a) Wie sieht die Hash-Tabelle nach dem Einfügen der Schlüsselfolge in die anfangs leere Hash-Tabelle bei Verwendung von *linear probing* für $\gamma = 3$ aus?

b) Wie sieht die Hash-Tabelle nach dem Einfügen der Schlüsselfolge in die anfangs leere Hash-Tabelle bei Verwendung von *quadratic probing* aus?

c) Wie sieht die Hash-Tabelle nach dem Einfügen der Schlüsselfolge in die anfangs leere Hash-Tabelle bei Verwendung von *add to hash* aus?

Aufgabe 3.13: Wir betrachten Hashing mit Indirect Chaining und nehmen zur Vereinfachung an, m sei eine gerade Zahl. Entgegen der bisherigen Annahmen seien nicht alle Hash-Folgen $a_1, a_2, \ldots, a_n$ gleichwahrscheinlich, sondern eine gerade Adresse (und die Null) werde doppelt so häufig durch unsere Hash-Funktion adressiert wie eine ungerade. Alle geraden Adressen (und die Null) untereinander seien gleichwahrscheinlich, ebenso alle ungeraden. Bestimmen Sie unter dieser Annahme die erwarteten Kosten für eine erfolglose Suche in einer Hash-Tabelle mit n Schlüsseln. Dabei werde auch für die Suche eine gerade Adresse (und die Null) doppelt so häufig aufgesucht wie eine ungerade.

Hinweis: Zu Lösung dieser Aufgabe bietet es sich an, zuerst die Analyse für die uniforme Verteilung aller Hash-Folgen zu erarbeiten, um dann Veränderungen an den passenden Stellen vorzunehmen.

Aufgabe 3.14: Wir betrachten das folgende offene Verfahren zur Beseitigung von Kollisionen beim Hashing: Im Falle einer Kollision an der Speicherzelle mit Adresse a werden nacheinander die Adressen $a + 1^2 = a + 1$, $a + 2^2 = a + 4$, $a + 3^2 = a + 9$, $a + 4^2 = a + 16$, ... (modulo der Größe der Hash-Tabelle) aufgesucht, bis eine freie Zelle gefunden wird.

Zeigen Sie, dass man bei diesem Verfahren immer eine freie Speicherzelle findet, wenn die Größe der Hash-Tabelle eine Primzahl größer als 3 und die Hash-Tabelle mindestens halb leer ist.

Aufgabe 3.15: Zeigen Sie, dass für eine geeignete Konstante c und für alle $N, m \in \mathbb{N}$ die Menge aller Hash-Funktionen $h : [1 \ldots N] \to [0 \ldots m]$ c-universell ist.

Bestimmen Sie den minimalen Wert von c.

Kapitel 4
Sortieren

In diesem Kapitel wollen wir uns einem anderen Standardproblem der Informatik zuwenden, dem Sortieren. Dabei geht es darum, eine Menge von Daten, deren Elemente in der Regel eindeutig über einen Schlüssel identifiziert werden, in die bzgl. des Schlüssels aufsteigend sortierte Anordnung zu bringen. Wie auch bei den Wörterbüchern abstrahieren wir von den sonstigen Daten eines Datensatzes und betrachten nur die Schlüsselwerte. Der Datentyp der Schlüssel spielt dabei keine wesentliche Rolle. Wichtig ist nur, dass für die Schlüssel eine totale Ordnung existiert, die für unsere Programme über eine Vergleichsoperation $<$ zur Verfügung steht.

Unsere Implementierungen in Java verwenden dazu wie in Abschnitt 3.1.1 beschrieben die `Comparable`/`Comparator`-Abstraktion, um Objekte beliebigen Typs mit den selben Algorithmen sortieren zu können. Ohne Beschränkung der Allgemeinheit können wir deshalb gedanklich stets folgendes Szenario verwenden:

Gegeben ist ein Feld A der Größe n, das die Zahlen 1 bis n in beliebiger Anordnung speichert; keine der Zahlen kommt doppelt vor. Wie können wir mit möglichst wenig Aufwand A in das Feld verwandeln, das die Zahlen in aufsteigender Anordnung enthält? Als Kosten wollen wir dabei zum einen die Anzahl notwendiger Vergleiche zwischen je zwei Schlüsseln, aber auch die Anzahl an Umspeicherungen von Schlüsseln betrachten.

Die Annahme, dass die Daten in einem Feld gespeichert sind, stellt solange keine Einschränkung dar, wie die Daten im Arbeitsspeicher Platz finden. Sind die Daten jedoch auf einem peripheren, sequentiellen Medium gespeichert, wie etwa ein Magnetband, so können wir zu jeder Zeit nur auf genau ein Datum zugreifen. Wir werden sehen, dass in diesem Fall die meisten besprochenen Verfahren nicht angewendet werden können, da sie den wahlfreien Zugriff auf die Feldelemente intensiv ausnutzen. Nur eines der Verfahren, das wir betrachten werden – Mergesort – wird auch in dieser Situation funktionieren, siehe Abschnitt 4.7.6.

In manchen Anwendungen kann man entgegen obiger Annahme Vorteile aus speziellen Eigenschaften der Eingabe ziehen. Zum Beispiel kann man

© Springer Fachmedien Wiesbaden GmbH, ein Teil von Springer Nature 2018
M. Nebel und S. Wild, *Entwurf und Analyse von Algorithmen*,
Studienbücher Informatik, https://doi.org/10.1007/978-3-658-21155-4_4

ganze Zahlen schneller sortieren als durch die Verwendung der allgemeinen
Sortierverfahren für das obige vergleichs-basierte Modell; dem wenden wir
uns in Abschnitt 4.8 zu.

4.1 Konventionen für die Implementierungen

Wir realisieren unsere Sortiermethoden in Java als statische Methoden, die auf
einem Array arbeiten. Wie eingangs erwähnt, wollen wir Implementierungen
für einen generischen Arraytyp verwenden, wobei wir zusätzlich zum Array
jeweils einen `Comparator` als Argument erwarten, der die Ordnung definiert,
bezüglich der sortiert werden soll. Die Implementierungen folgen also alle dem
gleichen Schema, das wir hier einmal explizit angeben wollen:

```
1 public class Sort {
2     /** Sorts A[1..n] wrt c, may use A[0] for sentinel */
3     public static <Elem> void sort(Elem[] A, Comparator<Elem> c) {
4         int n = A.length - 1;
5         // ...
6     }
7 }
```

Konvention: Index ab 1: Wir treffen dabei für alle Implementierungen die
Vereinbarung, dass wir *nur die Indizes 1 bis n sortieren;* wir lassen also den
Index 0, der in Java immer existiert, explizit außen vor! Warum? Zum Einen
vereinfacht das in einigen Fällen die Argumentation, da wir in unserem kanonischen Sortierszenario dann die Zahlen $1, \ldots, n$ nach dem Sortieren gerade
an den Position $1, \ldots, n$ finden; und zum Anderen werden manche Implementierungen von der freien Speicherzelle `A[0]` Gebrauch machen, um mithilfe
eines sog. „Wächters", in der Literatur auch *Sentinels* genannt, effizienter zu
sortieren.

Um eine einheitliche Schnittstelle für alle Sortierverfahren zu haben, reservieren wir `A[0]` auch für diejenigen Verfahren, die diese Extrazelle gar
nicht verwenden. Da es manchen Anwendungen nicht möglich ist, eine solche
zusätzliche Arrayzelle bereitzustellen, heben wir bei jeder Implementierung
hervor, ob sie `A[0]` benötigt. Falls nicht, so lässt sich die Methode leicht so
anpassen, dass sie die Indizes $0, \ldots, n-1$ statt $1, \ldots, n$ verwendet.

Man beachte, dass n stets die Anzahl Objekte bezeichnet, die wir sortieren
möchten, während A folglich die Größe $n+1$ (inkl. Wächterzelle) hat.

Hilfsfunktionen: Um die Lesbarkeit des Java-Codes zu erhöhen, verwenden
wir die folgenden Hilfsmethoden:

```
1     static <Elem> void swap(Elem[] A, int i, int j) {
2         Elem tmp = A[i]; A[i] = A[j]; A[j] = tmp;
3     }
4     static <Elem> boolean less(Elem x, Elem y, Comparator<Elem> c) {
5         return c.compare(x,y) < 0;
6     }
```

Comparable statt Comparator: Statt eines expliziten `Comparator`-Objekts könnte man auch verlangen, dass die zu sortierenden Objekte das `Comparable`-Interface implementieren, um eine Ordnungsrelation auf den Objekten anzugeben. Wir verwenden für die Sortiermethoden hier den flexibleren Ansatz des `Comparators`, da beim Sortieren sehr häufig verschiedene Ordnungsrelationen eingesetzt werden. In Bemerkung 3.2 sind einige Hilfsmethoden der Java-Bibliothek aufgeführt, die den Umgang mit `Comparator`-Objekten bequem machen.

4.2 Primitive Sortier-Algorithmen

In diesem Abschnitt wollen wir einige Sortier-Algorithmen betrachten, die sich dadurch auszeichnen, dass die Art und Weise, wie die Daten sortiert werden, in einem gewissen Sinne, den wir erst am Ende präzise fassen werden, „primitiv" ist.

Alle Verfahren sind einigermaßen naheliegend und wurden schon vor Erfindung der Computer zum Sortieren verwendet, weshalb sie einen guten Einstieg in das Sortieren bieten. Wie wir in der abschließenden Analyse (Abschnitt 4.2.4) sehen werden, reichen die primitiven Verfahren aber nicht aus, um so effizient wie möglich zu sortieren.

4.2.1 Bubble-Sort

Die vielleicht einfachste Methode, eine Menge von verschiedenen Schlüsseln zu sortieren, ist *Bubble-Sort*. Man stellt sich vor, dass das Feld A derart aufrecht steht, dass der Index 1 oben, der Index n unten liegt. Die Schlüsselwerte werden als Gewicht betrachtet, so dass kleine Schlüssel leicht und große Schlüsselwerte schwer sind. Dann steigen die kleinen (leichten) Schlüsselwerte wie Luftblasen im Wasser nach oben.

Um dieses Aufsteigen zu implementieren, laufen wir das Feld wiederholt von unten nach oben ab und vergleichen dabei stets zwei benachbarte Schlüssel. Ist der untere Schlüssel kleiner als der obere, so vertauschen wir beide. Damit ist der kleinste aller Schlüssel nach einem Durchlauf bei Index 1 angekommen, in allen weiteren Durchläufen werden wir diese Feldposition nicht mehr betrachten. In jedem weiteren Lauf wird je ein weiterer Schlüssel seine richtige Position einnehmen; im i-ten Durchgang wird der i-kleinste Schlüssel (also in unserem Szenario die Zahl i) an die Position gebracht, an die er im sortierten Feld gehört. Eine konkrete Implementierung in Java gelingt – unter Verwendung der in Abschnitt 4.1 eingeführten Hilfsmethoden – mit zwei geschachtelten `for`-Schleifen.

```
1   /** Sorts A[1..n], does not use A[0] */
2   public static <Elem> void bubbleSort(Elem[] A, Comparator<Elem> c) ↵
        {
3       int n = A.length - 1;
4       for (int i = 1; i <= n-1; ++i)
```

```
5        for (int j = n; j >= i+1; --j)
6            if (less(A[j], A[j - 1], c)) swap(A, j, j - 1);
7    }
```

Beispiel 4.1: Nachfolgende Tabelle zeigt das Feld A vor dem Sortieren und jeweils nach einem Durchlauf der Schleife für i. Der Schlüssel, der im nächsten betrachteten Lauf an seine Position gebracht wird, ist fett hervorgehoben.

initial	nach i = 1	nach i = 2	nach i = 3	nach i = 4	nach i = 5
4	1	1	1	1	1
2	4	2	2	2	2
3	**2**	4	3	3	3
1	3	**3**	4	4	4
6	5	5	5	**5**	5
5	6	6	6	6	6

Für die Schleife über j wollen wir nur den Fall i = 1 betrachten. In der nachfolgenden Tabelle gibt es für jeden dabei auftretenden j-Wert eine Spalte, in der die Konfiguration des Feldes vor der if-Abfrage abgebildet ist. Die jeweils miteinander verglichenen Schlüssel sind fett hervorgehoben.

j = 6	j = 5	j = 4	j = 3	j = 2	j = 2 nach if
4	4	4	3	**4**	1
2	2	2	**2**	1	4
3	3	**3**	1	2	2
1	1	1	3	3	3
6	5	5	5	5	5
5	6	6	6	6	6

Man sieht, dass im Beispiel das Feld bereits nach dem Durchlauf i = 3 sortiert ist. Dies erkennt der Algorithmus aber nicht und arbeitet unnötigerweise weiter seine beiden Schleifen ab.

Wir nehmen deshalb eine kleine Modifikation vor. Wir nutzen dazu aus, dass, falls die in einem Durchgang letzte ausgeführte Vertauschung zwischen $A[t]$ und $A[t-1]$ durchgeführt wurde, $A[t-1]$ das kleinste der letzten $n - t + 2$ Elemente ist und folglich $A[1] < A[2] < \cdots < A[t-2] < A[t-1]$ gilt, denn es wurde ja keine weitere Vertauschung durchgeführt (keines der $A[j]$, $j \leq t-1$, ist weiter aufgestiegen). Damit muss im nächsten Durchlauf nur noch das Feld rechts (in unserer Anschauung unterhalb) des Indexes $t-1$ sortiert werden.

Umgesetzt in unsere Implementierung erhalten wir so die folgende verbesserte Variante des Bubble-Sort:

```
1    /** Sorts A[1..n], does not use A[0] */
2    public static <Elem> void bubbleSortImproved(
3            Elem[] A, Comparator<Elem> c) {
```

```
4      int n = A.length - 1; int t = 0;
5      do {
6          int i = t+1; t = 0;
7          for (int j = n; j >= i+1; --j)
8              if (less(A[j], A[j - 1], c)) {
9                  swap(A, j, j - 1); t = j - 1;
10             }
11     } while (t != 0);
12  }
```

Nun erkennt der Algorithmus nach einem einmaligen Durchlauf ohne Vertauschungen, dass er mit dem Sortieren fertig ist. Bubble-Sort wird auch
Sortieren durch direktes Austauschen genannt.

Wir verschieben die Analyse von Bubble-Sort auf Abschnitt 4.2.4, da die
Analyse ähnlich zu derjenigen der folgenden Verfahren ist.

4.2.2 Insertion-Sort

Anschaulich funktioniert *Insertion-Sort* so, wie ein erfahrener Kartenspieler
die Spielkarten auf der Hand sortiert. Er nimmt die erste Karte auf, und steckt
sie in die Hand. Dann nimmt er die zweite Karte auf und vergleicht sie mit
der ersten. Anschließend wird die neue Karte an ihre Position gesteckt. Wenn
er die i-te Karte aufnimmt, vergleicht er sie mit den bereits $i - 1$ sortierten
Karten auf seiner Hand, und steckt die i-te an die richtige Stelle in mitten
der anderen Karten.

Auf die gleiche Weise können wir auch unser Array sortieren. Die Rolle
der Hand spielt dabei im i-ten Durchlauf der Bereich mit den Indizes 1
bis $i - 1$. Dieser Bereich des Feldes ist wie die Spielkarten auf der Hand
bereits sortiert. Um den i-ten Schlüssel an seiner Position einzufügen, ist es
sinnvoll zwischen Vergleichen und Vertauschungen abzuwechseln: Wir lassen
den i-ten Schlüssel nach derselben Methode wie beim Bubble-Sort (nur in
entgegengesetzter Richtung) nach links laufen, bis er seine Position gefunden
hat. Da die Positionen 1 bis $i - 1$ bereits sortiert sind, signalisiert der erste
Vergleich, bei dem das betrachtete Element nicht kleiner ist als sein direkter
Nachbar, dass wir die richtige Stelle gefunden haben.

Doch was ist, wenn der i-te Schlüssel kleiner ist als alle zuvor? In diesem
Fall können wir diese Abbruch-Bedingung nicht verwenden; wir müssen eine
zusätzliche Bedingung j > 1 stellen, um diesen Spezialfall zu erkennen.

```
1  /** Sorts A[1..n], does not use A[0] */
2  public static <Elem> void insertionSort(Elem[] A, Comparator<Elem> c) {
3      int n = A.length - 1;
4      for (int i = 2; i <= n; ++i)
5          for (int j = i; j > 1 && less(A[j], A[j - 1], c); --j)
6              swap(A, j, j - 1);
7  }
```

Wir können diese kompakte Implementierung auf zwei Arten optimieren. Die
erste Beobachtung ist, dass stets eines der Argumente von swap das Element

ist, das wir gerade einfügen. Es ist also überflüssiger Aufwand, dieses Element wieder und wieder in das Array zu schreiben, nur um es in der nächsten Iteration gleich nochmal zu verschieben. Stattdessen können wir (ähnlich zum Einfügen in Listen in sequentieller Darstellung), alle Elemente um eine Position verschieben und A[i] nur einmal am Ende in die endgültige Position schrieben.

Zweitens können wir durch eine geschickte Optimierung die Bedingung j > 1 beseitigen: Dazu nutzen wir aus, dass entsprechend unserer Konvention die Speicherzelle A[0] zur Verfügung steht und weisen dieser stets das einzufügende Element zu. Dann signalisiert die Gleichheit mit dem Nachbarn, dass wir mit dem Einfügen fertig sind. Eine entsprechende Implementierung sieht im Detail dann folgendermaßen aus:

```
1  /** Sorts A[1..n], needs A[0] for sentinel. */
2  public static <Elem> void insertionSortSentinel( ... ) {
3      int n = A.length - 1;
4      for (int i = 2; i <= n; ++i) {
5          Elem x = A[i]; A[0] = x; int j = i;
6          while ( less(x, A[j-1], c) ) {
7              A[j] = A[j-1]; --j;
8          }
9          A[j] = x;
10     }
11 }
```

Diese Kopie des einzufügenden Wertes übernimmt die schon zuvor erwähnte Rolle eines *Sentinels*, wodurch das Terminieren der Schleife garantiert wird. Wir haben denselben Trick schon in Abschnitt 2.1.3.4 für die Optimierung der Suche in verketteten Listen verwendet.

Beispiel 4.2: Wir betrachten die Eingabe A=[6,4,5,2,3,1]. Nachfolgende Tabelle zeigt das Feld A (ohne die *Hilfsposition* 0, die als Sentinel verwendet wird) jeweils vor und nach dem entsprechenden Durchlauf der while-Schleife. Der Schlüssel, der im betrachteten Lauf an seine Position gebracht wird, ist fett hervorgehoben, das bereits sortierte *Präfix* des Feldes unterstrichen:

i	A vor der while-Schleife	A nach der Anweisung A[j] = x
2	[6,4,5,2,3,1]	[4,6,5,2,3,1]
3	[4,6,5,2,3,1]	[4,5,6,2,3,1]
4	[4,5,6,2,3,1]	[2,4,5,6,3,1]
5	[2,4,5,6,3,1]	[2,3,4,5,6,1]
6	[2,3,4,5,6,1]	[1,2,3,4,5,6]

Für Details der while-Schleife betrachten wir nur den Fall i = 6. Direkt vor der while-Schleife hat A das Aussehen [1,2,3,4,5,6,1], wobei wir hier den Index 0 ebenfalls dargestellt haben. Während der while-Schleife nimmt A für die verschiedenen Werte von j folgendes Aussehen an (dargestellt ist das Feld jeweils am Ende eines Schleifendurchlaufs):

j	A
6	[1,2,3,4,5,6,6]
5	[1,2,3,4,5,5,6]
4	[1,2,3,4,4,5,6]
3	[1,2,3,3,4,5,6]
2	[1,2,2,3,4,5,6]

Nach der while-Schleife ist $j = 1$, und es wird A[1] = 1 gesetzt. Damit ist die sortierte Folge im Bereich der Indizes 1 bis 6 in A erzeugt.   ◄

Wir haben weiteres Potential für Verbesserungen. Da das Präfix des Feldes, in das der neue Schlüssel einzuordnen ist, bereits sortiert vorliegt, können wir eine binäre Suche (siehe Abschnitt 3.2 auf Seite 140) nach dem neuen Schlüssel durchführen. Diese endet an der Position, an der er in die anderen Schlüssel einsortiert werden muss. Man bezeichnet dieses Vorgehen als *binäres Einfügen*. Als ausformulierte Routine sieht dieses Vorgehen wie folgt aus:

```
1  /** Sorts A[1..n], does not use A[0] */
2  public static <Elem> void binaryInsertionSort( ... ) {
3      int n = A.length - 1;
4      for (int i = 2; i <= n; ++i) {
5          Elem x = A[i];
6          int p = binarySearchUnsuccessful(A, 1, i-1, x, c);
7          for (int j = i; j > p; --j) A[j] = A[j-1];
8          A[p] = x;
9      }
10 }
11 public static <Elem> int binarySearch(
12     Elem[] A, int left, int right, Elem x, Comparator<Elem> c) {
13     int l = left, r = right;
14     while (l <= r) {
15         int mid = l + (r-l)/2;
16         if (less(x, A[mid], c)) r = mid - 1; else l = mid + 1;
17     }
18     return l;
19 }
```

Wir könnten im Grunde exakt die Implementierung der binären Suche aus Abschnitt 3.2 verwenden. Die geringfügige Abweichung in unserer Methode binarySearch hier sorgt dafür, dass wir – im Falle von gleichen Elementen in der Eingabe – stets die Position *rechts* aller zu x gleichen Elemente zurückgeben. Das verringert in diesem Fall die Anzahl zu verschiebender Elemente und macht aus binaryInsertionSort ein sog. *stabiles Sortierverfahren*, also eines, in dem die relative Reihenfolge von gleichen Elementen erhalten bleibt (siehe zu diesem Thema auch Bemerkung 4.29).

Unser ursprünglicher Insertion-Sort wird auch als *Sortieren durch direktes Einfügen* bezeichnet, der verbesserte als *Sortieren durch binäres Einfügen*. Es sei darauf hingewiesen, dass wir durch das binäre Einfügen zwar massiv Vergleichen beim Finden der Einfügeposition einsparen, danach aber gerade

so viele Elemente verschieben müssen, wie wir für das direkte Einfügen an
Vergleichen gebraucht hätten. Beim binären Insertion-Sort werden also die
Zugriffe auf das Array zur dominierenden Operation.

4.2.3 Selection-Sort

Als letzte primitive Sortiermethode wollen wir Selection-Sort betrachten.
Ähnlich wie im Insertion-Sort, arbeiten wir in Durchläufen. Im i-ten Durchlauf
wählt man den *kleinsten* unter den Schlüsseln in A[i] bis A[n] aus (dies
erfordert eine Suche nach diesem Schlüssel) und vertauscht ihn mit A[i]. Auf
diese Weise wird hier im i-ten Durchlauf der i-kleinste Schlüssel an seine
endgültige Position gebracht; nach den ersten i Durchläufen enthält damit
das Präfix A[1], A[2], . . . , A[i] des Feldes A die sortierte Folge der i kleinsten
Schlüssel.

Wir können diese Strategie folgendermaßen implementieren:

```
1  /** Sorts A[1..n], does not use A[0] */
2  public static <Elem> void selectionSort(Elem[] A, Comparator<Elem> c) ↵
        {
3      int n = A.length - 1;
4      for (int i = 1; i <= n; ++i) {
5        Elem min = A[i]; int minPos = i;
6        for (int j = i+1; j <= n; ++j)
7          if ( less(A[j], min, c) ) {
8            min = A[j]; minPos = j;
9          }
10       A[minPos] = A[i]; A[i] = min;
11     }
12 }
```

Beispiel 4.3: Wir betrachten wieder die Eingabe A=[6,4,5,2,3,1]. Nachfolgende Tabelle zeigt das Feld jeweils vor und nach der Ausführung der Schleife
über j. Das Präfix des Feldes, von dem wir wissen, dass es bereits sortiert ist,
ist unterstrichen. Die Position, an die im aktuellen Lauf der richtige Schlüssel
gesetzt werden soll, ist fett hervorgehoben:

i	A vor der `for`-Schleife für j	A nach der `for`-Schleife für j
1	[**6**,4,5,2,3,1]	[1,4,5,2,3,6]
2	[1,**4**,5,2,3,6]	[1,2,5,4,3,6]
3	[1,2,**5**,4,3,6]	[1,2,3,4,5,6]
4	[1,2,3,**4**,5,6]	[1,2,3,4,5,6]
5	[1,2,3,4,**5**,6]	[1,2,3,4,5,6]

Nach dem letzten Durchlauf wissen wir, dass das ganze Feld sortiert ist, denn
wir haben die beiden hintersten Elemente (Indizes $n-1$ und n) miteinander
verglichen, und den kleineren Wert in A[n-1] gespeichert. Damit muss der nun
in A[n] gespeicherte Schlüssel größer als alle anderen sein. Die Arbeitsweise
der inneren `for`-Schleifen wollen wir uns für den Fall $i = 1$ betrachten.

j	Situation vor der if-Anweisung	Situation nach der if-Anweisung
2	k = 1, x = 6	k = 2, x = 4
3	k = 2, x = 4	k = 2, x = 4
4	k = 2, x = 4	k = 4, x = 2
5	k = 4, x = 2	k = 4, x = 2
6	k = 4, x = 2	k = 6, x = 1

Nun wird `A[k]` = `A[i]` und `A[i]` = `x` gesetzt, also die 6 an das Ende und die 1 an den Anfang des Feldes gebracht.   ◄

Man erkennt auch hier, dass das Feld bereits nach dem Durchlauf für $i = 3$ sortiert ist; der Algorithmus stellt dies aber nicht fest und führt so alle weiteren Vergleiche (unnötigerweise) dennoch durch. Selection-Sort wird auch als *Sortieren durch direktes Auswählen* bezeichnet.

4.2.4 Analyse der primitiven Sortierverfahren

In diesem Abschnitt wollen wir die Güte vorheriger primitiver Sortiermethoden betrachten. Wir bestimmen dazu die von ihnen durchgeführte Anzahl an Vergleichen und Vertauschungen sowie die Anzahl an Durchläufen der Hauptschleife, sofern diese nicht eine `for`-Schleife ist.

4.2.4.1 Bubble-Sort

Unser ursprünglicher Bubble-Sort führt offensichtlich für alle Eingaben $\sum_{1 \leq i \leq n-1} \sum_{i+1 \leq j \leq n} 1 = \frac{1}{2}n(n-1)$ viele Vergleiche durch, und auch die Anzahl der Durchläufe ist mit $n-1$ fest vorgegeben.

Wir wollen uns deshalb gleich der Analyse der verbesserten Variante zuwenden. Der Best-Case für diesen Algorithmus ist die sortierte Eingabe. Nach einem Durchlauf erkennt der Algorithmus, dass die Eingabe bereits sortiert ist. Wir haben damit im besten Fall Null Vertauschungen, $n-1$ Vergleiche und einen Durchlauf. Der schlimmste Fall ergibt sich, wenn die Eingabe in umgekehrter Reihenfolge sortiert ist (`A[1]` > `A[2]` > $\cdots$ > `A[n]`). Dann hat unsere Verbesserung keine Auswirkung und wir müssen in n Durchläufen $\frac{1}{2}n(n-1)$ viele Vergleiche durchführen, die zu $\binom{n}{2}$ Vertauschungen führen (Begründung siehe später).

Doch wie sieht der Average-Case aus? Um diesen zu untersuchen, wenden wir uns einer mehr mathematischen Sicht auf das Problem zu. Wir fassen die Eingabe als eine Permutation der Elemente $1, 2, \ldots, n$ auf und nehmen an, alle $n!$ möglichen Permutationen seien gleichwahrscheinlich. Es wird sich herausstellen, dass es von Vorteil ist, die Permutationen über ihre *Inversionentafel* darzustellen.

Definition 4.4 (Inversion, Inversionentafel):
Sei $a_1, a_2, \ldots, a_n$ *eine Permutation auf der Menge* $\{1, 2, \ldots, n\}$. *Ist* $i < j$ *und* $a_i > a_j$, *so nennt man das Paar* (a_i, a_j) *Inversion.*

Die *Inversionentafel* $b_1, b_2, \ldots, b_n$ *der Permutation* $a_1, \ldots, a_n$ *entsteht, wenn wir* b_j *auf die Anzahl der Inversionen setzen, deren erste Komponente* j *ist.* ◄

Ihre Inversionentafel legt eine Permutation eindeutig fest, so dass wir sie als alternative Darstellungen einer Permutation verwenden können.

Die Summe der b_j in einer Inversionentafel ist offensichtlich gleich der Anzahl der Inversionen der zugehörigen Permutation.

Beispiel 4.5: Zur Berechnung der b_j einer Inversionentafel ist es einfacher, wenn wir zählen, wieviele Elemente in der Permutation rechts von j stehen, die kleiner als j sind. So hat die Permutation

$$5, 9, 1, 8, 2, 6, 4, 7, 3$$

die Inversionentafel

$$0, 0, 0, 1, 4, 2, 1, 5, 7,$$

denn rechts von der 1 steht kein Element, das kleiner ist als 1, rechts von der 2 steht kein Element das kleiner ist als 2 usw. Die betrachtete Permutation besitzt $1 + 4 + 2 + 1 + 5 + 7 = 20$ Inversionen. ◄

Bemerkung 4.6 (Alternative Definition): Es ist auch möglich, eine symmetrische Form der Inversionentafel zu definieren. Dann ist b_j die Anzahl der Inversionen, in denen j als *zweite* Komponente vorkommt. Entsprechend müssen wir dann die Elemente zählen, die links von j stehen, aber größer als j sind. In der Literatur werden beide Varianten (unter gleichem Namen) verwendet. ◄

Folgender Satz hilft uns nun bei der Analyse des verbesserten Bubble-Sort:

Satz 4.7 (Analyse ein Durchlauf Bubble-Sort):
Sei $a_1, a_2, \ldots, a_n$ *eine Permutation über der Menge* $\{1, 2, \ldots, n\}$ *und sei* $b_1, b_2, \ldots b_n$ *deren Inversionentafel. In einem Durchlauf der* repeat-*Schleife macht unser verbesserter Bubble-Sort aus der Permutation* $a_1, a_2, \ldots, a_n$ *eine Permutation* $a'_1, a'_2, \ldots, a'_n$ *für deren Inversionentafel* $b'_1, b'_2, \ldots b'_n$ *gilt, dass* $b'_j = b_j - 1$ *für alle* $b_j \neq 0$.

Beweis: Steht rechts von a_i mindestens ein Element kleiner als a_i, so wird a_i im nächsten Durchlauf der while-Schleife mit dem kleinsten dieser Elemente vertauscht (und nur mit diesem). Dabei wird eine Inversion für a_i beseitigt, d.h. b_{a_i} wird um eins verringert. Steht umgekehrt rechts von a_i kein kleineres Element, dann ist $b_{a_i} = 0$. Im Bubble-Sort wird a_i aber niemals mit einem kleineren Element vertauscht, so dass dieses danach rechts von a_i steht. Damit bleibt in diesem Fall $b_{a_i} = 0$ über die gesamte Ausführung des Algorithmus. ∎

Da die sortierte Folge die Inversionentafel $0, 0, \ldots, 0$ besitzt, ergibt sich mit dem Satz für unsere Parameter

$$
\begin{aligned}
\text{Anzahl Durchläufe} &= 1 + \max\{b_1, b_2 \ldots, b_n\} =: A, \\
\text{Anzahl Vertauschungen} &= b_1 + b_2 + \cdots + b_n, \\
\text{Anzahl Vergleiche} &= c_1 + c_2 + \cdots + c_A,
\end{aligned}
$$

wobei c_j der Wert von $\mathtt{n} - \mathtt{i}$ zu Beginn des j-ten Durchlaufs ist. Die $+1$ für die Anzahl an Durchläufen A resultiert daraus, dass wir die Hauptschleife ein weiteres Mal durchlaufen müssen, um zu erkennen, dass das Feld fertig sortiert ist. Es lässt sich zeigen, dass $c_j = n - (\min\{i - b_i \mid b_i \geq j - 1\} + j - 1)$ gilt.

Mit diesen Formeln können wir auch die Anzahl Vertauschungen für den Worst-Case einfach begründen. Die Inversionentafel für die Worst-Case Eingabe ist $0, 1, \ldots, n - 2, n - 1$. Nach unser Formel sind diese Zahlen zu summieren, also die Summe $\sum_{0 \leq i \leq n-1} i$ zu berechnen. Wir haben $\sum_{0 \leq i \leq n-1} i = \frac{1}{2}n(n-1) = \frac{n!}{(n-2)!2!} = \binom{n}{2}$.

Kommen wir nun zum Average-Case. Hier ist die Anzahl der Vertauschungen am einfachsten zu analysieren, denn sie entspricht der mittleren Anzahl an Inversionen in einer zufälligen Permutation.

Sei $I_n(k)$ die Anzahl der Permutationen von n Elementen die exakt k Inversionen haben und $G_n(z)$ die zugehörige Erzeugendenfunktion, also $G_n(z) = I_n(0) + I_n(1)z + I_n(2)z^2 + \cdots$ Wir können eine Permutation der Elemente $\{1, 2, \ldots, n\}$ aus einer Permutation der Elemente $\{1, 2, \ldots, n-1\}$ erzeugen, indem wir das neue Element n in einer der n möglichen Positionen (vor oder nach den alten Elementen oder in einen der $(n-2)$ Zwischenräumen) einfügen. Wählen wir die i-te Position, so entstehen so $n - i$ neue Inversionen, denn n ist größer als alle alten Elemente, von denen $n - i$ viele rechts von n stehen, wenn wir Position i wählen. Damit entstehen 0 oder 1 oder 2 oder $\ldots$ oder $n - 1$ viele Inversionen, je nach Wahl der Position. Die entsprechende Erzeugendenfunktion ist $(1 + z + z^2 + \cdots + z^{n-1})$. Da sich bei der Multiplikation von Erzeugendenfunktionen deren Exponenten addieren, entspricht $(1 + z + z^2 + \cdots + z^{n-1}) \cdot z^k$ den Termen in $G_n(z)$, die aus allen Kombination *einer* Permutation von $n - 1$ Elementen mit k Inversionen und dem neuen Element n resultieren. Entsprechend erzeugt $(1 + z + z^2 + \cdots + z^{n-1})I_{n-1}(k)z^k$ jene Permutationen von n Elementen, die aus *allen* Permutationen mit k Inversionen hervorgehen.

Folglich[1] ist $(1 + z + z^2 + \cdots + z^{n-1}) \cdot G_{n-1}(z)$ die Erzeugendenfunktion, die alle Kombinationsmöglichkeiten berücksichtigt. Mit $G_0(z) = 1$ haben wir so eine rekursive Beschreibung der Erzeugendenfunktion, deren Iteration liefert

---

[1] Bei der Multiplikation zweier Summen wird jeder Term mit jedem multipliziert. Für uns heißt das, dass wir durch das Produkt jede Permutation von $n - 1$ Elementen mit dem neuen Element n kombinieren und im Exponenten die Anzahl der Inversionen anpassen.

$$G_n(z) = (1 + z + \cdots + z^{n-1}) \cdot (1 + z + \cdots + z^{n-2}) \cdots (1 + z) \cdot (1).$$

Teilen wir $G_n(z)$ durch $n!$, so erhalten wir als Koeffizienten bei z^k $I_n(k)/n!$, also die Wahrscheinlichkeit, dass eine Permutation von n Elementen genau k Inversionen besitzt. Wir können dabei jeden der Faktoren in $n! = n \cdot (n-1) \cdots 2 \cdot 1$ einem Faktor in $G_n(z)$ zuordnen, so dass sich

$$\frac{(1 + z + \cdots + z^{n-1})}{n} \cdot \frac{(1 + z + \cdots + z^{n-2})}{n-1} \cdots \frac{(1+z)}{2} \cdot (1)$$

ergibt. Aus Kapitel 1 wissen wir, dass sich der Mittelwert aus einer Wahrscheinlichkeiten-Erzeugendenfunktion ergibt, indem wir die Ableitung bilden und anschließend die Variable auf 1 setzen. Nach der Produktregel gilt für die Ableitung

$$\frac{d}{dz} f_1(z) \cdot f_2(z) \cdots f_\lambda(z) = \sum_{1 \le i \le \lambda} \left(\frac{d}{dz} f_i(z) \prod_{\substack{1 \le j \le \lambda \\ i \ne j}} f_j(z) \right).$$

Für unsere Anwendung sind die $f_i(z) = \frac{(1 + z + \cdots + z^{i-1})}{i}$, wobei $f_i(1) = 1$ gilt, denn mit $z = 1$ ergibt sich im Zähler i-mal der Summand 1, $1 \le i \le n$. Damit müssen wir bei unserer Ableitung nach dem Setzen von $z = 1$ das Produkt $\prod_{\substack{1 \le j \le \lambda \\ i \ne j}} f_j(z)$ nicht weiter berücksichtigen. Für die Ableitung $\frac{d}{dz} f_i(z)$ gilt $\frac{d}{dz} f_i(z) = (1 + 2z + 3z^2 + \cdots + (i-1)z^{i-2})/i$ und damit $\frac{d}{dz} f_i(z)|_{z=1} = \frac{1}{i} \sum_{1 \le j \le i-1} j = \frac{1}{2}(i-1)$. Damit ist die mittlere Anzahl an Inversionen in einer Permutation von n Elementen gleich

$$\sum_{1 \le i \le n} \frac{d}{dz} f_i(z)|_{z=1} = \sum_{1 \le i \le n} \frac{1}{2}(i-1) = \frac{n(n-1)}{4} = \frac{1}{2}\binom{n}{2};$$

in Erwartung hat eine Permutation also gerade die Hälfte aller möglichen Inversionen.

Dies entspricht der mittleren Anzahl an Vertauschungen, die unser verbesserter Bubble-Sort durchführt. Damit ist der Average-Case nur um die Hälfte besser als der Worst-Case, und der Vergleich zur ursprünglichen Version des Bubble-Sort fällt eher ernüchternd aus.

Wir könnten nun auf ähnliche Weise auch die Erwartungswerte der Anzahl an Durchläufen und der Anzahl an Vergleichen bestimmen. Die entsprechenden Berechnungen sind aber noch komplizierter als unsere vorherige Betrachtung, weshalb wir es bei einem Zitat der Ergebnisse belassen wollen:

Satz 4.8 (Average-Case von Bubble-Sort [18]):
Unter der Annahme, dass alle Permutationen der Elemente $\{1, 2, \ldots, n\}$ als Eingabe gleichwahrscheinlich sind, benötigt der verbesserte Bubble-

Sort im Mittel $n - \sqrt{\pi n/2} + \mathcal{O}(1)$ Durchläufe, in denen $\frac{1}{2}n^2 - \frac{1}{2}n\ln(n) + \mathcal{O}(n)$ Vergleiche durchgeführt werden, die zu $\frac{1}{2}\binom{n}{2}$ Vertauschungen führen.

4.2.4.2 Insertion-Sort

Betrachten wir den Insertion-Sort. Offensichtlich werden so viele Vertauschungen durchgeführt, wie Elemente a_i, a_j existieren, mit $a_i > a_j$ und $i < j$. Das ist exakt die Anzahl der Inversionen, die die Eingabe-Permutation besitzt. Damit sind Best-, Worst- und Average-Case für diesen Parameter identisch zu denen des Bubble-Sort. Die Anzahl an Vergleichen können wir an der Anzahl an Vertauschungen festmachen. Wird a_j in $a_1, a_1, a_2, \ldots, a_{j-1}$ eingefügt, so führt jeder Vergleich mit Ausnahme des letzten zu einer Vertauschung. Damit gibt es einen Vergleich mehr als es Vertauschungen gibt, und wir müssen zu den Ergebnissen für die Vertauschungen 1 addieren, um Ergebnisse für die Vergleiche zu erhalten. Man beachte, dass auch für diese Analyse die Verwendung der Feldposition A[0] als Sentinel einen Sonderfall verhindert. Die Anzahl der Durchläufe ist durch eine for-Schleife gesteuert und damit uninteressant.

Durch das binäre Einfügen erzielen wir auch keine Verbesserung bzgl. der Anzahl Vertauschungen, denn die binäre Suche beschleunigt lediglich die Suche der richtigen Einfügeposition. Anschließend werden in einer for-Schleife genau so viele Elemente umgesetzt, wie für das direkte Einfügen auch. Fügen wir a_j in die Folge $a_1, a_2, \ldots a_{j-1}$ ein, so benötigt das Einfügen von a_j logarithmisch in j viele Vergleiche (siehe Analyse der binären Suche in Abschnitt 3.2). Für das Sortierten der gesamten Eingabe resultieren so im Best- wie im Worst-Case in etwa $n \operatorname{ld}(n)$ viele Vergleiche. Diese Anzahl an Vergleichen benötigen wir damit offensichtlich auch im Mittel.

4.2.4.3 Selection-Sort

Der Selection-Sort ist durch zwei verschachtelte Schleifen gesteuert. Damit ist die Anzahl der Durchläufe uninteressant, die Anzahl Vergleiche ist stets $\frac{1}{2}n(n-1)$. Beachte, dass dabei Vergleiche vergeudet werden. Zwar benötigt jeder auf Vergleichen basierende Algorithmus zum Finden des Minimums in n Schlüsseln mindestens $n-1$ Vergleiche. Diese Aussage gilt jedoch nur für den ersten Durchlauf, die Bestimmung weiterer Minima könnte auf zuvor gewonnenes Wissen zurückgreifen. Dies versäumt der Algorithmus jedoch. (Wir werden auf diese Idee bei unserer Betrachtung des Heapsort in Abschnitt 4.6 zurückkommen.)

Betrachten wir die Anzahl Vertauschungen. Wir haben einen von der Eingabefolge unabhängigen Aufwand für das Umspeichern von Schlüsseln durch die Anweisungen A[minPos] = A[i]; A[i] = min;, die das Minimum aus dem aktuellen Durchlauf mit A[i] vertauschen. Selbst für die Best-Case-Eingabe der sortierten Folge werden diese „Vertauschungen" vorgenommen, obwohl das Feld dabei unverändert verbleibt. Dieser konstante *Overhead* schlägt also mit $2(n-1)$ Schlüsselbewegungen zu Buche.

Im Best-Case (sortierte Eingabe) werden innerhalb der inneren Schleife keine Schlüssel bewegt, im Worst-Case – dies ist die in umgekehrter Reihenfolge sortierte Eingabe – wird `min` im ersten Durchlauf der inneren Schleife (also $(n-1)$-mal) auf `A[j]` gesetzt. Danach werden Schlüssel 1 und n miteinander vertauscht, so dass im nächsten Durchlauf der inneren Schleife nur noch $n-3$ Schlüsselbewegungen resultieren, usw. Im i-ten Durchlauf resultieren entsprechend $n-(2i-1)$ Vertauschungen, so dass nach $\lfloor n/2 \rfloor$ Schleifendurchläufen keine weitere Vertauschung mehr erfolgt. Insgesamt resultieren im Worst-Case also zusätzlich $\sum_{1 \le i \le \lfloor n/2 \rfloor}(n-(2i-1)) = \lfloor n^2/4 \rfloor$ viele Vertauschungen.

Der Average-Case ist komplizierter. Es lässt sich zeigen, dass unter der Annahme, dass alle $n!$ Eingaben gleichwahrscheinlich sind, im Mittel $(n+1)H_n - 2n$ zusätzliche Schlüsselbewegungen erfolgen. Dabei ist $H_n = \sum_{1 \le i \le n} \frac{1}{i}$ wieder die n-te Harmonische Zahl, von der wir wissen, dass sie logarithmisch in n wächst. Der Grund, dass in diesem Zusammenhang H_n auftritt, ist folgender: Betrachten wir den ersten Durchlauf der inneren Schleife. Wir vergleichen `min=A[1]` mit `A[2]` und führen eine Zuweisung aus, falls `A[2]`$<$`min` gilt. Die Wahrscheinlichkeit dafür ist $\frac{1}{2}$. Die Wahrscheinlichkeit, dass das dritte Element kleiner ist als beide seine Vorgänger ist $\frac{1}{3}$, und nur in diesem Fall wird eine weitere Zuweisung vorgenommen. Allgemein ist die Wahrscheinlichkeit, dass in einer zufälligen Permutation das i-te Element kleiner ist als alle seine Vorgänger, gleich $\frac{1}{i}$ und die Summation dieser Wahrscheinlichkeiten liefert die Harmonische Zahl minus Eins.

Bemerkung 4.9 (Links-nach-rechts Minima): Die zuvor für die Analyse eines Durchlauf der inneren Schleife diskutierte Situation eines Permutationselementes, dass kleiner als alle seine Vorgänger ist, führt aus abstrakter Sicht zu den sog. *links-nach-rechts Minima* einer Permutation. Für eine Permutation $a_1, \ldots, a_n$ ist a_i ein links-nach-rechts Minimum, wenn $a_i < a_j$ für $1 \le j < i$ gilt. Es ist bekannt, dass eine zufällige Permutation (bei uniformer Wahrscheinlichkeit aller Permutationen über $\{1, \ldots, n\}$) genau H_n solcher Minima besitzt. ◄

4.2.5 Perspektive primitiver Verfahren

Als Schlussfolgerung unserer Betrachtungen halten wir fest: Solange wir nur benachbarte Elemente vergleichen und u. U. vertauschen, können wir nicht erwarten, mit weniger Vergleichen auszukommen, als die Eingabe Inversionen hat (pro Vergleich mit anschließender Vertauschung wird nur eine Inversion beseitigt). Im Rückblick ist es gerade diese Eigenschaft, nur benachbarte Elemente zu betrachten, die obige Verfahren „primitiv" macht. Dank unserer Analyse können wir nicht nur für diese drei konkreten Verfahren eine Aussage treffen, sondern stellen ganz allgemein fest:

Korollar 4.10 (Primitive Sortierverfahren sind quadratisch): Jedes Sortierverfahren, das stets nur benachbarte Positionen im Array vergleicht oder vertauscht, hat im Average-Case eine Laufzeit in $\Omega(n^2)$. ◄

Um effizientere Verfahren zu bekommen, müssen uns folglich von diesen rein lokalen Operationen lösen.

4.3 Shell-Sort

Ein erstes Verfahren, dass diese Beobachtung berücksichtigt, geht auf D. L. SHELL zurück. Der sog. Shell-Sort basiert auf dem Sortieren durch direktes Einfügen. Es wird aber nicht sofort die gesamte Eingabe sortiert, sondern alle Teil-Permutationen, die sich ergeben, wenn man *Elemente mit einer Distanz h* zueinander betrachtet. In jedem Durchlauf wird die Distanz vermindert, bis schließlich die gesamte Permutation, die nun aber schon vorsortiert ist, verarbeitet wird. Eine mögliche Implementierung ist nachfolgend gegeben.

```
1  /** Sorts A[1..n], does not use A[0] */
2  public static <Elem> void shellSort(Elem[] A, Comparator<Elem> c) {
3      int n = A.length - 1;
4      int[] increments = incrementSequence(n);
5      for (int h : increments) {
6          // Insertionsort with step size h
7          for (int i = h; i <= n; ++i)
8              for (int j = i; j >= h && less(A[j], A[j - h], c); j -= h)
9                  swap(A, j, j - h);
10     }
11 }
```

Zur Steuerung dieses Vorgehens wird eine Folge h_i vorgegeben, wobei h_i die Distanz für den i-ten Durchlauf festlegt. Es muss sichergestellt sein, dass die Folge der h_i mindestens einmal den Wert 1 annimmt; ist k der kleinste Index mit dieser Eigenschaft, so ist der Sortiervorgang nach dem k-ten Durchlauf beendet. Es ist bis heute unbekannt, welche Folge die Laufzeit der so resultierenden Sortiermethode minimiert. Wir verwenden die Folge $h_t = 1$, $h_{i-1} = 2h_i + 1$, $1 < i \leq t$ mit $t = \lfloor \mathrm{ld}(n) \rfloor - 1$.

```
1  public static int[] incrementSequence(final int n) {
2      int t = floorLog2(n) - 1;
3      int[] h = new int[t]; h[t-1] = 1;
4      for (int j = t-2; j >= 0; --j) h[j] = 2*h[j+1]+1;
5      return h;
6  }
7  public static int floorLog2(int n){
8      return 31 - Integer.numberOfLeadingZeros(n);
9  }
```

Dies ist eine der Folgen, die sich als empfehlenswert erwiesen haben. Auch konnte die Laufzeit des Shell-Sort bei ihrer Verwendung analysiert werden, und man zeigte, dass ein Aufwand in $\Theta(n^{3/2})$ resultiert. Dies ist ein wesentlicher Fortschritt im Vergleich zu den bisher betrachteten Verfahren, die alle eine quadratische Laufzeit besitzen.

$$*\qquad*\qquad*$$

Bevor wir uns den schnellen Sortiermethoden zuwenden, wollen wir uns überlegen, welche untere Schranke uns für das Sortieren mit Vergleichen auferlegt ist.

4.4 Untere Schranke für vergleichsbasiertes Sortieren

Jedem auf Vergleichen basierenden Verfahren kann ein Vergleichsbaum zugeordnet werden, dessen innere Knoten *das Wissen des Algorithmus* zum jeweiligen Zeitpunkt repräsentieren. Die Wurzel steht dabei für den Initialzustand, in dem der Algorithmus noch nichts weiß, also jede der $n!$ möglichen Permutationen als Eingabe vorliegen könnte. In jeder Situation führt ein Algorithmus genau einen Vergleich zwischen Schlüsseln durch. War dieser Vergleich gut gewählt, so kann je nach seinem Ausgang die ein oder andere Permutation ausgeschlossen werden (ist z.B. A[1] < A[2] so ist $2, 1, \ldots$ keine mögliche Eingabe). Entsprechend repräsentiert jeder Knoten noch zusätzlich einen Schlüsselvergleich; der linke (rechte) Nachfolger des Knotens steht dann für die Situation, die aus einem positiven (negativen) Ergebnis des Vergleichs resultiert. Wir beenden auf einem Pfad die Konstruktion, wenn der zuletzt erzeugte Knoten nur noch eine Permutation besitzt. Wir erhalten so einen erweiterten binären Baum.

Beispiel 4.11: Abb. 4.1 zeigt einen Vergleichsbaum für ein nicht genauer spezifiziertes Sortierverfahren mit $n = 3$.

Natürlich kann ein Sortier-Algorithmus auch noch Vergleiche durchführen, wenn er ein Blatt erreicht hat, diese Vergleiche sind aber nutzlos und werden deshalb bei unserer Suche nach einer unteren Schranke nicht berücksichtigt.

Ein Sortier-Algorithmus muss für alle möglichen Eingaben funktionieren. Deshalb muss der Vergleichsbaum für jedes Verfahren mindestens $n!$ Blätter besitzen, andernfalls existieren Eingaben, die das Verfahren nicht sortieren kann. Hat der Baum mehr als $n!$ Blätter, so führt der Algorithmus unnötige Vergleiche durch; löschen wir die entsprechenden Knoten, so resultiert ein Baum mit $n!$ Blättern.

Die Anzahl an Vergleichen, die ein Verfahren durchführt, bis es eine Eingabe sortiert haben kann, entspricht der Anzahl an inneren Knoten auf dem Pfad im Vergleichsbaum von der Wurzel bis zum Blatt mit der betrachteten Eingabepermutation. Ein optimales Verfahren hat also für alle Blätter möglichst kurze Distanzen zur Wurzel. Offensichtlich ist ein Binärbaum, der die Distanzen minimiert, möglichst ausgeglichen d.h. er besitzt auf jedem Niveau möglichst viele Knoten. Wie wir schon wissen, hat ein solcher Baum auf Niveau 1 einen, auf Niveau 2 zwei und allgemein auf Niveau i genau 2^{i-1} viele Knoten. Sobald es aber mindestens einen inneren Knoten auf Niveau p gibt, heißt das, dass das Sortierverfahren für mindestens eine Eingabe p Vergleiche benötigt.

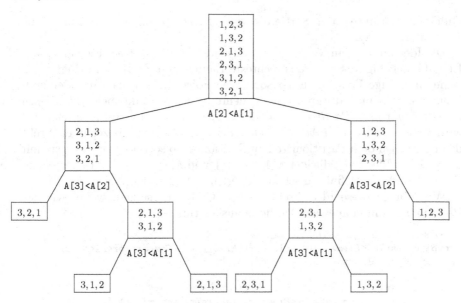

Abb. 4.1 Vergleichsbaum zu einem Sortierverfahren für Permutationen der Größe 3.

Sei nun $V(n)$ die Minimalanzahl an Vergleichen, die notwendig sind, n verschiedene Elemente zu sortieren. Mit unserer vorherigen Überlegung muss $n! \leq 2^{V(n)}$ gelten. Logarithmieren liefert nun $V(n) \geq \mathrm{ld}(n!)$ und, da $V(n)$ eine natürliche Zahl sein muss, $V(n) \geq \lceil \mathrm{ld}(n!) \rceil$. Nun ist

$$n! = (n/e)^n \sqrt{2\pi n}\bigl(1 + \mathcal{O}(n^{-1})\bigr) \qquad (\text{Stirlings Formel}),$$

und damit $\lceil \mathrm{ld}(n!) \rceil = n \cdot \mathrm{ld}(n) - n/\ln(2) + \frac{1}{2}\mathrm{ld}(n) + \mathcal{O}(1)$, also $V(n) \gtrsim n\,\mathrm{ld}(n)$. Damit haben wir bewiesen:

> **Satz 4.12 (Informationstheoretische Schranke für das Sortieren):**
> *Jedes auf Vergleichen basierende Verfahren, das für beliebige Eingabegrö-
> ße n alle $n!$ möglichen Permutationen sortieren kann, muss im Worst-Case
> mindestens $\lceil \mathrm{ld}(n!) \rceil \sim n\,\mathrm{ld}(n)$ viele Vergleiche durchführen.*

Bemerkung 4.13 (Untere Schrank für den Average-Case): Durch eine etwas kompliziertere Argumentation kann man zeigen, dass $\sim n\,\mathrm{ld}(n)$ auch eine untere Schranke
für den Average-Case des vergleichsbasierten Sortierens darstellt. ◄

4.5 Quicksort

Quicksort ist eine der schnellsten Sortiermethoden und wird deshalb in
der Praxis oft eingesetzt. So verwendet etwa die Java-Bibliothek eine

Quicksort-Variante zum Sortieren von Arrays primitiver Typen (siehe `java.util.Arrays`).

Die Idee hinter dem Verfahren ist folgende. Man wählt ein Element p der Eingabe beliebig aus (z.B. das rechteste Element im Feld) und bringt es an seine endgültige Position in der sortierten Folge, indem man alle kleineren Elemente links und alle größeren Elemente rechts von ihm speichert. Diesen Schritt nennt man *Partitionierung* des Feldes; das dazu gewählte Element p wird üblicherweise als *Pivot-Element* oder kurz als *Pivot* bezeichnet. Steht das Pivot nach dem Partitionieren an Position k, so sortiert man rekursiv mit der gleichen Idee die Teilfelder A[$1 .. k - 1$] und A[$k + 1 .. n$]. (Teilfelder der Größe 1 sind per Definition schon sortiert und bilden den Abbruchfall.)

Wir können diese Idee direkt in Java-Code übersetzen, wobei wir das Partitionieren in eine eigene Methode auslagern:

```
1  /** Sorts A[1..n], needs A[0] for sentinel. */
2  public static <Elem> void quicksort(Elem[] A,  Comparator<Elem> c) {
3     int n = A.length - 1; quicksort(A, c, 1, n);
4  }
5  public static <Elem> void quicksort(
6       Elem[] A, Comparator<Elem> c, int left, int right) {
7     if (left >= right) return;
8     int i = partition(A, c, left, right);
9     quicksort(A, c, left, i-1);
10    quicksort(A, c, i+1,  right);
11 }
```

Doch wie gehen wir vor, um die kleineren bzw. größeren Elemente effizient auf die richtige Seite zu bekommen? Eine konzeptionell einfache Möglichkeit besteht darin, zwei Listen für die kleinen bzw. großen Elemente zu pflegen. Wir verwenden das letzte Element im Array als Pivot und fügen die anderen Elemente in die entsprechende Liste ein. Wenn alle Elemente auf die zwei Listen verteilt wurden, kopieren wir ihre Inhalte zurück in das Array:

```
1  public static <Elem> int partition(
2       Elem[] A, Comparator<Elem> c, int left, int right) {
3     Elem p = A[right];
4     LinkedList<Elem> small = new LinkedList<>(),
5                      large = new LinkedList<>();
6     for (int i = left; i < right; ++i)
7        if (less(p,A[i],c)) large.append(A[i]);
8        else small.append(A[i]);
9     int i = left-1; // copy back
10    for (Elem x : small) A[++i] = x;
11    A[++i] = p;
12    for (Elem x : large) A[++i] = x;
13    return left + small.size();
14 }
```

Partitionierung in place: Obige Implementierung der Methode `partition` ist allerdings nicht wirklich zu empfehlen. Für die verketteten Listen benötigt sie zum einen $\Theta(n)$ zusätzlichen Speicher und zum anderen kopieren wir alle

Elemente zwei Mal um, obwohl i.d.R. viele Elemente schon zu Beginn auf
der richtigen Seite des Arrays gespeichert waren und einfach dort hätten
verbleiben können. Wir können beide Nachteile durch folgendes Vorgehen
eliminieren, das direkt im Array arbeitet.

Hierzu benutzen wir zwei Cursor i und j, die am Anfang auf A[1] bzw.
A[n] verweisen. Der Cursor i läuft nun solange nach rechts, bis ein Element
größer oder gleich p gefunden wird (ein größeres Element steht auf der falschen
Seite). Anschließend läuft der Cursor j solange nach links, bis er ein Element
kleiner oder gleich p antrifft (hier steht ein kleineres Element auf der falschen
Seite). Wir haben nun ein Paar von Elementen im linken bzw. rechten Teil
gefunden, die genau verkehrt herum platziert sind. Das können wir mit einer
einzigen Vertauschung von A[i] und A[j] beheben.

Bevor wir die Elemente vertauschen, vergleichen wir aber noch i mit j
um sicherzustellen, dass die Cursor noch nicht aneinander vorbei gelaufen
sind; falls dem so ist, ist die Partitionierung nämlich bereits abgeschlossen,
denn wir haben dann kein weiteres Paar von Elementen finden können, die in
der falschen Reihenfolge im Array stehen. Ansonsten wird nach dem gleichen
Muster weitergemacht, d.h. i läuft von seiner aktuellen Position weiter nach
rechts, j weiter nach links und es wird der jeweils erreichte Schlüssel mit p
verglichen.

Nach Verlassen dieser äußeren Schleife ist also $j \leq i$, und i ist auf einem
Schlüssel größer oder gleich p stehen geblieben, während j an i vorbei gelaufen
ist. Beachte aber, dass j spätestens auf Position $i - 1$ stehen bleibt (der
Schlüssel dort ist kleiner (oder gleich) p) und es kann rechts von i keine
weiteren Schlüssel echt kleiner als p geben (sonst wäre j schon dort stehen
geblieben). Folglich sind wir fertig, und i verweist auf die richtige Position für
das ausgewählte Element p. Mit einer letzten Vertauschung wird das Pivot p
schließlich dorthin gebracht. Eine im Detail ausformulierte Implementierung
ist nachfolgend gegeben.

```
1  public static <Elem> int partition(
2       Elem[] A, Comparator<Elem> c, int left, int right) {
3     Elem p = A[right]; // choose pivot
4     A[0] = p; // place pivot as sentinel
5     int i = left - 1, j = right;
6     while (true) {
7        do ++i; while (c.compare(A[i],p) < 0);
8        do --j; while (c.compare(A[j],p) > 0);
9        if (i >= j) break;
10       swap(A, i, j);
11    }
12    swap(A, i, right); // put pivot at its place
13    return i;
14 }
```

Der Code ist deutlich kürzer als obige Beschreibung, was aber nicht darüber
hinwegtäuschen sollte, dass die besprochenen Randfälle alle adäquat behandelt
werden müssen. Man sollte der Versuchung widerstehen, den Code leichtfertig

anzupassen; die Geschichte hat uns gelehrt, dass Quicksort viel Potential für subtile, aber gravierende Fehler bietet.

Wie in unserer Insertion-Sort-Implementierung aus Abschnitt 4.2.2 verwendet unser Quicksort oben einen Sentinel-Trick: Beachte, dass für den Zeiger j, der nach links läuft, nicht sichergestellt ist, dass die Abbruch-Bedingung $A[j] \leq p$ der fußgesteuerten `while`-Schleife jemals erfüllt ist! Ist nämlich `A[right]` (das Pivot) das kleinste Element im Feld, so bewirkt keiner der Schlüsselvergleiche, dass die Schleife abbricht. Wir haben dazu im Feld `A` die Position `A[0]` freigehalten und tragen dort das Pivot als Sentinel ein; dieser sorgt im Fall, dass `A[n]` den kleinsten aller Schlüssel im Feld speichert, für den notwendigen Abbruch der Schleife.

Für die folgenden rekursiven Aufrufe müssen wir keine zusätzliche Sentinels setzen, denn nach der ersten Partitionierung liegt entweder unterhalb von `A[left]` ein Teil des Feldes `A`, in dem durch vorherige Schritte garantiert nur Elemente kleiner als das aktuelle Pivot gespeichert sind, oder das betrachtete Teilfeld liegt am linken Rand von `A`, d. h. `left` = 1, für diesen Fall haben wir in `A[0]` aber schon einen Sentinel platziert.

Für den Cursor i, der nach rechts läuft, existiert stets ein Element $\geq p$, da wir als Pivot-Element p vom rechten Ende des (Teil-)Feldes gewählt haben.

Beispiel 4.14: Nachfolgende Tabelle verdeutlicht die Arbeitsweise des Quicksorts.

Feld A	Pivot
$[17_i, 1, 4, 18, 3, 6, 9_j]$	9
$[17_i, 1, 4, 18, 3, 6_j, 9]$	
$[6, 1, 4, 18_i, 3_j, 17, 9]$	
$[6, 1, 4, 3_j, 18_i, 17, 9]$	
$[6_i, 1, 4, 3_j], 9, (17, 18)$	3
$[6_i, 1_j, 4, 3], 9, (17, 18)$	
$[1_j, 6_i, 4, 3], 9, (17, 18)$	
$1, 3, [4_i, 6_j], 9, (17, 18)$	6
$1, 3, [4_j, 6_i], 9, (17, 18)$	
$1, 3, 4, 6, 9, [17_i, 18_j]$	18
$1, 3, 4, 6, 9, [17_j, 18_i]$	

$$1, 3, 4, 9, 6, 17, 18$$

In jeder Zeile ist die aktuelle Konfiguration des Feldes `A` dargestellt. Das gerade in der Sortierung `quicksort(A, c, left, right)` befindliche Teilfeld ist durch eckige Klammern gekennzeichnet, noch nicht bearbeitete rekursive Aufrufe durch runde. Eine horizontale Linie zeigt an, dass ein rekursiver Aufruf von `sort(A, c, left, right)` fertig abgearbeitet ist. In der Zeile direkt nach der Linie ist dann die Konfiguration des nächsten Aufrufs direkt vor der `while`-Schleife in Zeile 11 dargestellt. In der Spalte *Pivot* ist das für die

Aufteilung gewählte Element zu finden. In jeder weiteren Zeile für denselben Aufruf wird stets die Situation vor der if-Anweisung (Zeile 14) gezeigt. Indizes an den Zahlen symbolisieren die Position der Cursor. Rekursive Aufrufe mit left = right sind nicht dargestellt. ◀

4.5.1 Analyse von Quicksort

Man erkennt, dass die Laufzeit des Quicksorts durch die Anzahl der Vergleiche dominiert ist, denn es werden stets mehr Schlüsselvergleiche als Vertauschungen durchgeführt. Eine rekursive Phase endet, wenn sich die Cursor i und j treffen bzw. aneinander vorbei gelaufen sind. Bis dahin wird jeder der Schlüssel in A[left..right-1] mit dem Pivot verglichen. Für die Schlüssel in A[$k-1$] und A[k], für k der Wert von i nach dem Verlassen der Hauptschleife, wird ein weiterer Vergleich mit dem Pivot durchgeführt, denn diese Elemente werden von beiden Cursorn betrachtet. Damit kommen wir stets auf right$-$left$+2$ Vergleiche.

4.5.1.1 Worst-Case

Im ungünstigsten Fall erwischen wir als Pivot stets das Maximum (oder Minimum) des zu sortierenden Teilfeldes. Dann spalten wir das Pivotelement und ein um 1 verkleinertes Teilfeld ab. Das heißt für die Anzahl $V_{wc}(n)$ an Vergleiche im Worst-Case, dass die Rekursion $V_{wc}(n) = V_{wc}(n-1) + (n+1)$ gilt, und folglich der Quicksort im schlechtesten Fall eine quadratische Laufzeit hat – woher stammt dann sein Name?

4.5.1.2 Average-Case

Betrachten wir die erwartete Anzahl an Vergleichen $V_{ac}(n)$ unter der Annahme, alle $n!$ Permutationen der Elemente $\{1, 2, \ldots, n\}$ seien als Eingabe gleichwahrscheinlich. In diesem Fall benötigt der erste Aufruf $n + 1$ Vergleiche, und mit Wahrscheinlichkeit $\frac{1}{n}$ wurde als Pivot p das k-größte Element der Eingabe gewählt, so dass die rekursiven Aufrufe ein Feld der Größe $k - 1$ und ein Feld der Größe $n - k$ betrachten. Damit gilt folgende rekursive Darstellung:

$$V_{ac}(n) \;=\; (n+1) \;+\; \frac{1}{n} \sum_{1 \leq k \leq n} \big(V_{ac}(k-1) + V_{ac}(n-k) \big),$$

mit der Anfangsbedingung $V_{ac}(0) = 0$.

Dies ist wie in Abschnitt 3.3.3.3 eine *Full History* Rekursion, und wir verwenden den gleichen Trick, geschickt gewählte Folgenglieder oder Vielfache von Folgengliedern voneinander abzuziehen, so dass sich die Summationen gegeneinander aufheben. (Wir werden in Abschnitt 4.5.1.3 sehen, dass diese Ähnlichkeit tatsächlich alles andere als Zufall ist, sondern vielmehr auf einem fundamentalen Zusammenhang zwischen Quicksort und binären Suchbäumen beruht.)

Wir vereinfachen zuerst die Summation. Dazu zerlegen wir die Summe in zwei Teilsummen, also $\sum_{1 \le k \le n}(V_{ac}(k-1) + V_{ac}(n-k)) = \sum_{1 \le k \le n} V_{ac}(k-1) + \sum_{1 \le k \le n} V_{ac}(n-k)$ und summieren die zweite Summe revers. Wir erkennen so, dass $\sum_{1 \le k \le n} V_{ac}(n-k) = \sum_{1 \le k \le n} V_{ac}(k-1)$ gilt, und obige Rekursion vereinfacht sich zu

$$V_{ac}(n) \;=\; (n+1) + \frac{2}{n} \sum_{1 \le k \le n} V_{ac}(k-1).$$

Um die Summation zu beseitigen, betrachten wir nun die Differenz von n-mal $V_{ac}(n)$ und $(n-1)$-mal $V_{ac}(n-1)$, also $n V_{ac}(n) - (n-1) V_{ac}(n-1) = 2n + 2 V_{ac}(n-1)$. Formen wir diese Gleichung entsprechend um, so finden wir die Darstellung

$$n V_{ac}(n) \;=\; (n+1) V_{ac}(n-1) + 2n.$$

Hier besteht das Problem, dass der Faktor bei $V_{ac}(n)$ gleich dem Argument von V_{ac} ist, bei $V_{ac}(n-1)$ ist er verschieden vom Argument. Indem wir beide Seiten der Gleichung durch $n(n+1)$ teilen, beseitigen wir diesen Unterschied. Wir erhalten $\frac{V_{ac}(n)}{n+1} = \frac{V_{ac}(n-1)}{n} + \frac{2}{n+1}$ und mit der Substitution $C(n) = \frac{V_{ac}(n)}{n+1}$

$$C(n) \;=\; C(n-1) + \frac{2}{n+1}.$$

Die Anfangsbedingung für diese Rekursionsgleichung genügt der Gleichung $C(0) = V_{ac}(0)/1 = 0/1 = 0$. Die Rekursion C können wir aber einfach durch Iteration lösen und wir erhalten so $C(n) = 2 \sum_{2 \le i \le n+1} \frac{1}{i} = 2 H_{n+1} - 2$. Wir müssen nun die Substitution rückgängig machen. Mit $V_{ac}(n) = (n+1) C(n)$ erhalten wir

$$\begin{aligned}
V_{ac}(n) \;&=\; 2(n+1)(H_{n+1} - 1) \\
&=\; 2n \ln(n+1) + (2\gamma - 2)n + 2\ln(n+1) + \mathcal{O}(1).
\end{aligned}$$

Die Asymptotik folgt dabei wieder aus der schon mehrfach erwähnten bekannten Asymptotik für die n-te Harmonische Zahl $H_n = \ln(n) + \gamma + \mathcal{O}(\frac{1}{n})$. Bleibt zu bemerken, dass die Anzahl der Aufrufe von quicksort(A, c, left, right) für einen Aufruf quicksort(A, c) stets n ist, da jedes Element genau einmal als Pivot verwendet wird. (Im Beispiel 4.14 wurden die drei Aufrufe für die Teilfelder der Größe 1 nicht dargestellt.) Wir halten dieses Resultat nochmals als Satz fest:

Satz 4.15:
Unter der Annahme, dass alle $n!$ Permutationen der Elemente $\{1, 2, \ldots, n\}$ mit der gleichen Wahrscheinlichkeit als Eingabe vorliegen, benötigt Quicksort im Mittel $2(n+1)\ln(n+1) + (2\gamma - 2)n + \mathcal{O}(1)$ viele Vergleiche, um eine Permutation zu sortieren. ∎

Zufällige Pivots: Der Average-Case von Quicksort ist also sehr viel besser als der Worst-Case, sodass wir Quicksort i. d. R. guten Gewissens einsetzen können. Doch was ist, wenn wir damit rechnen müssen, dass uns jemand (in bösartiger Absicht) eine Eingabe unterzuschieben versucht, die Quicksort möglichst lange beschäftigt?

Es gibt einen einfachen Trick, um das gute Average-Case-Verhalten zum *erwarteten* Verhalten auf *jeder* Eingabe zu machen: Wir wählen unsere Pivots zufällig! Dazu müssen wir lediglich vor Zeile 3 den Code

```
1 swap(A, right, left + random.nextInt(right-left+1));
```

einfügen, wobei `random` eine Instanz von `java.util.Random` ist.

4.5.1.3 Quicksort und binäre Suchbäume

Wie oben angedeutet, gibt es eine anschauliche Verbindung zwischen Quicksort und binären Suchbäumen, die sich insbesondere in der Rekursion für den Average-Case widerspiegelt. Dafür definieren wir zuerst den *Rekursionsbaum* einer Ausführung von Quicksort.

Quicksort-Rekursionsbäume: Umfasst die aktuelle Teilliste $n = $ `right` $-$ `left` $+ 1 \leq 1$ Elemente, so ist der Rekursionsbaum ein Blatt mit dem Schlüssel `A[left]` (falls $n = 1$) bzw. ein `null`-Pointer (falls $n = 0$). Für $n \geq 2$ besteht der Rekursionsbaum aus einem Wurzelknoten mit Schlüssel `p` (dem Pivot), dessen linker bzw. rechter Teilbaum durch den Rekursionsbaum des rekursiven Aufrufs für das linke bzw. rechte Teilarray gegeben ist.

Durch das Partitionieren stellen wir vor den rekursiven Aufrufen sicher, dass im linken Teilbaum der Wurzel nur Elemente kleiner als der Schlüssel der Wurzel (dem Pivotelement) gespeichert sind und im rechten Teilbaum nur größere. Also hat ein Rekursionsbaum stets die Suchbaumeigenschaft, ist also ein binärer Suchbaum! Umgekehrt könnte jeder binäre Suchbaum der Rekursionsbaum für eine Ausführung von Quicksort sein, wenn jeweils die entsprechenden Elemente als Pivot ausgewählt werden.

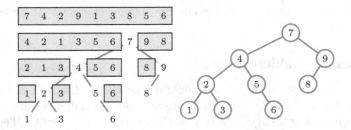

Abb. 4.2 Ausführung von Quicksort (links), wobei wir das erste Element als Pivot und die Partitionierung, die die relative Reihenfolge der kleinen bzw. großen Elemente erhält, verwenden sowie der durch sukzessives Einfügen der gleichen Elemente erhaltene binäre Suchbaum (rechts).

Tatsächlich geht diese Korrespondenz noch weiter. Mit der effizienten Implementierung von `partition` und unserer Pivotwahl am Ende des Arrays ist das etwas weniger direkt einzusehen; wir gehen deshalb in diesem Abschnitt davon aus, dass wir das *erste* (nicht das letzte) Element als Pivot verwenden, und dass wir die einfache Listen-basierte Implementierung von `partition` (siehe oben) verwenden. Dann gilt tatsächlich: *Der Rekursionsbaum von Quicksort auf Eingabe A entspricht genau dem binären Suchbaum, den man erhält, indem man die Elemente in A der Reihe nach in einem (anfangs leeren) Suchbaum einfügt.* Abb. 4.2 zeigt dies an einem Beispiel.

Quicksort-Kosten und Pfadlänge: Schließlich sei erwähnt, dass man die Kosten von Quicksort auch über Eigenschaften des Rekursionsbaums ausdrücken kann. Wir haben oben hergeleitet, dass die Gesamtkosten von Quicksort eine Summe über alle Partitionierungsschritte sind, wobei wir für einen Schritt mit Teilgröße n Kosten $(n + 1)$ (für $n \geq 2$) bzw. 0 (für $n \leq 1$) berechnen. Für die Listen-basierte Implementierung von `partition` müssen wir $n + 1$ durch $n - 1$ ersetzen, da wir die (redundanten) Vergleiche beim Abbruch hier nicht benötigen.

Statt über Partitionierungsschritte, können wir nun über Knoten im Rekursionsbaum summieren, wobei n dort die Größe des Teilbaums eines Knotens angibt. Dann entsprechen die Kosten $n - 1$ für jeden Knoten v mit Teilbaumgröße n gerade dem Beitrag zur internen Pfadlänge des Baumes, den die beiden Kanten von v zu seinen Kindern beisteuern: Jeder der $n - 1$ Nachfolger von v im Rekursionsbaum (und nur diese!) verwendet (genau einmal) eine Kindkante von v auf seinem in der Pfadlänge betrachteten Weg (der Beitrag der anderen Kanten erfolgt rekursiv, also durch die Betrachtung der Kindkanten eines Kindes von v usw.). Demnach entsprechen die Kosten von Quicksort genau der internen Pfadlänge des Rekursionsbaumes, und damit der internen Pfadlänge des binären Suchbaums, den wir durch sukzessives Einfügen erhalten.

Trotz der kleinen Abweichungen im Detail – Kosten $n + 1$ statt $n - 1$ in der In-place-Implementierung von `partition` – erhalten wir in beiden Fällen also i.W. die gleiche Rekursionsgleichung, weil wir i.W. die gleiche Größe analysieren: Quicksort und binäre Suchbäume sind zwei Ausprägungen derselben Idee.

4.5.2 Das Auswahlproblem

Wir wollen uns nun überlegen, wie wir die Worst-Case Laufzeit des Quicksort verbessern können. Da eine quadratische Laufzeit daher resultiert, dass aufgrund einer ungünstigen Wahl des Pivots eine bzgl. der Größen sehr asymmetrische Aufteilung in Teilprobleme erfolgt, müssen wir versuchen, eine gute Wahl des Pivots zu erzwingen. Das führt uns zu einem Problem, das auch unabhängig vom Sortieren und der Verbesserung von Quicksort Anwendungen hat: dem *Auswahlproblem*.

Ist $a_1, a_2, \ldots, a_n$ eine Folge, so nennt man das k-kleinste Element der Folge die *k-te Ordnungsstatistik* $a_{(k)}$ von $a_1, a_2, \ldots, a_n$. Das *Auswahlproblem* oder *Selektionsproblem* besteht darin, gegeben die Folge $a_1, \ldots, a_n$ und k diesen Wert $a_{(k)}$ zu bestimmen. Ordnungsstatistiken, auch Quantile genannt, werden oft zur Analyse von Messdaten herangezogen, z.B. um Ausreißer zu erkennen. Eine besondere Rolle spielt das k-kleinste Element mit $k = \lceil n/2 \rceil$, der *Median* der Folge.

Eine triviale Lösung des Auswahlproblems besteht darin, die Eingabe in einem Array A komplett zu sortieren und anschließend A[k] zurückzugeben. Wir werden in Abschnitt 4.5.6 sehen, dass wir mit einer Abwandlung von Quicksort im Average-Case eine beliebige Ordnungsstatistik in *Linearzeit* berechnen können. Es sind sogar (kompliziertere) Algorithmen bekannt, die das Auswahlproblem auch im *Worst-Case* in linearer Zeit lösen (siehe Bemerkung 4.17). Mit Hilfe eines solchen wollen wir nun den Worst-Case von Quicksort verbessern.

4.5.3 Bessere Pivots

Der Median ist der Wert, der größer als genau die Hälfte aller Elemente ist, und damit die Wahl für das Pivot in Quicksort, die zur balanciertesten Partitionierung führt. Sind $M(n)$ die Vergleiche die notwendig sind, um den Median einer Folge der Länge n zu bestimmen, so gilt für die vom Quicksort bei Verwendung des Medians als Pivot benötigte Anzahl an Vergleichen im Worst-Case:

$$V_{wc}(n) \;=\; n + 1 + M(n) + V_{wc}\left(\left\lceil \frac{n}{2} \right\rceil - 1\right) + V_{wc}\left(n - \left\lceil \frac{n}{2} \right\rceil\right).$$

Man kann mit Hilfe dieser Rekursionsgleichung zeigen, dass unter der Annahme $M(n) = \mathcal{O}(n)$ auch im Worst-Case eine Laufzeit des Quicksort in $\Theta(n \log n)$ resultiert. In der Tat kennt man – wie oben erwähnt – Algorithmen mit linearer Worst-Case-Zeit für das Auswahlproblem, sodass diese Annahme gerechtfertigt ist.

Leider ist die so resultierende Variante des Quicksort für praktische Anwendungen uninteressant, da der konstante Faktor in der linearen Laufzeit zur Bestimmung des Median für realistische Eingabegrößen alle anderen Terme *dominiert*: Wir benötigen mehr als das doppelte an Vergleichen um den Median zu bestimmen, als wir für den anschließenden Partitionierungsvorgang verwenden.

Eine heuristische Herangehensweise an das Problem ist die sog. *Median of Three* Strategie. Hierbei wählt man drei Elemente des zu sortierenden Bereichs und bestimmt deren Median, z.B. A[left], A[right] und A[mid] für mid = left + (right-left)/2. Dadurch entsteht eine gute Chance, dass durch das Pivot eine ausgewogene Aufteilung in annähernd gleich große Teil erfolgt. Der Median dreier Schlüssel kann mit folgendem Algorithmus bestimmt werden:

```
1 public static <Elem> void sort3(
```

```
2        Elem[] A, Comparator<Elem>c, int i1, int i2, int i3) {
3    if (less(A[i2],A[i1],c)) swap(A,i1,i2);
4    if (less(A[i3],A[i1],c)) swap(A,i1,i3);
5    if (less(A[i3],A[i2],c)) swap(A,i2,i3);
6 }
```

Nach den ersten zwei Zeilen haben wir das Minimum der drei Elemente in
A[i1], ein weiterer Vergleich (und wenn nötig eine Vertauschung) bringt die
beiden größeren Elemente in die richtige Reihenfolge. A[i2] speichert nun also
den Median der drei Elemente. In Quicksort rufen wir diese Methode (direkt
vor Zeile 3) mittels sort3(A, c, left, right, mid); auf; dadurch landet der
Median direkt in A[right] und wir können den restlichen Code unverändert
lassen.

4.5.4 Insertion-Sort für kleine Teilprobleme

Eine weitere Verbesserung liefert die Beobachtung, dass für sehr kleine n die
naiven Methoden wie beispielsweise Straight-Insertion schneller als Quicksort
sind, weil sie etwa keine aufwändigen rekursiven Aufrufe verwenden. Man
überprüft deshalb zu Beginn die Größe des zu sortierenden Teilfeldes und
sortiert Teilfelder bis zu einer bestimmten Größe mit Insertion-Sort statt mit
Quicksort; Sedgewick hat analytisch ermittelt, dass ein Schwellwert von 9
Elementen optimal ist.

4.5.5 Logarithmisch beschränkter Stack

Der Speicherbedarf des Quicksort wird im Wesentlichen durch die rekursiven
Aufrufe erzeugt. Auf dem Systemstack wird Platz für jeden initiierten aber
noch nicht abgeschlossenen Aufruf von sort belegt. Dies können im Worst-
Case $\Omega(n)$ viele Aufrufe sein.

Man kann diesen Platzbedarf auf eine Größenordnung von $\mathcal{O}(\log(n))$ drü-
cken, indem man einen rekursiven Aufruf nur für das kleinere durch die
Partitionierung erhaltene Teilproblem vornimmt und das größere Teilpro-
blem löst, indem man die Variablen left und right auf die Grenzen dieses
Teilproblems setzt und an den Anfang der selben Instanz von sort springt
(Endrekursionsbeseitigung).

4.5.6 Quickselect

Für die Idee des Quicksorts, die Elemente einer Folge entsprechend eines Pivots
zu partitionieren, gibt es eine weitere Anwendung. Betrachten wir das oben
bereits erwähnte Auswahlproblem: Wollen wir das k-kleinste Element einer
Folge $a_1, a_2, \ldots, a_n$ bestimmen, so können wir wie folgt vorgehen. Wir bringen
wie beim Quicksort das Pivotelement an seine Position in der sortierten Folge.
Sei r die so für das Pivot bestimmte Position; die ist gleichzeitig auch der
Rang des Pivotelements in der Eingabe. Ist nun also $k = r$, so sind wir fertig:
das Pivot ist das gesuchte Element. Ist $k < r$, so suchen wir rekursiv nach

dem k-kleinsten Element im Teilfeld unterhalb von r, sonst nach dem $(k-r)$-kleinsten Element im Teilfeld oberhalb von r. Es wird also stets höchstens ein Teilproblem betrachtet. Die so resultierende Methode nennt man *Quickselect*.

Analyse: Sei $S(n)$ die erwartete Laufzeit von Quickselect für Eingabegröße n. Wir nehmen an, dass das Pivot in jedem Schritt zufällig gewählt wird. Wenn dann n genügend groß ist, und alle Folgenglieder verschieden sind, wird das rekursiv betrachtete Teilproblem mit einer Wahrscheinlichkeit von mindestens $\frac{1}{2}$ nicht größer als $\frac{3}{4}n$ sein, denn die Hälfte aller möglichen Pivots garantiert, dass das größere Teilproblem nicht größer als $\frac{3}{4}n$ ist.

Um eine obere Schranke $S'(n)$ für die Kosten zu erhalten, nehmen wir an, dass die Partitionierungsschritte mit schlechten Pivots *gar keine* Reduktion der Eingabe zur Folge haben, und wir addieren ihre Kosten einfach zu den Kosten des nächsten Partitionierungsschrittes mit einem guten Pivot. Da wir in Erwartung nur 2 Schritte auf ein gutes Pivot warten (geometrische Verteilung), erhalten wir die Rekursionsgleichung

$$S'(n) \;\leq\; S'\left(\frac{3}{4}n\right) \;+\; c \cdot n,$$

mit $c \cdot n$ der Aufwand für zwei Partitionierungsschritte. Diese Rekursion kann durch Anwendung des Satzes 1.27 *gelöst* werden, und wir haben $S(n) \leq S'(n) = \mathcal{O}(n)$. Als Resümee dieses Abschnittes halten wir fest:

Satz 4.16 (Quickselect):
Wählt man für Quickselect stets ein zufälliges Pivot, so können wir im Mittel in linearer Zeit das k-kleinste Element der Eingabe bestimmen, $k \in \{1, 2, \ldots, n\}$ beliebig.

Bemerkung 4.17 (Der Median-of-Medians-Algorithmus): Der Worst-Case für Quickselect ist leider – wir bei Quicksort – quadratisch; wie oben bereits erwähnt, können wir das Selektionsproblem aber tatsächlich auch im Worst-Case in linearer Zeit lösen.

Der konzeptionell einfachste Algorithmus, der das Selektionsproblem im Worst-Case in $\mathcal{O}(n)$ Laufzeit löst, ist der *Median-of-Medians-Algorithmus*. Wir skizzieren hier diesen rekursiven Algorithmus, der ein Element von Rang k in einer Eingabe von n Elementen findet, lediglich und lassen Details einer effizienten Implementierung aus.

Zuerst teilen wir die Eingabe (beliebig) in Gruppen zu je 5 Elementen auf und sortieren diese Gruppen unabhängig voneinander. Der Aufwand dafür ist in $\mathcal{O}(n)$, da wir linear viele Gruppen von konstanter Größe haben. Anschließend wählen wir aus jeder Gruppe den Median und bestimmen von diesen $\lceil n/5 \rceil$ Elementen rekursiv den Median m; m ist also ein Median vieler Mediane, was den Namen der Methode erklärt.

Danach fahren wir fort wie in Quickselect mit Pivot m: Wir partitionieren die Eingabe bzgl. m und bestimmen damit den Rang r von m in der gesamten Eingabe. Falls $r = k$, so hatten wir Glück und geben m als Lösung zurück. Falls $k < r$ ($k > r$) suchen wir rekursiv das k-kleinste ($k-r$-kleinste) Element im linken (rechten) Teilproblem.

Warum garantiert dieses Vorgehen eine lineare Gesamtzeit? Im Allgemeinen ist m nicht exakt der Median der gesamten Liste, liegt aber nie „zu weit" davon weg. Wie in Abb. 4.3 illustriert, wissen wir jeweils von (knapp) der Hälfte der Fünfergruppen, dass 3

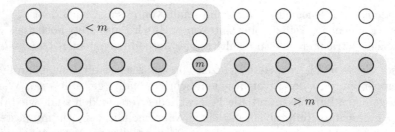

Abb. 4.3 Illustration des Median-of-Medians-Algorithmus. Die Fünfergruppen sind als Spalten, je sortiert von oben nach unten, dargestellt. Ihre Mediane sind grau hervorgehoben und m, der Median der Mediane ist eingezeichnet. Die grau unterlegten Knoten sind diejenigen Elemente, von denen wir sicher wissen, dass sie kleiner bzw. größer als m sind.

der 5 Elemente kleiner bzw. größer als m sind. Egal, ob wir nun rekursiv das linke oder rechte Teilproblem weiterverfolgen, stets wird dabei etwa ein $\frac{3}{10}$-Anteil aller Elemente von der weiteren Betrachtung ausgeschlossen; (genauer: mindestens $\frac{3}{10}n - 6$ Elemente liegen im grauen Teil in Abb. 4.3). Die Problemgröße nimmt also geometrisch ab, sodass die Gesamtlänge aller Teilprobleme in $\mathcal{O}(n)$ liegt.

Aber halt, wir haben einen zweiten rekursiven Aufruf gebraucht, um m selbst zu bestimmen! Da jedoch beide rekursiven Aufrufen *zusammengenommen* nur auf etwa $\frac{1}{5}n + \frac{7}{10}n = \frac{9}{10}n$ Elementen operieren, kann man per Induktion zeigen, dass die Gesamtkosten immer noch linear beschränkt bleiben. (Eine präzisere Lösung inklusive der führenden Konstante kann man mit Satz 1.29 bestimmen).   ◀

4.6 Heapsort

Wir haben oben schon bemerkt, dass die Methode der direkten Auswahl (Selection-Sort) Wissen verschenkt, da sie die Informationen, die bei der Bestimmung des kleinsten Schlüssels über die anderen Schlüssel gewonnen wird, nicht ausnutzt. Wir wollen nun sehen, wie wir die Auswahl geschickter organisieren können, so dass wir mit wesentlich weniger Vergleichen auskommen.

Definition 4.18 (Max- und Min-Heap-Sequenzen):
Eine Folge $a_1, a_2, \ldots, a_n$ von Schlüsseln nennen wir einen Max-Heap, wenn

$$(\forall i \in [2 : n])\big(a_i \leq a_{\lfloor i/2 \rfloor}\big)$$

Gilt obige Bedingung mit $a_i \geq a_{\lfloor i/2 \rfloor}$ statt $a_i \leq a_{\lfloor i/2 \rfloor}$, so nennen wir die Sequenz einen Min-Heap.   ◀

Eine äquivalente Formulierung ist, dass in einem Max-Heap $a_i \geq a_{2i}$ und $a_i \geq a_{2i+1}$ für alle i gilt, für die $2i \leq n$ bzw. $2i + 1 \leq n$ ist.

Beispiel 4.19: Die Folge $8, 6, 7, 3, 4, 5, 2, 1$ ist ein Max-Heap.   ◀

Diese Definition mag auf den ersten Blick wenig intuitiv erscheinen, und ihr Nutzen erschließt sich nicht direkt. Wir werden aber sehen, dass man

(a) in einer Max-Heap-Sequenz das Maximum leicht findet (wo?) und dass man, (b) nachdem dieses Maximum aus der Sequenz entfernt wurde, mit wenig Aufwand die Heap-Eigenschaft wiederherstellen kann. Im Vergleich mit Selection-Sort investieren wir dabei jeweils etwas mehr Aufwand als nötig, da wir nicht nur das nächste Maximum finden, sondern auch die verbliebenen Elemente wieder zu einem Max-Heap machen – wir profitieren davon aber in den folgenden Iterationen so sehr, dass in Summe ein effizientes Verfahren, der Heapsort, resultiert.

4.6.1 Binäre Heaps

Dreh- und Angelpunkt des Heapsort ist also die effiziente Wiederherstellung eines Max-Heaps. Um diese zu beschreiben, wechseln wir zu einer alternativen Darstellung von Heaps, die in der Tat deutlich intuitiver in der Handhabung ist: den *binären Heaps*.

Definition 4.20 (Heap-geordnete Bäume, binäre Heaps):
Ein (geordneter oder ungeordneter) gewurzelter Baum heißt (Max-) Heap-geordnet, wenn der Schlüssel eines jeden Knotens mindestens so groß ist, wie die Schlüssel all seiner Kinder.

Ein binärer Heap ist ein Max-Heap-geordneter fast vollständiger binärer Baum. ◄

Max-Heap-Sequenzen stehen nun auf einfache Weise in Bijektion mit binären Heaps: Man erhält den binären Heap einer Sequenz, indem man die Folgen-glieder Niveau für Niveau von links nach rechts in einen vollständigen binären Baum einträgt. Dann ist nämlich a_i stets der Vater von a_{2i} und a_{2i+1}, so dass der Vater immer größer als seine Söhne sein muss (bei eindeutigen Elementen ohne Dubletten).

Beispiel 4.21: Wir betrachten wieder den Max-Heap $8, 6, 7, 3, 4, 5, 2, 1$ von oben. Abb. 4.4 zeigt den entsprechenden Baum für unsere Beispielfolge. Rechts neben den Knoten ist klein der Index des entsprechenden Folgenglieds darge-stellt. Man beachte, dass die Heap-Bedingung keine Implikationen über das Größenverhältnis zweier Geschwister liefert. ◄

Wir gehen im Folgenden stets davon aus, dass die Schlüssel in einem Array ge-speichert sind, auch wenn wir zu Zwecken der Erklärung auf die Baumstruktur Bezug nehmen.

4.6.1.1 Finden und Entfernen das Maximums

Haben wir eine Folge von Schlüsseln als Max-Heap gegeben, so können wir in konstanter Zeit den größten unter ihnen bestimmen. Er ist stets in der Wurzel des Baumes (bei Index 1) gespeichert.

Das nächst kleinere Element erhalten wir, indem wir das Maximum aus der Folge entfernen und die restliche Folge wieder zu einem Heap machen. Es ist

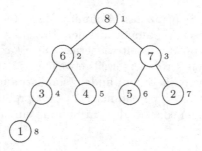

Abb. 4.4 Baumdarstellung des Max-Heaps $8, 6, 7, 3, 4, 5, 2, 1$ (Zahlen neben den Knoten entsprechen den Indizes der Folgenglieder).

dann die Wurzel des neuen Heaps. Die Iteration dieses Vorgehens entspricht der Idee des Heapsort.

Doch wie können wir die Heap-Bedingung wieder herstellen? Wir nutzen dazu die Tatsache aus, dass nach dem Entfernen des Maximums (der Wurzel) ja noch zwei Teil-Heaps vorliegen. Betrachten wir den Heap aus Beispiel 4.21. Nach dem Entfernen des Maximums haben wir die in Abb. 4.5 gezeigte Situation.

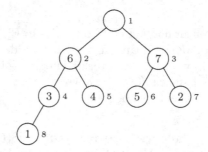

Abb. 4.5 Der Max-Heap aus Abb. 4.4 nach dem Entfernen des Maximums.

Der linke und rechte Teilbaum der Wurzel erfüllen auch weiterhin die Heap-Eigenschaft. Wir machen daraus einen Heap, indem wir das Folgenglied mit höchstem Index zunächst zur neuen Wurzel machen (dabei wird im Allgemeinen die Heap-Bedingung verletzt), und es anschließend solange durch Vertauschen mit dem größeren seiner Söhne nach unter sickern lassen, bis beide Söhne kleiner sind[2], oder das höchste Niveau des Baumes erreicht ist. Für unser Beispiel ergeben sich die Schritte aus Abb. 4.6.

An dieser Stelle wird deutlich, warum wir beim Heapsort das größte Element auswählen anstelle des kleinsten, wie wir es beim Selection Sort getan haben.

---

[2] Bei einem Min-Heap vertauscht man natürlich den Schlüssel mit seinem kleineren Sohn bis beide Söhne größer sind.

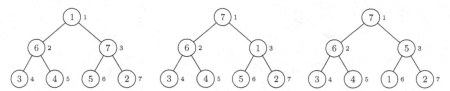

Abb. 4.6 Wiederherstellen der Heap-Eigenschaft, nachdem das Folgenglied 1 (das mit höchstem Index) vorübergehend zur neuen Wurzel des Heaps aus Abb. 4.5 gemacht wurde.

Wir können die Wurzel des Heaps einfach durch einen Schlüsseltausch an seine Position im sortierten Feld bringen, und so gleichzeitig das Element, das unter dem höchsten Index abgespeichert ist, zur neuen Wurzel machen. Wir müssen dann für die weiteren Durchläufe nur die Obergrenze des Feldes anpassen.

4.6.1.2 Konstruktion aus unsortierter Liste

Bleibt nur noch das Problem, das zu sortierende Feld in einen Heap zu verwandeln. Der Erfinder des Heapsort, J. WILLIAMS, hat dafür eine Methode angegeben, die $\mathcal{O}(n \ln(n))$ Schritte benötigt. Ein besseres Verfahren wurde später von R. FLOYD gefunden, das wir nachfolgend beschreiben wollen.

Die Grundidee besteht darin, in einer Folge von hinten nach vorne Teilheaps zu erzeugen. Man benutzt dabei, dass jede Folge der Länge 1 per Definition ein Max-Heap ist, so dass wir in der Baumdarstellung von einem Blatt zu seinem Vater gehen können und wissen, dass beide Teilbäume schon die Heap-Bedingung erfüllen. Damit können wir einen größeren Heap erzeugen, indem wir den Vaterknoten wie eben beschrieben absinken lassen. Wenn wir dies für alle Nicht-Blatt-Knoten auf der vorletzten Ebene des Baumes getan haben, können wir wieder eine Generation nach oben gehen und finden wieder die Situation vor, dass alle Teilbäume bereits die Heap-Bedingung erfüllen. Wir iterieren uns so bis zur Wurzel vor, die wir letztlich auch absinken lassen. Damit ist dann ein Heap generiert. Natürlich ist dies alles wieder im Array zu implementieren. Die Wurzel des Baumes mit größtem Index, der nicht nur ein Blatt ist, entspricht dem Index $\lfloor \frac{n}{2} \rfloor$. Wir lassen also die Elemente mit den Indizes $\lfloor \frac{n}{2} \rfloor, \lfloor \frac{n}{2} \rfloor - 1, \ldots, 1$ nacheinander absinken.

Beispiel 4.22: Betrachte die Folge $2, 1, 5, 3, 4, 8, 7, 6$. Wie man in Abb. 4.7 sieht, erfüllt der zugehörige Baum (erste Zeile, links) nicht die Heap-Bedingung eines Max-Heaps. Lassen wir aber die Wurzeln der Bäume ab dem vorletzten Niveau von rechts nach links nacheinander absinken, so entsteht letztlich der Baum aus Beispiel 4.21. In der Abbildung steht $T_1 \xrightarrow{x_i} T_2$ dafür, dass durch das Absinken von x in der Feldposition i aus dem Baum T_1 der Baum T_2 entsteht.

Damit können wir insgesamt den Heapsort wie folgt implementieren:

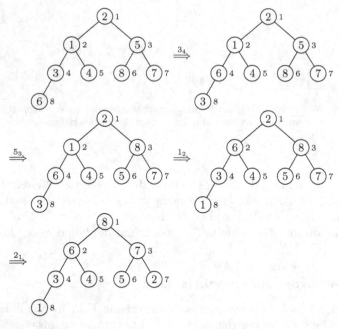

Abb. 4.7   Herstellen eines Max-Heaps zur Folge 2, 1, 5, 3, 4, 8, 7, 6 durch sukzessives Absinken der Folgenglieder.

```
1  /** Sorts A[1..n], does not use A[0] */
2  public static <Elem> void heapsort(Elem[] A,  Comparator<Elem> c) {
3      int n = A.length - 1;
4      for (int i = n/2; i >= 1; --i) sift(A, c, i, n); // init heap
5      for (int i = n; i >= 2; --i) {
6          swap(A, 1, i); sift(A, c, 1, i-1);
7      }
8  }
9  public static <Elem> void sift(
10         Elem[] A, Comparator<Elem> c, final int left, final int right) {
11     int i = left;
12     while (2*i <= right) {
13         int j = 2*i; // j is left son of i
14         if (j < right && less(A[j], A[j+1], c) ) ++j;
15         // Now, j is the larger son of i
16         if (!less(A[i], A[j], c)) return; // heap restored
17         swap(A, i, j); i = j;
18     }
19 }
```

4.6.2 Analyse von Heapsort

Wir wollen uns abschließend überlegen, wie effizient der Heapsort ist. Sei j die Anzahl der Ebenen im Heap für n Schlüssel in Baumdarstellung, d.h. $j =$

$\lceil \mathrm{ld}(n+1) \rceil$. Das Versickern eines Knotens auf Ebene k endet im schlimmsten Fall auf dem Niveau der Blätter. Dabei werden proportional zu $j - k$ viele Vergleiche und Vertauschungen durchgeführt.

Da sich auf Niveau k aber höchstens 2^{k-1} viele Knoten befinden, ergibt sich für die Anzahl an Operationen zur Konstruktion eines Heaps der Größe n

$$
\begin{aligned}
\sum_{1 \leq k \leq j-1} 2^{k-1}(j-k) &= \sum_{1 \leq k \leq j-1} k \cdot 2^{j-k-1} \\
&= 2^{j-1} \sum_{1 \leq k \leq j-1} \frac{k}{2^k} \\
&\leq 2 \cdot n \\
&= \mathcal{O}(n).
\end{aligned}
$$

Die Summe läuft nur bis $j-1$, da wir für die Blätter kein Absinken vornehmen müssen.

Die Sortierphase kann ähnlich analysiert werden. Außerhalb der Prozedur sift wird im Heapsort pro Schleifendurchlauf nur eine Vertauschung vorgenommen. Dies sind insgesamt also $\Theta(n)$ viele. Lassen wir die Wurzel versickern, so endet der Vorgang im schlimmsten Fall bei den Blättern. Dabei werden dann proportional zur Höhe des Baumes, also proportional zu $\lceil \mathrm{ld}(n+1) \rceil$ viele Vergleiche und Vertauschungen vorgenommen. Damit ist der Worst-Case der Sortierphase sowohl für die Anzahl Vergleiche wie auch für die Anzahl Vertauschungen in $\mathcal{O}(n \, \mathrm{ld}(n))$. Der Average-Case des Heap-Sort konnte bis heute nicht vollständig analysiert werden.

4.6.3 Priority-Queues

Eine Priority-Queue ist ein Abstrakter Datentyp, der die Operationen insert(m, p), readMin und deleteMin, sowie eventuell auch setPriority(m, p) unterstützt. Er verwaltet dabei eine Teilmenge M des Universums U, wobei jedes Element $m \in M$ mit einer *Priorität* $p(m)$ versehen ist. Die Operation deleteMin entfernt stets ein Element $m \in M$ mit minimaler Priorität $p(m)$ unter allen Elementen in M und gibt es zurück. readMin liest nur ein Element mit minimaler Priorität aus, ohne den Inhalt der Queue zu verändern. Die Operation insert(m, p) fügt $m \in U$ mit Priorität p in M ein. Mittels setPriority(m, p) ist es möglich, die Priorität vom m auf einen neuen Wert p zu setzen.

Tatsächlich macht es Sinn, zwei Varianten von Priority-Queues zu unterscheiden: In der *Priority-Queue mit starrer Ordnung* haben wir ein beliebiges total geordnetes Universum U, und wir verwenden die totale Ordnung anstelle der expliziten Prioritäten. Wir nehmen dabei implizit an, dass sich diese Ordnung nicht ändert, d.h., die Operation setPriority wird in dieser Variante nicht angeboten. Wir erhalten damit das folgende Java-Interface:

```
1 public interface PriorityQueue<Elem> {
```

```
2    void insert(Elem x);
3    Elem deleteMin();
4    Elem readMin();
5    int size();
6    default boolean isEmpty() { return size() == 0; }
7  }
```

Die Priority-Queue mit starrer Ordnung ist hilfreich, wenn wir eine große Sammlung von n Objekten haben, von denen wir die $m \ll n$ kleinsten (bezüglich einer gegebenen totalen Ordnung) kennen müssen; m Aufrufe von deleteMin liefern uns diese in sortierter Reihenfolge, ohne weitere Anforderungen an die Objekte selbst zu stellen. Wir werden Beispielanwendungen im Kontext der minimalen Spannbäume sehen (Abschnitt 5.4). Die Java Library bietet mit `java.util.PriorityQueue` eine Heap-basierte Implementierung dieser Variante.

Manchmal benötigt man aber die Flexibilität, die Ordnung der verwalteten Objekte nachträglich aktualisieren zu können; z.B. im Kürzeste-Wege-Algorithmus von DIJKSTRA (Abschnitt 5.3). Wir verwenden dann die expliziten Prioritäten und nehmen setPriority in die Liste der Operationen mit auf. Diese *Priority-Queue mit dynamischer Ordnung* lässt sich nur für eingeschränkte Universen effizient implementieren; deshalb beschränken wir uns für die zweiten Variante auf die *index-basierten Priority-Queues*, bei denen $U = [0 : n-1]$ festgelegt ist. Wir verwenden das folgende Java-Interface für diese Variante:

```
1  public interface IntPriorityQueue {
2      void insert(int v, double priority);
3      int deleteMin();
4      int readMin();
5      boolean contains(int v);
6      void setPriority(int v, double newPriority);
7      int size();
8      default boolean isEmpty() { return size() == 0; }
9      default void remove(int v) {
10         if (!contains(v)) throw new IllegalArgumentException();
11         setPriority(v, Double.NEGATIVE_INFINITY);
12         deleteMin();
13     }
14 }
```

4.6.4 Binäre Heaps als Priority-Queue

Mit den Min-Heaps liegt uns eine effiziente Implementierung beider Priority-Queue-Varianten vor. Wir wollen uns hier auf die Implementierung der zweiten Variante beschränken; eine generische Implementierung der Priority-Queue mit starrer Ordnung erhält man durch einfache Anpassungen.

4.6.4.1 Auffinden von Elementen im Heap

Wir brauchen einen effizienten Weg, um auf Elemente im Heap zuzugreifen, insbesondere um ihre Prioritäten anzupassen; da wir nach Annahme Zahlen aus $U = [0 : n - 1]$ verwalten, verwenden wir dazu einfach Arrays.

```
1  public class BinaryHeapIntPQ implements IntPriorityQueue {
2      private int[] heap;
3      private double[] prio;
4      private int[] heapIndex;
5      private int size;
6      private static final int NOT_PRESENT = -1;
7      public BinaryHeapIntPQ(int n) {
8          heap = new int[n+1]; prio = new double[n];
9          heapIndex = new int[n];
10         Arrays.fill(heapIndex, NOT_PRESENT);
11     }
12     public int readMin() {
13         if (isEmpty()) throw new NoSuchElementException();
14         return heap[1];
15     }
16     public boolean contains(final int v) {
17         return heapIndex[v] != NOT_PRESENT;
18     }
19     public int size() { return size; }
20     // ...
21 }
```

Der Heap besteht also aus drei Arrays: `prio[i]` speichert die (aktuelle) Priorität des Elements $i \in M \subseteq U$. `heap[1..size]` enthält eine Permutation der gespeicherten Elemente M, die bezüglich ihrer Priorität eine Min-Heap-Sequenz bildet. `heapIndex[i]` schließlich liefert den Index $j \in [1 : \texttt{size}]$, an dem i im Heap liegt, d.h. es gilt stets `heap[heapIndex[i]]` $= i$ Wir erhalten diese Invariante, indem wir für jede Vertauschung auch die Einträge in `heapIndex` aktualisieren:

```
1      private void swap(int i, int j) {
2          int tmp = heap[i]; heap[i] = heap[j]; heap[j] = tmp;
3          heapIndex[heap[i]] = i; heapIndex[heap[j]] = j;
4      }
```

4.6.4.2 Zugriff auf das Minimum

Die Abfrage des Elements mit kleinster Priorität benötigt nur konstante Zeit, und das Löschen des Elements mit kleinster Priorität ist logarithmisch in der Größe der verwalteten Menge – das sind gerade die Operationen, die Heapsort auch verwendet, und die wir oben bereits diskutiert haben. Da `swap` sich um die Verwaltung von `heapIndex` kümmert, ist `siftDown` i.W. identisch zur Version in Heapsort, außer dass wir die Heap-Eigenschaft bzgl. der Prioritäten herstellen.

```
1      public int deleteMin() {
```

```
2        int min = readMin();
3        swap(1, size--); heapIndex[min] = NOT_PRESENT;
4        siftDown(1, size);
5        return min;
6    }
7    private void siftDown(int left, int right) {
8        int k = left;
9        while (2*k <= right) {
10           int c = 2*k;
11           if (c < right && prio[heap[c+1]] < prio[heap[c]] ) ++c;
12           if (prio[heap[k]] <= prio[heap[c]]) return;
13           swap(k, c); k = c;
14       }
15   }
```

4.6.4.3 Initialisierung in Linearzeit

Die Initialisierung mit n Elementen erfolgt in Linearzeit genau wir im Heap-sort.

```
1    public BinaryHeapIntPQ(int n, double[] priorities) {
2        this(n); int l = priorities.length; size = l;
3        System.arraycopy(priorities, 0, prio, 0, l);
4        for (int i = 0; i < l; ++i)
5            { heap[i+1] = i; heapIndex[i] = i+1; }
6        for (int i = l/2; i >= 1; --i) siftDown(i, l);
7    }
```

4.6.4.4 Einfügen

Was wir noch nicht betrachtet haben, ist das Einfügen eines neuen Elements in die Priority-Queue. Hierzu gehen wir wie folgt vor. Wir tragen das neue Element direkt hinter dem bisher letzten Element im Feld ein. In der Baum-darstellung entspricht dies der Position direkt neben dem rechtesten Blatt bzw. der linkesten Position auf einem neuen Niveau, wenn im Baum vor dem Einfügen alle Positionen des letzten Niveaus belegt waren.

Ähnlich wie beim Versickern-Lassen, haben wir nun genau ein Element, an dem die Heap-Eigenschaft potentiell verletzt ist. Im Unterschied zu der dortigen Situation ist dieses Element nun aber nicht zu groß, sondern (potentiell) zu *klein*. Wir müssen es also im Heap soweit wie nötig aufsteigen lassen. Ist k der Index, an dem wir das neue Element eingetragen haben, so betrachten wir $\lfloor k/2 \rfloor$ (d. h. wir gehen zum Vaterknoten) und überprüfen, ob dort die Heap-Eigenschaft bzgl. der Prioritäten erfüllt ist. Falls ja, sind wir fertig. Ist die Heap-Eigenschaft nicht erfüllt, muss das neue Element eine kleinere Priorität als sein Vater haben (wir beschreiben die Situation im Min-Heap), und wir tauschen beide gegeneinander aus. Anschließend verfahren wir auf dieselbe Weise mit dem Vaterknoten des Vaters (also mit Position $\lfloor \lfloor k/2 \rfloor /2 \rfloor$) usw.

Irgendwann erreichen wir so eine Situation, in der die Heap-Eigenschaft erfüllt ist, oder wir erreichen die Wurzel, die letztlich durch das neue Element ersetzt wird. In allen Fällen ist der Aufwand durch die *Höhe des Heaps* beschränkt und damit in $\mathcal{O}(\text{ld}(n))$.

```
1    public void insert(final int v, final double priority) {
2        if (contains(v)) throw new IllegalArgumentException("already ↵
             present");
3        ++size;
4        prio[v] = priority;
5        heap[size] = v;
6        heapIndex[v] = size;
7        siftUp(1, size);
8    }
9    private void siftUp(int left, int right) {
10       int k = right;
11       while (k/2 >= left) {
12           int p = k/2 ;
13           if (prio[heap[p]] <= prio[heap[k]]) break;
14           swap(k, p);
15           k = p;
16       }
17   }
```

4.6.4.5 Anpassen von Prioritäten

Fehlt noch die Operation setPriority. Auf den ersten Blick mag es schwierig erscheinen, mit einer beliebigen Anpassung der Prioritäten umzugehen; die wichtige Beobachtung ist aber, dass wir nach dem Updaten *einer* Priorität wieder höchstens *ein* Element haben, an dem die Heap-Eigenschaft verletzt ist. Dieses Element kann entweder zu klein oder zu groß sein (aber nicht beides!), und für beide Fälle haben wir mit siftUp bzw. siftDown schon Wege gefunden, wie die Heap-Eigenschaft wiederhergestellt werden kann. Wie eingangs diskutiert, verwenden wir heapIndex, um die Position des Elements im Heap zu finden.

```
1    public void setPriority(final int v, final double newPriority) {
2        if (!contains(v)) throw new NoSuchElementException();
3        double oldPrio = prio[v]; prio[v] = newPriority;
4        if (newPriority < oldPrio) siftUp(1, heapIndex[v]);
5        else siftDown(heapIndex[v], size);
6    }
```

Offensichtlich ist somit auch die Laufzeit von setPriority logarithmisch in der Größe des Heaps. Wir können also alle Operationen der Priority-Queue mit dynamischer Ordnung in $\mathcal{O}(\log n)$ Laufzeit unterstützen.

Bemerkung 4.23 (Wozu Priority-Queues?): Tatsächlich sind obige Laufzeitgarantien auch mithilfe von balancierten Suchbäumen möglich; lediglich die Initialisierung gelingt dort im Allgemeinen nicht mit linearer Laufzeit. Sofern also alle Elemente irgendwann über deleteMin wieder entfernt werden, kann man die Implementierung von Heaps auch durch Suchbäume oder andere Wörterbücher ersetzen.

Trotzdem hat sich die Abstraktion der Priority-Queue bewährt. Einerseits sind Heaps effizienter, wenn nicht alle Elemente entfernt werden, da bei Verwendung von Suchbäumen dann die Initialisierung dominiert. Andererseits hat die Formulierung des Abstrakten Datentyps die Erforschung fortgeschrittenerer Datenstrukturen wie den FIBONACCI-Heaps motiviert, die setPriority in amortisiert *konstanter* Laufzeit realisieren.   ◀

*   *   *

Wir beschließen damit die Exkursion zu Priority-Queues und unsere Betrachtung von Heapsort. Es bleibt festzuhalten, dass mit Heapsort aus theoretischer Sicht ein Durchbruch gelungen ist: Es ist dies das erste Sortierverfahren mit *optimaler* Worst-Case Laufzeit (in Bezug auf die $\mathcal{O}$-Klasse) und es kommt mit *konstant* viel Zusatzspeicher aus.

4.7 Mergesort

Wie Quicksort auch, basiert Mergesort auf der Idee, eine Folge durch rekursives Aufteilen zu sortieren. Im Unterschied zu Quicksort wird hier eine Folge aber stets in gleich große Teile zerlegt. Dafür verwendet man linear viel zusätzlichen Speicherplatz. Wir werden sehen, dass dieser Platz gut angelegt ist, denn Mergesort hat in allen Fällen eine Laufzeit proportional zu $n \log(n)$ für n die Größe der Eingabe.

Mergesort ist das einzige von uns behandelte Sortierverfahren, das sich auch für das Sortieren von Daten ohne wahlfreien Zugriff eignet. Wir beschreiben dennoch seine Arbeitsweise zunächst für das Sortieren eines Feldes und gehen anschließend auf die Änderungen ein, die für das Sortieren beispielsweise von auf Magnetbändern gespeicherten Daten nötig sind.

4.7.1 2-Wege-Mergesort

Bei dem 2-Wege-Mergesort wird eine Folge $f = a_1, a_2, \ldots, a_n$ sortiert, indem sie zunächst in zwei möglichst gleich große Teilfolgen $f_1 = a_1, a_2, \ldots, a_{\lceil n/2 \rceil}$ und $f_2 = a_{\lceil n/2 \rceil + 1}, a_{\lceil n/2 \rceil + 2}, \ldots, a_n$ aufgeteilt wird. Anschließend wird jede dieser Folgen durch einen rekursiven Aufruf des Mergesort sortiert. Die Rekursion endet dabei für eine einelementige oder leere Teilfolge, die beide ja sortiert sind.

Seien f_1' und f_2' die so sortierten Varianten der Folgen f_1 und f_2. Wir erzeugen die sortierte Variante von f durch folgendes Vorgehen: Wir setzen einen Cursor i auf das erste Element der Liste f_1' und einen Cursor j auf das von f_2'. Nun werden die von i und j adressierten Schlüssel verglichen, und der kleinere in die Ergebnisfolge übernommen. Der Cursor, dessen Schlüssel übernommen wurde, wird um eine Position nach rechts versetzt und nach dem gleichen Prinzip der nächste Schlüssel für die Folge f' bestimmt. Wurde dabei der letzte Schlüssel einer Folge übernommen, so wissen wir, dass der vom Cursor der andere Folge adressierte Schlüssel und alle Schlüssel rechts von ihm größer sind als der zuletzt übernommene. Da die Teilfolgen sortiert sind, können wir folglich den Rest der anderen Folge unverändert und ohne weitere Vergleiche übernehmen. Folgendes Beispiel soll das Vorgehen verdeutlichen:

Beispiel 4.24: Nachfolgende Tabelle zeigt zwei sortierte Beispielfolgen f_1' und f_2', von denen jeweils ein Element mit einem Index versehen ist. Es ist dieses Element, auf das aktuell der Cursor verweist. Die erste Zeile repräsentiert die Startkonfiguration, jede weitere Zeile zeigt die Situation nach einem Schlüsselvergleich und Übernahme des kleineren Elements bei anschließendem Angleichen der Cursor.

f_1'	f_2'	f'
$3_i, 7, 8, 11, 12$	$4_j, 5, 15, 20$	$\emptyset$
$3, 7_i, 8, 11, 12$	$4_j, 5, 15, 20$	3
$3, 7_i, 8, 11, 12$	$4, 5_j, 15, 20$	$3, 4$
$3, 7_i, 8, 11, 12$	$4, 5, 15_j, 20$	$3, 4, 5$
$3, 7, 8_i, 11, 12$	$4, 5, 15_j, 20$	$3, 4, 5, 7$
$3, 7, 8, 11_i, 12$	$4, 5, 15_j, 20$	$3, 4, 5, 7, 8$
$3, 7, 8, 11, 12_i$	$4, 5, 15_j, 20$	$3, 4, 5, 7, 8, 11$
$3, 7, 8, 11, 12$	$4, 5, 15_j, 20$	$3, 4, 5, 7, 8, 11, 12$
$3, 7, 8, 11, 12$	$4, 5, 15, 20$	$3, 4, 5, 7, 8, 11, 12, 15, 20$

Folgendes Programm implementiert den 2-Wege-Mergesort:

```
1  /** Sorts A[1..n], does not use A[0] */
2  @SuppressWarnings("unchecked")
3  public static <Elem> void mergesort(Elem[] A, Comparator<Elem> c) {
4      int n = A.length - 1;
5      mergesort(A, c, 1, n, (Elem[]) new Object[n+1]);
6  }
7  public static <Elem> void mergesort(Elem[] A, Comparator<Elem> c,
8          int left, int right, Elem[] buffer) {
9      if (left >= right) return;
10     int mid = left + (right - left) /2 ;
11     mergesort(A, c, left, mid, buffer);
12     mergesort(A, c, mid+1, right, buffer);
13     merge(A, c, left, mid, right, buffer);
14 }
15 public static <Elem> void merge(Elem[] A, Comparator<Elem> c,
16         int left, int mid, int right, Elem[] buffer) {
17     int i = left, j = mid+1, k = left;
18     while (i <= mid && j <= right)
19         buffer[k++] = less(A[j], A[i], c) ? A[j++] : A[i++];
20     while (i <= mid)   buffer[k++] = A[i++];
21     while (j <= right) buffer[k++] = A[j++];
22     System.arraycopy(buffer, left, A, left, right - left + 1);
23 }
```

Die Teil-Prozedur `merge` verschmilzt die beiden Teilfolgen `A[L..M]` und `A[M+1..R]` nach dem oben beschriebenen Prinzip. Das Feld B dient zur Zwischenspeicherung der Ergebnisfolge, die Variablen i und j sind die beiden Cursor. k verweist auf die Position in B, an der der nächste übernommene Schlüssel gespeichert wird. Um das Feld A zu sortieren, verwendet man den Aufruf `mergesort(A,1,$n$)`.

Bemerkung 4.25 (System.arraycopy): Obiger Code verwendet die Java-Bibliotheksfunktion System.arraycopy, um den Run aus dem Puffer zurück nach A zu kopieren. Die Parameter haben (von links nach rechts) die folgende Bedeutung: (1) Quell-Array, (2) Startpostion im Quell-Array, (3) Ziel-Array, (4) Startposition im Ziel-Array, (5) Anzahl Elemente, die kopiert werden sollen.

Abgesehen davon, dass dieser Aufruf weniger fehleranfällig als eine manuelle Schleife zum Kopieren der Teilfelder ist, ist arraycopy i.d.R. auch schneller, da es sich um eine nativ implementierte Methode handelt, die zum Kern der Java Virtual Machine gehört.

Wir hätten auch die zwei Schleifen in Zeile 20 bzw. Zeile 21 durch die Aufrufe *System⮠.arraycopy(A, i, buffer, k, mid-i+1);* bzw. *System.arraycopy(A, j, buffer, ⮠ k, right-j+1);* ersetzen können. Für diese beiden Aufrufe ist aber zu erwarten, dass sie oft nur recht wenige Elemente kopieren müssen, sodass der zusätzliche Overhead für den Aufruf der nativen Methode arraycopy überwiegen würde.   ◄

4.7.2 Analyse von 2-Wege-Mergesort

Kommen wir zur Analyse der Prozedur. Vergleiche werden nur beim Mischen der sortierten Teilfolgen angestellt. Im besten Fall sind alle Elemente der einen Teilfolge kleiner als die der anderen. Ist n_1 die Länge der Folge mit den kleineren Schlüsseln, werden dann nur n_1 viele Vergleiche vorgenommen.

Im schlechtesten Fall sind die Schlüssel so auf die Teilfolgen verteilt, dass immer abwechselnd ein Schlüssel der einen und dann ein Schlüssel der anderen Folge übernommen wird. In diesem Fall entstehen $n_1 + n_2 - 1$ viele Vergleiche, n_1, n_2 die Längen der Teilfolgen. Folglich gilt folgende rekursive Darstellung für die Anzahl an Vergleiche $V_{wc}(n)$ im Worst-Case bei einer Eingabegröße n:

$$V_{wc}(n) \;=\; V_{wc}(\lceil n/2 \rceil) \,+\, V_{wc}(\lfloor n/2 \rfloor) \,+\, \Theta(n), \qquad (4.1)$$

wobei $V_{wc}(0) = V_{wc}(1) = 0$ gilt. Für beliebiges n ist diese Rekursionsgleichung für uns zu schwierig zu lösen. Wir nehmen deshalb an, dass $n = 2^N$ für ein $N \in \mathbb{N}$ gilt. Dann vereinfacht sich die Gleichung zu $V_{wc}(n) = 2V_{wc}(n/2) + c \cdot n$, für c die Konstante aus der Theta-Notation. Diese Gleichung können wir nun iterieren, was uns zu der Vermutung führt, dass

$$V_{wc}(n) \;=\; 2^s V_{wc}(n/2^s) + s \cdot c \cdot n$$

gilt. Diese Vermutung lässt sich leicht per Induktion beweisen.

Da $n = 2^N$, erscheint mit $s = N$ auf der rechten Seite die Anfangsbedingung $V_{wc}(1) = 0$ womit $V_{wc}(n) = N \cdot c \cdot n$ folgt. Da aber $N = \mathrm{ld}(n)$ ist, haben wir letztlich

$$V_{wc}(n) \;=\; c \cdot n \, \mathrm{ld}(n) \;=\; \Theta(n \log n).$$

Damit benötigt Mergesort auch im Worst-Case größenordnungsmäßig nicht mehr Vergleiche als nach unseren Betrachtungen aus Abschnitt 4.4 mindestens notwendig sind.

Im Hinblick auf die Vertauschungen bzw. Bewegungen von Elementen bei Mergesort erhalten wir ein ähnliches Ergebnis. Beim Mischen zweier Teilfolgen

der Längen n_1 und n_2 werden alle Schlüssel einmal in das Feld B kopiert
(Aufwand $n_1 + n_2$ Bewegungen). Anschließend wird das Ergebnis von B nach
A kopiert, was wiederum $n_1 + n_2$ Bewegungen erzeugt. Damit ist die Anzahl
an Schlüsselbewegungen, die für das Mischen beider Teile einer Folge der
Länge n durchgeführt werden, stets (d. h. im Best-, Worst- und Average-Case)
gleich $2 \cdot n$. Folglich gilt die Rekursionsgleichung (4.1) auch für die Anzahl
an Schlüsselbewegungen, und wir erhalten $\Theta(n \operatorname{ld}(n))$ als Best-, Worst- und
Average-Case-Verhalten.

4.7.3 Merge mit kleinerem Puffer

Unser 2-Wege-Mergesort oben benötigt für merge einen Puffer, der so groß
ist wie die Eingabe selbst. Durch eine etwas geschicktere Vorgehensweise
können wir die Größe des Puffers *halbieren*, ohne dafür Performanceeinbußen
hinnehmen zu müssen: Statt die beiden Runs aus A zu lesen und in buffer zu
schreiben, kopieren nun *zuerst* wir den ersten Run in den Puffer und schreiben
das Ergebnis direkt in A zurück.

```
1 public static <Elem> void mergeSmallerBuffer(
2     final Elem[] A, final Comparator<Elem> c,
3     int left, int mid, int right, Elem[] buffer) {
4   int i = 0, j = mid+1, k = left;
5   System.arraycopy(A, left, buffer, i, mid - left + 1);
6   while (i <= mid - left && j <= right)
7     A[k++] = less(A[j], buffer[i], c) ? A[j++] : buffer[i++];
8   while (i <= mid - left) A[k++] = buffer[i++];
9 }
```

Man mache sich klar, warum es bei dieser Vorgehensweise nicht passieren
kann, dass wir beim Schreiben des neuen Runs Teile des zweiten alten Runs
überschreiben. Wenn der erste Run zuerst komplett aufgebraucht ist, brauchen
wir in diesem Fall sogar gar nichts zu tun, denn der noch nicht betrachtete Teil
des zweiten Runs liegt schon (oder besser gesagt noch) an der richtigen Stelle.
Nun genügt es, buffer mit einem Array der Länge n/2+1 zu initialisieren.

4.7.4 Direkter 2-Wege-Mergesort

In unserer rekursiven Implementierung des Mergesort dient die Prozedur
mergesort mehr oder weniger nur zur Organisation der Aufrufe von merge.
Sie steuert, dass zuerst Teilfolgen der Längen 1, dann 2 usw. miteinander
verschmolzen werden, um schließlich ein sortiertes Feld zu erhalten.

Der *direkte 2-Wege-Mergesort* (auch *bottom-up Mergesort* genannt) basiert
wieder auf dem Verschmelzen von Teilfolgen. Dieses wird aber ohne Rekursion
und ohne Aufteilungen des Feldes implementiert. Stattdessen fasst man zu
Beginn jedes Element der Folge a_i, $1 \le i \le n$, als sortierte Teilfolge der
Länge 1 auf. Man betrachtet dann zwei benachbarte Teilfolgen (also a_1 und
a_2 oder a_3 und a_4 usw.) und verschmilzt sie. Dabei kann es vorkommen, dass
aufgrund einer ungeraden Anzahl von Teilfolgen eine Folge unberücksichtigt

bleibt. Anschließend betrachtet man benachbarte Teilfolgen der Länge 2 (oder 1 am rechten Rand) und verschmilzt sie zu Folgen der Länge 4 usw. Damit verdoppelt sich in jedem Durchlauf die Länge der sortierten Teilfolgen, außer evtl. am rechten Rand. Das Feld ist sortiert, nachdem in einem Durchgang nur noch zwei Teilfolgen verschmolzen wurden.

Beispiel 4.26: Wir betrachten die Folge $7, 3, 9, 2, 11, 8, 5, 4, 1$; bereits sortierte Teilfolgen werden durch das Symbol | voneinander getrennt. Wir starten mit der Situation 7|3|9|2|11|8|5|4|1 und verschmelzen die Folge 7 mit 3, 9 mit 2 usw. Wir erhalten so 3, 7|2, 9|8, 11|4, 5|1. Aufgrund der ungeraden Anzahl an Folgen wurde die 1 nicht verschmolzen. Nun verschmelzen wir 3, 7 mit 2, 9 und 8, 11 mit 4, 5; die Folge 1 bleibt wieder unberücksichtigt. Wir landen so bei der Konfiguration 2, 3, 7, 9|4, 5, 8, 11|1. Auch hier ist die Zahl der Teilfolgen ungerade. Wir verschmelzen die ersten beiden, und erhalten 2, 3, 4, 5, 7, 8, 9, 11|1. Der letzte Durchgang erzeugt nun die sortierte Folge 1, 2, 3, 4, 5, 7, 8, 9, 11. ◀

Im Details ausformuliert kann diese Idee wie folgt realisiert werden:

```
1  @SuppressWarnings("unchecked")
2  public static <Elem> void bottomUpMergesort( ... ) {
3      int n = A.length - 1;
4      Elem[] buffer = (Elem[]) new Object[n+1];
5      for (int len = 1; len < n; len *= 2) {
6          for (int offset = 0; offset + len < n; offset += 2*len) {
7              int left = offset + 1,
8              mid = left + len - 1,
9              right = Math.min(n, mid + len);
10             merge(A, c, left, mid, right, buffer);
11         }
12     }
13 }
```

4.7.4.1 Analyse

Eine detaillierte Analyse dieses Verfahrens wollen wir nicht vornehmen; mit unserer Annahme, dass die Eingabelänge eine Zweierpotenz ist, wäre das Ergebnis nämlich identisch zum gewöhnlichen 2-Wege-Mergesort. Beachte aber, dass für andere Eingabegrößen tatsächlich andere Teilproblemgrößen resultieren. Grob gesprochen erkauft man das Beseitigen der Rekursion durch geringfügig weniger ausgewogene Teilproblemgrößen.

Da unsere Implementierung von `merge` ohnehin einen linear großen Zusatzspeicher benötigt, rechtfertigen die Ersparnisse bzgl. des Speicherplatzes im direkten 2-Wege-Mergesort in der Regel nicht diese Nachteile in der Laufzeit. Der direkte 2-Wege-Mergesort ist aber dennoch von Interesse, da er als Vorstufe zweier wichtiger Verfahren zu sehen ist: dem natürlichen Mergesort, der partielle Vorsortierung in der Eingabe ausnutzen kann (siehe nächster Abschnitt), und dem externen Mergesort, der die weniger flexiblen

Zugriffsmöglichkeiten auf Daten in externen Speichern sinnvoll nutzen kann (Abschnitt 4.7.6).

4.7.5 Natürlicher Mergesort

Für eine Permutation $a_1, \ldots, a_n$ bezeichnet man eine maximale sortierte Teilpermutation, also $a_i, a_{i+1}, \ldots, a_j$ für Wahlen von i und j mit $a_i < a_{i+1} < \cdots < a_j$ und $a_{i-1} > a_i$ oder $i = 1$ und $a_j > a_{j+1}$ oder $j = n$, als *Run*. Enthält die Eingabe für den direkten 2-Wege-Mergesort bereits solche Runs, so ist es offensichtlich Verschwendung, das Verschmelzen mit Teilfolgen der Länge 1 zu beginnen. Geschickter ist es, die Vorsortierung der Eingabe auszunutzen, indem man die in ihr enthaltenen sortierten Teilfolgen erkennt und als Startkonfiguration verwendet. Der sog. *natürliche 2-Wege-Mergesort* greift diese Idee auf und kann so zu einer verbesserten Anzahl an Vergleichen kommen.

Sind nach unserer üblichen Annahme alle Permutationen der Eingabe gleichwahrscheinlich, so sind allerdings nur kurze Runs zu erwarten, und es wird im Mittel nur ein Durchlauf, d.h. n Vergleiche, eingespart. Wenn man in einer Anwendung aber weiß, dass die Eingabe in großen Teilen schon sortiert ist, so ist ein natürlicher Mergesort kaum zu schlagen. Bemerkenswert ist dabei, dass dieser Algorithmus sich automatisch an die Gegebenheiten der Eingabe anpasst; es ist nicht nötig, den Fall einer (teilweise oder vollständig) sortieren Eingabe als explizit Spezialfall abzufangen.

Timsort ist eine in vielen Bibliotheken (z.B. in Java und Python) verwendete Variante des natürlichen Mergesort, der auch Runs in absteigender Reihenfolge ausnutzt und eine andere Reihenfolge für das Verschmelzen der Runs verwendet, welche die Lokalität der Zugriffe erhöht.

4.7.6 Externes Sortieren

Bisher sind wir stets davon ausgegangen, dass die zu sortierenden Daten im Arbeitsspeicher Platz finden. Dies ist die Implikation der Verwendung eines Feldes als Datenstruktur, die unsere Eingabedaten speichert. Auch haben wir nicht darauf geachtet, in welcher Reihenfolge unsere Sortierverfahren auf die Daten zugreifen, denn ein Array ermöglicht den Zugriff an beliebiger Position in konstanter Zeit. Das Sortieren von Daten, die sich außerhalb des Arbeitsspeichers befinden, bezeichnet man als *externes Sortieren*. Dieser Aufgabe wollen wir uns in diesem Abschnitt zuwenden; wir betrachten das Sortieren von auf Magnetbändern gespeicherten Daten. Dabei wollen wir das Magnetband als Metapher für ein Device verstehen, für das sequentielles Lesen und Schreiben der Daten effizient möglich ist und für das ein wahlfreier Zugriff zwar existieren mag, jedoch mit ungleich höheren Kosten. Dies trifft für heutige Computer beispielsweise für auf Festplatten gespeicherte Dateien zu, gilt aber in ähnlicher Art und Weise auch für den Arbeitsspeicher, für den ein sequentieller Lesezugriff aufgrund der verwendeten Caches oft am schnellsten ist. Das Modell der sog. *cache-oblivious*-Algorithmen trägt diesem Umstand Rechnung.

Dazu wollen wir damit beginnen, uns ein Modell eines Magnetbandes zu schaffen: Eine Bandeinheit hat zwei Betriebsarten, den Lese- und den Schreibbetrieb. Wurde ein Band zurückgespult, so können anschließend entweder nur Einträge sequentiell gelesen oder geschrieben werden. Deshalb legen wir mit dem Zurückspulen den Betriebsmodus eines Bandes fest. Wir verwenden dazu die Befehle:

reset(t):   Das Band t wird zurückgespult und in den Lesemodus versetzt.

rewrite(t): Das Band t wird zurückgespult und in den Schreibmodus versetzt.

Das Lesen und das Schreiben des Bandes geschieht in Blöcken, d.h. es wird stets ein gesamter Datensatz in den Arbeitsspeicher übertragen bzw. auf das Band geschrieben. Wurde ein Datensatz gelesen oder geschrieben, so ist anschließend das Band an der Stelle angekommen, an der sich der nächste Datensatz befindet bzw. der nächste Datensatz gespeichert wird. Der nächste Zugriff findet dann an dieser Stelle statt. Da es keine Möglichkeit gibt, Positionen des Bandes zu adressieren, kann man folglich nur Datensatz für Datensatz nacheinander einlesen oder auf das Band schreiben. Wir verwenden dafür die Befehle

read(t, d):   Liest den nächsten Datensatz vom Band t und speichert ihn in d.

write(t, d): Schreibt den in d gespeicherten Datensatz auf das Band t.

Typischerweise sind die Zugriffe auf einen Sekundärspeicher wesentlich langsamer als die auf den Arbeitsspeicher (in etwa Faktor 10^6 beim Vergleich von Festplatte und RAM). Deshalb müssen effiziente externe Sortierverfahren besonders darauf achten, die Anzahl der Zugriff auf den Sekundärspeicher möglichst klein zu halten. Wir verwenden darum als Maß für die Komplexität eines Verfahrens die Anzahl solcher Zugriffe.

4.7.6.1 Externer 2-Wege-Mergesort

Wir wollen uns nun überlegen, wie wir den 2-Wege-Mergesort für das externe Sortieren verwenden können. Wir nehmen dazu an, dass die zu sortierenden Daten auf dem Band t_1 gespeichert sind, und die Anzahl n der Datensätze auf t_1 so groß ist, dass nicht alle auf einmal in den Arbeitsspeicher geladen werden können. Ist M die Anzahl der Datensätze, die im Arbeitsspeicher Platz finden, so liegt es nahe, die Eingabe in $\lceil n/M \rceil$ Teilfolgen von höchstens M Datensätzen zu zerlegen. Wir verwenden hierzu drei zusätzliche Bänder t_2, t_3, t_4 und verfahren wir folgt:

Wir lesen nacheinander M Datensätze von t_1 ein, und sortieren sie im Arbeitsspeicher. Die so erzeugten sortierten Teilfolgen werden abwechselnd auf t_3 und t_4 gespeichert. Wurden alle Eingabedaten verarbeitet, haben wir so $\lceil n/M \rceil$ Runs der Länge M erzeugt, von denen $\lceil n/(2M) \rceil$ auf Band t_3 und $\lfloor n/(2M) \rfloor$ auf Band t_4 gespeichert sind. Wir spulen t_3 und t_4 zurück, um diese Runs zu verschmelzen. Dies kann problemlos über die externen Speicher, sprich Magnetbänder, geschehen, denn für das Verschmelzen müssen alle Teilfolgen ausschließlich sequentiell (dies aber parallel) gelesen und die Ausgabe ausschließlich sequentiell geschrieben werden. Beim Verschmelzen entstehen Runs der Länge $2M$, die wir abwechselnd auf die Bänder t_1 und t_2 verteilen. Dann stehen also in etwa $n/(4M)$ Runs der Länge $2M$ auf jedem der Bänder t_1 und t_2. Dieses Vorgehen iterieren wir. Dabei verdoppelt sich jeweils die Länge der Runs, und die Anzahl der Runs halbiert sich in etwa. Damit bleibt irgendwann nur noch ein Run übrig. Der ist dann die sortierte Folge der Eingabe.

Beispiel 4.27: Wir nehmen an, unser Rechner sei in der Lage drei Datensätze im Hauptspeicher zu halten. Die Eingabe 11, 3, 5, 6, 9, 32, 56, 4, 90, 1, 23, 14, 8, 30 auf Band t_1 wird dann wie folgt sortiert: Die Teilfolge 11, 3, 5 wird eingelesen und sortiert nach t_3 geschrieben. Wir erhalten (_ markiert die aktuelle Position des Kopfes einer Bandeinheit):

$$t_1 : 11, 3, 5, \underline{6}, 9, 32, 56, 4, 90, 1, 23, 14, 8, 30$$
$$t_2 : \_$$
$$t_3 : 3, 5, 11\_$$
$$t_4 : \_$$

Die nächsten drei Datensätze werden eingelesen, sortiert und nach t_4 geschrieben:

$$t_1 : 11, 3, 5, 6, 9, 32, \underline{56}, 4, 90, 1, 23, 14, 8, 30$$
$$t_2 : \_$$
$$t_3 : 3, 5, 11\_$$
$$t_4 : 6, 9, 32\_$$

Dieses Vorgehen wird iteriert, bis Band t_1 vollständig gelesen ist. Dann hat sich folgende Situation ergeben:

$$t_1 : 11, 3, 5, 6, 9, 32, 56, 4, 90, 1, 23, 14, 8, 30\_$$
$$t_2 : \_$$
$$t_3 : 3, 5, 11, 4, 56, 90, 8, 30\_$$
$$t_4 : 6, 9, 32, 1, 14, 23\_$$

Nun werden alle Bänder zurückgespult, t_1 und t_2 im Schreibmodus, t_3 und t_4 im Lesemodus. Im nachfolgenden Lauf werden die Runs der Länge 3 gemischt. Wir erhalten so

$$t_1 : 3, 5, 6, 9, 11, 32, 8, 30\_$$
$$t_2 : 1, 4, 14, 23, 56, 90\_$$
$$t_3 : 3, 5, 11, 4, 56, 90, 8, 30\_$$
$$t_4 : 6, 9, 32, 1, 14, 23\_$$

und nach dem Zurückspulen für die nachfolgende Phase

$$t_1 : \underline{3}, 5, 6, 9, 11, 32, 8, 30$$
$$t_2 : \underline{1}, 4, 14, 23, 56, 90$$
$$t_3 : \_$$
$$t_4 : \_$$

Es schließen sich noch zwei Phasen an, in denen je zwei Bänder gemischt und das Ergebnis auf zwei andere Bänder verteilt wird. Wir zeigen nachfolgend die resultierenden Konfigurationen nach dem Zurückspulen eines jeden Durchgangs.

$$t_1 : \_$$
$$t_2 : \_$$
$$t_3 : \underline{1}, 3, 4, 5, 6, 9, 11, 14, 23, 32, 56, 90$$
$$t_4 : \underline{8}, 30$$

$$t_1 : \underline{1}, 3, 4, 5, 6, 8, 9, 11, 14, 23, 30, 32, 56, 90$$
$$t_2 : \_$$
$$t_3 : \_$$
$$t_4 : \_$$

Eine Implementierung dieses Vorgehens werden wir in den Aufgaben zu diesem Kapitel kennenlernen.

4.7.6.2 Analyse des externen 2-Wege-Mergesort

Wir wollen uns noch kurz überlegen, wie effizient dieses Vorgehen ist. In jedem Durchgang werden alle Eingabedaten genau einmal gelesen und einmal geschrieben. Damit ist der für die Effizienz entscheidende Parameter die Anzahl der Durchgänge, die für das Sortieren benötigt werden. Nach dem ersten Durchgang haben wir die n Datensätze der Eingabe zu (etwa) $\lceil n/M \rceil$ Runs der Länge M gemacht und verteilt. Jeder weitere Durchgang halbiert die Anzahl Runs (in etwa). Da das Sortieren beendet ist, wenn wir nur noch einen Run haben, terminiert das Verfahren nach $\lceil \operatorname{ld}(\frac{n}{M}) \rceil$ vielen Durchgängen. Dies gilt für den Best-, Worst- und Average-Case.

4.7.6.3 k-Wege-Mergesort

Natürlich kann man die Idee des Verschmelzens zweier Teilfolgen auch auf mehr als zwei Folgen übertragen. Es entsteht so der sog. *k-Wege-Merge*, bei dem die Elemente von k sortierten Folgen zu einer sortierten Folge kombiniert werden. Für das externe Sortieren benötigen wir entsprechend $2k$ Bänder, wollen wir den k-Wege-Merge verwenden. Diese Bänder werden abwechselnd in zwei Blöcken zu je k Bändern zum Lesen und Schreiben der Runs benutzt. Es ist dabei notwendig, den ersten Datensatz aller Bänder in den Arbeitsspeicher einzulesen, um die Vergleiche durchführen zu können. Der kleinste von ihnen wird dann ausgegeben und durch den nächsten Datensatz des entsprechenden Bandes ersetzt. Damit müssen wir $k \leq M$ fordern. Für große Werte von k ist der Aufwand dafür, den kleinsten unter allen Datensätzen zu bestimmen, nicht mehr zu vernachlässigen. Dann sollte man z. B. einen Min-Heap verwenden, um die k Sätze im Speicher zu verwalten.

Der Vorteil in der Verwendung mehrerer Bänder besteht darin, dass sich die Anzahl der Runs nach jedem Durchlauf auf das $1/k$-fache verringert anstatt sich *nur* zu halbieren. Damit nimmt die Gesamtzahl an Durchgängen ab. In unseren Formeln drückt sich dies in einer Basis k im Logarithmus anstelle der Basis 2 aus. Wir erreichen so also nur eine Verbesserung der Konstanten im $\mathcal{O}$-Term.

Diese Art der Verwaltung der k ersten Schlüssel im Arbeitsspeicher legt noch eine andere Strategie nahe. Anstatt zu Beginn jeweils M Elemente einzulesen und sortiert wegzuschreiben, können wir auch M Elemente einlesen, und wie beim k-Wege-Merge nur das kleinste ausgeben und durch den nächsten Datensatz der Eingabe ersetzen. Ist das neue Element nicht kleiner als das soeben ausgegebene, wird es noch zum selben Run gehören, sonst zum nächsten. Im zweiten Fall markieren wir das neue Element und wählen nachfolgende Ausgaben nur noch aus unmarkierten Datensätzen im Arbeitsspeicher. Erst wenn alle Elemente markiert wurden, weil jeweils das neu eingelesene Element kleiner als das zuvor ausgegebene war, ist ein Run beendet. Dann löschen wir alle Markierungen, wechseln das Ausgabeband und starten von neuem. Die so erzielte Länge der Runs ist mindestens M, höchstens n und im Mittel $2 \cdot M$, so dass wir im Best-Case nur einen Durchlauf, im Worst-Case weiterhin $\lceil \log_k \left(\frac{n}{M} \right) \rceil$ aber im Mittel nur noch $\lceil \log_k \left(\frac{n}{2 \cdot M} \right) \rceil$ Durchgänge benötigen. Dabei nehmen wir an, dass $2k$ Bänder verwendet werden und $M \geq k$ Datensätze im Arbeitsspeicher Platz finden.

4.8 Sortieren ohne Schlüsselvergleiche

In diesem Abschnitt wollen wir kurz auf Methoden eingehen, die unter bestimmten Bedingungen das Sortieren in Linearzeit erlauben. Dies stellt keinen Widerspruch zu unserer unteren Schranke von $n \operatorname{ld}(n)$ vielen Vergleichen dar, denn die hier behandelten Verfahren basieren alle samt nicht auf Vergleichen.

Umgekehrt sind diese Verfahren auch nicht für allgemeine Ordnungsrelationen verwendbar.

4.8.1 Distribution Counting

Wir beginnen mit dem *Distribution Counting*, auch *Counting-Sort* genannt, einem einfachen Verfahren, um Listen von natürlichen Zahlen zu sortieren. Es beruht auf der einfachen Beobachtung, dass man ein Sortieren im eigentlichen Sinne umgehen kann, wenn man von jeder Zahl weiß, *wie oft* sie in der Eingabe vorkommt. Man kann dann einfach eine entsprechende Ausgabe generieren.

Um Distribution Counting einsetzen zu können, brauchen wir aber eine *Obergrenze* m mit $0 \leq A[i] \leq m - 1$ für alle i. Wir verwenden dann ein int-Array $Z[0..m-1]$, in dem unter Index i die Anzahl der Vorkommen der Zahl i im Feld A gezählt wird. Anschließend wird das Feld A überschrieben. Wir beginnen dabei mit A[1]. Zuerst wird Z[0]-mal die 0 eingetragen, dann Z[1]-mal die 1 usw. Man erkennt, dass wir hier darauf verzichtet haben, nur verschiedene Schlüssel zu betrachten. Eine Implementierung sieht folgendermaßen aus:

```
1 /** Sorts A[1..n], does not use A[0]                    *
2  * Requires: 0 <= A[j] < m for all 1 <= j <= n    */
3 public static void countingSort(int[] A, int m) {
4     int n = A.length - 1;
5     int[] Z = new int[m]; // initialized to 0 by default
6     try {
7         for (int j = 1; j <= n; ++j) ++Z[A[j]];
8     } catch (ArrayIndexOutOfBoundsException e) {
9         throw new IllegalArgumentException("Illegal entry", e);
10    }
11    int w = 1;
12    for (int i = 0; i < m; ++i)
13        for (int r = 0; r < Z[i]; ++r) A[w++] = i;
14 }
```

Offensichtlich ist die Laufzeit dieses Verfahrens in $\mathcal{O}(m + n)$. Folglich sollten wir es nur einsetzen, wenn $m = \mathcal{O}(n \operatorname{ld}(n))$ gilt, andernfalls haben wir bereits bessere Verfahren kennengelernt. Außerdem benötigen wir zusätzlichen Speicher für $\mathcal{O}(m)$ Zahlen. Für den (eher selteneren) Fall $m \leq n$ ist Distribution Counting aber unschlagbar.

Bemerkung 4.28 (Sortieren von Objekten): Wir haben der Einfachheit halber oben angenommen, dass nur Integer sortiert werden müssen; tatsächlich lässt sich Distribution Counting aber leicht auf das Sortieren beliebiger Objekte bzgl. eines Integer-*Schlüssels* erweitern. Dazu muss man lediglich das Zähler-Array Z durch ein Array von Queues ersetzen, in denen man (Referenzen auf) die zu sortierenden Objekte sammelt. $Z[i]$ ist dann also eine Liste aller Objekte mit Schlüssel i. Für die Ausgabe kopiert man dann die (Referenzen auf die) Objekte zurück nach A.   ◄

Bemerkung 4.29 (Stabile Sortierverfahren): Distribution Counting für Objekte ist dank der Queues ein *stabiles* Sortierverfahren: Das Sortieren erhält die relative Reihenfolge von Objekten mit gleichem Schlüssel in A.

Ein stabiles Sortierverfahren ist in vielen Anwendungsszenarien eine natürlich Anforderung. Als Beispiel sei hier das sukzessive Verfeinern einer Sortierung in einer Tabellenkalkulation genannt. Angenommen ein Anwender hat eine Liste von Personen nach Nachnamen sortiert, und möchte diese nun zusätzlich nach dem Geschlecht aufteilen. Es ist gängige Praxis, die Tabelle dazu nach der Geschlecht-Spalte zu sortieren. Die Erwartung des Benutzers ist dabei sicherlich, dass die bestehende Sortierung nach Namen für alle männlichen Personen erhalten bleibt; käme dabei allerdings ein nicht-stabiles Sortierverfahren zum Einsatz, so wäre das nicht sichergestellt!

Die Stabilität von Distribution Counting erlaubt seine Verwendung als Baustein für den vielfältiger einsetzbaren Radixsort, siehe Abschnitt 4.8.3. ◄

4.8.2 Radix-Exchange

Kommen wir zum *Radix-Exchange*. Hier wird wie bei den Tries und Digitalen Suchbäumen auf die Binärdarstellung der Schlüssel zugegriffen. Der Algorithmus ist dann in Phasen aufgeteilt, sehr ähnlich zu den Partitionierungsschritten des Quicksorts. In der ersten Phase werden alle Schlüssel entsprechend ihres höchstwertigsten Bits verteilt, so dass anschließend alle Schlüssel mit einem führenden Bit 0 links von den Schlüsseln mit einem führenden Bit 1 stehen. In der nächsten Phase, werden diese beiden Blöcke entsprechend des zweiten Bits aufgeteilt, so dass vier Blöcke entstehen. Ganz links in A stehen dann alle Schlüssel mit den beiden führenden Bits 00, daneben solche mit den Bits 01, rechts davon alle Schlüssel mit den beiden Bits 10 und der rechteste Block in A enthält nur solche Schlüssel, die als führende Bits 11 besitzen. Dieses Vorgehen wird fortgesetzt, bis durch das Aufteilen jeweils nur noch Blöcke der Größe höchstens 1 entstehen. Dann ist das Feld sortiert.

> **Satz 4.30 (Laufzeit Radix-Exchange):**
> *Sei m eine obere Schranke für die Größe der zu sortierenden Schlüssel (d. h. alle $A[i]$ sind kleiner oder gleich m), dann sortiert der Radix-Exchange eine Eingabe der Größe n in Zeit $\mathcal{O}(n \operatorname{ld}(m))$.*

Beweis: Der Beweis für diesen Satz ist einfach. Wenn der größte Schlüssel höchstens m ist, dann genügen $\lceil \operatorname{ld}(m) \rceil$ viele Bits, um alle Schlüssel darzustellen, oder aus unserer Sicht, um alle voneinander zu trennen. Für die Bearbeitung eines jeden Bits, d.h. einer jeden Phase, durchläuft der Algorithmus die ganze Eingabe einmal. Damit ist der Aufwand für eine Phase in $\mathcal{O}(n)$, und es folgt die Aussage des Satzes. ∎

Der Radix-Exchange lässt sich beschleunigen, wenn wir anstatt der Binärdarstellung der Schlüssel die n-äre Darstellung verwenden. Allerdings steigt dafür der Programmieraufwand erheblich.

4.8.3 Radixsort

Der *Radixsort* ist ähnlich wie der Radix-Exchange in Phasen aufgeteilt. Für $b \in \mathbb{N}$ betrachten wir die b-näre Darstellung der Schlüssel. In der i-ten Phase wird die i-niederwertigste Ziffer der Darstellung aller Schlüssel berechnet. Anschließend werden alle Schlüssel gemäß dieser Ziffer auf b Queues verteilt. Die i-te Phase endet mit einem Sammellauf, in dem die b Queues der Reihe nach wieder in das Feld A entleert werden. Insgesamt lässt sich die i-te Phase wie folgt beschreiben:

(* Sammelphase *)
if $i = 1$ **then**
   Initialisiere Array Q[0..$b-1$] mit b leeren Queues;
end;
for $j := 1$ **to** n **do**
   Berechne die i-niederwertigste Ziffer $z_{i,j}$ der b-när Darstellung von A[j];
   Füge A[j] in die Queue Q[$z_{i,j}$] ein;
end;
(* Verteilungsphase *)
$k := 1$;
for $j := 0$ **to** $b-1$ **do**
   Solange Queue Q[j] noch nicht leer ist, entferne Element an der Front der Queue und schreibe es nach A[k];
   Erhöhe k um eins;
end;

Erscheint A[s] zu Beginn der Phase i vor A[t] und ist die i-niederwertigste Ziffer von A[s] gleich oder kleiner als die von A[t], dann steht A[s] auch nach der i-ten Phase links von A[t]. Dies wird garantiert, da im Falle einer kleineren Ziffer zuerst die Queue mit A[s] entleert wird, im Falle einer gleichen Ziffer nun A[s] vor A[t] in dieselbe Queue eingefügt und damit auch als erstes wieder entnommen wird. Damit gehen die Kenntnisse, die in früheren Phasen über das Größenverhältnis zweier Schlüssel aus den niederwertigen Bits gewonnen wurden, nicht verloren.

4.8.3.1 Analyse

Nehmen wir wieder an, dass m eine obere Schranke für die Größe aller Schlüssel ist, dann müssen wir höchsten $\lceil \log_b(m) \rceil$ viele Phasen durchlaufen. Offensichtlich läuft jede Verteilungsphase in Zeit $\mathcal{O}(n)$, jede Sammelphase in Zeit $\mathcal{O}(n+b)$. Daraus ergeben sich die Gesamtkosten:

> **Satz 4.31 (Laufzeit Radixsort):**
> *Sei $b \in \mathbb{N}$ die verwendete Basis und m eine obere Schranke für die Größe der zu sortierenden Schlüssel. Dann sortiert der Radixsort eine Eingabe der Größe n in Zeit $\mathcal{O}((n+b)\log_b(m))$.*

In der Anwendung sollte man $b \leq n$ wählen, woraus eine Laufzeit in $\mathcal{O}(n \log_b(m))$ resultiert. Steht b in einem linearen Zusammenhang zu n, so können wir asymptotisch $\log_b$ durch $\log_n$ ersetzen. Da $\log_n(n^k) = k$ gilt, erhalten wir dann $\mathcal{O}(n \cdot k)$ als Laufzeit, falls $m = n^k$ gilt. Damit ist Radixsort linear, falls k eine Konstante ist. Andererseits, wenn $m = n^n$ gilt und $b = n$ gewählt wird, erhalten wir eine quadratische Laufzeit. Folglich versagt der Radixsort, wenn die n Eingaben zu dünn verteilt sind bzw. die Schlüssel zu groß werden.

4.9 Sortiernetzwerke

In diesem Abschnitt wollen wir einen aus theoretischer Sicht sehr interessanten Aspekt des Sortierens betrachten. Wir schränken die Möglichkeiten einer Sortiermethode dahingehend ein, dass die von ihr erzeugte Folge von Vergleichen in einem gewissen Sinne *invariant* ist, da ein Vergleich von a_i und a_j stets dieselben Vergleiche nach sich ziehen muss, mit der einzigen Änderung, dass im Falle $a_i > a_j$ in nachfolgenden Vergleichen i und j gegeneinander ausgetauscht werden. Vergleichen wir also z.B. a_3 und a_5 und ist $a_3 > a_5$, dann wird aus dem potentiell nachfolgenden Vergleich zwischen a_4 und a_5, der im Fall $a_3 < a_5$ vorgenommen würde, ein Vergleich zwischen a_3 und a_4, da wir überall Index 3 gegen 5 und umgekehrt ersetzen.

Durch diese Bedingung entstehen nur symmetrische Vergleichsbäume, der Baum aus Beispiel 4.11 wäre nicht möglich, da Knoten existieren, die zwar im linken, aber nicht im rechten Teilbaum weitere Vergleiche durchführen. Nach unserer Bedingung können sich vom Algorithmus durchgeführte Vergleichsfolgen, d.h. Pfade im Vergleichsbaum, nur durch vertauschte Indizes, nicht aber durch unterschiedliche Längen unterscheiden. Damit haben die entsprechenden Vergleichsbäume alle Blätter auf demselben Niveau; die Anzahl der Blätter ist folglich eine Zweierpotenz. Da $n!$ als die Anzahl aller möglichen Eingaben der Länge n, die wir ja als Blätter vorfinden müssen, (für $n > 2$) keine Zweierpotenz ist, führen solch eingeschränkte Sortiermethoden folglich unnötige Vergleiche durch. Manche Zweige im Vergleichsbaum existieren also nur aufgrund der Symmetriebedingung, für das erfolgreiche Sortieren aller Eingaben sind sie nicht erforderlich.

Abb. 4.8 zeigt einen Vergleichsbaum für die Eingabelänge 4. Eine Markierung $x : y$ in einem Knoten steht dabei für den Vergleich von a_x mit a_y. Der linke Teilbaum des entsprechenden Knotens repräsentiert dann den Fall $a_x < a_y$, der rechte den Fall $a_x > a_y$. Beide Teilbäume unterscheiden sich darin, dass x und y ihre Rollen getauscht haben. Die Blätter im Baum, die mit einem x markiert sind, stehen für keine Permutation; sie offenbaren die unnötig vollzogenen Vergleiche.

Die Bedingung der Invarianz der Vergleichsfolge schlägt sich darin nieder, dass wir jeden linken Teilbaum des Knotens $x : y$ durch seinen rechten ersetzen können (und umgekehrt), wenn wir nur überall x mit y vertauschen. Diese Beobachtung legt eine andere Art der Darstellung nahe. x mit y zu vertauschen bedeutet, zwei Indizes und damit zwei Elemente der Eingabefolge zu vertauschen. Wir können das invariante Sortieren also als ein *Netzwerk* auffassen, in dem die n Element der Eingaben über n Eingabe-Leitungen

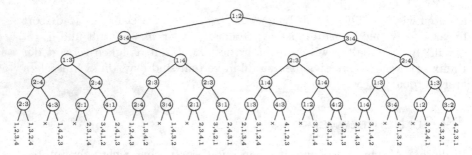

Abb. 4.8 Symmetrischer Vergleichsbaum für Eingaben der Länge 4.

zur Verfügung stehen. Jedes Niveau des Vergleichsbaums mit Ausnahme der Blätter entspricht dann einem Vergleichsmodul, das die Werte jeweils zweier Leitungen vergleicht, und gegebenenfalls vertauscht. Zur Darstellung solcher Netzwerke verwenden wir die Konvention, dass die Leitungen horizontal verlaufen, Vergleichsmodule vertikal eingezeichnet werden, und ihre Eingaben vertauschen, wenn der Wert der oberen Eingabe größer ist als der der unteren.

Der Vergleichsbaum aus Abb. 4.8 entspricht nach dieser Konvention dem Sortiernetzwerk aus Abb. 4.9. Das in der Abbildung am weitesten links

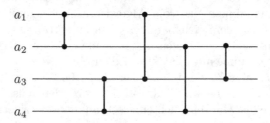

Abb. 4.9 Sortiernetzwerk zum Vergleichsbaum aus Abb. 4.8.

befindliche Vergleichsmodul zwischen den Leitungen für a_1 und a_2 entspricht der Wurzel des Vergleichsbaums, die anderen Module von links nach rechts entsprechen den Niveaus im Baum von oben nach unten.

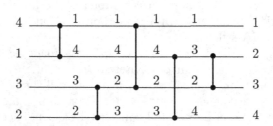

Abb. 4.10 Das Sortiernetzwerk aus Abb. 4.9 bei Eingabe $4, 1, 3, 2$.

Beispiel 4.32: Abb. 4.10 zeigt unser Sortiernetzwerk aus Abb. 4.9 für die Eingabepermutation $4, 1, 3, 2$. Die Zahlen über den Leitungen hinter jedem Vergleichsmodul zeigen jeweils, welche Folge nach der Aktion des Vergleichsmoduls entstanden ist. ◄

Beachte, dass wir bestimmte Vergleiche zeitgleich durchführen können. So beeinflussen sich das erste (linkeste) und das zweite Vergleichsmodul nicht gegenseitig, so dass wir sie parallel arbeiten lassen können. Im Vergleichsbaum drückt sich diese Unabhängigkeit darin aus, dass beide Teilbäume der Wurzel dieselbe Markierung haben. Folglich hat das Ergebnis des ersten Vergleichs keinen Einfluss darauf, welche Schlüssel anschließend betrachtet werden.

Bemerkung 4.33 (Hardware-Vergleichsmodule): Vergleichsmodule der beschriebenen Art lassen sich einfach als Hardware realisieren. Nehmen wir an, die Eingaben seien binär kodiert, wobei (z.B. über Schieberegister realisiert) jeweils ein Bit pro Zeittakt das Vergleichsmodul erreicht, das höchstwertigste Bit zuerst.

Dann benötigt ein Modul lediglich drei Zustände. Solange nur identische Bits ankommen, verbleibt es im Startzustand 0 und gibt die Eingaben eins zu eins aus. Kommen zwei unterschiedliche Ziffern an und ist dabei das Bit an der unteren Leitung eine 1, so wechselt das Modul in den Zustand 1. Dieser Zustand repräsentiert den Fall, dass die Eingabe an der unteren Leitung die größere ist. Entsprechend werden im Zustand 1 auch alle nachfolgenden Bits der aktuellen Eingabe unverändert ausgegeben. Kommen im Zustand 0 als erste verschiedene Ziffern jedoch am oberen Eingang eine 1 und am unteren Eingang eine 0 an, so ist die obere Eingabe größer als die untere. Das Modul wechselt dann in den Zustand 2 und vertauscht von nun an (das aktuell betrachtete Bit der Eingabe mit eingeschlossen) die Bits zwischen Ein- und Ausgabe. ◄

4.9.1 Primitive Sortierverfahren als Netzwerk

Wir können Sortiernetzwerke rekursiv konstruieren. Eine Möglichkeit besteht darin, ein Netzwerk zum Sortieren von $n + 1$ Elementen zu erzeugen, indem man das neue Element an der richtigen Position der bereits sortierten Folge von n Elementen einfügt. Dies ist die Idee des Sortierens durch direktes Einfügen.

Umgekehrt können wir zuerst das größte Element auswählen, so dass es auf Leitung $n + 1$ anliegt, und anschließend die restlichen n Leitungen sortieren. Dies entspricht der Idee des Sortierens durch direktes Auswählen; da wir in Sortiernetzwerken aber keine Möglichkeit haben, uns das Maximum nur zu merken, sondern es gleich auf eine andere Leitung bringen müssen, entspricht das resultierende Netzwerk der Arbeitsweise von Bubblesort.

Abb. 4.11 zeigt die entsprechenden Konstruktionen (Einfügen links, Auswählen rechts). Die Rechtecke repräsentieren dabei ein Sortiernetzwerk für n Elemente. Direkt erkennbar ist die Eigenschaft primitiver Sortierverfahren, stets nur benachbarte Indizes zu betrachten: Alle Vergleichsmodule verbinden benachbarte Leitungen.

Die resultierenden Netzwerke für Eingabegröße n haben $\frac{1}{2}n(n-1)$ Module; wir wollen nun sehen, ob wir dieses Ergebnis verbessern können.

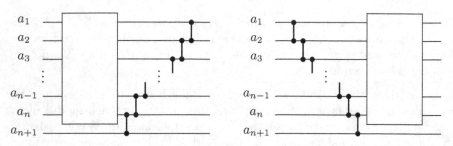

Abb. 4.11 Sortieren durch direktes Einfügen (links) bzw. Auswählen (rechts) als Sortiernetzwerke realisiert.

4.9.2 Odd-Even-Merge Sortiernetzwerke

Auch die Ideen hinter komplexeren Sortierverfahren lassen sich zur Konstruktion von Sortiernetzwerken heranziehen; allerdings ist dazu etwas mehr Vorarbeit nötig. Wir betrachten hier ein solches, das die Idee von Mergesort simuliert.

Sortieren von 2-geordneten Folgen: Zuerst betrachten wir dazu einen einfacheren Fall, nämlich dass die Eingabe schon eine sog. 2-geordnete Folge ist:

Definition 4.34 (2-geordnete Folgen):
Eine Folge $a_1, a_2, \ldots, a_{2n}$ heißt 2-geordnet, falls $a_i \leq a_{i+2}$, $1 \leq i \leq 2n - 2$. ◄

Wir gehen im Folgenden davon aus, dass die $2n$ Eingabe-Leitungen von oben nach unten mit den Zahlen 1 bis $2n$ nummeriert sind. Dann bezeichnet $C(\alpha, \beta)$, $1 \leq \alpha < \beta \leq 2n$ das Vergleichsmodul mit den Eingabe-Leitungen α und β. 2-geordnete Folgen der Länge $2n$ können dann mit folgendem Netzwerk sortiert werden:

Wir fügen die Komponenten $E_0, E_1, \ldots, E_{\lceil \mathrm{ld}(n) \rceil}$ in dieser Reihenfolge von links nach rechts sequentiell aneinander, wobei

a) E_0 aus den n Vergleichsmodulen $C(2j-1, 2j)$, $1 \leq j \leq n$, besteht und
b) E_i die Module $C(2j, f(j,i))$ in Links-Rechts Ordnung besitzt, wobei
$f(j,i) := 2j - 1 + 2^{\lceil \mathrm{ld}(n) \rceil - i + 1}$, $j = 1, 2, \ldots, n - 2^{\lceil \mathrm{ld}(n) \rceil - i}$, $1 \leq i \leq \lceil \mathrm{ld}(n) \rceil$.

Das so konstruierte Netzwerk heißt *Odd-Even-Merge*, kurz OEM($2n$).

Beispiel 4.35: Für $n = 6$ ergeben sich die in Abb. 4.12 gezeigten Komponenten des Netzwerks OEM(12). ◄

Wir wollen die Arbeitsweise des OEM($2n$) kurz veranschaulichen. Wir nutzen dabei aus, dass 2-geordnete Folge der Länge $2n$ als Wege-Diagramm wie folgt dargestellt werden können. Wir betrachten ein Quadrat mit den Koordinaten (i, j) mit $i, j \in \{0, 1, \ldots, n\}$. Wir starten unseren Weg an Position $(0, 0)$. Das erste Wegsegment ist gleich $\rightarrow$, wenn das *kleinste* Folgenglied an einer *geraden* Position der Folge auftritt, es ist $\downarrow$, wenn die Position dieses Folgengliedes

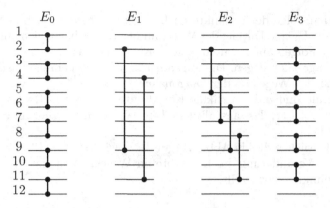

Abb. 4.12   Komponenten des Odd-Even-Merge für Eingaben der Größe 12.

ungerade ist. Allgemein ist das k-te Wegsegment ein $\rightarrow$, wenn das *k-kleinste* Element an einer *geraden* Position vorkommt, $\downarrow$ sonst. Beachte, dass die Positionen in der Eingabefolge mit der Nummerierung der Eingabe-Leitungen übereinstimmt.

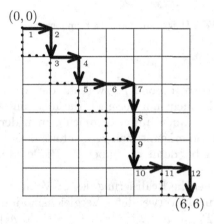

Folge : $2, 1, 4, 3, 7, 5, 8, 6, 9, 10, 12, 11$
Position : $1, 2, 3, 4, 5, 6, 7, 8, 9, 10, 11, 12$

Abb. 4.13   Wege-Diagramm für die 2-geordnete Folge $2, 1, 4, \ldots$

Beispiel 4.36: In Abb. 4.13 ist ein Wege-Diagramm (links) und die zugehörige 2-geordnete Folge (rechts, obere Folge) abgebildet. Die Kreuzungspunkte des quadratischen Rasters repräsentieren alle zulässigen Koordinaten, jeder Pfeil ist mit der zu ihm gehörenden Position der Folge markiert.   ◄

Die sortierte Folge entspricht dem Weg, der im obigen Beispiel gepunktet auf der Diagonalen eingezeichnet ist. Sortieren heißt also, den zur Eingabe gehörenden Weg in diesen zu transformieren, oder anders ausgedrückt, die Elemente der Eingabe so zu vertauschen, dass das Wege-Diagramm der resultierenden Folge der gepunkteten Linie entspricht. Anschaulich nimmt hierfür Modul E_0 eine Faltung des Weges an der Hauptdiagonalen vor, so dass nach E_0 nur Folgen auftreten können, deren Wege ausschließlich unterhalb der Hauptdiagonalen liegen. Die folgenden Module E_i nehmen anschließend eine Faltung des Weges an der Diagonalen $y = x + 2^{\lceil \mathrm{ld}(n) \rceil - i}$ vor, wobei x die horizontale und y die vertikale Koordinate in unserem Raster ist. Hier wird stets so gefaltet, dass anschließend kein Wegsegment mehr unterhalb der Diagonalen liegt.

Wir verdeutlichen dies in Abb. 4.14 am Beispiel des OEM(12). Bewirkt die Faltung eine Veränderung des betrachteten Weges, so ist der Weg vor der Faltung gepunktet dargestellt.

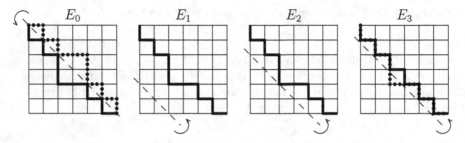

Abb. 4.14   Die Faltungen der Wege im Wege-Diagramm durch die Komponenten des Odd-Even-Merge aus Abb. 4.12.

Analyse des Odd-Even-Merge: Die 1-1-Korrespondenz zwischen den Wege-Diagrammen und 2-geordneten Folgen ist nicht nur geeignet, die Idee hinter dem Odd-Even-Merge zu erklären, sie ist auch hilfreich, möchte man den Odd-Even-Merge im Detail analysieren. So erkennt man z.B. sofort, dass es $\binom{2n}{n}$ 2-geordnete Folgen der Länge $2n$ gibt, denn wir haben $2n$ Pfeile, von denen n ein $\to$ sein müssen.

Wir wollen uns nun überlegen, wie teuer die Realisierung des OEM($2n$) ist. Als Kosten betrachten wir dabei die Anzahl verwendeter Vergleichsmodule. Das Modul E_0 besteht aus n Modulen, E_i aus $n - 2^{\lceil \mathrm{ld}(n) \rceil - i}$, $1 \le i \le \lceil \mathrm{ld}(n) \rceil$. Damit ist die Gesamtzahl verbauter Module M_{2n} durch

$$M_{2n} \;=\; n + \sum_{1 \le i \le \lceil \mathrm{ld}(n) \rceil} \left(n - 2^{\lceil \mathrm{ld}(n) \rceil - i} \right) \;=\; n(\lceil \mathrm{ld}(n) \rceil + 1) - 2^{\lceil \mathrm{ld}(n) \rceil} + 1$$

gegeben. Man kann zeigen, dass jedes Netzwerk zum Sortieren 2-geordneter Folgen mindestens $\frac{1}{2} n \, \mathrm{ld}(n) + \mathcal{O}(n)$ viele Module benötigt. Damit ist der OEM($2n$) bzgl. der Größenordnung optimal.

Vom Mergen zum Sortieren: Doch was haben wir von dem Odd-Even-Merge, wenn er nur 2-geordnete Folgen sortiert? Nun, wir können ihn rekursiv verwenden, um ein Sortiernetzwerk aufzubauen, das beliebige Folgen verarbeiten kann. Die Idee hierzu ist recht einfach.

Wenn wir eine Folge der Länge 2^t sortieren müssen, dann sortieren wir rekursiv zwei Teilfolgen der Länge 2^{t-1}. Anschließend nehmen wir immer abwechselnd ein Element der ersten sortierten Folge und danach ein Element der zweiten sortierten Folge als Eingabe für den Odd-Even-Merge. Dadurch, dass wir die Elemente der sortierten Teilfolgen immer abwechselnd als Eingabe verwenden, erzeugen wir eine 2-geordnete Eingabe, die vom Odd-Even-Merge sortiert wird. Wie beim Mergesort endet die Rekursion, wenn die Teilfolgen die Länge 1 erreicht haben.

Damit gilt für die Anzahl der für diese Konstruktion benötigten Module $m(2^t)$

$$\begin{aligned} m(2^t) &= 2 \cdot m(2^{t-1}) + M_{2^t} \\ &= 2 \cdot m(2^{t-1}) + 2^{t-1}t - 2^{t-1} + 1, \end{aligned}$$

wobei $m(1) = 0$ ist. Wir können diese Rekursion durch Iteration lösen und erhalten $m(2^t) = (t^2 - t + 4)2^{t-2} - 1$, d.h. $m(n) = \mathcal{O}(n\,\mathrm{ld}^2(n))$. Das ist eine deutliche Verbesserung gegenüber der quadratischen Anzahl Module, die aus den primitiven Sortierverfahren hervorgingen.

$$* \qquad * \qquad *$$

Neben der Anzahl verwendeter Module, gibt es weitere interessante Parameter. So ist von Interesse, wieviele Module für das Sortieren tatsächlich *aktiv* sind, d.h. wieviele Module ihre Eingaben tatsächlich vertauschen. Man kann zeigen, dass sich diese Anzahl für den OEM($2n$) im Worst-Case wie $n\,\mathrm{ld}(n) - n\,\mathrm{ld}(\mathrm{ld}(n)) + \mathcal{O}(n)$ und im Average-Case wie $\frac{1}{4}n\,\mathrm{ld}(n) + \mathcal{O}(n)$ verhält. Damit erzeugt im Mittel nur etwa jeder vierte Vergleich auch eine Vertauschung.

Außerdem von Interesse ist die *Höhe* eines Sortiernetzwerks, die angibt, wieviele Module bei Ausnutzung aller möglichen Parallelitäten im Netz höchstens hintereinander angeordnet sind. Für beide Parameter sind die entsprechenden Analysen recht kompliziert; wir verweisen auf die Literatur für weiterführende Ergebnisse.

4.10 Quellenangaben und Literaturhinweise

Die hier betrachteten primitiven Sortierverfahren werden beispielsweise auch in [27] behandelt. Im Hinblick auf die Analyse der betrachteten Sortier-Algorithmen als auch die Sortiernetzwerke ist [18] eine lohnende Quelle. Letztere werden aber auch in [8] diskutiert, dasselbe gilt für Quick- und Heapsort sowie das Sortieren in linearer Zeit. Unsere Betrachtung des Vergleichsbaums zur Herleitung einer unteren Schranke für die Anzahl notwendiger Vergleiche ist an [2] angelehnt. Auch sei auf das Kapitel zum Sortieren und die Betrachtung der Heaps in [36] aufmerksam gemacht. Quicksort wird in [29] besonders ausgiebig analysiert. Dort werden viele der hier benutzen Methoden vertieft.

4.11 Aufgaben

Aufgabe 4.1: Geben Sie ein Verfahren an, um eine zufällige Permutation auf der Menge $\{1, 2, \ldots, n\}$ zu erzeugen. Dabei sollen alle Permutationen gleichwahrscheinlich sein. Beweisen Sie, dass Ihr Verfahren die gewünschten Eigenschaften hat und analysieren Sie seine Laufzeit ($\mathcal{O}$-Klasse) sowie die Anzahl der benötigten Zufallsbits.

Aufgabe 4.2: Beweisen Sie, dass eine Inversionentafel eindeutig eine Permutation festlegt.

Aufgabe 4.3: Gegeben sei die Inversionentafel $b = b_1, b_2, \ldots, b_n$ der Permutation $a = a_1, \ldots, a_n$ auf der Menge $\{1, 2, \ldots, n\}$. Beschreiben Sie einen Algorithmus, der aus der Eingabe b die entsprechende Permutation a rekonstruiert. Verdeutlichen Sie Ihr Verfahren, indem Sie seine Arbeitsweise anhand eines beliebigen Beispiels für den Fall $n = 10$ illustrieren.

Aufgabe 4.4: Um die minimale Anzahl der für das Sortieren notwendigen Vergleiche zu bestimmen, haben wir das Konzept des Vergleichsbaums verwendet.

Geben Sie den dem einfachen `bubblesort`-Algorithmus entsprechenden Vergleichsbaum für Eingaben der Länge 3 an. Wieviele unnötige Vergleiche finden sich im Vergleichsbaum?

Aufgabe 4.5: Betrachten Sie folgenden Algorithmus `sort`:

```
1  static <Elem> void sort(Elem[] A, Comparator<Elem> c) {
2      int n = A.length - 1;
3      sort(A, c, 1, n);
4  }
5  static <Elem> void sort(Elem[] A, Comparator<Elem> c, int i, int j) {
6      if (i+1 < j) {
7          int k = (j-i+1)/3;
8          sort(A,c,i,j-k);
9          sort(A,c,i+k,j);
10         sort(A,c,i,j-k);
11     } else {
12         if (less(A[j], A[i], c)) swap(A, i, j);
13     }
14 }
```

Wieviele Vergleiche werden für die Abarbeitung des Aufrufs `sort` auf einem Array mit n Elementen im schlechtesten Fall durchgeführt?

Beweisen oder widerlegen Sie, dass der Algorithmus das Feld A sortiert.

Aufgabe 4.6: Wir nehmen an, ein Tennis-Turnier wird unter 2^n Spielern derart ausgetragen, dass in jeder Runde der unterlegene Spieler das Turnier verlässt, sich die Anzahl der verbliebenen Spie- ler also pro Runde jeweils halbiert. Dabei werden die Gegner der ersten Spiele zufällig ausgelost, anschließend gibt es aber eine von vorne herein festgelegte Strategie, wie die Sieger der einzelnen Spiele aufeinandertreffen. Der Spieler, der das Spiel zwischen den letzten beiden verbliebenen Teilnehmern gewinnt, ist Sieger des Turniers, der unterlegene dieser beiden Spieler erhält den zweiten Preis. Wir nehmen an, es existierte eine transitive Rangordnung unter den Teilnehmern, was bedeutet, dass wenn Spieler A gegen Spieler B und Spieler B gegen Spieler C gewinnt, wir sicher sein können, dass auch A gegen C gewänne, also der bessere Spieler ist. Mit welcher Wahrscheinlichkeit erhält in diesem Fall tatsächlich der zweitbeste Spieler unter den Turnierteilnehmern den zweiten Preis?

Hinweis: Für die Beantwortung dieser Frage ist es hilfreich, sich das Turnier als einen perfekten Binärbaum vorzustellen.

Aufgabe 4.7: Betrachten Sie ein zweidimensionales Feld $A = (a_{i,j})_{i,j=1,\ldots,n}$ mit n Spalten und n Zeilen. Nehmen Sie an, dass jedes Element $a_{i,j}$ mit einer ganzen Zahl besetzt wurde. Wir gehen nun folgendermaßen vor:

- Wir sortieren jede Zeile aufsteigend.
- Danach sortieren wir jede Spalte aufsteigend.

Zeigen oder widerlegen Sie, dass nach Abschluss des zweiten Sortierens (also nach dem Sortieren der Spalten) die Zeilen immer noch sortiert sind.

Aufgabe 4.8: Ein k-Kellerautomat ist ein Rechner, der auf seinen Speicher nur mittels der Stack-Operationen zugreifen kann. Er besitzt somit keinen wahlfreien Zugriff auf den Speicher, sondern nur die Stack-Operationen push, top, pop und empty. (Auf die k Stacks kann aber unabhängig voneinander zugegriffen werden.) Ferner besitzt ein k-Kellerautomat noch eine konstante Anzahl von Arbeitsregistern, mit deren Hilfe er beispielsweise Werte vergleichen oder einen Zähler einer for-Schleife implementieren kann; Sie dürfen annehmen, dass genügend Register für alle in ihrem Programm verwendeten Zähler, Flags etc. sowie für 3 Datenelemente vorhanden sind. Die Eingabe und die Ausgabe eines k-Kellerautomaten wird im ersten Keller des Kellerautomaten bereitgestellt.

Geben Sie ein Sortierverfahren für einen 3-Kellerautomaten an, das eine beliebige Eingabe in Zeit (Anzahl Stack-Operationen) $O(n\,\mathrm{ld}(n))$ sortiert.

Aufgabe 4.9: Erweitern Sie den Mergesort-Algorithmus so, dass er während des Sortierens auch die Anzahl der beseitigten Inversionen berechnet.

Aufgabe 4.10: Konstruieren Sie für Eingaben der Größe 6 die den Algorithmen bubblesort und insertionsort entsprechenden Sortiernetzwerke. Organisieren Sie anschließend die Vergleichsmodule so, dass ein maximaler Grad an Parallelität resultiert. Was beobachten Sie?

Aufgabe 4.11: Weisen Sie für alle in diesem Kapitel vorgestellten Sortier-Algorithmen nach, ob es sich um ein stabiles Sortierverfahren handel oder nicht.

Aufgabe 4.12: Beweisen Sie folgende Aussage: Falls ein Sortiernetzwerk mit n Eingängen alle 2^n möglichen Binärstring-Eingaben – also Eingaben bestehend aus n Nullen und Einsen – sortiert, dann sortiert es auch jede Eingabe bestehend aus n beliebigen Zahlen.

Kapitel 5
Graph-Algorithmen

Ein Graph-Algorithmus ist ein Algorithmus, der auf einem Graphen operiert. Da Graphen für die Modellierung der unterschiedlichsten Dinge und Zusammenhänge eingesetzt werden, ist auch die Anzahl unterschiedlicher Graph-Algorithmen immens. Wir haben diese Vielfalt bei unseren formalen Definitionen von Graphen in Abschnitt 2.4 schon zu spüren bekommen: Graphen haben je nach Anwendung *gerichtete* oder *ungerichtete* Kanten, die Kanten können *Gewichte* tragen oder *ungewichtet* sein und Mehrfachkanten und Self-Loops sind i. d. R. nicht erlaubt, manchmal aber doch erwünscht.

Viele Anwendungen jedoch haben bestimmte Kernprobleme wie z. B. die Bestimmung kürzester Wege oder die Berechnung eines minimalen spannenden Baumes gemeinsam. Solchen Kernproblemen wollen wir uns in diesem Kapitel zuwenden. Dabei beginnen wir mit der Traversierung eines Graphen, also dem systematischen Besuchen aller seiner Knoten. Diese Such-Algorithmen in Graphen bilden die Grundlage der fortgeschrittenen Methoden.

Einführendes Beispiel: Wir betrachten zur Einleitung eine weitere und vielleicht historisch älteste Fragestellung auf Graphen, das *Königsberger Brückenproblem:* In der Innenstadt von Königsberg vereinen sich der Alte und der Neue Pregel zum Pregelfluß. Im 18. Jahrhundert führten sieben Brücken über die verschiedenen Flüsse, die die vier Stadtteile a, b, c, d miteinander verbanden (siehe Abb. 5.1). Der damalige Herrscher von Königsberg fragte sich nun, ob es wohl möglich sei, eine Rundfahrt (Start- und Zielort sind identisch) zu unternehmen, bei der jede Brücke genau einmal überquert wird. (Versuchen Sie es, bevor Sie weiterlesen!)

Die Antwort auf diese Frage geht auf EULER zurück, der 1736 die Stadt durch den Graphen aus Abb. 5.2 modellierte. Auf den Graphen übertragen lautet das Königsberger Brückenproblem nun: Gibt es für einen Startknoten v einen Weg von v nach v, der alle Kanten genau einmal durchläuft?

EULER konnte zeigen, dass ein solcher Weg genau dann existiert, wenn alle Knoten im Graphen einen *geraden* Grad besitzen: Dann kann man jeden Knoten $\deg(v)/2$ Mal über eine Kante betreten und über eine andere verlassen,

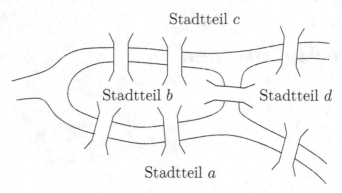

Abb. 5.1 Skizze der Stadt Königsberg mit ihren 7 Brücken über verschiedene Flüsse.

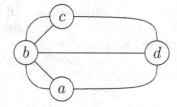

Abb. 5.2 Graphmodell der Stadt Königsberg entsprechend Abb. 5.1; die Stadtteile werden als Knoten, deren Verbindung durch je eine der Brücken als Kante modelliert.

ohne je Kanten doppelt zu benutzen und ohne, dass Kanten übrig bleiben. Für obigen Graphen ist dies nicht der Fall – alle Knoten haben einen ungeraden Grad – es gibt also keine solche Rundfahrt.

Versteckte Graphprobleme: Wir haben schon ein Graphenproblem und einen Lösungsalgorithmen kennengelernt, obwohl wir dort nicht die Formulierung als Graphproblem verwendet haben: das topologischen Sortieren (Abschnitt 2.2.3)!

Dort war eine partielle Ordnung $\prec$ endlich vieler Elemente gegeben, und wir sollten eine totale Ordnung berechnen, die die partielle Ordnung vervollständigt. Wir können nun die partielle Ordnung als Digraphen darstellen, indem wir jedem Element der Menge einen Knoten zuordnen und eine Kante $a \to b$ genau dann einfügen, wenn $a \prec b$ gilt.

In dieser Darstellung der partiellen Ordnung gelingt das topologische Sortieren durch folgendes Vorgehen; dabei sei $n = |V|$ die Anzahl Knoten:

1. Für $i = n, n-1, \ldots, 1$ wiederhole:

    1.1 Bestimme einen Knoten v ohne ausgehende Kanten.
    1.2 Setze $\mathtt{O}[i] = v$.
    1.3 Entferne v in allen zu v inzidenten Kanten.

2. $O[1], O[2], \ldots, O[n]$ ist eine topologische Sortierung.

In einer Implementierung müssten wir natürlich noch genauer angeben, wie wir Schritte 1.1 und 1.3 realisieren, darauf wollen wir an dieser Stelle jedoch verzichten.

5.1 Konventionen für die Implementierungen

Anders als für das Wörterbücherproblem und das Sortieren sind bei Graphen schon die Eingaben kompliziertere Strukturen. Wir wiederholen die in Kapitel 2 gemachten Annahmen bzgl. Graphen:

Konventionen: Die Knotenmenge ist stets $V = \{0, \ldots, n-1\}$, und wir verwenden n und m exklusiv für die Anzahl Knoten bzw. Anzahl Kanten. Wo es die Beschreibung vereinfacht, verwenden wir $V = \{1, \ldots, n\}$; wichtig ist lediglich die Möglichkeit, die Knoten effizient als Indizes von Arrays verwenden zu können. Wir betrachten einfache Graphen ohne parallele Kanten und Self-Loops, und wir sehen die Knotenmenge als unveränderlich an.

Viele Algorithmen entfernen zwar konzeptionell schon betrachtete Knoten aus dem Graph; das kann man aber durch eine Markierung der Knoten simulieren, ohne den Graph selbst zu verändern.

Zusatzinfo in Knoten: Oft möchte man in Anwendungen den Knoten eines Graphen zusätzlich zu den Indizes weitere Informationen zuordnen. Das gelingt in der einen Richtung durch ein Knoten-indiziertes Array besonders effizient: Gegeben der Knoten $i \in \{0, \ldots, n-1\}$ können wir im Array seine Zusatzinformationen auslesen. Wenn man auch die umgekehrte Abbildung von den Zusatzinformationen zurück zu den Knoten benötigt, so bieten die in Kapitel 3 besprochenen Wörterbücher effiziente Lösungen.

Wir können uns also bei der Besprechung der reinen Graph-Algorithmen auf die obige Konvention zurückziehen und sonstige Labels ignorieren.

Repräsentation in Java

In Abschnitt 2.5 haben wir verschiedene Möglichkeiten der Repräsentation kennengelernt.

Matrixdarstellung: Die Inzidenz- oder Adjazenzmatrix eines Graphen können wir direkt als zweidimensionales Array implementieren. Für die Adjazenzmatrix eines ungerichteten Graphen genügt aufgrund der Symmetrie eine Dreiecksmatrix, Digraphen benötigen die komplette $n \times n$-Matrix. Als Typ können wir dabei `boolean[][]` für ungewichtete Graphen und `double[][]` für gewichtete Graphen verwenden, sodass im ersten Fall `A[u][v]` $=$ `true` genau dann gilt, wenn u zu v adjazent ist, während im zweiten Fall `A[u][v]` entweder das Gewicht der Kante speichert, sofern sie existiert, oder andernfalls einen speziellen Wert wie `Double.POSITIVE_INFINITY` oder `Double.NaN`.

Adjazenzlisten: Außer im Falle von sehr dichten Graphen ist die Repräsentation durch Matrizen verschwenderisch; für viele Graphen aus der Praxis ist $m \ll n^2$, und die Knotenmenge so groß, dass wir uns den quadratischen Speicherplatz der Matrixdarstellung nicht leisten können. Wir werden daher Graphen meist als Adjazenzlisten repräsentieren. Für ungewichtete (Di-) Graphen verwenden wir folgende Klasse:

```
 1 public class Graph {
 2    public final LinkedIntList[] adj;
 3    public final int n;
 4    public boolean isDirected;
 5
 6    public Graph(boolean isDirected, int n) {
 7       this.isDirected = isDirected; this.n = n;
 8       this.adj = new LinkedIntList[n];
 9       for (int i = 0; i < adj.length; i++)
10          adj[i] = new LinkedIntList();
11    }
12    public void addEdge(int from, int to) {
13       adj[from].append(to);
14       if (!isDirected) adj[to].append(from);
15    }
16 }
```

Bei Erstellung eines `Graph`-Objekts starten wir stets mit einem Graph ohne Kanten und fügen die gewünschten Kanten via `addEdge` hinzu. Das Array `adj` speichert die Adjazenzlisten; `G.adj[v]` ist also die Liste aller zu v adjazenten Knoten. Da wir dabei ständig mit Linearen Listen von Zahlen hantieren, nehmen wir eine Variante `LinkedIntList` unserer generischen (einfach) verketteten Darstellung `LinkedList<Integer>` an, die direkt mit `int`-Elementen arbeitet. Das vermeidet den Overhead des Wrapper-Typs `Integer` (und macht den Code etwas kürzer).

Wir unterscheiden hier nicht im Typ zwischen gerichteten und ungerichteten Graphen, sondern verwenden nur das Flag `isDirected`. Tatsächlich werden wir sehen, dass viele Probleme und Algorithmen auf beiden Arten von Graphen Sinn machen und wenig Änderungen nötig sind, um dem Kantentyp Rechnung zu tragen, sodass es bequem ist, die gleiche Klasse zu verwenden.

Für gewichtete Graphen müssen wir in den Adjazenzlisten neben dem Zielknoten auch das Gewicht der Kante unterbringen; wir verwenden dazu eine innere Klasse `AdjEntry`:

```
 1 public class WeightedGraph {
 2    public final LinkedList<AdjEntry>[] adj;
 3    public final int n;
 4    public boolean isDirected;
 5
 6    public static class AdjEntry {
 7       public int node;
 8       public double weight;
 9       public AdjEntry(int node, double weight)
10          { this.node = node; this.weight = weight; }
```

```
11    }
12    @SuppressWarnings("unchecked")
13    public WeightedGraph(boolean isDirected, int n) {
14       this.isDirected = isDirected; this.n = n;
15       this.adj = (LinkedList<AdjEntry>[]) new LinkedList[n];
16       for (int i = 0; i < adj.length; i++)
17          adj[i] = new LinkedList<>();
18    }
19    public void addEdge(int from, int to, double weight) {
20       adj[from].append(new AdjEntry(to, weight));
21       if (!isDirected) adj[to].append(new AdjEntry(from, weight));
22    }
23 }
```

5.2 Traversieren von Graphen

Unter Traversieren versteht man das systematische Besuchen aller Knoten
eines Graphen, das für viele, vielleicht sogar für die meisten effizienten Graph-
Algorithmen notwendig ist. Dabei greift man in der Regel auf eine der beiden
wichtigsten Methoden zum Traversieren von Graphen zurück: Die Tiefensuche
(Depth-First-Search, kurz DFS) und die Breitensuche (Breadth-First-Search,
kurz BFS).

In diesem Abschnitt betrachten wir ausschließlich ungewichtete Graphen.
Die Tiefensuche liefert dabei eine nützliche Klassifikation der Kanten und eine
Nummerierung der Knoten, die für die Beantwortung vieler Fragestellungen
in Graphen hilfreich sind. Die Breitensuche findet dagegen kürzeste Wege von
einem Knoten zu allen anderen. Weitere Graphenprobleme, die sich durch
mehr oder minder offensichtliche Ergänzungen von Traversierungen lösen
lassen sind

- die Frage, ob ein Knoten von einem anderen aus erreichbar ist,
- der Test auf Zykel (Satz 5.9),
- die Entscheidung, ob ein Graph (streng) zusammenhängend ist,
- die topologische Sortierung.

5.2.1 Tiefensuche

Die Tiefensuche exploriert den Graphen indem sie sich auf einem Pfad immer
weiter vom Startknoten entfernt, bis sie in eine Sackgasse gelangt, oder (über
eine bisher unbenutzte Kante) auf einen Knoten stößt, der schon vorher
besucht wurde. Sie geht dann zum letzten Knoten des Pfades zurück, der noch
eine bisher nicht verwendete Kante besitzt, und fährt dort mit der Suche fort.

Die Tiefensuche lässt sich einfach als (rekursive) Methode beschrieben, die
rekursiv alle Nachbarknoten des aktuellen Knotens besucht, dabei aber als
schon besucht markierte Knoten überspringt. (Was würde passieren, wenn
man diese Bedingung nicht einbaut?)

Dabei fungiert der Stack der rekursiven Aufrufe als *Ariadne-Faden*, mit dessen Hilfe Theseus der griechischen Mythologie zufolge aus dem Labyrinth des Minotaurus hinausgefunden hat: Wenn ein rekursiver Aufruf der Tiefensuche alle Kanten abgearbeitet hat, kehrt der Rücksprung aus der Methode zum entsprechende Vorgängerknoten zurück.

Für die Darstellung der *Tiefensuche* nehmen wir an, dass der (gerichtete oder ungerichtete) Graph n Knoten besitzt und durch seine Adjazenzliste repräsentiert ist. Wir verwenden für die Tiefensuche eine eigene Klasse, in der wir das Array `visited` verwenden, um schon besuchte Knoten zu markieren:

```
1  public class DepthFirstSearch {
2      Graph G;
3      boolean[] visited;
4
5      public DepthFirstSearch(Graph G) {
6          this.G = G; visited = new boolean[G.n];
7      }
8      public void dfs(int s) {
9          visited[s] = true;
10         for (int v : G.adj[s])
11             if (!visited[v]) dfs(v);
12     }
13     public void fullDFS() {
14         for (int s = 0; s < G.n; ++s)
15             if (!visited[s]) dfs(s);
16     }
17 }
```

Je nach Anwendung starten wir mittels `dfs(s)` die Tiefensuche von einem bestimmten Knoten s aus oder wir verwenden `fullDFS()`, um den kompletten Graphen zu explorieren. Ersteres kann man z. B. nutzen, um alle von s aus erreichbaren Knoten zu finden: Es sind dies gerade die in `visited` markierten Knoten. Falls im zweiten Fall nach `dfs(0)` noch nicht ganz V besucht wurde, garantieren die folgenden Aufrufe, dass nach `fullDFS` stets alle Knoten markiert wurden.

5.2.1.1 Tiefensuche am Beispiel

Wir spielen diese Prozedur an dem Beispiel eines Labyrinth-Problems durch: Wir betrachten die geheimnisumwitterte Bibliothek aus dem Buch *„Der Name der Rose"* wie in Abb. 5.3 illustriert.

Natürlich ist die Benennung der Räume im Original eine andere. Passend zu unserer Adjazenzlisten-Repräsentation haben wir eine fortlaufende Nummerierung gewählt. Der Eingang zu diesem Labyrinth befindet sich im Raum V_0, in den man über eine Treppe aus dem unteren Stockwerk gelangen kann. Ziel ist es nun, alle Räume der Bibliothek zu erkunden, um beispielsweise den Ausgang zu finden. Die Interpretation dieses Labyrinths als Graph ist an sich offensichtlich, dennoch sei in Abb. 5.4 die gewohnte Darstellung angegeben.

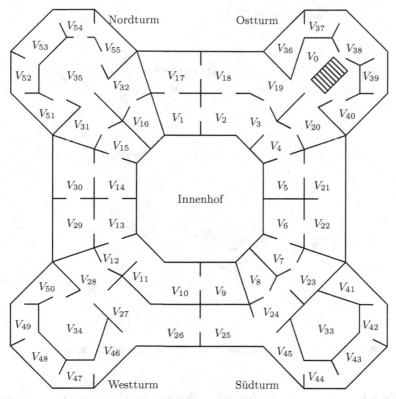

Abb. 5.3 Beispiel eines Labyrinths (in Anlehnung an das Buch „*Der Name der Rose*"), das wir in Abb. 5.4 als Graph repräsentieren.

Wir nehmen an, dass die Knoten in jeder Liste von `G.adj` aufsteigend bzgl. ihrer Nummer angeordnet sind. Das heißt, wann immer der Algorithmus mehrere mögliche, nicht markierte Räume zur Auswahl hat, entscheidet er sich für den mit der kleinsten Nummer.

Verfolgen wir also den Aufruf `dfs(0)`: 0 wird (als besucht) markiert und `dfs(19)` wird aufgerufen (da 19 nicht markiert ist). Knoten 19 wird markiert und ruft nun seinerseits den *kleinsten* nicht markierten Nachbarknoten auf. Das ist Nummer 3. In V_3 hat der Algorithmus die Wahl zwischen Raum 2 und Raum 4. Er entscheidet sich für Raum 2 und geht von dort weiter zu Nummer 1. Wir erreichen so V_{17} und V_{18}. Hier kommt nun zum ersten Mal das Array `visited` zum Tragen: Der Aufruf von V_{18} bemerkt, dass sowohl V_2 als auch V_{19} bereits besucht waren. Es wird festgestellt, dass kein neuer Knoten erreicht werden kann, und dieser Aufruf terminiert. Auch die Aufrufe aus den Knoten 17, 1 und 2 brechen ab, da sie keine neuen Wege aufspüren können. Der Aufruf für V_3 übernimmt schließlich wieder die Kontrolle. Er hat mit V_4 noch einen nicht markierten Nachbarknoten, den er auch prompt aufsucht usw.

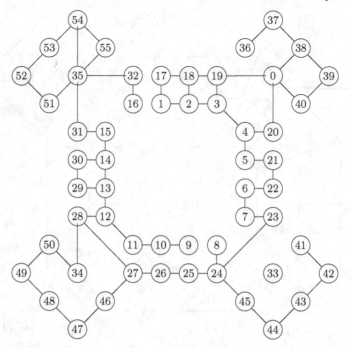

Abb. 5.4 Graph-Interpretation des in Abb. 5.3 gezeigten Labyrinths.

Aufrufstack: Die in Abb. 5.5 (gedreht) dargestellte Grafik zeigt die weiteren Aufrufe in zeitlicher Reihenfolge. Wie ist diese Grafik zu lesen? Die horizontale Achse stellt die Zeit dar. Die vertikale kann als Rekursionstiefe gelesen werden, die angibt, wieviel Platz auf dem System-Stack benötigt wird, um die rekursiven Aufrufe der Prozedur dfs zu realisieren. Jeder Aufruf wird durch einen Balken vertreten, in dem die Nummer des als Parameter übergebenen Knotens (Raumes) eingetragen ist. Die Länge des Balkens entspricht somit der Dauer des Aufrufs. Die auf einem Balken liegenden kürzeren Balken sind die rekursiv eingebetteten Aufrufe. Unmittelbar unter einem Balken findet man den Balken des Aufrufs, der den betrachteten ins Leben gerufen hat.

Was können wir dieser Grafik entnehmen? Wir erkennen die maximale Rekursionstiefe (26, wenn man den V_0-Aufruf mitzählt). Wenn wir die Zahlen von links nach rechts lesen, erhalten wir die Reihenfolge in der die Tiefensuche die Räume ansteuert. Die diagonalen „Anstiege" (etwa von der vier bis zur acht) sind die Phasen, in denen wir *in Neuland vorstoßen*. Die senkrechten Abwärtssprünge entsprechen den Suchabschnitten, in denen wir ein entsprechend langes Stück zurücklaufen müssen, um in einen Raum zurückzugelangen, von dem aus es noch nicht verfolgte Alternativen gibt. Außerdem können wir dieser Grafik bequem Aufruf- und Terminierungszeitpunkt einer bestimmten Teilsuche entnehmen, die sich später als wichtige Größen entpuppen werden.

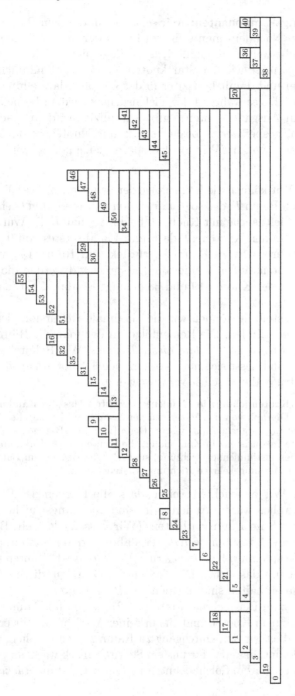

Abb. 5.5 Die Aufrufe der Tiefensuche des Labyrinth-Beispiels in zeitlicher Reihenfolge.

Zusammenhangskomponenten: Wir sehen auch, dass ein Raum (V_{33}) nicht erreicht wurde. Nachdem man sich den Plan oder den Graphen angesehen hat, ist das nicht weiter verwunderlich. Er liegt nicht in der selben *Zusammenhangskomponente* wie der Startknoten V_0. Es führt nämlich keine Tür in diesen Raum und damit besitzt er in der Graphendarstellung keine adjazenten Knoten.[1] Da es während der Tiefensuche zu jedem besuchten Knoten einen Weg vom Ausgangsknoten 0 gibt – implizit auf dem Stack, unserem Ariadne-Faden, gespeichert – besuchen wir nur Knoten in der Zusammenhangskomponente von 0. (Wir werden später zeigen, dass wir auch keinen dieser Knoten auslassen.)

Aufrufbaum: Wir können die Reihenfolge der Aufrufe von `dfs(0)` auch durch einen geordneten Baum T, den sog. *Aufrufbaum* repräsentieren (siehe Abb. 5.6). Da wir unsere Tiefensuche mit Knoten 0 beginnen, hat T die Wurzel 0. T hat als linkesten Sohn den Knoten 19, da Raum V_{19} als erstes von 0 aus besucht wird. Später kehren wir zu Raum V_0 zurück, um Raum V_{38} aufzusuchen. Deshalb hat Knoten 19 den Bruder 38. Entsprechend werden die Nachfolger und Geschwister der Knoten 19 und 38 erzeugt, so dass letztlich der Baum aus Abb. 5.6 entsteht.

In dieser Darstellung können wir die maximale Rekursionstiefe als Höhe des Baumes wiederfinden. Die Reihenfolge, in der man die Räume besucht, entspricht dem *Preorder Durchlauf dieses Baumes*. Wie Rekursionen ineinander eingebettet sind, lässt sich auch ablesen: Jeder Knoten hat als Nachfolger genau jene Aufrufe, die er selbst verursacht hat.

Bemerkung 5.1 (Kantenrichtung in Bäumen): Beachte, dass die Kanten des Aufrufbaums für einen Digraph von den Vätern zu den Söhnen verlaufen; dies ist genau die umgekehrte Richtung verglichen mit unserer Definition eines Baumes in Abschnitt 2.4. Wir nehmen diese Inkonsistenz in Kauf, damit die Kanten im Aufrufbaum Kanten des Graphen (mit übereinstimmender Richtung) sind. Für die Begriffe im Baum muss man sich die Kanten in der umgekehrten Richtung vorstellen.   ◀

Kantentypen: Wir beobachten weiter, dass alle Kanten des Baumes auch Kanten des Graphen waren. Andererseits sind aber längst nicht alle Kanten des Graphen auch im Baum enthalten. (Wir wissen, dass ein Baum mit n Knoten genau $n-1$ Kanten besitzt, dass aber andererseits ein allgemeiner ungerichteter Graph mit n Knoten bis zu $\binom{n}{2} = \frac{1}{2}n \cdot (n-1)$ Kanten haben kann. Also überrascht uns das nicht.) Die Kanten des Graphen, die im Aufrufbaum der Tiefensuche enthalten sind, nennen wir *Baumkanten*.

Andere, wie zum Beispiel die Kante $\{18, 2\}$, wären im Baum eine Verbindung zwischen einem Knoten und einem seiner Vorfahren. Wir erinnern uns: Im Raum 18 haben wir den Durchgang zu Raum 2 zwar gesehen, aber an der Markierung erkannt, dass das für uns ein Schritt zurück wäre, an einen Punkt, an dem wir schon waren. Solche Kanten nennen wir fortan *Rückwärtskanten*.

---

[1] Eigentlich ist da im Roman doch eine Tür, aber es ist eine Geheimtür, und um die zu öffnen, muss man zunächst auf den *ersten und siebten der Vier* ... doch wir wollen nicht die ganze Geschichte verraten.

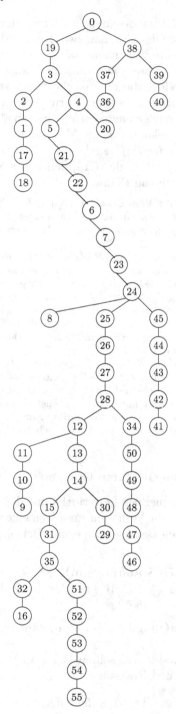

Abb. 5.6 Der Aufrufbaum zur Tiefensuche des Labyrinth-Beispiels.

Haben wir damit alle Kanten des ursprünglichen (ungerichteten!) Graphen erfasst, oder können Kanten des Graphen zwei Knoten des Baumes verbinden, die nicht Vor- und Nachfahre voneinander sind? Nein. (Warum nicht?)

Man beachte, dass hier mehrere Zusammenhangskomponenten vorgelegen haben. Es hat nicht ausgereicht, die Tiefensuche einmal zu starten, da V_{33} nicht erreichbar war. An sich hätte ein zweiter Aufruf, beginnend beim ersten noch nicht gefundenen Knoten, erfolgen müssen. Wir hätten also noch einen zweiten trivialen Einknotenbaum bekommen. Im Allgemeinen werden wir deswegen von nun an von dem *durch die Tiefensuche definierten Wald der Aufrufbäume* sprechen; *Wald* ist dabei auch in der Graphentheorie die allgemein gültige Bezeichnung für eine Menge von Bäumen.

Bemerkung 5.2 (Theseus heute: Web Crawler): Wir haben die Tiefensuche als Möglichkeit kennengelernt, systematisch sämtliche Knoten eines Graphen zu besuchen. Wir haben am Beispiel eines Labyrinths gezeigt, wie sie dazu verwendet werden kann, den Ausgang zu finden.

Nun ist es nicht gerade ein alltägliches Problem der Informatik, dass man in einer mittelalterlichen Bibliothek ausgesetzt wird und den Ausgang finden muss. Wir haben dies als Beispiel gewählt, weil die Analogie zum Durchsuchen im allgemeinen Sinne gegeben ist: Ein allgegenwärtiges „abstraktes Labyrinth" heißt World Wide Web. Täglich wird es von einer stetig steigenden Zahl von Informationssuchenden durchforstet. Im selben Tempo wächst das Netz selbst. Längst ist es völlig hoffnungslos, auf gut Glück durch das Internet zu streifen und dabei bestimmte Informationen finden zu wollen. Hier leisten die Suchmaschinen gute Arbeit.

Um diese zu betreiben, werden *Spinnen* (spiders) durch das Web geschickt, die sich von Link zu Link hangeln, innerhalb der aktuellen Seite versuchen, Stichworte ausfindig zu machen und diese dann möglichst raffiniert in einer Datenbank abrufbar zu halten. Nun soll eine Spinne das Internet natürlich möglichst systematisch erforschen. Was ist also die Grundidee in einem Spinnen-Programm? Ein Graph-Traversal und damit insbesondere die Tiefensuche (oder die noch zu besprechende Breitensuche bzw. weitere Varianten)! ◄

5.2.1.2 Tiefensuche in ungerichteten Graphen

Nachdem wir uns am Beispiel des Labyrinths mit der Tiefensuche vertraut gemacht haben, wollen wir ihr Verhalten im allgemeinen Fall betrachten. Wir beginnen mit dem formalen Beweise einiger am Beispiel gemachter Beobachtungen.

Lemma 5.3 (Kanten im DFS-Aufrufbaum): Sei $G = (V, E)$ ein ungerichteter Graph und es gelte $\{u, v\} \in E$. W_G sei der durch die Tiefensuche auf G definierte Wald der Aufrufbäume.

a) Wenn $\texttt{dfs}(u)$ vor $\texttt{dfs}(v)$ aufgerufen wird, dann ist v ein Nachfahre von u (in W_G).
b) Es gilt stets, dass u und v zum selben Baum in W_G gehören.
c) G besitzt nur Baum- und Rückwärtskanten. ◄

Beweis: a) Da $\texttt{dfs}(u)$ vor $\texttt{dfs}(v)$ aufgerufen wird, ist Knoten v zum Zeitpunkt der Markierung von Knoten u unmarkiert. Aber $\texttt{dfs}(u)$ kann nur dann terminieren, wenn auch v markiert wurde. Mit anderen Worten, v wird irgendwann im Teilbaum mit Wurzel u eingefügt.

b) Dies ist eine Konsequenz von a), da entweder dfs(u) vor dfs(v) oder aber dfs(v) vor dfs(u) aufgerufen wird.

c) Sei $\{u, v\}$ eine beliebige Kante in G. Ohne Beschränkung der Allgemeinheit nehmen wir an, dass dfs(u) vor dfs(v) aufgerufen wird. Wenn die Kante $\{u, v\}$ zuerst von u aus betrachtet wird, dann ist sie eine Baumkante. Wird sie zuerst von v aus betrachtet (dies ist möglich, wenn es von u nach v einen Weg in G gibt, der über einen direkten Nachfolger von u mit einer kleineren Nummer als v führt), dann ist sie eine Rückwärtskante, da u im Aufrufbaum gemäß a) ein Vorgänger von v ist. ■

Aus diesen lokalen Eigenschaften können wir die folgenden Schlüsse ziehen:

Satz 5.4 (DFS auf ungerichteten Graphen):
Sei $G = (V, E)$ ein ungerichteter Graph, der als Adjazenzliste vorliege.

a) fullDFS *besucht jeden Knoten von V genau einmal.*

b) Die Laufzeit von fullDFS *ist durch $\mathcal{O}(n + m)$ beschränkt.*

c) Sei W_G der durch die Tiefensuche auf G definierte Wald der Aufrufbäume, und sei v ein Knoten von G. Dann enthält der Baum von v genau die Knoten der Zusammenhangskomponente von v, also alle die Knoten, die durch einen Weg mit Anfangsknoten v erreichbar sind.

Damit entsprechen die Bäume von W_G eindeutig den Zusammenhangskomponenten von G.

Beweis: a) Ein Aufruf von fullDFS() erzwingt, dass jeder Knoten mindestens einmal besucht wird, d.h. dass mindestens ein Aufruf dfs(v) für einen jeden Knoten v durchgeführt wird. In einem Aufruf von dfs(v) wird aber v zuerst als besucht markiert: nachfolgende Aufrufe von dfs(v) sind deshalb unmöglich.

b) Sei $v \in V$ beliebig. Dann werden höchstens $\mathcal{O}(1 + \text{grad}(v))$ nichtrekursive Operationen in dfs(v) ausgeführt. Nach a) wissen wir, dass dfs für jeden Knoten v genau einmal ausgeführt wird. Die Gesamtzahl der damit ausgeführten Operationen ist somit

$$\mathcal{O}\left(\sum_{v \in V}(1 + \text{grad}(v))\right) = \mathcal{O}\left(\sum_{v \in V}1 + \sum_{v \in V}\text{grad}(v)\right) = \mathcal{O}(n + m).$$

Zusätzlich zu den während eines Aufrufs von dfs ausgeführten Operationen ist noch der Initialisierungsaufwand für das Array visited und der Aufwand für die for-Schleife im Programm fullDFS zu berücksichtigen. Dies führt aber nur zu $\mathcal{O}(n)$ zusätzlichen Schritten.

c) Sei $v \in V$ beliebig. T sei ein Baum im Wald W_G und besitze v als Knoten. Dann erreicht v jeden Knoten in T, denn T ist zusammenhängend. Also ist die Zusammenhangskomponente von v eine Obermenge der Knotenmenge von T.

Wenn es aber in G einen Weg $(v_0, v_1, \ldots, v_m)$ mit $v = v_0$ und $u = v_m$ gibt, dann gehören die Knoten $v_0, v_1, \ldots, v_m$ alle zum selben Baum (nach Lemma 5.3). Also ist die Zusammenhangskomponente von v eine Untermenge der Knotenmenge von T. ∎

Bemerkung 5.5: Mit der Tiefensuche kann man damit jedes Labyrinth-Problem, das sich als ungerichteter Graph interpretieren lässt, lösen. Denn wenn es möglich ist, vom Eingang den Ausgang zu erreichen, dann befinden sich Eingang und Ausgang in derselben Zusammenhangskomponente. Der Aufrufbaum des Eingangs wird uns stets einen Weg aus dem Labyrinth zeigen. ◄

Satz 5.6 (Anwendungen der Tiefensuche (Graph)):
Sei $G = (V, E)$ ein ungerichteter Graph. Dann kann in Zeit $\mathcal{O}(n + m)$ überprüft werden, ob

a) G zusammenhängend ist,
b) G ein Baum ist.

Beweis: a) Dies ist eine Konsequenz von Satz 5.4. Denn G ist genau dann zusammenhängend, wenn `dfs(0)` alle Knoten besucht.

b) G ist genau dann ein Baum, wenn es keine Rückwärtskanten gibt und wenn G zusammenhängend ist. Wir wissen schon, wie Zusammenhang schnell nachgeprüft wird. Wann hat G eine Rückwärtskante? Genau dann, wenn es eine Kante $e = \{v, w\} \in E$ gibt, die *keine* Baumkante ist. Es genügt also, den Baum der Tiefensuche zu konstruieren. Letzteres gelingt (in der Darstellung durch Vaterzeiger) ganz leicht: Man ergänzt in `dfs` lediglich die `if`-Anweisung durch

```
10      if (!visited[v]) { father[v] = s; dfs(v) }
```

um sich zu merken, dass im Aufrufbaum Knoten s der Vater von Knoten v war. ∎

5.2.2 Tiefensuche in gerichteten Graphen

Als nächstes besprechen wir die Tiefensuche für gerichtete Graphen. Der Algorithmus ist für diesen Fall exakt der gleiche; tatsächlich haben wir auch im Code nirgends davon Gebrauch gemacht, dass der Graph ungerichtet ist. Dadurch lassen sich die Eigenschaften a) und b) von Satz 5.4 für den ungerichteten Fall direkt übertragen. Für die Aufrufbäume gilt das im Grunde auch, allerdings ist „erreichbar" hier im gerichteten Sinne zu verstehen. Wir halten also fest:

Satz 5.7 (DFS auf gerichteten Graphen):
Sei $G = (V, E)$ ein gerichteter Graph, der als Adjazenzliste vorliegt.

a) `fullDFS` besucht jeden Knoten von V genau einmal.

b) Die Laufzeit von `fullDFS` ist durch $\mathcal{O}(n + m)$ beschränkt.

c) Für jeden Knoten v in V gilt: `dfs(v)` wird genau die Knoten besuchen, die auf einem unmarkierten Weg mit Anfangsknoten v liegen. (Ein Weg heißt unmarkiert, wenn alle Knoten vor Beginn von `dfs(v)` unmarkiert sind.)

Beweis: Analog zum Beweis von Satz 5.4.

Das bedeutet insbesondere, dass der erste Aufruf `dfs(0)` alle von 0 aus (mittels gerichteter Wege) erreichbaren Knoten besucht; im Allgemeinen gibt es natürlich nicht von allen diesen Knoten einen Weg zurück zu 0, die einfache Verbindung zu den Zusammenhangskomponenten besteht also nicht mehr.

Kantentypen: Auch bezüglich der möglichen Typen von Kanten ist die Situation im gerichteten Fall ein wenig komplizierter. Wir wollen das in einem kleinen Beispiel nachvollziehen.

Beispiel 5.8: Betrachte den in Abb. 5.7 links dargestellten Digraphen. Wir

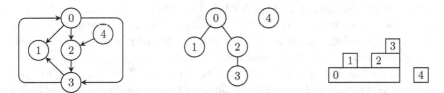

Abb. 5.7 Der in Beispiel 5.8 betrachtete Digraph (links), der zugehörige Wald der Aufrufbäume einer Tiefensuche mit Startknoten 0 (mittig), sowie die Aufrufe der Tiefensuche in zeitlicher Abfolge (rechts).

nehmen wieder an, dass in allen Listen von `G.adj` die Knoten in aufsteigender Reihenfolge erscheinen. Dann produziert `fullDFS` den in Abb. 5.7 mittig dargestellten Wald W_G, wobei die zeitliche Abfolge der Aufrufe in Abb. 5.7 rechts dargestellt ist. Für ungerichtete Graphen erhielten wir nur zwei Typen von Kanten. Diesmal erhalten wir *vier* Typen; nämlich

- die *Baumkanten* $(0, 1), (0, 2), (2, 3)$, sie sind, analog zum ungerichteten Fall, die Kanten des Graphen, die auch im Wald der Aufrufbäume auftauchen,
- die *Vorwärtskante* $(0, 3)$, sie würde im Aufrufbaum einen Knoten mit einem (nicht direkten) Nachfolger verbinden,
- die *Rückwärtskante* $(3, 0)$, die, analog zum ungerichteten Fall, einen Knoten mit einem Vorgänger im Aufrufbaum verbindet, und

- die (rechts nach links) *Querkanten* $(3,1)$ und $(4,2)$, die zu Knoten im Aufrufbaum korrespondieren, die nicht Vorgänger oder Nachfolger zueinander sind.

Beachte auch, dass der Knoten 2 nicht im Baum von 4 auftaucht, obwohl 2 ein Nachfolger von 4 ist. Der Grund: 2 war schon besucht, als `dfs(4)` aufgerufen wurde. Diese Situation kann offensichtlich nur entstehen, weil die Kante $(4,2)$ nicht auch in umgekehrter Richtung passierbar ist.   ◀

Wir verwenden hier die Konvention, die diversen Aufrufbäume des Waldes in zeitlicher Folge von links nach rechts aufzutragen. Links nach rechts Querkanten können nicht auftreten. Denn sei $e = (v,w)$ eine beliebige Kante. Nach Satz 5.7 c) wissen wir, dass w nach Terminierung von `dfs(v)` markiert sein wird. Wenn w vor dem Aufruf von `dfs(v)` markiert wurde, dann ist e entweder eine Rückwärtskante oder eine (rechts nach links) Querkante, denn die zeitlich früher markierten Knoten liegen weiter links im Baum bzw. Wald der Aufrufbäume. Wenn w während des Aufrufs markiert wird, dann ist e eine Vorwärtskante oder eine Baumkante.

Eine automatische Erkennung der verschiedenen Kantentypen ist in einigen Anwendungen der Tiefensuche wichtig. Dies ist zum Beispiel der Fall, wenn wir feststellen wollen, ob ein gerichteter Graph azyklisch ist (also keine Zykel besitzt):

$$G \text{ azyklisch} \iff G \text{ besitzt keine Rückwärtskanten.}$$

Denn eine Rückwärtskante schließt im Wald W_G einen Zykel, und azyklische Graphen besitzen somit keine Rückwärtskanten. Wenn andererseits G keine Rückwärtskanten besitzt, können seine Baum-, Vorwärts- und (rechts nach links) Querkanten keinen Zykel schließen!

Wie aber erkennt man die einzelnen Kantentypen? Sei $e = (u,v)$ eine Kante von G. Offensichtlich ist e eine *Baumkante* genau dann, wenn `dfs(v)` *unmittelbar* aus `dfs(u)` aufgerufen wird. Man beachte das Diagramm neben dem Aufrufbaum im Beispiel 5.8. Jeweils unmittelbar aufeinander liegende Balken $(0,1),(0,2),(2,3)$ entsprechen den Baumkanten. Wir können alle Baumkanten speichern, indem wir – wie im Beweis von Satz 5.6 beschrieben – ein `father`-Array pflegen. Im obigen Beispiel würden wir aufgrund `father[1] = father[2] = father[3] = 0` erkennen, dass diese drei Kanten Baumkanten sind.

Zur automatischen Charakterisierung der restlichen Kantentypen müssen wir noch zusätzliche Information in `dfs(u)` zur Verfügung stellen. Dazu verwenden wir die globalen Knoten-indizierten Arrays `preorderIndex` und `postorderIndex` und benutzen die Variablen `curPreorderIndex` bzw. `curPostorderIndex` um für jeden Knoten seine *Position in der Pre- bzw. Postorder-Traversierung* des Waldes der Aufrufbäume zu speichern. Wir werden gleich sehen, dass diese Information ausreicht, um jede Kante zu klassifizieren. Vorher wollen wir uns aber davon überzeugen, dass wir diese Information ohne Probleme während der Tiefensuche sammeln können. Da wir an `preorderIndex` bereits erkennen können, ob ein Knoten schon besucht wurde oder nicht, können wir uns das `visited`-Array hier sparen.

```
1  public class DepthFirstSearch {
2      public Graph G;
3      public int[] father, preorderIndex, postorderIndex;
4      public int curPreorderIndex, curPostorderIndex;
5      public static final int NOT_VISITED = -2, NO_FATHER = -1;
6
7      public DepthFirstSearch(Graph G) {
8          this.G = G; int n = G.n;
9          father = new int[n]; Arrays.fill(father, NO_FATHER);
10         preorderIndex = new int[n]; postorderIndex = new int[n];
11         Arrays.fill(preorderIndex, NOT_VISITED);
12         Arrays.fill(postorderIndex, NOT_VISITED);
13     }
14     public void fullDFSStartEnd() {
15         for (int s = 0; s < G.n; ++s)
16             if (preorderIndex[s] == NOT_VISITED) dfsStartEnd(s);
17     }
18     public void dfsStartEnd(int s) {
19         preorderIndex[s] = curPreorderIndex++;
20         for (int v : G.adj[s])
21             if (preorderIndex[v] == NOT_VISITED)
22                 { father[v] = s; dfsStartEnd(v); }
23         postorderIndex[s] = curPostorderIndex++;
24     }
25 }
```

Warum sind die so zugewiesenen Nummern tatsächlich der Index in der entsprechenden Traversierung der Aufrufbäume? Weil die Tiefensuche im Graphen im Grunde nichts anderes ist als eine Traversierung des Waldes der Aufrufbäume, wobei wir letzteren aber erst bei Bedarf "on-the-fly" berechnen! Durch eine einfache Anpassung des obigen Codes könnte man statt der Indizes auch zwei Listen für Pre- bzw. Postorder speichern, an die man den besuchten Knoten an der entsprechenden Stelle im Code hinten anhängt. In manchen Anwendungen ist das bequemer.

Für die Klassifizierung der Kantentypen sind aber die Indizes in der Reihenfolge zweckdienlich. Sei $e = (u, v)$ eine Kante. Wir vergleichen `preorderIndex[`u`]` mit `preorderIndex[`v`]` sowie `postorderIndex[`u`]` und `postorderIndex[`v`]`; das ergibt die folgenden vier Fälle:

		Postorder	
		$u < v$	$u > v$
Preorder	$u < v$	— (nicht möglich)	Baumkante *oder* Vorwärtskante
	$u > v$	Rückwärtskante	Querkante

Im Fall „$</>$", wenn also `preorderIndex[`u`]` $<$ `preorderIndex[`v`]` und `postorderIndex[`u`]` $>$ `postorderIndex[`v`]`, testen wir, ob `father[`v`]` $= u$;

falls ja, so ist (u, v) eine Baumkante, falls nicht, so haben wir eine Vorwärts-kante vorliegen.

Am Beispiel des obigen Graphen (Abb. 5.7) erhalten wir damit die Klassi-fizierung in Tabelle 5.1.

v	Pre.-Ind.	Post.-Ind.
0	1	4
1	2	1
2	3	3
3	4	2
4	5	5

e	Preorder	Postorder	Typ
$(0,1)$	<	>	Baumkante
$(0,2)$	<	>	Baumkante
$(0,3)$	<	>	Vorwärtskante
$(2,3)$	<	>	Baumkante
$(3,0)$	>	<	Rückwärtskante
$(3,1)$	>	>	Querkante
$(4,2)$	>	>	Querkante

Tabelle 5.1 Pre- und Postorder-Indizes der Knoten aus dem Beispiel-Digraph aus Abb. 5.7 (links) und die resultierende Klassifizierung der Kanten (rechts).

Die Klassifizierung der Kanten gelingt also als Beiprodukt der Tiefensu-che mithilfe von drei Knoten-indizierten Arrays. Indem wir diese geschickt verwenden, lassen sich weitere Fragestellungen auf Digraphen lösen:

Satz 5.9 (Anwendungen der Tiefensuche (Digraph)):
Sei $G = (V, E)$ ein gerichteter Graph, der als Adjazenzliste repräsentiert ist. Dann lassen sich die beiden folgenden Probleme in Zeit $\mathcal{O}(n + m)$ lösen:

a) Ist G azyklisch?
b) Ist G streng zusammenhängend?

Beweis: a) Wir wissen schon, dass G genau dann azyklisch ist, wenn G keine Rückwärtskanten besitzt. Die Erkennung einer Rückwärtskante gelingt aber mit den `preorderIndex`- und `postorderIndex`-Arrays in konstanter Zeit.

b) Offensichtlich ist G streng zusammenhängend genau dann, wenn alle Knoten von Knoten 0 aus durch einen Weg in G erreichbar sind und wenn jeder Knoten auch Knoten 0 erreicht. Die erste Bedingung können wir leicht mit `dfs(0)` überprüfen; die zweite Bedingung kann aber auch mit `dfs(0)` überprüft werden, wenn wir in G die Richtungen aller Kanten umkehren! Man mache sich klar, dass auch diese Umkehrung in $\mathcal{O}(n + m)$ möglich ist. ∎

Durch eine Erweiterung der Methode aus dem Beweis kann man auch das Problem lösen, die strengen Zusammenhangskomponenten eines Graphen zu finden; auch das gelingt durch zwei Tiefensuchen (und damit in Zeit $\mathcal{O}(n+m)$).

5.2.3 Breitensuche

Die Tiefensuche durchsucht den Graphen gemäß des Mottos *zuerst in die Tiefe* (depth first): Für jeden Knoten wird mit dem ersten Nachfolger, dann dessen erstem Nachfolger usw. weiter gesucht, sodass wir uns sehr schnell vom Startknoten entfernen. Damit löst die Tiefensuche zwar das Problem der Erreichbarkeit – finde *(irgend)einen* Weg von $s \in V$ nach $t \in V$ bzw. gib aus, dass kein solcher existiert – aber die Wege, die wir dabei finden, sind oft unnötig lang. Wir entwickeln eine zweite Methode, um systematisch alle Knoten zu besuchen, die mit Blick auf die Weglängen geschickter vorgeht: die *Breitensuche*.

Die Breitensuche (breath-first search, kurz BFS) folgt dem Motto *zuerst in die Breite*: Für jeden Knoten werden zuerst alle Nachfolger besucht, gefolgt von der Generation der Enkel und so weiter. Die Knoten werden also in der Reihenfolge ihres Abstands von v, dem Startknoten der Breitensuche, erreicht. Indem man die verwendeten Pfade zurückverfolgt, erhält man damit *kürzeste Wege* (siehe Satz 5.13 unten).

Anders als die Tiefensuche verlangt die Breitensuche von uns, ständig den Ort zu wechseln: An jedem Knoten gehen wir nur einen Schritt, bevor wir zu einem anderen springen müssen, der den gleichen Abstand vom Start hat, wie der gerade besuchte Knoten. Wie behalten wir dabei den Überblick und finden effizient den nächsten zu behandelnden Knoten? Die Lösung besteht in der Verwendung einer passenden Datenstruktur: einer *Queue!* Indem wir die noch nicht besuchten Nachbarn eines Knoten hinten in die Liste der noch zu verarbeitenden Knoten einreihen, können wir sicherstellen, dass die Knoten stets in wachsenden Abstand vom Startknoten betrachtet werden.

```
1  public class BreadthFirstSearch {
2     public Graph G;
3     public int[] father, distFromS;
4     public static final int NOT_VISITED = -2;
5     public static final int UNREACHABLE = -2, NO_FATHER = -1;
6
7     public BreadthFirstSearch(Graph G) {
8        this.G = G; int n = G.n;
9        father   = new int[n]; Arrays.fill(father, NOT_VISITED);
10       distFromS = new int[n]; Arrays.fill(distFromS, UNREACHABLE);
11    }
12    public void bfs(int s) {
13       int n = G.n;
14       Queue<Integer> todo = new LinkedQueue<>();
15       father[s] = NO_FATHER; todo.enqueue(s); distFromS[s] = 0;
16       while (!todo.empty()) {
17          int v = todo.dequeue();
18          for (int w : G.adj[v])
19             if (father[w] == NOT_VISITED) {
20                father[w] = v; distFromS[w] = distFromS[v] + 1;
21                todo.enqueue(w);
22             }
23       }
```

```
24      }
25  }
```

Wir nutzen hier wieder ein `father`-Array, um den Aufrufbaum zu speichern, und verwenden es gleichzeitig als Ersatz für das `visited`-Array. In `distFromS` speichern wir für jeden Knoten seinen Abstand vom Startknoten s, mit dem wir `bfs(s)` aufgerufen haben. Anders als bei der Tiefensuche gibt es in der Breitensuche keine Rückkehr zu einem Knoten; es gibt keinen rekursiven Aufstieg. Wenn wir einen Knoten betrachten, fügen wir alle seine noch nicht besuchten Nachfolger in die Queue ein und verlassen den Knoten danach für immer.

Die gespeicherten Informationen lassen sich wie folgt verwenden, um einen Weg vom Startknoten zu einem beliebigen anderen Knoten zu finden:

```
1   public boolean reachableFromS(int v) {
2       return distFromS[v] != UNREACHABLE;
3   }
4   public LinkedIntList pathTo(int v) {
5       if (!reachableFromS(v)) throw new NoSuchElementException();
6       LinkedIntList path = new LinkedIntList();
7       for (int w = v; w != NO_FATHER; w = father[w])
8           path.prepend(w);
9       return path;
10  }
```

Wir wollen die Unterschiede zwischen Tiefen- und Breitensuche an einem Beispiel illustrieren.

Beispiel 5.10: Betrachte den Digraph aus Abb. 5.8. Wir wählen 0 als Startknoten und gehen wieder von einer aufsteigenden Reihenfolge der Knoten innerhalb der Adjazenzlisten aus. Wir betrachten zuerst die Tiefensuche,

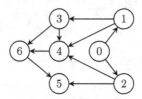

Abb. 5.8   Der im Beispiel 5.10 betrachtete Digraph.

wobei wir die Knoten in der Reihenfolge ihres Besuchs grau färben. Das Ergebnis ist in Abb. 5.9 illustriert. Als nächstes betrachten wir die Breitensuche, deren Ablauf in Abb. 5.10 dargestellt ist. Warum das eine Tiefen- und das andere Breitensuche heißt, wird klar, wenn man die in Abb. 5.11 gezeigten Aufrufbäume vergleicht.

Wir wollen uns nun überlegen, wie effizient die Breitensuche ist und die oben angedeuteten Eigenschaften formal untersuchen. Sei $G = (V, E)$ ein gerichteter oder ungerichteter Graph. Für Knoten w setze

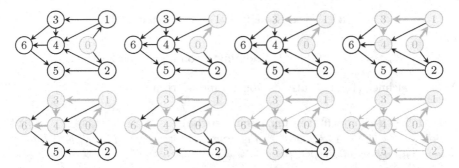

Abb. 5.9 Ablauf der Tiefensuche für den Digraphen aus Abb. 5.8 bei Startknoten 0. Die Knoten werden in der Reihenfolge ihres Besuchs grau gefärbt, Baumkanten sind dick gezeichnet (von links nach rechts, oben nach unten).

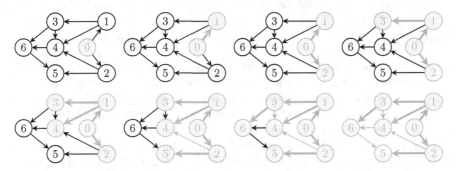

Abb. 5.10 Ablauf der Breitensuche für den Digraphen aus Abb. 5.8 bei Startknoten 0; Darstellung analog zu Abb. 5.9.

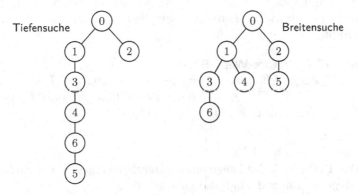

Abb. 5.11 Die Aufrufbäume der Tiefen- und Breitensuche des Digraphen aus Abb. 5.8 mit Startknoten 0.

$$V_w \;=\; \{u \in V \mid \text{es gibt einen Weg von } w \text{ nach } u\}$$

und

$$E_w \;=\; \{e \in E \mid \text{beide Endpunkte von } e \text{ gehören zu } V_w\}.$$

Man bezeichnet (V_w, E_w) als den von V_w induzierten Graph.

Satz 5.11 (Eigenschaften der Breitensuche):
Sei $G = (V, E)$ ein gerichteter oder ungerichteter Graph, der als Adjazenzliste repräsentiert ist. Sei $w \in V$.

a) *bfs(w) besucht jeden Knoten in V_w genau einmal und sonst keinen anderen Knoten.*
b) *bfs(w) läuft in Zeit höchstens $\mathcal{O}(|V| + |E_w|)$.*

Beweis: Der Beweis dieses Satzes sei dem Leser als Übung überlassen.

Die Breitensuche bfs hat also dieselbe Komplexität wie die Tiefensuche dfs. Für ungerichtete Graphen besucht bfs(w) (ebenso wie dfs(w)) alle Knoten in der Zusammenhangskomponente, zu der w gehört. Auch für gerichtete Graphen zeigen sie ein ähnliches Verhalten: bfs(w) und dfs(w) besuchen alle von w aus erreichbaren Knoten.

Aber der von bfs(w) erzeugte Aufrufbaum T_w hat eine wichtige zusätzliche Eigenschaft. Bevor wir diese jedoch besprechen, wollen wir T_w zunächst sauber definieren, denn anders als bei der Tiefensuche haben wir ja keinen Aufrufbaum der rekursiven Methode. T_w ist anfänglich leer. Wenn in bfs(w) ein Knoten u aus der Schlange *entfernt* wird und sein Nachbar (bzw. Nachfolger) v in die Schlange eingefügt wird, dann fügen wir die Kante $\{u, v\}$ (bzw. (u, v) bei einem Digraph) in T_w ein.

Definition 5.12 (Kürzeste-Wege-Baum):
Sei $G = (V, E)$ ein gerichteter oder ungerichteter Graph und $T = (V', E')$ sei ein Baum mit $V' \subseteq V$, $E' \subseteq E$ und Wurzel w. Wir sagen, dass T ein Baum von kürzesten Wegen für G ist, falls

- $V' = V_w$, und
- *für jeden Knoten $u \in V'$ gilt:*
  niv$(u) - 1$ *ist gleich der Länge eines kürzesten Weges von w nach u.*
  (Die Wege im Baum T sind also kürzeste Wege.) ◀

Satz 5.13 (Breitensuche findet kürzeste Wege):
Der von bfs(w) erzeugte Aufrufbaum T_w ist ein Baum von kürzesten Wegen für G.

Beweis: Der Beweis dieses Satzes sei dem Leser als Übung überlassen. ■

Man verifiziere, dass das Niveau der Knoten $V_1, \ldots, V_6$ abzüglich 1 im oben abgebildeten Aufrufbaum der Breitensuche in der Tat der Länge der kürzesten Wegen von V_0 zu eben jenen Knoten im Beispielgraphen entspricht.

Als Konsequenz von Satz 5.11 und Satz 5.13 erhalten wir:

> **Satz 5.14:**
> Sei $G = (V, E)$ ein gerichteter oder ungerichteter Graph, der als Adjazenzliste repräsentiert sei. Sei $w \in V$. Dann können wir in Zeit $\mathcal{O}(n + m)$ kürzeste Wege von w zu allen anderen Knoten bestimmen.

Beweis: Die Aussage folgt direkt aus Satz 5.11 und Satz 5.13, da wir den Baum mittels des `father`-Arrays gespeichert haben. ■

Man beachte, dass auch der Speicherplatz, den die Breitensuche für die Queue benötigt, in $\mathcal{O}(n)$ liegt: Da wir im Code stets dafür sorgen, dass bereits markierte Knoten übersprungen werden und alle unmarkierten Knoten als besucht markiert werden, kurz *bevor* wir sie in die Queue einfügen, kann jeder Knoten höchstens einmal in die Queue aufgenommen werden. Damit sind also nie mehr als $n = |V|$ Knoten gleichzeitig dort gespeichert.

5.2.4 Tiefensuche ohne Rekursion

Die rekursive Implementierung der Tiefensuche von oben ist sehr kompakt und lässt sich bequem um zusätzliche Funktionalität wie das Bestimmen der DFS-Preorder- und DFS-Postorder-Reihenfolge der Knoten erweitern. Allerdings ist der Speicherplatz, der für den Systemstack zur Verfügung steht, oft künstlich beschränkt; gerade in Java kann das schon bei moderat großen Graphen zur einem `StackOverflowError` führen. Außerdem sind rekursive Aufrufe stets mit einem gewissen Overhead für die Laufzeit verbunden. Es lohnt sich also, ein iterative Version der Tiefensuche zu entwickeln, in der wir einen expliziten Stack verwenden.

Im Grunde liefert uns die Breitensuche auch schon ein Gerüst, wie diese iterative Version aussehen kann; wir müssen im Wesentlichen nur die Queue wieder durch einen Stack ersetzen. Hier ist im Detail allerdings Vorsicht geboten: Für viele Anwendungen, wie z.B. all jene, die auf der Klassifizierung der Kanten durch die Tiefensuche aufbauen, ist es wichtig, dass wir nicht nur „irgendwie" alle Knoten des Graphen systematisch besuchen, sondern eine valide DFS-Pre- und DFS-Postoder-Reihenfolge bestimmen.

Würden wir – wie in `bfs` – eine Knoten zu dem Zeitpunkt als besucht ansehen, zu dem er in die `todo`-Datenstruktur *aufgenommen* wird, so erhielten wir aber *keine* gültige DFS-Besuchsreihenfolge! Der Grund ist, dass in einer *Queue* die Einfüge-Reihenfolge dieselbe ist wie die Reihenfolge, in der die Knoten aus der Queue entfernt werden, sodass wir getrost das Besuchen auf den Einfügezeitpunkt vorziehen können. In einem Stack gilt das aber nicht!

Wir können also die Implementierung der Breitensuche übernehmen, müssen aber Folgendes ändern:

- Ersetze die Queue `todo` durch einen Stack `todo`.
- Markiere einen Knotens erst *nach* Entnehmen des Knotens aus `todo` als besucht.
- Wenn die Links-Rechts-Ordnung der originalen Tiefensuche auf geordneten Bäumen erhalten bleiben soll, muss man außerdem die Adjazenzliste von hinten iterieren (wir ignorieren das vorerst).

```
1    public void dfsIterativeSimple(int s) {
2        Stack<Integer> todo = new LinkedStack<>();
3        todo.push(s);
4        while (!todo.empty()) {
5            int v = todo.pop();
6            visited[v] = true;
7            for (int w : G.adj[v])
8                if (!visited[w]) todo.push(w);
9        }
10   }
```

Diese Methode sieht auf den ersten Blick brauchbar aus und besucht die Knoten tatsächlich in der korrekten Reihenfolge; sie ist aber in dieser Form auf keinen Fall zu empfehlen!

Eine erste Schwierigkeit offenbart sich bei dem Versuch, die Indizes in der Pre- und Postorder-Reihenfolge zu berechnen: Für die Postorder haben wir oben den rekursiven Aufstieg verwendet, der es uns erlaubt hat, *nach* Abarbeitung aller Nachfolger eines Knotens nochmal aktiv zu werden. Mit der jetzt betrachteten Vorgehensweise ist das nicht direkt möglich. (Man könnte aber einen Marker vor allen Nachfolgern auf den Stack pushen, der uns als Zeichen dient, dass ein Knoten jetzt reif ist, um in die Postorder eingetragen zu werden.)

Das eigentliche Problem ist subtiler Natur und leicht zu übersehen, aber gleichwohl umso gravierender: Die obige Implementierung kann einen zusätzlichen Speicherbedarf in $\Theta(n^2)$ aufweisen! Die rekursive Tiefensuche – und ebenso die Breitensuche, wie oben diskutiert – kommt dagegen stets mit $\mathcal{O}(n)$ Speicher aus. Der Grund für den hohen Speicherbedarf ist, dass wir einen Knoten erst als besucht markieren, *nachdem* wir ihn (das erste Mal) aus dem Stack *herausnehmen*; bis dahin kann derselbe Knoten aber schon viele Male auf den Stack gelegt worden sein! Der Worst-Case tritt in einem vollständigen Graphen mit n Knoten auf: Knoten 1 packt alle seine $n-1$ Nachbarn auf den Stack, Knoten 2 alle außer den besuchten, also immer noch $n-2$ usw. Heißt das etwa, dass eine effiziente iterative Implementierung der Tiefensuche gar nicht möglich ist?

Mitnichten; wir müssen nur ein wenig geschickter vorgehen. Tatsächlich können wir *alle* obigen Probleme – den Speicherbedarf, die verkehrte Reihenfolge der Kinder und die wenig elegante Lösung für die Postorder – auf einen Schlag loswerden! Die wichtige Beobachtung dafür ist, dass man nicht alle

Knoten der Adjazenzliste sofort und explizit auf den Stack pushen muss. Wir speichern die Adjazenzlisten ja weiterhin in `G.adj` und *legen daher nur eine Position in der Adjazenzliste auf dem Stack ab*. Diese liefert uns dann die Information, welche der „Geschwister" eines Knotens noch zu besuchen sind, vertagt aber die Abfrage, ob diese schon besucht wurden, auf den Zeitpunkt, zu dem sie tatsächlich relevant wird: kurz bevor wir diese Knoten tatsächlich explizit auf den Stack packen.

Da wir zu jedem Zeitpunkt höchstens eine Position pro Knoten auf dem Stack haben, ist der Speicherbedarf wieder $\mathcal{O}(n)$. Eine vollständige iterative Implementierung, welche die Methode `dfsStartEnd` auf Seite 309 ersetzt, sieht damit wie folgt aus:

```
1    public void dfsIterative(int s) {
2        Stack<Integer> nodeStack = new LinkedStack<>();
3        Stack<LinkedIntList.PointerPosition> adjPosStack = new
             LinkedStack<>();
4        nodeStack.push(s); adjPosStack.push(G.adj[s].start());
5        while (!nodeStack.empty()) {
6            LinkedIntList.PointerPosition p = adjPosStack.pop();
7            int v = nodeStack.pop();
8            if (p.equals(G.adj[v].start()))
9                preorderIndex[v] = curPreorderIndex++;
10           if (p.equals(G.adj[v].end()))
11               postorderIndex[v] = curPostorderIndex++;
12           else {
13               int w = G.adj[v].get(p);
14               p = G.adj[v].next(p);
15               nodeStack.push(v); adjPosStack.push(p);
16               if (preorderIndex[w] == NOT_VISITED) {
17                   father[w] = v; nodeStack.push(w);
18                   adjPosStack.push(G.adj[w].start());
19               }
20           }
21       }
22   }
```

Wir verwenden hier zwei Stacks parallel, einen für die Position in der Adjazenzlisten und einen für den zugehörigen Vaterknoten; dieser wird für das Setzen der Einträge in `father`, `preorderIndex` und `postorderIndex` benötigt.

Der Trick, nur Positionen innerhalb der Adjazenzliste zu speichern, lässt sich genauso auch auf die Breitensuche anwenden; auf eine detaillierte Implementierung verzichten wir hier.

*   *   *

Mit diesem Exkurs zu effizienten Implementierungen beenden wir unsere Behandlung der Graphtraversierung. Wir wollen nun nochmal auf kürzeste Wege zurückkommen, aber diesmal in *gewichteten* Graphen.

5.3 Kürzeste Wege

Eines der gängigsten Probleme in Graphen ist es, einen *kürzesten* Weg von einem Knoten s zu einem Knoten t zu finden. Neben offensichtlichen Anwendungen wie der Routenplanung etwa im Kontext einer Straßenkarte taucht dieses Problem als Teil von vielen komplexeren Fragestellungen auf. Wenn jede Kante den gleichen Beitrag zur Pfadlänge liefert, also das gleiche *Gewicht* hat, so reduziert sich das Problem auf das Finden von Wegen mit minimaler Anzahl Kanten (in diesem Kontext gerne auch anschaulicher Anzahl *Hops* (Hüpfer) genannt), das wir mit der Breitensuche lösen können. Wenn die Kanten unterschiedliche Längen haben, sind aber aufwändigere Methoden nötig.

Das Problem der kürzesten Wege gibt es in verschiedenen Ausprägungen. Einmal ist der billigste Weg von *einem* Startknoten (auch Quelle genannt) zu *allen anderen* Knoten gesucht. Man bezeichnet diese Variante auch als *Single-Source Shortest-Path Problem* oder kurz SSSPP. Dieses subsumiert natürlich die Variante, in der wir nur einen Weg von s zu einem bestimmten Knoten t suchen. Im Worst-Case ist die letztere Variante nicht schneller lösbar, als gleich die kürzesten Wege von s zu *allen* Knoten zu bestimmen, sodass wir uns auf diese beschränken.

Die zweite Variante fragt nach den kürzesten Wegen zwischen *allen Paaren* von Knoten in G; diese Variante ist als *All-Pairs Shortest-Path Problem*, kurz APSPP in der Literatur bekannt. Ihr wenden wir uns in Abschnitt 5.3.4 zu.

Wir betrachten in diesem Abschnitt stets einen (Di-) Graphen $G = (V, E)$ mit einer Markierungsfunktion $f : E \to \mathbb{R}^+$, die allen Kanten (echt) *positive*, von Null verschiedene Kosten zuordnet. Die Kosten eines Weges sind dann als die Summe der Kosten der Kanten auf dem Weg definiert. In diesem Fall sind kürzeste Wege stets (Knoten-) einfache Wege. Es sei darauf hingewiesen, dass die im folgenden beschriebenen Methoden im Allgemeinen *nicht* funktionieren, wenn wir auch *negative* Kantengewichte erlauben. Wir diskutieren die Konsequenzen dieser Verallgemeinerung und mögliche Optionen in Abschnitt 5.3.5.

5.3.1 Dijkstras Algorithmus

DIJKSTRAS Algorithmus löst das SSSPP auf gerichteten oder ungerichteten Graphen mit positiven Kantengewichten. Wir beschreiben das Verfahren im Folgenden anhand von Digraphen, es funktioniert aber ohne Änderung auch auf ungerichteten Graphen.

Die Kernidee des Verfahrens ist, dass wir – direkt zu Beginn – den Weg zum Nachbarn v von s mit der *günstigsten* Kante (s, v) fixieren können: Kein anderer Weg kann v je günstiger erreichen, denn würde er von s zuerst zu $u \neq v$ führen, so wäre – nach Annahme – schon die erste Kante teurer als (s, v). Ein längerer Weg, der von s über v führt und erst später wieder zu v zurückfindet, kann aufgrund der positiven Kantengewichte auch nur teurer als

(s, v) sein. Wir müssen also für v den Abstand von s (und den entsprechenden Weg) nie wieder revidieren und können im nächsten Schritt auch die Nachbarn von v mit in die Betrachtung einbeziehen.

DIJKSTRAS Algorithmus arbeitet – in grobem Pseudocode beschrieben – also wie folgt:

1) Setze $S := \{s\}$
   (d.h. die Menge S enthält zu Beginn nur den Startknoten).

2) Wiederhole bis $S = V$ gilt:

   2.1) Wähle einen Knoten $v \in V \setminus S$ derart, dass die Kosten des Weges von s nach v verglichen mit den Wegen von s zu den anderen Knoten aus $V \setminus S$ minimal sind.

   2.2) Füge v zu S hinzu.

   2.3) Überprüfe für alle Knoten $u \in V \setminus S$, ob der bisher bekannte billigste Weg von s nach u teurer ist, als der Weg von s nach v gefolgt von der Kante (v, u) (falls vorhanden) und nehme gegebenenfalls Aktualisierungen vor.

Mit dem obigen Argument kann man per Induktion über $|S|$ zeigen, dass der Abstand von s zu den Knoten v, die in Schritt 2.2 in S aufgenommen werden, im Laufe der Ausführung streng monoton zunimmt. Also kann kein Weg, der über einen später in S aufgenommenen Knoten w führt, einen kürzeren Weg zu einem früher aufgenommenen Knoten v sein. Damit ist für jeden Knoten v der Abstand von s zum Zeitpunkt seiner Aufnahme in S die korrekte Distanz, da wir den Knoten v mit aktuell minimalem Abstand wählen. DIJKSTRAS Algorithmus findet also die Längen der kürzesten Wege von s zu allen anderen Knoten. Wir werden später sehen, dass es leicht gelingt, auch die kürzesten Wege selbst im gleichen Durchlauf zu bestimmen.

Es ist interessant zu bemerken, dass bei diesem Verfahren aus lokaler Optimalität (wir wählen lokal den billigsten direkten Nachfolger) globale Optimalität (am Schluss sind alle Wege beliebiger Länge optimal) folgt. Das ist auf keinen Fall bei allen Problemen so! Wir werden diesen Umstand in Abschnitt 7.5 genauer unter die Lupe nehmen.

Die obige abstrakte Beschreibung lässt einige Details offen, die für die Laufzeit des Verfahrens aber entscheidend sind. Wir werden nachfolgend zwei unterschiedliche Implementierungen betrachten, die sich dahingehend unterscheiden, wie sie Schritt 2.1 realisieren.

5.3.2 Implementierung mit Arrays

Wir beschreiben zuerst die historisch ältere und einfachere Umsetzung auf Basis der markierte *Adjazenzmatrix* C des Graphen G. (Zur Wiederholung: In der markierten Adjazenzmatrix wird die eine Kante repräsentierende 1 durch die Marke der Kante ersetzt.) Wir nehmen hier an, dass der Eintrag

$\text{C}[u][v] = +\infty$ für $(u,v) \notin E$. Die resultierende Matrix nennen wir auch die *Kostenmatrix von G*.

In jeder Iteration speichern wir die Kosten des uns bisher bekannten billigsten Weges von s nach v in einer Feldkomponente $\text{dist}[v]$, $v \in V$. Damit entspricht dist vor der ersten Iteration der ersten Zeile der Kostenmatrix, denn wir kennen ja nur die Kosten der Wege der Länge 1 (eine Kante).

Wann immer wir uns vom Startknoten dadurch weiter entfernen, dass wir den unter 2.2) ausgewählten Knoten v auf billigstem Wege aufgesucht haben, so können wir u. U. bessere Wege zu den Nachfolgern von v betrachten: Sind die Kosten für den Weg nach v plus den Kosten von v zu einem Nachfolger u, also $\text{dist}[v] + \text{C}[v][u]$, *kleiner* als die Kosten des besten uns bisher bekannten Weges von s nach u, also kleiner als $\text{dist}[u]$, so ist der Weg $s \rightsquigarrow v \to u$ der neue bisher billigste Weg von s nach u und wir setzen $\text{dist}[u] := \text{dist}[v] + \text{C}[v][u]$.

Diese Operation wird auch als *Relaxieren* der Kante (v,u) bezeichnet, da wir vor dem Update die Kante (v,u) anschaulich auf die Länge $\text{dist}[u] - \text{dist}[v] > \text{C}[v][u]$ *gestreckt* hatten, indem wir den Knoten u künstlich weit von s weg gehalten haben. Nun da wir diese Kante relaxieren, also aus dieser Verankerung befreien, schnurrt sie auf ihre natürliche Länge zusammen und zieht dabei den Knoten u mit sich.

In einem Feld pred (für *predecessor,* also Vorgänger) wird implizit der zugehörige Weg gespeichert. $\text{pred}[v]$ ist stets der Knoten unmittelbar vor v auf dem (aktuell) kürzesten Weg von s nach v. Damit kann man am Ende den Weg von $v \in V$ nach s zurückverfolgen, indem man solange zum Vorgänger geht, bis man bei s angelangt ist:

```
1   public LinkedIntList pathTo(int v) {
2       if (!reachableFromS(v)) throw new IllegalArgumentException();
3       LinkedIntList path = new LinkedIntList();
4       for (int w = v; w != NO_FATHER; w = pred[w])
5           path.prepend(w);
6       return path;
7   }
8   public boolean reachableFromS(int v) {
9       return father[v] != UNREACHABLE;
10  }
```

Beispiel 5.15: Betrachte die Kostenmatrix C mit dem zugehörigen Digraphen aus Abb. 5.12. Der Startknoten sei Knoten 1. Die für v getroffene Wahl (in der nächsten Iteration) wird nachfolgend durch einen Pfeil angedeutet:

$S = \{1\}$

v	1	2	3	4	5
dist[v]	∞	50	45	10	∞
				↑	

v	1	2	3	4	5
pred[v]	–	1	1	1	–

$S = \{1,4\}$

v	1	2	3	4	5
dist[v]	∞	50	45	10	25
					↑

v	1	2	3	4	5
pred[v]	–	1	1	1	4

$$C = \begin{pmatrix} \infty & 50 & 45 & 10 & \infty \\ \infty & \infty & 10 & 15 & \infty \\ \infty & \infty & \infty & \infty & 30 \\ 20 & \infty & \infty & \infty & 15 \\ \infty & 20 & 30 & \infty & \infty \end{pmatrix}$$

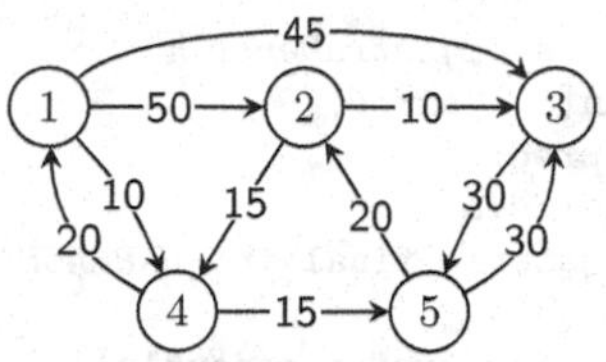

Abb. 5.12   Die Kostenmatrix C und der zugehörige Digraph aus Beispiel 5.15.

$S = \{1, 4, 5\}$

v	1	2	3	4	5
dist$[v]$	∞	45	45	10	25

$\uparrow$

v	1	2	3	4	5
pred$[v]$	–	5	1	1	4

$S = \{1, 4, 5, 2\}$

v	1	2	3	4	5
dist$[v]$	∞	45	45	10	25

$\uparrow$

v	1	2	3	4	5
pred$[v]$	–	5	1	1	4

$S = \{1, 4, 5, 2, 3\}$

v	1	2	3	4	5
dist$[v]$	∞	45	45	10	25

v	1	2	3	4	5
pred$[v]$	–	5	1	1	4

Durch Zurückverfolgen in pred finden wir die zugehörigen kürzesten Wege:

v	Iterierte Vorgänger	Weg	Kosten des Weges
5	$5, 4, 1$	$1, 4, 5$	25
4	$4, 1$	$1, 4$	10
3	$3, 1$	$1, 3$	45
2	$2, 5, 4, 1$	$1, 4, 5, 2$	45

Wir kommen nun zu einer Implementierung dieses Vorgehens. Wir nehmen an, dass uns die Kostenmatrix als zweidimensionales Array übergeben wird.

Bemerkung 5.16 (Unendlich in der Praxis): Wir benötigen dazu einen Wert $+\infty$, den wir in der Kostenmatrix verwenden, wenn es die entsprechende Kante nicht gibt. In gängigen Programmiersprachen gibt es dazu entweder spezielle Funktionen, z.B. std::numeric_limits::infinity() in C++, oder vordefinierte Konstanten wie Double.POSITIVE_INFINITY in Java, (beides betrifft Gleitkommazahlen) oder man bestimmt den größtmöglichen Wert eines Datentyps durch Konstrukte wie MAX(CARDINAL) in Modula-2.

Die Operationen auf Gleichkommazahlen sind so definiert, dass sie die in der Mathematik üblichen Regeln für das Rechnen mit unendlich respektieren; insbesondere ist $x + \infty = \infty$ und $x < \infty$ für alle $x \in \mathbb{R}$. Wir müssen also keine Sonderfälle für diese Einträge einbauen.   ◄

Wir verwenden ein visited-Array, um die Menge S zu repräsentieren. Anders als im Pseudocode oben brechen wir die weitere Suche vorzeitig ab, wenn der nächste Knoten v mit minimalem Abstand von s tatsächlich Abstand $+\infty$ hat; dann ist v von s aus nicht erreichbar, und es würden sowieso keine weiteren Änderungen vorgenommen werden.

```
 1  public class DijkstraDense {
 2      boolean[] visited;
 3      int[] pred;
 4      double[] dist;
 5      public static final int UNREACHABLE = -2, NO_FATHER = -1;
 6
 7      public DijkstraDense(double[][] C, int s) {
 8          final int n = C.length;
 9          pred = new int[n];     Arrays.fill(pred, UNREACHABLE);
10          dist = new double[n];  Arrays.fill(dist, POSITIVE_INFINITY);
11          visited = new boolean[n];
12          dijkstraArray(C, s);
13      }
14      void dijkstraArray(double[][] C, int s) {
15          final int n = C.length;
16          dist[s] = 0; pred[s] = NO_FATHER; int v = s;
17          do {
18              visited[v] = true;
19              // Update distances using new vertex v
20              for (int u = 0; u < n; ++u)
21                  if (!visited[u]   &&   dist[u] > dist[v] + C[v][u]) {
22                      pred[u] = v; dist[u] = dist[v] + C[v][u];
23                  }
24              // Find closest unvisited vertex
25              v = -1; double min = POSITIVE_INFINITY;
26              for (int w = 0; w < n; ++w)
27                  if (!visited[w] && dist[w] < min) {
28                      min = dist[w]; v = w;
29                  }
30          } while (v != -1); // no more reachable nodes
31      }
32  }
```

In obiger Implementierung hat die Methode eine Laufzeit in $\Theta(n^2)$, denn wir haben durch die while-Schleife eine Schleife über alle Knoten in der zwei for-Schleifen (hintereinander) über alle Knoten laufen.

Wir beobachten, dass auf dünn besetzten Graphen die Aufnahme eines weiteren Knotens v in die Menge S typischerweise nur wenige Änderungen in dist nach sich zieht; nämlich höchstens so viele wie der Ausgrad von v. Wir iterieren bei der Suche nach dem nächsten Knoten v aber stets über ganz V, obwohl alle schon besuchten Knoten gar nicht mehr in Frage kommen und oft nur wenige Änderungen in dist seit der letzten Suche passiert sind. Durch den geschickten Einsatz clevererer Datenstrukturen können wir diese Beobachtung ausnutzen und die Laufzeit auf solchen Graphen deutlich verbessern.

5.3.3 Dijkstras Algorithmus mit Priority Queues

Wir können zu einer deutlich besseren Laufzeit kommen, wenn wir anstelle der Adjazenzmatrix die Adjazenzlisten-Darstellung verwenden. Dann können wir gezielt über die Nachfolger von v, also diejenigen Knoten iterieren, deren Abstand von s sich auch tatsächlich verändern kann. Außerdem verwenden

wir eine Priority-Queue, um den nächsten Knoten mit minimalem Abstand
zu finden.

Im Kontext von Heapsort (Abschnitt 4.6.3) haben wir gesehen, dass wir
mittels binärer Heaps eine Priority-Queue (mit dynamischer Ordnung) implementieren können, für die readMin in konstanter Zeit, die drei anderen
Operationen insert, setPriority und deleteMin mit einer Laufzeit in $\mathcal{O}(\log(n))$
arbeiten, und die Initialisierung der Priority-Queue mit n Elementen in $\mathcal{O}(n)$
gelingt. Für setPriority ist es wichtig, dass unsere Elemente – die Knoten des
Graphen – als Array-Indizes verwendet werden können. Hier zahlt sich unsere
Konvention $V = \{0, \ldots, n-1\}$ also ein weiteres Mal aus.

Wir ersetzen nun entsprechend unserer obigen Diskussion die zweite for-
Schleife durch einen Aufruf von deleteMin[2], und die erste durch eine Iteration
über die Adjazenzliste von v.

```
 1 public class Dijkstra {
 2     int[] pred;
 3     boolean[] visited;
 4     double[] dist;
 5     public static final int UNREACHABLE = -2, NO_FATHER = -1;
 6
 7     public Dijkstra(WeightedGraph G, int s) {
 8         int n = G.n;
 9         pred = new int[n];      Arrays.fill(pred, UNREACHABLE);
10         dist = new double[n]; Arrays.fill(dist, POSITIVE_INFINITY);
11         visited = new boolean[n];
12         dijkstraPQ(G, s);
13     }
14     void dijkstraPQ(WeightedGraph G, int s) {
15         IntPriorityQueue pq = new BinaryHeapIntPQ(G.n);
16         dist[s] = 0; pred[s] = NO_FATHER;
17         pq.insert(s, 0);
18         while (!pq.isEmpty()) {
19             int v = pq.deleteMin();
20             visited[v] = true;
21             for (AdjEntry entry : G.adj[v]) {
22                 int w = entry.node;
23                 if (visited[w]) continue;
24                 double d = dist[v] + entry.weight;
25                 if (dist[w] > d) {
26                     dist[w] = d; pred[w] = v;
27                     if (pq.contains(w)) pq.setPriority(w, dist[w]);
28                     else pq.insert(w, dist[w]);
29                 }
30             }
31         }
32     }
33 }
```

Wir erreichen damit folgende Laufzeit:

---

[2] Die Operation readMin kann nicht verwendet werden, da wir gleichzeitig zur Bestimmung
des Minimums noch sicherstellen müssen, dass jeder Knoten nur einmal ausgewählt wird.

Satz 5.17 (Analyse von Dijkstras Algorithmus):
DIJKSTRAS *Algorithmus mit binären Heaps berechnet kürzeste Wege mit einer Laufzeit in* $\mathcal{O}((n+m)\log n)$.

Beweis: Das Besuchen eines Knotens v beansprucht nun eine Laufzeit in $\mathcal{O}(\log n) + \text{out}(v) \cdot \mathcal{O}(\log n)$: Das deleteMin kostet $\mathcal{O}(\log n)$, denn es können sich maximal n Knoten in der Priority-Queue befinden. Außerdem gibt es $\text{out}(v)$ viele Nachfolger w von v, für die wir (im Worst-Case) jeweils ihre Priorität in pq anpassen müssen, wenn sich dist[w] ändert. Summieren wir diese Kosten über alle Knoten (über die while-Schleife) ergibt sich zusammen mit den Kosten für die Initialisierung der Priority-Queue für die Laufzeit der Prozedur

$$
\begin{aligned}
\mathcal{O}(n) + \sum_{v \in V}(\text{out}(v) + 1) \cdot \mathcal{O}(\log n) &= \mathcal{O}(n) + \mathcal{O}(n \log n) + \mathcal{O}(m \log n) \\
&= \mathcal{O}((n+m)\log n). \quad \blacksquare
\end{aligned}
$$

Für den typischen Fall $m = o(n^2/\log n)$ ist das also eine (für kleine m massive!) Verbesserung gegenüber der Array-basierten Implementierung; wenn aber der Graph sehr dicht ist, ist tatsächlich die Priority-Queue-basierte Version langsamer.

Bemerkung 5.18 (Arrays sind auch nur Priority-Queues): Bei genauerer Betrachtung hat unsere Array-basierte Implementierung dieselbe Grobstruktur wie die obige Variante; wir haben im Grunde nur eine primitivere Implementierung von Priority-Queues verwendet, die einfach die Prioritäten in einem Array speichert und für deleteMin einen linearen Scan verwendet:

```
1  public class LinearDeletePriorityQueue implements IntPriorityQueue {
2      private final double[] priorities;
3      private final boolean[] valid;
4      private int size;
5
6      public LinearDeletePriorityQueue(int n) {
7          priorities = new double[n]; valid = new boolean[n];
8          Arrays.fill(priorities, Double.NaN); size = 0;
9      }
10     public void insert(int v, double priority) {
11         priorities[v] = priority; valid[v] = true; ++size;
12     }
13     public int deleteMin() {
14         if (isEmpty()) throw new NoSuchElementException();
15         int i = minIndex();
16         valid[i] = false; priorities[i] = Double.NaN; --size;
17         return i;
18     }
19     public int readMin() { return minIndex(); }
20     private int minIndex() {
21         double min = Double.POSITIVE_INFINITY; int minPos = -1;
22         for (int i = 0; i < priorities.length; i++)
```

```
23          if (valid[i] && priorities[i] < min)
24              { minPos = i; min = priorities[i]; }
25      return minPos;
26  }
27  public boolean contains(final int v) { return valid[v]; }
28  public void setPriority(final int v, final double newPriority) {
29      priorities[v] = newPriority;
30  }
31  public int size() { return size; }
32 }
```

Damit erhalten wir insert und setPriority in $\mathcal{O}(1)$, aber deleteMin in $\Theta(n)$. ◀

Bemerkung 5.19 (Weitere Verbesserungen): Können wir unsere Implementierung noch weiter verbessern? Um diese Frage zu beantworten, ist es hilfreich, die Priority-Queue-Operationen separat zu analysieren. Im Worst-Case benötigen wir zwar für jede Kanten ein setPriority, aber wir können niemals mehr als n Knoten einfügen und entfernen. (Hierfür ist es wichtig, dass wir Knoten als besucht markieren!) Wir erhalten also eine Laufzeit von

$$\mathcal{O}\Big(m \cdot T_{\mathsf{setPriority}} + n \cdot \big(1 + T_{\mathsf{insert}} + T_{\mathsf{deleteMin}}\big)\Big).$$

Für deleteMin können wir aufgrund der unteren Schranke für das Sortieren keine Laufzeit in $o(\log n)$ erwarten; für setPriority demonstriert aber die primitive Array-basierte Priority-Queue aus Bemerkung 5.18, dass konstante Laufzeit möglich ist!

Kann man aber ein effizientes deleteMin und ein setPriority *gleichzeitig* erreichen? Die Antwort lautet „Ja", allerdings nur unter Einsatz deutlich komplizierterer Datenstrukturen. So unterstützen z. B. die sog. FIBONACCI-Heaps deleteMin in logarithmischer Zeit und setPriority in *amortisiert* konstanter Zeit. Damit ist es also möglich, DIJKSTRAs Algorithmus mit einer Worst-Case-Laufzeit in $\mathcal{O}(m + n \log n)$ zu implementieren; allerdings sind die versteckten Konstanten in der Laufzeit deutlich höher als bei binären Heaps. ◀

5.3.4 Kürzeste Wege zwischen allen Knotenpaaren

Kommen wir nun zur zweiten Ausprägung des Problems, dem sog. *All-Pairs Shortest-Path Problem*, kurz APSPP. Wieder ist ein Digraph $G = (V, E)$ mit einer Markierungsfunktion $f : E \to \mathbb{R}^+$ gegeben, wobei wir die Markierungen der Kanten als deren Kosten interpretieren. Gesucht ist für alle Paare $(v, v') \in V^2$ ein Weg mit minimalen Kosten von v nach v'.

Eine offensichtliche Lösung besteht darin, den Algorithmus für SSSPP auf allen Knoten als Quelle zu starten. Die resultierende Laufzeit ist in $\Theta(n^3)$ (bzw. $\mathcal{O}\big((n + m)n \log n\big)$ für die zweite Variante einer Implementierung). Wir wollen nun sehen, ob ein direkter Lösungsansatz effizienter ist.

Der Floyd-Warshall Algorithmus: Wir nehmen hier an, dass der Graph G die Knotenmenge $V = \{1, \ldots, n\}$ hat; das passt besser zur üblichen Indizierung von Matrizen. Sei C die Kostenmatrix des Graphen. Wir definieren die $(n \times n)$-Matrix $A^{(0)} = (a_{i,j})^{(0)}$ als

$$a_{i,j}^{(0)} := \begin{cases} 0 & \text{falls } i = j \\ c_{i,j} & \text{falls } i \neq j \end{cases}$$

und weiter (rekursiv) die $(n \times n)$-Matrizen $A^{(k)} = (a_{i,j}^{(k)})$, $k = 1, 2, \ldots, n$ mit

$$a_{i,j}^{(k)} := \min\left\{a_{i,j}^{(k-1)}, \; a_{i,k}^{(k-1)} + a_{k,j}^{(k-1)}\right\}.$$

Anschaulich entspricht $a_{i,j}^{(k)}$ den Kosten des billigsten Weges von Knoten i nach Knoten j unter allen Wegen, die *keinen Knoten mit einer Nummer größer als k* besuchen.

Die Idee dabei ist ähnlich wie zuvor. Wenn wir $a_{i,j}^{(k)}$ bestimmen, dann haben wir zuvor alle billigsten Wege von Knoten i nach Knoten j berechnet, die keinen Knoten mit einer Nummer größer $k - 1$ verwenden. Wir überprüfen nun, ob wir durch die Verwendung des Knotens k Kosten sparen können.

Die Kosten des billigsten Weges von i nach j über k, der keinen Knoten größer als k verwendet, sind durch $a_{i,k}^{(k-1)} + a_{k,j}^{(k-1)}$ gegeben; denn existierte ein günstigerer Weg, so müsste einer der beiden Teilwege (i nach k oder k nach j) günstiger zu bestreiten sein, als durch seinen $a^{(k-1)}$-Wert angegeben, oder der Weg müsste Knoten k mehrfach besuchen, was wegen der ausschließlich positiven Kosten nicht sein kann. Die Annahme, es existiere ein billigerer Weg als durch den $a^{(k-1)}$-Wert angegeben, widerspricht aber der rekursiven Konstruktion, die sicherstellt, dass Matrix $A^{(k-1)}$ die optimalen Kosten für alle Wege enthält, die keinen Knoten größer $k - 1$ besuchen.

Um unsere induktive Argumentation zu vervollständigen, müssen wir noch sicherstellen, dass $A^{(0)}$ die notwendigen Voraussetzungen besitzt. Nach Konstruktion enthält diese Matrix die Kosten für Wege der Länge 1, also solche Wege, die über gar keinen *Zwischenknoten* führen. Ohne Zwischenknoten jedoch kann es keinen Weg billiger als die Kosten der direkten Kanten geben. Damit ist die Korrektheit des Vorgehens bewiesen.

Beispiel 5.20: Betrachte den Digraphen aus Beispiel 5.15 (Abb. 5.12). Es ist

$$A^{(0)} = \begin{pmatrix} 0 & 50 & 45 & 10 & \infty \\ \infty & 0 & 10 & 15 & \infty \\ \infty & \infty & 0 & \infty & 30 \\ 20 & \infty & \infty & 0 & 15 \\ \infty & 20 & 30 & \infty & 0 \end{pmatrix} \quad A^{(1)} = \begin{pmatrix} 0 & 50 & 45 & 10 & \infty \\ \infty & 0 & 10 & 15 & \infty \\ \infty & \infty & 0 & \infty & 30 \\ 20 & 70 & 65 & 0 & 15 \\ \infty & 20 & 30 & \infty & 0 \end{pmatrix}$$

$$A^{(2)} = \begin{pmatrix} 0 & 50 & 45 & 10 & \infty \\ \infty & 0 & 10 & 15 & \infty \\ \infty & \infty & 0 & \infty & 30 \\ 20 & 70 & 65 & 0 & 15 \\ \infty & 20 & 30 & 35 & 0 \end{pmatrix} \quad A^{(3)} = \begin{pmatrix} 0 & 50 & 45 & 10 & 75 \\ \infty & 0 & 10 & 15 & 40 \\ \infty & \infty & 0 & \infty & 30 \\ 20 & 70 & 65 & 0 & 15 \\ \infty & 20 & 30 & 35 & 0 \end{pmatrix}$$

$$A^{(4)} = \begin{pmatrix} 0 & 50 & 45 & 10 & 25 \\ 35 & 0 & 10 & 15 & 30 \\ \infty & \infty & 0 & \infty & 30 \\ 20 & 70 & 65 & 0 & 15 \\ 55 & 20 & 30 & 35 & 0 \end{pmatrix} \qquad A^{(5)} = \begin{pmatrix} 0 & 45 & 45 & 10 & 25 \\ 35 & 0 & 10 & 15 & 30 \\ 85 & 50 & 0 & 65 & 30 \\ 20 & 35 & 45 & 0 & 15 \\ 55 & 20 & 30 & 35 & 0 \end{pmatrix}$$ ◄

Die Algorithmik zur Berechnung der Matrizen ergibt sich direkt aus der rekursiven Definition. Um die berechneten Weg zu rekonstruieren, kann analog zu oben eine Matrix P parallel zu den $A^{(k)}$ aufgebaut werden, in der man wieder die Vorgänger einträgt; $p_{i,j}$ ist also der letzte Knoten vor j auf dem Weg von i nach j. Wir verzichten hier auf expliziten Java-Code, weil man mithilfe des Entwurfsmusters der dynamischen Programmierung, das wir in Abschnitt 7.4 betrachten werden und das auch auf den FLOYD-WARSHALL-Algorithmus passt, quasi automatisch zu einer Implementierung kommen kann.

Es bleibt zu bemerken, dass auch der FLOYD-WARSHALL-Algorithmus eine Laufzeit in $\Theta(n^3)$ besitzt und damit keine bessere Komplexität aufweist, als n Aufrufe von DIJKSTRAS Algorithmus (in der Array-Variante für dichte Graphen). Es gibt aber noch einen anderen Aspekt, bezüglich dessen der FLOYD-WARSHALL-Algorithmus wiederum punkten kann: der Umgang mit negativen Kantengewichten.

5.3.5 Negative Kantengewichte

Wenn ein Graph auch Kanten mit negativem Gewicht enthält, bekommt die Frage nach kürzesten Wegen eine neue mögliche Antwort: Es kann passieren, dass kürzeste Wege dann gar nicht mehr wohldefiniert sind! Wir wollen hier diskutieren, wann genau das zum Problem wird, und was man algorithmisch tun kann.

Kostenlose Kanten: Bisher hatten wir stets positive Gewichte angenommen; wir betrachten zuerst den Randfall, dass wir auch Kanten mit Gewicht 0 erlauben, d.h. alle Kantengewichte sind ≥ 0. Tatsächlich kann man sich überzeugen, dass in diesem Fall die obigen Algorithmen ohne Änderungen gültig bleiben. Das wichtige Argument, dass das Hinzufügen von Kanten einen Weg nie (echt) besser machen kann, das wir insbesondere für DIJKSTRAS Algorithmus verwendet haben, gilt auch in diesem Fall. Kanten mit nicht-negativen Gewichten inklusive 0 sind also harmlos.

Negative Kreise: Ganz anders sieht es mit echt negativen Gewichten aus; allerdings ist nicht zwingend eine einzelne negative Kante ein Problem. Wenn aber ein Graph einen *Kreis* enthält, der negatives Gesamtgewicht hat, so können wir diesen beliebig oft ablaufen und die Kosten mit jeder Runde verbessern! Alle Knoten, von denen aus dieser Kreis erreichbar ist, haben dann keine kürzesten Wege mehr.

Tatsächlich ist die Existenz eines negativen Kreises eine Charakterisierung für die Nichtexistenz kürzester Wege. Wenn nämlich ein G keinen negativen Kreis hat, so gibt es für jedes Paar $u, v \in V$ stets einen *(Knoten-) einfachen* kürzesten Weg und damit einen kürzesten Weg mit höchstens $n - 1$ Kanten: In jedem längeren Weg von u nach v muss nach dem Schubfachprinzip ein Knoten doppelt vorkommen, wir sind also einen Kreis abgelaufen. Nach Annahme kann das Auslassen dieses Kreises den Weg nicht teurer machen; indem wir so alle Kreise aus dem Weg entfernen, erhalten wir einen einfachen, kürzesten Weg.

In ungerichteten Graphen sind solche negativen Kreise leicht zu erkennen: Sobald eine einzige Kante mit negativem Gewicht existiert, können wir über diese immer wieder hin und her laufen und die Kosten stets verringern. In Digraphen ist der Test etwas komplizierter; wir werden uns aber gleich davon überzeugen, dass wir die Lösung im Grunde schon kennengelernt haben.

Bemerkung 5.21 (Geht es nicht auch einfach?): Die oben beschriebenen Wege mit immer kleineren Kosten sind natürlich alles andere als *einfache* Wege. Die modifizierte Frage nach dem kürzesten *(Knoten-) einfachen* Weg hat stets eine wohldefinierte Antwort, da in einem Graph nur endlich viele solcher Wege existieren.

Leider stellt sich heraus, dass dieses Problem im Allgemeinen – wenn also negative Kanten erlaubt sind – sehr schwierig zu lösen ist; es handelt sich um eines der sog. $\mathcal{NP}$-vollständigen Probleme (Kapitel 8), für die niemand einen effizienten Algorithmus kennt. (Wenn wir dagegen nur positive Gewichte haben, ist das Problem nicht schwierig; warum?)   ◄

Dijkstras Algorithmus: Wie aber verhalten sich unsere Algorithmen, wenn wir sie auf Graphen mit negativen Kanten einsetzen? Bei DIJKSTRAS Algorithmus passiert das denkbar schlimmste: Wir berechnen stillschweigend falsche Ergebnisse! Da wir dort den Abstand zu einem einmal besuchten Knoten v nie wieder revidieren, „übersehen" wir Wege zu v, die zuerst zu einem weiter entfernten Knoten u und dann – mit negativen Gesamtkosten – erst zurück zu v verlaufen.

Bemerkung 5.22 (Ist Dijkstra zu retten?): Man mag nun versucht sein, einfach das visited-Array in DIJKSTRAS Algorithmus abzuschaffen; tatsächlich würde das dazu führen, dass wir den Knoten v nochmal in die Betrachtung aufnehmen, wenn sich sein Abstand von s nochmal verringert hat. Sofern es im Graph keine negativen Kreise gibt, finden wir dann korrekte kürzeste Wege. Allerdings kann die Laufzeit, die dafür nötig wird, weit jenseits dessen liegen, was wir oben erhalten haben. Und falls der Graph einen negativen Kreis hat, so terminiert der Algorithmus gar nicht!   ◄

Es bleibt also festzuhalten, dass man für Graphen mit negativen Kanten um DIJKSTRAS Algorithmus einen großen Bogen machen sollte.

Floyd-Warshall-Algorithmus: Ganz im Gegensatz dazu führen negative Kanten im FLOYD-WARSHALL-Algorithmus *nicht* zu Problemen. Hier betrachten wir sowieso jedes Knotenpaar n Mal und passen die Abstände potentiell immer wieder an. Wenn G keine negativen Kreise hat, so existieren einfache kürzeste Wege zwischen allen Knotenpaaren. Jeder dieser Wege hat also einen Zwischenknoten mit maximalem Index und besucht diesen genau einmal. Eine

Induktion bezüglich dieses Knotens mit maximalem Index entlang der rekursiven Definition der Matrizen zeigt, dass der FLOYD-WARSHALL-Algorithmus die korrekten Abständen berechnet.

Aber was ist, wenn ein Digraph einen negativen (gerichteten) Kreis enthält? Es ist nicht offensichtlich, solche Eingaben zu erkennen; woher wissen wir also, ob wir die berechneten Abstände verwenden können oder nicht? Hier ist es hilfreich, dass wir bei der Berechnung der $A^{(k)}$ auch die Diagonale mit einbeziehen: $a_{ii}^{(k)}$ ist dann die Länge eines Weges von Knoten i zurück zu i, also ein Kreis, der keinen Knoten mit Nummer größer als k benutzt. Per Definition ist $a_{ii}^{(k)} \leq 0$, da wir mit $a_{ii}^{(0)} = 0$ starten und stets minimieren. Wenn wir also in $a_{ii}^{(k)}$ je einen anderen Eintrag als 0 finden, so haben wir einen negativen Kreis entdeckt! Umgekehrt wird sich ein negativer Kreis in der Iteration, in der k dem höchsten Index eines im Kreis enthaltenen Knotens entspricht, auch mit Sicherheit in der Diagonale von $A^{(k)}$ widerspiegeln.

Wir können also getrost den FLOYD-WARSHALL-Algorithmus auf beliebigen Graphen einsetzen — solange wir vor Verwendung des Ergebnisses überprüfen, ob alle Einträge der Diagonale in $A^{(n)}$ gleich 0 sind.

Bemerkung 5.23 (Bellman-Ford-Algorithmus): Es sei hier angemerkt, dass es auch für das SSSPP Methoden wie z. B. den BELLMAN-FORD-Algorithmus gibt, die ähnlich wie der FLOYD-WARSHALL-Algorithmus entweder erkennen, dass ein negativer Kreis vorliegt, oder die korrekten Wege berechnen.　　　　　　　◀

5.4 Minimale Spannbäume

Angenommen, wir wollen ein (Straßen-/Kabelfernseh-/Telefon-) Netzwerk planen, dass eine gegebene Menge von Knoten (Städte/Haushalte/Firmenfilialen) verbindet, sodass es von jedem Knoten im Netzwerk eine Verbindung zu jedem anderen gibt. Natürlich wollen wir dabei eine kostengünstigste Variante wählen und so wenig Verbindungen wie möglich installieren. Dieses Problem beschreibt die Suche nach einem *Spannbaum* (*spanning tree*) eines (ungerichteten) Graphen.

Ein Spannbaum ist ein minimaler Teilgraph, der alle Knoten enthält und „gerade noch" zusammenhängend ist: Sobald man eine weitere Kante entfernt, zerfällt der Graph in zwei Zusammenhangskomponenten. Wie man einen beliebigen Spannbaum findet, haben wir – ohne es dort so zu nennen – schon in Abschnitt 5.2 gesehen: In einem zusammenhängenden Graphen liefert jede Form von Traversierung einen (einzigen) *Aufrufbau*, also einen zusammenhängenden Teilgraphen, der alle Knoten enthält. Da jeder solche Teilgraph $n-1$ Kanten enthalten muss, sind alle diese Spannbäume gleich teuer.

Allerdings unterstellen wir dabei, dass alle Kanten (alle Straßenstücke etc.) gleich teuer zu bauen sind; sicherlich keine akzeptable Annahme! In einem *gewichteten* Graphen gibt es dementsprechend günstigere und teurere Spannbäume; neue algorithmische Ideen sind nötig, um den günstigsten davon zu finden. Diese Situation hat Ähnlichkeit zu den kürzesten Wegen: Während das Problem im ungewichteten Fall durch eine einfache Traversierung lösbar ist, macht der Übergang zu *gewichteten* Graphen speziellere Algorithmen notwendig.

Das Minimale-Spannbaum-Problem: Wir betrachten also einen gewichteten, ungerichteten, zusammenhängenden Graphen $G = (V, E)$ mit Kostenfunktion $f : E \to \mathbb{R}^+$ auf den Kanten. Gesucht ist ein ungerichteter Baum $T = (V', E')$ mit $V' = V$ und $E' \subseteq E$ derart, dass $\sum_{e \in E'} f(e)$ minimal unter allen solchen Bäumen ist: ein *minimaler Spannbaum* (*minimum (weight) spanning tree, MST*).

Wir beschränken uns hier wieder auf (echt) positive Kantengewichte, da diese anschaulich Kosten repräsentieren. Anders als bei den kürzesten Wege geschieht dies im Minimalen-Spannbaum-Problem allerdings o. B. d. A.: Da jeder Spannbaum genau $n - 1$ Kanten enthält, können wir $f(e)$ durch $f(e) + c$ auf allen Kanten $e \in E$ ersetzen, ohne die Lösung des Problems zu verändern.

5.4.1 Kruskals Algorithmus

Die vielleicht naheliegendste Idee, um einen günstigen Spannbaum zu finden, besteht darin, die Kanten nach aufsteigendem Gewicht sortiert zu betrachten und stets die nächst günstigste aufzunehmen, die eine neue Verbindung schafft (statt einen Kreis zu schließen). Tatsächlich ist diese kurzfristige Sichtweise – wir wählen die nächste Kante rein nach ihrem sofortigen Nutzen ohne uns Gedanken über spätere Folgen zu machen – hier ausreichend. (Auch hier liegt diesem Umstand eine strukturelle Eigenschaft des Problems zugrunde, die wir in Abschnitt 7.5 genauer beleuchten werden.) Diese Lösung für das Spannbaum-Problem geht auf KRUSKAL zurück.

KRUSKALs Algorithmus ist ein schönes Beispiel dafür, wie ein recht komplexes Unterfangen durch Einsatz der passenden Abstraktionen und Datenstrukturen einfach implementiert werden kann. Das sortierte Abarbeiten der Kanten gelingt effizient mit einer Priority-Queue (mit statischer Ordnung).

Und wie testen wir, ob eine Kante einen Kreis schließt oder eine neue hilfreiche Verbindung ist? Das ist die Paradedisziplin der Union-Find-Datenstruktur! Wir starten ohne Kanten, also mit den n einelementigen Mengen (Zusammenhangskomponenten) $\{0\}, \ldots, \{n - 1\}$ und fügen Kanten per union hinzu. Dann können wir durch zwei find-Aufrufe leicht testen, ob die Endpunkte einer Kante zu unterschiedlichen Zusammenhangskomponenten gehören oder nicht. Eine detaillierte Implementierung des Algorithmus sieht dann wie folgt aus:

```
1  public class Kruskal {
2      public static LinkedListGeneric<Edge> kruskalMST(WeightedGraph G) {
3          LinkedList<Edge> mst = new LinkedList<>();
4          PriorityQueue<Edge> edgesPQ = new BinaryHeapPQ<>(edgeList(G),
5              Comparator.comparingDouble(e -> e.weight));
6          UnionFind uf = new UnionFind(G.n);
```

```
7      while (!edgesPQ.isEmpty() && mst.size() < G.n - 1) {
8          Edge e = edgesPQ.deleteMin();
9          int uId = uf.find(e.u), vId = uf.find(e.v);
10         if (uId == vId) continue;
11         mst.append(e); uf.union(e.u, e.v);
12     }
13     if (mst.size() < G.n-1) throw new IllegalArgumentException();
14     return mst;
15  }
16 }
```

Dabei verwenden wir folgende einfache Methode, die zu einem gewichteten Graphen eine Liste seiner Kanten anlegt:

```
1   public static class Edge {
2       int u, v; double weight;
3       public Edge(int u, int v, double weight)
4           { this.v = v; this.u = u; this.weight = weight; }
5   }
6   public static Edge[] edgeList(WeightedGraph G) {
7       LinkedList<Edge> edges = new LinkedList<>();
8       for (int v = 0; v < G.n; ++v)
9           for (AdjEntry entry : G.adj[v])
10              edges.append(new Edge(v, entry.node, entry.weight));
11      Edge[] res = new Edge[edges.size()];
12      int i = 0; for (Edge edge : edges) res[i++] = edge;
13      return res;
14  }
```

Beispiel 5.24: Betrachte den Graphen aus Abb. 5.13. Wir erhalten folgende

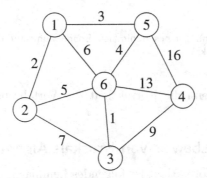

Abb. 5.13 Der in Beispiel 5.24 betrachtete Graph.

Startkonfiguration der Priority-Queue:

$$Q = \{3,6\} \rightarrow \{1,2\} \rightarrow \{5,1\} \rightarrow \{5,6\} \rightarrow \{2,6\}$$
$$\rightarrow \{1,6\} \rightarrow \{2,3\} \rightarrow \{3,4\} \rightarrow \{4,6\} \rightarrow \{4,5\},$$

wobei die Kanten in Q nach aufsteigenden Kosten sortiert sind. Die Iteration der Schleife erzeugt dann schrittweise wie in Abb. 5.14 gezeigt einen minimalen Spannbaum.   ◄

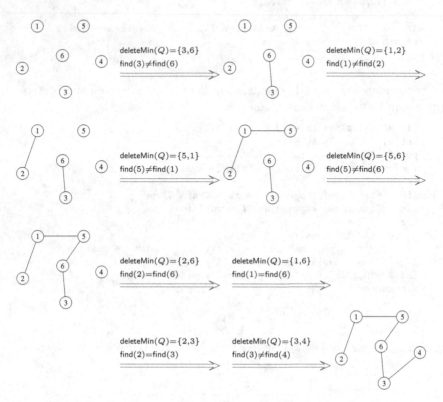

Abb. 5.14 Berechnung eines minimalen Spannbaums für den Graphen aus Abb. 5.13 nach Kruskal.

Wir wollen abschließend die Korrektheit des Verfahrens zeigen und seine Laufzeit betrachten.

5.4.2 Korrektheitsbeweis von Kruskals Algorithmus

Für den Beweis der Korrektheit ist folgendes Lemma entscheidend:

Lemma 5.25 (Billigste kreuzende Kante im MST): Sei $G = (V, E)$ ein ungerichteter Graph, und sei T ein minimaler Spannbaum für G. Sei weiter $W = (V, E')$ ein Wald mit $E' \subseteq E$. Der Wald W sei in T enthalten, d. h. die Bäume des Waldes besitzen ausschließlich Kanten von T. Wir betrachten eine Menge $S \subseteq V$, die die Kantenmenge derart separiert, dass jede Kante in W entweder zwei Knoten in S oder zwei Knoten in $V \setminus S$ besitzt. Ein Kante heißt *kreuzend*, wenn sie einen Knoten aus S und einen aus $V \setminus S$ verbindet (siehe Abb. 5.15).

Ist nun e eine Kante in E, die unter allen kreuzenden Kanten minimale Kosten besitzt, dann ist auch $W' = (V, E' \cup \{e\})$ in einem minimalen Spannbaum enthalten.   ◄

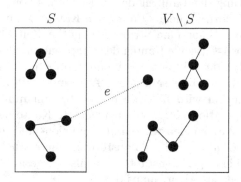

Abb. 5.15   Veranschaulichung des Begriffs *kreuzende Kante* aus Lemma 5.25.

Beweis: Angenommen, der minimale Spannbaum T enthält W, aber nicht W'. Dann besitzt T also die Kante e nicht. T ist aber ein Spannbaum für die Knotenmenge V, und es gibt damit einen Weg von jedem Knoten zu jedem anderen. Nehmen wir die Kante e zu T hinzu, schließen wir also einen Zyklus. Dieser Zyklus besitzt neben e mindestens eine weitere kreuzende Kante e', denn andernfalls wären die Knoten in S und die in $V \setminus S$ durch T und Kante e nicht zyklisch miteinander verbunden. Wir entfernen e' in T, setzen e ein und erhalten so einen Graphen T'. T' ist auch ein Spannbaum für G, denn durch das Entfernen von e' haben wir den durch das Einfügen von e entstandenen Zyklus wieder gebrochen.

Nach den Annahmen des Lemmas gilt $f(e) \leq f(e')$. Ist $f(e) = f(e')$, dann haben wir mit T' einen minimalen Spannbaum konstruiert, der W' enthält. Ist $f(e) < f(e')$, dann hat T' kleinere Kosten als T — im Widerspruch zur Annahme, T sei ein minimaler Spannbaum. Da T nach Voraussetzung des Lemmas aber ein minimaler Spannbaum ist, der W enthält, muss damit die zusätzliche Annahme, dass T W' nicht enthalte, falsch sein.   ■

Der Algorithmus von KRUSKAL arbeitet nun korrekt, da er auch stets eine kreuzende Kante minimaler Kosten in den bisher konstruierten Wald aufnimmt: Angenommen, der Algorithmus erhält als Resultat von deleteMin(Q) die Kante $e = \{u, v\}$. Über die Abfrage find(u) = find(v) (`uId == vId`) wird überprüft, ob Knoten u und v zum selben Baum des Waldes W gehören (mit jeder neu eingefügten Kante $\{x, v\}$ werden die Mengen von x und v vereinigt, so dass die von der **Union-Find-Struktur** verwalteten Partitionen stets den Knotenmengen der Bäume in W entsprechen). Falls ja, wird e verworfen;

falls nein, ist mit S die Knotenmenge des Baumes, in dem u liegt, die Kante $\{u, v\}$ eine kreuzende Kante mit minimalen Kosten, die der Algorithmus der Kantenmenge hinzufügt.

5.4.3 Laufzeitanalyse von Kruskals Algorithmus

Bleibt die Betrachtung der Laufzeit des Algorithmus von KRUSKAL. Die Initialisierung der Priority-Queue Q mit allen Kanten gelingt in Zeit $\mathcal{O}(m)$, die Initialisierung der Union-Find-Struktur benötigt Zeit $\mathcal{O}(n)$. Die while-Schleife muss im Worst-Case alle Kanten des Graphen durchlaufen, auch wenn wir höchstens $n - 1$ Kanten in den Spannbaum aufnehmen. Damit erzeugen die deleteMin-Operationen insgesamt einen Aufwand in $\mathcal{O}(m \log(m))$.

Bei der Konstruktion wird für jede in den Spannbaum aufgenommene Kante eine union-Operation nötig; jede betrachtete Kante bewirkt zwei find-Aufrufe. Nach Satz 2.67 können wir damit alle union- und find-Operationen der Schleife in Zeit $\mathcal{O}(n + m \cdot \mathrm{ld}^\star(n))$ ausführen. Die restlichen Aktionen in der while-Schleife benötigen konstante Zeit, also insgesamt $\mathcal{O}(m)$. Folglich ist die Gesamtlaufzeit des Algorithmus durch

$$\mathcal{O}(m) + \mathcal{O}(n) + \mathcal{O}(m \log m) + \mathcal{O}(n + m \cdot \mathrm{ld}^\star(n)) + \mathcal{O}(m)$$
$$= \mathcal{O}\big(m(\log m + \mathrm{ld}^\star n) + n\big)$$

gegeben. Da ein Graph mit weniger als $n - 1$ Kanten gar nicht zusammenhängend ist, können wir in KRUSKALs Algorithmus $m \geq n - 1$ annehmen. Folglich gilt $\mathrm{ld}^\star(n) = \mathcal{O}(\log(m))$, und es dominiert der $m \log m$-Term. Wir haben damit bewiesen:

> **Satz 5.26 (Laufzeit Kruskals Algorithmus):**
> *Sei $G = (V, E)$ ein zusammenhängender ungerichteter Graph. Dann berechnet KRUSKALs Algorithmus einen minimalen Spannbaum für G in Zeit $\mathcal{O}(m \log m)$.*

Bemerkung 5.27 (Ein zweiter Blick): Wenn man sich KRUSKALs Algorithmus ansieht, stellt man fest, dass wir auch einfach die Kantenliste *vorab* komplett sortieren können, anstatt eine Priority-Queue einzusetzen. Bezüglich des Worst-Cases ergibt sich daraus nicht einmal eine Veränderung der Laufzeit, denn wenn wir im schlimmsten Fall alle Kanten aus der Priority-Queue entfernen mussten, haben wir die Kanten effektiv auch komplett sortiert. Tatsächlich werden wir aber oft nicht alle Kanten betrachten müssen, bevor wir einen Spannbaum gefunden haben; in diesem Fall spart sich die Priority-Queue das Sortieren der nicht betrachteten Kanten.

Haben wir umgekehrt – aus welchem Grund auch immer – die Kantenliste schon sortiert nach Gewicht vorliegen, so können wir uns die Priority-Queue sparen und es verbleibt als Laufzeit $\mathcal{O}(n + m \log^\star n)$, also nur unwesentlich mehr Zeit, als man benötigt, um einmal die Eingabe zu lesen! In diesem Spezialfall ist KRUSKALs Algorithmus kaum zu schlagen.									◀

5.4.4 Prims Algorithmus

Eine direkte Konsequenz aus Lemma 5.25 ist, dass *jeder* Algorithmus der stets nur billigste kreuzende Kanten in seinen Spannbaum aufnimmt, ein korrekter MST-Algorithmus ist. Da die Schnittmenge S und die Reihenfolge, in der wir vorgehen, dadurch nicht festgelegt ist, haben wir Spielraum für Verbesserungen.

KRUSKALs Algorithmus erzwingt die Wahl einer *günstigsten* kreuzenden Kante, indem wir die Kanten nach aufsteigendem Gewicht sortiert betrachten, also stets die global günstigste verbliebene Kante im ganzen Graph testen. Das führte dazu, dass wir mitunter viele (relativ) teure deleteMin-Operationen für Kanten durchführen, die gar nicht zu unserem Spannbaum beitragen. Besser wäre es, solche nicht-kreuzenden Kanten direkt ausschließen zu können, sobald wir wissen, dass ihre Endpunkte verbunden sind. Aber wie soll das gelingen, ohne doch wieder über alle Kanten zu iterieren?

PRIMs Algorithmus umgeht diese Problematik elegant, indem er die Menge der kreuzenden Kanten explizit vorhält, und Kanten erst dort *einfügt*, wenn sie auch wirklich kreuzend *geworden* sind. Während KRUSKALs Algorithmus kleine Bäume an verschiedenen Stellen im Graph wachsen lässt, beschränken wir uns nun auf *einen* Baum. Wir nehmen als nächstes stets einen Knoten in den Baum auf, der minimalen Abstand zum Baum hat, also über eine Kante minimalen Gewichts von *irgendeinem* Baumknoten aus erreichbar ist. Wählen wir in Lemma 5.25 für S die Menge der Baumknoten, so ist die Kante zum neu aufgenommenen Knoten offensichtlich eine billigste kreuzende Kante; also berechnet PRIMs Algorithmus tatsächlich einen minimalen Spannbaum.

Implementierung: Für die effiziente Umsetzung dieser Strategie verwenden wir eine Priority-Queue (mit dynamischer Ordnung) für die Knoten des Graphen. Immer wenn wir einen neuen Knoten v in S aufnehmen, fügen wir seine Nachbarn $w \in V \setminus S$ in die Priority-Queue ein bzw. passen die Priorität an, wenn w schon gespeichert ist und die neue kreuzende Kante günstiger als die bisherige zu w ist. Die Menge S realisieren wir – wie gehabt – durch ein visited-Array.

```
1  public class Prim {
2      int[] father;
3      boolean[] visited;
4      double[] dist;
5      public static final int UNREACHABLE = -2, NO_FATHER = -1;
6
7      public Prim(WeightedGraph G) {
8          final int n = G.n;
9          father = new int[n]; Arrays.fill(father, UNREACHABLE);
10         dist = new double[n]; Arrays.fill(dist, POSITIVE_INFINITY);
11         visited = new boolean[n];
12         prim(G, 0);
13     }
14     private void prim(WeightedGraph G, int s) {
15         IntPriorityQueue pq = new BinaryHeapIntPQ(G.n);
```

```
16        dist[s] = 0; father[s] = NO_FATHER;
17        pq.insert(s, 0);
18        while (!pq.isEmpty()) {
19            int v = pq.deleteMin();
20            visited[v] = true;
21            for (AdjEntry entry : G.adj[v]) {
22                int w = entry.node;
23                if (visited[w]) continue;
24                double d = entry.weight;
25                if (dist[w] > d) {
26                    dist[w] = d; father[w] = v;
27                    if (pq.contains(w)) pq.setPriority(w, dist[w]);
28                    else pq.insert(w, dist[w]);
29                }
30            }
31        }
32    }
33    public LinkedList<Edge> mstEdges() {
34        int n = father.length;
35        LinkedList<Edge> mst = new LinkedList<>();
36        for (int v = 0; v < n; ++v) {
37            if (father[v] == UNREACHABLE) return null; // not connected
38            if (father[v] == NO_FATHER) continue;
39            mst.append(new Edge(v, father[v], dist[v]));
40        }
41        return mst;
42    }
43 }
```

Allgegenwärtige Suche in Graphen: Wir müssen einen Startknoten s für PRIMs Algorithmus verwenden und wählen einfach $s = 0$. Von dort aus explorieren wir den Graph ähnlich einer Traversierung, außer, dass wir die Auswahl, an welcher Stelle wir den Aufrufbaum als nächstes wachsen lassen, auf bestimmte Weise treffen.

In diesem Sinne ist PRIMs Algorithmus *fast identisch* zu DIJKSTRAS Algorithmus zum Finden kürzester Wege! Der *einzige* Unterschied im Code ist die Berechnung der Distanz eines Knotens w: In DIJKSTRAS Algorithmus ist dies der Abstand von s, (wir setzen `d = dist[v] + entry.weight`), während PRIMs Algorithmus den (minimalen) Abstand von (einem Knoten in) S verwendet (also `d = entry.weight`).

Tatsächlich gehören auch Tiefensuche und Breitensuche in diese allgemeine Familie der Such-Algorithmen in Graphen: Dort ist die Regel zur Auswahl des nächsten Knoten implizit über die eingesetzte Datenstruktur gegeben (Stack bzw. Queue).

Analyse:: Da PRIMs Algorithmus bis auf obigen Unterschied identisch zu DIJKSTRAS Algorithmus ist, können wir die Analyse ohne Änderung übernehmen. Wir erhalten also die folgende Aussage.

Satz 5.28 (Analyse von Prims Algorithmus):
PRIMs Algorithmus mit binären Heaps berechnet einen MST mit einer Laufzeit in $\mathcal{O}\big((n+m)\log n\big)$ und $\mathcal{O}(n)$ Zusatzspeicher.

Die Speicherschranke folgt offensichtlich daraus, dass alle über die Eingabe hinaus verwendeten Datenstrukturen nur die Knoten speichern.

Da wir auch PRIMs Algorithmus nicht bemühen müssen, wenn $m <$ $n - 1$, können wir wieder $m = \Omega(n)$ annehmen, sodass die Laufzeit sich zu $\mathcal{O}(m\log n)$ vereinfacht. Damit erreicht PRIMs Algorithmus eine leichte Verbesserung der Laufzeit gegenüber KRUSKALs Algorithmus, der $\mathcal{O}(m\log m)$ benötigt; da aber auch $m = \mathcal{O}(n^2)$, ist tatsächlich $\mathcal{O}(m\log m) = \mathcal{O}(m\log n)$; die Verbesserung betrifft also nur einen konstanten Faktor. Trotzdem ist PRIMs Algorithmus eine Verbesserung, da wir den Speicherbedarf auf $\mathcal{O}(n)$ reduzieren konnten, während KRUSKALs Algorithmus für die Priority-Queue aller Kanten $\Theta(m)$ benötigt.

5.5 Quellenangaben und Literaturhinweise

Das Skript von [23] war Vorlage bei der Ausarbeitung der Abschnitte zur Traversierung von Graphen (insbesondere das Beispiel zum Labyrinth aus „Der Namen der Rose" durfte von dort übernommen werden). Das Buch [2] enthält eine Betrachtung der Kürzeste-Wege-Probleme sowie der minimalen Spannbäume ähnlichen Umfangs wie unsere. In [28] werden verschiedene Graph-Algorithmen zusammen mit Experimenten im Kontext verschiedener Modelle zufälliger Graphen ausführlicher diskutiert. Dort sei insbesondere auf die Idee der *randomisierten Queue* hingewiesen, durch die die Reihenfolge, in der Nachfolge-Knoten betrachtet werden, dem Zufall unterliegt, wodurch verbesserte Laufzeiten erzielt werden können. [8] besitzt ebenfalls ein weiterführendes Kapitel zum Thema Graph-Algorithmen. [31] ist eine weitere interessante Quelle zu diesem Thema.

5.6 Aufgaben

Aufgabe 5.1: Es sei der ungerichtete Graph G mit den Knoten $\{1,\dots,11\}$ und folgender Adjazenzliste gegeben:

$1 \longmapsto$	$3 \to 4 \to 11$	$7 \longmapsto$	$10 \to 3$
$2 \longmapsto$	$11 \to 8$	$8 \longmapsto$	$2 \to 11$
$3 \longmapsto$	$10 \to 9 \to 4 \to 1 \to 7$	$9 \longmapsto$	$3 \to 10$
$4 \longmapsto$	$3 \to 6 \to 1$	$10 \longmapsto$	$7 \to 3 \to 9$
$5 \longmapsto$	11	$11 \longmapsto$	$2 \to 5 \to 1 \to 6 \to 8$
$6 \longmapsto$	$4 \to 11$		

Berechnen Sie den Aufrufbaum der Tiefensuche für G bei Startknoten 1. An welcher Stelle der Tiefensuche können Sie zum ersten Mal folgern, dass G einfache, geschlossene Wege mit einer Länge ≥ 3 besitzt?

Aufgabe 5.2: Es sei der Digraph G mit der Knotenmenge $\{1, 2, 3, 4, 5, 6\}$ und folgender Adjazenzliste gegeben:

$$
\begin{array}{llll}
1 \longmapsto & 2 \to 6 & \qquad 4 \longmapsto & 3 \to 6 \\
2 \longmapsto & 5 & \qquad 5 \longmapsto & 6 \\
3 \longmapsto & \epsilon & \qquad 6 \longmapsto & 2
\end{array}
$$

Bestimmen Sie für alle 7 Kanten des Graphen, ob es sich um eine Baumkante, um eine Vorwärtskante, um eine Rückwärtskante oder um eine Querkante handelt. Nehmen Sie dabei an, dass die Tiefensuche im Knoten 1 startet.

Aufgabe 5.3: Beweisen Sie die Sätze 5.11 und 5.13.

Aufgabe 5.4: Sei $G = (V, E)$ ein zusammenhängender Graph. Die Kante $e \in E$ heißt *Brücke*, wenn das Entfernen von e dazu führte, dass G in zwei disjunkte Teilgraphen zerfällt. Entwerfen Sie mit Hilfe der Tiefensuche einen Algorithmus, der die Brücken eines Graphen erkennt.

Aufgabe 5.5: Gegeben sei ein Digraph $G = (V, E)$ dessen Kanten $e = (u, v) \in E$ jeweils mit der reellen Zahl $r(e)$, $0 \leq r(e) \leq 1$, markiert sind. Wir interpretieren die Kanten als Leitungen eines Kommunikationsnetzwerks und deren Markierung als die *Zuverlässigkeit* der entsprechenden Verbindung (Kante), indem wir $r(e)$ als die Wahrscheinlichkeit dafür auffassen, dass eine Kommunikation über Verbindung e nicht scheitert. Dabei nehmen wir an, dass alle Wahrscheinlichkeiten unabhängig voneinander sind. Beschreiben Sie einen möglichst effizienten Algorithmus, der die verlässlichste Verbindung zwischen zwei gegebenen Knoten berechnet.

Aufgabe 5.6: Ein *Superstar* ist eine Person, die von allen anderen Personen gekannt wird, die selbst aber keine andere Person kennt.

a) Wenn Sie eine Menge von n Personen und die Relation a *kennt* b als Graph modellieren (also „a kennt b" $\Leftrightarrow (a, b) \in E$), wie können Sie dann einen Superstar charakterisieren?

b) Sei der Graph aus Teilaufgabe a) als $(n \times n)$-Adjazenzmatrix A gegeben. Beschreiben Sie einen möglichst effizienten Algorithmus, der bei Eingabe A entscheidet, ob die durch A modellierte Population einen Superstar besitzt.

Hinweis: Die Lösung von Teilaufgabe b) gelingt mit einer induktiven Konstruktion: Man nimmt an, man könne das Problem für eine Population der Größe $n - 1$ lösen, um sich dann zu überlegen, wie unter dieser Annahme das Problem bei Eingabegröße n zu lösen ist. Wichtig ist dabei der möglichst effiziente Übergang zwischen $n - 1$ und n.

Aufgabe 5.7: Für einen Digraphen $G = (V, E)$ ist seine *transitive Hülle* der Digraph $G' = (V, E')$ mit $e = (u, v) \in E'$ genau dann, wenn es in G einen gerichteten Weg von u nach v gibt.

Sei ein Digraphen $G = (V, E)$ gegeben und A dessen Adjazenzmatrix. Wie können Sie durch Potenzierung der (ggf. modifizierten) Matrix A die transitive Hülle von G berechnen?

Aufgabe 5.8: Sei ein Digraphen $G = (V, E)$ mit $V = \{1, 2, \ldots, n\}$ gegeben und A dessen Adjazenzmatrix. Beweisen Sie, dass folgender Algorithmus (WARSHALLs Algorithmus)

```
1  public static void closeTransitively(boolean[][] A) {
2      int n = A.length;
3      for (int i = 0; i < n; ++i)
4          for (int s = 0; s < n; ++s)
5              for (int t = 0; t < n; ++t)
6                  if (A[s][i] && A[i][t]) A[s][t] = true;
7  }
```

die transitive Hülle von G berechnet. (Damit können wir mit einer Preprocessing-Zeit in $\mathcal{O}(n^3)$ eine Datenstruktur zur Verfügung stellen, die den Test auf Erreichbarkeit in Digraphen in konstanter Zeit unterstützt.)

Aufgabe 5.9: Wir betrachten folgenden Algorithmus zur Berechnung eines minimalen Spannbaumes: Wie in KRUSKALs Algorithmus konstruieren wir den Baum, indem wir Kanten in einen Wald von Teil-Spannbäumen einfügen. Dabei gehen wir in Phasen vor, wobei wir in jeder Phase mehrere Kanten einfügen. Im Detail suchen wir in jeder Phase für jeden vorliegenden Teil-Spannbaum die kürzeste Kante, die ihn mit einem anderen Teil-Spannbaum des Waldes verbindet. Dann fügen wir all diese Kanten in den zu konstruierenden Baum ein (dieses Vorgehen ist als BORUVKAs Algorithmus bekannt).

Zeigen Sie, dass BORUVKAs Algorithmus einen minimalen Spannbaum konstruiert, wenn alle Kantengewichte paarweise verschieden sind. Beschreiben Sie, wie BORUVKAs Algorithmus möglichst effizient implementiert werden kann, und bestimmen Sie anschließend die Worst-Case Laufzeit (in $\mathcal{O}$-Notation) Ihrer Implementierung (als Funktion der Anzahl Knoten und Kanten des verarbeiteten Graphen).

Kapitel 6
String-Algorithmen

Die Modellierung von Objekten als Wörter (Strings) ist in der Informatik allgegenwärtig; durch das wachsende Interesse an der Bioinformatik hat sie in jüngerer Zeit verstärkt Aufmerksamkeit erhalten. Wir studieren deshalb in diesem Kapitel grundlegende Algorithmen und Datenstrukturen zur Verarbeitung von Wörtern. Dazu zählen Verfahren zur exakten Suche von Wörtern in Texten genauso wie Methoden zur Bestimmung von Wiederholungen in einem Wort. Mit den Suffix-Bäumen werden wir eine Datenstruktur kennenlernen, die in einer Vielzahl weiterer Fragestellungen zum Einsatz gebracht werden kann.

6.1 Notation und Konventionen für die Implementierungen

Wie in den vorangegangenen Kapiteln, beginnen wir mit einigen allgemeinen Bemerkungen, die sich auf alle nachfolgenden Java-Implementierungen beziehen. Vorher wollen wir aber verschiedene Notationen zum Umgang mit Strings einführen, die wir in unserer Formelsprache oft verwenden werden.

6.1.1 Allgemeine Notation für Strings

Unter einem *Alphabet* verstehen wir im Allgemeinen eine beliebige endliche, nicht leere Menge Σ; die Elemente von Σ nennen wir Zeichen oder Symbole. Wörter über einem Alphabet entstehen nun anschaulich, indem man endlich viele Symbole des Alphabetes aneinanderreiht (formal bilden wir Tupel von Symbolen). Ist beispielsweise $\Sigma = \{a, b\}$, dann sind ab, $abbba$ und $bbbbbb$ Wörter der Längen 2, 5 bzw. 6 über Σ; die Länge bezeichnet also die in einem Wort vorkommende Anzahl Symbole. Formal definieren wir ein *String* oder *Wort* w über dem Alphabet Σ als ein beliebiges Element der Menge $\Sigma^\star := \{\varepsilon\} \cup \Sigma^+$ mit $\Sigma^+ := \bigcup_{n \geq 1} \Sigma^n$ und Σ^n die Menge aller n-komponentigen Tupel mit Einträgen aus Σ (Wörter der Länge n über Σ). Wir schreiben ε für

© Springer Fachmedien Wiesbaden GmbH, ein Teil von Springer Nature 2018
M. Nebel und S. Wild, *Entwurf und Analyse von Algorithmen*,
Studienbücher Informatik, https://doi.org/10.1007/978-3-658-21155-4_6

das *leere Wort*, das aus keinem Symbol besteht und entsprechend eine Länge von 0 hat.

Zeichen und Teilwörter: Ein Wort $w \in \Sigma^n$ ist also ein Tupel von $|w| = n$ Symbolen, wir schreiben auch $w = w_1 \ldots w_n$. Insbesondere ist w_i das i-te Zeichen von w, für $1 \leq i \leq |w|$.

Wir werden reichlich Gebrauch von Teilwörtern von Strings machen. Wir verwenden dabei für $w \in \Sigma^\star$ die Notation $w_{i,j}$ als Darstellung des Teilwortes $w_i w_{i+1} \cdots w_j$ von w, also inklusive i und j. Ist $i > j$ so bezeichnet $w_{i,j}$ das leere Wort ε.

Nulltes Zeichen, 0- und 1-basierte Indizes: Um einige Randfälle mit erfassen zu können, ist folgende Konvention bequem: Wir verwenden $w_{0,j}$ als Bezeichner des Wortes $\varepsilon w_1 w_2 \cdots w_j$, wobei dann $w_{0,0} = \varepsilon$ gilt. Beachte aber, dass wir trotzdem – wie in der mathematischen Beschreibung von Wörtern üblich – mit der Zählung der Zeichen ab 1 beginnen.

`String`-Objekte in Java sind dagegen als Kapselung von `char`-Arrays realisiert und zählen ihre Zeichen deshalb – wie in Java üblich – ab 0. Wir werden im Text die Konvention ab 1 beibehalten, aber im Code zur Java-Konvention wechseln.

Suffix und Präfix: Für $w, u \in \Sigma^\star$ schreiben wir $w \sqsubseteq u$ ($w \sqsupseteq u$) falls w ein Präfix (Suffix) von u ist; formal ist

$$w \sqsubseteq u \; :\Leftrightarrow \; |w| \leq |u| \; \wedge \; w = u_{0,|w|}$$

$$w \sqsupseteq u \; :\Leftrightarrow \; |w| \leq |u| \; \wedge \; w = u_{|u|-|w|+1,|u|}$$

6.1.2 Alphabete

Wie bereits festgestellt, ist im Allgemeinen das Alphabet eine beliebige endliche Menge, und wir werden die theoretischen Diskussionen mit einem nicht genauer spezifizierten Alphabet Σ führen. Für Anwendungen könnte $\Sigma = \{A, C, G, T\}$ oder $\Sigma = \{$`<html>`, `</html>`, `<li>`, `</li>`$, \ldots\}$ gelten. Für effiziente Algorithmen verlangen wir aber stets, dass uns statisch eine Abbildung bekannt ist, sodass wir $a \in \Sigma$ als Zahl in $[0 : \sigma - 1]$ speichern können, $\sigma = |\Sigma|$.

In den Java-Implementierungen werden wir der Lesbarkeit halber Wörter als `String`-Objekte repräsenieren, d.h. wir verwenden implizit als Alphabet den Wertebereich von `char`: $[0 : 65\,535]$. Anpassungen für den Fall, dass σ deutlich kleiner ist, sind konzeptionell einfach vorzunehmen.

Bemerkung 6.1 (Strings in der Praxis): Im Detail ergeben sich aus der Anforderung, dass Java Strings formal den vollen Unicode-Zeichensatz erlauben, einige weitere Probleme, auf die wir hier kurz hinweisen wollen, die wir im Folgenden dann aber ignorieren werden.

Java Strings sind UTF-16 kodiert, d.h. sie verwenden 16 Bit pro Zeichen (ein `char`); allerdings reicht das nur für die häufig verwendeten Zeichen; der Unicode-Standard definiert noch sehr viele weitere Symbole, die so nicht repräsentiert werden können. Man verwendet deshalb für die sog. *supplementary characters* zwei `char` s, wobei das erste einen speziellen Wert als Marker für diesen Fall reserviert, an dem man erkennen kann, dass nun ein solches Paar folgt. Das weit verbreitete UTF-8 funktioniert ähnlich, reserviert aber für den Normalfall sogar nur 8 Bit.

Diese Repräsentation spart für die meisten Anwendungen – die die exotischeren Zeichen nicht verwenden – enorm Speicher, stellt uns aber vor ein grundsätzliches Problem: Wenn die Anzahl `char` s pro Zeichen variiert, wissen wir nicht, welcher Index im `char[]` dem wievielten Zeichen entspricht! Um tatsächlich den i-ten Buchstaben des Strings zu finden, müsste man stets von vorne alle Werte auf den Markerwert überprüfen.

Um diese massive Verschlechterung der Performance zu vermeiden, verwendet Java die Konvention, dass alle Indizes in `String`, insbesondere also in `String.charAt`, die i-te *Unicode code unit* liefern, und nicht das i-te Zeichen. Solange unsere Strings keine supplementary characters enthalten, sind diese beiden identisch, und wir wollen uns hier auf diesen Fall beschränken. ◀

6.1.3 Problemgrößen

Im Folgenden werden wir (sofern nicht explizit anders angegeben) mit einem *Text* $T \in \Sigma^n$ und einem *Pattern* $P \in \Sigma^m$ zu tun haben; wir reservieren n und m für deren Länge und verwenden diese stets in diesem Sinne.

$$* \qquad * \qquad *$$

Nach diesen Vorbereitungen beginnen wir nun unsere Betrachtung der String-Algorithmen.

6.2 String-Matching

Das String-Matching-Problem besteht in der Suche eines Wortes in einem Text, wobei wir nur exakte Treffer betrachten. Dies ist eine Funktionalität, die in nahezu allen modernen Programmoberflächen Einzug gehalten hat und so häufig verwendet wird, dass sich – auf den üblichen Plattformen – sogar das Tastenkürzel Strg+F fest für die „Suchen"-Funktion etabliert hat. Die folgenden Algorithmen bilden die Grundlage für die effiziente Implementierung einer solchen Suchfunktion, deren Geschwindigkeit ohne Frage eine Grundvoraussetzung für ihre weite Verbreitung ist.

Wir beginnen mit einer formalen Beschreibung des *String-Matching-Problems*.

Definition 6.2 (String Matching):
Seien ein Text $T \in \Sigma^\star$ und eine Zeichenkette $P \in \Sigma^+$ (das Such-Pattern) gegeben. Das String-Matching-Problem besteht in der Bestimmung aller Shifts $s \in \mathbb{N}_0$, für die gilt:

$$(\exists v \in \Sigma^s, w \in \Sigma^\star)(T = vPw).$$ ◀

Die Zahl s aus dieser Definition wird als *Shift* bezeichnet, denn wir können uns vorstellen, dass die Zeichenkette P um s Positionen an T entlang geschoben wird, um zu untersuchen, ob P an der zugehörigen Stelle in T vorkommt. Entsprechend heißt ein Shift *zulässig*, wenn wir P an entsprechender Stelle in T antreffen, andernfalls heißt s *unzulässig*.

6.2.1 Brute-Force Algorithmus

Eine naive Lösung des String-Matching-Problems besteht darin, nacheinander alle Shifts $s \in [0 : |T| - |P|]$ durchzuprobieren und an entsprechender Stelle P jeweils mit dem zugehörigen Ausschnitt von T zu vergleichen. Da wir gewöhnlich nicht in der Lage sind, Wörter direkt miteinander zu vergleichen, muss dies zeichenweise geschehen. Zwar bieten viele Programmiersprachen direkt Methoden an, um Strings auf Gleichheit zu testen, doch deren Implementierungen benötigen im Worst-Case auch eine Laufzeit linear in der Länge der Strings.

Nachfolgend ist eine Java-Implementierung dieser naheliegenden Lösung angegeben. Sie soll einerseits als Referenz für spätere verbesserte Verfahren dienen und andererseits das typische Interface beim String-Matching zeigen:

```
 1  public class StringMatchingSimple {
 2      public static int firstMatchAfter(String T, int index, String P) {
 3          int n = T.length(), m = P.length();
 4          next_shift:
 5          for (int i = index; i <= n-m; ++i) {
 6              for (int j = 0; j < m; ++j)
 7                  if (T.charAt(i+j) != P.charAt(j)) continue next_shift;
 8              return i; // match found
 9          }
10          return -1; // no match
11      }
12
13      public static Iterator<Integer> allMatches(String T, String P) {
14          LinkedList<Integer> matches = new LinkedList<>();
15          int n = T.length(), m = P.length();
16          next_shift:
17          for (int i = 0; i <= n-m; ++i) {
18              for (int j = 0; j < m; ++j)
19                  if (T.charAt(i+j) != P.charAt(j)) continue next_shift;
20              matches.append(i);
21          }
22          return matches.iterator();
23      }
24  }
```

Wir werden im Folgenden nur die Methode `allMatches` genauer betrachten, die *alle* zulässigen Shifts bestimmt. Wenn nur ein nächster Shift gebraucht wird, ist dies durch einfache Anpassungen auch möglich (siehe obige erste Methode).

Bemerkung 6.3 (Speicher für die Ausgabe): Die Methode `firstMatchAfter` kann auch direkt verwendet werden, um über alle Matches zu iterieren, indem man stets den um 1 erhöhten Shift des letzten Matches als `index` übergibt. Das macht Sinn, wenn man eventuell nicht über Matches iterieren möchte oder vermeiden möchte, Speicherplatz für die Liste `matches` zu reservieren.   ◀

Analyse: Im Worst-Case gilt $P = a^m$ und $T = a^n$ für $a \in \Sigma$, $m, n \in \mathbb{N}$, $m < n$, sodass für jeden Shift genau $|P|$ viele Symbolvergleiche durchgeführt werden müssen. Es resultiert dann eine Laufzeit in $\mathcal{O}(|P| \cdot |T|)$. Aufgrund ihrer Einfachheit mag diese primitive Implementierung für kleine $m = |P|$ gut geeignet sein; wenn aber sowohl Text als auch Pattern nicht sehr kurz sind, lohnt es, nach effizienteren Algorithmen zu suchen.

Der Grund für die Ineffizienz der naiven Methode liegt darin, dass bereits gewonnenes Wissen über T nicht genutzt wird. Ist z. B. $P = aaab$ und $s = 0$ ein zulässiger Shift, so wissen wir, dass $s = 1$, $s = 2$ und $s = 3$ unzulässige Shifts sind, denn $T_4 = b$, und b kommt nur als letztes Symbol in P vor. Nutzt man solche Informationen geschickt aus, so kommt man zu Verfahren mit einer Worst-Case Laufzeit in $\mathcal{O}(|P| + |T|)$.

6.2.2 String-Matching mit endlichen Automaten

Viele String-Matching-Algorithmen verwenden implizit einen endlichen Automaten, der den Text T nach allen Vorkommen von P durchsucht. Wir wollen hier untersuchen, wie man einen solchen Automaten konstruieren kann. Da der Automat jedes Symbol von T genau einmal betrachtet (in konstanter Zeit pro Symbol), erhalten wir so – nachdem der Automat konstruiert ist – einen $\Theta(|T|)$ Algorithmus.

Wir wollen die zugrundeliegende Idee zunächst an einem Beispiel verdeutlichen:

Beispiel 6.4: Wir betrachten als Beispiel $P = ababaca$ und den in Abb. 6.1 gezeigten zugehörigen Automaten. Alle in der Abbildung nicht spezifizierten Übergänge gehen zum Startzustand 0.

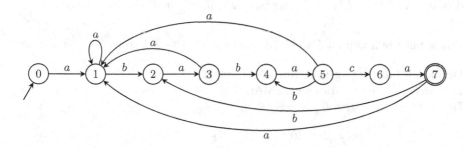

Abb. 6.1   Ein Automat zum Erkennen der Vorkommen von $P = ababaca$.

Sei nun $T = ab\overbrace{ababaca}^{P}ba$ gegeben. In nachfolgender Tabelle ist gezeigt, welchen Zustand δ der Automat nach dem Lesen des Symbols T_i annimmt.

Kommt er dabei in den akzeptierenden Zustand 7, so signalisiert dies ein Vorkommen von P in T.

i	1	2	3	4	5	6	7	8	9	10	11
T_i	a	b	a	b	a	b	a	c	a	b	a
δ	1	2	3	4	5	4	5	6	7	2	3

Die ersten fünf Zeichen von T stimmen mit denen von P überein. Der Automat geht entsprechend nacheinander in die Zustände 1, 2, 3, 4 und 5.

Allgemein ist ein solcher *String-Matching-Automat* so konstruiert, dass wir uns im Zustand j befinden genau dann, wenn die *letzten j gelesenen Zeichen von T mit den ersten j Zeichen von P übereinstimmen* und es kein $i > j$ mit derselben Eigenschaft gibt. Da in unserem Beispiel $T_6 \neq P_6$ gilt, bewirkt das Lesen von $T_6 = b$ keinen Übergang in Zustand 6; da aber die letzten 4 gelesenen Zeichen gleich *abab* waren, gibt es im Automaten einen Übergang mittels b zum Zustand 4, denn *abab* ist der längste Präfix von P den wir mit den zuletzt gelesenen Zeichen in Übereinstimmung bringen können. Nach dem Lesen von T_9 sind wir schließlich im Zustand 7, d.h. wir haben ein Vorkommen von P gefunden. Der nächste Übergang führt mittels b in den Zustand 2, der längste Präfix von P, der mit den zuletzt gelesenen Zeichen übereinstimmt ist *ab*.   ◄

Nachdem die Idee hinter den String-Matching-Automaten klar sein dürfte, wenden wir uns den entsprechenden Definitionen für allgemeines P zu.

Definition 6.5 (Suffix-Funktion):
Die Suffix-Funktion $\sigma_P : \Sigma^\star \to \{0, 1, \ldots, |P|\}$ von P ist definiert als

$$\sigma_P(X) \ := \ \max_{k \in \mathbb{N}_0} \{k \mid P_{0,k} \sqsupseteq X\},$$

d.h. $\sigma_P(X)$ ist die Länge des längsten Präfixes von P der ein Suffix von X ist.   ◄

Wir können nun den zu P gehörigen String-Matching-Automaten definieren:

Definition 6.6 (String-Matching-Automat):
Der String-Matching-Automat $\mathsf{SMA}(P)$ *für die Zeichenkette $P \in \Sigma^\star$ ist das Tupel $(Q, q_0, A, \Sigma, \delta)$ mit*

$$\begin{aligned}
Q &:= \{0, 1, 2, \ldots, |P|\}, \\
q_0 &:= 0, \\
A &:= \{|P|\}, \quad \text{und} \\
\delta(q, a) &:= \sigma_P(P_{0,q} \cdot a), \qquad \forall q \in Q, \forall a \in \Sigma.
\end{aligned}$$

◄

Wir beweisen nun Eigenschaften dieses Automaten, die zeigen, dass wir ihn zur Lösung des String-Matching-Problems einsetzen können.

Lemma 6.7 (Suffix-Funktion-Ungleichung): Für beliebiges $P \in \Sigma^*$ gilt:

$$(\forall X \in \Sigma^* \ \forall a \in \Sigma) \Big(\sigma_P(X \cdot a) \leq \sigma_P(X) + 1 \Big). \qquad \blacktriangleleft$$

Beweis: Sei $r := \sigma_P(X \cdot a)$. Ist $r = 0$, so gilt die Aussage, da σ_P nie negativ wird. Ist $r > 0$, so ist nach Definition von σ_P also $P_{0,r} \sqsupseteq X \cdot a$ und damit $P_{0,r-1} \sqsupseteq X$ durch Rechtskürzung. Folglich ist $r - 1 \leq \sigma_P(X)$, da $\sigma_P(X)$ das größte k mit $P_{0,k} \sqsupseteq X$ ist. $\blacksquare$

Lemma 6.8 (Suffix-Funktion-Rekursions-Lemma):
Für beliebiges $P \in \Sigma^*$ gilt:

$$(\forall X \in \Sigma^* \ \forall a \in \Sigma) \Big(\sigma_P(X) = q \ \rightarrow \ \sigma_P(X \cdot a) = \sigma_P(P_{0,q} \cdot a) \Big). \qquad \blacktriangleleft$$

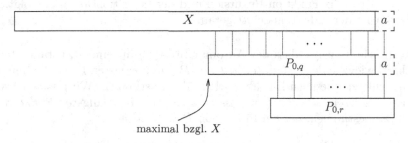

maximal bzgl. X

Abb. 6.2 Die im Beweis des Suffix-Funktion-Rekursions-Lemmas zu betrachtende Situation.

Beweis: Nach Definition von σ_P gilt $q = \sigma_P(X)$, also $P_{0,q} \sqsupseteq X$ und damit $P_{0,q} \cdot a \sqsupseteq X \cdot a$; siehe auch Abb. 6.2. Setzen wir $r := \sigma_P(X \cdot a)$, so folgt $r \leq q + 1$ nach der Suffix-Funktion-Ungleichung und damit $|P_{0,r}| \leq |P_{0,q} \cdot a|$.

Da $P_{0,q} \cdot a \sqsupseteq X \cdot a$ und $P_{0,r} \sqsupseteq X \cdot a$ gelten, folgt so $P_{0,r} \sqsupseteq P_{0,q} \cdot a$; hier ist wieder ein Blick auf Abb. 6.2 hilfreich. Damit ist $r \leq \sigma_P(P_{0,q} \cdot a)$ (also $\sigma_P(X \cdot a) \leq \sigma_P(P_{0,q} \cdot a)$). Da $P_{0,q} \cdot a \sqsupseteq X \cdot a$ gilt und σ_P maximiert, folgt $\sigma_P(P_{0,q} \cdot a) \leq \sigma_P(X \cdot a)$ und damit $\sigma_P(X \cdot a) = \sigma_P(P_{0,q} \cdot a)$. $\blacksquare$

Wir sind nun in der Lage, die entscheidende Eigenschaft des Automaten $\mathrm{SMA}(P)$ zu beweisen.

Satz 6.9 (SMA und Suffix-Funktion):
Ist $\hat{\delta}$ die Fortsetzung von δ auf Wörter[1], für δ die Überführungsfunktion des $\mathrm{SMA}(P)$ für beliebiges $P \in \Sigma^*$, und ist $T \in \Sigma^*$ die Eingabe des Automaten, so gilt

$$\hat{\delta}(q_0, T_{0,i}) \;=\; \sigma_P(T_{0,i}) \qquad \text{für } i = 0, 1, \ldots, |T|.$$

Beweis: Wir beweisen Satz 6.9 per Induktion über i.

IA: $i = 0$.

Mit $T_{0,0} = \varepsilon$ folgt $\hat{\delta}(q_0, T_{0,0}) = 0 = \sigma_P(T_{0,0})$.

IS: $i \to i+1$.

Sei $q = \hat{\delta}(q_0, T_{0,i})$ und sei $a = T_{i+1}$. Dann ist

$$
\begin{aligned}
\hat{\delta}(q_0, T_{0,i+1}) \;=\; \hat{\delta}(q_0, T_{0,i} \cdot a) \;&=\; \delta(\hat{\delta}(q_0, T_{0,i}), a) \;=\; \delta(q, a) \\
&\overset{\dagger}{=}\; \underbrace{\sigma_P(P_{0,q} \cdot a) \overset{\ddagger}{=} \sigma_P(T_{0,i} \cdot a)}_{(*)} \;=\; \sigma_P(T_{0,i+1}),
\end{aligned}
$$

wobei Gleichung † direkt aus der Definition des SMA(P) und Gleichung ‡ aus der Suffix-Funktion-Rekursion und der Induktionsannahme folgt. Damit ist der Induktionsschitt getan. ∎

Diese Invariante zeigt, dass der Automat SMA(P) in seinem Zustand stets speichert, wieviele der ersten Zeichen von P im günstigsten Fall (Maximum) mit den zuletzt gelesenen Eingabezeichen übereinstimmen. Wird das nächste Zeichen a gelesen, so zeigt $(*)$, dass es ausreicht, *den längsten Suffix von* $P_{0,q} \cdot a$ *zu bestimmen, der ein Präfix von* P *ist*, also

$$\delta(q, a) \;=\; \max\left\{ k \geq 0 \;\middle|\; P_{0,k} \sqsupset P_{0,q} \cdot a \right\} \tag{6.1}$$

zu wählen, um die Invariante auch weiter zu erfüllen. Es ist nicht notwendig, den längsten Suffix von $T_{0,i} \cdot a$ mit derselben Eigenschaft zu berechnen, was mit einem endlichen Automaten unmöglich wäre.

Haben wir den Automaten SMA(P) bestimmt, so löst der folgende Algorithmus das String-Matching-Problem:

```
1  public class StringMatchingAutomaton {
2      private String P;
3      private int[][] delta;
4      // ...
5      public Iterator<Integer> allMatches(final String T) {
6          LinkedList<Integer> matches = new LinkedList<>();
7          int n = T.length(), m = P.length();
8          for (int i = 0, q = 0; i < n; ++i) {
9              q = delta[q][T.charAt(i)];
10             if (q == m) matches.append(i-m+1);
11         }
12         return matches.iterator();
13     }
14 }
```

---

[1] Also $\hat{\delta}(q, \varepsilon) = q$ und $\hat{\delta}(q, W \cdot a) = \delta(\hat{\delta}(q, W), a)$.

Dabei ist `delta` ein Feld, das die Überführungsfunktion des Automaten realisiert, wobei $\delta(q, a) = $ `delta[q][a]` gilt. Dank Satz 6.9 wissen wir, dass wenn in Zeile 9 der Zustand q angenommen wird, q der größte Wert ist, für den $P_{0,q} \sqsupseteq T_{0,i}$ gilt. Damit wird in Zeile 10 der Zustand $q = m$ genau dann erreicht, wenn ein Vorkommen der Zeichenkette P gerade komplett gelesen wurde; der Algorithmus arbeitet folglich korrekt.

Da wir in der `for`-Schleife i stets um 1 inkrementieren und innerhalb der Schleife nur konstanter Aufwand anfällt, ist das Finden aller Matches von P in T in Zeit $\mathcal{O}(n)$ möglich; wir haben somit das naive Verfahren deutlich geschlagen!

6.2.2.1 Einfache Berechnung der Transitionsfunktion des SMA

Es bleibt die Frage danach, wie wir die Überführungsfunktion δ bestimmen können und welche Kosten dafür entstehen. Folgender Code bestimmt δ in Abhängigkeit von P und $\Sigma = \{0, \ldots, \sigma - 1\}$ direkt nach Gleichung (6.1).

```
1    private int sigma;
2    public StringMatchingAutomaton(String pattern, int sigma) {
3        this.P = pattern; this.sigma = sigma;
4        computeDelta();
5    }
6    private void computeDelta() {
7        int m = P.length();
8        delta = new int[m+1][sigma]; // initialzed to all 0
9        for (int q = 0; q <= m; ++q)
10           for (char a = 0; a < sigma; ++a) {
11               int k = Math.min(q+1, m);
12               while ( !isSuffix(P.substring(0,k), P.substring(0,q)+a) )
13                   --k;
14               delta[q][a] = k;
15           }
16   }
17   public static boolean isSuffix(String s, String t) {
18       int n = s.length(), m = t.length();
19       if (n > m) return false;
20       for (int i = n-1, j = m-1; i >= 0; --i,--j)
21           if (s.charAt(i) != t.charAt(j)) return false;
22       return true;
23   }
```

Die Methode `isSuffix` ist hier ausformuliert, um sie besser analysieren zu können. Tatsächlich bietet die Java Library eine entsprechende Methode an, sodass wir in der Anwendung einfach `isSuffix(s,t)` durch `t.endsWith(s)` ersetzen würden.

6.2.2.2 Analyse

Die Laufzeit von `computeDeltaSimple` ist in $\mathcal{O}(m^3 \cdot \sigma)$. Die beiden `for`-Schleifen liefern einen Beitrag von $m \cdot \sigma$, die `while`-Schleife läuft im schlechtesten

Fall $(m + 1)$-mal, und der Test auf $P_{0,k} \sqsupset P_{0,q} \cdot a$ kann bis zu m Vergleiche kosten.

Damit ergibt sich die Gesamtlaufzeit für das String-Matching-Problem zu $\mathcal{O}(m^3\sigma + n)$. Aus theoretischer Sicht ist das eine Verbesserung im Vergleich zu $\mathcal{O}(n \cdot m)$ der naiven Methode, sofern $m = \mathcal{O}(\sqrt{n})$; trotzdem ist diese Laufzeit nicht zufriedenstellend. Wir werden im folgenden Abschnitt sehen, dass man δ wesentlich effizienter berechnen und sogar auf seine explizite Speicherung weitestgehend verzichten kann.

6.2.3 Der Knuth-Morris-Pratt-Algorithmus (KMP)

Wie wir in unserer Einleitung zum Thema bereits gesehen haben, verschenkt der naive Algorithmus Wissen über den Text, das aus den Vergleichen des Textes mit der gesuchten Zeichenkette gewonnen werden kann. Wir wollen an einem kleinen Beispiel erneut verdeutlichen, wie man sich dieses Wissen zunutze machen kann.

Beispiel 6.10: Angenommen, wir suchen das Pattern $P = abcabcac$ im Text $T = babcbabcabcaabcabcab \ldots$. In den nachfolgenden Graphiken markiert ein Pfeil stets das Zeichen des Textes, das wir mit dem entsprechenden Zeichen von P vergleichen.

$$a \quad b \quad c \quad a \quad b \quad c \quad a \quad c$$

$$b \quad a \quad b \quad c \quad b \quad a \quad b \quad c \quad a \quad b \quad c \quad a \quad a \quad b \quad c \quad a \quad b \quad c \quad a \quad b \ldots$$

Da $P_1 = a \neq b = T_1$ haben wir einen *Mismatch* und verschieben deshalb P um eine Position nach rechts:

$$a \quad b \quad c \quad a \quad b \quad c \quad a \quad c$$

$$b \quad a \quad b \quad c \quad b \quad a \quad b \quad c \quad a \quad b \quad c \quad a \quad a \quad b \quad c \quad a \quad b \quad c \quad a \quad b \ldots$$

Jetzt haben wir eine Übereinstimmung zwischen dem ersten Symbol von P und der entsprechenden Textstelle. Wir belassen deshalb P an dieser Position, lediglich $\uparrow$ wandert, d.h. wir vergleichen das zweite Symbol von P mit dem Text usw. Nach einigen Schritten treffen wir wieder auf eine Differenz:

$$a \quad b \quad c \quad a \quad b \quad c \quad a \quad c$$

$$b \quad a \quad b \quad c \quad b \quad a \quad b \quad c \quad a \quad b \quad c \quad a \quad a \quad b \quad c \quad a \quad b \quad c \quad a \quad b \ldots$$

Nun wissen wir aber, dass die letzten vier Zeichen der Eingabe (des Textes T) gleich $abcx$ mit $x \neq a$ waren (ohne diese explizit zu speichern); die Position in P, an der dieser Mismatch auftrat, liefert diese Information. Wir können folglich die Zeichenkette P um vier Positionen nach rechts verschieben, ein Versatz um nur eine, zwei oder drei Positionen kann keinen Erfolg haben.

$$
\begin{array}{ccccccc}
a & b & c & a & b & c & a & c \\
\end{array}
$$

$$
\begin{array}{cccccccccccccccccc}
b & a & b & c & b & a & b & c & a & b & c & a & a & b & c & a & b & c & a & b & \dots
\end{array}
$$

Nach acht weiteren Vergleichen erreichen wir die oben dargestellte Situation. Wir können folgern, dass die letzten 8 verarbeiteten Zeichen von T gleich *abcabcax* für $x \neq c$ waren. Unser P sollte also um drei Positionen verschoben werden.

$$
\begin{array}{cccccccc}
a & b & c & a & b & c & a & c \\
\end{array}
$$

$$
\begin{array}{cccccccccccccccccc}
b & a & b & c & b & a & b & c & a & b & c & a & a & b & c & a & b & c & a & b & \dots
\end{array}
$$

Wenn wir dann nach fünf Vergleichen wieder einen Mismatch beobachten, verschieben wir P um vier Stellen nach rechts und fahren fort wie bisher. ◄

Wir können dieses Vorgehen genau dann effizient implementieren, wenn wir die Anzahl der Positionen, um die P im Falle eines Mismatches verschoben werden muss, schnell bestimmen können. In der Tat hängt diese Anzahl lediglich von P und der Position j des Mismatches ab und kann effizient berechnet werden.

Definition 6.11 (Präfix-Funktion):
Sei $P \in \Sigma^m$ eine Zeichenkette. Die Präfix-Funktion $\Pi_P : \{1, 2, \dots, m\} \to \{0, 1, \dots, m-1\}$ von P ist definiert als

$$
\Pi_P(q) := \max_{k \in \mathbb{N}_0} \left\{ k \mid k < q \wedge P_{0,k} \sqsupset P_{0,q} \right\}.
$$
◄

Anschaulich ist $\Pi_P(q)$ die *Länge des längsten Präfix von P, der ein echtes Suffix von $P_{0,q}$ ist.* Entsprechend dieser Definition können wir im Falle eines Mismatches in Position $q + 1$ von P die Zeichenkette derart nach rechts verschieben, dass sich $P_{0,k}$ mit den Zeichen des Textes deckt, für die zuvor eine Übereinstimmung erzielt wurde.

Beispiel 6.12: Mit $P = ababaca$ gilt $\Pi_P(4) = 2$, da $k = 2$ der maximale Wert mit $P_{0,k} \sqsupset P_{0,4}$, $k < 4$, ist. Damit ergibt sich die in Abb. 6.3 gezeigte Situation.

Treffen wir also in Position $q + 1$ auf einen Mismatch, so wissen wir, dass $P_{1,q}$ mit $T_{s+1,s+q}$ übereinstimmt und der nächstmöglich Shift, für den wir einen Erfolg erwarten können, ist $s' = s + (q - \Pi_P(q))$. Denn anschaulich gilt in der beschriebenen Situation das in Abb. 6.4 gezeigte, da $\Pi_P(q) = \Pi_P(5) = 3$ ist und damit $s' = s + (5 - 3) = s + 2$ folgt. ◄

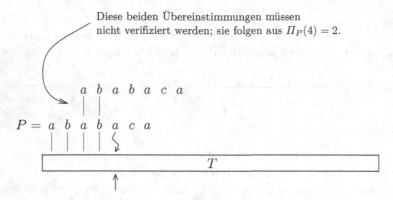

Abb. 6.3 Anschauliche Bedeutung der Präfix-Funktion; ist $\Pi_P(4) = 2$, so wissen wir, dass die ersten 2 Symbole von P mit den letzten beiden von $P_{0,4}$ übereinstimmen. Dies können wir uns im Falle eines Mismatch zunutze machen (siehe Abb. 6.4).

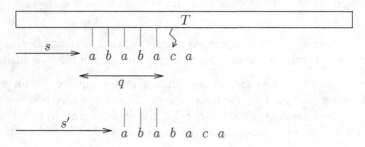

Abb. 6.4 Anschaulicher Nutzen der Präfix-Funktion; nachdem ein Mismatch des $q + 1 = 6$-ten Symbols von P beobachtet wurde, verschieben wir P um $q - \Pi_P(q) = 5 - 3 = 2$ Positionen und wissen dabei, dass eine Übereinstimmung der ersten $\Pi_P(q) = 3$ Symbole an der neuen Position gegeben ist.

Bemerkung 6.13 (Optimierung von Π_P): Die von uns eingeführte Funktion Π_P verschenkt noch Wissen. Im Falle eines Mismatches an Position $q + 1$ wissen wir, dass $T_{s+q+1} \neq P_{q+1}$ ist; wir sollten also für Π_P zusätzlich $P_{k+1} \neq P_{q+1}$ fordern, da eine Gleichheit sofort wieder zum Mismatch führen würde. Aufgrund der Komplexität der nun folgenden Betrachtung verzichten wir jedoch auf diese Optimierung.   ◄

6.2.3.1 Berechnung der Präfixfunktion

Wir wollen uns nun überlegen, wie wir die Funktion Π_P effizient berechnen können. Offensichtlich ist $\Pi_P(1) = 0$, da ein einzelnes Symbol keinen echten Suffix ungleich des leeren Wortes besitzt. Ist aber $P_{j+1} = P_{\Pi_P(j)+1}$, so ist $\Pi_P(j + 1) = \Pi_P(j) + 1$, denn wir haben die in Abb. 6.5 gezeigte Situation. Dabei folgt die Maximalität für $\Pi_P(j + 1)$ aus der von $\Pi_P(j)$.

Wollen wir also $\Pi_P(q)$ für $q \in \{1, 2, \ldots, |P|\}$ bestimmen, so beginnen wir mit $\Pi_P(1) = 0$ und betrachten anschließend $q = 2, 3, \ldots, |P|$ (in dieser

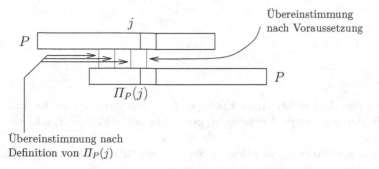

Abb. 6.5 Rekursive Berechnung der Präfix-Funktion; ist $\Pi_P(j)$ bekannt, so kann aus der Übereinstimmung $P_{j+1} = P_{\Pi_P(j)+1}$ leicht $\Pi_P(j+1) = \Pi_P(j) + 1$ gefolgert werden.

Reihenfolge). Bei jedem Schritt $(q-1) \rightsquigarrow q$ versuchen wir zuerst, den für $q-1$ gefundenen k Zeichen langen, maximalen Präfix einfach um ein Zeichen zu verlängern; dies gelingt, wenn das Zeichen P_q mit P_{k+1} übereinstimmt. Andernfalls kommen nur kürzere Präfixe in Betracht, denn ein längerer Präfix für q impliziert gleichzeitig die Existenz eines längeren Präfixes für $q-1$.

Dabei müssen wir aber nicht *planlos* alle kürzeren Präfixe durchprobieren, denn wir wissen ja, dass der gesuchte Präfix von P nicht nur mit einem Suffix von $P_{0,q}$ und damit mit $P_{0,q-1}$ übereinstimmen muss (Rechtskürzung), sondern auch mit dem entsprechenden Suffix von $P_{0,k}$, da ja die letzten k Zeichen von $P_{0,q-1}$ gleich $P_{0,k}$ sind (nach Annahme lieferte die Berechnung von $\Pi_P(q-1)$ das Ergebnis k). Den längsten mit einem Suffix von $P_{0,k}$ übereinstimmenden Präfix haben wir bei unserer Berechnung der Π_P aber bereits schon bestimmt. Wir betrachten also als nächste Möglichkeit den Präfix $P_{0,\Pi_P(k)}$ in Überdeckung mit $P_{q-\Pi_P(k),q-1}$, und versuchen diesen um ein Zeichen zu verlängern, sodass eine Übereinstimmung mit $P_{0,q}$ erzielt wird. Liegt auch diesmal keine Übereinstimmung vor ($P_q \neq P_{\Pi_P(k)+1}$), so iterieren wir die Argumentation; der nächste in Frage kommende Kandidat ist $P_{0,\Pi_P(\Pi_P(k))}$, den wir versuchen zu verlängern. Insgesamt ergibt sich so der folgende Algorithmus zur Berechnung der Präfix-Funktion:

```
1  public class KnuthMorrisPratt {
2      private int[] Pi; // Pi : [1:m] -> [0..m-1]
3      private String P;
4
5      public KnuthMorrisPratt(final String pattern) {
6          P = pattern; Pi = computePi(P);
7      }
8      public static int[] computePi(String P) {
9          int m = P.length();
10         Pi = new int[m+1]; Pi[1] = 0; int k = 0;
11         for (int q = 2; q <= m; ++q) {
12             while (k > 0 && P.charAt(k) != P.charAt(q-1)) k = Pi[k];
13             if (P.charAt(k) == P.charAt(q-1)) ++k;
```

```
14          Pi[q] = k;
15     }
16     return Pi;
17   }
18   // ...
19 }
```

Man beachte, dass dieser Algorithmus einfach erweitert werden kann, damit er die in der vorherigen Bemerkung genannte optimierte Variante von Π_P berechnet.

Um die Korrektheit dieses Verfahrens formal zu beweisen, benötigen wir die nun folgenden Definitionen und Lemmata:

Definition 6.14 (Iterierte Präfix-Funktion):

Sei $P \in \Sigma^\star$ und Π_P die Präfix-Funktion von P. Wir setzen $\Pi_P^1(q) := \Pi_P(q)$ und $\Pi_P^{i+1}(q) := \Pi_P(\Pi_P^i(q))$ für $i \geq 1$. Dann ist die *iterierte Präfix-Funktion* $\Pi_P^\star$ gegeben durch

$$\Pi_P^\star(q) := \bigcup_{1 \leq i \leq t} \{\Pi_P^i(q)\}, \qquad mit \qquad t = \min_{k \in \mathbb{N}_0} \{k \mid \Pi_P^k(q) = 0\}. \quad \blacktriangleleft$$

Lemma 6.15 (Präfix-Funktion-Iterationslemma):
Sei $P \in \Sigma^m$ und Π_P seine Präfix-Funktion. Für alle $q \in \{1, 2, \ldots, m\}$ ist

$$\Pi_P^\star(q) = \{k \mid k < q \wedge P_{0,k} \sqsupset P_{0,q}\}. \quad \blacktriangleleft$$

Beweis: Der Beweis ist Teil der Übungen zu diesem Kapitel. ∎

Lemma 6.16:
Sei $P \in \Sigma^m$ und Π_P seine Präfix-Funktion. Dann gilt:

$$\Pi_P(q) > 0 \implies \Pi_P(q) - 1 \in \Pi_P^\star(q-1) \qquad \text{für alle } q \in [1:m]. \quad \blacktriangleleft$$

Beweis: Ist $k = \Pi_P(q) > 0$, so folgt $k < q$ und $P_{0,k} \sqsupset P_{0,q}$ und damit $P_{0,k-1} \sqsupset P_{0,q-1}$ durch Rechtskürzung. Mit dem vorherigen Lemma ist damit $k - 1 \in \Pi_P^\star(q-1)$. ∎

Korollar 6.17:
Sei $P \in \Sigma^m$ und Π_P seine Präfix-Funktion. Für alle $q \in [2:m]$ gilt dann

$$\Pi_P(q) = \begin{cases} 0 & \text{falls } E_{q-1} = \emptyset, \\ 1 + \max E_{q-1} & \text{falls } E_{q-1} \neq \emptyset, \end{cases}$$

mit

$$E_{q-1} := \{k \mid k \in \Pi_p^\star(q-1) \wedge P_{k+1} = P_q\}. \quad \blacktriangleleft$$

Beweis: Siehe Aufgaben zu diesem Kapitel. ■

Damit haben wir alle Argumente zum Beweis der Korrektheit unseres Algorithmus zusammen. Die Initialisierung $\Pi_P(1) = 0$ ist offensichtlich korrekt, da ein einzelnes Symbol nur das leere Wort als echtes Suffix besitzt. Am Anfang jeder Iteration der for-Schleife haben wir $k = \Pi_P(q - 1)$, was durch Zeile 10 am Anfang erzwungen wird, und durch Zeile 14 als Invariante beibehalten wird. In den Zeilen 12 und Zeile 13 wird k auf den korrekten Wert von $\Pi_P(q)$ gesetzt; die Schleife in Zeile 12 durchsucht dazu alle Werte $k \in \Pi_P^*(q - 1)$, bis einer mit $P_{k+1} = P_q$ gefunden wird.

An diesem Punkt entspricht k dem größten Element aus E_{q-1}, und wir können nach unserem Korollar $\Pi_P(q) = k + 1$ setzen. Gibt es kein solches k, d. h. $E_{q-1} = \emptyset$, so verlassen wir die while-Schleife mit $k = 0$, und $\Pi_P(q)$ wird in Zeile 14 (korrekt) auf 0 gesetzt.

6.2.3.2 Analyse

Auf den ersten Blick haben wir in computePi zwei geschachtelte Schleifen: Die (äußere) for-Schleife wird $m - 1$ mal durchlaufen, die (innere) while-Schleife bis zu m mal, also könnte man quadratischen Aufwand befürchten. Die Kerneinsicht ist aber, dass die while-Schleife nur dann oft durchlaufen werden kann, wenn k einen großen Wert hatte. Dies liegt daran, dass die Zuweisung im Rumpf der while-Schleife streng monoton fallende Werte für k bewirkt, aber k um maximal 1 pro Iteration der for-Schleife zunehmen kann. Eine teure Iteration der for-Schleife – also eine mit vielen Iterationen der while-Schleife – ist nur möglich, wenn es davor *viele günstige* Iterationen gab. Das macht Hoffnung auf eine bessere Gesamtlaufzeit; tatsächlich finden wir folgendes Ergebnis:

Lemma 6.18 (Zeit zur Berechnung von Π_P): Die Methode computePi berechnet Π_P für ein Pattern P der Länge m mit Laufzeit in $\mathcal{O}(m)$.		◀

Beweis: Zur Bestimmung dieser Laufzeit betrachten wir amortisierte Kosten entsprechend der Potentialmethode (siehe Abschnitt 1.3.5). Wir sehen dabei den Durchlauf der for-Schleife mit $q = i$ für $i = 2, \ldots, m$ als die i-te „Operation" op_i an.

Wir zählen als Elementar-Operation die Vergleiche von Zeichen aus P. Die if-Anweisung und die nachfolgende Zuweisung verursachen damit stets Kosten 1 (da die if-Anweisung stets einen Zeichenvergleich benötigt). Eine Iteration der while-Schleife verursacht höchstens Kosten 1 (eventuell wird die Schleife schon vor dem Symbolvergleich verlassen). Damit ist der tatsächliche Aufwand $\mathcal{C}_i$ für Operation op_i höchstens 1 plus die Anzahl Überprüfungen der Bedingung der while-Schleife.

Wir wählen als Potential der i-ten Operation den aktuellen Wert von k, d. h. $\text{pot}(i) = k$ und betrachten die amortisierten Kosten

$$a_i \;:=\; \overbrace{\mathcal{C}_i + \mathsf{pot}(i) - \mathsf{pot}(i-1)}^{\text{Potentialzunahme bei op}_i}.$$

Angenommen im i-ten Schritt wird der Rumpf der `while`-Schleife j-mal durchlaufen. Dann ist $\mathcal{C}_i \leq j+2$, da wir pro Iteration einen Vergleich machen plus eventuell einen weiteren beim Verlassen der Schleife, sowie einen Vergleich in der `if`-Anweisung danach. Per Definition ist aber $\Pi_P(k) < k$, d.h. in jeder der j Iterationen der `while`-Schleife nimmt k um mindestens 1 ab; die `if`-Anweisung erhöht k potentiell wieder um 1. Damit erhalten wir $\mathsf{pot}(i) - \mathsf{pot}(i-1) \leq -j + 1$, und insgesamt $a_i \leq 3$.

Um unser allgemeines Schema (Abschnitt 1.3.5) für die amortisierte Analyse anwenden zu können, fehlt damit nur noch, die zweite Bedingung, $\mathsf{pot}(m) - \mathsf{pot}(1) \geq 0$, zu zeigen. Da k initial $0 = \mathsf{pot}(1)$ ist und niemals negativ werden kann, ist auch diese Bedingung erfüllt. Folglich verursachen die $m - 1$ Iterationen der `for`-Schleife insgesamt höchstens $3(m-1)$ Symbolvergleiche.   ∎

6.2.3.3 Der KMP-Algorithmus

Wir kommen nun zum eigentlichen Algorithmus, der die Kenntnis von Π_P ausnutzt, um das String-Matching-Problem in linearer Zeit zu lösen – wir kommen zum Knuth-Morris-Pratt-Algorithmus:

```
1   public Iterator<Integer> allMatches(String T) {
2       LinkedListGeneric<Integer> matches = new LinkedListGeneric<>();
3       int n = T.length(), m = P.length();
4       for (int q = 0, i = 0; i < n; ++i) {
5           while (q > 0 && P.charAt(q) != T.charAt(i)) q = Pi[q];
6           if (P.charAt(q) == T.charAt(i)) ++q;
7           if (q == m) { matches.append(i-m+1); q = Pi[q]; }
8       }
9       return matches.iterator();
10  }
```

Dieser Algorithmus arbeitet wie der String-Matching-Automat $\mathsf{SMA}(P)$, ohne jedoch die Überführungsfunktion δ explizit zu bestimmen; $\delta(q, T_i)$ wird je nach Bedarf aus Π_P abgeleitet.

Lemma 6.19: Sei $P \in \Sigma^\star$ und $\mathsf{SMA}(P)$ der zugehörige Automat. Es ist $\delta(q,a) = 0$ oder $\delta(q,a) - 1 \in \Pi_P^\star(q) \cup \{q\}$ für alle möglichen q und $a \in \Sigma$. ◄

Beweis: Sei $k = \delta(q,a)$. Dann gilt $P_{0,k} \sqsupset P_{0,q} \cdot a$ nach den Definitionen von δ und σ_P. Damit ist $k = 0$ oder $k \geq 1$ und $P_{0,k-1} \sqsupset P_{0,q}$ durch Rechtskürzung. Folglich ist $k = 0$ oder $(k-1) \in \Pi_P^\star(q) \cup \{q\}$.   ∎

Der KMP-Algorithmus verwendet dieses Lemma wie folgt: Sei q' der Wert von `q` beim Eintritt in die Zeile der `while`-Schleife. Ist $P_{q'+1} = T_i$, so wird die `while`-Schleife nicht durchlaufen, und die erste `if`-Anweisung erhöht `q` um 1 (es wurde eine Übereinstimmung mit dem nächsten Symbol von P gefunden). Andernfalls ($P_{q'+1} \neq T_i$) verwenden wir, dass $\Pi_P^\star(q) = \{k \mid k <$

$q \wedge P_{0,k} \sqsupset P_{0,q}\}$ gilt und dass die Iteration $q := \Pi_P(q)$ alle Elemente von $\{k \mid k < q \wedge P_{0,k} \sqsupset P_{0,q}\}$ aufzählt.

Die while-Schleife und die sich anschließende if-Anweisung bestimmen also $\delta(q', T_i)$, indem die Elemente von $\Pi_P^\star(q') \cup \{q\}$ in abfallender Reihenfolge untersucht werden. Das vorherige Lemma stellt dabei sicher, dass wir den gesuchten Wert für δ *nicht verpassen*, wenn wir mit $q' = \hat{\delta}(q_0, T_{0,i-1}) = \sigma_P(T_{0,i-1})$ beginnen und die Iteration $q := \Pi_P(q)$ (u. U. 0 mal) durchführen, bis ein q mit $q = 0$ oder $P_{q+1} = T_i$ gefunden wurde. Im ersten Fall ist $\delta(q', T_i) = 0$, im zweiten Fall ist q das größte Element mit $P_{0,q} \sqsupset P_{0,q'} \sqsupset T_{0,i-1}$, $q \leq q'$, und $P_{q+1} = T_i$, sodass nach Definition von δ und σ_P $\delta(q', T_i) = q + 1$ gilt. Die Zuweisung q = Pi[q] im Falle eines Matches ist notwendig, um eine Referenz auf P_{m+1} zu verhindern.

Die Laufzeit des Algorithmus ist $\mathcal{O}(m + n)$: $\mathcal{O}(m)$ für die Berechnung von Π_P, mit einer ähnlichen Analyse wie dort (der Wert von q wird als Potential verwendet) kann man den restlichen Aufwand mit $\mathcal{O}(n)$ abschätzen. Damit gilt also:

> **Satz 6.20 (Analyse von Knuth-Morris-Pratt):**
> Der *KNUTH-MORRIS-PRATT*-Algorithmus löst das String-Matching-Problem im Worst-Case in Zeit $\mathcal{O}(n + m)$ und Speicherbedarf in $\mathcal{O}(m)$ zusätzlich zur Eingabe.

Ähnlich zu oben kann man zeigen, dass KMP insgesamt höchstens $3(n + m)$ Symbolvergleiche benötigt.

6.2.3.4 Eine effiziente Methode zur Berechnung der SMA-Überführungsfunktion

Wir schließen diesen Abschnitt – wie weiter vorne angekündigt – damit ab, ein Linearzeitverfahren für die Berechnung der Überführungsfunktion δ des SMA(P) anzugeben. Grundlage dieses Verfahrens ist folgendes Lemma:

Lemma 6.21 (δ über Π_P): Sei $P \in \Sigma^m$ und δ die Überführungsfunktion des SMA(P). Für beliebiges $a \in \Sigma$ gilt

$$\delta(q, a) \;=\; \delta\big(\Pi_P(q), a\big)$$

für $q = m$ oder $P_{q+1} \neq a$. ◀

Beweis: Entsprechend der Definition von δ, haben wir zu zeigen, dass $\sigma_P(P_{0,q} \cdot a) = \sigma_P(P_{0,\Pi_P(q)} \cdot a)$ für $q = m$ oder $P_{q+1} \neq a$ gilt. Da es den Sachverhalt am besten verdeutlicht, verwenden wir die Skizze aus Abb. 6.6, um die Richtigkeit *zu zeigen*:

Die linke Seite der Abbildung zeigt $\sigma_P(P_{0,q} \cdot a)$, also den Suffix, den wir für die Überführungsfunktion des SMA(P) bestimmen müssen. Es muss sich

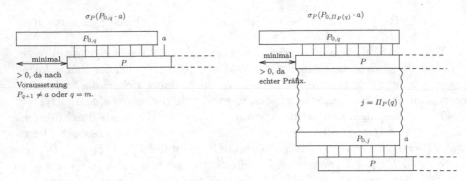

Abb. 6.6 Zusammenhang zwischen der Suffix-Funktion σ_P und der Präfix-Funktion Π_P im Kontext der Annahmen aus Lemma 6.21.

dabei um einen echten Suffix handeln (auch wenn dies die Definition von σ_P nicht erzwingt), denn nach Voraussetzung ist entweder $q = m$, sodass $P_{0,q} \cdot a$ ein Wort länger als P ist, für das P folglich nur ein echter Suffix sein kann, oder $P_{q+1} \neq a$, sodass $P_{0,q} \cdot a \neq P_{0,q+1}$ folgt.

Die rechte Seite zeigt oben zunächst den längsten echten Präfix von P, der ein Suffix von $P_{0,q}$ ist, also den längsten Präfix von P entsprechend der Definition von $\Pi_P(q)$. Bei seiner Bestimmung werden die Annahmen $P_{q+1} \neq a$ oder $q = m$ noch nicht berücksichtigt, sodass hier ein längerer Suffix von $P_{0,q}$ überdeckt sein kann. Lediglich die Definition von Π_P erzwingt, dass wir einen echten Präfix haben. Hängen wir nun aber das Symbol a an (unterer Teil der rechten Seite der Skizze), so kann dies einen Mismatch hervorrufen. Die erneute Anwendung der Suffix-Funktion bewirkt dann, dass die Länge der Überdeckung abnimmt.

So liefern beide Wege (wie zu zeigen ist) denselben Suffix, denn wie beschrieben erzwingen die gemachten Annahmen, dass $\sigma_P(P_{0,q} \cdot a)$ ein echter Suffix ist, der niemals länger sein kann, als die von $\Pi_p(q)$ implizierte Überdeckung (Π_P liefert den längsten echten Präfix, der existiert). Die Anwendung der Suffix-Funktion auf $P_{0,\Pi_P(q)} \cdot a$ könnte aber nur dann ein anderes Ergebnis liefern, wenn $\Pi_P(q)$ bereits eine kürzere Überdeckung von $P_{0,q}$ implizierte, als die von $\sigma_P(P_{0,q} \cdot a)$ berechnete; diesen Fall konnten wir aber ausschließen. ∎

Ist keine der beiden Bedingungen des Lemmas erfüllt, so gilt offensichtlich $P_{q+1} = a$ und damit $\delta(q, a) = q + 1$. Folglich können wir δ berechnen, indem wir unseren Algorithmus zur Berechnung von Π_P wie folgt erweitern:

```
1    private void computeDelta() {
2        int m = P.length();
3        int[] Pi = new int[m + 1]; Pi[1] = 0;
4        delta = new int[m+1][sigma]; delta[0][P.charAt(0)] = 1;
5        for (int k = 0, q = 2; q <= m; ++q) {
6            for (char a = 0; a < sigma; ++a)
7                delta[q-1][a] = a == P.charAt(q-1) ? q : delta[Pi[q-1]][a];
```

```
8          while (k > 0 && P.charAt(k) != P.charAt(q-1)) k = Pi[k];
9          if (P.charAt(k) == P.charAt(q-1)) ++k;
10         Pi[q] = k;
11      }
12      System.arraycopy(delta[Pi[m]], 0, delta[m], 0, sigma);
13   }
```

Da die Iteration von Π_P stets monoton fallende Werte liefert, ist $\Pi_P(q-1)$ und auch $\delta(\Pi_P(q-1))$ in Zeile 7 stets schon berechnet. Entsprechend unserer Diskussion des ursprünglichen Algorithmus ist offensichtlich, dass die Laufzeit dieser Methode in $\mathcal{O}(m \cdot \sigma)$ ist.

6.2.3.5 KMP oder SMA

Wir haben nun zwei Methoden kennengelernt, die beide – für konstantes σ – in $\mathcal{O}(n+m)$ Worst-Case-Laufzeit das String-Matching-Problem lösen und dazu $\mathcal{O}(m)$ Speicher benötigen. Der KNUTH-MORRIS-PRATT-Algorithmus ist dabei etwas sparsamer in Bezug auf den Speicher, da er nur $m+1$ Zahlen speichert, während der String-Matching-Automat eine komplette Übergangsmatrix mit $(m+1) \cdot \sigma$ Einträgen verwendet. Dafür ist die Bestimmung der Matches bei Einsatz des String-Matching-Automat etwas schneller, da wir für Zeichen des Textes genau einen index-basierten Arrayzugriff benötigen, während KMP ein Zeichen des Textes mit potentiell mehreren Zeichen des Patterns vergleicht.

6.2.4 Vergleich der mittleren Laufzeit von KMP und dem naiven Algorithmus

Der lineare Worst-Case von $\mathcal{O}(n+m)$ des Knuth-Morris-Pratt Algorithmus steht im starken Kontrast zur $\mathcal{O}(n \cdot m)$ Laufzeit der naiven Methode im Worst-Case. Dennoch zeigt die Praxis keinen wesentlichen Vorteil für den KMP-Algorithmus. So schreibt SEDGEWICK: *"The Knuth-Morris-Pratt algorithm ist not likely to be significantly faster than the brute-force method in most actual applications."* [27]

Wir wollen hier unter vereinfachenden Annahmen bzgl. der Verteilung der Symbole aus Σ im Text T und in der zu suchenden Zeichenkette P die mittlere Laufzeit beider Verfahren vergleichen. Wir verwenden dazu *Random-Algorithmen*, eine spezielle Ausprägung der Markov-Ketten.

Definition 6.22 (Random-Algorithmus):
Gegeben sei ein (einfacher) Digraph $G = (V, E)$. Eine totale Abbildung $p : E \to \,]0,1]$ mit[2]

$$(\forall v \in V) \left(\sum_{e \in E_v} p(e) = 1 - \delta_{0,|E_v|} \right)$$

---

[2] Hierbei ist $\delta_{x,y}$ das Kronecker-Symbol, das genau dann 1 ist, wenn $x = y$ gilt, 0 sonst.

für $E_v := \{(a,b) \in E \mid a = v\}$ heißt Wahrscheinlichkeitsverteilung auf G.

Ein Random-Algorithmus (G,p) ist ein einfacher Digraph G mit einer Wurzel $v_r \in V$ ohne ausgehende Kanten derart, dass es für alle $v \in V$, $v \neq v_r$, einen gerichteten Pfad von v nach v_r gibt, zusammen mit einer Wahrscheinlichkeitsverteilung p auf G. ◄

Ein Random-Algorithmus dient als Modell für einfache Berechnungen. Der Graph repräsentiert dabei die Kontrollstruktur des Verfahrens, wie sie beispielsweise auch durch ein Flußdiagramm oder das Zustandsdiagramm eines mathematischen Maschinenmodells beschrieben wird. Eine Berechnung des Random-Algorithmus ist dann ein Pfad von einem Startknoten v_s zur Wurzel v_r, wobei sich der Algorithmus mit Wahrscheinlichkeit $p(e)$ für Kante e entscheidet. So entsprechen die Berechnungen eines Random-Algorithmus zufälligen Pfaden durch den zugehörigen Graphen. Wir leiten nun einige Resultate her, die es uns ermöglichen, Random-Algorithmen zu analysieren.

Definition 6.23 (Fundamentalmatrix des Random-Algorithmus):
Sei (G,p) ein Random-Algorithmus, $G = (V,E)$ und $s = |V|$. Die $s \times s$ Matrix $\Psi = (\Psi_{i,j})$ mit

$$\Psi_{i,j} = \begin{cases} p((v_i,v_j)) & \text{falls } (v_i,v_j) \in E, \\ 0 & \text{sonst,} \end{cases}$$

heißt Fundamentalmatrix des Random-Algorithmus (G,p). ◄

Wir benötigen die folgende technische Eigenschaft von Ψ. Dabei schreiben wir $\mathbb{1}$ für die Einheitsmatrix.

Lemma 6.24: Ist (G,p) ein Random-Algorithmus und Ψ seine Fundamentalmatrix, dann ist die Matrix $(\mathbb{1}-\Psi)$ nicht singulär und $(\mathbb{1}-\Psi)^{-1} = \sum_{k \geq 0} \Psi^k$. ◄

Beweis: Es ist offensichtlich, dass $(\Psi^n)_{i,j}$ die Wahrscheinlichkeit dafür ist, dass wir in Knoten v_i starten und nach n Übergängen entlang der Kanten von G in Knoten v_j ankommen. Wir nutzen diese Tatsache aus, um zunächst zu zeigen, dass $\Psi^k \to 0$ für $k \to \infty$ gilt.

Sei n die Länge des längsten Pfades (ohne Schleifen) von einem Knoten v zur Wurzel v_r. Dann ist die Wurzel von allen Knoten mit höchstens n Übergängen erreichbar. Folglich gibt es ein $w \in]0,1]$ derart, dass die Wahrscheinlichkeit, die Wurzel mit einem Pfad der Länge höchstens n zu erreichen mindestens w ist (wähle die kleinste Wahrscheinlichkeit der endlich vielen Pfade). Damit ist die Wahrscheinlichkeit dafür, v_r nicht durch einen Pfad der Länge $\leq n$ zu erreichen höchstens $1 - w$. Entsprechend ist die Wahrscheinlichkeit dafür, v_r über einen Pfad der Länge $k \cdot n$ nicht zu erreichen $\leq (1-w)^k \to 0$ für $k \to \infty$. Als Konsequenz konvergiert die Folge Ψ^k gegen die Nullmatrix.

Wir zeigen nun, dass die Matrix $\mathbb{1} - \Psi$ eine Inverse besitzt. Betrachte dazu

$$(\mathbb{1} - \Psi)(\mathbb{1} + \Psi + \Psi^2 + \cdots + \Psi^{k-1}) = \mathbb{1} - \Psi^k. \tag{6.2}$$

Wir wissen, dass die rechte Seite für $k \to \infty$ gegen $\mathbb{1}$ konvergiert. Da $\det(\mathbb{1}) = 1$ folgt damit $\det(\mathbb{1} - \Psi^k) \neq 0$ für genügend große k. Damit ist aber $\det(\mathbb{1} - \Psi) \neq 0$, da die Determinante des Produktes zweier Matrizen gleich dem Produkt ihrer Determinanten ist. Wir folgern, dass $(\mathbb{1} - \Psi)$ nicht singulär ist und damit eine Inverse besitzt. Multiplizieren wir Gleichung (6.2) mit $(\mathbb{1} - \Psi)^{-1}$, so erhalten wir

$$\mathbb{1} + \Psi + \Psi^2 + \cdots + \Psi^{k-1} = (\mathbb{1} - \Psi)^{-1}(\mathbb{1} - \Psi^k).$$

Der Beweis ist erbracht, da $(\mathbb{1} - \Psi^k) \to \mathbb{1}$ für $k \to \infty$. ∎

Doch was ist an der Matrix $(\mathbb{1} - \Psi)^{-1}$ so interessant? Wir geben ihr nun eine anschauliche (probabilistische) Interpretation:

Satz 6.25 (Erwartete Anzahl Knotenbesuche):
Sei (G, p) ein Random-Algorithmus mit der Fundamentalmatrix Ψ. Die erwartete Anzahl an Vorkommen des Knotens v_j auf einem Pfad von v_i nach v_j ist gleich $\left((\mathbb{1} - \Psi)^{-1}\right)_{i,j}$.

Beweis: Offensichtlich ist die mittlere Anzahl $R_{i,j}$ des Vorkommens von Knoten v_j auf einem Pfad von v_i nach v_j gegeben durch

$$R_{i,j} = \sum_{k \geq 0} \left[\underbrace{(\Psi^k)_{i,j}}_{\substack{\text{WS, dass Knoten } v_j \\ \text{nach } k \text{ Schritten von } v_i \\ \text{aus erreicht wird}}} \cdot 1 + \underbrace{\left(1 - (\Psi^k)_{i,j}\right)}_{\substack{\text{WS, dass Knoten } v_j \\ \text{nach } k \text{ Schritten von } v_i \\ \text{aus } \textit{nicht} \text{ erreicht wird}}} \cdot 0 \right]$$

$$= \sum_{k \geq 0} (\Psi^k)_{i,j} = \left(\sum_{k \geq 0} \Psi^k\right)_{i,j} = \left((\mathbb{1} - \Psi)^{-1}\right)_{i,j}. \quad \blacksquare$$

Bemerkung 6.26 (Unendliche Läufe): Es mag auf den ersten Blick überraschend sein, dass diese erwartete Anzahl $R_{i,j}$ von Besuchen des Knoten v_j überhaupt endlich sein soll; schließlich kann unser Random-Algorithmus unbeschränkt lange im Kreis laufen. Da es aber von jedem Knoten aus einen Pfad mit positiver Wahrscheinlichkeit zu der absorbierenden Wurzel v_r gibt, gibt es in jedem Zustand eine positive Wahrscheinlichkeit zu terminieren. Damit ist die Wahrscheinlichkeit für nicht-terminierende Läufe 0.

Die im Satz benannte Anzahl muss also so interpretiert werden, dass wir in v_i starten und so lange laufen (und die Besuche von v_j dabei zählen) bis wir letztendlich in v_r landen und terminieren. Obige Bedingung garantiert uns dabei, dass wir die Möglichkeit, v_r nie zu erreichen, außer Acht lassen dürfen. ◀

Wir werden nun den Formalismus des Random-Algorithmus verwenden, um die mittleren Laufzeiten der naiven Methode und des KMP-Algorithmus zu berechnen.

6.2.4.1 Naive Methode

Der in Abb. 6.7 gezeigte Automat modelliert die naive Methode bis zum Auffinden des ersten Vorkommens der Zeichenkette $P \in \Sigma^m$. Die Nummer des Zustands repräsentiert dabei die Position des Zeichens in P, für das aktuell versucht wird, eine Übereinstimmung zu erzielen.

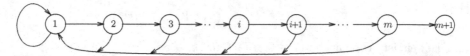

Abb. 6.7 Automat gemäß der naiven Methode zum Finden eines Wortes der Länge m.

Wird im Zustand i ein Zeichen gelesen und stimmt es mit P_i überein, so findet eine Überführung in Zustand $(i+1)$ statt. Sonst wird in den Zustand 1 zurückgesprungen, denn die naive Methode vergleicht ja nach einem Mismatch erneut die gesamte Zeichenkette P mit dem Text an der Stelle des nächst größeren Shifts.

Gehen wir von einer konstanten Alphabet-Größe aus und setzen $c := |\Sigma|$, so wollen wir annehmen, dass die Wahrscheinlichkeit für eine Übereinstimmung in jedem Schritt c^{-1}, die für eine Diskrepanz $1 - c^{-1} = c^{-1}(c-1)$ ist. Mit diesen Wahrscheinlichkeiten ist obiger Automat ein Random-Algorithmus und, wir erhalten für die Matrix $(\mathbb{1} - \Psi)^{-1}$:

$$
(\mathbb{1} - \Psi)^{-1}_{i,j} = \begin{cases} c^{m-j+1} & \text{falls } 1 \leq i \leq j \leq m+1, \\ (c^{m-i+1} - 1)c^{i-j} & \text{falls } 1 \leq i \leq m \wedge j < i, \\ 0 & \text{sonst.} \end{cases}
$$

Der Algorithmus beginnt in Zustand 1. Damit ist für uns nur die erste Zeile der Matrix von Interesse. Die Gesamtzahl der Zustände, die im Mittel besucht werden (jeder Zustand entspricht dabei einem Symbolvergleich zwischen P und T) bevor das Verfahren terminiert (erstes Vorkommen von P in T), erhalten wir, indem wir über alle Einträge der ersten Zeile außer dem letzten (dieser entspricht dem Zustand $m+1$, also der Wurzel des Random-Algorithmus, und korrespondiert mit keinem Vergleich) summieren:

$$
\sum_{1 \leq j \leq m} (\mathbb{1} - \Psi)^{-1}_{1,j} = \sum_{1 \leq j \leq m} c^{m-j+1} = \sum_{1 \leq j \leq m} c^j = \frac{c^{m+1} - c}{c - 1}.
$$

Damit haben wir im Mittel eine Laufzeit in Abhängigkeit von der Länge der gesuchten Zeichenkette und der Alphabet-Größe.

6.2.4.2 KMP-Algorithmus

Der in Abb. 6.8 dargestellte Automat beschreibt das Verhalten des KMP-Algorithmus. Auch hier entspricht die Zustandsnummer der Position des Zeichens in P, für das aktuell eine Übereinstimmung gesucht wird.

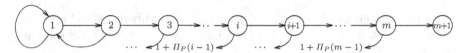

Abb. 6.8 Automat gemäß dem KMP-Algorithmus zum Finden eines Wortes der Länge m.

Wird für Zeichen P_i eine Übereinstimmung gesucht, so verzweigt der KMP-Algorithmus im Erfolgsfall in den Zustand $i + 1$ (erste if-Anweisung des Programms), bei einem Misserfolg wird nachfolgend eine Übereinstimmung mit Zeichen $\Pi_P(i-1)+1$ gesucht (while-Schleifen-Rumpf und nächste Abfrage der Schleifenbedingung).

Für eine Average-Case-Analyse müssen wir den Erwartungswert $\mathbb{E}[X_i]$ der Zufallsvariablen $X_i = j$ *genau dann, wenn ein Mismatch zu einer Überführung von Zustand i nach Zustand j führt*, für $3 \leq i \leq m$ bestimmen. Es gilt

$$\mathbb{E}[X_i] = \sum_{1 \leq k \leq i-1} k \cdot \Pr\big[\Pi_P(i-1) = k-1\big].$$

Aus der Definition von Π_P können wir folgern, dass

$$\Pr[\Pi_P(i) = k] = \Pr\big[P_{0,k} \sqsupseteq P_{0,i} \wedge k < i\big]$$
$$\cdot \Pr\Big[(\nexists j > k)\,(P_{0,j} \sqsupseteq P_{0,i} \wedge j < i)\Big]$$
$$\leq \Pr\big[P_{0,k} \sqsupseteq P_{0,i}\big]$$

gilt. Für zufälliges P und T über einem Alphabet mit c vielen Buchstaben und der Annahme einer Übereinstimmung mit Wahrscheinlichkeit c^{-1} und einer Diskrepanz mit Wahrscheinlichkeit $c^{-1}(c-1)$ ergibt sich so

$$\Pr[\Pi_P(i) = k] \leq c^{-k},$$

und damit

$$\mathbb{E}[X_i] \leq \sum_{1 \leq k \leq i-1} k \cdot c^{-(k-1)}$$

$$\leq \sum_{k \geq 1} k \cdot c^{-(k-1)}$$

$$= \frac{c^2}{(c-1)^2}$$

$$= 1 + \frac{1}{(c-1)^2} + 2\frac{1}{c-1}.$$

Für hinreichend große Alphabete (z.B. ASCII-Code) kehrt das Verfahren also in den Startzustand zurück, wenn ein Mismatch auftritt. Es entspricht damit der naiven Methode.

Betrachten wir nun die optimierte Variante von Π_P (siehe Bemerkung 6.13 auf Seite 352). Wir definieren

$$\Pi_P^{\mathrm{opt}}(q) \; := \; \max_{k \in \mathbb{N}_0} \left\{ k \mid P_{0,k-1} \sqsupset P_{0,q-1} \wedge P_k \neq P_q \right\}.$$

Wird nun an Position q ein Mismatch entdeckt, so liefert bei der optimierten Variante $\Pi_P^{\mathrm{opt}}(q)$ das Zeichen, für das nach einem Shift von P entlang des Textes T versucht wird, eine Übereinstimmung zu finden. $\Pi_P^{\mathrm{opt}}(q) = 0$ bedeutet dabei, dass P komplett hinter das aktuell betrachtete Textsymbol verschoben und anschließend der Text wieder mit dem ersten Zeichen von P verglichen wird. Abb. 6.9 veranschaulicht die unterschiedlichen Fälle.

Für den Automaten zum KMP-Algorithmus bei Verwendung der optimierten Präfix-Funktion ergibt sich entsprechend das in Abb. 6.10 gezeigte Bild. Der Zustand 0/1 korrespondiert dabei mit einem Vergleich des Symbols P_1 mit dem Text. Diese Benennung wird aufgrund der verschiedenen Funktionswerte von Π_P^{opt} notwendig, die zu diesem Vergleich führen. Wie zuvor bestimmen wir nun $\mathbb{E}[X_i]$, für den gilt

$$\mathbb{E}[X_i] \; = \; 1 \cdot \left(\Pr\left[\Pi_P^{\mathrm{opt}}(i) = 0\right] + \Pr\left[\Pi_P^{\mathrm{opt}}(i) = 1\right] \right)$$
$$+ \sum_{2 \leq k \leq i-1} k \cdot \Pr\left[\Pi_P^{\mathrm{opt}}(i) = k\right],$$

und wir erhalten für die benötigten Wahrscheinlichkeiten

$$\Pr\left[\Pi_P^{\mathrm{opt}}(i) = j\right] \; = \; \Pr\left[P_{0,j-1} \sqsupset P_{0,i-1} \wedge P_i \neq P_j\right]$$
$$\cdot \Pr\left[(\nexists k > j)\left(P_{0,k-1} \sqsupset P_{0,i-1} \wedge P_k \neq P_i\right)\right]$$
$$\leq \; \Pr\left[P_{0,j-1} \sqsupset P_{0,i-1} \wedge P_j \neq P_i\right].$$

Unter den gleichen Annahmen wie zuvor ergibt sich $\Pr[\Pi_P^{\mathrm{opt}}(i) = j] \leq c^{-(j-1)}(c-1)/c$ und damit

$\Pi_P^{opt}(q) \neq 0$:

$$T \qquad \cdots a \quad b \quad a \quad b \quad d \quad c \quad a \quad b \quad c \quad a \quad \cdots$$

$$P \qquad \qquad a \quad b \quad a \quad b \quad c \quad a$$

Mismatch bei $q = 5$. Mit $\Pi_P^{opt}(5) = 3$ wird wie folgt fortgefahren:

$$T \qquad \cdots a \quad b \quad a \quad b \quad d \quad c \quad a \quad b \quad c \quad a \quad \cdots$$

$$P \qquad \qquad a \quad b \quad a \quad b \quad c \quad a$$

Nächster Vergleich mit $P_3 = P_{\Pi_P^{opt}(5)}$.

$\Pi_P^{opt}(q) = 0$:

$$T \qquad \cdots b \quad c \quad a \quad b \quad a \quad b \quad c \quad b \quad a \quad c \quad a \quad b \quad a \quad c \quad b \quad b \quad \cdots$$

$$P \qquad \qquad a \quad b \quad a \quad b \quad c \quad a$$

Mismatch bei $q = 6$. Mit $\Pi_P^{opt}(6) = 0$ wird wie folgt fortgefahren:

$$T \qquad \cdots b \quad c \quad a \quad b \quad a \quad b \quad c \quad b \quad a \quad c \quad a \quad b \quad a \quad c \quad b \quad b \quad \cdots$$

$$P \qquad \qquad a \quad b \quad a \quad b \quad c \quad a$$

Nächster Vergleich mit P_1.

Abb. 6.9 Die für eine optimierte Variante der Präfix-Funktion zu berücksichtigenden Fälle.

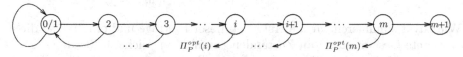

Abb. 6.10 Automat gemäß des KMP-Algorithmus zum Finden eines Wortes der Länge m bei Verwendung der optimierten Präfix-Funktion Π_P^{opt}.

$$\mathbb{E}[X_i] \;\leq\; \Pr\!\left[\Pi_P^{\text{opt}}(i) = 0\right] \;+\; \sum_{1 \leq k \leq i-1} k \cdot c^{-(k-1)}(c-1)/c$$

$$\leq\; 1 + \frac{c-1}{c}\sum_{k \geq 1} k \cdot c^{-(k-1)}$$

$$=\; 1 + \frac{c}{c-1}$$

$$=\; 2 + \frac{1}{c-1}.$$

Für hinreichend große Alphabete folgern wir also, dass im Falle eines Mismatches davon ausgegangen werden muss, dass ein entsprechender Automat den Zustand 2 aufsucht. Wir erhalten also für die optimierte Variante die Situation aus Abb. 6.11.

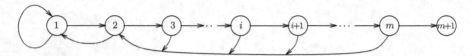

Abb. 6.11 Automat gemäß des KMP-Algorithmus zum Finden eines Wortes der Länge m bei Verwendung erwarteter Nachfolgezustände im Falle eines Mismatches.

Diesen Automaten versehen wir mit derselben Wahrscheinlichkeitsverteilung wie den zur naiven Methode (Match c^{-1}, Mismatch $(c-1)/c$) und verwenden unsere Ergebnisse zu den Random-Algorithmen für die Analyse. Wir finden für die erste Zeile der zugehörigen Matrix $(\mathbb{1} - \Psi)^{-1}$ (die anderen Einträge werden nicht benötigt):

$$(\mathbb{1} - \Psi)^{-1}_{1,j} \;=\; \begin{cases} c^{m-j+1} & \text{falls } 2 \leq j \leq m+1, \\ \left(c^{-(m-1)} + (c-1)/c\right) \cdot c^m & \text{falls } j = 1. \end{cases}$$

Wie zuvor summieren wir die ersten m dieser Einträge und erhalten so die erwartete Gesamtanzahl an Zuständen (Symbolvergleichen), die der Algorithmus annimmt (durchführt), bevor er im Zustand $m+1$ nach dem ersten Vorkommen von P terminiert. Wir erhalten

$$\sum_{1 \leq j \leq m} (\mathbb{1} - \Psi)^{-1}_{1,j} \;=\; \left(c^{-(m-1)} + (c-1)/c\right)\cdot c^m + \sum_{2 \leq j \leq m} c^{m-j+1}$$

$$=\; c + c^m - c^{m-1} + \sum_{1 \leq j \leq m-1} c^j$$

$$=\; c + c^m - c^{m-1} + \frac{c^m - c}{c-1}$$

$$=\; c^m + \big(1/(c-1)\big)c^{m-1} + c - c/(c-1).$$

Um die naive Methode mit der optimierten Variante des KMP-Algorithmus zu vergleichen, dividieren wir deren Resultate zur erwarteten Anzahl durchgeführter Vergleiche und finden so

$$\frac{\mathsf{KMP}}{\mathsf{BruteForce}} \;=\; 1 \,+\, \frac{c^{m-2} - 1}{c^m - 1}(1 - c).$$

Damit sind für hinreichend große m und konstantem c beide Verfahren nahezu gleich gut. Dies gilt insbesondere, da wir im Falle des KMP-Algorithmus für unsere Analyse eine obere Schranke für $\mathbb{E}[X_i]$ verwendet haben, was anschaulich bedeutet, dass wir den Algorithmus schneller gemacht haben, als er tatsächlich ist.

Trotz dieses Ergebnisses ist die Bedeutung des KMP-Algorithmus nicht zu unterschätzen. Sie rührt von seiner Optimalität im Worst-Case, aber auch von seiner günstigen Eigenschaft her, dass jedes Eingabezeichen des Textes genau einmal (von links nach rechts) gelesen wird. Dies ist für Online-Algorithmen unabdingbar, aber auch von Vorteil, wenn der Text von einem Sekundärspeicher gelesen wird.

6.2.5 Der Boyer-Moore-Algorithmus

Wenn die Zeichenkette P hinreichend lang ist und wir ein relativ großes Alphabet Σ verarbeiten, ist der folgende Algorithmus von BOYER und MOORE der mit großer Wahrscheinlichkeit effizienteste Algorithmus zur Lösung des String-Matching-Problems.

Im Kern verhält sich dieser Algorithmus genau wie die naive Lösung, allerdings vergleicht das Verfahren die Zeichenkette P von *rechts nach links* mit dem entsprechenden Teil des Textes statt wie bisher in der gleichen Richtung, in der wir uns über T bewegen. Bei einem Mismatch erhöhen wir den aktuell getesteten Shift s und versuchen es dort erneut; würden wir s dabei nur um 1 erhöhen, dann entspräche das Vorgehen i.W. der naiven Methode.

Die Einsicht von BOYER und MOORE ist, dass wir gerade durch den Richtungswechsel beim Vergleichen oft deutlich größere Schritte machen können (vgl. Zeilen 17 und 19 unten):

- Wenn – im Extremfall – ein gerade im Text gelesenes Zeichen gar nicht in P vorkommt, so können wir mit dem Shift direkt hinter diesen "bad character" springen. Als allgemeine Regel ergibt das die *bad-character-Heuristik* λ.

- Wir können außerdem – ähnlich zum KMP-Algorithmus – den schon in Übereinstimmung mit dem Text gebrachten Teil des Patterns, den "good suffix", verwenden, um weitere Shifts auszuschließen: Jeder gültige Shift muss mindestens den good suffix mit einem Teilwort des Patterns in Übereinstimmung bringen; alle anderen können wir überspringen. Dies führt zur *good-suffix-Heuristik* γ.

Bevor wir in die Detail zu den Shift-Regeln eintauchen, wollen wir eine Implementierung der Suche angeben:

```
1  public class BoyerMoore implements StringMatchingWithPreprocessing {
2      private String P;
3      private int sigma;
4      private int[] gamma, lambda;
5
6      public BoyerMoore(final String pattern, final int sigma) {
7          P = pattern; this.sigma = sigma;
8          computeLambda(); computeGamma();
9      }
10     public Iterator<Integer> allMatches(String T) {
11         LinkedList<Integer> matches = new LinkedList<>();
12         int n = T.length(), m = P.length();
13         for (int s = 0; s <= n-m;) {
14             int j = m;
15             while (j > 0 && P.charAt(j-1) == T.charAt(s+j-1)) --j;
16             if (j == 0) {
17                 matches.append(s); s += gamma[0];
18             } else
19                 s += Math.max(gamma[j], j - lambda[T.charAt(s+j-1)]);
20         }
21         return matches.iterator();
22     }
23  }
```

6.2.5.1 Die bad-character-Heuristik

Die bad-character-Heuristik nutzt die Information aus, wo in P dieselben Zeichen vorkommen, um einen Inkrement für den Shift s zu bestimmen. Im besten Fall gab es einen Mismatch beim ersten Vergleich ($P_m \neq T_{s+m}$) und T_{s+m} kommt nirgends sonst in P vor. Dann nämlich können wir s um m erhöhen. Dieser Best-Case zeigt den Vorteil, das Muster von rechts nach links abzuarbeiten. Im Allgemeinen arbeitet die Heuristik folgendermaßen: Ist $P_j \neq T_{s+j}$ für $1 \leq j \leq m$, dann setzen wir $k := \lambda(T_{s+j})$ für

$$\lambda(a) := \max\Big(\{i \in [1:m] \mid P_i = a\} \cup \{0\}\Big).$$

Wir suchen dabei das _letzte_ Vorkommen in P, daher der Name λ.

Mit dieser Wahl für k können wir s um $j - k$ erhöhen, ohne einen zulässigen Shift zu versäumen; das sieht man wie folgt ein:

$k = 0$: Der _bad character_ T_{s+j} tritt nirgends in P auf. Damit kann P erst wieder hinter T_{s+j} vorkommen, wir setzen $s := s + j$.

$k < j$: In diesem Fall müssen wir P um $j - k$ Positionen verschieben, damit das am weitesten rechts befindliche Vorkommen des bad characters in P und T_{s+j} in Übereinstimmung gebracht werden. Zwischen P_j und dieser Position von P kommt der bad character nicht vor (k

wird maximal gewählt), ein früherer Match von P mit T ist damit ausgeschlossen.

$k > j$: Diesen *Rückwärts-Shift* können wir ignorieren, da die good-suffix-Heuristik in Zeile 14 des Algorithmus stets einen positiven Shift vorschlägt.

Die bad-character-Heuristik wird im Algorithmus durch das Feld `lambda` repräsentiert. Ihre Berechnung nach obiger Definition ist einfach:

```
1    private void computeLambda() {
2        int m = P.length(); lambda = new int[sigma];
3        for (int j = 1; j <= m; ++j) lambda[P.charAt(j-1)] = j;
4    }
```

Es ist offensichtlich, dass dieses Verfahren mit einer Laufzeit in $\mathcal{O}(m + \sigma)$ die korrekte Lösung liefert.

6.2.5.2 Die good-suffix-Heuristik

Für die good-suffix-Heuristik benötigen wir etwas Vorarbeit. Für $Q, R \in \Sigma^\star$ schreiben wir $Q \sim R$, falls $Q \sqsupset R$ oder $R \sqsupset Q$ gilt. Es ist offensichtlich, dass wir für $\sim$ folgern können:

$$Q \sqsupset R \wedge S \sqsupset R \rightarrow Q \sim S. \tag{6.3}$$

Ist $P_j \neq T_{s+j}$ für $j < m$ (für $j = m$ gibt es keinen good suffix), dann besagt die good-suffix-Heuristik, dass wir s um

$$\gamma(j) := m - \max\left\{k \in [0:m-1] \mid P_{j+1,m} \sim P_{0,k}\right\}$$

erhöhen können. Anschaulich ist $\gamma(j)$ der kleinste Wert um den wir s erhöhen können, sodass kein Zeichen des *good-suffix* $T_{s+j+1,s+m} = P_{j+1,m}$ durch ein *falsches* Zeichen von P in seiner neuen Position *überdeckt* wird. γ ist wohldefiniert, da $P_{j+1,m} \sim P_{0,0} = \varepsilon$. Abb. 6.12 veranschaulicht die Idee hinter der good-suffix-Heuristik.

Da k maximiert wird, ist also $m - k$ der kleinste Shift, für den wieder eine Überdeckung mit den bereits untersuchten Textteilen $T_{s+j+1,s+m}$ und der Zeichenkette P existiert. In allen anderen Fällen können wir aus dem, was wir bereits über T und P wissen, einen Mismatch folgern.

6.2.5.3 Berechnung der good-suffix-Heuristik

Nachdem uns auch die Idee hinter dieser Heuristik klar ist, wollen wir nun sehen, wie γ effizient berechnet werden kann. Eine naive Berechnung anhand der Definition oben müsste für jedes j über die m möglichen Werte von k iterieren und jeweils mit bis zu m Vergleichen testen, ob $P_{j+1,m} \sim P_{0,k}$. Das wäre also Aufwand in $\mathcal{O}(m^3)$. Durch einen genaueren Blick auf die Sachlage können wir zu einer Methode gelangen, die γ tatsächlich in $\mathcal{O}(m)$ berechnet!

$$\sim\ \widehat{=}P_{j+1,m}\ \sqsupset\ P_{0,k}$$

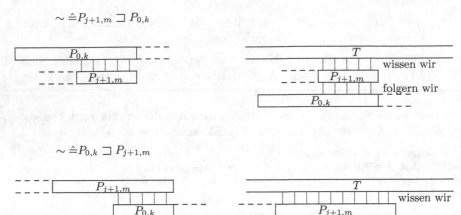

$$\sim\ \widehat{=}P_{0,k}\ \sqsupset\ P_{j+1,m}$$

Abb. 6.12   Die Idee hinter der good-suffix-Heuristik.

Ist $w = \Pi_P(m)$, dann ist $P_{0,w} \sqsupset P$ nach Definition von Π_P. Da aber $P_{j+1,m} \sqsupset P$ für beliebiges j gilt, folgt mit (6.3) $P_{0,w} \sim P_{j+1,m}$. Damit können wir folgen, dass

$$\gamma(j) \;=\; m - \max\left\{k \in [\Pi_P(m) : m-1]\;\middle|\; P_{j+1,m} \sim P_{0,k}\right\}$$

gilt. Nun ist $P_{j+1,m} \sim P_{0,k}$ genau dann, wenn $P_{j+1,m} \sqsupset P_{0,k}$ oder $P_{0,k} \sqsupset P_{j+1,m}$ gilt. Der zweite Fall impliziert aber $P_{0,k} \sqsupset P$ und damit $\Pi_P(m) \geq k$ nach Definition von Π_P. Ist aber $\Pi_P(m)$ echt größer als das maximale k mit $P_{0,k} \sqsupset P_{j+1,m}$, so muss der von Π_P bestimmte Präfix $P_{0,k'}$ länger als $(m-j)$ sein, denn andernfalls würde auch $P_{0,k'} \sqsupset P_{j+1,m}$ gelten, im Widerspruch zur Maximalität von k. Für ein solch langes $P_{0,k'}$ mit $P_{0,k'} \sqsupset P$ ist aber $P_{j+1,m}$ ein Suffix, sodass k' als Maximum der k mit $P_{j+1,m} \sqsupset P_{0,k}$ berücksichtigt wird.

Wir müssen folglich für $P_{0,k} \sqsupset P_{j+1,m}$ lediglich den möglichen Beitrag $\Pi_P(m)$ für das Maximum berücksichtigen und erhalten so

$$\gamma(j) \;=\; m - \max\left(\left\{\Pi_P(m)\right\} \cup \left\{k \in [\Pi_P(m)+1 : m-1]\;\middle|\; P_{j+1,m} \sqsupset P_{0,k}\right\}\right).$$

Beachte, dass wir damit die Fallunterscheidung losgeworden sind, welche der beiden Teilstrings von P länger ist, sodass wir direkt die Suffix-Relation $\sqsupset$ verwenden können.

Diese Darstellung für γ können wir noch weiter vereinfachen, indem wir die zu P *reverse* Zeichenkette P^R und das zugehörige Π_{P^R} betrachten.

Lemma 6.27: Ist k der größte Wert mit $P_{j+1,m} \sqsupset P_{0,k}$, dann ist

$$\Pi_{PR}(\ell) = m - j \quad \text{für} \quad \ell = (m - k) + (m - j). \tag{6.4}$$

◀

Beweis: Um dies einzusehen, ist zu beachten, dass aus $P_{j+1,m} \sqsupset P_{0,k}$ direkt $m - j \leq k$ folgt (Länge der Teilwörter) und damit $\ell \leq m$. Außerdem ist $j \leq m$ und $k < m$, sodass $\ell \geq 1$ folgt.

Mit $P_{j+1,m} \sqsupset P_{0,k}$ gilt $P_{0,m-j}^R \sqsupset P_{0,\ell}^R$. Damit ist $\Pi_{PR}(\ell) \geq m - j$. Nehmen wir an, es gelte $\bar{p} := \Pi_{PR}(\ell) > m - j$, so folgt nach der Definition von Π_{PR}, dass $P_{0,\bar{p}}^R \sqsupset P_{0,\ell}^R$ oder äquivalent $P_{1,\bar{p}}^R = P_{\ell-\bar{p}+1,\ell}^R$ gilt. Schreiben wir diese Gleichung in P, so heißt das $P_{m-\bar{p}+1,m} = P_{m-\ell+1,m-\ell+\bar{p}}$ und mit $\ell = 2m - k - j$, $P_{m-\bar{p}+1,m} = P_{k-m+j+1,k-m+j+\bar{p}}$, woraus $P_{m-\bar{p}+1,m} \sqsupset P_{0,k-m+j+\bar{p}}$ folgt.

Da $\bar{p} > m - j$ ist, gilt $j + 1 > m - \bar{p} + 1$ und damit $P_{j+1,m} \sqsupset P_{m-\bar{p}+1,m}$. Wegen der Transitivität von $\sqsupset$ impliziert dies $P_{j+1,m} \sqsupset P_{0,k-m+j+\bar{p}}$. Da aber $\bar{p} > m - j$ ist, haben wir so mit $\bar{k} = k - m + j + \bar{p} > k$ einen echt größeren Wert mit $P_{j+1,m} \sqsupset P_{0,\bar{k}}$ gefunden, im Widerspruch zur Annahme, k sein maximal mit dieser Eigenschaft. ∎

Wenden wir Lemma 6.27 auf unsere Charakterisierung von $\gamma(j)$ an, können wir j und k vermittels ℓ und $\Pi_{PR}(\ell)$ in Beziehung setzen: $j = m - \Pi_{PR}(\ell)$ und $k = m - \ell + \Pi_{PR}(\ell)$. Wir erhalten damit

$$\begin{aligned}
\gamma(j) &= m - \max\Big(\{\Pi_P(m)\} \\
&\qquad \cup \big\{m - \ell + \Pi_{PR}(\ell) \mid \ell \in [1:m] \wedge m - \Pi_{PR}(\ell) = j\big\}\Big) \\
&= \min\Big(\{m - \Pi_P(m)\} \\
&\qquad \cup \big\{\ell - \Pi_{PR}(\ell) \mid \ell \in [1:m] \wedge m - \Pi_{PR}(\ell) = j\big\}\Big).
\end{aligned} \tag{6.5}$$

Wir können zwar passenden Wert von ℓ nicht geschlossen beschreiben, es kann aber nur höchstens einen solchen (pro Wert von j) geben, sodass das Maximum tatsächlich aus ≤ 2 Elementen auswählen muss. Indem wir über ℓ (statt über j) iterieren, können wir alle Werte der zweiten Menge systematisch durchlaufen und gegebenenfalls das entsprechende $\gamma(j)$ anpassen.

Im Programm ist die Berechnung von `gamma` dementsprechend kompakt möglich; ohne die detaillierten Vorüberlegungen oben ist sicherlich kaum nachvollziehbar, warum der folgende Code die korrekten Werte berechnet:

```
1   private void computeGamma() {
2       int m = P.length(); gamma = new int[m+1];
3       int[] Pi = computePi(P), PiR = computePi(reverse(P));
4       Arrays.fill(gamma, m-Pi[m]);
5       for (int l = 1; l <= m; ++l) {
6           int j = m - PiR[l];
7           if (gamma[j] > l-Pi[l]) gamma[j] = l-PiR[l];
8       }
```

```
 9     }
10     public static String reverse(String s) {
11         return new StringBuffer(s).reverse().toString();
12     }
```

Dabei verwenden wir die Linearzeit-Methode `computePi` aus dem KNUTH-MORRIS-PRATT-Algorithmus (Abschnitt 6.2.3.1) zur Berechnung der Präfix-Funktionen. Die Laufzeit dieser Implementierung ist damit in $\Theta(m)$.

6.2.5.4 Analyse

Die Worst-Case Laufzeit des Boyer-Moore Algorithmus ist in $\mathcal{O}((n - m + 1) \cdot m + \sigma)$ (und für gewöhnlich in $\Theta((n-m)\cdot m)$), da die Berechnung von `lambda` Zeit $\mathcal{O}(m + \sigma)$, die von `gamma` Zeit $\Theta(m)$ benötigt und der Algorithmus im schlimmsten Fall $\Theta(m)$ Zeit für jeden der im Worst-Case $n - m + 1$ vielen zu betrachtenden Shifts benötigt.

In der Praxis erweist er sich dennoch häufig als die beste Wahl, da scheinbar der Worst-Case nie auftritt und die beiden Heuristiken relativ große Inkremente für die zu betrachtenden Shifts liefern. So resultiert meist eine in der Textlänge lineare Laufzeit, deren Steigung echt kleiner als 1 ist, und der BOYER-MOORE-Algorithmus *schlägt* den bzgl. des Worst-Case optimalen KMP-Algorithmus.

Bemerkung 6.28: Analog zum KMP-Algorithmus kann man den Boyer-Moore Algorithmus verbessern, indem für $\gamma(j)$ zusätzlich gefordert wird, dass $k - m + j > 0$ stets $P_j \neq P_{k-m+j}$ impliziert.   ◀

6.2.6 Weitere Verfahren

In diesem Abschnitt wollen wir kurz weitere Ansätze zur Lösung des String-Matching-Problems skizzieren, bevor wir uns im nächsten Abschnitt einer speziellen Datenstruktur zur Verwaltung des Textes T zuwenden, deren Verwendung das String-Matching-Problem aber auch viele andere mit Texten und Zeichenkette assoziierte Probleme einfach und effizient lösen lässt.

6.2.6.1 Boyer-Moore-Horspool-Algorithmus

Das erste Verfahren, dass wir ansprechen wollen, ist der BOYER-MOORE-HORSPOOL-Algorithmus. Er stellt eine Variante des BOYER-MOORE-Verfahrens dar, bei der nur eine Heuristik ähnlich der bad-character-Heuristik eingesetzt wird. Es wird dabei aber explizit ausgeschlossen, dass ein negativer Versatz erzeugt wird. Im Falle eines Mismatches beim Vergleich von P mit $T_{i-|P|+1,i}$ verschiebt man P um $d(T_i)$ Positionen nach rechts, wobei

$$ d(a) \quad := \quad \min_{1 \le k \le |P|} \left\{ k \mid k = |P| \vee P_{|P|-k} = a \right\} $$

gilt. Folglich wird P so verschoben, dass T_i mit einem Zeichen von P in Übereinstimmung gebracht wird, falls ein solches Zeichen existiert, andernfalls wird P komplett an der i-ten Position des Textes vorbeigeschoben. Dabei ist durch die Minimierung gewährleistet, dass kein (potentiell) zulässiger Shift ausgelassen wird.

Auch wenn auch diese Variante des Algorithmus eine Worst-Case-Laufzeit in $\Theta(n \cdot m)$ besitzt, hat sie eine lineare erwartete Laufzeit für zufällige Texte. Mit Hilfe von komplizierten probabilistischen Untersuchungen kann gezeigt werden, dass sich die Konstante beim linearen Term der mittleren Laufzeit des Verfahrens asymptotisch ($n \to \infty$) wie $\frac{1}{\sigma} + \mathcal{O}(\frac{1}{\sigma^2})$ verhält.

6.2.6.2 Karp-Rabin-Algorithmus

Der zweite Algorithmus, den wir kurz skizzieren wollen, ist der KARP-RABIN-Algorithmus. Er verwendet Begriffe der Zahlentheorie, nämlich die Modulo-Arithmetik $a \equiv b \pmod{c}$. Man fasst den Text T und die Zeichenkette P als Zahlen in der Darstellung zur Basis $d = |\Sigma|$ mit $|T| =: n$ bzw. $|P| =: m$ vielen Ziffern auf. Den *Wert* von P berechnen wir mit Hilfe des Horner-Schemas in Zeit $\mathcal{O}(m)$ mittels

$$P = P_m + d\Big(P_{m-1} + d(P_{m-2} + \cdots + d(P_2 + dP_1)\cdots)\Big).$$

Ist $T^{(s)} := T_{s+1,s+m}$, so bestimmen wir den Wert von $T^{(0)}$ entsprechend in Zeit $\mathcal{O}(m)$. Die Werte der restlichen $T^{(i)}$, $1 \le i \le n-m$, können wir insgesamt in Zeit $\mathcal{O}(n-m)$ bestimmen, da

$$T^{(i+1)} = d(T^{(i)} - d^{m-1}T_{i+1}) + T_{i+m+1} \tag{6.6}$$

in konstanter Zeit berechnet werden kann, sofern die Konstante d^{m-1} vorab berechnet wurde. Vergleichen wir nun nacheinander (als Zahlen) alle $T^{(i)}$ mit P, so haben wir ein Verfahren, dass in Zeit $\mathcal{O}(n)$ alle möglichen Shifts durchprobiert. Das gesamte Verfahren hat so eine Laufzeit in $\mathcal{O}(m + n)$.

Fingerprinting: Das Problem an diesem Vorgehen ist jedoch, dass praktisch relevante Größen für $|\Sigma|$ und $|P|$ dazu führen, dass die zu verarbeitenden Zahlen zu groß für die Prozessor-Arithmetik werden. Dann ist die Annahme, dass jede arithmetische Operation nur konstant viel Zeit benötigt, abwegig. Die Lösung des Problems liegt in der Modulo-Arithmetik. Wir berechnen P und $T^{(i)}$ modulo eines gut gewählten Moduls q. Eine gute Wahl ist etwa eine Primzahl q, für die $d \cdot q$ gerade noch in ein Wort der CPU passt. Da das Horner-Schema und die Rekursion (6.6) *komponentenweise* modulo q durchgeführt werden können, bleibt die Schranke $\mathcal{O}(m + n)$ erhalten. Die Rekursion (6.6) liest sich dann wie folgt:

$$T^{(i+1)} = \Big(d(T^{(i)} - h \cdot T_{i+1}) + T_{i+m+1}\Big) \bmod q,$$

wobei $h := d^{m-1} \bmod q$ der Wert der Ziffer „1" in der höchstwertigen Position der m-ziffrigen Zahlen zur Basis d darstellt.

Der Wechsel in die Module-Arithmetik bringt aber Probleme mit sich, denn $T^{(i)} \equiv P \pmod q$ impliziert keineswegs, dass $T^{(i)} = P$ gilt. Wir wissen lediglich, dass mit $T^{(i)} \not\equiv P \pmod q$ auch $T^{(i)} \neq P$ folgt. Damit liefert uns der Test auf $T^{(i)} \equiv P \pmod q$ eine schnelle Heuristik, um *ungültige* Shifts zu erkennen, die aber *false positives* für gültige Shifts erzeugen kann. Jeder Shift mit $T^{(i)} \equiv P \pmod q$ bedarf einer weiteren Untersuchung, z. B. durch einen zeichenweisen Vergleich von P und dem entsprechenden Ausschnitt von T.

Diese Idee – Vergleiche und Suchen günstig zu machen, indem man komplexere Objekte (nicht-injektiv) auf einfache Zahlen abbildet – bezeichnet man auch als *Fingerprinting*. Die Problematik, dass dabei mit Kollisionen umgegangen werden muss, ist uns von den Hashing-basierten Wörterbuch-Implementierungen in Abschnitt 3.6 auch schon vertraut.

Analyse: Ist q hinreichend groß, so treten nur scheinbare Treffer – also Shifts mit $T^i \equiv P \pmod q$ aber $T^{(i)} \neq P$ – nur sehr selten auf, und der zusätzliche Aufwand für den zeichenweisen Vergleich fällt nicht ins Gewicht. Dennoch bewirkt der Übergang zur Modulo-Arithmetik eine Worst-Case Laufzeit von $\Theta((n - m + 1)m)$, da im schlechtesten Fall für jeden Shift ein vollständiger symbolweiser Vergleich von P mit T notwendig wird.

Fassen wir die *Reduktion* der Werte durch die Modulo-Arithmetik als eine zufällige Abbildung von $\Sigma^\star$ nach $\mathbb{Z}_q$ auf, so ist die Wahrscheinlichkeit für die Situation $T^{(i)} \equiv P \pmod q$ mit $1/q$ anzunehmen. Damit ist die zu erwartende Anzahl solcher Situationen in $\mathcal{O}(n/q)$, und wir erwarten eine Laufzeit des Algorithmus der Ordnung

$$\mathcal{O}\big(n + m(v + n/q)\big),$$

wobei v die Anzahl der zulässigen Shifts ist. Ist $v = \mathcal{O}(1)$ und haben wir q so gewählt, dass $q \geq m$ gilt, so entspricht dies einer (erwarteten) Laufzeit in $\mathcal{O}(m + n)$.

6.2.6.3 Aho-Corasick-Algorithmus

Das letzte Verfahren, das wir kurz erwähnen wollen, ist der Algorithmus von AHO und CORASICK. Dieser löst ein etwas allgemeineres Problem als das reine String-Matching, denn er findet gleichzeitig alle Vorkommen einer *Menge* von Suchwörtern in einem Text (wir bezeichnen dieses Problem als *Set-Matching-Problem*). Dazu werden die Suchwörter in einem sog. *Suchwort-Baum* organisiert. Dabei handelt es sich um einen gerichteten Baum mit folgenden Eigenschaften:

- Jeder Kante im Baum ist ein Symbol aus Σ zugeordnet.
- Die von einem Knoten ausgehenden Kanten besitzen alle verschiedene Symbole.
- Für jedes Suchwort w existiert (genau) ein Knoten, sodass der Pfad von der Wurzel zu diesem Knoten genau mit w markiert ist.
- Jedes Blatt ist einem Suchwort zugeordnet.

Es handelt sich also um eine Art Trie der Patterns (Abschnitt 3.5), wobei wir
erlauben, dass innere Knoten Schlüssel tragen. Um die Suchwörter im Text
aufzufinden, werden die Buchstaben von T nacheinander im Suchwort-Baum
abgelaufen. Wir beginnen dabei mit der Wurzel und traversieren entlang der
mit T_1 markierten Kante. Danach wählen wir die mit T_2 markierte Kante
usw. Sobald wir einen Knoten erreicht haben, dem ein Suchwort entspricht,
haben wir dieses Suchwort im Text gefunden.

Dabei können wir jedoch auch in Sackgassen geraten, da es ja nicht in jedem
Knoten eine ausgehende Kante für jedes Symbol in Σ geben muss. Deshalb
werden die Knoten des Suchwort-Baums um sog. *failure links* erweitert. Dies
sind Verweise von einem Knoten v zu einem anderen Knoten w, derart, dass
der Pfad von der Wurzel zu w mit dem längsten im Baum existierenden Suffix
(inkl. des leeren Wortes ε) des Pfades von der Wurzel zu v entspricht.

Wie wir solche maximalen Suffixe bestimmen können, haben wir bei unserer
Betrachtung des SMA(P) bereits gesehen, und tatsächlich können wir den
Suchwort-Baum als einen verallgemeinerten String-Matching-Automat für
eine *Menge* von Wörtern auffassen. Der wesentliche Unterschied liegt darin,
dass die failure links keinen speziellen Symbolen des Alphabets zugeordnet
sind, sondern den ε-Übergangen eines endlichen Automaten entsprechen. Diese
werden immer dann verwendet, wenn die Baumkanten nicht voran führen.
Bei der Verwendung eines failure links wird dann kein Symbol des Textes
verarbeitet, sondern die aktuell angenommene Startposition im Text für ein
Vorkommen eines der Suchwörter um die Anzahl der durch den failure link im
Baum in Richtung der Wurzel zurückgegangenen Level erhöht (bzw. äquivalent
um die Länge des dem failure link entsprechenden Suffixes vor die Position des
letzten Symbolvergleichs gesetzt). Es kann dabei vorkommen, dass mehrere
failure links hintereinander traversiert werden, bevor die nächste Baumkante
benutzt wird. Ausnahme ist lediglich der Wurzelknoten. Befinden wir uns
dort, und hat die Wurzel keine zum nächsten Textsymbol passende Kante, so
verweilen wir in der Wurzel und gehen zum nächsten Textsymbol über.

∗   ∗   ∗

Damit haben wir eine interessante Auswahl an String-Matching-Algorithmen
betrachtet. Wir wollen nun damit fortfahren, eine Datenstruktur ähnlich den
Suchwort-Bäumen zu betrachten, mit deren Hilfe der *Text T* so repräsentiert
werden kann, dass viele String Probleme, u.a. auch das String-Matching-
Problem, einfach und effizient gelöst werden können.

6.3 Suffix-Bäume

Im vorherigen Abschnitt haben wir gesehen, dass ein Preprocessing[3] der
Zeichenkette P die algorithmische Lösung des String-Matching-Problems

---

[3] Die Berechnung von Π_P, als ein Beispiel, ist nichts anderes als eine Vorverarbeitung
von P.

wesentlich beschleunigen kann. In diesem Abschnitt wenden wir uns dem Preprocessing des Textes T zu, das darin besteht, den Text in einer baumförmigen Datenstruktur, dem Suffix-Baum, abzulegen. Auch dieses Preprocessing ist lohnend. So kann das String-Matching-Problem in Zeit linear in $|P|$ gelöst werden, falls T als Suffix-Baum gegeben ist. Die Verwendung von Suffix-Bäumen bietet sich besonders dann an, wenn viele verschiedene Wörter in ein und demselben Text gesucht werden sollen. Dieses Problem tritt in der Molekularbiologie beispielsweise dann auf, wenn man eine bestehende Datenbank nach vielen neu sequenzierten DNA-Fragmenten durchsuchen möchte.

6.3.1 Tries und einfache Suffix-Bäume

Die wesentliche Beobachtung für die Verwendung von Suffix-Bäumen ist, dass eine Zeichenkette P genau dann im Text T vorkommt, wenn P *ein Präfix eines Suffixes von* T ist. Deshalb sammelt man Informationen über die Struktur der Suffixe des Textes T und speichert sie in einem sog. *Suffix-Baum* geeignet ab.

Definition 6.29 (einfacher Suffixbaum):
Sei $T \in \Sigma^n$ ein Text. Ein gerichteter Baum $B_T = (V, E)$ mit einer Wurzel r heißt einfacher Suffix-Baum für T, falls er die folgenden Bedingungen erfüllt:

1. *B_T hat genau n Blätter; diese sind mit den Ziffern 1 bis n beschriftet.*
2. *Jede Kanten in B_T ist mit einem Symbol aus Σ markiert.*
3. *Alle von einem (inneren) Knoten ausgehenden Kanten sind mit verschiedenen Symbolen markiert.*
4. *Der Pfad von r zum Blatt j trägt die Markierung $T_{j,n}$.*   ◀

Der Name *einfacher* Suffix-Baum rührt daher, dass jede Kante mit genau einem Symbol markiert ist; wir werden später sehen, dass diese Variante noch nicht zufriedenstellend ist.

Der einfache Suffix-Baum von T entspricht einem Trie (Abschnitt 3.5), in den alle Suffixe von T eingefügt wurden; tatsächlich macht obige Definition nirgends davon Gebrauch, dass die gespeicherten Strings $T_{j,n}$ Suffixe eines einzigen Textes sind.

Beispiel 6.30: Ein Beispiel für einen einfachen Suffix-Baum für den Text $T = ccbcd$ ist in Abb. 6.13 zu finden.   ◀

Leider gibt es nicht für jede Menge von Wörtern einen Trie und entsprechend nicht für jeden Text einen einfachen Suffix-Baum; denn wenn ein Suffix s_1 von T ein Präfix eines anderen Suffixes s_2 von T ist, so endet der Pfad von s_1 bei einem inneren Knoten – im Widerspruch zu unserer Forderung, dass jedem Suffix des Textes ein *Blatt* im Baum entspricht.

Wir umgehen dieses Problem, indem wir an jedes zu speichernde Wort einen künstlichen *Endmarker* $\$ \notin \Sigma$ anhängen; für den Suffix-Baum verwenden wir also stets den Text $T \cdot \$$. Für die weitere Anwendung ignorieren wir alle Marken $\$$.

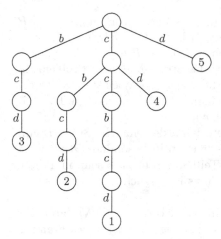

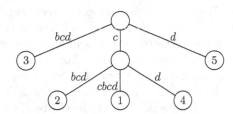

Abb. 6.13 Ein einfacher Suffix-Baum für den Text $T = ccbcd \ldots$

Abb. 6.14 ... und sein kompaktifiziertes Pendant.

Eine einfache Methode, um den Suffix-Baum für einen Text T zu berechnen, besteht darin, sukzessive alle Suffixe in einem anfange leeren Trie einzufügen:

Methode: Konstruktion eines einfachen Suffix-Baums B_T

Eingabe: Ein Text $T \in \Sigma^n$.

Schritt 1: Setze $T' = T \cdot \$$ für ein Symbol $\$ \notin \Sigma$; setze $\Sigma' = \Sigma \cup \{\$\}$.

Schritt 2: Initialisiere B_T mit einem Wurzelknoten r ohne Kinder.

Schritt 3: Für j von 1 bis $n + 1$ wiederhole:

Traversiere von r ausgehend den Baum B_T entlang des Pfades $T_{j,n} \cdot \$$, bis es in einem Knoten x, den wir über Symbol T_k erreicht haben, keine passend markierte Nachfolgerkante gibt.

Füge an x eine mit $T_{k+1,n} \cdot \$$ kantenmarkierte lineare Liste von neuen Knoten an. Das so neu entstehende Blatt wird mit i beschriftet. ◀

Nach dem vollständigen Ausführen der Schleife in Schritt 3 ist B_T der gesuchte Baum. Den Beweis der Korrektheit dieses Verfahrens werden wir als Übungsaufgabe führen.

6.3.2 String-Matching mit Suffix-Baum

Ist der Text T als Suffix-Baum B_T gegeben, so lässt sich das String-Matching-Problem für eine beliebige Zeichenkette P folgendermaßen lösen: Wir starten bei der Wurzel von B_T und traversieren den Baum solange gemäß der Symbole von P wie möglich. Können wir so P komplett abarbeiten, so repräsentiert der so erreichte Knoten[4] x alle Textstellen, an denen P vorkommt, denn P ist ein Präfix aller Suffixe des Textes, deren Blätter Nachfolger von x sind. Können wir P nicht vollständig abarbeiten, so kommt P nicht in T vor.

Damit gelingt die Entscheidungsvariante des String-Matching-Problems in Zeit $\mathcal{O}(m)$, unabhängig von n. Wollen wir allerdings – wie oben stets verlangt – explizit alle gültigen Shifts bestimmen, so hängt die dafür benötigte Laufzeit von der Größe des Teilbaumes mit Wurzel x ab.

Wie wir in den Übungen zeigen werden, kann der einfache Suffix-Baum für T eine Größe in $\Omega(n^2 \cdot \sigma)$ erreichen – er kann insbesondere $\Theta(n^2)$ viele Knoten enthalten. Also kann auch dieser Teilbaum sehr groß sein, und diese Art der Lösung des String-Matching-Problems ist folglich ineffizient. Ist die Idee trotzdem zu gebrauchen?

In der Tat werden wir sehen, dass es mit einer optimierten Variante der Suffix-Bäume möglich ist, die Größe dieses Teilbaums auf $\mathcal{O}(k)$ zu beschränken, wenn k die Anzahl der gültigen Shifts ist; dann lösen wir das String-Matching-Problem für gegebenen Suffix-Baum in optimaler Zeit $\mathcal{O}(m + k)$.

6.3.3 Patricia-Tries und Kompakte Suffix-Bäume

Obwohl jeder Suffix-Baum nur n Blätter hat, kann ein einfacher Suffix-Baum – wie oben diskutiert – $\Theta(n^2)$ innere Knoten haben. Das Problem sind dabei einzig die *unären* Knoten, also Knoten mit nur einem Kind. Knoten mit höherem Grad können wir nämlich höchstens $n - 1$ viele haben, da jeder von ihnen mindestens die Pfade von zwei Blättern zusammenführt. Umgekehrt können wir eine Folge unärer Knoten in eine einzige lange Kante komprimieren, da es ja eh keine Abzweigungen gibt. Dadurch erhält man kompakte Suffix-Bäume.

Die gleiche Idee lässt sich allgemein auf Tries für eine beliebige Menge von Wörtern übertragen. Die resultierende Datenstruktur ist als *komprimierter Trie* oder *Patricia-Trie* bekannt.

Da Kanten nun einen ganzen Pfad von unären Knoten repräsentieren können, müssen wir als Marken der Kanten nun (nichtleere) *Wörter* über Σ zulassen. Damit diese Markierungen nicht zu viel Platz benötigen, speichert man diese Marken aber nicht explizit als String, sondern über die entsprechende Start- und Endposition im Text – schließlich enthält unser Suffix-Baum ausschließlich Teilwörter (Suffixe) von T, sodass jedes als Kantenmarkierung in Frage kommende Wort ebenfalls ein Teilwort des Textes ist. Dies gilt analog auch für allgemeine kompakte Tries. Beachte, dass die Wahl der Start- und Endpositionen für einen gegebenen String u. U. nicht eindeutig ist.

Definition 6.32 (kompakter Suffixbaum):
Sei $T \in \Sigma^n$ ein Text. Ein gerichteter Baum $B_T = (V, E)$ mit einer Wurzel r heißt kompakter Suffix-Baum für T, falls folgendes gilt:

---

[4] Aufgrund der dritten Bedingung der Definition eines einfachen Suffix-Baums ist dieser Knoten eindeutig bestimmt.

1. B_T hat genau n Blätter, die mit den Ziffern 1 bis n beschriftet sind.
2. Jeder innere Knoten von B_T hat mindestens zwei Nachfolger.
3. Die Kanten des Baumes sind mit Teilwörtern von T markiert.
4. Alle Markierungen der Nachfolgerkanten desselben Knotens beginnen mit paarweise verschieden Symbolen.
5. Der Pfad von der Wurzel zum Blatt j ist mit $T_{j,n}$ markiert, $1 \leq j \leq n$. ◄

Auch hier müssen wir an T einen Endmarker anfügen, um die Existenz des kompakten Suffix-Baums für T zu sichern. Abb. 6.14 zeigt den kompakten Suffix-Baum zum Text $T = ccbcd$; ein Endmarker ist hier nicht notwendig, auf seine Darstellung wurde deshalb verzichtet.

Lemma 6.33 (Speicherbedarf kompakter Suffix-Baum): Sei $T \in \Sigma^n$ ein Text. Ein kompakter Suffix-Baum B_T für T hat $\mathcal{O}(n)$ viele Knoten. Die Markierung aller seiner Kanten gelingt mit $\mathcal{O}(n \log(n))$ vielen Bits. ◄

Beweis: Jeder Suffix-Baum für T hat genau n Blätter. Da jeder innere Knoten im Baum mindestens zwei Nachfolger hat, kann B_T folglich höchstens $n - 1$ innere Knoten besitzen. Insgesamt hat B_T also höchstens $2n - 1 = \mathcal{O}(n)$ viele Knoten. Zwischen $2n - 1$ Knoten sind $2n - 2$ Kanten aufgespannt. Die Markierung einer jeden Kante (in Form eines Paares von Textpositionen) benötigt $\mathcal{O}(\log(n))$ Bits, sodass insgesamt $\mathcal{O}(n \log(n))$ Bits ausreichen. ∎

Bemerkung 6.34: Man beachte, dass unter gewissen Umständen das Speichern der zwei Positionen mehr Platz benötigt als ein expliziter String: Hat die Kantenmarkierung die Länge k, so spart die Start/Ende-Repräsentation der Kantenmarkierung Platz, sofern $2 \cdot \mathrm{ld}(n) \leq k \cdot \mathrm{ld}(\sigma)$ d.h. $k \geq 2 \cdot \mathrm{ld}(n - \sigma)$ gilt. In Java werden wir für die Start- und Endindizes jeweils einen int-Wert verwenden; schon die Länge eines Strings/char-Arrays und die zu speichernde Objektreferenz würden diesen Speicherplatz ebenfalls benötigen. ◄

Natürlich kann man relativ simple Verfahren finden, die aus einem einfachen Suffix-Baum, dessen algorithmische Konstruktion wir ja bereits betrachtet haben, den korrespondierenden kompakten Suffix-Baum machen. Das Problem dabei ist wieder die quadratische Worst-Case-Größe des einfachen Baumes, die neben einem quadratischen Platzbedarf auch eine quadratische Laufzeit für jeden Kompaktifizierungs-Algorithmus im Worst-Case impliziert.

Es ist aber möglich, einen kompakten Suffix-Baum *direkt* in Zeit $\mathcal{O}(n)$ zu konstruieren. Wir beschreiben hier einen entsprechenden Algorithmus, der von UKKONEN vorgestellt wurde.

6.3.4 Ukkonen-Algorithmus

UKKONENS Algorithmus zur Konstruktion des kompakten Suffix-Baums betrachtet den Text zeichenweise von vorne nach hinten. Das bedeutet, dass der Algorithmus *online* arbeiten kann, also ohne die komplette Eingabe zu Beginn zu kennen. Auf den ersten Blick stellt uns das vor ein Problem: Wir haben oben stets gefordert, dass wir dem Text einen Endmarker \$ anhängen;

wie sollen wir das tun, wenn wir im Algorithmus noch gar nicht wissen, ob das nun das Ende des Textes ist?

Tatsächlich geben wir deshalb hier die Bedingung, dass kein Suffix ein Präfix eines anderen Suffixes sein darf, vorerst auf, und arbeiten mit *impliziten Suffix-Bäumen:*

Definition 6.35 (Impliziter Suffix-Baum):
Ein impliziter Suffix-Baum ist der Baum, den man erhält, wenn man im kompakten Suffix-Baum für $T \cdot \$$

1. *das Zeichen $\$$ aus den Kantenmarkierungen entfernt,*
2. *Kanten ohne Markierungen entfernt (dabei werden Knoten, die nun nicht mehr von der Wurzel aus erreichbar sind, ebenfalls gelöscht), und*
3. *Knoten mit nur einem Kind entfernt (dabei wird die in den Knoten einmündende mit der aus dem Knoten austretenden Kante zu einer Kante mit konkatenierten Marken verschmolzen).*   ◀

In Abb. 6.15 ist der kompakte Suffix-Baum für das Wort *cbacb*$\$$ sowie der zugehörige implizite Suffix-Baum dargestellt.

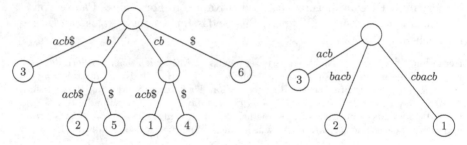

Abb. 6.15 Der kompakte Suffix-Baum für *cbacb*$\$$ (links) und sein zugehöriger impliziter Suffix-Baum (rechts).

In einem impliziten Suffix-Baum ist es also möglich, dass ein Suffix des Textes mit einem inneren Knoten anstelle eines Blattes korrespondiert, oder sogar, dass der entsprechende Pfad von der Wurzel mitten in einer Kante endet. Für allgemeine komprimierte Tries, die eine nicht weiter eingeschränkte Menge von Strings speichern, wäre dieser Umstand sicher ein Problem – wie sollen wir Wörter der Menge von reinen Präfixen jener unterscheiden? Für Suffix-Bäume steckt diese Information aber implizit noch im Baum.

6.3.4.1 Online-Konstruktion des impliziten Suffix-Baums

Wie schon erwähnt, ist UKKONENs Algorithmus ein *Online-Algorithmus*, d. h. das Verfahren verarbeitet den Text T von links nach rechts symbolweise; bei der Verarbeitung des i-ten Zeichens ist der Rest der Eingabe (des Textes) nicht bekannt.

Dazu werden inkrementell implizite Suffix-Bäume IB_k konstruiert, die jeweils dem Präfix $T_{0,k}$ entsprechen. Wir starten mit dem Baum IB_0, der nur aus dem Wurzelknoten besteht. Der Baum IB_1 hat zwei Knoten, die sie verbindende Kante ist mit T_1 markiert, der Blatt-Knoten wird mit 1 beschriftet. Die Grobstruktur von UKKONENs Algorithmus sieht damit wie folgt aus:

Methode: Ukkonens Algorithmus (Grobstruktur)

1. Setze $IB = IB_0$ auf einen leeren Baum (Wurzelknoten).
2. Für $i = 0, \ldots, n-1$ wiederhole:

   — Phase $i + 1$: —

   2.1. Für $j = 1, \ldots, i + 1$ wiederhole:

   > *(Füge $T_{j,i+1}$ in IB ein:)*

   > 2.1.1. Traversiere IB entlang $T_{j,i}$

   > 2.1.2. Erweitere IB an der so erreichten Position um T_{i+1}
   > (falls erforderlich).

   2.2. *($IB_{i+1} := IB$)*

   — Ende Phase $i + 1$: —

Durch das Hinzufügen des Zeichens T_{i+1} in Schritt 2.1.2. ist gewährleistet, dass das Wort $T_{j,i+1}$ im Baum vorkommt. Jede Erweiterung in der inneren Schleife wird realisiert, indem man das Ende des mit $T_{j,i}$ markierten Pfades aufsucht und den Pfad um das Zeichen T_{i+1} erweitert.

Dabei wird in der $(i + 1)$-sten Phase zuerst der String $T_{1,i+1}$ gefolgt von String $T_{2,i+1}$ usw. eingefügt. Die letzte Erweiterung dieser Phase fügt dann das einzelne Zeichen T_{i+1} (bei Bedarf) an der Wurzel in den Baum ein. Jede Erweiterung der $(i + 1)$-sten Phase wird entsprechend einer der folgenden Regeln durchgeführt:

Regel 1 (Kantenverlängerung): Endet der mit $T_{j,i}$ markierte Pfad in einem Blatt, so wird das Zeichen T_{i+1} an die Markierung der zum Blatt führenden Kante angehängt.

Regel 2 (neues Blatt): Endet der Pfad nicht in einem Blatt und gibt es keine Möglichkeit, den entlang $T_{j,i}$ traversierten Pfad mit dem Zeichen T_{i+1} fortzusetzen, so wird eine neue Kante zu einem neuen Blatt erzeugt, die mit T_{i+1} markiert wird. Das Blatt wird mit j beschriftet. Endet $T_{j,i}$ inmitten einer Kante, so muss zusätzlich an entsprechender Stelle ein neuer innerer Knoten generiert werden.

Regel 3 (Traversierung): Kann man den entlang $T_{j,i}$ traversierten Pfad mit T_{i+1} fortsetzen, so bleibt der Baum unverändert.

Regel 2 stellt die einzige Erweiterung des Baumes dar, die die Anzahl der Blätter erhöht. Das dabei neu entstandene Blatt repräsentiert die bei Position j beginnenden Suffixe von T.

Beispiel 6.37: Als Beispiel betrachten wir nachfolgend die Konstruktion von IB_4 aus IB_3 für $T = acca$. Es ist eine einfache Übung zu überprüfen, dass IB_3 durch den linken Baum aus Abb. 6.16 gegeben ist.

Die vierte Phase betrachtet nun zuerst $T_{1,4} = acca$. Beim Traversieren entlang der linken Kante entsprechend $T_{1,3} = acc$ erreichen wir das Ende der Kantenmarkierung, wir erreichen ein Blatt. Folglich wird die erste Regel verwendet und die Kantenmarkierung verlängert. Es entsteht so der mittlere Baum aus Abb. 6.16.

Nun wird $T_{2,4} = cca$ betrachtet. Auch hier erreichen wir beim Traversieren gemäß $T_{2,3} = cc$ (hier entlang der rechten Nachfolgerkante) ein Blatt. Wir wenden erneut Regel 1 an und verlängern die Kantenmarkierung. Es entsteht so der rechte Baum aus Abb. 6.16. Als vorletztes ist dafür zu sorgen, dass sich $T_{3,4} = ca$ im Baum befindet. Wir traversieren entlang $T_3 = c$ und befinden uns nun hinter dem ersten c der Marke cca der rechten Nachfolgerkante. Der nächste Buchstabe der Markierung ist c, wir müssten aber mit einem a fortfahren. Folglich existiert keine passende Fortsetzung des Pfades, wir wenden Regel 2 an und erhalten so den Baum aus Abb. 6.17 (das neue Blatt ist mit 3 beschriftet). Die letzte Iteration der Schleife in Zeile 3 betrachtet $T_4 = a$. Wir traversieren entlang ε, d.h. verbleiben im Wurzelknoten, und versuchen den Pfad mit $T_4 = a$ fortzusetzen. Dies ist entlang der linken Nachfolgerkante möglich. Folglich findet Regel 3 Anwendung, und der Baum bleibt unverändert. Damit ist IB_4 durch den in Abb. 6.17 gezeigten Baum gegeben.   ◀

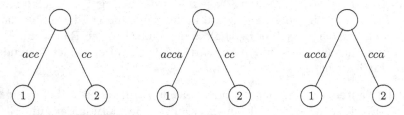

Abb. 6.16 Konstruktion von IB_4 aus IB_3 (linker Baum) für $T = acca$; der mittlere und rechte Baum resultiert jeweils aus einer Anwendung der Regel 1.

Bemerkung 6.38 (Invariante der Blätter): Man beachte, dass es Suffixe geben kann, die (aktuell) *kein* eigenes Blatt haben, weil ihre Traversierung in einem inneren Knoten oder innerhalb einer Kante endete.

Sobald wir aber einmal ein Blatt mit Label j erzeugt haben, wird dieses Blatt jeder Phase den entsprechenden, bei j beginnenden Suffix repräsentieren: Dies gilt offensichtlich in der Phase, in der wir das Blatt erstmalig (nach Regel 2) frisch erzeugt haben, und wenn wir in einer späteren Phase $i + 1$ den Suffix $T_{j,i+1}$ einfügen wollen, werden wir (nach Induktionsvoraussetzung) nach der Traversierung von $T_{j,i}$ im Blatt j landen und dort Regel 1 anwenden. Nach der Verlängerung der Kante zum Blatt ist die Invariante dann wiederhergestellt.   ◀

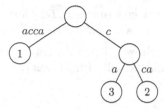

Abb. 6.17 Konstruktion von IB_4 aus IB_3 für $T = acca$; durch Anwendung der Regel 2 auf den rechten Baum der Abb. 6.16 entsteht der hier gezeigte Baum, eine nachfolgende Anwendung der Regel 3 identifiziert diesen als IB_4.

6.3.4.2 Optimierung 1: Frühzeitiges Ende einer Phase

Der bis dahin beschriebene Algorithmus ist alles andere als effizient. Es ist offensichtlich, dass die beiden geschachtelten Schleifen zu einer in der Textlänge quadratischen Laufzeit führen. Zusätzlich müssen wir den Aufwand für das Traversieren entlang der Teilwörter $T_{j,i}$ noch berücksichtigen, was insgesamt zu einer Laufzeit in $\Theta(n^3)$ führt. Das ist sogar deutlich langsamer, als einfach alle Suffixe sukzessive in einen Trie einzufügen!

Durch eine genauere Analyse des Algorithmus ist es jedoch möglich, das Verfahren bis zu einer *linearen* Laufzeit zu beschleunigen. Durch eine genaue Betrachtung der Regeln erhalten wir die folgende Beobachtung:

Lemma 6.39 (Zweiteilung der Phasen): Jede Phase $i+1$ besteht (nur) aus

1. einer Anfangssequenz von j_{i+1} aufeinanderfolgenden Erweiterungen (für die Werte $j = 1, \ldots, j_{i+1}$), in der ausschließlich Regel 1 (Kantenverlängerung) und Regel 2 (neues Blatt) angewandt werden, gefolgt von
2. einer Reihe von Anwendungen von Regel 3 (Traversierung), die den Baum unverändert lassen. ◄

Beweis: Hierfür ist essentiell, dass wir innerhalb einer Phase die Suffixe stets nach absteigender Länge sortiert einfügen. Das bedeutet, dass nach dem aktuell eingefügten $T_{j,i+1}$ nur noch Suffixe dieses Strings folgen. Es sei $\hat{j} = j_{i+1} + 1$ der erste (also kleinste) Wert für j, für den in Phase $i+1$ Regel 3 zur Anwendung kommt. Wir müssen zeigen, dass dies auch für alle $j > \hat{j}$ der Fall ist.

Da nun für $T_{\hat{j},i+1}$ Regel 3 zur Anwendung kam, war der Pfad für $T_{\hat{j},i+1}$ schon im Baum vorhanden. Es wurde also irgendwann davor ein (längeres) Wort $w = T_{j',i'}$ eingefügt mit $T_{\hat{j},i+1} \sqsubseteq w$. Da die Eigenschaft $T_{\hat{j},i+1} \sqsubseteq w$ davon unberührt bleibt, wenn wir w nach hinten verlängern, können wir o. B. d. A. $i' = i+1$ annehmen. Da w länger als $T_{\hat{j},i+1}$ sein muss, ist außerdem $j' < \hat{j}$.

Betrachten wir nun einen späteren Schritt der aktuellen Phase, in dem $T_{\hat{j}+d,i+1}$ (für $d \geq 1$ und $\hat{j}+d \leq i+1$) eingefügt wird, so folgt aus $T_{\hat{j},i+1} \sqsubseteq T_{j',i+1}$ durch Linkskürzung auch $T_{\hat{j}+d,i+1} \sqsubseteq T_{j'+d,i+1}$, d. h. auch in diesem

Schritt können wir unsere Traversierung mit T_{i+1} fortsetzen, da das längere Wort $T_{j'+d,i+1}$ sich schon im Baum befindet. ∎

Diese Zweiteilung ist hilfreich, weil Regel 3 (Traversierung) den Baum unverändert lässt; wir können die aktuelle Phase sofort beim ersten Vorkommen von Regel 3 beenden!

6.3.4.3 Optimierung 2: Implizite Erweiterungen

Die Erkenntnis alleine, dass Regel 3 nur als Ende der Phase vorkommen kann, erlaubt noch keine signifikante Laufzeitverbesserungen; sie ist aber der entscheidende Schritt, um die folgende wichtige Beobachtung zu beweisen.

Lemma 6.40 (Dreiteilung der Phasen): Sei $j_1, \ldots, j_n$ die Folge aus Lemma 6.39. Für jedes $i = 1, \ldots, n-1$ gilt:

a) $j_i \le j_{i+1}$.

b) In Phase $i+1$ erfolgen die ersten j_i Erweiterungen ausschließlich mit Regel 1 (Kantenverlängerung).

c) In Phase $i+1$ erfolgen Erweiterungen für $j \in [j_i + 1 : j_{i+1}]$ ausschließlich mit Regel 2 (neues Blatt). ◀

Beweis: Wir wissen nach Lemma 6.39, dass in Phase i die Erweiterung j_i die letzte war, die nach Regel 1 oder Regel 2 erfolgte, während alle weiteren Erweiterungen dieser Phase über Regel 3 geschahen.

Wir merken an, dass ein einmal erzeugtes Blatt immer ein Blatt bleibt; (es gibt keine Regel, die ein Blatt entfernt oder zu einem inneren Knoten werden lässt). Außerdem korrespondiert – wie schon in Bemerkung 6.38 diskutiert – ein Blatt mit Label j stets zum Suffix mit Startposition j. Die Menge $\mathcal{J}_i$ der Startindizes j, für die *nach* Phase i ein Blatt mit Marke j existiert kann also nur wachsen: $\mathcal{J}_{i+1} \supseteq \mathcal{J}_i$.

Tatsächlich gilt nach Phase i stets $\mathcal{J}_i = [1 : j_i]$, denn für $j \in [1 : j_i]$ ist entweder $j \in \mathcal{J}_{i-1}$ – d.h. es gab schon ein entsprechendes Blatt und Regel 1 kam zur Anwendung – oder es wurde Regel 2 angewandt und ein Blatt j in dieser Phase erzeugt. Es ist also insbesondere $j_i = |\mathcal{J}_i|$ und der erste Teil der Behauptung folgt aus $\mathcal{J}_{i+1} \supseteq \mathcal{J}_i$.

Betrachte nun Phase $i+1$. Wie eben festgestellt, gilt für $j \le j_i$ stets $j \in \mathcal{J}_i$, d.h. wir werden beim Einfügen von $T_{j,i+1}$ auf das vorhandene Blatt j stoßen und stets nach Regel 1 verfahren.

Für den dritten Teil der Behauptung betrachten wir Startindizes $j \in \mathcal{J}_{i+1} \setminus \mathcal{J}_i$, für die also nach Phase i noch kein Blatt vorhanden war, wohl aber nach Phase $i+1$. Folglich muss Regel 2 zum Einsatz gekommen sein, da nur so das neue Blatt j hinzukommen kann. ∎

Damit ist also jede Phase $i+1$ in *drei* „sortenreine" Teile untergliedert:

1. Für $j \in [1 : j_i]$ wird nur Regel 1 angewendet.
2. Für $j \in [j_i + 1 : j_{i+1}]$ erfolgen die Erweiterungen nach Regel 2.

3. Für $j \in [j_{i+1} + 1 : i + 1]$ wird nur Regel 3 angewendet.

Um aus dieser Erkenntnis algorithmischen Nutzen zu ziehen, müssen wir es schaffen, die Erweiterungen nach Regel 1 (Kantenverlängerung) schneller durchzuführen. Tatsächlich gelingt das mit einer *einzigen* Operation, indem man die Erweiterungen *implizit* vornimmt. Die Kernbeobachtung ist, dass nach Phase i alle Kanten zu Blättern eine Beschriftung (p, i) haben – wir erinnern uns, dass wir die Kantenmarkierungen über Start- und Endposition des entsprechenden Teilwortes im Text repräsentieren – denn die Blätter entsprechen (zu diesem Zeitpunkt) ja Suffixen von $T_{0,i}$.

Wir verwenden nun für alle Kanten zu Blättern anstelle zweier fester Text-Indizes (p, q) ein Tupel (p, e), wobei e eine Referenz auf eine globale Variable ist, die das jeweils *aktuelle* Textende speichert.

Indem wir e am Anfang einer jeden Phase $i+1$ auf $i+1$ erhöhen, realisieren wir (implizit) *alle* Erweiterungen für $j = 1, \ldots, j_i$ nach Regel 1 auf einen Streich.

Wir starten dann mit $j = j_i + 1$ und verfahren wie oben besprochen. Da wir zu diesem Zeitpunkt j_{i+1} noch nicht kennen, müssen wir jeweils prüfen, ob Regel 2 oder Regel 3 anzuwenden ist. Falls dabei Regel 3 zum Zuge kommt, setzt man $j_{i+1} := j - 1$ und beendet die $(i + 1)$-ste Phase. Erreichen wir $j = i + 1$ bevor Regel 3 angewendet wird, so setzen wir $j_{i+1} := i + 1$.

Wesentlich für die Laufzeit der so verbesserten Prozedur ist, dass zwei aufeinanderfolgende Phasen *höchstens* ein j gemeinsam haben, für das beide explizite Erweiterungen vornehmen:

Phase 2:   Berechne explizit die Erweiterungen für $j = j_1 + 1 \ldots j_2 + 1$.

Phase 3:   Berechne explizit die Erweiterungen für $j = j_2 + 1 \ldots j_3 + 1$.

$\vdots$

Phase $i - 1$:   Berechne explizit die Erweiterungen für $j = j_{i-2} + 1 \ldots j_{i-1} + 1$.

Phase i: Berechne explizit die Erweiterungen für $j = j_{i-1} + 1 \ldots j_i + 1$.

Wird eine Phase k nicht durch Regel 3 beendet, gibt es keine gemeinsame Erweiterung mit der nachfolgenden Phase $k + 1$, da dann die letzte explizit in Phase k durchgeführte Erweiterung (dies ist die Erweiterung für $j = k$) in Phase $k + 1$ implizit erfolgt (wir setzen ja $j_k := k$). Da es aber nur $n = |T|$ viele Phasen gibt und keines der j_k einen größeren Wert als n annehmen kann, werden folglich höchstens $2n$ explizite Erweiterungen durchgeführt.

Wir halten das bisher erreichte zunächst in einer Verfeinerung des obigen Pseudocodes fest.

Methode: Ukkonens Algorithmus (mit verkürzten Phasen)

1. Setze $IB = IB_0$ auf einen leeren Baum (Wurzelknoten).
   Setze $e := 0$ und $j_0 = 0$.
2. Für $i = 0, \ldots, n - 1$ wiederhole:
   — *Phase $i + 1$:* —
   2.1. Setze $e := i + 1$ und $j_{i+1} := i + 1$
   2.2. Für $j = j_i + 1, \ldots, i + 1$ wiederhole:
       (Füge $T_{j,i+1}$ in IB ein:)
       2.2.1. Traversiere IB entlang $T_{j,i}$
       2.2.2. Falls die Traversierung mit T_{i+1} fortgesetzt werden kann,
              setze $j_{i+1} := j - 1$ und gehe zu 2.3. (beende Phase $i + 1$).
       2.2.3. Erzeuge Blatt j mit Kantenlabel $(i + 1, e)$
              (und nötigenfalls einen neuen inneren Knoten).
   2.3. *($IB_{i+1} := IB$)*
   — *Ende Phase $i + 1$:* —

Während unsere erste Version von UKKONENs Algorithmus noch eine kubische Laufzeit aufwies, haben wir durch die impliziten Erweiterungen nur
noch linear viele explizite Erweiterungen durchzuführen, die jeweils eine Traversierung erfordern. Das ist schon deutlich besser, ergibt aber immer noch
ein quadratisches Verhalten.

6.3.4.4 Optimierung 3: Schnelle Kantentraversierung

Da wir in jeder expliziten Erweiterung höchstens ein Blatt erzeugen und
insgesamt n Blätter entstehen müssen, können wir bzgl. der Anzahl expliziter
Erweiterungen keine weiteren Verbesserungen erwarten. Wir wenden uns
deshalb Schritt 2.2.1, der Traversierung, zu.

Eine erste Optimierung beschleunigt das Traversieren einer einzelnen Kante.
Im Allgemeinen müssen wir beim Verfolgen einer Kante alle Zeichen auf
dieser Kante mit dem Suchstring vergleichen; innerhalb von UKKONENs
Algorithmus können wir darauf aber verzichten!

Wir nutzen dazu aus, dass die Markierungen aller ausgehenden Kanten
eines jeden inneren Knotens mit unterschiedlichen Symbolen beginnen, und
dass wir wissen, dass der aktuelle Suffix bis auf das letzte Symbol schon in der
letzten Phase in den Baum eingefügt wurde. Es ist deshalb nicht notwendig, die
Kantenmarkierungen symbolweise abzuarbeiten, sondern wir wählen direkt
die eindeutig festgelegte Kante, die mit dem nächsten zu verarbeitenden
Symbol beginnt; der Rest der Kantenmarkierung *muss* mit dem Suchstring
übereinstimmen.

Indem wir uns die Länge der Kantenmarkierung aus den die Markierung
repräsentierenden Text-Indizes berechnen, können wir so in einer Laufzeit
unabhängig von der Länge der übersprungenen Kantenmarkierung die nächste

im *Traversierungs-String* $T_{j,i+1}$ zu verarbeitende Position bestimmen. Nur falls wir dabei das Ende von $T_{j,i+1}$ überspringen würden, müssen wir ein weiteres Zeichen aus der Kantenmarkierung untersuchen.

Unter der Annahme einer konstanten Alphabetsgröße gelingt es so, in konstanter Zeit von einem zum nächsten Knoten zu traversieren. Im Worst-Case überspringen wir dabei aber meist nur wenige Zeichen; diese Optimierung ist also noch nicht ausreichend.

6.3.4.5 Optimierung 4: Suffix-Links

Für eine lineare Gesamtlaufzeit können wir uns pro Erweiterung im Durchschnitt nur eine *konstante* Anzahl zu traversierender Kanten erlauben. Wie aber sollen wir das bewerkstelligen?

Die Lösung besteht darin, den Baum mit *Hilfszeigern*, den sog. Suffix-Links, zu versehen, die uns ausnutzen lassen, dass der als nächstes zu traversierende String stets ein Suffix des aktuellen ist.

Definition 6.42 (Suffix-Link):
Sei $w = u \cdot v$, $u \in \Sigma$, $v \in \Sigma^*$, und IB ein impliziter Suffix-Baum. Gibt es in IB einen inneren Knoten x, der über w von der Wurzel aus erreicht wird, und einen Knoten y, dessen Pfadmarkierung gleich v ist, so zeigt der Suffix-Link von x auf y.

Der Vorteil der Suffix-Links besteht nun darin, dass wir die Orte der expliziten Erweiterungen finden können, ohne dabei für jede Erweiterung stets den Baum (bei der Wurzel beginnend) entlang des jeweiligen Suffixes traversieren zu müssen. Denn müssen wir in Phase $i+1$ die Erweiterung für $T_{j,i+1}$ durchführen, so traversieren wir den Baum IB_i entlang $T_{j,i}$ und überprüfen, ob an der so erreichten Stelle x das Symbol T_{i+1} bereits vorhanden ist.

Die nachfolgende Erweiterung betrachtet dann $T_{j+1,i+1}$; den über $T_{j+1,i}$ erreichten Knoten finden wir dazu gerade über den Suffix-Link von x (falls dort ein innerer Knoten ist). Dasselbe gilt für die nächste Erweiterung; ein Suffix-Link führt uns u. U. direkt zum über $T_{j+2,i}$ erreichten Knoten usw.

In den Fällen, in denen x kein innerer Knoten ist, gehen wir einfach zum nächsten in Richtung der Wurzel befindlichen inneren Knoten y zurück (diesen können wir uns stets in einer Variable merken), und verfolgen dessen Suffix-Link. Wir landen so nicht in dem zu $T_{j+1,i}$ gehörenden Knoten, aber in einem Knoten, der über einen Präfix von $T_{j+1,i}$ erreicht wird. Die Zeichen entlang derer wir dort weitergehen müssen, können wir uns auch einfach merken; es sind dies die Symbole, die vom inneren Knoten y zur Stelle x führten. Damit verkürzen Suffix-Links auch dann den Weg zur nächsten Erweiterungsstelle, wenn wir zuvor an einer anderen Stelle als einem inneren Knoten eine Erweiterung vorgenommen haben.

Insgesamt resultiert so eine amortisierte *konstante* Laufzeit für eine explizite Erweiterung – was wir hier nicht beweisen werden – vorausgesetzt, dass jeder innere Knoten auch tatsächlich einen Suffix-Link besitzt; letzteres wollen wir unten zeigen.

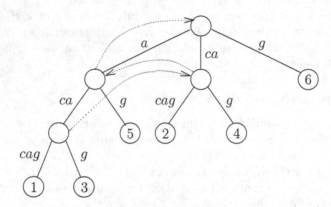

Abb. 6.18   Die Erweiterung eines impliziten Suffix-Baums durch Suffix-Links.

Beispiel 6.43: Das Beispiel aus Abb. 6.18 soll die Verwendung der Suffix-Links verdeutlichen, die dort als gepunktete Pfeile dargestellt sind.

Nehmen wir nun an, wir wollen den dargestellten Baum um die Zeichenkette $T_{j,i+1} = acag$ erweitern. Die Traversierung entlang aca führt zum Vorgängerknoten des Blattes 3; dort kann bereits ein g gelesen werden, wir brauchen also nichts zu tun.[5] Das nächste einzufügende Teilwort wäre cag, wir finden den zu ca gehörenden Knoten über den Suffix-Link. Auch dort findet Regel 3 Anwendung, und wir gehen entlang des Suffix-Links zum Knoten für den Präfix a von ag. Nachdem wir auch dort erkennen, dass keine Erweiterung notwendig ist, führt uns der Suffix-Link zur Wurzel (Präfix ε von g).   ◄

Bleibt noch die Frage, wie wir die Suffix-Links effizient bestimmen können. Die Antwort auf diese Frage erhalten wir während unseres Beweises der Behauptung, dass jeder innere Knoten einen Suffix-Link besitzt.

Lemma 6.44 (Existenz von Suffix-Links): Wird ein neuer innerer Knoten x mit Pfadmarkierung $u\alpha$, $u \in \Sigma$, in Phase $i + 1$ bei Erweiterung j erzeugt, dann endet die Pfadmarkierung α entweder schon bei einem inneren Knoten des aktuellen Baums, oder die *nächste* Erweiterung (Erweiterung $j + 1$ der Phase $i + 1$) wird diesen inneren Knoten erzeugen.   ◄

Beweis: Ein neuer innerer Knoten wird nur nach Regel 2 erzeugt. Damit endet im aktuellen Baum der Pfad gemäß $T_{j,i}$ inmitten einer Kantenmarkierung deren nächstes Zeichen c ungleich T_{i+1} ist. Wenn in einer früheren Phase aber ein mit $T_{j,i} \cdot c$ markierter Pfad in den Baum eingefügt wurde, so

---

[5] Wir lassen in diesem Beispiel außer Acht, dass wir eigentlich an dieser Stelle folgern könnten, dass die betrachtete Phase abgeschlossen ist.

wurde in derselben Phase anschließend das Wort $T_{j+1,i} \cdot c$ eingefügt. Damit existiert ein Pfad $T_{j+1,i}$ bereits im Baum, und auf dessen Ende soll der Suffix-Link zeigen.

Dieser Pfad kann nun entweder ausschließlich mit Zeichen c fortführen, oder es gibt noch andere Zeichen, die sich an $T_{j+1,i}$ im Baum anschließen. Ist c das einzige Zeichen, so wird die Erweiterung des Baumes um $T_{j+1,i+1}$ an der betrachteten Stelle einen neuen inneren Knoten erzeugen, kann $T_{j+1,i}$ mit mehr als einem Zeichen fortgeführt werden, dann muss an dieser Stelle bereits ein innerer Knoten als Verzweigung existieren.   ∎

Lemma 6.45 (Ukkonen konstruiert Suffix-Links): Wir können für UKKO-NENs Algorithmus sicherstellen, dass jeder neu erzeugte innere Knoten nach der nächsten Erweiterung einen Suffix-Link besitzt. Der dazu notwendig zusätzliche Aufwand ist konstant.   ◄

Beweis: Den Beweis führen wir induktiv über die Phasen.

IA: Der Baum IB_1 hat keinen inneren Knoten im Sinne der Suffix-Links, da die Wurzel über das Wort ε erreicht wird, die Definition des Suffix-Links aber eine Pfadmarkierung aus Σ^+ voraussetzt.

IS: Nehmen wir an, die Aussage sei bis zur vollständigen Ausführung der i-ten Phase gültig. Nach dem vorherigen Lemma wird für einen in der j-ten Erweiterung der Phase $i+1$ erzeugten inneren Knoten der für seinen Suffix-Link notwendige Zielknoten bei der $(j+1)$-ten Erweiterung derselben Phase erzeugt oder aufgesucht.

Da es unmöglich ist, dass die letzte Erweiterung einer Phase einen inneren Knoten erzeugt (diese Erweiterung behandelt das einzelne Symbol T_{i+1}, das höchstens zur Erzeugung eines neuen Blattes führt), haben alle neuen inneren Knoten am Ende der $(i+1)$-sten Phase ihren Suffix-Link.   ∎

Die Beobachtung aus dem Beweis ist der entscheidende Hinweis, wie wir Suffix-Links in UKKONENs Algorithmus tatsächlich finden: Wir merken uns einen nach Regel 2 neu erzeugten inneren Knoten und setzen seinen Suffix-Link, sobald wir bei der *nächsten* Erweiterung den Zielknoten erreicht oder erzeugt haben.

Bemerkung 6.46 (Suffix-Links jenseits von Ukkonen): Da UKKONENs Algorithmus nach Abschluss einer Phase i einen vollständigen impliziten Suffix-Baum für $T_{1,i}$ konstruiert hat, bedeutet Lemma 6.45, dass in *jedem* impliziten Suffix-Baum, in dem ein innerer Knoten mit Pfadmarkierung $u\alpha$ existiert, auch ein innerer Knoten mit Pfadmarkierung α existieren muss. Man kann Suffix-Links also auch außerhalb von UKKONENs Algorithmus einsetzen.   ◄

Mit unserer obigen Bemerkung, dass der Einsatz von Suffix-Links dazu führt, dass – unter der Annahme einer konstanten Alphabetsgröße σ – jede explizite Erweiterung in amortisierter Zeit in $\mathcal{O}(1)$ ausgeführt wird, haben wir letztlich eine Möglichkeit gefunden, den impliziten Suffix-Baum zu Text T in Zeit $\mathcal{O}(n)$

zu konstruieren, denn wie wir ja schon gesehen haben, führt UKKONENs Algorithmus $\mathcal{O}(n)$ explizite Erweiterungen durch.

6.3.4.6 Vom impliziten zum kompakten Suffix-Baum

Für die Anwendungen sind wir nicht am impliziten, sondern am kompakten Suffix-Baum für T interessiert. Dieser kann wie folgt aus $IB_{|T|}$ in Zeit $\mathcal{O}(n)$ erzeugt werden: Wir fügen den Endmarker \$ an das Ende von T und lassen UKKONENs Algorithmus in einer Art $n + 1$-sten Phase mit $T' := T\$$ weiterlaufen.

Da nun kein Suffix mehr ein Präfix eines anderen ist, resultiert so ein impliziter Suffix-Baum, in dem der Pfad entsprechend eines jeden Suffixes bei einem Blatt endet. Die einzige Änderung, die notwendig ist, besteht darin, die globale Variable e an den Blattkanten durch $|T'| = n + 1$ zu ersetzen. Dies erfolgt durch eine Traversierung des Baums in Zeit $\mathcal{O}(n)$. Nach dieser Änderung ist der resultierende Baum ein kompakter Suffix-Baum für T'.

6.3.5 Anwendungen

In diesem Abschnitt wollen wir kurz einige ausgewählte Anwendungsmöglichkeiten für kompakte Suffixbäume behandeln.

6.3.5.1 String-Matching

Wie schon in Abschnitt 6.3.2 angedeutet, können wir mit Suffix-Bäumen das String-Matching-Problem lösen. Im Gegensatz zu Abschnitt 6.2 betrachten wir hier die Situation, dass der Text T fest vorgegeben ist, und wir in T nacheinander nach verschiedenen Zeichenketten P suchen wollen. Wir speichern T als kompakten Suffix-Baum; mit UKKONENs Algorithmus gelingt das in Zeit $\mathcal{O}(n)$.

Gegeben ein Pattern P, traversiert man im Suffix-Baum entlang P, bis man entweder an eine Stelle kommt, an der es keine Fortsetzung in T für das betrachtete Zeichen in P gibt, oder P vollständig abgearbeitet wurde. Im ersten Fall kommt P nicht in T vor, im zweiten müssen wir alle der erreichten Position folgenden Blätter aufsuchen. Diese (oder genauer, deren Beschriftungen) entsprechen den Positionen innerhalb T, an denen P jeweils beginnt. Da der entsprechende Teilbaum nach obiger Annahme genau k Blätter hat, hat er insgesamt höchstens $2k - 1$ viele Knoten, (da jeder innere Knoten mindestens zwei Nachfolger hat). Die Traversierung dieses Teilbaum zum Aufsuchen aller seiner Blätter ist folglich in Zeit $\mathcal{O}(k)$ möglich.

6.3.5.2 Set-Matching-Problem

Das Set-Matching-Problem (zur Wiederholung) ist das Problem der gleichzeitigen Suche aller Zeichenketten einer Menge $\mathcal{P} := \{P_i \mid 1 \leq i \leq p\}$ in einem Text T. Wir haben zur Lösung dieses Problems bereits den Algorithmus nach AHO und CORASICK kennengelernt (Abschnitt 6.2.6.3). Dabei hat die offensichtliche Lösung durch Suffix-Bäume, bei der man nacheinander alle P_i in T wie für das String-Matching-Problem beschrieben sucht, dieselbe Laufzeitschranke wie der AHO-CORASICK-Algorithmus.

Dennoch kann die Anwendung der einen oder der anderen Methode von Vorteil sein, je nachdem, wie sich die Größen von T und $\mathcal{P}$ zueinander verhalten und welche der beiden Eingaben einem Preprocessing unterzogen werden kann (Reihenfolge der Eingabe). Der AHO-CORASICK-Algorithmus konstruiert in einem Preprocessing einen Suchwort-Baum der Größe $\mathcal{O}(M)$, $M := \sum_{1 \leq i \leq p} |P_i|$, in Zeit $\mathcal{O}(m)$, und führt dann die Suche in Zeit $\mathcal{O}(n)$ durch. Der Suffix-Baum dagegen ist von der Größe $\mathcal{O}(n)$, wird in Zeit $\mathcal{O}(n)$ in einem Preprocessing konstruiert und führt anschließend die Suche in Zeit $\mathcal{O}(M)$ durch.

Sind alle Zeichenketten zusammen länger als der Text (es gibt beispielsweise Anwendungen in der Molekularbiologie, wo dies der Fall ist), so braucht die Suffix-Baum Lösung folglich weniger Platz aber mehr Zeit (Preprocessing unberücksichtigt). Ist die Menge der Zeichenketten insgesamt kürzer als der Text, dann kommt der AHO-CORASICK-Algorithmus mit weniger Platz aus, benötigt aber mehr Rechenzeit. Wir beobachten also einen Platz/Zeit-*Trade-off*, denn keine der Lösungen ist gleichzeitig bzgl. des Platz- und des Zeitbedarfs der anderen überlegen.

6.3.5.3 Das Teilwort-Problem für eine Menge von Texten

Abstrakt besteht dieses Problem in der Suche einer Zeichenkette P in einer *Menge* von Texten $\mathcal{T} := \{T_i \mid 1 \leq i \leq t\}$.

Dies ist beispielsweise dann von Interesse, wenn man zu einem neu sequenzierten DNA-Fragment (P) alle DNA-Sequenzen in der Datenbank ($\mathcal{T}$) sucht, die das neue Fragment als Teilsequenz enthalten. Eine etwas makabere Anwendung liegt in der Identifikation verstorbener amerikanischer Soldaten: Man sammelt die Sequenzen kurzer Teilstücke der mitochondrialen DNA der Soldaten. Diese Teilstücke können zum einen mittels der PCR-Methode zuverlässig extrahiert werden und weisen zum anderen eine hohe Variabilität auf. Man verwendet diese Sequenz deshalb als eindeutigen Identifikator. Im Bedarfsfall wird dann mitochondriale DNA aus den sterblichen Überresten eines Soldaten extrahiert, das entsprechende Teilstück sequenziert, und mit der Datenbank verglichen. Da es möglich ist, dass nicht das gesamte Teilstück extrahiert werden kann, wird nach Teilwörtern gesucht.

Suffix-Bäume für mehrere Texte: Um dieses Problem zu lösen, konstruieren wir einen sog. *verallgemeinerten* kompakten Suffix-Baum, der alle Suffixe der Texte in $\mathcal{T}$ enthält:

Definition 6.47 (Verallgemeinerter kompakter Suffix-Baum):
Sei $\mathcal{T} = \{T_i \mid 1 \leq i \leq t\}$ eine Menge von Texten über Σ mit Länge $n_i = |T_i|$, $1 \leq i \leq t$, und Gesamtlänge $N = n_1 + \cdots + n_t$. Ein gerichteter Baum

$B_{\mathcal{T}} = (V, E)$ *mit einer Wurzel* r *heißt verallgemeinerter (kompakter) Suffix-Baum für* $\mathcal{T}$*, falls gilt:*

1. $B_{\mathcal{T}}$ *hat genau* N *Blätter, die mit Paaren* (i, j) *für* $1 \leq i \leq t$ *und* $1 \leq j \leq n_i$ *beschriftet sind.*
2. *Jeder innere Knoten von* $B_{\mathcal{T}}$ *hat mindestens zwei Nachfolger.*
3. *Die Kanten des Baumes sind mit Teilwörtern von* $\mathcal{T}$ *markiert.*
4. *Alle Markierungen der Nachfolgerkanten desselben Knotens beginnen mit paarweise verschieden Symbolen.*
5. *Der Pfad von der Wurzel zum Blatt* (i, j) *ist mit* $(T_i)_{j, n_i}$ *markiert,* $1 \leq i \leq t, 1 \leq j \leq n_i$.   ◄

Wie für gewöhnliche Suffix-Bäume, existiert solch ein Baum nur, wenn kein Suffix Präfix irgendeines anderen Suffixes ist; dadurch, dass diese Bedingung nun über die Grenzen der verschiedenen T_i gelten muss, mag man besorgt sein, ob dieses Konzept nützlich ist. Der gleiche Endmarker-Trick lässt sich aber auf diesen Fall verallgemeinern: Ersetzen T_i durch $T_i' := T_i \$_i$ für t paarweise verschiedene Endmarker $\$_i \notin \Sigma, 1 \leq i \leq t$, dann gibt es stets einen verallgemeinerten Suffix-Baum für $\mathcal{T}' := \{T_1', \ldots, T_t'\}$.

Stellt sich noch die Frage, wie wir diesen berechnen. Dankenswerterweise ist auch das konzeptionell einfach; wir konstruieren – z.B. mit UKKONENS Algorithmus – den gewöhnlichen kompakten Suffix-Baum für den Text $T' = T_1 \$_1 T_2 \$_2 \cdots T_t \$_t$.

Dieser Baum hat ein Blatt für jeden Suffix von T' statt der gewünschten Paare (i, j); wir können diese aber ineinander überführen. Dabei hilft uns, dass alle Endmarker $\$_i$ verschieden sind, wodurch kein Endmarker als Markierung einer in einen inneren Knoten führenden Kante auftritt. Folglich finden wir alle Endmarker aller Suffixe jeweils in der Markierung der in ein Blatt führenden Kante. Dort können wir nun einfach alle Zeichen, die dem ersten Auftreten eines Endmarkers $\$_i$ folgen, entfernen. i ist gleichzeitig die erste Komponente der Blatt-Markierung; für die zweite Komponenten müssen wir von der bisherigen Markierung des Blattes $\sum_{\ell=1}^{i-1}(n_\ell + 1)$ abziehen.

Anwendung im Teilwort-Problem: Um unser Teilwort-Problem zu lösen, konstruieren wir einen verallgemeinerten Suffix-Baum für $\mathcal{T}$ in Zeit $\mathcal{O}(N)$ und mit Platz in $\mathcal{O}(N)$ und können so in Zeit $\mathcal{O}(m)$ entscheiden, ob P in der Datenbank vorkommt oder nicht. P ist genau dann exakt ein Element der Menge $\mathcal{T}$ (der Datenbank), wenn der Pfad von der Wurzel entlang P in einem Blatt mit $j = 1$ endet. Ist P ein Teilwort von mehreren Texten in $\mathcal{T}$, so endet dieser Pfad im Innern des Baumes; die Suche nach allen Vorkommen von P kostet dann wie oben beschrieben proportional zur Anzahl der Vorkommen von P viel Zeit.

6.3.5.4 Längstes gemeinsames Teilwort

Ein klassisches Problem im Bereich der String-Algorithmen ist die Suche nach dem längsten Teilwort das alle Wörter einer Menge $\mathcal{T} := \{T_i \mid T_i \in$

$\Sigma^\star$, $1 \leq i \leq t\}$ gemeinsam haben. Man bezeichnet dieses Problem als das *Problem der längsten gemeinsamen Teilwörter*. Dieses Problem tritt in der Molekularbiologie z. B. im Zusammenhang mit der Suche nach besonders wichtigen Regionen in der DNA auf. Um solche DNA-Regionen zu bestimmen, die überlebenswichtige Gene enthalten, sequenziert man das Erbgut mehrerer eng verwandter Organismen. Da Mutationen in lebenswichtigen Bereichen nur mit sehr geringer Wahrscheinlichkeit Bestand haben, kann man davon ausgehen, dass die DNA der verschiedenen Organismen in solchen Bereichen (nahezu) übereinstimmen. In der Umkehrung bedeutet dies, dass (hinreichend lange) gemeinsame Teilwörter auf wichtige kodierende Regionen der DNA hinweisen.

Eine effiziente und konzeptuell einfache Lösung dieses Problems liegt darin, einen verallgemeinerten kompakten Suffix-Baum für die Wörter aus $\mathcal{T}$ zu konstruieren. In diesem Baum korrespondiert ein innerer Knoten x entweder mit einem Präfix eines Suffixes von nur einem der T_i (alle Blätter im Teilbaum mit Wurzel x gehören zum selben T_i) oder aber mit einem Präfix der Suffixe *mehrerer* der Texte (die Blätter im Teilbaum mit Wurzel x gehören zu verschiedenen Texten).

Wir beschriften entsprechend jeden inneren Knoten x des Baumes mit der Menge der Text-Indizes i, die in den Blättern des Teilbaumes mit Wurzel x vorkommen. Dies können wir beispielsweise durch eine Postorder Traversierung des Baumes implementieren, bei der Knoten x mit der Vereinigung der Beschriftungen seiner Kinder beschriftet wird.

Damit kommen nur solche inneren Knoten als Lösung in Frage, die mit ganz $\{1, 2, \ldots, t\}$ beschriftet sind (das Lösungswort muss in allen T_i vorkommen). Unter all diesen inneren Knoten wählen wir einen mit maximaler *Stringtiefe* aus, also einen Knoten y, dessen Pfadmarkierung α des Weges von der Wurzel nach y maximale Länge hat. Auch dies gelingt mit einer Traversierung des Baumes. Das gesuchte Teilwort ist nun durch α gegeben.

Diese Lösung des Problems der längsten gemeinsamen Teilwörter benötigt also Zeit und Platz in $\mathcal{O}(N)$ für N die Gesamtlänge der Wörter in $\mathcal{T}$.

Beispiel 6.48: Abb. 6.19 zeigt den verallgemeinerten Suffix-Baum für $\mathcal{T} = \{T_1 = bcabcac, T_2 = aabca, T_3 = bcaa\}$. An den inneren Knoten ist sowohl deren Stringtiefe (Zahl in Kästchen) als auch die Menge der *überdeckten* Textindizes notiert. Die Tupel (i, j) an den Blättern spezifizieren das Wort T_i dessen Suffix beginnend beim j-ten Zeichen durch das Blatt repräsentiert wird. Man erkennt sofort, dass *bca* das längste gemeinsame Teilwort ist. ◄

6.3.5.5 Wiederholungen in Wörtern

Eine biologisch sehr interessante Fragestellung ist die Suche nach sich wiederholenden Teilsequenzen (sog. *Repeats*) in einer gegebenen DNA-Sequenz. Die Kenntnis solcher Wiederholungen kann in vielen Fällen zur Verbesserung der Modelle und Algorithmen dienen. Man unterscheidet dabei zwischen *exakten* Repeats, bei denen exakt dasselbe Teilwort mehrmals auftritt, und *approxima-*

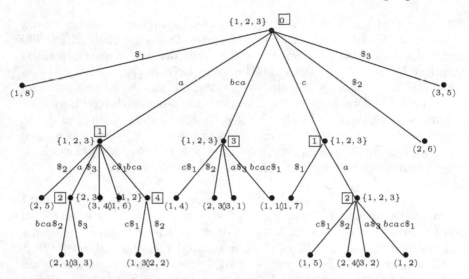

Abb. 6.19 Die Bestimmung des längsten gemeinsamen Teilwortes für die Menge von Wörtern $\mathcal{T} = \{bcabcac, aabca, bcaa\}$.

tiven Repeats, bei denen sehr ähnliche, nicht zwingend identische Teilwörter vorkommen. Des Weiteren kann man zwischen überlappenden und disjunkten Repeats unterscheiden. Exakte Repeats mit Überlappungen lassen sich dabei mit Suffix-Bäumen effizient bestimmen; da mit jedem Repeat x auch jedes Teilwort von x ein Repeat ist, interessiert man sich nur für maximale Repeats, die sich an der Rändern nicht mehr verlängern lassen.

Definition 6.49 ((Maximale) Repeats):
Sei $T \in \Sigma^n$ *und* $P \in \Sigma^m$, $0 < m \leq n$, *und sei* $T_0 := \$ =: T_{n+1}$, $\$ \notin \Sigma$.
P ist genau dann ein exakter Repeat *von* T, *wenn*

$$\left(\exists i, j \in [0 : n-1]\right) \left(i \neq j \ \wedge \ P = T_{i+1,i+m} = T_{j+1,j+m}\right).$$

Gilt zusätzlich $T_i \neq T_j$ *und* $T_{i+m+1} \neq T_{j+m+1}$, *so ist* P *ein* maximaler Repeat *in* T. ◀

Beachte, dass die geforderte Maximalität nur lokal ist: der gegebene Repeat lässt sich für zwei bestimmte Indizes i und j weder nach links noch nach rechts verlängern. Natürlich kann es an anderen Stellen längere Repeats geben, und es kann sogar ein Teilwort eines Repeats ein maximaler Repeat sein, wenn dieser bzgl. eines anderen Indexpaares maximal ist.

Diese Definition schließt auch nicht aus, dass mehrere (verschiedene) maximale Repeats an derselben Position von T beginnen können. So sind in dem Beispiel-Text $T = aabcbabacabcc$ sowohl ab (wegen $a\underline{ab}cbabac\underline{ab}cc$) als auch abc (wegen $a\underline{abc}babac\underline{abc}c$) maximale Repeats, von denen jeweils einer mit T_2 beginnt.

Für die Bestimmung der Menge aller maximalen Repeats in einem Wort T ist folgendes Lemma der erste Schritt.

Lemma 6.50 (Maximaler Repeat $\Rightarrow$ innerer Knoten): Sei T ein Wort und P ein maximaler Repeat in T. Dann existiert im kompakten Suffix-Baum von $T\$$ ein innerer Knoten x, dessen Pfadmarkierung gleich P ist.   ◄

Beweis: Als maximaler Repeat ist P ein echter Präfix mindestens zweier Suffixe von $T\$$. Damit gibt es im Suffix-Baum mindestens zwei verschiedene Blätter, deren Pfadmarkierungen den gemeinsamen Präfix P haben. P kann als gemeinsamer Präfix nicht verlängert werden, da P nach Annahme ein maximaler Repeat ist. Aufgrund der Eindeutigkeit der Pfade im Suffix-Baum gibt es damit genau einen inneren Knoten x mit Pfadmarkierung P, an dem sich die Pfade zu den verschiedenen Blättern trennen.   ∎

Man beachte, dass dieses Lemma sofort eine maximale Anzahl von $n-1$ maximalen Repeats in $T \in \Sigma^n$ impliziert. Wir wollen nun sehen, wie wir umgekehrt erkennen können, welche der inneren Knoten des Suffix-Baumes mit einem maximalen exakten Repeat korrespondieren und welche nicht. Dazu ist die folgende Definition der Schlüssel.

Definition 6.51 (linksdiverse Knoten):
Sei ein kompakter Suffix-Baum B_T zum Text T gegeben. Ein innerer Knoten x von B_T heißt linksdivers, wenn im Teilbaum mit Wurzel x zwei Blätter mit den Beschriftungen i und j existieren, für die $T_{i-1} \neq T_{j-1}$ gilt.   ◄

Satz 6.52 (Maximaler Repeat $\Leftrightarrow$ linksdivers):
Sei $T \in \Sigma^n$ als kompakter Suffix-Baum gegeben. Dann ist $P \in \Sigma^+$ genau dann ein maximaler (exakter) Repeat in T, wenn das Traversieren entlang P zu einem linksdiversen inneren Knoten führt.

Beweis:
„$\Leftarrow$" Sei x ein linksdiverser innerer Knoten, dessen Pfadmarkierung gleich P ist. Dann gibt es im Teilbaum mit Wurzel x zwei Blätter y_i und y_j mit den Beschriftungen i und j, für die $T_{i-1} \neq T_{j-1}$ gilt. Trennen sich dabei die Pfade zu diesen beiden Blättern bereits im Knoten x, so ist $T_{i-1}Pc$ ein Präfix von $T_{i-1,n}$ und $T_{j-1}Pd$ ein Präfix von $T_{j-1,n}$ mit $c \neq d$. Folglich ist P in diesem Fall ein maximaler Repeat.

Trennen sich die Pfade zu den beiden Blättern erst nach einem gemeinsamen Teilweg mit Markierung $v \in \Sigma^+$, dann hat der innere Knoten x mindestens ein weiteres Blatt y_k mit Beschriftung k als Nachfolger, dessen Pfad sich bereits in x von den Pfaden zu y_i und y_j trennt (andernfalls wäre x vom Ausgrad 1 im Widerspruch zur Kompaktheit des Baumes).

Das zum Blatt y_k gehörende „*Linkssymbol*" T_{k-1} ist nun entweder ungleich T_{i-1} oder ungleich T_{j-1} (oder ungleich zu beiden), da mit $T_{i-1} \neq T_{j-1}$ eine Gleichheit zu beiden ausgeschlossen werden kann. Folglich ist x ein linksdiverser Knoten aufgrund des Blattes y_k und eines der Blätter y_i, y_j, und wir treffen die bereits betrachtete Situation an, dass sich der Pfad zu den entsprechenden Blättern bereits in x trennt. P ist also in jedem Fall ein maximaler Repeat in T.

„⇒" Bleibt zu zeigen, dass für jeden maximalen Repeat P auch stets ein linksdiverser innerer Knoten mit Pfadmarkierung P existiert. Die Existenz irgendeines inneren Knotens ist durch Lemma 6.50 gesichert; dieser Knoten x muss linksdivers sein, da P nach Voraussetzung ein maximaler Repeat ist, also zwei Positionen i und j in T existieren, an denen P als Teilwort beginnt – dies impliziert zwei Blätter als Nachfolger von x mit den Beschriftungen i und j – und an denen P nicht nach links verlängert werden kann, sodass es dennoch Teilwort bleibt – was $T_{i-1} \neq T_{j-1}$ impliziert. ∎

Da ein Knoten genau dann linksdivers ist, wenn er mindestens ein linksdiverses Kind hat, lassen sich die linksdiversen Knoten eines Baumes beginnend bei den Vätern der Blätter in Linearzeit bestimmen. Folglich haben wir ein effizientes Verfahren zur Bestimmung der maximalen exakten Repeats eines Textes mit Zeit und Platz in $\mathcal{O}(n)$ gefunden.

6.4 Quellenangaben und Literaturhinweise

Eine weit über unsere Darstellung hinausführende Diskussion der Algorithmik im Kontext von Wörtern ist [12]. Das String-Matching-Problem wird beispielsweise aber auch in [8] behandelt; die dortige Abhandlung half bei der Ausarbeitung unserer Betrachtung. In [4] wird die Bedeutung der String-Algorithmen innerhalb der Bioinformatik hervorgehoben. Diese Quelle wurde bei der Vorbereitung unseres Abschnitts über Suffix-Bäume verwendet. [6] widmet sich ausschließlich dem String-Matching und präsentiert u.a. etliche Varianten und Verbesserungen der hier diskutierten Algorithmen. Random-Algorithmen werden beispielsweise in [16] und [13] betrachtet.

6.5 Aufgaben

Aufgabe 6.1: Sei $\Sigma = \{a,b,c\}$ und $P = ababc$. Konstruieren Sie den zugehörigen String-Matching-Automat.

Aufgabe 6.2: Beweisen Sie Lemma 6.15, (das Präfix-Funktion-Iterationslemma).
Hinweis: Zeigen sie wie üblich die Inklusionen in beide Richtungen.

Aufgabe 6.3: Beweisen Sie Korollar 6.17.

Aufgabe 6.4: Beweisen Sie folgende Aussage:

Sei $P \in \Sigma^m$ und P^R das zu P reverse Wort. Ist k die größte natürliche Zahl echt kleiner m mit $P_{j+1,m} \sqsupseteq P_{0,k}$, $j \in [0 : m]$, dann folgt für $\ell = (m - k) + (m - j)$

$$\Pi_{P^R}(\ell) = m - j.$$

Aufgabe 6.5: Entwerfen Sie einen Algorithmus, der für die Eingabe $A, B \in \Sigma^n$, Σ ein beliebiges Alphabet, in Zeit linear in n entscheidet, ob es ein $k \in \mathbb{N}_0$ mit $A_{i+1} = B_{1+[(i+k) \bmod n]}$, $0 \leq i < n$, gibt. Bestimmen Sie das Muster einer Worst-Case Eingabe für Ihr Verfahren in Abhängigkeit von n. Wieviele Symbolvergleiche benötigt Ihr Algorithmus zur Verarbeitung dieser Eingabe?

Aufgabe 6.6: Sei w^i eine verkürzte Schreibweise für die $(i-1)$-fache Konkatenation des Wortes w mit sich selbst (i-fache Wiederholung des Wortes w). So ist z. B. $(bc)^3 = bc \cdot bc \cdot bc = bcbcbc$. Ein Wort $v \in \Sigma^*$ hat die *Wiederholungszahl* $r > 0$, falls $v = y^r$ für ein $y \in \Sigma^*$ gilt. Offensichtlich ist die Wiederholungszahl nicht eindeutig und wir bezeichnen mit $\rho(v)$ die größte natürliche Zahl, die eine Wiederholungszahl von v ist.

a) Finden Sie einen möglichst effizienten Algorithmus, der als Eingabe ein Wort $P \in \Sigma^m$ verarbeitet und für alle $i \in \{1, \ldots, m\}$ die Wiederholungszahl $\rho(P_{1,i})$ berechnet.

b) Für $P \in \Sigma^m$ sei $\rho^\star(P)$ das Maximum der $\rho(P_{1,i})$, $1 \leq i \leq m$. Beweisen Sie: Ziehen wir P zufällig (gleichverteilt) aus der Menge aller binären ($\Sigma = \{0, 1\}$) Wörter der Länge m, dann ist der Erwartungswert von $\rho^\star(P)$ in $\mathcal{O}(1)$.

Aufgabe 6.7: Sei folgender *nicht*-einfacher Digraph G mit Wurzel v_3 gegeben:

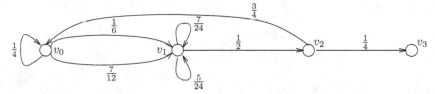

Die dargestellten Marken an den Kanten repräsentieren eine Wahrscheinlichkeitsverteilung p wie für Random-Algorithmen definiert.

a) Transformieren Sie G in einen äquivalenten einfachen Digraphen. Äquivalent heißt dabei, dass die Wahrscheinlichkeiten der Pfade von einem Knoten v_i, $i \in \{0, 1, 2\}$, nach v_3 vor und nach der Transformation dieselben seien sollen. Hierbei ist es erlaubt, neue Knoten einzufügen; für die Wahrscheinlichkeiten der Pfade solcher Knoten nach v_3 existieren keine Voraussetzungen.

b) Verwenden Sie den in a) gefundenen Graphen, um die erwartete Anzahl der Schritte einer Berechnung von (G, p) zu bestimmen, die in v_0 startet und in v_3 endet.

Aufgabe 6.8: Modellieren Sie die Addition der 1 und einer Binärzahl x (also $1 + x$) als Random-Algorithmus auf Bit-Ebene (siehe Binärzähler in Kapitel 1), und bestimmen Sie die erwartete Anzahl Rechenschritte (Bit-Operationen) bei Verarbeitung einer zufälligen Eingabe x.

Aufgabe 6.9: Warum ist der im Worst-Case optimale KNUTH-MORRIS-PRATT-Algorithmus im Erwartungswert so dicht am naiven Verfahren, und warum wird er dort vom BOYER-MOORE-Algorithmus um Längen geschlagen? Überlegen Sie sich zur Beantwortung dieser Frage, in welchen Fällen der KMP- und in welchen der Boyer-Moore-Algorithmus das Wort P um eine große Distanz verschieben kann und wie wahrscheinlich diese Fälle typischerweise sind.

Aufgabe 6.10: Gegeben sei eine Menge von Wörtern $\mathcal{T} := \{T_i \mid T_i \in \Sigma^+ \wedge 1 \leq i \leq t\}$, $t > 0$. Gibt es Zerlegungen von $T_i, T_j \in \mathcal{T}$ mit

(i) $T_i = xy$,
(ii) $T_j = yz$,
(iii) $x \neq \varepsilon$ und $z \neq \varepsilon$,
(iv) $|y|$ maximal mit diesen Eigenschaften,

so heißt y der *Overlap* von T_i und T_j.

Konstruieren Sie einen Algorithmus, der in Zeit $\mathcal{O}\big(N(\log(N) + |\Sigma| + t)\big)$, für N die Gesamtlänge aller T_i, alle paarweisen Overlaps der Wörter in $\mathcal{T}$ berechnet. Begründen Sie, warum Ihr Verfahren die geforderte Laufzeit besitzt.

Kapitel 7
Entwurfsmethoden für Algorithmen

Jetzt, da wir eine ganze Reihe konkreter Algorithmen besprochen haben, ist es an der Zeit, nach Gemeinsamkeiten zu suchen, um zu sehen, ob es allgemeine Techniken, Tricks und Methoden gibt, die beim Algorithmenentwurf immer wieder zum Erfolg geführt haben, und die wir auf neue Probleme anwenden können. Tatsächlich haben Informatiker über die Zeit eine ganze Reihe solcher Methoden herausgearbeitet, die wir in diesem Kapitel besprechen.

Diese Entwurfsmethoden sind oft – und zu einem gewissen Grad notwendigerweise – nicht strikt mathematisch definiert, sondern beschreiben eine Idee auf konzeptioneller Ebene. Mitunter sind die Grenzen auch nicht klar zu ziehen. Wir werden deshalb die Methoden stets anhand archetypischer Beispiele vorstellen und dabei einige bereits besprochene Algorithmen in einem neuen Licht betrachten.

7.1 Brute Force – Stumpfes Durchprobieren

Die denkbar einfachste „Entwurfsmethode" für Algorithmen ist sicherlich, einfach alle existierenden Möglichkeiten durchzuprobieren, ohne Rücksicht auf die meist katastrophale Laufzeit. Beispiele haben wir in Abschnitt 1.4.1 für das Problem der maximalen Teilsumme und in Abschnitt 6.2.1 für das String Matching gesehen.

Wir erwähnen diesen trivialen Ansatz aus zwei Gründen. Erstens mag manchmal schon ein einfacher Brute-Force-Ansatz akzeptabel sein, etwa im String-Matching mit sehr kurzem Pattern.

Zweitens gibt es kompliziertere Probleme, bei denen auf den ersten Blick vielleicht nicht einmal klar ist, ob sie überhaupt algorithmisch lösbar sind. (Die Existenz von unberechenbaren Problem hatten wir ja in Abschnitt 1.2 diskutiert.) In diesen Fällen ist es hilfreich, zu versuchen, ob ein systematisches Durchprobieren aller möglichen Lösung gelingen kann.

In aller Regel sind wir aber an effizienten Algorithmen interessiert. Dafür brauchen wir andere Design-Paradigmen.

© Springer Fachmedien Wiesbaden GmbH, ein Teil von Springer Nature 2018
M. Nebel und S. Wild, *Entwurf und Analyse von Algorithmen*,
Studienbücher Informatik, https://doi.org/10.1007/978-3-658-21155-4_7

7.2 Induktion

Die vollständige Induktion ist eine Beweismethode, die auch wir schon mehrfach eingesetzt haben: Dabei zeigen wir, dass eine Aussage $A(n)$ für alle $n \in \mathbb{N}$ gilt, indem wir zeigen,

- dass $A(1)$ gilt (Induktionanfang), und
- dass für alle n gilt: $A(n)$ (bzw. $\bigwedge_{i=1}^{n} A(i)$) impliziert $A(n+1)$.

Ähnlich verwendet man die Induktion als Entwurfsmethode für Algorithmen. Hier nimmt man an, einen Algorithmus für die Lösung des betrachteten Problems für alle Eingaben einer Größe echt kleiner als n zu kennen (dies ist die Induktionsannahme) und überlegt sich, wie man unter dessen Verwendung (und damit aus der Kenntnis der Lösung für Eingaben einer Größe $< n$) eine Lösung für Eingaben der Größe n bestimmen kann. Selbstverständlich benötigt auch diese Induktion eine Verankerung, man muss also auch hier bestimmen, wie die Lösung für Eingaben der Größe $n = 1$ (oder andere kleine Werte für n) aussieht.

7.2.1 Subarrays mit maximaler Teilsumme

Um die Idee hinter dieser Methode zu veranschaulichen, betrachten wir noch einmal das Problem maximaler Teilsummen aus Abschnitt 1.4. Gegeben sei also eine Folge $a_1, a_2, \ldots, a_n$ mit $a_i \in \mathbb{Z}$, $1 \le i \le n$, und wir suchen den Wert einer maximalen Teilsumme $\max\{f(i,j) \mid 1 \le i, j \le n\}$, $f(i,j) = a_i + a_{i+1} + \cdots + a_j$.

Für dieses Problem hatten wir in Abschnitt 1.4.5 einen Linearzeit-Algorithmus betrachtet, der allerdings zu diesem Zeitpunkt „vom Himmel" zu fallen schien. Wir wollen hier zeigen, dass man unter Anwendung des induktiven Entwurfsmusters auf natürliche Weise zum dort vorgestellten Algorithmus gelangt.

Wir tun also nochmal so, als wüssten wir nicht, wie wir das Problem lösen können, und versuchen stur, eine Induktion zu führen.

IA: Wir können das Problem für $n = 1$ lösen: Das gesuchte Maximum ist der Wert des einen Elements a_1, falls $a_1 \ge 0$ ist, andernfalls 0 als Wert der leeren Teilsumme.

IV: Wir nehmen an, wir wissen, wie wir eine maximale Teilsumme in Eingaben der Größe $< n$ berechnen können.

IS: Der Schritt von $(n-1) \to n$, der eigentliche Algorithmenentwurf: Wir betrachten $A = a_1, a_2, \ldots, a_n$ für $n > 1$ unter der Hypothese, dass wir die maximale Teilsumme s' für $A' = a_1, a_2, \ldots, a_{n-1}$ kennen. Anschaulich heißt das, dass wir uns zu fragen haben, wie wir das eine zusätzliche Element der Eingabe verarbeiten können. Hierbei können drei Fälle auftreten:

- $s' = 0$ (aus einer leeren Teilsumme resultierend).

  In diesem Fall müssen alle a_i, $1 \leq i \leq n - 1$, echt negativ sein, und wir können a_n analog zu unserem Anker alleine betrachten.

- $s' > 0$ und $\big(\exists i \in [1 : n - 1]\big)\big(s' = f(i, n - 1)\big)$.

  Dann ist also eine optimale Teilfolge $a_i, \ldots, a_{n-1}$. Hier haben wir leichtes Spiel: Für $a_n \geq 0$ wird offensichtlich $f(i, n)$ ein Maximum, andernfalls bleibt $f(i, n - 1)$ eines. Entsprechend haben wir in diesem Fall den Induktionsschritt vollzogen und einen Algorithmus gefunden, der aus der Lösung für eine Eingabe der Größe $n - 1$ die Lösung für eine Eingabe der Größe n berechnet.

- $s' > 0$ und $\big(\nexists i \in [1 : n - 1]\big)\big(s' = f(i, n - 1)\big)$.

  Also ist $s' = f(i, j)$ nur für $j < n - 1$. In diesem Fall kann es sein, dass $f(i, j)$ auch für A ein Maximum bleibt, oder aber die Verwendung des nun neuen Elementes a_n zusammen mit einem *Suffix* (mit maximaler Summe) der bisherigen Eingabefolge A' einen größeren Wert liefert. Wir kennen aber dieses Maximale-Summe-Suffix von A' nicht; unsere Induktionsannahme greift nicht!

An dieser Stelle haben wir also ein Problem: Wir könnten zwar das Maximale-Summe-Suffix von A' nun berechnen, bräuchten dazu aber lineare Laufzeit, was zu einem insgesamt quadratischen Aufwand führte.

Dies ist eine übliche Erfahrung beim Algorithmenentwurf; nur selten führt der erste Versuch zum Ziel! Doch unser Ausweg liegt hier – wie so oft – darin, aus dem Gelernten einen Nutzen zu ziehen. Im Falle der Induktion als Entwurfsmethode heißt das, wir müssen unsere Induktionsannahme *verstärken:* Das Problem zuvor war, dass wir auch das Maximale-Summe-Suffix der kleineren Eingabe für den Induktionsschritt brauchen, also versuchen wir dieses zweite Maximum aufzunehmen:

IV: **Verstärkte Annahme:**

  Wir wissen, wie wir eine maximale Teilsumme und die maximale Suffix-Summe in Eingaben der Größe $< n$ berechnen können.

Dies führt direkt zu dem in Abschnitt 1.4.5 diskutierten Algorithmus. Der dort bereits geführte Korrektheitsbeweis ist gerade die obige Induktion mit der verstärkten Annahme.

7.2.2 Weitere Beispiele

Wir haben noch weitere Algorithmen kennengelernt, die nach dem Entwurfsmuster Induktion arbeiten.

Insertion-Sort und Selection-Sort: So verwendet Insertion-Sort die Induktionsvoraussetzung, um die ersten $n - 1$ Elemente zu sortieren und fügt dann im „Induktionsschritt" das n-te Element so ein, dass eine sortierte Liste von n Elementen entsteht. Selection-Sort bestimmt zuerst das Minimum der Liste und vertauscht es mit dem ersten der Eingabe; damit haben wir das Problem wieder auf das Sortieren von $n-1$ Elementen reduziert und können die Induktionsvoraussetzung anwenden. In beiden Fällen war hier der Induktionsschritt zu teuer, um optimale Sortier-Algorithmen zu erhalten.

Unsere bisherigen Beispiele hatten gemein, dass wir stets nur den Induktionsschritt von $n-1$ zu n gemacht haben; das muss aber nicht so sein.

Quickselect: Auch auf das Auswahlproblem können wir die induktive Entwurfsmethode anwenden. Quickselect löst den Induktionsschritt, indem für ein beliebiges Element sein Rang $k \in [1:n]$ bestimmt wird, womit das Problem – je nach gesuchtem Rang – entweder auf die Suche in den $k-1$ kleineren oder den $n-k$ größeren Elementen reduziert wird. Da diese Liste zwar jeweils unbekannte Größe hat, aber höchstens $n-1$ Elemente enthält, können wir die Induktionsvoraussetzung anwenden.

Binäre Suche: Auch die Binäre Suche in einem sortieren Array hat induktiven Charakter. Hier ist der Induktionsschritt besonders einfach – er besteht nur aus einem Vergleich. Danach wissen wir, ob wir links oder rechts von der im Vergleich verwendeten Position fortfahren müssen; in beiden Fällen können wir aber dafür die Induktionsvoraussetzung heranziehen.

Diese letzten beiden Beispiele fallen damit durchaus unter das Dach der induktiven Algorithmen, allerdings lassen sich diese Algorithmen nicht ohne zusätzliche Idee rein aus einer versuchten Induktion wie im Beispiel der maximalen Teilsumme erschließen. Hier stößt die Entwurfsmethode also an ihre Grenzen. Im nächsten Abschnitt werden wir eine Entwurfsmethode betrachten, die etwas mehr Anhaltspunkte liefert.

7.3 Divide and Conquer

Die Methode *Divide and Conquer*, zu deutsch *„teile und herrsche"*, verfolgt die Strategie, ein Problem der Größe n in k verschiedene Teilprobleme ($1 < k \le n$) aufzuspalten (*divide*), deren Lösungen zu berechnen (unter Umständen durch rekursives Aufspalten) und diese dann zu einer Lösung des Gesamtproblems zusammenzusetzen (*conquer*). Dabei ist für die Effizienz des so erzeugten Algorithmus wesentlich, dass das Zusammensetzen mit geringen Kosten verbunden ist.

Beispiele: Typische Beispiele für dieses Vorgehen sind Mergesort und Quicksort: Beide zerlegen die Eingabe in mehrere (in der einfachsten Form zwei) Teile, sortieren diese separat und unabhängig voneinander, und setzen daraus die sortierte Liste zusammen. Quicksort leistet die Arbeit während der Zerteilung (Partitionierungsschritt) und muss nach dem rekursiven Sortieren der Teile keine weitere Änderungen vornehmen. Mergesort halbiert die Eingabe ohne irgendwelche Vorarbeit und konstruiert anschließend aus den rekursiv sortieren Hälften das Gesamtergebnis (Merge). Die Verallgemeinerung zu k-Wege-Quicksort bzw. k-Wege-Mergesort ist naheliegend.

Auch unser erster subquadratischer Algorithmus für das Problem der maximalen Teilsummen (Abschnitt 1.4.3) ist ein Divide & Conquer-Algorithmus: Dort finden wir rekursiv die maximalen Teilsummen in der linken bzw. rechten Hälfte und nutzen diese Lösungen, um die Lösung des Gesamtproblems zu bestimmen. Dabei sind die Mitte einschließende Lösungen noch zusätzlich zu betrachten.

Wichtiges Charakteristikum von Divide and Conquer ist dabei, dass die Teilprobleme sich nicht überlappen und unabhängig voneinander lösbar sind. Wir wollen zwei weitere Beispiele aus einem anderen Kontext betrachten, um unser Verständnis für die Methode zu vertiefen.

7.3.1 Multiplikation zweier n-Bit-Zahlen

Seien $x = \sum_{i=0}^{n-1} x_i 2^i$ und $y = \sum_{i=0}^{n-1} y_i 2^i$ zwei vorgegebene n-Bit-Zahlen ohne führende Null, also $x_{n-1} \neq 0 \neq y_{n-1}$. Gemäß der Schulmethode würden wir nach dem in Abb. 7.1 dargestellten Schema vorgehen. Damit würden wir die Zahlen $x \cdot 2^i$ für $0 \leq i < n$ mit y_i multiplizieren und anschließend das Ergebnis spaltenweise addieren. Da es sich hier bei den Ziffern um Bits handelt, ist die Multiplikation entweder invariant ($y_i = 1$) oder braucht nicht durchgeführt zu werden ($y_i = 0$).

Insgesamt müssen bis zu n Zahlen (Zeilen) mit bis zu $2n - 1$ Bits addiert werden. Die Schulmethode benötigt also $\Theta(n^2)$ Bit-Operationen. Wir werden in diesem Abschnitt einen Divide & Conquer-Algorithmus für die Multiplikation zweier n-Bit-Zahlen entwerfen, der mit deutlich weniger Aufwand auskommt.

Wir nehmen dazu der Einfachheit halber an, dass n eine Zweierpotenz ist (d.h., wenn notwendig, füllen wir mit führenden Nullen auf). Dann können wir x und y schreiben als

$$
\begin{aligned}
x &= a_1 2^{n/2} + a_2, \\
y &= b_1 2^{n/2} + b_2,
\end{aligned}
$$

wobei a_1, a_2, b_1 und b_2 Zahlen mit $n/2$ Bits sind. Dann ist

$$
\begin{aligned}
x \cdot y &= (a_1 2^{n/2} + a_2) \cdot (b_1 2^{n/2} + b_2) \\
&= a_1 b_1 2^n + (a_1 b_2 + a_2 b_1) 2^{n/2} + a_2 b_2.
\end{aligned} \tag{7.1}
$$

7.3.1.1 Ein naiver Divide & Conquer-Algorithmus

Obige Gleichung suggeriert sofort einen Divide & Conquer-Ansatz: Berechne zuerst die vier Produkte $a_1 b_1, a_1 b_2, a_2 b_1$ und $a_2 b_2$ rekursiv und setze schließlich das Ergebnis $x \cdot y$ durch Summation dieser (geshifteten) Produkte gemäß (7.1) zusammen. Jedes der vier Produkte betrifft Zahlen mit nur $n/2$ Bits, wir haben also die Eingabe in vier kleinere Teilprobleme aufgeteilt.

Die Rekursionsgleichung für die Anzahl $M_0(n)$ der benötigten Bit-Operationen ist dann

$$
\begin{array}{cccccccc}
x_{n-1} & x_{n-2} & x_{n-3} & \cdots & x_2 & x_1 & x_0 & \\[2pt]
y_{n-1} & y_{n-2} & y_{n-3} & \cdots & y_2 & y_1 & y_0 & \\[6pt]
\hline
x_{n-1}y_{n-1} & x_{n-2}y_{n-1} & x_{n-3}y_{n-1} & \cdots & x_2 y_{n-1} & x_1 y_{n-1} & x_0 y_{n-1} \\[2pt]
x_{n-1}y_{n-2} & x_{n-2}y_{n-2} & x_{n-3}y_{n-2} & \cdots & x_2 y_{n-2} & x_1 y_{n-2} & x_0 y_{n-2} \\[2pt]
x_{n-1}y_{n-3} & x_{n-2}y_{n-3} & x_{n-3}y_{n-3} & \cdots & x_2 y_{n-3} & x_1 y_{n-3} & x_0 y_{n-3} \\[2pt]
 & & & \ddots & & & \\[6pt]
\hline
z_{2n-1} & z_{2n-2} & z_{2n-3} & \cdots & z_2 & z_1 & z_0
\end{array}
$$

Abb. 7.1 Die Schulmethode zur Multiplikation zweier Zahlen.

$$M_0(n) = 4 \cdot M_0\left(\frac{n}{2}\right) + \bar{c} \cdot n.$$

Der additive Term $\bar{c} \cdot n$ misst die Anzahl der nicht-rekursiven Bit-Operationen (Shifts und Additionen).

Haben wir damit einen schnelleren Multiplikations-Algorithmus erhalten? Keineswegs, denn das Master-Theorem (Satz 1.27) liefert uns das Ergebnis

$$M_0(n) = \Theta(n^2),$$

und damit die gleiche Komplexität wie die Schulmethode. Eine simple Anwendung des Teile-und-Herrsche-Prinzips alleine ist kein Garant für einen effizienteren Algorithmus!

Iterieren wir die Rekursionsgleichung, so erkennen wir, dass $\bar{c}$ nicht für die quadratische Laufzeit verantwortlich ist: Die Rekursionsgleichung führt zu Fall 1 des Master-Theorems, der Dominanz der Blätter. Um die Gesamtkosten zu reduzieren, müssen wir also die Anzahl oder die Größe der Teilprobleme reduzieren.

7.3.1.2 Ein subquadratischer Algorithmus: Die Karatsuba-Multiplikation

Die entscheidende Beobachtung ist nun, dass wir mit nur *drei* Multiplikationen statt der vier Teilprodukte a_1b_1, a_1b_2, a_2b_1 und a_2b_2 auskommen können, wenn wir etwas mehr Arbeit in den Conquer-Schritt verlagern. Es ist

$$(a_1 + a_2) \cdot (b_1 + b_2) = a_1 \cdot b_1 + (a_1 \cdot b_2 + a_2 \cdot b_1) + a_2 \cdot b_2; \qquad (7.2)$$

beachte dass der mittlere Summand gerade der Koeffizient von $2^{n/2}$ in (7.1) ist. Damit können wir wie folgt verfahren:

(1) Berechne $c = (a_1 + a_2)(b_1 + b_2)$, (eine Multiplikation) sowie

(2) $c_1 = a_1 b_1$ und $c_2 = a_2 b_2$ (zwei weitere Multiplikationen).

(3) Dann ist $x \cdot y = c_1 \cdot 2^n + (c - c_1 - c_2)2^{n/2} + c_2$ (nur Shifts und Additionen).

Es genügen also *drei* (rekursiv auszuführende) Multiplikationen, und wir erhalten die Rekursionsgleichung

$$M_1(n) = 3M_1(n/2) + d \cdot n.$$

In dem Term $d \cdot n$ werden wiederum die Anzahl der nicht-rekursiven Bit-Operationen, also Shifts und Additionen, aufgenommen. Es ist sicherlich d deutlich größer als $\bar{c}$ von oben, da wir zwei zusätzliche Additionen in Schritt (1) und zwei Subtraktionen statt einer Addition in Schritt (3) benötigen; die Komplexität des Conquer-Schrittes bleibt aber linear.

Die asymptotische Lösung folgt wieder mit Fall 1 des Master-Theorems

$$M_1(n) = \Theta(n^{\operatorname{ld}(3)}) = \Theta(n^{1{,}58496\ldots}).$$

Wir haben also eine Methode gefunden, die asymptotisch (also für große n) deutlich besser ist als die Schulmethode; dieses Verfahren wurde von A. A. KA-RATSUBA um 1960 entdeckt. Insgesamt haben wir gezeigt:

Satz 7.1:
$\mathcal{O}(n^{\mathrm{ld}(3)}) = \Theta(n^{1,58496\cdots})$ *Bit-Operationen sind ausreichend, um zwei* n-*Bit-Zahlen zu multiplizieren.* ∎

Es bleibt zu bemerken, dass für kleine Werte von n die KARATSUBA-Multiplikation nicht schneller ist als die Schulmethode, sodass diese auch weiterhin ihre Daseinsberechtigung im Lehrplan hat.

Bemerkung 7.2 (Geht es noch besser?): Der gegenwärtige „Weltrekord" für die Multiplikation zweier n-Bit-Zahlen liegt bei $\mathcal{O}\left(n \cdot \log(n) \cdot 2^{3\,\mathrm{ld}^*(n)}\right)$ Bit-Operationen (siehe auch Abschnitt 7.7.5); allerdings ist der entsprechende Algorithmus für alle praktischen Eingabegrößen einfacheren Verfahren unterlegen. ◄

$$* \qquad * \qquad *$$

Wir wenden uns nun einem ähnlichen Problem, der Multiplikation zweier Matrizen, zu, und versuchen, den Trick der KARATSUBA-Multiplikation zu verallgemeinern.

7.3.2 Multiplikation zweier Matrizen

Seien A, B zwei $(n \times n)$-Matrizen (über $\mathbb{R}$) und $C := A \cdot B$ mit $c_{i,j} = \sum_{1 \le k \le n} a_{i,k} b_{k,j}$. Berechnet man die Einträge $c_{i,j}$ unabhängig nach der Definition, so benötigt jeder der n^2 Einträge $(n-1)$ Additionen und n Multiplikationen. Damit entstehen insgesamt $n^2(n-1) + n^3 = 2n^3 - n^2$ arithmetische Operationen (Additionen, Subtraktionen, Multiplikationen).

7.3.2.1 Naiver Divide & Conquer-Algorithmus

Wir nehmen im Folgenden wieder an, dass n eine Zweierpotenz ist (andernfalls können wir die Matrizen mit Null-Zeilen und -Spalten auffüllen). Wir zerlegen A, B und C in $(n/2 \times n/2)$-Teilmatrizen:

$$A = \begin{pmatrix} A_{1,1} & A_{1,2} \\ A_{2,1} & A_{2,2} \end{pmatrix}, \quad B = \begin{pmatrix} B_{1,1} & B_{1,2} \\ B_{2,1} & B_{2,2} \end{pmatrix}, \quad C = \begin{pmatrix} C_{1,1} & C_{1,2} \\ C_{2,1} & C_{2,2} \end{pmatrix},$$

wobei sich die vier Teilmatrizen von C wie folgt berechnen lassen:

$$\begin{pmatrix} C_{1,1} & C_{1,2} \\ C_{2,1} & C_{2,2} \end{pmatrix} = \begin{pmatrix} A_{1,1}B_{1,1} + A_{1,2}B_{2,1} & A_{1,1}B_{1,2} + A_{1,2}B_{2,2} \\ A_{2,1}B_{1,1} + A_{2,2}B_{2,1} & A_{2,1}B_{1,2} + A_{2,2}B_{2,2} \end{pmatrix}.$$

Die direkte Umsetzung dieser Zerlegung als Divide & Conquer-Algorithmus kann zur Berechnung von $A \cdot B$ mit dem Aufwand von 8 Multiplikationen von $(n/2 \times n/2)$-Matrizen und $4(n/2)^2$ Additionen (jede der vier Teilmatrizen $C_{i,j}$ hat $(n/2)^2$ viele Einträge; für jeden Eintrag ist eine Addition nötig) verwendet werden. Ist $E_0(n)$ die zugehörige Anzahl der benötigten Elementar-Operationen, so gilt folglich

$$E_0(n) = 8E_0(n/2) + 4(n/2)^2, \qquad E_0(1) = 1.$$

Es folgt $E_0(n) = 2n^3 - n^2$, wir haben also keine Verbesserung gegenüber der Schulmethode erzielen können.

7.3.2.2 Subkubische Matrixmultiplikation: Strassens Algorithmus

Ähnlich wie oben beobachten wir, dass nicht der Conquer-Schritt, sondern die Anzahl Teilprobleme den dominanten Beitrag liefern. Wir versuchen also wieder, Arbeit aus den rekursiven Aufrufen in das Zusammensetzen der Teillösungen zu verlagern. Die Idee ist also analog zur KARATSUBA-Multiplikation, aber etwas aufwändiger. So beobachtete STRASSEN 1969, dass *sieben* rekursive Matrizenmultiplikationen ausreichen, wenn wir die folgenden geschickten Umformungen vornehmen. Wir setzen zuerst

$$
\begin{aligned}
M_1 &:= (A_{1,2} - A_{2,2}) \cdot (B_{2,1} + B_{2,2}), \\
M_2 &:= (A_{1,1} + A_{2,2}) \cdot (B_{1,1} + B_{2,2}), \\
M_3 &:= (A_{1,1} - A_{2,1}) \cdot (B_{1,1} + B_{1,2}), \\
M_4 &:= (A_{1,1} + A_{1,2}) \cdot B_{2,2}, \\
M_5 &:= A_{1,1} \cdot (B_{1,2} - B_{2,2}), \\
M_6 &:= A_{2,2} \cdot (B_{2,1} - B_{1,1}), \\
M_7 &:= (A_{2,1} + A_{2,2}) \cdot B_{1,1}.
\end{aligned}
$$

Diese Teilmatrizen werden durch 7 rekursive Aufrufe berechnet. Die vier Teilmatrizen von C können wir daraus wie folgt berechnen:

$$
\begin{aligned}
C_{1,1} &= M_1 + M_2 - M_4 + M_6, \\
C_{1,2} &= M_4 + M_5, \\
C_{2,1} &= M_6 + M_7, \\
C_{2,2} &= M_2 - M_3 + M_5 - M_7.
\end{aligned}
$$

(Hier hilft nur nachrechnen!)

Die M_i sind offensichtlich $(n/2 \times n/2)$-Matrizen, für ihre Berechnung werden pro Eintrag in Summe 10 (Matrix-) Additionen bzw. Subtraktionen benötigt. Zusätzlich werden pro Eintrag insgesamt 8 Additionen bzw. Subtraktionen für die Berechnung der C_i verwendet. Damit gilt für die Anzahl resultierender Elementar-Operationen $E_1(n)$ die Rekursion

$$E_1(n) \ = \ 7E_1(n/2) + 18(n/2)^2, \qquad E_1(1) \ = \ 1.$$

Mit dem Master-Theorem (Satz 1.27) können wir folgern, dass

$$E_1(n) \ = \ \Theta\big(n^{\mathrm{ld}(7)}\big)$$

gilt; insgesamt haben wir gezeigt:

> **Satz 7.3:**
> *Zwei* $(n \times n)$*-Matrizen können mit* $\Theta(n^{\mathrm{ld}(7)}) = \Theta(n^{2,80735\dots})$ *arithmetischen Operationen multipliziert werden.*

Damit haben wir die Schulmethode, die $\Theta(n^3)$ Elementar-Operationen benötigt, asymptotisch geschlagen. Es ist allerdings anzumerken, dass für Matrizen mit wenigen Hundert Zeilen und Spalten die Schulmethode überlegen bleibt.

*   *   *

Damit beenden wir unsere Betrachtung der Divide & Conquer-Methode. Wir wollen abschließend bemerken, dass einige Verfahren alle Züge von Divide & Conquer aufweisen, aber nur ein Teilproblem weiter verfolgen. Beispiele aus dieser Kategorie sind die binäre Suche und Quickselect. Nach unserer Definition sind diese Algorithmen keine Divide & Conquer-Algorithmen, sondern fallen in die Kategorie der induktiven Algorithmen; sie werden in der Literatur manchmal aber auch den Divide & Conquer-Methoden zugerechnet.

7.4 Dynamisches Programmieren

Die dynamische Programmierung wird vorwiegend im Kontext von Optimierungsproblemen eingesetzt. Dort hat man es in der Regel mit der Situation zu tun, dass aus exponentiell vielen möglichen Lösungen eine bestmögliche gefunden werden soll. Die Optimierung kann dann nicht einfach *brute-force* geschehen, indem wir alle Möglichkeiten durchprobieren, denn dies führt sicher zu einer inakzeptablen exponentiellen Laufzeit. Oft existiert jedoch eine Möglichkeit, das Gesamtproblem in Teilprobleme zu zerlegen, die von ihrer Art dem Gesamtproblem ähneln. Dies sollte so geschehen, dass eine optimale Lösung des Gesamtproblems aus optimalen Lösungen der Teilprobleme zusammengesetzt werden kann.

Definition 7.4 (Bellmansches Optimalitätskriterium):
Ein Optimierungsproblem P *erfüllt genau dann das* BELLMAN*sche Optimalitätskriterium, wenn die folgenden Bedingungen gelten:*

1. *Jede (nicht triviale[1]) Instanz I von P lässt sich in m kleinere und voneinander unabhängige Instanzen I_k, $1 \leq k \leq m$, von P derart zerlegen, dass*

2. *jede Kombination beliebiger optimaler Lösungen dieser $I_1, \ldots, I_m$ zu einer optimalen Lösung von I führt.[2]*   ◄

Da sie ebenfalls Instanzen von P sind, gilt selbiges auch für die $I_1, \ldots, I_m$, d.h. auch diese lassen sich in Teil(teil)probleme zerlegen. Dies wird solange fortgesetzt, bis nur noch triviale Teilprobleme vorliegen. Dabei ist es möglich, ja sogar hilfreich für die Effizienz, dass die optimalen Lösungen verschiedener Teilprobleme die Lösung desselben Teil(teil)problems enthalten. Führen wir dann bei der Lösung der Teilprobleme Buch über unsere Ergebnisse, können wir ein bereits gelöstes Teilproblem beim erneuten Auftreten überspringen (wir haben seine Lösung ja bereits gespeichert) und kommen so zu einer verbesserten Laufzeit.

In vielen Fällen ist es für die Implementierung eines solchen Vorgehens einfacher, eine Tabelle mit allen möglichen Teilproblemen anzulegen, und diese dann Zelle für Zelle auszufüllen, unabhängig davon, ob die gerade betrachtete Zelle (das gerade betrachtete Teilproblem) für die aktuelle Eingabe-Instanz tatsächlich benötigt wird. Dieses Vorgehen, eine Tabelle von Lösungen zu Teilproblemen schrittweise auszufüllen, um eine Lösung des Gesamtproblems zu erzeugen, nennt man *dynamisches Programmieren* (dynamic programming, DP).

Statt in dieser problemunabhängigen, abstrakten Formulierung fortzufahren, besprechen wir die typischen Schritte des Entwurfs eines Dynamischen-Programmierungs-Algorithmus anhand des folgenden fortlaufenden Beispielproblems, der Auswertungsreihenfolge von Matrixproduktketten.

Zuvor sei jedoch bemerkt, dass wir – ohne sie dort als solche zu benennen – auch schon weitere Beispiele für DP-Algorithmen kennengelernt haben: So folgt etwa der FLOYD-WARSHALL-Algorithmus (Abschnitt 5.3.4) für das All-Pairs Shortest-Paths Problem obigem Prinzip: Er berechnet und speichert für alle Tripel (u, v, k) den kürzesten Weg von u nach v, der nur Zwischenknoten aus $[1 : k]$ verwendet. In aller Regel sind wir an diesen künstlich eingeschränkten Wegen nicht interessiert – nur die Tripel (u, v, n) entsprechen den uneingeschränkt kürzesten Wegen. Aber die Berechnung letzterer gelingt eben nur effizient, weil wir die Tabelleneinträge der anderen Tripel vorher schon gefüllt haben.

Auch der Algorithmus mit quadratischer Laufzeit für das Problem der maximalen Teilsumme (Abschnitt 1.4.2) hat Charakterzüge der dynamischen Programmierung: Dort bestimmen wir zusätzlich zur eigentlichen Lösung auch

---

[1] Triviale Instanzen sind beispielsweise solche kleiner Größe, für die die optimale Lösung offensichtlich ist. Sie werden verwendet, um die dynamische Programmierung zu initialisieren.

[2] Damit liegt eine wesentliche Herausforderung darin, ggf. solche (Teil-)Instanzen zu identifizieren, deren optimalen Lösungen zu einer optimalen Lösung des Gesamtproblems führen.

das *Suffix* des Arrays mit maximaler Summe, und wir lösen dieses erweiterte Problem für *alle Präfixe* des gegebenen Arrays.

In beiden Beispielen haben wir direkt das Endergebnis der DP-Entwurfsmethode präsentiert; es ist für neue (und insbesondere komplexere) Probleme aber hilfreich, nochmal einen Schritt zurück zu gehen.

7.4.1 Auswertungsreihenfolge von Matrixproduktketten

Wir betrachten zur Verdeutlichung die Multiplikation von Matrizen. Wie wir aus der Linearen Algebra wissen, ist das Matrixprodukt nicht kommutativ. Es ist aber sehr wohl assoziativ und der Aufwand zur Berechnung des Produktes von n Matrizen hängt u. U. stark von der verwendeten Klammerung, also der Reihenfolge, in der die Teilprodukte gebildet werden, ab.

Beispiel 7.5: Sei $n = 4$ und M_1 eine (10×20)-, M_2 eine (20×50)-, M_3 eine (50×1)- und M_4 eine (1×100)-Matrix. Verwenden wir die Schulmethode zur Multiplikation einer $(p \times q)$-Matrix mit einer $(q \times r)$- Matrix, dann werden $p \cdot r \cdot q$ Multiplikationen (und $p \cdot r \cdot (q - 1)$ Additionen) benötigt. Für die verschiedenen Klammerungen des Produktes $M_1 \cdot M_2 \cdot M_3 \cdot M_4$ resultiert damit für die Anzahl benötigter Multiplikationen:

$$
\begin{aligned}
M_1 \cdot \big(M_2 \cdot (M_3 \cdot M_4) \big) &\rightarrow &125\,000 \text{ Multiplikationen,} \\
M_1 \cdot \big((M_2 \cdot M_3) \cdot M_4 \big) &\rightarrow &23\,000 \text{ Multiplikationen,} \\
(M_1 \cdot M_2) \cdot (M_3 \cdot M_4) &\rightarrow &65\,000 \text{ Multiplikationen,} \\
\big(M_1 \cdot (M_2 \cdot M_3) \big) \cdot M_4 &\rightarrow &2\,200 \text{ Multiplikationen,} \\
\big((M_1 \cdot M_2) \cdot M_3 \big) \cdot M_4 &\rightarrow &11\,500 \text{ Multiplikationen.}
\end{aligned}
$$

Die Klammerung $\big(M_1 \cdot (M_2 \cdot M_3) \big) \cdot M_4$ ist also mit Abstand die günstigste, und sie ist über fünfzig Mal günstiger als die schlechteste Klammerung! ◀

Im Allgemeinen wollen wir das folgende Problem lösen.

Definition 7.6 (Optimale Klammerung von Matrixproduktketten):
Gegeben n Matrizen $M_1, \dots, M_n$ mit $M_i \in \mathbb{R}^{z_i \times s_i}$ (also M_i hat z_i Zeilen und s_i Spalten), wobei $s_i = z_{i+1}$ für $i = 1, \dots, n - 1$.

Bestimme die minimale Anzahl von Element-Multiplikationen für die Berechnung des Matrixprodukts $M_1 \cdot M_2 \cdots M_n$ über alle möglichen Klammerungen des Produkts, und diese Klammerung selbst. ◀

Unser Hauptaugenmerk wird dabei der Bestimmung der *Anzahl* Multiplikationen gelten; wir werden am Ende sehen, dass sich auf Basis der Lösung dieses Problems auch die tatsächliche Klammerung (mithilfe des sog. Backtracings) leicht bestimmen lässt.

7.4.2 Baseline: Brute-Force Ansatz

Würde man einfach alle Reihenfolgen durchprobieren wollen, so hätte man eine exponentielle Anzahl an Möglichkeiten zu prüfen:

Lemma 7.7 (Anzahl Klammerungen): Die Anzahl u_n verschiedener Klammerungen eines Produktes mit n Faktoren ist

$$u_n = \frac{1}{n} \binom{2n-2}{n-1} \sim \frac{4^{n-1}}{n\sqrt{\pi}\sqrt{n-1}}, \qquad (n \to \infty).$$ ◄

Beweis: Ist u_n die Anzahl möglicher Klammerungen des Produktes $M_1 \cdot M_2 \cdots M_n$, so ist nach Konvention $u_1 = 1$, $u_2 = 1$ (nämlich $(M_1 \cdot M_2)$) und für $n \geq 3$ durch

$$u_n = \sum_{1 \leq i \leq n-1} u_i \cdot u_{n-i}$$

gegeben. Denn eine der $n-1$ Multiplikationen, sagen wir die i-te, muss die Erste/Äußerste sein; dann entstehen genau u_i Möglichkeiten die Matrizen links von dieser Multiplikation und u_{n-i} Möglichkeiten die Matrizen rechts von dieser Multiplikation zu klammern. Man nennt die Folge der u_n auch CATALAN-Zahlen. Sie tauchen in der Kombinatorik an viele Stellen auf, z.B. ist u_n auch die Anzahl verschiedener erweiterter binärer Bäume mit n externen Knoten: Um dies einzusehen, muss man obige Rekursion so interpretieren, dass die beiden Teilbäume der Wurzel i und $n-i$ der externen Blätter enthalten für $1 \leq i \leq n-1$.

Man kann zeigen, dass u_n die recht einfache geschlossene Form $u_n = \frac{1}{n}\binom{2n-2}{n-1}$ hat. Mit STIRLINGs Formel – siehe Gleichung (B.9) – können wir die entsprechende Asymptotik herleiten. ∎

Natürlich ist dieser exponentielle Aufwand inakzeptabel, und wir müssen uns ein anderes Vorgehen überlegen. Dabei hilft uns die dynamische Programmierung.

7.4.3 Mit Teilproblemen und lokalem Brute-Force zur Rekursionsgleichung

Der Entwurf eines DP-Algorithmus verläuft abstrakt nach einem festen Rezept, das wir hier am Beispiel durchspielen.

Teilprobleme: Der wichtigste und kreative Schritt des Entwurfs eines DP-Algorithmus besteht im Identifizieren der richtigen *Teilprobleme*, für die wir das BELLMANsche Optimalitätskriterium anwenden können.

In unserem Problem ist es naheliegend, Teilprodukte zu betrachten, die innerhalb einer Klammer stehen können. Wir wählen also als Teilproblem alle $M_i \cdot M_{i+1} \cdots M_j$ für $1 \leq i \leq j \leq n$, die auch Instanzen unseres ursprünglichen Problems sind; als Notation für dieses Teilproblem verwenden wir das Tupel (i,j).

Im Allgemeinen kann es nötig werden, für die Teilprobleme ein *allgemeineres Problem* als das ursprüngliche zu lösen; so mussten wir etwa im FLOYD-WARSHALL-Algorithmus die künstliche Einschränken hinzunehmen, dass nur eine gewisse Teilmenge der Knoten auf den Wegen verwendet werden darf. Das DP-Schema kann uns bei dieser problemspezifischen Aufgabe leider nicht helfen, dieser Teil benötigt Intuition und Kreativität!

Es ist zwar oft trivial, aber es ist hilfreich zu bemerken, welcher unserer Teilprobleme dem eigentlichen Gesamtproblem entspricht. Falls es uns nämlich gar nicht gelingt, mithilfe der aktuell zur Disposition stehenden Aufteilung das ursprüngliche Problem zu lösen, brauchen wir uns nicht weiter zu bemühen! Für unser Beispiel ist offensichtlich das Teilproblem $(1, n)$ exakt identisch zum ursprünglichen Problem; wir können also fortfahren.

Lokales Brute-Force: Der zweite Schritt besteht darin, einen Parameter der Lösung zu identifizieren, für den es nur begrenzt viele Möglichkeiten gibt, und der das Gesamtproblem in *unabhängige* Teilprobleme zerfallen lässt. Dann können wir einfach alle Möglichkeiten für diesen Parameter der Lösung per Brute-Force explorieren und unter Verwendung der Teilproblemlösungen bewerten.

In unserem Beispielproblem ist dieser lokale Brute-Force Parameter die *Position der äußersten Multiplikation*. Jede mögliche Klammerung muss mit der Multiplikation von zwei Zwischenergebnissen *enden*:

$$(M_1 \cdots M_k) \cdot (M_{k+1} \cdots M_n).$$

Dieses Argument bezeichnet man auch als *Zerlegung nach dem ersten/letzten Schritt*. Die bestmögliche Klammerung der Zwischenergebnisse ist dabei unabhängig voneinander, d.h. wir können diese als Teilprobleme bestimmen!

Rekursive Beschreibung der Kosten: Wir betrachten nun ein generisches Teilproblem – in unserem Beispiel also ein beliebiges (i, j) mit $1 \leq i \leq j \leq n$ – und versuchen, eine *Rekursionsgleichung für die Kosten einer optimalen Lösung* dieses Teilproblems aufzustellen. Dabei verwenden wir die lokale Brute-Force Optimierung, um für nicht-triviale Instanzen die Kosten über Kosten von kleineren Teilproblemen auszudrücken.

Für die Klammerung der Matrixprodukte sei $C(i, j)$ die Anzahl Element-Multiplikationen einer optimalen Klammerung des Teilproblems (i, j). Dann gilt:

$$C(i, j) = \begin{cases} 0 & \text{falls } i = j, \\ \min_{i \leq k < j} \Big(C(i, k) + C(k + 1, j) + z_i \cdot s_j \cdot s_k \Big) & \text{falls } i < j. \end{cases}$$

Korrektheitsbeweis: Es ist sehr empfehlenswert, auf dem Level solcher Rekursionsgleichungen die Korrektheit des Verfahrens zu begründen. Formal führen wir dabei eine Induktion über die Teilproblemgröße durch.

In unserem Beispiel geht die Induktion also über $n := j - i + 1$.

IA: $n = 1$

Dann besteht das Teilproblem nur aus einer Matrix, und nichts ist zu tun. Also sind die Kosten $C(i, j) = 0$.

IV: Angenommen, $C(i, j)$ entspricht den optimalen Kosten für alle Teilprobleme (i, j) mit $j - i + 1 < n$.

IS: $[1 : n - 1] \to n$:

Sei (i, j) ein beliebiges Teilproblem mit $j - i + 1 = n$. Wie oben schon argumentiert, muss jede Klammerung eine äußerste Multiplikation durchführen; sei k deren Position. Die Kosten der *besten* Klammerung mit äußerster Multiplikation bei k sind die optimalen Kosten für das Produkt links – nach IV also $C(i, k)$ – plus die optimalen Kosten für das Produkt rechts – nach IV $C(k + 1, j)$ – plus $z_i \cdot s_j \cdot s_k$, die Kosten für die äußerste Multiplikation zwischen den Matrizen $(M_i \cdot M_{i+1} \cdots M_k)$ und $(M_{k+1} \cdot M_{k+2} \cdots M_j)$.

Da k in $C(i, j)$ über alle Möglichkeiten für die Position k minimiert, gilt die Behauptung auch für dieses Teilproblem. Damit ist der Induktionsschritt vollzogen.

7.4.4 Memoization

Ab dem Moment, ab dem wir eine korrekte rekursive Beschreibung der Kosten vorliegen haben, läuft der Entwurf eines DP-Algorithmus fast automatisch ab.

Wir bemerken zuerst, dass man eine rekursiv definierte Funktion wie unser $C(i, j)$ stets direkt in eine rekursive Methode für deren Berechnung übersetzen kann. Allerdings führt dieses Vorgehen nicht zu einem effizienten Algorithmus: Da sich die Teilprobleme für verschiedene k überlappen, bestimmen wir für viele Teilprobleme immer und immer wieder ihre Kosten.

In unserem Beispiel für die Matrizen M_1, M_2, M_3, M_4 führt die Auswertung von $C(1, 4)$ insgesamt zu 27 rekursiven Aufrufen, obwohl es hier nur 10 verschiedene Teilprobleme gibt. Das wird für größere Eingaben noch viel schlimmer: Für n Matrizen gibt es $n(n + 1)/2$ Teilprobleme, aber die direkte Berechnung benötigt 3^{n-1} rekursive Aufrufe!

Die Lösung besteht darin, die gerade berechneten Kosten für ein Teilproblem in einem Wörterbuch zu *speichern*, und in Zukunft diese gespeicherte Lösung zu verwenden. Diese Idee ist als *Memoization* bekannt. Dank unserer Vorarbeit aus Kapitel 3 sind nur wenige zusätzliche Zeilen Code vonnöten, und wir bestimmen jedes Teilproblem höchstens einmal:

```
1  public class MatrixChainProduct {
2      int[] rows, cols;
3      MapView<Range, Long> cache;
4
5      public MatrixChainProduct(int[] rows, int[] cols) {
6          this.rows = rows; this.cols = cols;
7      }
8      public long optimalOrderCostMemoized() {
```

```
 9      int n = rows.length;
10      cache = new MapView<>(new OpenAddressingHashtable<>(n * n,
11          p -> n * p.getKey().i + p.getKey().j, LINEAR_PROBING ));
12      return cost(0, n-1);
13    }
14    private long cost(int i, int j) {
15      Range p = new Range(i, j);
16      Long cached = cache.get(p);
17      if (cached != null) return cached;
18      long cost = MAX_VALUE;
19      if (i == j) cost = 0;
20      else
21        for (int k = i; k < j; ++k)
22          cost = Math.min(cost,
23                 cost(i, k) + cost(k+1, j) +
24                 rows[i]*cols[j]*cols[k] );
25      cache.put(p, cost);
26      return cost;
27    }
28    private static class Range {
29      int i,j;
30      Range(int i, int j) { this.i = i; this.j = j; }
31      public boolean equals(Object obj) {
32        Range r = (Range) obj; return r.i == i && r.j == j;
33      }
34    }
35  }
```

Wir verwenden eine Klasse Range, um ein Teilproblem zu repräsentieren, und verwenden diese als Schlüssel in einem Wörterbuch.

Die gesamte Laufzeit von optimalOrderCostMemoized ist damit durch

$$\text{Anzahl Teilprobleme} \cdot \text{Zeit zur Lösung eines Teilproblems}$$

nach oben beschränkt, wobei wir jeweils auf die abgespeicherten cost-Werte der kleineren Teilprobleme in Konstantzeit zugreifen können, sodass keine Laufzeit für rekursive Berechnungen zu veranschlagen ist. In unserem Beispiel benötigen wir für die Berechnung eines Teilproblems $\mathcal{O}(n)$ Zeit für die for-Schleife, und wir haben $\Theta(n^2)$ viele Teilprobleme. Damit erhalten wir also kubische Laufzeit.

Allerdings haben wir dabei die Kosten für find bzw. insert ignoriert; auch davon haben wir insgesamt kubisch viele. Wir können aber in aller Regel komplett auf diesen Overhead verzichten.

7.4.5 Bottom-Up Table-Filling

Das obige Schema zur rekursiven Berechnung mittels Memoization lässt sich für jede Rekursion anwenden. Das erkaufen wir aber durch einen gewissen Overhead – bzgl. Laufzeit und Speicherbedarf – durch die rekursiven Aufrufe und das Verwalten des Wörterbuches.

In vielen Fällen können wir diesen Overhead aber leicht wieder eliminieren: Erstens eignen sich die Teilprobleme (i, j) direkt als Indizes für ein zweidimensionales Array; wir können also das Wörterbuch durch ein Array ersetzen.

Auch die rekursiven Aufrufe können wir loswerden, indem wir durch das Studium der Rekursion eine Reihenfolge für die Teilprobleme bestimmen, in der wir ihre Kosten bestimmen können, ohne dabei auf noch nicht berechnete Teilprobleme zurückgreifen zu müssen. Eine solche Reihenfolge muss es stets geben, andernfalls wäre die Rekursion der Kosten nicht wohldefiniert: Wenn wir die Teilprobleme als Aufgaben und ihre Abhängigkeiten als Prioritäten auffassen, so haben wir es gerade mit dem Szenario des topologischen Sortierens zu tun; gäbe es keine topologische Sortierung der Teilprobleme, so hätten wir eine zyklische Abhängigkeit in der Rekursion.

Im Falle der Klammerung der Matrixprodukte greifen wir in den rekursiven Aufrufen stets auf Teilprobleme mit echt weniger Matrizen zu. Es genügt hier also, die Teilprobleme in aufsteigender Größe $\ell = j - i + 1$ zu betrachten. Dieses Vorgehen können wir wie folgt implementieren:

```
1  public class MatrixChainProduct {
2      int[] rows, cols[];
3      // ...
4      long[][] cost;
5
6      public long optimalOrderCostTable() {
7          int n = rows.length;
8          cost = new long[n][n]; // initially all 0
9          for (int l = 2; l <= n; ++l)
10             for (int i = 0; i <= n-1; ++i) {
11                 int j = i+l-1; cost[i][j] = MAX_VALUE;
12                 for (int k = i; k < j; ++k)
13                     cost[i][j] = Math.min(cost[i][j],
14                             cost[i][k] + cost[k+1][j] +
15                             rows[i]*cols[j]*cols[k]
16                     );
17             }
18         return cost[0][n-1];
19     }
20 }
```

Dabei haben wir der Einfachheit halber ein $(n \times n)$-Array cost angelegt; tatsächlich genügt hier natürlich eine Dreiecksmatrix.

Beispiel 7.8: Betrachten wir die Matrizen aus Beispiel 7.5. Die Berechnung der $c_{i,j} := C(i, j)$ erfolgt zeilenweise entsprechend folgender Tabelle:

$c_{1,1} = 0$	$c_{2,2} = 0$	$c_{3,3} = 0$	$c_{4,4} = 0$
$c_{1,2} = c_{1,1} + c_{2,2} + z_1 \cdot s_1 \cdot s_2$ $= 10000$	$c_{2,3} = c_{2,2} + c_{3,3} + z_2 \cdot s_2 \cdot s_3$ $= 1000$	$c_{3,4} = c_{3,3} + c_{4,4} + z_3 \cdot s_3 \cdot s_4$ $= 5000$	
$c_{1,3} = \min($ $\quad c_{1,1} + c_{2,3} + z_1 \cdot s_1 \cdot s_3,$ $\quad c_{1,2} + c_{3,3} + z_1 \cdot s_2 \cdot s_3)$ $= 1200$	$c_{2,4} = \min($ $\quad c_{2,2} + c_{3,4} + z_2 \cdot s_2 \cdot s_4,$ $\quad c_{2,3} + c_{4,4} + z_2 \cdot s_3 \cdot s_4)$ $= 3000$		
$c_{1,4} = \min($ $\quad c_{1,1} + c_{2,4} + z_1 \cdot s_1 \cdot s_4,$ $\quad c_{1,2} + c_{3,4} + z_1 \cdot s_2 \cdot s_4,$ $\quad c_{1,3} + c_{4,4} + z_1 \cdot s_3 \cdot s_4)$ $= 2200$			

Das Ergebnis entspricht $c_{1,4}$ und steht in der letzten Zeile. Wir finden dort die $2\,200$ Multiplikationen aus Beispiel 7.5 wieder.   ◄

Die Betrachtung des Aufwands für diese Methode ist einfach. Für die Berechnung von $C(i, j)$ müssen wir das Minimum aus $j - i$ Elementen bestimmen. Dies gelingt leicht mit $\Theta(j - i) = \Theta(\ell)$ Operationen in einem Durchlauf über die Elemente. Die geschachtelten Schleifen dominieren sicher die Initialisierung des Arrays. Die beiden verschachtelten for-Schleifen übersetzen sich in die Summen

$$\sum_{1 \leq \ell < n} \sum_{1 \leq i \leq n - \ell} \Theta(\ell) \;=\; \sum_{1 \leq \ell < n} \Theta\big(\ell(n - \ell)\big)$$

$$= \; \Theta\left(n \sum_{1 \leq \ell < n} \ell - \sum_{1 \leq \ell < n} \ell^2 \right)$$

$$= \; \Theta\left(n \cdot \frac{1}{2} n(n - 1) - \frac{1}{6}(n - 1)n(2n - 1) \right)$$

$$= \; \Theta(n^3).$$

Die Größenordnung n^3 ist zwar auch recht teuer, aber deutlich kleiner als die Anzahl möglicher Klammerungen, die ja fast 4^n ist.

Das ist eine typische Situation für die dynamische Programmierung: Es ist eine der wenigen Methoden, die oft zu polynomiellen Laufzeiten mit recht hohem Grad führen; allerdings sind Algorithmen nach dieser Methode gleichzeitig oft die einzigen verwendbaren Algorithmen für das betrachtete Problem *überhaupt*.

7.4.6 Backtracing

Wir kennen nun also die minimale *Anzahl* an Multiplikationen, doch wie finden wir die zugehörige Klammerung, um die Matrixmultiplikation auch wirklich berechnen zu können?

Im Allgemeinen gibt es zwei Möglichkeiten dies zu realisieren. Eine davon ist in einem zweiten Array zu speichern, welche Kombination von Teilproblemen (welche Wahl des lokalen Brute-Force-Parameters) die beste Gesamtlösung lieferte. Indem wir dieses Array parallel zum Kostenarray füllen, können wir die Lösung mit einem konstanten Faktor an Mehraufwand mitberechnen. Diese

Variante haben wir etwa beim FLOYD-WARSHALL-Algorithmus verwendet. Diese Variante erfordert aber einiges mehr an Speicher; zwar nimmt auch hier die Komplexität nur um einen konstanten Faktor zu, doch der zusätzliche Speicher für die konstruierte Lösung führt i.d.R. mindestens zu einer Verdopplung des Speicherbedarfs.

Die zweite Variante kommt dagegen komplett ohne zusätzlichen Speicher aus, ist dafür aber etwas langsamer: Wir arbeiten uns dazu rückwärts durch die Kostenmatrix und verfolgen den Weg zurück, auf dem wir zu den Kosten $C(1, n)$ gelangt sind.

Wir starten hierzu bei $C(1, n)$ und bestimmen den Wert für k, für den das Minimum angenommen wurde. Entsteht nämlich der minimale Wert für $C(1, n)$ durch $C(1, k) + C(k + 1, n) + z_1 \cdot s_n \cdot s_k$, so heißt das, dass die Klammerung $(M_1 \cdots M_k) \cdot (M_{k+1} \cdots M_n)$ die billigste war. Wir verfahren nun entsprechend mit den Einträgen $C(1, k)$ und $C(k + 1, n)$, um herauszufinden, welche Klammerung dort zum Minimum führte. Auf diese Weise iterieren wir uns bis zu den Einträgen $C(i, i)$ durch.

Beispiel 7.9: In unserem Beispiel entsteht $C(1, 4)$ durch die Wahl $k = 3$, also $(M_1 \cdot M_2 \cdot M_3) \cdot M_4$. $C(1, 3)$ nimmt sein Minimum für $k = 1$ an, was der Klammerung $(M_1 \cdot (M_2 \cdot M_3)) \cdot M_4$ entspricht. ◀

Wir geben eine Java-Implementierung an, die eine optimale Klammerung als String zurückgibt:

```
1    public String traceback() {
2        int n = rows.length;
3        return traceback(new Range(0, n-1));
4    }
5    private String traceback(Range p) {
6        if (p.size() == 1) return "M"+p.i;
7        for (int k = p.i; k < p.j; ++k)
8            if ( cost[p.i][p.j] == cost[p.i][k] + cost[k+1][p.j] +
9                                   rows[p.i]*cols[p.j]*cols[k] )
10               return "(" + traceback(new Range(p.i,k)) + "*" +
11                            traceback(new Range(k+1,p.j)) + ")";
12       throw new IllegalStateException();
13   }
```

Dieses Vorgehen, nach dem Füllen der *Dynamischen-Programmierungs-Matrix* rückwärts nach der Zerlegung zu suchen, die zum optimalen Zielfunktionswert geführt hat, nennt man *Backtracing*. In der Tat funktioniert sie für alle dynamische Programmierungen nahezu gleich, sodass man sich in der Regel nur um die Zerlegung und die Bestimmung des optimalen Zielfunktionswertes Gedanken machen muss.

Das Zurückverfolgen der k, für die jeweils das Minimum angenommen wurde, benötigt dabei höchstens so viel Aufwand wie das Füllen der Dynamischen-Programmierungs-Matrix selbst, sodass das Verfahren inklusive Bestimmung der tatsächlichen Klammerung eine Laufzeit in $\Theta(n^3)$ hat. In unserem Beispiel benötigt das Backtracing sogar nur Aufwand in $\mathcal{O}(n^2)$, fällt also im Vergleich zum Füllen der Kostenmatrix kaum ins Gewicht.

7.4.7 Retrospektive

Wie haben wir es anschaulich vermieden, tatsächlich alle Klammerungen betrachten zu müssen? Wesentlich für die gute Laufzeit des Algorithmus ist die *gemeinsame* Benutzung von Teilproblemen. Unter allen Klammerungen des Gesamtausdrucks gibt es sicher sehr viele, die die Klammerung $\cdots M_{i-1} \cdot (M_i \cdots M_j) \cdot M_{j+1} \cdots$ vornehmen. Alle solche haben aber gemeinsam, dass *eine optimale Klammerung des Gesamtausdrucks auch eine optimale Klammerung für $(M_i \cdots M_j)$ enthalten muss.*

Damit können wir $(M_i \cdots M_j)$ isoliert optimal klammern, ohne den (späteren) Kontext der Klammern links von M_i und rechts von M_j zu berücksichtigen. Für diese größeren Teilprobleme können wir dann unser zuvor gewonnenes Wissen darüber, wie der Ausdruck innerhalb $(M_i \cdots M_j)$ am besten zu klammern ist, verwenden. Darum zahlt es sich aus, Lösungen von bereits betrachteten Teilproblemen abzuspeichern.

7.5 Greedy-Algorithmen

Greedy-Algorithmen („gierige Algorithmen") werden meist für die (exakte oder approximative) Lösung von Optimierungsproblemen verwandt. Typischerweise konstruiert ein Greedy-Algorithmus eine Lösung Komponente für Komponente, wobei der Wert einer einmal gesetzten Komponente *nie* zurückgenommen wird. Die nächste zu setzende Komponente und ihr Wert werden dabei *lokal optimal* gewählt; man schaut sozusagen nur auf den kurzfristigen Gewinn, ohne die weiteren Konsequenzen dieser Festlegung zu berücksichtigen. Darin besteht die Gier des Ansatzes.

Eine exakte Lösung wird man damit nur für einfache Optimierungsprobleme erhalten; ein wichtiges Anliegen dieses Abschnittes wird deshalb auch eine mathematische Charakterisierung der Fälle sein, in denen Greedy-Algorithmen optimale Lösungen liefern können.

Greedy-Algorithmen sind sehr effizient, da sie jedes Element der Eingabe genau einmal betrachten und sofort entscheiden, ob es Teil der Lösung wird oder nicht, bzw. welchen Beitrag es zu einer Lösung liefert.

Diese schwammige Erklärung kann formalisiert werden. So wurden Klassen von Optimierungsproblemen (sogenannte *Matroide* und *Greedoide*) definiert, die Greedy-Algorithmen besitzen; erstere werden wir in Abschnitt 7.5.4 genauer betrachten.

Einerseits ist es eine große Errungenschaft, dass wir – anders als für die vorherigen Entwurfsmethoden – für die Greedy-Algorithmen eine präzise Formalisierung haben. Insbesondere lässt sich damit für eine Klasse von Probleme *beweisen*, dass sie *nicht* mithilfe von Greedy-Algorithmen lösbar ist. Andererseits hat sich die schwammige Idee der Entwurfsmethode weit über diesen formalen Rahmen hinaus als nützlich erwiesen, sodass eine strikte Beschränkung auf diesen ungeschickt wäre. Wir wollen daher auch hier davon absehen, die Entwurfsmethode genauer als oben einzugrenzen, und diskutieren stattdessen archetypische Beispiele für Greedy-Algorithmen.

7.5.1 Die Algorithmen von Prim und Kruskal

Wir haben bereits einige Greedy-Algorithmen kennengelernt: So sind die Algorithmen von PRIM und KRUSKAL zur Berechnung minimaler Spannbäume greedy: Beide konstruieren den Lösungsvektor, die Kantenmenge des Spannbaums, ohne dass eine einmal gewählte Kante je wieder entfernt würde. Als nächste Kante wählen die Algorithmen dabei stets eine günstigste aus einer gewissen Menge (eine günstigste kreuzende Kante bei KRUSKAL bzw. eine günstigste Kante im Schnitt bei PRIM).

Auch DIJKSTRAS Algorithmus zur Berechnung kürzester Wege ist ein Greedy-Algorithmus, auch wenn dort vielleicht nicht ganz so offensichtlich ist, was die Komponenten der Lösung genau sind. Wir werden darauf in Abschnitt 7.5.4.2 zurückkommen.

$$* \qquad * \qquad *$$

Zur Verdeutlichung der Methode betrachten wir zwei weitere typische Anwendungen für Greedy-Algorithmen, die neben der Illustration der Greedy-Methode auch für sich genommen von großen Interesse sind: Die Konstruktion von *HUFFMAN-Codes* zur Datenkomprimierung und einen *Approximations-Algorithmus* für das *Binpacking-Problem*.

7.5.2 Huffman-Codes

Gegeben sei ein Text T über einem Alphabet A. Für jeden Buchstaben $a \in A$ sei $H(a)$ die Häufigkeit mit der Buchstabe a im Text T vorkommt. Wir nehmen an, dass $H(a) > 0$ für alle Buchstaben $a \in A$ und dass A aus mindestens zwei Buchstaben besteht. Unser Ziel ist die Konstruktion eines sog. *binären Präfix-Codes* für den Text T, so dass der kodierte Text minimale Länge besitzt. In einem binären Code weisen wir jedem Buchstaben $a \in A$ einen Bitstring code(a) zu.[3] Diese Codierung ist ein Präfix-Code, wenn eine Decodierung durch einfaches Lesen des Codes von links nach rechts gelingt. Genauer:

Definition 7.10 (Präfix-Code, Huffman-Code):
a) *Die Funktion* code $: A \rightarrow \{0,1\}^{\star}$ *ist ein Präfix-Code, wenn kein Codewort* code(a) *ein Präfix eines anderen Codewortes* code(b) *ist.*
b) *Sei* $T = a_1 \ldots a_n$ *ein Text mit* $a_1, \ldots, a_n \in A$. *Dann definieren wir*

$$\mathrm{code}(T) \;=\; \mathrm{code}(a_1) \ldots \mathrm{code}(a_n)$$

mit der Länge

---

[3] Zur Darstellung der Menge aller Bitstrings verwendet man üblicherweise die Notation $\{0,1\}^{\star}$ wobei $\star$ als Platzhalter für die Länge des Bitstrings zu interpretieren ist.

$$\sum_{a \in A} H(a) \cdot |\text{code}(a)|.$$

c) Ein HUFFMAN-*Code für* T *ist ein Präfix-Code minimaler Länge.*   ◀

Wie wird ein HUFFMAN-Code für T aussehen? Damit wir eine minimale Länge erzielen, müssen häufig vorkommende Buchstaben möglichst kurze Codewörter und seltene Buchstaben möglichst lange Codewörter erhalten. Für den algorithmischen Entwurf eines optimalen Codes stellen sich die beiden folgenden Lemmata als wichtig heraus:

Lemma 7.11 (Existenz Code-Baum): Ein HUFFMAN-Code kann stets durch einen erweiterten binären Baum C repräsentiert werden, so dass

a) jede Kante mit einem Bit $b \in \{0, 1\}$ markiert ist und
b) jedem Buchstaben $a \in A$ genau ein Blatt b_a zugewiesen ist, derart, dass die Markierung des Weges von der Wurzel zum Blatt b_a dem Codewort code(a) entspricht.   ◀

Beweis: Ein HUFFMAN-Code sei durch die Funktion code : $A \to \{0, 1\}^*$ gegeben. L sei die Länge des längsten Codewortes. Wir konstruieren jetzt einen geordneten erweiterten Binärbaum mit den obigen Eigenschaften. Zuerst betrachten wir den vollständigen Binärbaum C^* der Höhe $L + 1$, d.h. den Binärbaum der Höhe $L + 1$, in dem alle Niveaus voll besetzt sind. In C^* sei jede Kante zu einem ersten (linken) Kind mit 0 und jede Kante zu einem zweiten (rechten) Kind mit 1 markiert. Sei V die Menge aller Knoten v von C^*, für die die Markierung des Weges von der Wurzel zu v mit einem der Codewörter übereinstimmt. Der Binärbaum C entsteht aus C^*, indem wir alle die Knoten w aus C^* entfernen, die einen Knoten aus V als Vorfahren besitzen. Dabei ist jedes resultierende Blatt mit einem Codewort assoziiert, da andernfalls ein Widerspruch zur Minimalität des HUFFMAN-Codes resultierte. Da ein HUFFMAN-Code insbesondere ein Präfix-Code ist, kann es *keine* zwei Knoten $u, v \in V$ geben, so dass u ein Vorfahre von v ist. Folglich erfüllt C die Eigenschaften a) und b).

Angenommen, C besitzt einen Knoten v mit nur einem Kind b_a (bzw. nur einer Kante, über die mind. ein Kind b_a erreichbar ist). Dann ist der Code unnötig lang, denn wir können das Codewort für a verkürzen, indem wir die letzte Ziffer (die Ziffer der Kante) entfernen; ein Widerspruch zur Annahme, code spezifiziere einen HUFFMAN- und damit minimalen Code (wenn der Vater des Knotens zwei Kinder hätte, würde diese Verkürzung des Codes zu einer Verletzung der Präfixfreiheit führen). Folglich ist C auch ein erweiterter Baum.   ■

Bemerkung 7.12 (Code-Bäume und Tries): Man bezeichnet den Baum C aus dem Lemma als *Code-Baum*. Das dabei verwendete Vorgehen ist uns bereits bekannt: Die in Abschnitt 3.5 behandelten Tries verwenden exakt dieselbe Idee, um in einem Baum zu navigieren. Auch speichern sie nur in den Blättern die Schlüssel ab.

Die beiden Strukturen unterscheiden sich bzgl. ihrer Anwendung. Tries sind eine effiziente Realisierung eines Wörterbuchs, sind daher dynamisch und unterstützen Operationen wie das Einfügen und Löschen. Code-Bäume sind eher als statisch zu betrachten.

Als Repräsentation eines Codes verändern sie ihre Struktur nur während der Erzeugung. Anschließend werden sie zur Decodierung verwendet. Man traversiert dazu den Baum beginnend bei der Wurzel entsprechend der Bits im gegebenen Codewort. Im so erreichten Blatt steht die gesuchte Decodierung. ◄

Beispiel 7.13: Der Code $a = 01, b = 00, c = 10$ besitzt den in Abb. 7.2 links dargestellten Code-Baum. Der Baum besitzt einen Knoten mit nur einem Kind.

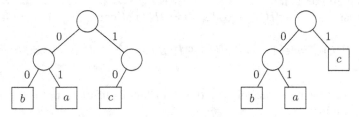

Abb. 7.2 Code-Bäume zu den Codes $a = 01, b = 00, c = 10$ (links) und $a = 01, b = 00, c = 1$ (rechts).

Damit ist der Code kein HUFFMAN-Code, der Code $a = 01, b = 00, c = 1$ ist kürzer. Der Code-Baum zu diesem Code ist der rechts in Abb. 7.2 dargestellte. Dieser Code erfüllt alle Bedingungen für einen HUFFMAN-Code. (Ob er nun wirklich der kürzeste Code ist, hängt natürlich an den Häufigkeiten.) ◄

Kommen wir zum zweiten entscheidenden Lemma:

Lemma 7.14: Sei der Text T vorgegeben. Dann gibt es einen HUFFMAN-Code für T (repräsentiert durch den Code-Baum C), so dass C einen inneren Knoten v auf maximalem Niveau besitzt, dessen zwei Blätter je einen Buchstaben geringster Häufigkeit repräsentieren. ◄

Beweis: Sei ein beliebiger HUFFMAN-Code (repräsentiert durch seinen Code-Baum $\bar{C}$) für T vorgegeben. L sei die Länge des längsten Codewortes. Da $\bar{C}$ erweitert ist und nur durch die Blätter Codewörter repräsentiert werden, besitzt $\bar{C}$ mindestens zwei Codewörter der Länge L. Andererseits besitzen in einem HUFFMAN-Code nur Buchstaben geringster Häufigkeit die längsten Codewörter, denn andernfalls könnte die Länge der Codierung des Textes verkürzt werden, indem man das Codewort eines selteneren Symbols gegen ein längstes Codewort austauscht.

Die beiden Buchstaben $\alpha, \beta \in A$ geringster Häufigkeit werden somit Codewörter der Länge L besitzen. Wir erhalten also einen weiteren HUFFMAN-Code für T, wenn wir die Buchstaben-Zuweisungen in $\bar{C}$ so ändern, dass α und β Geschwister-Blättern zugewiesen werden (wir wissen nur, dass beide auf demselben Niveau liegen; dass sie Geschwister sind, ist nicht zu schließen). Der neue Baum C erfüllt dann die Aussage des Lemmas. ∎

Also sollte ein Algorithmus zur Konstruktion eines HUFFMAN-Codes die beiden Buchstaben geringster Häufigkeit aufsuchen. Seien dies $\alpha, \beta \in A$. Was dann? Wir müssen

$$\sum_{a \in A} H(a) \cdot |\text{code}(a)| \;=\; (H(\alpha) + H(\beta)) \cdot |\text{code}(\alpha)| + \sum_{\substack{a \in A \\ \alpha \neq a \neq \beta}} H(a) \cdot |\text{code}(a)|$$

minimieren. Dazu genügt es, jedes Auftreten von α oder β im Text T durch einen neuen Buchstaben γ zu ersetzen. Für γ gilt dann offensichtlich $H(\gamma) = H(\alpha) + H(\beta)$ und wir müssen ein Bit spendieren, um aus γ wieder α bzw. β dekodieren zu können.

Damit ist $\big(H(\alpha) + H(\beta)\big) \cdot |\text{code}(\alpha)| = H(\gamma) \cdot \big(|\text{code}(\gamma)| + 1\big)$ und folglich

$$\sum_{a \in A} H(a) \cdot |\text{code}(a)| \;=\; H(\alpha) + H(\beta) + \sum_{a \in (A \setminus \{\alpha, \beta\}) \cup \{\gamma\}} H(a) \cdot |\text{code}(a)|.$$

Von allen Häufigkeiten haben wir die zwei kleinsten abgespalten, und wir minimieren nun

$$\sum_{a \in (A \setminus \{\alpha, \beta\}) \cup \{\gamma\}} H(a) \cdot |\text{code}(a)|.$$

Wenn diese Minimierung den HUFFMAN-Code $\bar{C}$ für das Alphabet $\bar{A} := (A \setminus \{\alpha, \beta\}) \cup \{\gamma\}$ hervorbringt, dann ist γ eines der Blätter von $\bar{C}$, und wir erhalten einen HUFFMAN-Code C für ganz A, indem wir α und β zu Kindern von γ in $\bar{C}$ machen.

Denn nehmen wir an, es gebe einen kürzeren Code für A mit Länge l_1 echt kleiner der Länge l von C. Dann gibt es nach Lemma 7.14 auch einen Code-Baum C', der α und β als Brüder besitzt und einen Code derselben Länge $l_1 < l$ repräsentiert. Entfernen wir in diesem Baum α und β und markieren das so neu entstehende Blatt mit γ, so resultiert ein Code-Baum für $\bar{A}$ mit Länge $l_1 - H(\alpha) - H(\beta)$. Da aber die Länge von $\bar{C}$ durch $l - H(\alpha) - H(\beta)$ gegeben ist, widerspricht dies der Annahme, dass $\bar{C}$ ein HUFFMAN-Code repräsentiert.

Damit ist der so für A konstruierte Code optimal, und in jedem Schritt reduzieren wir die Problemgröße um 1, da nur noch für $|\bar{A}| = |A| - 1$ viele Symbole ein Codewort bestimmt werden muss.

Methode: Berechnung eines Huffman-Codes

(1) Initialisiere eine Priority-Queue (mit statischer Ordnung) mit allen Buchstaben $a \in A$. Die Priority-Queue sei gemäß der Häufigkeitswerte geordnet. Der Algorithmus wird einen HUFFMAN-Code durch seinen Code-Baum C repräsentieren. Zu Anfang ist C ein Wald von Knoten v_a, $a \in A$, wobei v_a dem Buchstaben a zugeordnet ist.

(2) Solange die Priority-Queue mindestens zwei Buchstaben enthält, wiederhole:

   (2.1) Entferne die beiden Buchstaben α und β geringster Häufigkeit (mittels deleteMin).

   (2.2) Füge einen neuen Buchstaben γ in die Priority-Queue ein, wobei $H(\gamma) = H(\alpha) + H(\beta)$ gesetzt wird.

(2.3) Schaffe einen neuen Knoten v_γ für γ und mache v_α und v_β zu Kinder von v_γ. Markiere die Kante $\{v_\alpha, v_\gamma\}$ mit 0 und die Kante $\{v_\beta, v_\gamma\}$ mit 1. ◂

Beachte, dass nach unseren Annahmen das Alphabet eine Mindestgröße von 2 hat und seine Größe in jedem Schritt um eins abnimmt. Damit ist sichergestellt, dass irgendwann genau zwei Elemente auf dem Heap liegen und somit bei der Verarbeitung kein Element übrig bleibt.

Satz 7.16:
Der obige Algorithmus findet einen HUFFMAN-Code für n Buchstaben. Die Laufzeit ist durch $O(n \operatorname{ld}(n))$ beschränkt.

Beweis: Die Korrektheit des Verfahrens haben wir bereits oben diskutiert. Bzgl. der Laufzeit ist zu sagen, dass höchstens $3n$ Heap-Operationen durchgeführt werden, da nach dem Entfernen von zwei Buchstaben und dem Einfügen eines neuen Buchstabens der Heap insgesamt einen Buchstaben verloren hat. ■

Der obige Algorithmus bestimmt den Code-Baum eines HUFFMAN-Codes Kante für Kante, und er fällt deshalb in die Klasse der Greedy-Algorithmen.

7.5.2.1 Entropie: Ein Maß für den Informationsgehalt

Ganz allgemein dient der HUFFMAN-Code der Datenkompression, bei der der Inhalt einer gegebenen Datei unter Verwendung möglichst weniger Bits repräsentiert werden soll. Wir wissen bereits, dass HUFFMAN-Codes bestmöglich unter allen Präfix-Codes sind; doch mit wie vielen Bits kommen wir im günstigsten Fall aus?

Offensichtlich wird diese Anzahl vom Inhalt der Datei abhängen, und wir müssen ein Maß für den *Informationsgehalt* einer Datei finden, um die gestellte Frage qualifiziert beantworten zu können. Ein solches Maß ist die Entropie, der wir uns kurz zuwenden wollen.

Definition 7.17 (Entropie):
Sei p_i, $1 \leq i \leq n$, die Wahrscheinlichkeit dafür, dass der i-te Ausgang eines Zufallsexperiments eintritt, wobei $\sum_{1 \leq i \leq n} p_i = 1$. Dann ist die Entropie $\mathcal{H}(p_1, \ldots, p_n)$ der Verteilung $(p_1, \ldots, p_n)$ definiert als

$$\mathcal{H}(p_1, \ldots, p_n) := - \sum_{1 \leq i \leq n} p_i \operatorname{ld}(p_i) = \sum_{1 \leq i \leq n} p_i \operatorname{ld}(1/p_i).$$

Hierbei setzen wir für den eigentlich undefinierten Fall $0 \cdot \log_2(0) := 0$. ◂

Die Entropie kann als ein Maß für die *Unbestimmtheit* des Ausgangs des betrachteten Zufallsexperiments aufgefasst werden, *bevor* dieses dann tatsächlich durchgeführt wird. Umgekehrt kann man sie auch als Maß für die

Information ansehen, die man erhält, wenn das Ergebnis des Experiments feststeht. Deshalb werden Entropiewerte in *Bit* gemessen.

Der Plot aus Abb. 7.3 zeigt den Verlauf der Entropie-Funktion für den Fall $n = 2$ und die Verteilung $(p, 1 - p)$ in Abhängigkeit von p.

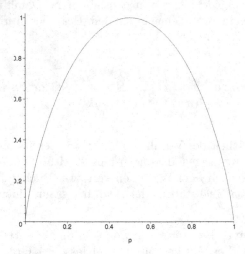

Abb. 7.3 Plot der Entropie-Funktion für den Fall $n = 2$ und die Verteilung $(p, 1 - p)$ als Funktion in p.

In diesem einfachen Beispiel lassen sich einige Eigenschaften der Entropie-Funktion erkennen, die tatsächlich allgemein gelten. Einige davon wollen wir nachfolgend ohne Beweis festhalten:

Lemma 7.18 (Eigenschaften der Entropie-Funktion):

a) Es gilt $\mathcal{H}(p_1, \ldots, p_n) \geq 0$; Gleichheit gilt genau dann, wenn $p_i = 1$ für ein i gilt.

b) Es gilt $\mathcal{H}(p_1, \ldots, p_n) \leq \log_2(n)$, wobei die Gleichheit genau für die uniforme Verteilung der p_i gilt.

c) Es ist stets $\mathcal{H}(p_1, \ldots, p_n) = \mathcal{H}(p_1, \ldots, p_n, 0)$.

d) $\mathcal{H}(p_1, \ldots, p_n) = \mathcal{H}(p_{\pi(1)}, \ldots, p_{\pi(n)})$ für π eine beliebige Permutation auf $\{1, 2, \ldots, n\}$.

e) Gruppierungseigenschaft:

$$\mathcal{H}(p_1, \ldots, p_n) \ = \ \mathcal{H}(p_1 + p_2, p_3 \ldots, p_n) + (p_1 + p_2) \cdot \mathcal{H}\left(\frac{p_1}{p_1 + p_2}, \frac{p_2}{p_1 + p_2}\right).$$

f) Lemma von GIBB: Sei $(q_1, \ldots, q_n)$ eine beliebige, weitere Wahrscheinlichkeitsverteilung. Dann gilt

$$\mathcal{H}(p_1, \ldots, p_n) \ \leq \ -\sum_{1 \leq i \leq n} p_i \log_2(q_i);$$

die Gleichheit gilt genau dann, wenn beide Verteilungen identisch sind, also $(p_1, \ldots, p_n) = (q_1, \ldots, q_n)$ gilt.

Es sei bemerkt, dass das Lemma auch gilt, wenn $\sum_{1 \leq i \leq n} q_i < 1$ ist. ∎

Entropie-Argumente und damit obige Eigenschaften kommen ins Spiel, wenn wir Algorithmen oder Datenstrukturen im Kontext von Zufallsereignissen (z.B. in Form von Zugriffshäufigkeiten auf eine Datenstruktur; Beispiele für solche Anwendungen werden wir in den Übungsaufgaben kennenlernen) untersuchen wollen.

7.5.2.2 Huffman-Codes und Entropie

Doch kommen wir zu unserer anfänglichen Frage danach zurück, wie stark wir eine Datei ohne Informationsverlust komprimieren können. Dazu wählen wir n als die Größe des Alphabets, über dem unsere zu komprimierende Information dargestellt ist und setzen p_i auf die relative Häufigkeit, mit der das i-te Symbol in der Nachricht vorkommt, $1 \leq i \leq n$. Multiplizieren wir die aus dieser Belegung resultierende Entropie $\mathcal{H}$ mit der Länge (Anzahl Symbole) der Nachricht, so resultiert daraus die Mindestanzahl an Bits, die zur symbolweisen Darstellung der Information notwendig sind.

Der Huffman-Code hat eine enge Beziehung zur Entropie-Funktion. Die mittlere Länge eines Codewortes im Huffman-Code ist durch die mittlere Tiefe der Blätter im entsprechenden Code-Baum gegeben, wobei der Mittelwert nicht über die uniforme Verteilung gebildet werden darf, sondern die vorgegebene Verteilung der einzelnen Symbole verwenden muss.

Dann stellt die Entropie $\mathcal{H} := \mathcal{H}(p(a_1), \ldots, p(a_m))$ für $A = \{a_1, \ldots, a_m\}$ und $p(a_i) := H(a_i)/|T|$, $1 \leq i \leq m$, eine untere Schranke für die mittlere Codewort-Länge dar. Dies kann man wie folgt einsehen: Treten die Blätter $1, \ldots, m$ eines Binärbaumes auf den Niveaus $t_1, \ldots, t_m$ auf, so gilt stets

$$\sum_{1 \leq i \leq m} 2^{-t_i+1} \leq 1;$$

dies ist die KRAFTsche Ungleichung.

Damit stellt $(2^{-t_1+1}, \ldots, 2^{-t_m+1})$ mit den t_i des Code-Baumes des betrachteten Huffman-Codes einen Vektor q dar, wie wir ihn in Lemma 7.18–(f) (GIBBs Lemma) verwenden dürfen. Entsprechend folgt

$$\mathcal{H}(p(a_1), \ldots, p(a_m)) \; \leq \; - \sum_{1 \leq i \leq m} p(a_i) \, \mathrm{ld}(2^{-t_i+1}) \; = \; \sum_{1 \leq i \leq m} p(a_i)(t_i - 1).$$

Letzteres ist offensichtlich die mittlere Codewort-Länge des betrachteten Huffman-Codes.

Umgekehrt kann man immer einen Präfixcode mit mittlerer Codewort-Länge $\leq \mathcal{H} + 1$ angeben, indem man dem Zeichen a_i ein Codewort der Länge $\lceil \mathrm{ld}(1/p(a_i)) \rceil$ zuordnet. Da der Huffman-Code optimal ist, ist dessen mittlere Codewort-Länge folglich auch $\leq \mathcal{H} + 1$.

Bemerkung 7.19 (Kodierungen mit Kontext): Die Entropie eines Textes ist eine untere Schranke für den Speicherbedarf einer jeden Darstellung dieses Textes: Wird der Text Zeichen für Zeichen zufällig (und jedes Zeichen unabhängig) nach der empirischen Verteilung $p(a_1), \ldots, p(a_m)$ gezogen, so sind $\mathcal{H}(p(a_1), \ldots, p(a_m))n$ Bits, für n die Anzahl Zeichen des Textes, zwingend erforderlich, um die dem Zufallsexperiment innewohnende Unbestimmtheit auflösen zu können. In diesem Modell sind HUFFMAN-Codes folglich kaum zu schlagen.

Allerdings sind in typischen Dateien und Texten aufeinanderfolgende Zeichen nicht voneinander unabhängig; man denke nur an natürlichsprachliche Texte! In solchen Fällen ist eine HUFFMAN-Kodierung *nicht* unbedingt optimal!

Tatsächlich kann hier eine deutlich bessere Komprimierung erreicht werden, indem man anstatt Textteile fester Länge (die Symbole) mit unterschiedlich langen Codewörtern zu versehen, einen festen Vorrat an konstant langen Codewörtern möglichst geschickt an Textteile mit *variabler* Länge verteilt. Die Idee dahinter ist, lange wiederkehrende Teilwörter mit einem kurzen Codewort zu versehen.

Solche Codes liefert beispielsweise der LEMPEL-ZIV-Algorithmus, indem er stets versucht, einen möglichst langen Teilstring im schon verarbeiteten Präfix des Textes zu finden. Dieser wird dann durch einen Verweis auf das frühere Vorkommen kodiert. ◄

7.5.3 Das Binpacking-Problem

Greedy-Algorithmen werden häufig zur approximativen Lösung schwieriger Optimierungsprobleme eingesetzt. In Abgrenzung zu einer Heuristik fordert man für solche Verfahren, dass sie zwar nicht zwingend eine optimale Lösung, jedoch stets eine Näherung des Optimums bestimmen, für die wir eine Güte-Garantie beweisen können. Wir werden uns in Abschnitt 9.3 genauer mit solchen Approximationen auseinandersetzen.

Wir betrachten hier als Beispiel das Binpacking-Problem: Gegeben sind n Objekte mit Gewichten $0 \leq w_1, w_2, \ldots, w_n \leq 1$ sowie eine unbeschränkte Anzahl von Behältern, die jeweils Objekte mit einem Gesamtgewicht von höchstens 1 aufnehmen können. Gesucht ist eine Zuteilung aller Objekte auf eine *möglichst kleine* Anzahl von Behältern (so dass kein Behälter ein Gesamtgewicht größer als 1 erhält).

Es sind keine effizienten Algorithmen für das Binpacking-Problem bekannt, und es wird aller Wahrscheinlichkeit nach auch keine effizienten Algorithmen geben, denn das Binpacking-Problem ist $\mathcal{NP}$-vollständig (siehe Kapitel 8).

7.5.3.1 Die Best-Fit Approximation

Wir untersuchen hier den Greedy-Algorithmus *Best-Fit* (BF): Wir betrachten die n Objekte der Reihe nach, beginnend mit dem ersten. Das i-te Objekt mit Gewicht w_i wird in den Behälter gepackt, der am vollsten unter allen Behältern mit freier Kapazität mindestens w_i ist.

Für eine Eingabe P sei $\mathsf{BF}(P)$ die von Best-Fit benutzte Anzahl von Behältern, und es sei $\mathsf{Opt}(P)$ die minimale Anzahl von Behältern für Eingabe P.

Satz 7.20 (Approximationsgüte von Best-Fit):
Betrachte das Problem des Binpacking:
a) *Es gibt Eingaben P mit $\mathsf{BF}(P) \geq \frac{3}{2}\mathsf{Opt}(P)$.*
b) *Für jede Eingabe P ist $\mathsf{BF}(P) \leq 2\mathsf{Opt}(P) + 1$.*

Beweis:

a) Setze $w_1 = \cdots = w_{n/2} = \frac{2}{5}$ und $w_{n/2+1} = \cdots = w_n = \frac{3}{5}$. Dann füllt Best-Fit zuerst $\frac{n}{4}$ Behälter mit jeweils 2 Objekten des Gewichts $\frac{2}{5}$ und benötigt weitere $\frac{n}{2}$ Behälter für die Objekte mit Gewicht $\frac{3}{5}$. Damit werden $\frac{3}{4}n$ Behälter benutzt, obwohl $\frac{n}{2}$ Behälter ausreichen.

b) Es genügt zu zeigen, dass bis auf höchstens einen Behälter alle Behälter mindestens halb voll werden, denn dann ist

$$\frac{\mathsf{BF}(P) - 1}{2} \;\leq\; \sum_{i=1}^{n} w_i \;\leq\; \mathsf{Opt}(P).$$

Best-Fit kann aber zu keinem Zeitpunkt zwei höchstens halbvolle Behälter besitzen: Alle Objekte des zweiten Behälters würden durch Best-Fit in frühere (zum Beispiel den ersten halbvollen) Behälter gepackt. ∎

Damit ist Best-Fit ein *Approximations-Algorithmus* für das Binpacking-Problem, da wir eine Schranke angeben können, wie stark die berechnete höchstens von der optimalen Lösung abweicht.

7.5.4 Matroide

Nachdem wir nun einige Beispiele für die Anwendung eines Greedy-Ansatzes betrachtet haben, wollen wir herausarbeiten, in welchen Fällen ein solcher Algorithmus zu einer *optimalen* Lösung führt. Es wird sich dabei zeigen, dass die Greedy-Methode dann ein optimales Ergebnis liefert, wenn die dem Optimierungsproblem zugrunde liegende algebraische Struktur ein sogenanntes *Matroid* ist (Definition 7.24 unten).

Definition 7.21 (Teilmengensystem):
Sei E eine endliche Menge und $\mathcal{U} \subseteq 2^E$ eine Menge von Teilmengen von E. Dann heißt das Tupel $(E,\mathcal{U})$ Teilmengensystem, falls gilt:
(1) $\emptyset \in \mathcal{U}$,
(2) $A \subseteq B \wedge B \in \mathcal{U} \implies A \in \mathcal{U}$. ◄

Das zu $(E,\mathcal{U})$ gehörige Optimierungsproblem besteht nun darin, für eine *beliebige* Gewichtung der Elemente in E, $w : E \to \mathbb{R}$, eine in $\mathcal{U}$ bzgl. $\subseteq$ maximale Teilmenge T zu bestimmen, deren Gesamtgewicht

$$w(T) \;:=\; \sum_{e \in T} w(e)$$

unter allen Teilmengen in $\mathcal{U}$ maximal ist. Da für den Fall, dass der Wertebereich von w die positiven reellen Zahlen ist, jede gewichtsmaximale Menge auch inklusionsmaximal ist, können wir in diesem Fall die Forderung, T sei maximal bzgl. $\subseteq$, aufgeben.

Wir ordnen dem Teilmengensystem $(E,\mathcal{U})$ und der Gewichtsfunktion $w : W \to \mathbb{R}$ folgenden *kanonischen Greedy-Algorithmus* zu:

Methode: Kanonischer Greedy-Algorithmus

(1) Ordne die Elemente in $E = \{e_1, \dots, e_n\}$ nach fallenden Gewichten.

   (Es gilt nun $w(e_1) \geq \cdots \geq w(e_n)$. Soll ein Minimierungsproblem gelöst werden, sind die Elemente nach aufsteigenden Gewichten anzuordnen.)

(2) $T := \emptyset$ *(T wird letztlich die konstruierte Lösung sein.)*

(3) Für $k := 1, \dots, n$

   (3.1) Wenn $T \cup \{e_k\} \in \mathcal{U}$, dann setze $T := T \cup \{e_k\}$ ◄

Es ist zu beachten, dass dieser Algorithmus nicht für alle Teilmengensysteme für alle Gewichtsfunktionen eine optimale Lösung konstruiert. Folgendes Beispiel soll dies belegen.

Beispiel 7.23 (Gegenbeispiel für Greedy): Sei $E = \{1, 2, 3\}$ und $\mathcal{U} = \{\emptyset, \{1\}, \{2\}, \{3\}, \{2, 3\}\}$ mit $w(1) = 3$ und $w(2) = w(3) = 2$. Es lässt sich leicht nachprüfen, dass $\mathcal{U}$ die an ein Teilmengensystem geknüpften Bedingungen erfüllt. Des Weiteren liefert unser kanonischer Greedy-Algorithmus die Lösung $T = \{1\}$ mit $w(T) = 3$; die optimale Lösung ist aber durch $T' = \{2, 3\}$ mit $w(T') = 4$ gegeben.   ◄

Eine weitere Einschränkung der Teilmengensysteme ermöglicht es jedoch, dafür zu sorgen, dass der kanonische Greedy-Algorithmus in Bezug auf jede mögliche Gewichtsfunktion eine optimale Lösung berechnet.

Definition 7.24 (Matroid):

Ein Teilmengensystem $(E,\mathcal{U})$ heißt Matroid, falls die sogenannte Austausch-Eigenschaft gilt:

$$A, B \in \mathcal{U} \wedge |A| < |B| \implies (\exists x \in B \setminus A)\,(A \cup \{x\} \in \mathcal{U}).$$ ◄

Wir beobachten, dass in einem Matroid alle inklusionsmaximalen Mengen *dieselbe* Kardinalität haben: Nehmen wir an, A und B seien beides maximale Mengen in $\mathcal{U}$ mit $|A| < |B|$, dann können wir A wegen der Austausch-Eigenschaft zu einer echt größeren Menge $A \cup \{x\}$ aus $\mathcal{U}$ erweitern, im Widerspruch zur Maximalität von A.

Beispiel 7.25 (Matroid der linearen Algebra (*Matric Matroid*)): Ein typisches Beispiel für ein Matroid – und vielleicht das historisch älteste überhaupt – sind unabhängige Mengen von Vektoren. Sei V ein (endlicher) Vektorraum. Dann ist $(E,\mathcal{U})$ mit $E = V$ und

$$\mathcal{U} = \{v_1, \dots, v_k \in V \mid v_1, \dots, v_k \text{ linear unabhängig}\}$$

ein Matroid, denn jede Teilmenge von linear unabhängigen Vektoren ist selbst linear unabhängig, und die Austauscheigenschaft ist im Wesentlichen der sogenannte *Basisergänzungssatz*: Jede Menge A linear unabhängiger Vektoren mit kleinerer Kardinalität als eine Basis B lässt sich um einen der Vektoren aus B ergänzen ohne die lineare Unabhängigkeit einzubüßen.

Dabei ist eine *Basis* eines Vektorraums gerade eine maximale linear unabhängige Menge, also eine inklusionsmaximale Teilmenge des Matroids. Es ist in der linearen Algebra wohlbekannt, dass alle Basen eines Vektorraums die gleiche Kardinalität haben, wie wir es gerade auch für allgemeine Matroide beobachtet haben. Diese Kardinalität wird dann *Dimension* des Vektorraums genannt.

In der Literatur werden aufgrund dieses engen Zusammenhangs manchmal auch in allgemeinen Matroiden die Elemente von $\mathcal{U}$ als unabhängige Mengen bezeichnet.   ◄

Satz 7.26 (Greedy-Lösung gdw. Matroid):
Sei $(E, \mathcal{U})$ ein Teilmengensystem. Der kanonische Greedy-Algorithmus liefert für das zugehörige Optimierungsproblem (in Bezug auf jede beliebige Gewichtsfunktion $w : E \to \mathbb{R}$) dann und nur dann eine optimale Lösung wenn $(E, \mathcal{U})$ ein Matroid ist.

Beweis:

„⇐" Sei $(E, \mathcal{U})$ ein Matroid und $w : E \to \mathbb{R}$ eine beliebige Gewichtsfunktion. Sei weiter $T = \{e_{i_1}, \dots, e_{i_k}\}$ die vom Greedy-Algorithmus gefundene Lösung mit $i_1 < i_2 < \dots < i_k$. Nehmen wir an, es gäbe eine Teilmenge $T' = \{e_{j_1}, \dots, e_{j_k}\}$ mit $w(T') > w(T)$.

Dann muss mindestens eines der Elemente in T' ein höheres Gewicht haben als das entsprechende Element in T, d.h. es muss einen Index μ mit $w(e_{j_\mu}) > w(w_{i_\mu})$ geben. Sei μ der kleinste solche Index. Da der Algorithmus die e_i entsprechend ihrer w-Werte absteigend sortiert hat, muss $j_\mu < i_\mu$ gelten. Wir wenden die Austauscheigenschaft auf die Mengen

$$A = \{e_{i_1}, \dots, e_{i_{\mu-1}}\} \quad \text{und} \quad B = \{e_{j_1}, \dots, e_{j_\mu}\}$$

an. Wegen $|A| < |B|$ gibt es ein Element $e_{j_\sigma} \in B \setminus A$, so dass $A \cup \{e_{j_\sigma}\} \in \mathcal{U}$ gilt. Da aber $w(e_{j_\sigma}) \geq w(e_{j_\mu}) > w(e_{i_\mu})$ gilt, kann dies nur sein, wenn der Greedy-Algorithmus Element e_{j_σ} vor Element e_{i_μ} auswählt. Dies ist im Widerspruch zur Wahl der Elemente durch den Algorithmus in der Reihenfolge ihrer abfallenden Gewichte.

„$\Rightarrow$" Gelte per Annahme die Austausch-Eigenschaft nicht. Dann gibt es
also Menge A und B in $\mathcal{U}$ mit $|A| < |B|$, so dass für alle $x \in B \setminus A$
die Menge $A \cup \{x\}$ nicht in $\mathcal{U}$ liegt. Mit $r := |B|$ definieren wir die
Gewichtsfunktion

$$w(x) := \begin{cases} r+1, & x \in A, \\ r, & x \in B \setminus A, \\ 0, & \text{sonst.} \end{cases}$$

Der kanonische Greedy-Algorithmus wählt für dieses w eine Menge T
mit $A \subseteq T$ und $T \cap (B \setminus A) = \emptyset$. Demnach ist $w(T) = (r+1) \cdot |A| \leq
(r+1)(r-1) = r^2 - 1$. Würde man stattdessen aber $T' \supseteq B$ wählen,
so hätte diese Lösung das Gewicht $w(T') \geq r \cdot |B| = r^2$. Damit
konstruiert der Greedy-Algorithmus keine optimale Lösung. ∎

Wenn wir also bei einem Optimierungsproblem, für dass sich der Greedy-
Ansatz anbietet, zeigen, dass die zugrunde liegende algebraische Struktur ein
Matroid ist, dann haben wir damit bewiesen, dass der Greedy-Algorithmus
eine optimale Lösung liefert. Wir wollen dies ausnutzen und einige uns bereits
bekannte Greedy-Algorithmen erneut betrachten.

7.5.4.1 Kruskals Algorithmus

Wir beginnen mit KRUSKALs Algorithmus zur Berechnung minimaler Spannbäume. Tatsächlich basiert dieser auf einer sehr anschaulichen Matroid-Struk-
tur.

Lemma 7.27 (Graph-Matroide (graphic matroid)): Für E die Menge der
Kanten eines Graphen (V, E) und $\mathcal{U}$ die Menge all jener Kantenmengen, die
keine Kreise enthalten, ist $(E, \mathcal{U})$ ein Matroid. ◀

Beweis: Die Eigenschaften für Teilmengensysteme sind offensichtlich erfüllt;
seien also A und B zwei zyklenfreie Teilmengen von E mit $|A| < |B|$. Die
Menge A impliziert für die Knotenmenge V des betrachteten Graphen eine
Partition in die disjunkten Teilmengen V_i, $1 \leq i \leq k$, indem wir all jene
Knoten in einer Menge V_i zusammenfassen, die über einen Weg aus Kanten
aus A miteinander verbunden sind; bzgl. A isolierte Knoten bilden jeweils
eine eigene Teilmenge V_j.

Jede Kante in B verbindet nun entweder zwei Knoten aus derselben
Teilmenge V_i oder zwei Knoten aus verschiedenen Mengen V_i, V_j, $i \neq j$.
Da B zyklenfrei ist, können in B aber höchstens $\sum_{1 \leq i \leq k}(|V_i| - 1) = |A|$
viele Kanten gemäß des ersten Falls existieren. Folglich impliziert $|B| > |A|$
die Existenz einer Kante in $B \setminus A$, die V_i mit V_j für $i \neq j$ verbindet. Eine
solche Kante können wir zu A hinzufügen, ohne dass ein Zykel entsteht.
Also haben wir es mit einem Matroid zu tun. ∎

Etwas prägnanter kann man das Graph-Matroid eines Graphen $G = (V, E)$ informell als Matroid über allen in G enthaltenen Wäldern beschreiben, da ein Wald gerade der induzierte Teilgraph einer zyklenfreien Teilmenge von E ist.

Für eine gegebene Kantengewichtung $w : E \to \mathbb{R}$ berechnet der auf Minimierung angelegte kanonische Greedy-Algorithmus eine inklusionsmaximale Menge von Kanten mit minimalem Gewicht, indem er sukzessive die Menge der gewählten Kanten um die günstige, noch nicht betrachtete Kante erweitert, die keinen Kreis schließt. Eine solche maximale Kantenmenge besteht aus nur noch einer Zusammenhangskomponente, repräsentiert also, da wir die Zyklenfreiheit der Elemente des Teilmengensystems vorausgesetzt haben, einen spannenden Baum des betrachteten Graphen. Das so erhaltene Vorgehen entspricht exakt dem KRUSKAL-Algorithmus aus Abschnitt 5.4.1.

7.5.4.2 Dijkstras Algorithmus

DIJKSTRAS Algorithmus für kürzeste Wege ist ebenfalls ein Greedy-Algorithmus; allerdings ist das entsprechende Matroid nicht ganz so naheliegend und die Äquivalenz zum kanonischen Greedy nicht ganz so direkt. Dennoch liefert uns die Matroid-Sichtweise auch hier wertvolle Einsichten.

Lemma 7.28 (s-t-Wege Matroid): Sei $G = (V, E)$ ein Graph und $s \in V$. Wir betrachten die Menge aller *zyklenfreien Pfade* mit Startknoten s als Grundmenge E. Die Teilmengen $\mathcal{U}$ bestehen aus all jenen Pfadmengen, deren Elemente (Pfade) zu *verschiedenen* Zielknoten t führen. Dann ist $(E, \mathcal{U})$ ein Matroid. ◄

Beweis: Die Anforderungen für Teilmengensysteme sind wieder offensichtlich erfüllt; wir prüfen die Austauscheigenschaft: Sind dann A und B zwei Pfadmengen aus $\mathcal{U}$ mit $|A| < |B|$, dann enthält A genau $|A|$ verschiedene Zielknoten, und in B existiert mindestens ein Pfad mit einem Zielknoten, der in A nicht vorkommt; um diesen Pfad kann A erweitert werden. ∎

Für w die Kantengewichtung des Graphen, gemäß der wir die kürzesten Wege bestimmen sollen, betrachten wir

$$ w'(p) := \sum_{e \text{ liegt auf } p} w(e) $$

als Gewichtung des Pfades p. Für diese Gewichtsfunktion und obigem Matroid entspricht nun der kanonische Greedy-Algorithmus im Ablauf und Ergebnis exakt dem DIJKSTRA-Algorithmus.

Es ist hier aber zu beobachten, dass eine direkte Umsetzung des kanonischen Greedy-Algorithmus wie oben beschrieben nicht effizient sein muss. Versuchten wir tatsächlich, *alle* einfachen Pfade mit Startknoten s aufzulisten (und nach ihrer Länge zu sortieren), so wäre der Aufwand (mindestens) exponentiell groß, denn es gibt sehr viele solcher Pfade.

DIJKSTRAS Algorithmus umgeht dieses Problem, indem er mit folgendem einfachen Argument die meisten dieser Pfade aus der aktuellen Betrachtung ausschließt: Ist $S \supseteq \{s\}$ die Menge der Knoten, zu denen wir schon einen Pfad in unsere (Teil)lösung T aufgenommen haben, so sind alle Pfade mit Endknoten v, die *nicht* über eine *einzelne* Kante von S aus erreichbar sind, definitiv *keine* Kandidaten für die nächste Vergrößerung von T. Denn ein solcher Pfad p ist bei ausschließlich positiven Kantengewichten stets teurer als der um die letzte Kante gekürzte Pfad p'. Da der Endknoten von p' nach Annahme aber auch außerhalb von S liegt, wurde p' bisher noch nicht betrachtet und müsste vor p aufgenommen werden. Von allen Pfaden zu Endknoten v, die über eine einzelne Kante aus S erreichbar sind, kommen aus dem gleichen Grund auch nur solche in Frage, die bis auf diese letzte Kante ausschließlich *innerhalb* von S verlaufen. Wir erhalten folglich alle Kandidaten, indem wir ausschließlich bereits gewählte Pfade um *eine* weitere Kante verlängern.

An dieser Stelle zeigt sich auch, worin das Problem von DIJKSTRAS Algorithmus auf Graphen mit negativen Kantengewichten besteht. Dort gilt obiges Ausschlusskriterium für p nämlich nicht, da die letzte Kante p *günstiger* machen könnte als p'. Die Ausführung von DIJKSTRAS Algorithmus weicht dann von der Vorgehensweise des kanonischen Greedy ab, und findet deshalb u. U. nicht die kürzesten Wege.

Der kanonische Greedy liefert dagegen auch für negative Kantengewichte kürzeste zyklenfreie Wege von s zu allen anderen Knoten – nur ist seine Laufzeit ohne Tricks wie der obige von DIJKSTRA keine praktikable Alternative.

7.6 Lineares Programmieren

Das lineare Programmieren ist eine sehr mächtige Technik im Algorithmenentwurf. Bei dieser Methode sind Probleme als *lineares Ungleichungssystem* über n Unbekannten darzustellen. Außerdem ist eine ebenfalls lineare *Zielfunktion* anzugeben, deren Wert zu optimieren (minimieren oder maximieren) ist. Wir illustrieren dies zunächst an einem klassischen Beispiel aus der Ökonomie.

7.6.1 Beispiel: Optimale Produktion

Ein Unternehmer verfügt über eine Maschine, auf der er zwei verschiedene Produkte P_1 und P_2 produzieren kann. Eine Einheit von P_1 kann er mit 7 € Gewinn verkaufen, eine Einheit P_2 bringt ihm 4 € im Verkauf. Die Produktion einer Einheit von P_1 nimmt die Maschine 4 Minuten in Anspruch, eine Einheit P_2 ist in 2 Minuten fertig. Das Ziel ist natürlich eine Gewinnmaximierung.

Weiterhin nehmen wir folgende Beschränkungen und Auflagen an:

1. Insgesamt hat der Unternehmer im Monat 240 Maschinenstunden zur Verfügung. Das sind 14400 Minuten.

2. Für die Produktion von P_1 ist man auf einen Rohstoff angewiesen. Für jede Einheit werden 3 Liter dieses Rohstoffes gebraucht. Insgesamt kann der Zulieferer maximal 9000 Liter des Rohstoffes bereitstellen.
3. Bei der Produktion einer Einheit von P_2 werden 5 Gramm eines umweltpolitisch nicht ganz unbedenklichen Gases freigesetzt. Die Unternehmer der Branche haben es sich daher zur Auflage gemacht, den monatlichen Ausstoß dieses Gases auf 20 kg zu beschränken.
4. Für 200 Einheiten P_1 und 500 Einheiten P_2 existieren bereits Verträge. Diese Mengen müssen also mindestens produziert werden.
5. Wird die Maschine weniger als 70 Stunden (= 4200 Minuten) eingesetzt, besteht die Gefahr, dass sie Schaden nimmt. Das muss verhindert werden.
6. Nach der Produktion müssen die Erzeugnisse eine gewisse Zeit gelagert werden, bevor man sie absetzen kann. Das Lager der Firma bietet Platz für 5000 Einheiten.

Erstellen wir zunächst das entsprechende Ungleichungssystem. Dabei steht x_1 für die Anzahl der produzierten Einheiten von P_1 und x_2 analog für die von P_2 produzierte Menge.

$$4x_1 + 2x_2 \leq 14400,$$
$$3x_1 \leq 9000,$$
$$5x_2 \leq 20000,$$
$$x_1 \geq 200,$$
$$x_2 \geq 500,$$
$$4x_1 + 2x_2 \geq 4200,$$
$$x_1 + x_2 \leq 5000.$$

Die Zielfunktion lautet: $\mathsf{Gewinn}(x_1, x_2) = 7x_1 + 4x_2$.

Das Ungleichungssystem fasst die Einschränkungen über den *Lösungsraum* zusammen. Genau die (x_1, x_2) Tupel, die konform zu allen Restriktionen sind, sind Lösungen. Unter ihnen ist die mit dem optimalen Zielwert ausfindig zu machen. Abb. 7.4 veranschaulicht uns die Restriktionen grafisch. Wir erkennen ein Siebeneck innerhalb dessen sich die Menge aller *zulässigen/legalen* $(x_1, x_2$ =-Kombinationen befindet. Sieben ist auch die Anzahl der Restriktionen des Systems. In unserem Fall hat jede Restriktion zu einer Einschränkung der Lösungsmenge geführt. Das ist nicht zwangsläufig immer so. Läge die Begrenzung durch den Rohstoffzulieferer beispielsweise bei $x_1 = 4000$, so wäre sie implizit schon durch die Maschinenzeitschranke erfüllt. Solche Restriktionen, die zu keiner Einschränkung der Lösungsmenge führen, nennt man *redundant*. In jedem Fall aber ist der Lösungsraum ein Vieleck, das von Ebenen begrenzt wird, ein konvexes Polygon.

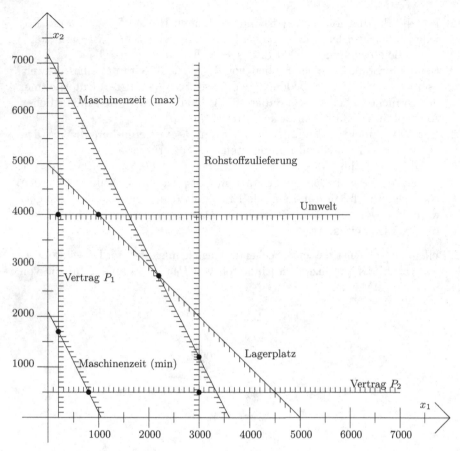

Abb. 7.4 Grafische Veranschaulichung der Nebenbedingungen unseres Beispiels
aus der Ökonomie.

Es kann passieren, dass die Menge der mit allen Restriktionen verträglichen
Punkte kein geschlossenes Vieleck bildet, sondern in eine Richtung unbegrenzt
ist. In dem Fall sind die folgenden Betrachtungen sinngemäß anzupassen.

In Abb. 7.5 ist das Vieleck der Lösungen noch einmal unter Angabe der
Eckpunkte eingezeichnet. Gepunktet sehen wir eine Auswahl von linearen
Gleichungen, die $7x_1 + 4x_2 = c$ (für diverse c) erfüllen. Alle Punkte gleichen
Zielwertes liegen auf einer solchen Gerade mit eben dieser Steigung. Weiter
oben verlaufende Geraden stellen dabei höhere Zielwerte dar. Um unser
Optimierungsproblem zu lösen, müssen wir die höchste dieser Geraden, die das
Planungsvieleck berührt, finden. In unserem konkreten Fall können wir ablesen,
dass der Punkt $(2200, 2800)$ optimal ist. Er liegt auf der höchsten Gerade, die
das Vieleck berührt. Der optimale Zielwert ist also $7 \cdot 2200 + 4 \cdot 2800 = 26600$.
Zum Vergleich: Die benachbarten Eckpunkte $(1000/4000)$ bzw. $(3000/1200)$
haben die Zielwerte 23000 bzw. 25800.

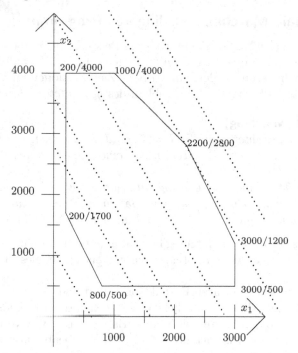

Abb. 7.5 Vieleck der Lösungen unseres Beispiels aus der Ökonomie samt einer Auswahl von Geraden (gepunktet dargestellt), die die zu maximierende lineare Zielfunktion $7x_1 + 4x_2 = c$ (für diverse c) erfüllen.

Wir können hier erkennen, dass bei der Bestimmung der optimalen Lösung zwei Fälle auftreten können.

1. Fall: Die Geraden der Punkte gleicher Zielwerte verlaufen *nicht* parallel zu einer der relevanten (hier oberen) Seiten des Vielecks. In dem Fall stellt ein konkreter Eckpunkt des Vielecks eindeutig die optimale Lösung dar. So ist es in unserem Fall.

2. Fall: Die Geraden der Punkte gleicher Zielwerte verlaufen parallel zu einer der relevanten Seiten des Vielecks. In diesem Fall hat jeder Punkt entlang dieser Seitenlinie des Vielecks denselben Zielwert, den optimalen. Auch die beiden Eckpunkte, die die Seite begrenzen, sind optimale Lösungen.

In jedem der beiden Fälle ist eine Ecke des Vielecks optimal. Es genügt also einfach die Ecken des Restriktions-Vielecks auszuwerten.

Im Falle von zwei Veränderlichen ist das eine noch recht überschaubare Aufgabe, aber bei mehr Unbekannten (das entspricht dem Arbeiten in höheren Dimensionen) wird es schnell schwieriger. Eine ausführliche Betrachtung der Algorithmen für die lineare Programmierung würde den Rahmen dieses Buches sprengen; für deren Beschreibung sei z. B. an [34] verwiesen.

7.6.2 Maximale Matchings als lineares Programm

An dieser Stelle wollen wir an einem weiteren Beispiel zeigen, dass sich auch solche Probleme als lineares Programm formulieren lassen, die auf den ersten Blick nichts mit linearen Ungleichungen oder Zielfunktionen zu tun haben. Wir betrachten zur Illustration das Problem des *gewichteten Matchings*:

Definition 7.29 (Matching):
Gegeben sei ein ungerichteter Graph $G = (V, E)$. Eine Teilmenge $E' \subseteq E$ heißt Matching, wenn verschiedene Kanten in E' keinen gemeinsamen Endpunkt haben.

Sind für G mittels einer Markierungsfunktion $w : E \to \mathbb{R}_0^+$ positive Kantengewichte gegeben, so nennt man ein Matching E' maximal, wenn das Gesamtgewicht aller Kanten in E' maximal unter allen Matchings ist. ◀

Das Problem des gewichteten Matching besteht nun darin, für einen gegebenen Graphen G und eine gegebene Kantengewichtung ein maximales Matching zu berechnen.

Was hat dies nun mit linearen Restriktionen und linearen Zielfunktionen zu tun? Was sind hier die Veränderlichen? Wir gehen das Problem wie folgt an: Für jede Kante $e \in E$ richten wir eine Variable x_e ein. Wir verlangen für jede dieser Variablen die Ungleichung $0 \leq x_e \leq 1$. Wir beabsichtigen, das wie folgt zu interpretieren:

$$x_e = 1 \iff e \in E',$$
$$x_e = 0 \iff e \notin E'.$$

Unsere Veränderlichen sollen also als *Indikatorvariablen* Verwendung finden. Unser Ziel, ein maximales Matching zu finden, lässt sich über die zu maximierende Zielfunktion ausdrücken:

$$\max\left(\sum_{e \in E} w(e) \cdot x_e \right).$$

Die Anforderung, dass die Teilmenge ein Matching darstellen muss, lässt sich durch die Ungleichungen

$$(\forall v \in V) \left(\sum_{\{u,v\}=e \in E} x_e \leq 1 \right) \qquad (7.3)$$

formulieren. Gleichung (7.3) drückt aus, dass für jeden Knoten $v \in V$ höchstens eine (Summe ≤ 1) inzidente Kante $e \in E$ auch in E' liegt. Hier wird die große Stärke linearer Programmierung deutlich: Wir können unser graphentheoretisches Problem durch einen Algorithmus lösen, der keine Ahnung hat, dass er eine Untermenge wählt oder was überhaupt ein Graph ist.

Ist die lineare Programmierung also das Allheilmittel? Leider nicht. Wir müssen noch auf eine wesentliche Problematik aufmerksam machen. Da der Algorithmus nicht weiß, wie seine Lösung interpretiert wird, kommt es auch dazu, dass er sinnlose „Lösungen" produziert. Insbesondere ist es für viele Anwendungen notwendig, dass die ermittelten Unbekannten ganzzahlig sind. Denken wir noch einmal an den Unternehmer, der die optimale Produktion für seine Maschine sucht. Wenn es sich bei den beiden Produkten beispielsweise um zwei verschiedene Biersorten handelt (gemessen in hl), so haben wir keine Probleme, eine Ausgabe von z.B. 722.5 / 1019.32 zu akzeptieren. Handelt es sich aber um Fernseher (gemessen in Stück), so tun wir uns deshalb schwer, weil wir für den halben Fernseher voraussichtlich nicht den halben Preis am Markt erzielen werden.

Ebenso verhält es sich bei unserem Beispiel mit dem maximalen Matching. Die diversen x_e sollten dringend ganzzahlig sein. Für eine Ausgabe „*Wähle Kante e zur Hälfte aus*", haben wir keine Verwendung.

Für die Klasse der *bipartiten* Graphen[4] lässt sich zeigen, dass im Diagramm zu unserem linearen Programm alle Ecken ganzzahlig sind. Für allgemeine Graphen lässt sich dieser Nachweis jedoch nicht erbringen, und die Gefahr, eine unbrauchbare *Lösung* zu erhalten, bleibt.

Die entscheidende Frage ist nun: Wie schwer wird das Problem der linearen Programmierung, wenn die optimale *ganzzahlige* Lösung gesucht wird? Die Antwort: sehr schwer! Ganzzahlige lineare Programmierung ist ein $\mathcal{NP}$-vollständiges Problem. Es existieren höchstwahrscheinlich keine effizienten Algorithmen; wie diese Aussage im Detail zu verstehen ist, werden wir im nächsten Kapitel sehen.

Bemerkung 7.30 (LP-Relaxierung mit anschließendem Runden): Auch im Fall von notwendigerweise ganzzahligen Lösungen, und damit höchstwahrscheinlich im Kontext sehr schwerer Probleme, können lineare Programme hilfreich sein. Betrachten wir noch einmal das Problem des gewichteten Matchings. Geben wir hier die Bedingung $x_e \in \{0, 1\}$ auf und verwenden tatsächlich die oben angegebenen Ungleichungen $0 \leq x_e \leq 1$ (man bezeichnet dieses Vorgehen als Relaxieren), so wird die Lösung des Programms wahrscheinlich nicht-ganzzahlig sein und es stellt sich das Problem, wie wir die Ausgabe interpretieren sollen. Wir können aber eine nicht ganzzahlige Ausgabe als Matching interpretieren, indem wir z.B. all jene Kanten auswählen, deren x_e echt größer $\frac{1}{2}$ sind und jene weglassen, für deren x_e das nicht gilt. Dann stellt (7.3) auch weiterhin sicher, dass verschiedene ausgewählte Kanten keinen gemeinsamen Knoten haben (d.h., dass wir tatsächlich ein Matching erhalten). Auf diese Art und Weise berechnen wir sicher keine optimale Lösung, aber in vielen Fällen eine recht gute Approximation. Es ist entsprechend nicht verwunderlich, dass viele bekannte Approximations-Algorithmen auf der linearen Programmierung beruhen. ◀

---

[4] Ein bipartiter Graph ist ein Graph, dessen Knotenmenge in zwei disjunkte Mengen (Bi-Partition) zerlegt ist, sodass alle Kanten nur Knoten verschiedener Partitions-Teile verbinden.

7.7 Transformationen

In der Mathematik ist es oft hilfreich, ein Problem über eine Transformation in einen Bildraum zu transformieren, da dort das Problem viel einfacher gelöst werden kann. So wird aus der Operation des Differenzierens einer Funktion nach Anwendung der LAPLACE-Transformation eine Differenz der transformierten Funktion und dem Funktionswert an der Stelle 0. Man macht sich dies zunutze, um Differentialgleichungen zu lösen. Dazu bestimmt man zuerst die LAPLACE-Transformierte der Gleichung, löst diese, und berechnet die inverse Transformation. Auf diese Weise erhält man eine Lösung des Ausgangsproblems (der Differentialgleichung).

Ähnliche Ansätze existieren in der Bildverarbeitung. Die HOUGH-Transformation erleichtert die Aufgabe, aus n gegebenen Punkten eines digitalen Bildes solche auszuwählen, die auf einer Geraden liegen. Transformiert man das Bild in die sog. Parameter-Ebene, so wird aus jedem Punkt eine Gerade; die Geraden solcher Punkte, die im Bild auf einer Linie liegen, haben in der Parameter-Ebene einen gemeinsamen Schnittpunkt.

Entscheidend für die Effizienz eines solchen Vorgehens ist es, dass die Transformation und gegebenenfalls ihre Rücktransformation schnell berechnet werden kann. Wir wollen nachfolgend die *schnelle FOURIER-Transformation* betrachten, die uns eine (asymptotisch) schnelle Multiplikation von Polynomen und letztlich auch ganzer Zahlen ermöglichen wird (SCHÖNHAGE-STRASSEN-Algorithmus).

Tatsächlich war der SCHÖNHAGE-STRASSEN-Algorithmus jahrzehntelang der asymptotisch schnellste bekannte Algorithmus zur Multiplikation großer ganzer Zahlen, und stellte einen großen theoretischen Druchbruch dar, weil er zwei n-Bit Zahlen mit kaum mehr als $\mathcal{O}(n \log n)$ Bit-Operationen multiplizieren kann, wohingegen einfachere Verfahren – wie die in Abschnitt 7.3.1.2 vorgestellte KARATSUBA-Multiplikation – stets Laufzeit in $\Omega(n^{1+c})$ für eine Konstante $c > 0$ haben. Um diese Verbesserung zu erreichen, müssen wir allerdings einen gewissen Umweg in die Analysis und Zahlentheorie unternehmen, bevor wir in Abschnitt 7.7.5 wieder zur Multiplikation großer Zahlen zurückkehren.

7.7.1 Die diskrete Fourier-Transformation und ihre Inverse

Normalerweise ist die FOURIER-Transformation auf den komplexen Zahlen definiert. Aus Gründen, die später klar werden, wollen wir eine Definition über einem beliebigen kommutativen Ring $(R, +, \cdot, 0, 1)$ vornehmen.

Definition 7.31 (Einheitswurzeln):
Ein Element $\omega \in R$ mit

(1) $\omega \neq 1$,

(2) $\omega^n = 1$, und

(3) $\displaystyle\sum_{0\leq j\leq n-1} \omega^{jk} = 0$, für $1 \leq k < n$,

heißt *n-te primitive Einheitswurzel*. Die Elemente $\omega^0, \omega^1, \ldots, \omega^{n-1}$ sind die *n-ten Einheitswurzeln* in R. ◀

Beispiel 7.32: Zum Beispiel ist $e^{2\pi i/n}$ mit i die imaginäre Einheit eine n-te primitive Einheitswurzel im Ring der komplexen Zahlen. ◀

Sei $\boldsymbol{a} = (a_0, a_1, \ldots, a_{n-1})^t$ ein Spaltenvektor der Länge n mit Einträgen aus R. Wir nehmen an, dass die ganze Zahl n ein multiplikatives Inverses[5] in R besitzt und dass R die n-te primitive Einheitswurzel ω hat. Sei $A = (a_{i,j})$ eine $(n \times n)$-Matrix mit den Einträgen $a_{i,j} = \omega^{ij}$ für $0 \leq i, j < n$. Der Vektor $F(\boldsymbol{a}) := A \cdot \boldsymbol{a}$, dessen i-te Komponente b_i, $0 \leq i < n$, gleich $\sum_{0\leq k<n} a_k \omega^{ik}$ ist, heißt *diskrete FOURIER-Transformierte von* $\boldsymbol{a}$. Die Matrix A ist nicht singulär, weshalb ihr Inverses A^{-1} existiert. A^{-1} hat eine einfache Struktur, die in nachfolgendem Lemma gegeben wird:

Lemma 7.33: Sei R ein kommutativer Ring mit der n-ten primitiven Einheitswurzel ω, und n habe ein multiplikatives Inverses in R. Sei A die $(n \times n)$-Matrix mit den Einträgen $a_{i,j} = \omega^{ij}$, $0 \leq i, j < n$. Dann existiert $A^{-1} = (a_{i,j}^{-1})$ und es ist $a_{i,j}^{-1} = \omega^{-ij} \cdot n^{-1}$. ◀

Beweis: Sei $\delta_{i,j} = 1$ falls $i = j$, 0 sonst. Es genügt zu zeigen, dass mit A^{-1}, wie im Lemma definiert, $A \cdot A^{-1} = E_n$ für E_n die Einheitsmatrix der Dimension n gilt. Dies ist gleichbedeutend zu zeigen, dass

$$\frac{1}{n}\sum_{0\leq k<n} \omega^{ik}\omega^{-kj} = \delta_{i,j} \qquad \text{für } 0 \leq i,j < n. \tag{7.4}$$

Ist $i = j$, so vereinfacht sich die linke Seite von Gleichung (7.4) zu

$$\frac{1}{n}\sum_{0\leq k<n} \omega^0 = 1,$$

da $\omega^0 = 1$ gilt. Ist $i \neq j$, so setzen wir $q = i - j$. Dann vereinfacht sich die linke Seite von (7.4) zu

$$\frac{1}{n}\sum_{0\leq k<n} \omega^{qk} \qquad \text{mit } -n < q < n,\ q \neq 0.$$

Ist $q > 0$, so folgt

$$\frac{1}{n}\sum_{0\leq k<n} \omega^{qk} = 0,$$

---

[5] Die ganzen Zahlen kommen in allen Ringen, sogar in den endlichen, vor.

da ω eine n-te primitive Einheitswurzel ist (obiger Punkt 3). Ist $q < 0$, so multiplizieren wir mit $\omega^{-q(n-1)}$, verändern die Reihenfolge der Summation und ersetzen q durch $-q$, wodurch wir

$$\frac{1}{n} \sum_{0 \le k < n} \omega^{qk}, \qquad \text{für } 0 < q < n,$$

erhalten. Diese Summe hat wieder den Wert 0, da ω eine n-te primitive Einheitswurzel ist. Da $\omega^{-q(n-1)} \neq 0$ gilt, muss folglich auch die ursprüngliche Summe gleich 0 gewesen sein. Damit folgt insgesamt Gleichung (7.4). ∎

Wir bezeichnen den Vektor $F^{-1}(\boldsymbol{a}) := A^{-1} \cdot \boldsymbol{a}$, dessen i-ter Eintrag gleich $\frac{1}{n} \sum_{0 \le k < n} a_k \omega^{-ik}$ ist, $0 \le i < n$, als die *inverse diskrete FOURIER-Transformierte von* $\boldsymbol{a}$. Offensichtlich ist $F^{-1}(F(\boldsymbol{a})) = \boldsymbol{a}$.

Es gibt einen engen Zusammenhang zwischen FOURIER-Transformierten und der Auswertung von Polynomen und der Interpolation. Sei

$$p(x) := \sum_{0 \le i < n} a_i x^i$$

ein Polynom vom Grade $n - 1$. Wir können dieses Polynom in zweifacher Weise eindeutig darstellen. Zum einen über eine Liste seiner Koeffizienten, oder über eine Liste der Funktionswerte an n verschiedenen Punkten. Den Prozess, aus diesen Funktionswerten die Koeffizienten zu berechnen, nennt man *Interpolation*. Die Berechnung der FOURIER-Transformierten eines Vektors $\boldsymbol{a} = (a_0, a_1, \ldots, a_{n-1})$ ist äquivalent dazu, die Koeffizientendarstellung des Polynoms $\sum_{0 \le i < n} a_i x^i$ in die Darstellung über die Funktionswerte an den Punkten $\omega^0, \omega^1, \omega^2, \ldots, \omega^{n-1}$ zu überführen. Umgekehrt entspricht die inverse FOURIER-Transformation der Interpolation eines Polynoms bei gegebenen Funktionswerten an den Stellen der n-ten Einheitswurzeln.

Man könnte eine Transformation definieren, die ein Polynom an beliebigen anderen Punkten evaluiert, z. B. an den Integern $1, 2, 3, \ldots, n$. Wir werden aber später sehen, dass die Verwendung der Potenzen von ω die Berechnung der Funktionswerte und die Interpolation besonders einfach erlaubt.

Eine der grundlegenden Anwendungen der FOURIER-Transformation liegt in der Berechnung der Konvolution zweier Vektoren. Seien

$$\boldsymbol{a} = (a_0, a_1, \ldots, a_{n-1})^t \text{ und } \boldsymbol{b} = (b_0, b_1, \ldots, b_{n-1})^t$$

zwei Spaltenvektoren. Die *Konvolution* von $\boldsymbol{a}$ und $\boldsymbol{b}$ (Schreibweise $\boldsymbol{a} \odot \boldsymbol{b}$) ist der Vektor $\boldsymbol{c} = (c_0, c_1, \ldots, c_{2n-1})^t$ mit $c_i = \sum_{0 \le j < n} a_j b_{i-j}$, wobei wir a_k bzw. b_k gleich 0 setzen, falls $k \ge n$ oder $k < 0$ gilt. Es ist also

$$c_0 = a_0 b_0, \; c_1 = a_0 b_1 + a_1 b_0, \; c_2 = a_0 b_2 + a_1 b_1 + a_2 b_0,$$

usw. Beachte, dass stets $c_{2n-1} = 0$ gilt. Dieser Term wurde nur aus Symmetriegründen eingeführt.

Die Konvolution spielt beispielsweise eine Rolle bei der Multiplikation zweier Polynome. Das Produkt der Polynome $p(x) = \sum_{0 \le i < n} a_i x^i$ und $q(x) = \sum_{0 \le j < n} b_j x^j$ ist das Polynom

$$p(x)q(x) = \sum_{0 \le i < 2n-1} \left(\sum_{0 \le j \le i} a_j b_{i-j} \right) x^i.$$

Damit sind die Koeffizienten des Produktes exakt die Komponenten der Konvolution der beiden Koeffizientenvektoren a und b.

Werden die beiden Polynome durch ihre Koeffizienten dargestellt, so können wir die Koeffizientendarstellung ihres Produkts als die Konvolution der beiden Koeffizientenvektoren berechnen. Sind aber $p(x)$ und $q(x)$ über ihre Funktionswerte an den Stellen der n-ten Einheitswurzeln dargestellt, so können wir die Funktionswertdarstellung von $p(x)q(x)$ bestimmen, indem wir einfach das Produkt von Paaren der Funktionswerte derselben Wurzel berechnen.

Dies legt die Vermutung nahe, dass die Konvolution zweier Vektoren a und b als inverse FOURIER-Transformierte des komponentenweisen Produkts ihrer Transformierten berechnet werden kann; formal $a \odot b = F^{-1}(F(a) \cdot F(b))$. Das einzige Problem dabei ist, dass das Produkt zweier Polynome vom Grade $n - 1$ allgemein ein Polynom vom Grade $2n - 2$ ist, dessen Darstellung $2n - 2$ verschiedene Punkte benötigt. Um dieses Problem zu umgehen, fassen wir $p(x)$ und $q(x)$ bereits als Polynome vom Grade $2n - 2$ auf und füllen dementsprechend die Koeffizientenvektoren mit 0 auf.

Satz 7.34 (Konvolution durch komponentenweises Produkt):
Seien $a = (a_0, a_1, \ldots, a_{n-1}, 0, \ldots, 0)^t$ *und* $b = (b_0, b_1, \ldots, b_{n-1}, 0, \ldots, 0)^t$ *zwei Spaltenvektoren der Länge $2n$. Seien weiter*

$$F(a) = (a'_0, a'_1, \ldots, a'_{2n-1})^t \quad und \quad F(b) = (b'_0, b'_1, \ldots, b'_{2n-1})^t$$

ihre FOURIER*-Transformierten. Dann ist*

$$a \odot b = F^{-1}(F(a) \cdot F(b)).$$

Beweis: Da $a_i = b_i = 0$ für $n \le i < 2n$, gilt für $0 \le l < 2n$

$$a'_l = \sum_{0 \le j < n} a_j \omega^{lj} \quad und \quad b'_l = \sum_{0 \le k < n} b_k \omega^{lk}.$$

Damit ist

$$a'_l b'_l = \sum_{0 \le j < n} \sum_{0 \le k < n} a_j b_k \omega^{l(j+k)}. \tag{7.5}$$

Sei $\boldsymbol{a} \odot \boldsymbol{b} = (c_0, c_1, \ldots, c_{2n-1})^t$ und $F(\boldsymbol{a} \odot \boldsymbol{b}) = (c'_0, c'_1, \ldots, c'_{2n-1})^t$. Da $c_p = \sum_{0 \leq j \leq 2n-1} a_j b_{p-j}$ haben wir

$$c'_l = \sum_{0 \leq p \leq 2n-1} c_p \omega^{lp} = \sum_{0 \leq p \leq 2n-1} \sum_{0 \leq j \leq 2n-1} a_j b_{p-j} \omega^{lp}.$$

Vertauschen wir die Reihenfolge der Summation in der rechten Darstellung und setzen wir $k = p - j$, so finden wir

$$c'_l = \sum_{0 \leq j \leq 2n-1} \sum_{-j \leq k \leq 2n-1-j} a_j b_k \omega^{l(j+k)}. \tag{7.6}$$

Da $b_k = 0$ für $k < 0$ können wir die untere Grenze der inneren Summation auf $k = 0$ anheben. Ebenso, da $a_j = 0$ für $j \geq n$, können wir die obere Grenze der äußeren Summation auf $n-1$ absenken. Die obere Grenze der inneren Summation ist dann mindestens n, unabhängig des Wertes von j. Da aber $b_k = 0$ für $k \geq n$, können wir somit die obere Grenze der inneren Summation auch auf $n-1$ setzen. Wenn wir diese Umformungen vornehmen, wird aus Gleichung (7.6) die Gleichung (7.5) und damit gilt $c'_l = a'_l b'_l$. Damit haben wir gezeigt, dass $F(\boldsymbol{a} \odot \boldsymbol{b}) = F(\boldsymbol{a}) \cdot F(\boldsymbol{b})$ gilt. Wenden wir darauf die inverse Transformation auf beide Seiten an folgt die Aussage des Satzes. ∎

Die Konvolution zweier Vektoren der Länge n erzeugt einen Vektor der Länge $2n$. Dafür mussten wir im vorherigen Satz die Vektoren mit Nullen auffüllen. Um dieses Auffüllen zu vermeiden, können wir auf die zyklische Konvolution zurückgreifen.

Definition 7.35 (Zyklische Konvolution):

Seien $\boldsymbol{a} = (a_0, a_1, \ldots, a_{n-1})^t$ und $\boldsymbol{b} = (b_0, b_1, \ldots, b_{n-1})^t$ zwei Spaltenvektoren der Länge n. Die positiv zyklische Konvolution von $\boldsymbol{a}$ und $\boldsymbol{b}$ ist der Vektor $\boldsymbol{c} = (c_0, c_1, \ldots, c_{n-1})^t$ mit

$$c_i = \sum_{0 \leq j \leq i} a_j b_{i-j} + \sum_{i < j < n} a_j b_{n+i-j}.$$

Die negativ zyklische Konvolution von $\boldsymbol{a}$ und $\boldsymbol{b}$ ist der Vektor $\boldsymbol{d} = (d_0, d_1, \ldots, d_{n-1})^t$ mit

$$d_i = \sum_{0 \leq j \leq i} a_j b_{i-j} - \sum_{i < j < n} a_j b_{n+i-j}.$$
◀

Wir werden im Abschnitt 7.7.5 Gebrauch von diesen zyklischen Konvolutionen machen. Für den Moment wollen wir es aber bei folgendem Hinweis belassen: Berechnen wir die Funktionswerte zweier Polynome vom Grade $n-1$ an den n-ten Einheitswurzeln und multiplizieren die Ergebnisse der gleichen Wurzeln paarweise, so erhalten wir n Funktionswerte, über die wir ein eindeutig bestimmtes Polynom vom Grade $n-1$ interpolieren können. Der Koeffizientenvektor dieses Polynoms ist exakt die positiv zyklische Konvolution der Koeffizientenvektoren der ursprünglichen Polynome:

Satz 7.36 (Zyklische Konvolution durch komponentenweises Produkt):
Seien $a = (a_0, a_1, \ldots, a_{n-1})^t$ und $b = (b_0, b_1, \ldots, b_{n-1})^t$ zwei Spaltenvektoren der Länge n und sei ω eine n-te primitive Einheitswurzel. Dann gilt:

a) Die positiv zyklische Konvolution von a und b ist $F^{-1}(F(a) \cdot F(b))$.

b) Ist außerdem $\psi^2 = \omega$ und hat n ein multiplikatives Inverses, dann ist

$$\mathbf{d} = F^{-1}(F(\mathbf{a}) \cdot F(\mathbf{b}))$$

wobei $d = (d_0, d_1, \ldots, d_{n-1})^t$ die negativ zyklische Konvolution von a und b ist und die Vektoren $\mathbf{a}$, $\mathbf{b}$ und $\mathbf{c}$ durch

$$\mathbf{a} = (a_0, \psi a_1, \ldots, \psi^{n-1} a_{n-1})^t$$
$$\mathbf{b} = (b_0, \psi b_1, \ldots, \psi^{n-1} b_{n-1})^t$$
$$\mathbf{d} = (d_0, \psi d_1, \ldots, \psi^{n-1} d_{n-1})^t$$

gegeben sind.

Der Beweis dieses Satzes gelingt analog zu vorherigem Beweis; man nutzt aus, dass $\psi^n = -1$ gilt.

7.7.2 Die schnelle Fourier-Transformation

Natürlich können wir die FOURIER-Transformierten und die inversen FOURIER-Transformierten eines Vektors a aus R^n in Zeit $\mathcal{O}(n^2)$ berechnen; wir gehen davon aus, dass die arithmetischen Operationen für jedes beliebige Element des Ringes R nur konstante Zeit benötigen. Ist aber n eine Zweierpotenz, so geht es viel schneller. Dann gibt es einen Algorithmus, der in Zeit $\mathcal{O}(n \cdot \mathrm{ld}(n))$ die FOURIER-Transformierte und ihre Inverse berechnet. Dabei betrachten wir die arithmetischen Operationen als die Elementar-Operationen, die die Laufzeit dominierend bestimmen. Die Grundlage für diese *schnelle FOURIER-Transformation* (SFT) ist algebraischer Natur: Wir nutzen Ähnlichkeiten unter Teilen der n Summen aus, die von dem Produkt $A \cdot a$ impliziert werden.

Im Rest dieses Abschnitts nehmen wir stets an, dass $n = 2^k$ für ein $k \in \mathbb{N}$.

Wir erinnern uns, dass das Berechnen von $A \cdot a$ der Auswertung des Polynoms $p(x) = \sum_{0 \leq i < n} a_i x^i$ an den Stellen x gleich $\omega^0, \omega^1, \ldots, \omega^{n-1}$ entspricht. Die Auswertung eines Polynoms $p(x)$ an der Stelle $x = a$ entspricht wiederum dem Finden des Restes bei der Division von $p(x)$ durch $x - a$. Um dies einzusehen, schreiben wir $p(x) = (x - a)q(x) + c$ für c eine Konstante. Dann ist $p(a) = c$. Damit reduziert sich die Berechnung der FOURIER-Transformierten auf die Bestimmung des Restes der Division eines Polynoms vom Grade $n - 1$ durch jeweils einen der Terme $x - \omega^0$, $x - \omega^1, \ldots, x - \omega^{n-1}$.

Naiv $p(x)$ durch jeden der Terme $x - \omega^i$ zu teilen, benötigt Zeit $\mathcal{O}(n^2)$. Um einen schnelleren Algorithmus zu bekommen, multiplizieren wir die Terme $x - \omega^i$ paarweise (also jeweils zwei Stück), wodurch $n/2$ Polynome entstehen. Diese Polynome multiplizieren wir wieder paarweise, um $n/4$ viele Polynome zu erzeugen. Wir fahren auf die gleiche Weise fort, bis wir letztlich bei zwei Polynomen q_1 und q_2 enden. Diese sind dann das Produkt jeweils einer Hälfte der $x - \omega^i$.

Als nächstes teilen wir $p(x)$ durch q_1 und durch q_2, wodurch wir die Reste $r_1(x)$ und $r_2(x)$ erhalten. Diese Reste haben höchstens den Grad $n/2 - 1$. Für jedes der ω^i für das $x - \omega^i$ ein Faktor von q_1 ist, ist das Finden des Restes der Division $p(x)/(x - \omega^i)$ äquivalent zum Finden des Restes der Division $r_1(x)/(x - \omega^i)$. Die entsprechende Aussage gilt auch für ω^i aus q_2. Damit entspricht die Berechnung des Restes der Division von $p(x)$ durch jedes der $x - \omega^i$ der Berechnung der Reste der Divisionen von $r_1(x)$ und $r_2(x)$ durch die $n/2$ zugehörigen $x - \omega^i$. Wenden wir diesen Divide & Conquer-Ansatz rekursiv an, so führt dies zu einer wesentlich effizienteren Methode als einfach $p(x)$ durch jedes der $x - \omega^i$ zu teilen.

Wenn wir beim Ausmultiplizieren der $x - \omega^i$ die Reihenfolge geschickt auswählen, können wir dafür sorgen, dass alle resultierenden Produkte die Gestalt $x^j - \omega^i$ haben. Dies ermöglicht weitere Effizienzsteigerungen. Wir wollen nun das bisher nur skizzierte Vorgehen präzisieren:

Sei $c_0, c_1, \ldots, c_{n-1}$ eine Permutation der Elemente $\omega^0, \omega^1, \ldots, \omega^{n-1}$. Wir definieren die Polynome $q_{l,m}$ für $0 \leq m \leq k$ und für l ein ganzzahliges Vielfaches von 2^m im Intervall $0 \leq l \leq 2^k - 1$ wie folgt:

$$q_{l,m} = \prod_{l \leq j < l+2^m} (x - c_j).$$

Dann ist $q_{0,k}$ das Produkt $(x - c_0)(x - c_1) \cdots (x - c_{n-1})$ und es gilt allgemein

$$q_{l,m} = q_{l,m-1} \cdot q_{l+2^{m-1},m-1}.$$

Es gibt genau 2^{k-m} viele Polynome deren zweiter Index m ist, und jeder der Terme $x - c_i$ ist ein Faktor von genau einem dieser Polynome. Abb. 7.6 soll die Definition der Polynome $q_{l,m}$ sowie die vorherigen Aussagen verdeutlichen. Wir haben dabei $\lambda := k - 1$ zur Abkürzung benutzt.

Der Baum hat Höhe $k + 1$, der zweite Index der Polynome legt das Niveau im Baum fest. Damit entspricht oben genannte Anzahl von 2^{m-k} Polynomen mit zweitem Index m genau der Anzahl an Knoten auf dem entsprechenden Niveau in einem vollständigen Binärbaum. Die Konstruktion der Polynome ist ähnlich der der Binomialkoeffizienten im PASCALschen Dreieck; das Polynom eines Knotens ist stets das Produkt der Polynome seiner beiden Söhne. Da für jeden der Terme $x - \omega_i$ genau ein Blatt existiert, ist offensichtlich, dass

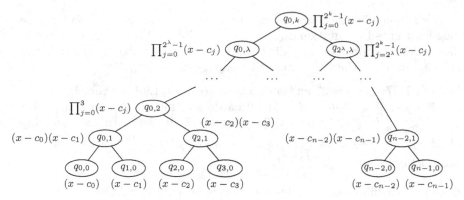

Abb. 7.6 Anschauung hinter der Definition der $q_{l,m}$.

bei dieser Konstruktion auf jedem Niveau jeder der Terme genau einmal als Faktor vorkommt.

Unser Ziel ist es, die Reste der Quotienten $p(x)/q_{l,0}(x)$ für alle l zu berechnen. Um dies zu tun, berechnen wir die Reste der Quotienten $p(x)/q_{l,m}(x)$ für alle $q_{l,m}$, wobei wir mit $m = k - 1$ (also unterhalb der Wurzel) starten und mit $m = 0$ (also bei den Blättern) enden.

Sei $r_{i,j}(x)$ der Rest der Division $p(x)/q_{i,j}(x)$. Nehmen wir an, wir hätten bereits das Polynom $r_{l,m}(x)$ vom Grade $2^m - 1$ berechnet. Da $q_{l,m} = q'q''$ mit $q' = q_{l,m-1}$ und $q'' = q_{l+2^{m-1},m-1}$ gilt, behaupten wir, dass $p(x)/q'(x)$ denselben Rest wie $r_{l,m}(x)/q'(x)$ hat, die entsprechende Aussage gilt auch für $q''(x)$.

Zum Beweis dieser Behauptung sei

$$p(x) \;=\; h_1(x)q'(x) + r_{l,m-1}(x),$$

wobei der Grad von $r_{l,m-1}(x)$ höchstens $2^{m-1} - 1$ ist. Da

$$p(x) \;=\; h_2(x)q_{l,m}(x) + r_{l,m}(x),$$

gilt

$$h_1(x)q'(x) + r_{l,m-1}(x) \;=\; h_2(x)q_{l,m}(x) + r_{l,m}(x). \tag{7.7}$$

Teilen wir beide Seiten von (7.7) durch $q'(x)$, so beobachten wir, dass $h_1(x)q'(x)$ und $h_2(x)q_{l,m}(x)$ keinen Rest zurücklassen. Damit ist der Rest der Division $r_{l,m}(x)/q'(x)$ gleich $r_{l,m-1}(x)$.

Folglich können wir den Rest der Divisionen $p(x)/q'(x)$ und $p(x)/q''(x)$ bestimmen, indem wir das Polynom $r_{l,m}(x)$ vom Grade $2^{k-m} - 1$ durch $q'(x)$ und $q''(x)$ teilen, anstatt das Polynom $p(x)$ vom Grade $2^k - 1$ durch $q'(x)$ und $q''(x)$ zu teilen. Dadurch sparen wir arithmetische Operationen.

Wir können die Effizienz unseres Vorgehens noch steigern, wenn wir eine möglichst gute Permutation $c_0, c_1, \ldots, c_{n-1}$ wählen. Wir sorgen dabei dafür, dass jedes der Polynome $q_{l,m}$ die Gestalt $x^{2^m} - \omega^s$ für irgendein s hat. Die Division durch solche Polynome ist besonders einfach.

Lemma 7.37: Sei $n = 2^k$ und ω eine n-te primitive Einheitswurzel. Für $0 \leq j < 2^k$ sei $d_0 d_1 \cdots d_{k-1}$ die Binärdarstellung der ganzen Zahl j (d.h. $j = \sum_{0 \leq i < k} d_{k-1-i} 2^i$) und $\mathsf{rev}(j)$ die ganze Zahl, deren Binärdarstellung gleich $d_{k-1} d_{k-2} \cdots d_0$ ist. Sei $c_j = \omega^{\mathsf{rev}(j)}$ und $q_{l,m} = \prod_{j=l}^{l+2^m-1}(x - c_j)$. Dann ist $q_{l,m} = x^{2^m} - \omega^{\mathsf{rev}(l/2^m)}$.   ◄

Beweis: Wir führen einen Induktionsbeweis über m: Der Anker $m = 0$ ist trivial, da nach Definition $q_{l,0} = x - c_l = x - \omega^{\mathsf{rev}(l)}$.

Um den Induktionsschritt zu vollziehen, können wir für $m > 0$ verwenden, dass nach Induktionsannahme

$$
\begin{aligned}
q_{l,m} &= q_{l,m-1} q_{l+2^{m-1},m-1} \\
&= \left(x^{2^{m-1}} - \omega^{\mathsf{rev}(l/2^{m-1})} \right)\left(x^{2^{m-1}} - \omega^{\mathsf{rev}(l/2^{m-1}+1)} \right)
\end{aligned}
$$

gilt, wobei $l/2^{m-1}$ eine gerade ganze Zahl im Intervall $[0 : 2^k - 1]$ ist. (Zur Erinnerung: l ist stets ein ganzzahliges Vielfaches von 2^m.) Dann gilt

$$
\omega^{\mathsf{rev}(l/2^{m-1}+1)} = \omega^{2^{k-1}+\mathsf{rev}(l/2^{m-1})} = -[\omega^{\mathsf{rev}(l/2^{m-1})}],
$$

da $\omega^{2^{k-1}} = \omega^{n/2} = -1$ ist. Folglich ist

$$
q_{l,m} = x^{2^m} - \omega^{2\mathsf{rev}(l/2^{m-1})} = x^{2^m} - \omega^{\mathsf{rev}(l/2^m)},
$$

da $\mathsf{rev}(2t) = \frac{1}{2}\mathsf{rev}(t)$ gilt.   ∎

Beispiel 7.38: Für $n = 8$ ist die Permutation $c_0, c_1, \ldots, c_7$ gleich ω^0, ω^4, ω^2, ω^6, ω^1, ω^5, ω^3, ω^7. Die zugehörigen Polynome $q_{l,m}$ sind im Baum aus Abb. 7.7 illustriert. Die Zahlen x, y an den eingehenden Kanten eines Knotens entsprechen den Indizes der dem Knoten entsprechenden Polynomen $q_{x,y}$.

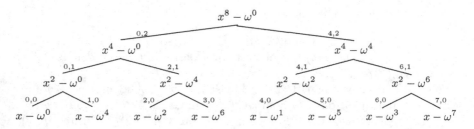

Abb. 7.7 Illustration der Polynome aus Beispiel 7.38.

Wir verwenden diese $q_{l,m}$ zur Berechnung der Reste wie folgt: Für $p(x) = \sum_{0 \le j \le 7} a_j x^j$ bestimmen wir zuerst $r_{0,2}$ und $r_{4,2}$, die Reste der Divisionen $p(x)/(x^4 - \omega^0)$ und $p(x)/(x^4 - \omega^4)$. Anschließend berechnen wir die Reste $r_{0,1}$ und $r_{2,1}$ der Divisionen $r_{0,2}/(x^2 - \omega^0)$ und $r_{0,2}/(x^2 - \omega^4)$ sowie die Reste $r_{4,1}$ und $r_{6,1}$ der Divisionen $r_{4,2}/(x^2 - \omega^2)$ und $r_{4,2}/(x^2 - \omega^6)$. Abschließend werden die Reste $r_{0,0}, r_{1,0}, r_{2,0}, \ldots, r_{7,0}$ bestimmt, wobei $r_{0,0}$ und $r_{1,0}$ die Reste der Divisionen $r_{0,1}/(x - \omega^0)$ und $r_{0,1}/(x - \omega^4)$, $r_{2,0}$ und $r_{3,0}$ die Reste der Divisionen $r_{2,1}/(x - \omega^2)$ und $r_{2,1}/(x - \omega^6)$ sind usw. Man erkennt, dass wir den Baum der Polynome von der Wurzel zu den Blätter Stufe für Stufe abarbeiten, um die Reste zu bestimmen. ◄

Nachdem wir gezeigt haben, dass die $q_{l,m}$ von der Gestalt $x^s - c$ sind, zeigen wir nun, dass der Rest der Division durch ein solches Polynom einfach berechnet werden kann:

Lemma 7.39: Sei $p(x) = \sum_{0 \le j < 2t} a_j x^j$ und sei c eine Konstante. Dann ist der Rest $r(x)$ der Division $p(x)/(x^t - c)$ gegeben durch

$$r(x) = \sum_{0 \le j < t} (a_j + c a_{j+t}) x^j.$$

◄

Beweis: Für den Beweis genügt die Beobachtung, dass wir $p(x)$ schreiben können als

$$\left(\sum_{0 \le j < t} a_{j+t} x^j \right) (x^t - c) + r(x).$$

∎

Damit können wir den Rest der Division eines beliebigen Polynoms vom Grade $2t - 1$ durch $(x^t - c)$ in $\mathcal{O}(t)$ Schritten berechnen. Dies ist schneller als der Aufwand aller bekannten Algorithmen für die Berechnung des Restes der Division eines beliebigen Polynoms vom Grade $2t - 1$ und einem beliebigen Polynom vom Grade t.

Wir sind nun in der Lage, den kompletten Algorithmus der schnellen FOURIER-Transformation anzugeben.

Methode: Schnelle Fourier-Transformation

Eingabe: $a = (a_0, a_1, \ldots, a_{n-1})^t$ mit $n = 2^k$ für $k \in \mathbb{N}$.

Ausgabe: $F(a) = (b_0, b_1, \ldots, b_{n-1})^t$ mit $b_i = \sum_{0 \le j < n} a_j \omega^{ji}$, $1 \le i < n$.

1. Setze $r_{0,k} := \sum_{0 \le j < n} a_j x^j$

2. Für $m = k - 1, k - 2, \ldots, 0$ wiederhole:

    2.1. Für $l = 0 \cdot 2^{m+1}, 1 \cdot 2^{m+1}, 2 \cdot 2^{m+1}, \ldots, \lfloor \frac{n-1}{2^{m+1}} \rfloor \cdot 2^{m+1}$ wiederhole:

2.1.1. $c_j :=$ Koeffizienten des zuvor berechneten Polynoms $r_{l,m+1}$,

d.h. sei $r_{l,m+1} = \sum_{0 \leq j < 2^{m+1}} c_j x^j$.

2.1.2. Setze $s := \mathsf{rev}(l/2^m)$.

2.1.3. Setze $r_{l,m} := \sum_{0 \leq j < 2^m} (c_j + \omega^s c_{j+2^m}) x^j$.

2.1.4. Setze $r_{l+2^m,m} := \sum_{0 \leq j < 2^m} (c_j + \omega^{s+n/2} c_{j+2^m}) x^j$.

3. Für $l = 0, \ldots, n-1$ setze $b_{\mathsf{rev}(l)} := r_{l,0}$.   ◀

Um aus diesem Algorithmus einen Algorithmus für die inverse FOURIER-Transformation zu machen, müssen wir in den Schritten 2.1.3 und 2.1.4 lediglich ω durch ω^{-1} ersetzen, d.h. das Vorzeichen der Exponenten umkehren und in Schritt 3 die $b_{\mathsf{rev}(l)}$ mit n^{-1} multiplizieren.

Beispiel 7.41: Sei $n = 8$, d.h. $k = 3$. Zunächst wird $r_{0,3} = \sum_{0 \leq j \leq 7} a_j x^j$ gesetzt. Für $m = 2$ wird die innere Schleife nur für $l = 0$ ausgeführt. Für diesen ersten Durchlauf sind die c_j gleiche den a_j. Es ist dann $s = 0$ und folglich erzeugen die Schritte 2.1.3 und 2.1.4

$$r_{0,2} = (a_3 + a_7)x^3 + (a_2 + a_6)x^2 + (a_1 + a_5)x + (a_0 + a_4), \quad \text{und}$$
$$r_{4,2} = (a_3 + \omega^4 a_7)x^3 + (a_2 + \omega^4 a_6)x^2 + (a_1 + \omega^4 a_5)x + (a_0 + \omega^4 a_4).$$

Für $m = 1$ nimmt l für die innere Schleife die Werte 0 und 4 an. Für $l = 0$ ist $c_0 = a_0 + a_4$, $c_1 = a_1 + a_5$, $c_2 = a_2 + a_6$, $c_3 = a_3 + a_7$ und $s = 0$. Damit erzeugen die Schritte 2.1.3 und 2.1.4

$$r_{0,1} = (a_1 + a_3 + a_5 + a_7)x + (a_0 + a_2 + a_4 + a_6), \quad \text{und}$$
$$r_{2,1} = (a_1 + \omega^4 a_3 + a_5 + \omega^4 a_7)x + (a_0 + \omega^4 a_2 + a_4 + \omega^4 a_6).$$

Für $l = 4$ ist $s = 2$. Die Schritte 2.1.3 und 2.1.4 erzeugen aus den Koeffizienten des im vorherigen Schleifendurchlauf berechneten Polynoms $r_{4,2}$

$$r_{4,1} = (a_1 + \omega^2 a_3 + \omega^4 a_5 + \omega^6 a_7)x + (a_0 + \omega^2 a_2 + \omega^4 a_4 + \omega^6 a_6),$$
$$r_{6,1} = (a_1 + \omega^6 a_3 + \omega^4 a_5 + \omega^2 a_7)x + (a_0 + \omega^6 a_2 + \omega^4 a_4 + \omega^2 a_6).$$

Für $m = 0$ schließlich nimmt l die Werte 0, 2, 4 und 6 an. Für $l = 4$ beispielsweise gilt $s = 1$, und wir berechnen mittels der Koeffizienten von $r_{4,1}$

$$r_{4,0} = a_0 + \omega a_1 + \omega^2 a_2 + \cdots + \omega^7 a_7.$$

Erreichen wir die letzte `for`-Schleife, ist $r_{l,0}$ immer ein Polynom vom Grade 0, d.h. eine Konstante. Für $l = 4$ z.B. ist $\mathsf{rev}(l) = 1$ und $r_{4,0}$ wird b_1 zugewiesen. Diese Darstellung von b_1 ist mit der Definition von b_1 konform.   ◀

Satz 7.42:
Obiger Algorithmus berechnet die diskrete FOURIER-Transformierte der Eingabe a.

Beweis: In den Schritten 2.1.3 und 2.1.4 setzen wir $r_{l,m} = r_{l,m+1}/q_{l,m}$ und dann $r_{l+2^m,m} = r_{l,m+1}/q_{l+2^m,m}$. Folglich können wir mit den Lemmata 7.37 und 7.39 einfach einen Induktionsbeweis über $k - m$ führen, um zu zeigen, dass $r_{l,m}$ der Rest der Division $\left(\sum_{0 \leq j < n} a_j x^j\right)/q_{l,m}$ ist. Dann garantiert Lemma 7.39 für $m = 0$, dass die letzte for-Schleife den einzelnen b_i den richtigen (konstanten) Rest zuweist. ∎

Satz 7.43:
Obiger Algorithmus berechnet die diskrete FOURIER-Transformierte der Eingabe a in Zeit $\mathcal{O}(n \cdot \mathrm{ld}(n))$.

Beweis: Die Schritte 2.1.3 und 2.1.4 benötigen bei jeder Ausführung jeweils $\mathcal{O}(2^m)$ viele arithmetische Operationen. Für festes m wird die innere Schleife genau $(n/2^{m+1})$-mal iteriert, wodurch Gesamtkosten von $\mathcal{O}(n)$ unabhängig von m entstehen. Die äußere Schleife wird $\mathrm{ld}(n)$-mal ausgeführt, woraus Gesamtkosten von $\mathcal{O}(n \cdot \mathrm{ld}(n))$ resultieren. Die letzte for-Schleife führt keine arithmetischen Operationen aus, aber nur diese werden in diesem Abschnitt als Elementar-Operationen gezählt. ∎

Bemerkung 7.44 (Einfluss von n): Wir haben in Satz 7.43 implizit angenommen, dass n fest ist, so dass die nötigen Potenzen von ω und die Werte für s und rev(l) vorab berechnet werden können und als Konstanten im Programm zur Verfügung stehen. Auch für den Fall, dass n ein Parameter ist, können wir die Potenzen von ω in Zeit $\mathcal{O}(n)$ vorab berechnen und in einem Feld ablegen. Selbst wenn wir $\mathcal{O}(\mathrm{ld}(n))$ viele Schritte verwenden, um unter 2.1.2 und 3 aus l die Werte für s und rev(l) zu berechnen, werden nie mehr als $3n$ solcher Berechnungen durchgeführt, so dass die Laufzeitschranke aus Satz 7.43 erhalten bleibt. ◄

Korollar 7.45: Die Konvolution $a \odot b$ der Vektoren a und b der Länge n kann mit $\mathcal{O}(n \, \mathrm{ld}(n))$ vielen arithmetischen Operationen berechnet werden. ◄

Beweis: Folgt unmittelbar aus den Sätzen 7.34, 7.42 und 7.43. ∎

Korollar 7.46: Die positiv und die negativ zyklische Konvolution der Vektoren a und b der Länge n können mit $\mathcal{O}(n \, \mathrm{ld}(n))$ vielen arithmetischen Operationen berechnet werden. ◄

Die zuvor präsentierte Darstellung des Algorithmus zur schnellen Berechnung der diskreten FOURIER-Transformation liefert uns einen Einblick in die Arbeitsweise des Verfahrens. Wollen wir tatsächlich die Transformierte berechnen, so arbeiten wir nur mit den Koeffizienten und nicht den Polynomen als Summen, um den Algorithmus zu vereinfachen. Nachfolgend ist eine entsprechende Variante des Verfahrens dargestellt:

Methode: Schnelle Fourier-Transformation (Koeffizientenversion)

Eingabe: $a = (a_0, a_1, \ldots, a_{n-1})^t$ mit $n = 2^k$ für $k \in \mathbb{N}$.

Ausgabe: $F(a) = (b_0, b_1, \ldots, b_{n-1})^t$ mit $b_i = \displaystyle\sum_{0 \le j < n} a_j \omega^{ji}$, $1 \le i < n$.

1. Für $i = 0, \ldots, 2^k - 1$ setze $R[i] := a_i$.

2. Für $l = 0, \ldots, k - 1$ wiederhole:

   2.1. Für $i = 0, \ldots, 2^k - 1$ setze $S[i] := R[i]$.

   2.2. Für $i = 0, \ldots, 2^k - 1$ wiederhole:

   2.2.1. Sei $(d_0 d_1 \cdots d_{k-1})$ die Binärdarstellung von i.

   2.2.2. $R[(d_0 \cdots d_{k-1})] := S[(d_0 \cdots d_{l-1} 0 d_{l+1} \cdots d_{k-1})]$
   $$+ \; \omega^{(d_l d_{l-1} \cdots d_0 0 \cdots 0)} S[(d_0 \cdots d_{l-1} 1 d_{l+1} \cdots d_{k-1})].$$

3. Für $i = 0, \ldots, 2^k - 1$ setze $b_{(d_0 \cdots d_{k-1})} := R[(d_{k-1} \cdots d_0)]$.   ◄

Das Feld S wird im Algorithmus benutzt, um jeweils die Ergebnisse des vorherigen Durchlaufs abzuspeichern. Dies ist nicht wirklich notwendig, alle Berechnungen könnten ausschließlich in den Variablen des Feldes R durchgeführt werden; S wurde nur eingeführt, um die Darstellung klarer zu gestalten.

Wird zum ersten Mal Schritt 2.1 ausgeführt, so werden die Koeffizienten des Polynoms

$$p(x) = \sum_{0 \le j < n} a_j x^j$$

im Feld S abgelegt. Die erste Ausführung von Schritt 2.2.2 realisiert dann die Division von $p(x)$ durch $x^{n/2} - 1$ und $x^{n/2} - \omega^{n/2}$. Die entsprechenden Reste sind

$$\sum_{0 \le i < n/2} (a_i + a_{i+n/2}) x^i \quad \text{und} \quad \sum_{0 \le i < n/2} (a_i + \omega^{n/2} a_{i+n/2}) x^i.$$

Die Koeffizienten dieser Reste werden bei der zweiten Ausführung von Schritt 2.1 in S gespeichert. Dabei belegen die Koeffizienten des ersten Restes die erste und die Koeffizienten des zweiten Restes die zweite Hälfte von S.

Bei der zweiten Ausführung von Schritt 2.2.2 wird jedes der beiden Rest-Polynome in zwei Polynome der Gestalt $x^{n/4} - \omega^s$ zerteilt. Dabei entstehen vier Reste jeweils vom Grade $n/4 - 1$. Die dritte Ausführung von Schritt 2.1 speichert die Koeffizienten dieser vier Reste in S usw. Die letzte Schleife (Schritt 3) bringt schließlich die Komponenten der Ausgabe in die richtige Reihenfolge. Dieser Schritt wird nötig, da wir die n-ten Einheitswurzeln permutiert haben, um möglichst einfache Darstellungen der Produkte der $x - \omega^i$ zu erhalten.

Abb. 7.8 zeigt dieses Vorgehen ausschnittsweise für den Fall $n = 8$ (siehe auch Beispiel 7.55).

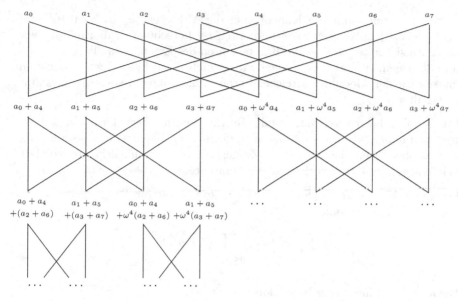

$a_0 \quad\quad a_1 \quad\quad a_2 \quad\quad a_3 \quad\quad a_4 \quad\quad a_5 \quad\quad a_6 \quad\quad a_7$

$a_0 + a_4 \quad a_1 + a_5 \quad a_2 + a_6 \quad a_3 + a_7 \quad a_0 + \omega^4 a_4 \quad a_1 + \omega^4 a_5 \quad a_2 + \omega^4 a_6 \quad a_3 + \omega^4 a_7$

$\begin{aligned} a_0 + a_4 \quad a_1 + a_5 \quad a_0 + a_4 \quad a_1 + a_5 \\ +(a_2 + a_6) \quad +(a_3 + a_7) \quad +\omega^4(a_2 + a_6) \quad +\omega^4(a_3 + a_7) \end{aligned}$

Abb. 7.8 Illustration der Berechnung der diskreten Fourier-Transformation.

7.7.3 Die schnelle Fourier-Transformation mit Bit-Operationen

In Anwendungen, in denen wir die FOURIER-Transformation zur schnellen Berechnung einer Konvolution einsetzen, benötigen wir in der Regel exakte Ergebnisse. Verwenden wir dann den Ring der reellen Zahlen, so werden die Elemente des Rings durch den Datentyp `float` oder `double` nur approximiert. Dies führt im Endeffekt zu Ungenauigkeiten im Endergebnis. Diese Ungenauigkeiten können wir vermeiden, indem wir den Restklassenring $\mathbb{Z}/_m$ für ein geeignet gewähltes m verwenden.

Beispiel 7.48: Für $n = 5$ wählen wir $m = 31$. Dann gilt für $\omega := 2 \in \mathbb{Z}/_{31}$, dass $2 \neq 1$ ist, womit die erste an eine n-te primitive Einheitswurzel geknüpfte Bedingung erfüllt ist. Weiter ist $2^5 = 32 \equiv 1 \bmod 31$ (2. Bedingung) und (3. Bedingung)

$$ \sum_{0 \le j < 5} 2^{jk} = \left\{ \begin{array}{rl} 31 & \text{für } k = 1 \\ 341 & \text{für } k = 2 \\ 4\,681 & \text{für } k = 3 \\ 69\,905 & \text{für } k = 4 \end{array} \right\} \equiv 0 \pmod{31}. $$

Damit spielt 2 in $\mathbb{Z}/_{31}$ die Rolle einer 5-ten primitiven Einheitswurzel. Ferner hat $n = 5$ das multiplikative Inverse $n^{-1} = 25$, da $n \cdot n^{-1} = 125 \equiv 1 \bmod 31$ gilt.

Wir könnten somit die Konvolution der Vektoren $(a_0, a_1, a_2, 0, 0)^t$ und $(b_0, b_1, b_2, 0, 0)^t$ mit unserer Methode im $\mathbb{Z}/31$ berechnen. Dabei müssen wir natürlich sicherstellen, dass die Komponenten des Ergebnisses alle zwischen 0 und 30 liegen. Andernfalls können wir sie nicht zurückgewinnen. Allgemein müssen wir den Modulus hinreichend groß wählen, um ein korrektes Resultat zu erhalten.   ◀

Das Problem bei der Verwendung des Restklassenrings liegt darin, ein geeignetes m zu finden, so dass $\mathbb{Z}/m$ eine n-te primitive Einheitswurzel besitzt. Wir werden aber sehen, dass für n eine Zweierpotenz stets ein solches m existiert. Wir zeigen zuerst zwei vorbereitende Lemmata.

Lemma 7.49: Sei $R = (S, +, \cdot, 0, 1)$ ein kommutativer Ring und $n = 2^k$, $k \in \mathbb{N}$. Dann gilt für alle $a \in S$

$$\sum_{0 \le i < n} a^i = \prod_{0 \le i < k} (1 + a^{2^i}).$$
◀

Beweis: Wir führen eine Induktion über k.

IA: Der Anker für $k = 1$ ist trivial, denn $k = 1$ impliziert $n = 2$, so dass Summe und Produkt dem Term $1 + a$ entsprechen.

IS: Wir schreiben die Summe nun als

$$\sum_{0 \le i < n} a^i = (1 + a) \sum_{0 \le i < n/2} (a^2)^i, \qquad (7.8)$$

und substituieren a^2 für a in der Induktionsannahme. Dann ist

$$\sum_{0 \le i < n/2} (a^2)^i = \prod_{0 \le i < k-1} \left(1 + (a^2)^{2^i}\right) = \prod_{1 \le i < k} (1 + a^{2^i}), \quad (7.9)$$

wobei die erste Gleichung die Induktionsannahme ist und die zweite durch einen Shift des Lauf-Indexes folgt. Wir können nun den Induktionsschritt vollziehen, indem wir Gleichung (7.9) in Gleichung (7.8) einsetzen.   ■

Lemma 7.50: Sei $R = (S, +, \cdot, 0, 1)$ ein kommutativer Ring und $n = 2^k$, $k \in \mathbb{N}$. Sei weiter $m = \omega^{n/2} + 1$ für $\omega \in S$, $\omega \neq 0$. Dann gilt für $1 \le p < n$

$$\sum_{0 \le i < n} \omega^{ip} \equiv 0 \pmod{m}.$$
◀

Beweis: Mit Lemma 7.49 genügt es, zu zeigen, dass $1 + \omega^{2^j p} \equiv 0 \bmod m$ für ein j, $0 \le j < k$, denn ist einer der Faktoren eines Produktes kongruent

0 modulo m, so ist das ganze Produkt kongruent 0 modulo m (das Ergebnis von $x \bmod m$ ist der Rest der Division von x durch m).

Sei $p = 2^s p'$ für ungerades p'. Offensichtlich muss $0 \leq s < k$ gelten. Wir wählen j so, dass $j + s = k - 1$ gilt. Dann ist $1 + \omega^{2^j p} = 1 + \omega^{2^{k-1} p'} = 1 + (m-1)^{p'}$. Offensichtlich ist $(m-1) \equiv -1 \pmod{m}$. Da p' ungerade ist, gilt auch $(m-1)^{p'} \equiv -1 \pmod{m}$. Es folgt, dass $1 + \omega^{2^j p} \equiv 0 \pmod{m}$ für $j = k - 1 - s$. ∎

Satz 7.51 (Einheitswurzeln modulo 2^k):
Sei $n = 2^{k_1}$ und $\omega = 2^{k_2}$, $k_1, k_2 \in \mathbb{N}$, und $m = \omega^{n/2} + 1$. Dann hat n im Restklassenring $\mathbb{Z}/m$ ein multiplikatives Inverses (mod m), und ω ist eine n-te primitive Einheitswurzel.

Beweis: Da n eine Zweierpotenz und m ungerade ist, sind m und n teilerfremd. Man kann nun zeigen, dass es für zwei teilerfremde Zahlen a und b stets ganze Zahlen x und y mit $ax + by = 1$ gibt. (Die Aussage folgt aus dem erweiterten EUKLIDschen Algorithmus zur Berechnung des größten gemeinsamen Teilers zweier Zahlen; siehe ein Lehrbuch über Zahlentheorie.)

Dann ist aber $ax \equiv 1 \pmod{b}$, und mit $a = n$ und $b = m$ ist $x \bmod m$ das multiplikative Inverse zu n. Da $\omega \neq 1$ ist, gilt

$$\omega^n = \omega^{n/2}\omega^{n/2} \equiv (-1)(-1) = 1 \pmod{\omega^{n/2} + 1}.$$

Damit folgt mit vorherigem Lemma, dass ω eine n-te primitive Einheitswurzel in $\mathbb{Z}/m$ ist. ∎

Die Bedeutung dieses Satzes liegt darin, dass nun Satz 7.34 (das Konvolutions-Theorem) eben auch für den Restklassenring $\mathbb{Z}/_{2^{n/2}+1}$ gilt. Wollen wir also die Konvolution zweier Vektoren der Länge n mit ganzzahligen Einträgen berechnen und liegen die Komponenten des Ergebnisses im Bereich 0 bis $2^{n/2}$, dann können wir sicher sein, dass die Verwendung der diskreten FOURIER-Transformation zu exakten Ergebnissen führen wird. Liegen sie nicht in diesem Bereich, so erhalten wir zumindest korrekte Resultate modulo $2^{n/2} + 1$.

Wir wollen uns nun der Bitkomplexität der Berechnung einer Konvolution im $\mathbb{Z}/_m$ zuwenden. Dazu betrachten wir zunächst den Aufwand (auf Bitebene) der notwendig ist, um das Ergebnis von $a \bmod m$ für a eine ganze Zahl, zu berechnen.

Wir verwenden eine Verallgemeinerung der *Neunerprobe*. Die Neunerprobe basiert auf den Kongruenzen $10^n \equiv 1 \pmod{9}$, $n \geq 2$; um das Ergebnis des Produktes $c = a \cdot b$ zu kontrollieren, bestimmt man die Quersummen $Q(x)$ für $x \in \{a, b, c\}$ für die dann $Q(a) \cdot Q(b) \equiv Q(c) \pmod{9}$ gelten muss. Ist dagegen $Q(a) \cdot Q(b) \not\equiv Q(c) \pmod{9}$ folgt $c \neq a \cdot b$.

Um nun a modulo m zu berechnen, stellen wir a zur Basis ω^p als Folge von l Blöcken zu je p Bits dar, dann können wir a modulo m berechnen, indem wir abwechselnd die l Ziffernblöcke addieren und subtrahieren.

Lemma 7.52 (Alternierender-Quersummen-Test): Sei $m = \omega^p + 1$ und $a = \sum_{0 \leq i < l} a_i \omega^{pi}$ mit $0 \leq a_i < \omega^p$ für alle i. Dann gilt

$$a \equiv \sum_{0 \leq i < l} a_i (-1)^i \pmod{m}.$$
◄

Beweis: Für den Beweis genügt es zu bemerken, dass $\omega^p \equiv -1 \bmod m$. ∎

Ist die Anzahl der Blöcke l im vorherigen Lemma fest, dann können wir das Ergebnis von a modulo m in Bitkomplexität $\mathcal{O}(p \cdot \mathrm{ld}(\omega))$ berechnen.

Beispiel 7.53: Sei $n = 4$, $\omega = 2$ und $m = 2^2 + 1$. Damit gilt für das p aus vorherigem Lemma $p = 2$. Wir betrachten $a = 44$ mit der Binärdarstellung 101100. Es ergeben sich die Blöcke $a_0 = 00$, $a_1 = 11$ und $a_2 = 10$. Wir berechnen $a_0 - a_1 + a_2 = -1$ und addieren, da das Resultat negativ ist, m. Wir erhalten so $a \equiv 4 \bmod 5$.   ◄

Dieses Vorgehen ist eine effiziente Art und Weise, um a modulo m zu berechnen. Es spielt eine entscheidende Rolle für den nachfolgenden Satz, der uns eine obere Schranke für die Bitkomplexität der Berechnung der diskreten FOURIER-Transformation geben wird.

Satz 7.54 (Bit-Komplexität der Fourier-Transformation):
Seien ω und n Zweierpotenzen und $m = \omega^{n/2} + 1$. Sei weiter $a = (a_0, a_1, \ldots, a_{n-1})^t$ ein Vektor mit ganzzahligen Einträgen, wobei $0 \leq a_i < m$ für alle i gilt. Dann kann die diskrete FOURIER-Transformierte von a und ihre Inverse jeweils modulo m mit Bitkomplexität $\mathcal{O}(n^2 \, \mathrm{ld}(n) \, \mathrm{ld}(\omega))$ berechnet werden.

Beweis: Wir verwenden einen der beiden vorherigen Algorithmen für die schnelle FOURIER-Transformation (mit den oben genannten Anpassungen für die inverse Transformation). Ein Integer modulo m kann als Folge von $b = ((n/2)\,\mathrm{ld}(\omega)) + 1$ Bits dargestellt werden. Da $m = 2^{b-1} + 1$, können die Reste modulo m über die Bitfolgen $00\ldots0$ bis $100\ldots0$ dargestellt werden.

Unser erster Algorithmus benötigt Integer-Addition modulo m und die Multiplikation eines Integers mit Potenzen von ω modulo m. Diese Operationen können wir mit einem Aufwand von $\mathcal{O}(n\,\mathrm{ld}(n))$ durchführen: Mit dem vorherigen Lemma benötigt die Addition modulo m nur $\mathcal{O}(b)$ Bit-Operationen, wobei $b = (n/2)\,\mathrm{ld}(\omega) + 1$ gilt. Die Multiplikation mit ω^k, $0 \leq k < n$, entspricht einem Linksshift um $k\,\mathrm{ld}(\omega)$ Stellen, da ω eine Zweierpotenz ist. Das Ergebnis der Operation hat höchstens $3b - 2$ Bits, weshalb nach vorherigem Lemma das Shiften und das Berechnen des Restes modulo m nur $\mathcal{O}(b)$ Bit-Operationen kostet. Damit hat die Berechnung der Transformierten die Bitkomplexität $\mathcal{O}(bn\,\mathrm{ld}(n)) = \mathcal{O}(n^2\,\mathrm{ld}(n)\,\mathrm{ld}(\omega))$.

Für die inverse Transformation benötigen wir die Multiplikation mit ω^{-p} und die Multiplikation mit n^{-1}. Da $\omega^p \omega^{n-p} \equiv 1 \bmod m$, gilt $\omega^{n-p} \equiv$

$\omega^{-p} \bmod m$. Damit können wir die Multiplikation mit ω^{-p} über die Multiplikation mit ω^{n-p} *simulieren*. Letztere ist ein Linksshift um $(n-p)\,\mathrm{ld}(\omega)$ Positionen und die resultierende ganze Zahl hat höchstens $3b-2$ Bits. Auch hier können wir den Rest modulo m mit dem vorherigen Lemma mit $\mathcal{O}(b)$ Bit-Operationen bestimmen.

Bleibt die Multiplikation mit n^{-1} (das multiplikative Inverse zu n). Ist $n = 2^k$, dann shiften wir um $n\,\mathrm{ld}(\omega)-k$ viele Stellen nach links, und erhalten wieder ein Ergebnis mit höchstens $3b-2$ vielen Bits, dessen Rest modulo m wieder in Bitkomplexität $\mathcal{O}(b)$ berechnet werden kann. Damit benötigt auch die inverse Transformation $\mathcal{O}(n^2\,\mathrm{ld}(n)\,\mathrm{ld}(\omega))$ viele Bit-Operationen. ∎

Beispiel 7.55: Es sei $\omega = 2$, $n = 4$ und $m = 5$. Wir berechnen die FOURIER-Transformierte des Vektors $\boldsymbol{a} = (a_0, a_1, a_2, a_3)^t$ mit $a_i = i$, $0 \le i \le 3$. Da alle Einträge von $\boldsymbol{a}$ kleiner als 5 sind, können wir hoffen das richtige Ergebnis zu erhalten, wenn wir modulo 5 rechnen. Wir benutzen $3 = (n/2)\,\mathrm{ld}(\omega) + 1$ viele Bits, um die Zahlen darzustellen; mit Ausnahme in Zwischenergebnissen werden aber nur die Bitfolgen 000 bis 100 Verwendung finden.

In unserem Algorithmus müssen wir die in folgender Tabelle dargestellten Koeffizienten berechnen, wobei wir bereits 2 für ω eingesetzt haben:

a_0	a_1	a_2	a_3
$a_0 + a_2$	$a_1 + a_3$	$a_0 + 4a_2$	$a_1 + 4a_3$
$a_0 + a_2 + (a_1 + a_3)$	$a_0 + a_2 + 4(a_1 + a_3)$	$a_0 + 4a_2 + 2(a_1 + 4a_3)$	$a_0 + 4a_2 + 8(a_1 + 4a_3)$
$\equiv a_0 + a_1 + a_2 + a_3$	$\equiv a_0 + 4a_1 + a_2 + 4a_3$	$\equiv a_0 + 2a_1 + 4a_2 + 8a_3$	$\equiv a_0 + 8a_1 + 4a_2 + 32a_3$
$\equiv b_0$	$\equiv b_2$	$\equiv b_1$	$\equiv b_3$

Die Bitdarstellungen der einzelnen Terme sind dabei

$$a_0 = 000 \qquad a_1 = 001 \qquad a_2 = 010 \qquad a_3 = 011$$
$$a_0 + a_2 = 010 \quad a_1 + a_3 = 100 \quad a_0 + 4a_2 = 011 \quad a_1 + 4a_3 = 011$$
$$b_0 = 001 \qquad b_2 = 011 \qquad b_1 = 100 \qquad b_3 = 010$$

Damit ist die Transformierte von $(0, 1, 2, 3)^t$ gleich $(1, 4, 3, 2)^t$ modulo 5. Betrachten wir den letzten Eintrag b_3 in der letzten Zeile. Er wird aus den beiden letzten Einträgen der mittleren Zeile in folgenden Schritten berechnet:

Lade $a_1 + 4a_3$	011
Shifte um drei Stellen nach links (Multiplikation mit 8)	11000
Zerteile das Ergebnis in drei Blöcke der Länge 2	1 10 00
Bilde Summe des ersten und dritten Blocks minus dem zweiten	-1
Addiere $m = 5$	100
Addiere $a_0 + 4a_2 = 011$	111
Subtrahiere m (Zwischenergebnis ist größer als m)	010

Für die inverse Transformation verwenden wir $2^{-1} \equiv 8 \bmod 5$, $4^{-1} \equiv 4 \bmod 5$ und $8^{-1} \equiv 2 \bmod 5$. Damit können die Formeln für die inverse Transformation aus obiger Tabelle gewonnen werden, indem wir die a_i gegen die b_i und 2 gegen 8 austauschen. Die notwendigen Berechnungen ergeben folglich

$$b_0 = 001 \qquad b_1 = 100 \qquad b_2 = 011 \qquad b_3 = 010$$
$$b_0 + b_2 = 100 \quad b_1 + b_3 = 001 \quad b_0 + 4b_2 = 011 \quad b_1 + 4b_3 = 010$$
$$4a_0 = 000 \qquad 4a_2 = 011 \qquad 4a_1 = 100 \qquad 4a_3 = 010$$

Abschließend müssen wir jeden Eintrag der letzten Zeile mit dem multiplikativen Inversen von $n = 4$ multiplizieren. Da $4^{-1} \equiv 4 \bmod 5$ gilt, entspricht dies einer Multiplikation mit 4, also einem Linksshift um $n\,\mathrm{ld}(\omega) - k = 4\,\mathrm{ld}(2) - 2 = 2$ Stellen. Wir erhalten so wie erwartet $(0, 1, 2, 3)^t$ als Ergebnis der inversen Transformation. ◄

Korollar 7.56: Sei $\mathcal{O}(M(k))$ die Anzahl an Bit-Operationen, die notwendig ist, um das Produkt zweier k-Bit-Integer zu berechnen. Sind a und b zwei Vektoren der Länge n, deren ganzzahlige Einträge im Intervall 0 bis ω^n liegen, wobei n und ω Zweierpotenzen sind, dann können wir die Konvolution $a \odot b$, sowie die positiv oder negativ zyklische Konvolution von a und b mit einer Bitkomplexität von

$$\mathcal{O}\big(n^2\,\mathrm{ld}(n)\,\mathrm{ld}(\omega) + nM(n\,\mathrm{ld}(\omega))\big)$$

berechnen. ◄

Der erste Term im $\mathcal{O}$ ist der Aufwand, um gemäß Satz 7.54 die Transformationen zu berechnen. Im Bildbereich müssen wir dann die Bildvektoren komponentenweise multiplizieren. Diese Vektoren haben Länge $2n$ (wir erinnern uns an das notwendige Auffüllen im Urbildraum), und jede Komponente hat eine Darstellung der Länge $n\,\mathrm{ld}(\omega) + 1$ Bits. Wir werden im Abschnitt 7.7.5 sehen, dass der beste Wert, den wir für $M(k)$ erhalten können, gleich $\mathcal{O}\big(k \cdot \mathrm{ld}(k) \cdot \mathrm{ld}(\mathrm{ld}(k))\big)$ ist. Mit diesem Wert dominiert der zweite Term die Bitkomplexität der Konvolutionsberechnung.

7.7.4 Produkte von Polynomen

Zur Wiederholung: Das Problem, ein Produkt zweier Polynome in einer Variablen zu berechnen, ist das gleiche, wie die Berechnung der Konvolution zweier Vektoren. Denn für das Produkt von Polynomen gilt

$$\left(\sum_{0 \le i < n} a_i x^i \right) \cdot \left(\sum_{0 \le j < n} b_j x^j \right) = \sum_{0 \le k < 2n-1} c_k x^k \qquad \text{mit } c_k = \sum_{0 \le m < n} a_m b_{k-m}.$$

Wie zuvor auch, setzen wir dabei a_p und b_p auf Null, falls $p < 0$ oder $p \ge n$ gilt. Beachte, dass $c_{2n-1} = 0$ gelten muss. Damit ist der Koeffizientenvektor des Ergebnispolynoms gleich der Konvolution der Koeffizientenvektoren der beiden Faktoren. Mit dieser Feststellung können wir sofort folgende Schlussfolgerungen ziehen:

Korollar 7.57 (Polynomprodukt (arithmetische Operationen)): Die Koeffizienten des Produkts zweier Polynome vom Grade $n-1$ können mit $\mathcal{O}(n\,\mathrm{ld}(n))$ vielen arithmetischen Operationen berechnet werden. ◄

Beweis: Folgt unmittelbar aus dem Korollar 7.45. ∎

Korollar 7.58 (Polynomprodukt (Bit-Operationen)): Sei $\mathcal{O}(M(k))$ die Anzahl an Bit-Operationen, die notwendig ist, um das Produkt zweier k-Bit-Integer zu berechnen. Sind n und ω Zweierpotenzen, und sind

$$p(x) = \sum_{0 \le i < n} a_i x^i \quad \text{und} \quad q(x) = \sum_{0 \le j < n} b_j x^j$$

Polynome, deren Koeffizienten ganze Zahlen im Intervall $\left[0 : \lfloor \omega^{n/2}/\sqrt{n} \rfloor\right]$ sind, dann können wir die Koeffizienten von $p(x) \cdot q(x)$ mit $\mathcal{O}(n^2 \operatorname{ld}(n) \operatorname{ld}(\omega) + n \cdot M(n \cdot \operatorname{ld}(\omega)))$ vielen Bit-Operationen berechnen. ◄

Beweis: Folgt mit obiger Beobachtung direkt aus Korollar 7.56. Die Beschränkung $\lfloor \omega^{n/2}/\sqrt{n} \rfloor$ für die Koeffizienten resultiert daher, dass wir sicherstellen müssen, dass die Koeffizienten $c_k = \sum_{0 \le m < n} a_m b_{k-m}$ auch alle kleiner als das Modul des verwendeten Restklassenrings sind. Andernfalls würden wir das Produkt der Polynome nur modulo m korrekt bestimmen. ∎

An dieser Stelle sind wir nun in der Lage, Satz 7.34 richtig zu interpretieren. Nehmen wir an, $p(x)$ und $q(x)$ seien zwei Polynome vom Grade $n-1$. Wir können dann p und q an $2n-1$ oder mehr Punkten $c_0, c_1, \ldots$ auswerten, und anschließend die Werte $p(c_j) \cdot q(c_j)$ berechnen, um die Funktionswerte des Polynoms $p \cdot q$ an diesen Punkten zu bestimmen. Aus diesen $2n-1$ Funktionswerten kann ein Polynom vom Grade $2n-2$ eindeutig interpoliert werden, es ist dies das Polynom $p(x) \cdot q(x)$.

Verwenden wir die FOURIER-Transformation, um eine Konvolution (oder äquivalent das Produkt zweier Polynome) zu berechnen, so wählen wir $c_j = \omega^j$ für ω eine $2n$-te primitive Einheitswurzel im betrachteten Ring. Wir bestimmen die FOURIER-Transformierten von p und q was gleichbedeutend dazu ist, deren Funktionswerte an den Stellen $c_0, c_1, \ldots$ zu bestimmen. Danach bilden wir das komponentenweise Produkt im Bildraum, d.h. wir multiplizieren $p(c_j)$ mit $q(c_j)$. Wir finden dann das Polynom $p \cdot q$, indem wir die inverse Transformation bestimmen. Lemma 7.33 stellt dabei sicher, dass es sich bei der inversen Transformation tatsächlich um eine Interpolation handelt, d.h. dass wir tatsächlich das Polynom aus seinen Funktionswerten an den Stellen $\omega^0, \omega^1, \ldots, \omega^{2n-1}$ zurückgewinnen.

7.7.5 Der Schönhage-Strassen-Algorithmus

Der SCHÖNHAGE-STRASSEN-Algorithmus ist ein schnelles Verfahren zur (bitweisen) Berechnung des Produktes ganzer Zahlen. In Abschnitt 7.3.1 haben wir bereits ein Verfahren kennengelernt, dass zwei n-Bit-Integer in Zeit $\mathcal{O}(n^{\operatorname{ld}(3)})$ multipliziert. Die dort benutzte Methode können wir verallgemeinern, indem wir die Integer jeweils in b Blöcke zu je l Bits zerlegen. Indem wir die b Blöcke als Koeffizienten eines Polynoms auffassen, werden wir zu ähnlichen Ausdrücken wie in Gleichung (7.2) kommen. Um die Koeffizienten des Produktpolynoms zu berechnen, evaluieren wir die Polynome der Faktoren an geeigneten Punkten, multiplizieren die Ergebnisse paarweise und interpolieren. Indem wir primitive Einheitswurzeln als Punkte verwenden, können wir die FOURIER-Transformation und das Konvolutions-Theorem (Satz 7.34) benutzen. Wählen wir dann b als Funktion in n und wenden dieselbe Idee rekursiv an, so gelingt es uns, zwei n-Bit-Integer mit einer Bitkomplexität in $\mathcal{O}(n \cdot \mathrm{ld}(n) \cdot \mathrm{ld}(\mathrm{ld}(n)))$ zu multiplizieren.

Um die Darstellung zu vereinfachen, gehen wir davon aus, dass $n = 2^k$ für ein $k \in \mathbb{N}$ gilt. Ist n keine Zweierpotenz, so verlängern wir wieder die beiden Faktoren um eine passende Anzahl führender Nullen. Des Weiteren berechnen wir das Produkt von zwei n-Bit-Integern nur modulo $2^n + 1$. Um dabei das exakte Ergebnis der Multiplikation zu erhalten, müssen wir weitere führende Nullen anhängen und $2n$-Bit-Integer modulo $(2^{2n} + 1)$ multiplizieren, wodurch die Laufzeit erneut um einen konstanten Faktor erhöht wird.

Seien also u und v zwei ganze Zahlen zwischen 0 und 2^n in Binärdarstellung, die wir modulo $2^n + 1$ multiplizieren wollen. Da die Zahl 2^n aber $n + 1$ Bits für ihre Darstellung benötigt, stellen wir den Wert 2^n über das Sonderzeichen -1 dar; es ist schließlich $2^n \equiv -1 \pmod{2^n + 1}$. Die Multiplikation wird für den Fall, dass $u = 2^n$ oder $v = 2^n$ gilt, als Sonderfall behandelt: Ist $u = 2^n$, dann ist $u \cdot v$ modulo $2^n + 1$ nichts anderes als $(2^n + 1 - v)$ modulo $2^n + 1$. Wir können uns im Folgenden also auf zwei n-Bit-Zahlen u und v zwischen 0 und $2^n - 1$ beschränken.

Mit $n = 2^k$ sei $b = 2^{\lfloor k/2 \rfloor}$. Sei weiter $l = n/b$, womit $l \geq b$ gilt und b Teiler von l ist. Als erstes zerlegen wir u und v in b Blöcke zu je l Bits:

$$u = u_{b-1}2^{(b-1)l} + \cdots + u_1 2^l + u_0, \quad \text{und}$$
$$v = v_{b-1}2^{(b-1)l} + \cdots + v_1 2^l + v_0.$$

Das Produkt von u und v können wir dann schreiben als

$$u \cdot v = y_{2b-2}2^{(2b-2)l} + \cdots + y_1 2^l + y_0 \quad \text{mit} \tag{7.10}$$
$$y_i = \sum_{0 \leq j < b} u_j v_{i-j}, \quad (0 \leq i < 2b). \tag{7.11}$$

Es verwundert nicht, dass wir auch hier für $j < 0$ oder $j \geq b$ $u_j = v_j = 0$ setzen. Der Term y_{2b-1} ist stets Null und wird in die Darstellung nur aus Gründen der Symmetrie aufgenommen.

Mit dieser Darstellung könnten wir das Produkt von u und v also mit dem Konvolutions-Theorem berechnen. Die komponentenweise Multiplikation im Bildraum würde $2b$ Multiplikationen benötigen. Indem wir eine zyklische Konvolution verwenden, kann diese Anzahl auf b reduziert werden. Dies ist der Grund, warum wir $u \cdot v$ nur modulo $2^n + 1$ berechnen.

Da $bl = n$ gilt, haben wir $2^{bl} \equiv -1 \mod (2^n + 1)$. Damit folgt mit (7.10) und Lemma 7.52, dass wir $u \cdot v$ modulo $2^n + 1$ schreiben können als

$$u \cdot v \ \equiv \ (w_{b-1}2^{(b-1)l} + \cdots + w_1 2^l + w_0) \pmod{2^n + 1},$$

wobei $w_i = y_i - y_{b+i}$ für $0 \le i < b$ gilt.

Da das Produkt zweier l-Bit-Zahlen kleiner als 2^{2l} sein muss und da y_i bzw. y_{b+i} die Summen von $i+1$ bzw. $b-(i+1)$ vieler solcher Produkte sind, liegen die $w_i = y_i - y_{b+i}$ im Intervall $\left(-(b-1-i)2^{2l} : (i+1)2^{2l}\right)$. Damit gibt es höchstens $b2^{2l}$ verschiedene Werte, die die w_i annehmen können. Damit sind die w_i schon eindeutig bestimmt, wenn uns w_i modulo $b2^{2l}$ bekannt ist. Können wir also die w_i modulo $b2^{2l}$ berechnen, so können wir $u \cdot v$ modulo $2^n + 1$ mit $\mathcal{O}(b \cdot \mathrm{ld}(b2^{2l}))$ zusätzlichen Operationen berechnen, indem wir die w_i passend geshiftet addieren.

Um die w_i modulo $b2^{2l}$ zu berechnen, berechnen wir die w_i zweimal; einmal modulo b und einmal modulo $2^{2l} + 1$. Sei $w_i' \equiv w_i \bmod b$ und $w_i'' \equiv w_i \bmod (2^{2l} + 1)$. Da b eine Zweierpotenz und $2^{2l} + 1$ ungerade ist, sind beide teilerfremd. Damit können wir die w_i aus den w_i' und w_i'' über die Formel

$$w_i \ = \ (2^{2l} + 1)\big((w_i' - w_i'') \bmod b\big) + w_i'' \tag{7.12}$$

berechnen, denn für p_1 und p_2 teilerfremd mit $w \equiv q_1 \pmod{p_1}$ und $w \equiv q_2 \pmod{p_2}$ und $0 \le w < p_1 p_2$ gilt $w = p_2(p_2^{-1} \bmod p_1)\big((q_1 - q_2) \bmod p_1\big) + q_2$. Setzen wir $p_1 = b$ und $p_2 = 2^{2l} + 1$, dann ist b ein Teiler von 2^{2l}, da b eine Zweierpotenz mit $b \le 2^{2l}$ ist. Damit ist das multiplikative Inverse von $2^{2l} + 1$ modulo b gleich 1.

Für unsere w_i können wir dieses Ergebnis noch nicht verwenden, da sie die Bedingung $0 \le w < p_1 p_2 = b \cdot 2^{2l}$ nicht erfüllen. Wie wir aber oben gesehen haben, gibt es für jedes w_i höchstens $b2^{2l}$ verschiedene Werte, so dass wir w_i durch die Addition von $(b-1-i)2^{2l}$ in den zulässigen Bereich verschieben können. Sei also $\bar{w}_i := w_i + (b-1-i)2^{2l}$ mit $0 < \bar{w}_i < b2^{2l}$ und entsprechend $\bar{w}_i' := (w_i' + (b-1-i)2^{2l}) \bmod b$ und $\bar{w}_i'' := (w_i'' + (b-1-i)2^{2l}) \bmod (2^{2l}+1)$. Man kann leicht nachrechnen, dass dann $\bar{w}_i' \equiv \bar{w}_i \pmod{b}$ und $\bar{w}_i'' \equiv \bar{w}_i \pmod{2^{2l}+1}$ gilt. Hier können wir nun das Ergebnis verwenden, und es ist

$$\bar{w}_i \ = \ (2^{2l} + 1)\big((\bar{w}_i' - \bar{w}_i'') \bmod b\big) + \bar{w}_i''.$$

Setzen wir hier nun obige Ausdrücke für $\bar{w}_i$, $\bar{w}_i'$ und $\bar{w}_i''$ ein, so finden wir letztlich Gleichung (7.12), wobei sich der für die $\bar{w}_i$ addierte Versatz darin niederschlägt, dass $(b-1-i)2^{2l} < w_i < (i+1)2^{2l}$ gilt.

Der Aufwand, um w_i aus w_i' und w_i'' zu berechnen, ist für jedes der w_i in $\mathcal{O}(l + \mathrm{ld}(b))$, also insgesamt in $\mathcal{O}(bl + b\,\mathrm{ld}(b)) = \mathcal{O}(n)$, da $l = n/b$ gilt.

Wir berechnen die w_i modulo b, indem wir $u_i' := u_i \bmod b$ und $v_i' := v_i \bmod b$ bestimmen, und wie nachfolgend gezeigt durch das Einfügen von Nullen in zwei $(3b \cdot \mathrm{ld}(b))$-Bit-Zahlen $\hat{u}$ und $\hat{v}$ verwandeln.

$$\begin{aligned} \hat{u} \ &= \ u_{b-1}'00\ldots0u_{b-2}'00\ldots0u_{b-3}' \ \cdots \ 00\ldots0u_0' \\ \hat{v} \ &= \ v_{b-1}'00\ldots0v_{b-2}'00\ldots0v_{b-3}' \ \cdots \ 00\ldots0v_0' \end{aligned}$$

Es sind genau $2 \operatorname{ld}(b)$ Nullen in jedem eingefügten Block. Berechnen wir das Produkt $\hat{u} \cdot \hat{v}$ mit unserem *schnellen* Verfahren aus Abschnitt 7.3.1, benötigen wir dafür höchstens $\mathcal{O}\big((3b \cdot \operatorname{ld}(b))^{\operatorname{ld}(3)}\big)$, $\operatorname{ld}(3) = 1.5849\ldots$, also weniger als $\mathcal{O}(n)$ viele Operationen. Es ist

$$\hat{u} \cdot \hat{v} \;=\; \sum_{0 \le i < 2b} y_i' 2^{3\operatorname{ld}(b)i} \qquad \text{mit} \qquad y_i' = \sum_{0 \le j < 2b} u_j' v_{i-j}'.$$

Da u_j' und v_{i-j}' kleiner als b sind und nur höchstens b der Summanden in y_i' von Null verschieden sind, folgt $y_i' < b^3 = 2^{3\operatorname{ld}(b)}$, da $b = 2^{\operatorname{ld}(b)}$ gilt. Damit können wir die y_i' einfach im Produkt $\hat{u} \cdot \hat{v}$ ablesen (durch das Einfügen der Nullen wurde hinreichend Platz geschaffen, so dass sich die einzelnen y_i' nicht in die Quere kommen). Nun ist weiter

$$y_i' \;=\; \sum_{0 \le j < 2b} u_j' v_{i-j}' \;\equiv\; \left(\sum_{0 \le j < 2b} u_j v_{i-j} \right) \quad (\bmod\ b),$$

und damit gilt $(y_i' - y_{b+i}') \equiv (y_i - y_{b+i}) \equiv w_i \pmod{b}$. Also können wir die w_i jeweils über $(y_i' - y_{b+i}') \bmod b$ bestimmen.

Die w_i modulo $(2^{2l} + 1)$ berechnen wir über eine zyklische Konvolution. Dafür berechnen wir die FOURIER-Transformierten, multiplizieren komponentenweise im Bildraum und wenden die inverse Transformation an. Seien $\omega = 2^{4l/b}$ und $m = 2^{2l} + 1$. Mit Satz 7.51 haben ω und b multiplikative Inverse modulo m und ω ist eine b-te primitive Einheitswurzel. Mit $\psi = 2^{2l/b}$ (ψ ist eine $2b$-te Einheitswurzel) ist dann die negativ zyklische Konvolution der Vektoren $(u_0, \psi u_1, \ldots, \psi^{b-1} u_{b-1})$ und $(v_0, \psi v_1, \ldots, \psi^{b-1} v_{b-1})$ gleich

$$\big((y_0 - y_b), \psi(y_1 - y_{b+1}), \ldots, \psi^{b-1}(y_{b-1} - y_{2b-1})\big) \bmod (2^{2l} + 1),$$

wobei $y_i = \sum_{0 \le j < b} u_j v_{i-j}$ für $0 \le i < 2b$ gilt. Die w_i modulo $2^{2l} + 1$ können durch einen passenden Shift abgeleitet werden.

Nachfolgend fassen wir das gesamte Verfahren noch einmal zusammen:

Methode: Schönhage-Strassen-Algorithmus

Eingabe: Zwei n-Bit-Integer u und v mit $n = 2^k$, $k \in \mathbb{N}$.

Ausgabe: Das $(n+1)$-Bit Produkt von u und v modulo $2^n + 1$.

Schritt 0:   Für kleine n multiplizieren wir u und v mit einem anderen Verfahren (für kleine n ist der SCHÖNHAGE-STRASSEN-Algorithmus sehr langsam).

Für große n setzen wir $b = 2^{k/2}$ falls k gerade ist, $2^{(k-1)/2}$ sonst. Ferner sei $l = n/b$. Wir stellen u und v dar als

$$u = \sum_{0 \le i < b} u_i 2^{li} \qquad \text{und} \qquad v = \sum_{0 \le i < b} v_i 2^{li},$$

wobei die u_i und v_i ganze Zahlen aus dem Intervall $[0 : 2^l - 1]$ sind, d.h. die u_i (bzw. v_i) sind jeweils Blöcke von l Bits von u (bzw. von v).

Schritt 1: Berechne die FOURIER-Transformierten modulo $2^{2l} + 1$ der Vektoren

$$(u_0, \psi u_1, \ldots, \psi^{b-1} u_{b-1})^t \quad \text{und} \quad (v_0, \psi v_1, \ldots, \psi^{b-1} v_{b-1})^t,$$

für $\psi = 2^{2l/b}$ (ψ^2 dient als b-te primitive Einheitswurzel).

Schritt 2: Berechne das komponentenweise Produkt (modulo $2^{2l} + 1$) der in Schritt 1 bestimmten Transformierten rekursiv mit diesem Algorithmus. Die Rekursion endet, wenn das Produkt aufgrund der kleinen Anzahl Bits mit einem anderen Verfahren bestimmt wird. Der Fall, in dem eines der Argumente gleich 2^{2l} ist, wird nicht rekursiv, sondern als einfacher Sonderfall behandelt.

Schritt 3: Berechne die inverse FOURIER-Transformation modulo $2^{2l} + 1$ des Vektors der paarweisen Produkte aus Schritt 2. Das Ergebnis dieser Operation ist der Vektor $(w_0, \psi w_1, \ldots, \psi^{b-1} w_{b-1})^t$ modulo $2^{2l} + 1$, wobei w_i der i-te Term der negativ zyklischen Konvolution der Vektoren $(u_0, u_1, \ldots, u_{b-1})^t$ und $(v_0, v_1, \ldots, v_{b-1})^t$ ist. Berechne $w_i'' := w_i \bmod (2^{2l} + 1)$ durch die Multiplikation von $\psi^i w_i$ mit ψ^{-i} modulo $2^{2l} + 1$. (Satz 7.36 stellt sicher, dass wir an dieser Stelle tatsächlich $w_i \bmod (2^{2l} + 1)$ berechnet haben.)

Schritt 4: Berechne $w_i' := w_i \bmod b$ wie folgt:

4a) Sei $u_i' := u_i \bmod b$ und $v_i' := v_i \bmod b$ für $0 \leq i < b$.

4b) Konstruiere die Zahlen $\hat{u}$ und $\hat{v}$, indem jeweils zwischen die u_i' bzw. v_i' Blöcke von $2 \cdot \mathrm{ld}(b)$ vielen Nullen eingefügt werden. (Formal heißt das, dass wir $\hat{u} := \sum_{0 \leq i < b} u_i' 2^{3\,\mathrm{ld}(b)i}$ bzw. $\hat{v} := \sum_{0 \leq i < b} v_i' 2^{3\,\mathrm{ld}(b)i}$ setzen).

4c) Berechne das Produkt $\hat{u} \cdot \hat{v}$ mit dem schnellen Algorithmus aus Abschnitt 7.3.1.

4d) Für das Produkt $\hat{u} \cdot \hat{v}$ gilt $\hat{u} \cdot \hat{v} = \sum_{0 \leq i < 2b} y_i' 2^{3\,\mathrm{ld}(b)i}$ mit $y_i' = \sum_{0 \leq j < 2b} u_j' v_{i-j}'$. Die w_i modulo b können aus diesem Produkt gewonnen werden, in dem man $w_i' \equiv (y_i' - y_{b+i}') \bmod b$ für $0 \leq i < b$ auswertet.

Schritt 5: Berechne die exakten Werte für w_i gemäß der Formel

$$w_i \;=\; (2^{2l} + 1)\big((w_i' - w_i'') \bmod b\big) + w_i'',$$

wobei die w_i zwischen $(b - 1 - i)2^{2l}$ und $(i + 1)2^{2l}$ liegen.

Schritt 6: Berechne als Endergebnis die Summe $\sum_{0 \leq i < b} w_i 2^{li}$ modulo $2^n + 1$.

◀

Die Korrektheit dieses Verfahrens folgt mit der vorherigen Diskussion und unseren allgemeinen Resultaten zur FOURIER-Transformation und ihren Anwendungen. Was wir uns noch nicht detailliert überlegt haben, ist die Laufzeit dieses Algorithmus.

Satz 7.60:

Der SCHÖNHAGE-STRASSEN-Algorithmus multipliziert zwei n-Bit-Integer modulo $2^n + 1$ mit $\mathcal{O}(n \operatorname{ld}(n) \operatorname{ld}(\operatorname{ld}(n)))$ Bit-Operationen.

Beweis: Mit Korollar 7.56 benötigen die Schritte 1 bis 3 $\mathcal{O}(bl \cdot \operatorname{ld}(b) + b \cdot M(2l))$ Bit-Operationen, wobei $M(m)$ den Aufwand repräsentiert, den die Multiplikation zweier m-Bit-Integer durch die rekursive Anwendung des Verfahrens verursacht. Im 4. Schritt konstruieren wir $\hat{u}$ und $\hat{v}$ der Länge $3b \cdot \operatorname{ld}(b)$ und multiplizieren beide in $\mathcal{O}((3b \cdot \operatorname{ld}(b))^{1.59})$ Schritten. Für hinreichend große b ist $(3b \cdot \operatorname{ld}(b))^{1.59} < b^2$, weshalb wir den Aufwand für Schritt 4 ignorieren können, da er von dem in den Schritten 1 bis 3 verursachten Term $\mathcal{O}(b^2 \operatorname{ld}(b))$ dominiert wird. Die Schritte 5 und 6 verursachen beide einen Aufwand in $\mathcal{O}(n)$ und können deshalb ignoriert werden.

Da $n = bl$ gilt und b höchstens $\sqrt{n}$ ist, erhalten wir so folgende Rekursionsgleichung:

$$M(n) \;\leq\; cn \cdot \operatorname{ld}(n) + b \cdot M(2l),$$

für eine Konstante c und hinreichend großes n. Sei $M'(n) = M(n)/n$. Diese Substitution vereinfacht die Rekursion zu

$$M'(n) \;\leq\; c \cdot \operatorname{ld}(n) + 2M'(2l),$$

und da $l \leq 2\sqrt{n}$,

$$M'(n) \;\leq\; c \cdot \operatorname{ld}(n) + 2M'(4\sqrt{n}).$$

Aus dieser Ungleichung können wir nun folgern, dass $M'(n) \leq c' \cdot \operatorname{ld}(n) \cdot \operatorname{ld}(\operatorname{ld}(n))$ für ein geeignet gewähltes c' gilt: Dazu setzen wir das *vermutete* Ergebnis mit angepassten Argumenten in vorherige Ungleichung für $M'(4\sqrt{n})$ ein. Wir erhalten damit

$$M'(n) \;\leq\; c \cdot \operatorname{ld}(n) + 2 \cdot \Big(c' \cdot \operatorname{ld}(4\sqrt{n}) \cdot \operatorname{ld}(\operatorname{ld}(4\sqrt{n})) \Big)$$

und nach Vereinfachungen mit Hilfe der Logarithmengesetze

$$M'(n) \;\leq\; c \cdot \operatorname{ld}(n) + 4c' \cdot \operatorname{ld}\Big(2 + \frac{1}{2}\operatorname{ld}(n)\Big) + c' \cdot \operatorname{ld}(n)\operatorname{ld}\Big(2 + \frac{1}{2}\operatorname{ld}(n)\Big).$$

Für große n ($n \geq 4096$) ist $2 + \frac{1}{2}\operatorname{ld}(n) \leq \frac{2}{3}\operatorname{ld}(n)$. Folglich gilt asymptotisch

$$M'(n) \leq c \cdot \mathrm{ld}(n) + 4c' \cdot \mathrm{ld}(\tfrac{2}{3}) + 4c' \cdot \mathrm{ld}(\mathrm{ld}(n))$$
$$+ c' \cdot \mathrm{ld}(\tfrac{2}{3})\,\mathrm{ld}(n) + c' \cdot \mathrm{ld}(n)\,\mathrm{ld}(\mathrm{ld}(n)).$$

Für große n und hinreichend großes c' werden die ersten vier Terme vom fünften dominiert. Damit folgt $M'(n) \leq c' \cdot \mathrm{ld}(n)\,\mathrm{ld}(\mathrm{ld}(n))$. Machen wir die Substitution rückgängig, resultiert die Aussage des Satzes. ∎

Bemerkung 7.61 (Galaktische Algorithmen): Die im vorherigen Satz in der $\mathcal{O}$-Notation versteckte Konstante ist sehr groß. Man kann dies schon vermuten, da wir in unsere Herleitung Ungleichungen verwendeten, die erst ab $n = 4096$ gelten. Die Konsequenz daraus ist, dass der SCHÖNHAGE-STRASSEN-Algorithmus zwar aus theoretischer Sicht hoch interessant ist, in der Praxis aber nicht angewendet wird, da keine Eingaben vorkommen, bei denen er seine Überlegenheit gegenüber anderen Verfahren ausspielen kann. ◄

7.8 Quellenangaben und Literaturhinweise

Unsere Darstellung der Huffman-Codes wurde von [25] inspiriert, das Thema wird aber z. B. auch in [8] behandelt. Dort findet sich ebenso eine allgemeine Betrachtung der Greedy-Algorithmen und der Matroide. [22] diskutieren Matroide ausführlicher, mit vielen weiteren Beispielen expliziter Matroide. Das Binpacking-Problem wird ausführlicher in [36] diskutiert. Unser Beispiel zur linearen Programmierung stammt aus [23], die Thematik kann in [8] und [34] vertieft werden. Die hiesige Präsentation der FOURIER-Transformation sowie des SCHÖNHAGE-STRASSEN-Algorithmus erfolgt entlang der Darstellung aus [24].

7.9 Aufgaben

Aufgabe 7.1: Gegeben ist eine Menge von n Punkten in der Ebene. Entwerfen Sie einen Algorithmus mit einer Laufzeit in $o(n^2)$, der ein Paar von Punkten mit kleinster euklidischer Distanz unter allen Paaren bestimmt. Beweisen Sie, dass Ihr Algorithmus die geforderte Laufzeitschranke erfüllt.

Aufgabe 7.2: Schreiben Sie ein rekursives Programm zur Berechnung der n-ten FIBONACCI-Zahl. Erstellen Sie ein zweites Programm, welches zur Lösung derselben Aufgabe bereits berechnete Folgenglieder abspeichert anstatt sie jedes Mal neu zu bestimmen. Vergleichen Sie die Laufzeiten beider Vorgehen zunächst im Experiment. Bestimmen Sie anschließend Formeln (als Funktionen in n) für die Anzahl Additionen die beide Varianten benötigen, um die ersten n FIBONACCI-Zahlen zu berechnen.

Aufgabe 7.3: Wir betrachten binäre Suchbäume und gehen davon aus, dass uns die Schlüssel $a_1 < a_2 < \cdots < a_n$ zusammen mit ihren Zugriffswahrscheinlichkeiten $p_1, p_2, \ldots, p_n$ gegeben sind. Gesucht ist eine Suchbaumstruktur, die die erwartete Suchzeit für die Schlüssel a_i, also die Summe $\sum_{1 \leq i \leq n} p_i t_i$ minimiert, wobei t_i das Niveau des Schlüssel a_i im konstruierten Baum darstellt.

a) Begründen Sie zunächst, warum das BELLMANsche Optimalitätskriterium für dieses Problem erfüllt ist, sich die dynamische Programmierung also zur Optimierung eignet.

b) Entwerfen Sie mittels der dynamischen Programmierung einen Algorithmus, der optimale Binäre Suchbäume konstruiert.

c) Leiten Sie eine obere Schranke für die mittlere Tiefe (gewichtet mit den Wahrscheinlichkeiten p_i) der Schlüssel in einem optimalen Suchbaum her.

Hinweis: Die Entropie ist dafür ein geeignetes Hilfsmittel.

Aufgabe 7.4: Beweisen oder widerlegen Sie: Gibt es für mindestens ein Teilprobleme mehr als eine optimale Lösung, so kann die dynamische Programmierung auch dann nicht mehr verwendet werden, wenn das BELLMANsche Optimalitätskriterium erfüllt ist.

Aufgabe 7.5: Geben Sie einen Algorithmus an, der mit Hilfe des dynamischen Programmierens in Zeit $\mathcal{O}(n^2)$ aus einer Eingabefolge $x_1, \ldots, x_n$, $x_i \in \mathbb{N}$, $1 \leq i \leq n$, eine monotone Teilfolge $x_{i_1}, \ldots, x_{i_k}$ maximaler Länge bestimmt, d.h. für alle $j \in [1 : k-1]$ gilt $i_j < i_{j+1}$ und $x_{i_j} < x_{i_{j+1}}$.

Aufgabe 7.6: Geben Sie einen Algorithmus an, der in Zeit $\mathcal{O}(n \log(n))$ aus einer Eingabefolge $x_1, \ldots, x_n$, $x_i \in \mathbb{N}$ eine monotone Teilfolge $x_{i_1}, \ldots, x_{i_k}$ maximaler Länge bestimmt.

Hinweis: Betrachten Sie die monotonen Teilfolgen der Länge k mit dem jeweils kleinstmöglichen letzten Element.

Aufgabe 7.7: Um eine Zeichenkette S in eine andere Zeichenkette T zu überführen, dürfen wir einzelne Symbole in S löschen, einzelne Symbol in S an beliebiger Stelle einfügen oder Symbole in S durch andere Symbole ersetzen. Jede diese Operation ist mit Kosten 1 versehen, d.h. beispielsweise, dass das Löschen eines a oder das Ersetzen von a durch b je Kosten 1 verursacht. Geben Sie einen Algorithmus an, der für gegebene S und T eine billigste Operationen-Folge berechnet, die S in T überführt.

Aufgabe 7.8: Sei S eine endliche Menge mit $|S| \geq 2$. Sei $S_1, \ldots, S_k$ eine Partition von S. Sei

$$\mathcal{U} = \Big\{ A \,\Big|\, A \subseteq S \text{ und } |A \cap S_i| \leq 1 \text{ für jedes } i \text{ mit } 1 \leq i \leq k \Big\}.$$

Zeigen Sie: $(S, \mathcal{U})$ ist ein Matroid.

Aufgabe 7.9: Sei $E \subseteq \{k \,|\, k \in \mathbb{N}, k \leq n\}$ und sei $0 \leq p \leq n$. Sei außerdem $I = \{A \,|\, A \subseteq E, |A| \leq p\}$. Beweisen oder widerlegen Sie: (E, I) ist ein Matroid.

Aufgabe 7.10: Wir konstruieren einen Geld-Automaten, der bei Abbuchung des Betrages n (in Euro-Cent) diesen in einer möglichst kleine Anzahl Münzen auszahlt.

a) Geben Sie einen Greedy-Algorithmus an, der die optimale Stückelung (Anzahl 1 Cent-Münzen, Anzahl 2 Cent-Münzen, ...) auf Basis der für den Euro zur Verfügung stehenden Münzen berechnet.

b) Nehmen Sie an, die Wertigkeit der Münzen sei durch b^i für eine ganze Zahl $b > 1$ und $0 \leq i \leq k$, $k \geq 1$ fest, gegeben. Beweisen Sie, dass ein Greedy-Algorithmus stets eine optimale Stückelung berechnen kann.

c) Gibt es Münzsätze (Menge verschiedener Wertigkeiten), für die ein Greedy-Algorithmus an der Berechnung einer optimalen Stückelung scheitern muss? Nehmen Sie zur Beantwortung dieser Frage an, dass jeder mögliche Satz eine Münze mit Wertigkeit 1 enthält.

Aufgabe 7.11: Sei $E_n \subseteq [n]$, $n \in \mathbb{N}$ und seien $e_1, e_2 \in E_n$ gegeben. Sei außerdem $I_n = \{A \mid A \subset E_n \wedge |A \cap \{e_1, e_2\}| \leq 1\}$. Beweisen oder widerlegen Sie: (E_n, I_n) ist ein Matroid.

Aufgabe 7.12: In einem Turnier sollen n Teams gegeneinander antreten, wobei jedes Team gegen jedes andere spielen soll. n sei hierbei eine Zweierpotenz. Geben Sie einen Divide & Conquer-Algorithmus an, der einen entsprechenden Spielplan in Form einer $(n \times (n-1))$-Tabelle aufstellt, wobei jede Zeile für ein Team und jede Spalte für eine Runde steht. Der Eintrag an der Position (i, j) bestimmt das Gegnerteam von Team i in Runde j.

Aufgabe 7.13: Formulieren Sie das SSSPP für den Graphen aus Beispiel 5.15 als lineares Programm.

Aufgabe 7.14: Multiplizieren Sie die Zahlen 16 und 23 mit Hilfe des SCHÖNHAGE-STRASSEN-Algorithmus modulo 257. Innerhalb des Verfahrens notwendige Multiplikationen müssen nicht optimiert werden.

Kapitel 8
Komplexitätstheorie

Bisher haben wir uns ausschließlich mit Problemen beschäftigt, für die eine
algorithmische Lösung existierte, die mit einer in der Eingabegröße polynomiellen Laufzeit auskommt. Doch was ist, wenn wir keine solche effiziente Lösung
finden? Wie sollen wir diesen Umstand unserem Auftraggeber erklären?

Wenn wir ihm beweisen könnten, dass nicht nur wir keinen solchen Algorithmus finden, sondern dass für das betrachtete Problem kein Algorithmus
mit polynomieller Laufzeit existiert, kann er wohl kaum mit uns unzufrieden
sein. Er sollte dann vielmehr sein Problem neu formulieren – vielleicht ist
er ja nur an Spezialfällen interessiert, für die effiziente Lösungen existieren –
oder sich mit approximativen Lösungen zufriedengeben (hierzu kommen wir
im nächsten Kapitel).

Leider gibt es eine riesige Klasse von Problemen (die Klasse $\mathcal{NP}$), die viele
in der Praxis relevante Problemstellungen umfasst (die $\mathcal{NP}$-vollständigen
Probleme), für die man keinen effizienten Algorithmus kennt, aber (bisher)
auch nicht beweisen kann, dass es keinen solchen gibt! Wenn wir mit der
Lösung eines solchen Problems beauftragt sind, befinden wir uns also in
Erklärungsnot. Glücklicherweise gibt es eine Methodik (die $\mathcal{NP}$-Reduktionen)
mit deren Hilfe man mathematisch präzise argumentieren kann, dass ein
uns vorgesetztes Problem *mindestens so schwierig* zu lösen ist, wie *alle*
Probleme in dieser großen Familie der $\mathcal{NP}$-vollständigen von Probleme. Damit
können wir also dem obigen Dilemma entkommen: Zwar haben wir keinen
effizienten Algorithmus für das neue Problem gefunden, aber genauso erging
es Generationen der besten Forscher weltweit!

Den endgültigen Nachweis zu erbringen, dass für alle diese $\mathcal{NP}$-vollstän-
digen Probleme tatsächlich kein Polynomialzeitalgorithmus existiert – oder
aber die theoretisch mögliche Alternative, einen solche zu finden – stellt das
berühmte Problem „$\mathcal{P} \neq \mathcal{NP}$?" dar, das als das wichtigste und bekannteste
offene Problem der Informatik bezeichnet wird. In diesem Kapitel werden wir
formal präzise definieren, was die Fragestellung dabei ist und aufzeigen, wie
man die Theorie der $\mathcal{NP}$-Vollständigkeit im oben skizzierten Sinne verwendet,
um die intrinsische Komplexität eines Problems zu untermauern.

© Springer Fachmedien Wiesbaden GmbH, ein Teil von Springer Nature 2018
M. Nebel und S. Wild, *Entwurf und Analyse von Algorithmen*,
Studienbücher Informatik, https://doi.org/10.1007/978-3-658-21155-4_8

8.1 Formales Berechnungsmodell: Turing-Maschinen

Um zu beweisen, dass es für bestimmte Probleme (vermutlich) *keine* effizienten Algorithmen gibt, müssen wir die Menge aller „Algorithmen" präziser fassen, als wir es in den vergangenen Kapiteln getan haben. Aus verschiedenen Gründen ist dabei das Modell der TURING-Maschinen gut geeignet, daher werden wir uns auch auf dieses Modell beziehen.

Dies stellt keine Einschränkung dar, da man davon ausgeht, dass *alle* vernünftigen sequentiellen Maschinenmodelle polynomiell äquivalent sind; für viele Modelle – z.B. Register-Maschinen und While-berechenbare Funktionen – ist diese Äquivalenz tatsächlich bewiesen worden. Dabei ist zu beachten, dass wir das logarithmische Kostenmaß zugrunde legen müssen, d.h. die Kosten einer Operation beispielsweise der Register-Maschine müssen (typischerweise linear) von der Länge der Operanden (Anzahl Bits der Register) abhängen.

Wir wiederholen zunächst die wesentlichen Definitionen aus dem Bereich der TURING-Maschinen.

Definition 8.1 (Turing-Maschinen):
Eine TURING-Maschine ist durch ein 7-Tupel $M = (Z, \Sigma, \Gamma, \delta, z_0, \square, E)$ gegeben, wobei

- *Z eine endliche Zustandsmenge,*
- *Σ das Eingabe-Alphabet,*
- *$\Gamma \supset \Sigma$ das Band-Alphabet,*
- *$z_0 \in Z$ der Startzustand,*
- *$\square \in \Gamma \setminus \Sigma$ das Blanksymbol und*
- *$E \subseteq Z$ die Menge der Endzustände*

ist; δ ist entweder eine Funktion, $\delta : Z \times \Gamma \to Z \times \Gamma \times \{L, R, N\}$, die Überführungsfunktion, oder eine allgemeine Relation, $\delta : Z \times \Gamma \to 2^{Z \times \Gamma \times \{L,R,N\}}$, die Überführungsrelation. Im ersten Fall ist M eine deterministische TURING-Maschine, sonst heißt M nichtdeterministisch. ◄

Anschaulich hat eine TURING-Maschine eine endliche Kontrolle, die über die Zustände der Menge Z realisiert ist. Sie besitzt ein beidseitig unendliches, in Zellen unterteiltes Band, auf dem sich zu Beginn einer Berechnung die Eingabe als Wort über dem Alphabet Σ befindet; alle anderen Zellen des Bandes sind mit dem Blanksymbol initialisiert. Die TURING-Maschine hat einen Lese-/Schreibkopf, mit dem sie den Bandinhalt auslesen und verändern kann. Der Kopf adressiert dabei stets genau eine Zelle des Bandes (und damit ein Symbol aus Γ) und steht zu Beginn der Berechnung auf dem ersten Symbol der Eingabe. Informal bedeutet dann

$$\delta(z,a) = (z', b, x) \quad \text{bzw.} \quad \delta(z,a) \ni (z', b, x),$$

dass sich die TURING-Maschine im Zustand z befindet, die Zelle des Bandes unter dem Lese-/Schreibkopf das Zeichen a enthält und die TURING-Maschine in dieser Situation (gesteuert durch ihre endliche Kontrolle) in den Zustand z' wechselt, die Zelle unter dem Lese-/Schreibkopf mit b beschreibt und anschließend den Kopf eine Zelle in Richtung $x \in \{L, R, N\}$ bewegt. Dabei steht L für links, R für rechts und N für neutral, d.h. der Kopf verbleibt auf derselben Zelle.

Im deterministischen Fall legen z und a diese Aktion eindeutig fest, im nichtdeterministischen ist dieses Verhalten eines von u.U. mehreren möglichen.

Definition 8.2 (Konfigurationen, Übergangsrelation):

Eine Konfiguration einer TURING-*Maschine ist ein Wort* $k \in \Gamma^* Z \Gamma^*$. *Auf der Menge der Konfigurationen einer gegebenen* TURING-*Maschine definieren wir die Relation* $\vdash$ *wie folgt:*

$$a_1 \ldots a_m z b_1 \ldots b_n$$
$$\vdash \begin{cases} a_1 \ldots a_m z' c b_2 \ldots b_n, & \delta(z, b_1) = (z', c, N),\ m \geq 0,\ n \geq 1, \\ a_1 \ldots a_m c z' b_2 \ldots b_n, & \delta(z, b_1) = (z', c, R),\ m \geq 0,\ n > 2, \\ a_1 \ldots a_{m-1} z' a_m c b_2 \ldots b_n, & \delta(z, b_1) = (z', c, L),\ m \geq 1,\ n \geq 1. \end{cases}$$

Für die Sonderfälle $n = 1$ *und einer Kopfbewegung nach rechts setzen wir*

$$a_1 \ldots a_m z b_1 \quad \vdash \quad a_1 \ldots a_m c z' \square \qquad \text{falls } \delta(z, b_1) = (z', c, R),$$

ist $m = 0$ *und die Maschine bewegt ihren Kopf nach links, setzen wir analog*

$$z b 1 \ldots b_n \quad \vdash \quad z' \square c b_2 \ldots b_n \qquad \text{falls } \delta(z, b_1) = (z', c, L). \qquad \blacktriangleleft$$

Anschaulich beschreibt eine Konfiguration $k = \alpha z \beta$ den aktuellen Zustand einer TURING-Maschine. Hierbei repräsentiert $\alpha\beta$ den nicht leeren (ungleich des Blanksymbols) bzw. schon besuchten Teil der Bandinschrift. z ist der aktuelle Zustand der Maschine, der Lese-/Schreibkopf befindet sich auf der Zelle, die das erste Zeichen von β speichert. Wie üblich, schreiben wir $\alpha z \beta \vdash^k \alpha' z' \beta'$ für $k \in \mathbb{N}_0$ falls es Konfigurationen $\alpha_i z_i \beta_i$, $i = 0, 1, \ldots, k$, gibt mit

$$\alpha z \beta = \alpha_0 z_0 \beta_0 \vdash \alpha_1 z_1 \beta_1 \vdash \cdots \vdash \alpha_k z_k \beta_k = \alpha' z' \beta'$$

d.h. wir gelangen in k Schritten von $\alpha z \beta$ zu $\alpha' z' \beta'$. Die reflexiv-transitive Hülle von $\vdash$ schreiben wir als $\vdash^* = \vdash^0 \cup \vdash^1 \cup \vdash^2 \cup \cdots$.

Damit können wir nun die zentralen Berechnungsbegriffe für TURING-Maschinen formulieren:

Definition 8.3 (Sprache einer TM, $(n)time$, $(N)TIME$):

Sei M *eine* TURING-*Maschine.*

a) *Die von* M *akzeptierte Sprache* $T(M)$ *ist definiert als*

$$T(M) \;=\; \{w \in \Sigma^\star \mid z_0 w \vdash^\star \alpha z \beta; \; \alpha, \beta \in \Gamma^\star; \; z \in E\}.$$

b) *Ist M eine deterministische* TURING-*Maschine, so bezeichnet* $time_M$:
   $\Sigma^\star \to \mathbb{N}$ *die Funktion, die w auf die Anzahl der Rechenschritte abbildet,*
   die M bei Eingabe $w \in T(M)$ benötigt:

$$time_M(w) = t \;\;\Longleftrightarrow\;\; (\exists \alpha, \beta \in \Gamma^\star)(\exists z \in E)\big(z_0 w \vdash^t \alpha z \beta\big).$$

   ($time_M(w)$ ist wohldefiniert, da M deterministisch ist.)

c) *Ist M nichtdeterministisch, so bezeichnet $ntime_M(w)$ die Länge einer*
   kürzesten akzeptierenden Berechnung:

$$ntime_M(w) \;:=$$

$$\begin{cases} \min\Big\{t \in \mathbb{N}_0 \;\Big|\; (\exists \alpha, \beta \in \Gamma^\star)(\exists z \in E)\big(z_0 w \vdash^t \alpha z \beta\big)\Big\}, & w \in T(M), \\ 0, & w \notin T(M), \end{cases}$$

   (Im Falle der Nicht-Akzeptanz terminiert M nicht, also ist auch die Länge
   der Berechnung nicht wohldefiniert.)

d) *Für $f : \mathbb{N} \to \mathbb{N}$ eine Funktion ist die Klasse $TIME(f(n))$ ($NTIME(f(n))$)*
   die Menge all jener Sprachen A, für die es eine deterministische (nichtdeter-
   ministisch) TURING-*Maschine M gibt mit $T(M) = A$ und $time_M(w) \le$*
   $f(|w|)$ ($ntime_M(w) \le f(|w|)$) für alle $w \in A$. ◄

Es sei an dieser Stelle darauf hingewiesen, dass eine nichtdeterministische
TURING-Maschine ein recht *realitätsfremdes* Modell eines Computers ist: Wir
verlangen einerseits für den Test $w \in T(M)$, dass *alle* möglichen Berechnungen betrachtet werden – wir akzeptieren w, sobald eine einzige der potentiell
riesigen Menge an möglichen Berechnungen einen akzeptierenden Zustand
erreicht – werten als Laufzeit aber nur die Länge einer kürzesten akzeptierenden Berechnung, ohne auch nur irgendwie zu berücksichtigen, wie viele
andere Berechnungen mit welchem Aufwand auch nachzuvollziehen waren.
Wie soll das zu real existierender Computer-Hardware passen?

Die Antwort ist in der Tat: (vermutlich) gar nicht! Nicht-deterministische
Maschinen sind ein rein theoretisches Konstrukt und dienen uns als Modell
eines *übermächtigen* Computers, mit dem wir die Möglichkeiten unserer existierenden, i.W. deterministisch arbeitenden Computer – abstrakt modelliert
durch *deterministische* TURING-Maschinen – vergleichen wollen.

Wir kommen nun zur entscheidenden Definition dieses Kapitels, um die
„$\mathcal{P} \ne \mathcal{NP}$?"-Frage präzise stellen zu können:

Definition 8.4 ($\mathcal{P}$, $\mathcal{NP}$):
Die Komplexitätsklassen $\mathcal{P}$ und $\mathcal{NP}$ sind wie folgt definiert:

$$\mathcal{P} := \bigcup_{p\ \text{Polynom}} TIME(p(n)), \qquad \mathcal{NP} := \bigcup_{p\ \text{Polynom}} NTIME(p(n)). \quad \blacktriangleleft$$

Man kann die Klasse $\mathcal{P}$ als die Menge all jener (Entscheidungs-) Probleme auffassen, für die es einen „effizienten" Algorithmus gibt. Eine TURING-Maschine mit einer Zeitkomplexität von 2^n ist dagegen als nicht effizient anzusehen. Für den Nachweis, dass die Laufzeit der TURING-Maschine eine polynomielle Komplexität besitzt, genügt es offensichtlich zu zeigen, dass ihre Komplexität in $\mathcal{O}(n^k)$ für eine Konstante k liegt. Dabei sind Laufzeiten wie $n\log(n)$ auch als polynomiell anzusehen, da ja $n\log(n) = \mathcal{O}(n^2)$ gilt. Funktionen wie $n^{\log(n)}$ können dagegen nicht durch ein Polynom nach oben beschränkt werden.

Die Quantifizierung *für alle* $w \in A$ bei den Definitionen für $TIME(f(n))$ und $NTIME(f(n))$ ist gleichbedeutend damit, dass wir die *Worst-Case*-Rechenzeit unserer TURING-Maschine durch die gegebene Funktion f in Abhängigkeit von der Eingabegröße beschränken.

Bemerkung 8.5 (Robustheit von $\mathcal{P}$ und $\mathcal{NP}$): Auf den ersten Blick scheint es künstlich, sich auf Einband-TURING-Maschinen zurückzuziehen; Mehrband-TURING-Maschinen würden zu realistischeren Komplexitätsfunktionen f führen. Für die Komplexitätsklassen $\mathcal{P}$ und $\mathcal{NP}$ spielt dies jedoch keine Rolle, da wir Polynome *beliebigen* Grades zulassen und jede $f(n)$ rechenzeit-beschränkte k-Band-TURING-Maschine durch eine $\mathcal{O}(f(n)^2)$ rechenzeit-beschränkte Einband-TURING-Maschine simuliert werden kann. Damit impliziert der Verzicht auf mehrere Bänder lediglich eine Verdoppelung des Grads des Polynoms, die Funktionenklasse der Polynome wird aber nicht verlassen.

Ähnliches gilt (wie eingangs erwähnt) für andere Maschinenmodelle: Die Klassen von Problemen $\mathcal{P}$ und $\mathcal{NP}$ sind robust gegenüber diesen Variationen im Berechnungsmodell. Tatsächlich besagt die *erweiterte/komplexitätstheoretische/starke* CHURCH-TURING-*These,* dass TURING-Maschinen nicht nur die Klasse der in jedem realisierbaren formalen Maschinenmodell berechenbaren Funktionen, die „intuitiv berechenbaren" Funktionen, charakterisiert (die weithin akzeptierte gewöhnliche CHURCH-TURING-These), sondern auch, dass sie jedes dieser Modelle *mit polynomiellem Overhead simulieren* kann. Unter der Annahme dieser These wäre also $\mathcal{P}$ tatsächlich die universelle Klasse der „intuitiv effizient" berechenbaren Funktionen.

Es ist unbekannt, ob für den erweiterten Teil der CHURCH-TURING-These die – hier nicht betrachteten – *probabilistischen* TURING-Maschinen verwendet werden müssen oder nicht. Wir werden auf die Idee der randomisierten Algorithmen kurz in Abschnitt 9.5 eingehen, ohne allerdings auf die Ebene der TURING-Maschinen zurückzukehren. Es ist außerdem bisher völlig offen, wie Quantencomputermodelle in dieses Bild passen: Weder ist ein effizienter Quantenalgorithmus für ein $\mathcal{NP}$-vollständiges Problem bekannt, der die These widerlegen würde, noch kennt man eine Simulation der Quantencomputer auf (probabilistischen) TURING-Maschinen in Polynomialzeit. $\blacktriangleleft$

Es ist offensichtlich, dass $\mathcal{P} \subseteq \mathcal{NP}$ gilt, da jede deterministische TURING-Maschine auch eine nichtdeterministische ist; ob diese Inklusion allerdings echt ist, stellt – wie wir eingangs bereits erwähnt haben – seit etwa 1970 ein offenes Problem dar.

Dabei ist diese Fragestellung auch aus praktischer Sicht von Interesse: Zwar kann man für in der Praxis wichtige Aufgabenstellungen wie das Erfüllbarkeitsproblem oder das Travelling-Salesman-Problem sofort zeigen, dass sie der Klasse $\mathcal{NP}$ angehören, allerdings sind deterministische Algorithmen mit einer polynomiell beschränkten Laufzeit für diese Probleme nicht bekannt. So könnte es sich bei ihnen um Kandidaten aus $\mathcal{NP} \setminus \mathcal{P}$ handeln, die die Echtheit der Inklusion beweisen würden.

Ein entsprechender Beweis ist bisher nicht gelungen; die intensive Beschäftigung mit den Problemen aus der Klasse $\mathcal{NP}$ führte jedoch dazu, dass es gelang, eine schöne Strukturtheorie aufzubauen, die zumindest ein formales Kriterium für *wahrscheinlich* nicht effizient lösbare Probleme hervorgebracht hat: den Begriff der $\mathcal{NP}$-*Vollständigkeit*.

8.2 $\mathcal{NP}$-Vollständigkeit

Der Begriff der $\mathcal{NP}$-Vollständigkeit basiert auf dem Konzept der *polynomiellen Reduzierbarkeit* eines Problems auf ein anderes. Die Idee dahinter ist, den Lösungsalgorithmus $\mathcal{A}$ für ein Problem A zu einem für Problem B zu machen, indem man die Eingabe von B so umformt, dass $\mathcal{A}$ auf sie angewendet, das gesuchte Ergebnis für B berechnet. Benötigt diese Umformung nur eine polynomielle Zeit, liefert ein effizienter Algorithmus $\mathcal{A}$ so eine effiziente Lösung für Problem B.

Auf diese Weise kann man zeigen, dass fast alle Probleme aus der Klasse $\mathcal{NP}$, für die kein polynomieller Algorithmus bekannt ist, in einer Weise miteinander verknüpft sind, so dass entweder *alle* diese Probleme (nämlich falls $\mathcal{P} = \mathcal{NP}$ gilt) oder *keines* (nämlich falls $\mathcal{P} \neq \mathcal{NP}$ gilt) einen polynomiellen Algorithmus zu ihrer Lösung besitzen. Da für manche dieser Probleme bereits seit Jahrhunderten nach einem effizienten Algorithmus geforscht wird, wird dies als starkes Indiz für die Gültigkeit von $\mathcal{P} \neq \mathcal{NP}$ angesehen.

Diese Verknüpfung der schweren Probleme in $\mathcal{NP}$ wollen wir in diesem Abschnitt betrachten. Wir beginnen mit der formalen Definition der Reduktion.

Definition 8.6 (polynomielle Reduktion):
Seien $A \subseteq \Sigma^*$ und $B \subseteq \Gamma^*$ Sprachen. Dann heißt A polynomiell reduzierbar auf B (Notation $A \leq_p B$), falls es eine totale und mit polynomieller Komplexität deterministisch berechenbare Funktion $g : \Sigma^* \to \Gamma^*$ gibt, so dass

$$(\forall w \in \Sigma^*)\,(w \in A \iff g(w) \in B).\qquad\blacktriangleleft$$

Die Schreibweise $A \leq_p B$ ist nicht von ungefähr an eine Ordnungsrelation angelehnt. Grob gesprochen ordnet $\leq_p$ Probleme nach Schwierigkeit: $A \leq_p B$ bedeutet, B hat eine *höhere oder gleich hohe Komplexität* wie A, weil – wie uns das nachfolgende Lemma zeigt – jeder polynomielle Lösungsalgorithmus für B sofort einen polynomiellen Algorithmus für A impliziert. Das Lösen von A lässt sich auf das Lösen von B *reduzieren*.

Lemma 8.7 (Algorithmus durch Reduktion): Ist $A \leq_p B$ und $B \in \mathcal{P}$ (bzw. $B \in \mathcal{NP}$), so ist auch $A \in \mathcal{P}$ (bzw. $A \in \mathcal{NP}$). $\qquad\blacktriangleleft$

Beweis: Sei g die Funktion, die $A \leq_p B$ gewährleistet und M_g die deterministische TURING-Maschine, die g in einer durch Polynom p beschränkten
Zeit berechnet. Ist M die TURING-Maschine, die $B \in \mathcal{P}$ belegt, q die
polynomielle Schranke für die Rechenzeit von M, dann ist die Rechenzeit
der Hintereinanderausführung der TURING-Maschinen M_g und M bei
Eingabe w folglich durch

$$p(|w|) + q(|g(w)|) \ \leq \ p(|w|) + q(p(|w|))$$

beschränkt. Auch diese Funktion ist ein Polynom; der Fall, dass $B \in \mathcal{NP}$
liegt, wird mit einer nichtdeterministischen TURING-Maschine M analog
bewiesen. ∎

Die Argumente des vorherigen Beweises zeigen auch, dass $\leq_p$ eine transitive
Relation auf Sprachen ist: durch Anwenden zweier polynomieller Reduktions-
funktionen nacheinander erhalten wir wieder eine polynomielle Reduktions-
funktion.

Wir haben nun alle Voraussetzungen geschaffen, um den Begriff der $\mathcal{NP}$-
Vollständigkeit formal einzuführen.

Definition 8.8 ($\mathcal{NP}$-hart, $\mathcal{NP}$-vollständig):
Eine Sprache A heißt $\mathcal{NP}$-hart, falls für alle Sprachen $L \in \mathcal{NP}$ gilt: $L \leq_p A$.
Eine Sprache A heißt $\mathcal{NP}$-vollständig, falls A $\mathcal{NP}$-hart ist und $A \in \mathcal{NP}$ gilt. ◄

Auf den ersten Blick erscheint es schwierig nachzuweisen, dass eine Sprache
$\mathcal{NP}$-hart ist; der Nachweis $L \leq_p A$ für *alle* denkbaren $L \in \mathcal{NP}$ verspricht
mühsam zu werden. Dank der Transitivität von $\leq_p$ genügt es aber, für *eine*
Sprache B die $\mathcal{NP}$-Härte auf diesem mühsamen Wege nachzuweisen; für jedes
weitere A erhalten wir, dass A $\mathcal{NP}$-hart ist, indem wir $B \leq_p A$ zeigen: Aus
$L \leq_p B$ für alle $\mathcal{NP}$-Probleme L folgt mit der Transitivität von $\leq_p$ zusammen
mit $B \leq_p A$ dann, dass $L \leq_p A$ gilt.

Es bleibt also noch die Herausforderung, ein erstes $\mathcal{NP}$-hartes Problem zu
finden. Bevor wir uns jedoch dieser zuwenden, wollen wir den folgenden Satz
beweisen.

Satz 8.9 (NP-Vollständigkeit: Eine für alle und alle für eine):
Für jede $\mathcal{NP}$-vollständige Sprache A gilt: $A \in \mathcal{P} \iff \mathcal{P} = \mathcal{NP}$.

Beweis: Sei L eine beliebige Sprache in $\mathcal{NP}$. Da A nach Voraussetzung
$\mathcal{NP}$-hart ist, folgt $L \leq_p A$. Aus $A \in \mathcal{P}$ folgt damit aus vorherigem Lemma
$L \in \mathcal{P}$. Da L beliebig aus $\mathcal{NP}$ gewählt wurde, folgt so $\mathcal{P} = \mathcal{NP}$.

Sei umgekehrt $\mathcal{P} = \mathcal{NP}$. Dann folgt aus der Voraussetzung $A \in \mathcal{NP}$
auch $A \in \mathcal{P}$, was zu zeigen war. ∎

Gelingt es also für *irgendeine* $\mathcal{NP}$-harte Sprache A zu zeigen, dass $A \in \mathcal{P}$ oder
dass $A \notin \mathcal{P}$ gilt, ist das Problem, ob die Inklusion $\mathcal{P} \subseteq \mathcal{NP}$ echt ist oder nicht,
gelöst – bisher ist das aber noch nicht gelungen. Allgemein glaubt man deshalb

nicht daran, dass der Nachweis $A \in \mathcal{P}$ für eine $\mathcal{NP}$-harte Sprache A gelingen kann. In einem gewissen Sinne sind die $\mathcal{NP}$-harten Probleme nämlich die schwierigsten Probleme der Klasse $\mathcal{NP}$; der Nachweis der $\mathcal{NP}$-Vollständigkeit für ein Problem bedeutet also, dass man davon ausgehen muss, dass es keinen effizienten deterministischen Algorithmus für das Problem gibt.

Definition 8.10 (SAT):

Für $\mathcal{F}$ die Menge der Formeln der Aussagenlogik und code : $\mathcal{F} \to \Sigma^\star$ eine Codierung dieser Formeln über dem Alphabet Σ ist das Erfüllbarkeitsproblem (der Aussagenlogik), kurz SAT, durch folgende Sprache gegeben:

$$\mathsf{SAT} := \{ code(F) \in \Sigma^\star \mid F \text{ ist eine erfüllbare Formel} \}. \quad \blacktriangleleft$$

Mit SAT haben wir in der Tat unser erstes $\mathcal{NP}$-hartes Problem gefunden, denn es gilt der Satz:

Satz 8.11 (Cook-Levin):
SAT ist $\mathcal{NP}$-vollständig.

Beweis: Wir weisen zuerst die Zugehörigkeit zu $\mathcal{NP}$ nach. Eine nichtdeterministische TURING-Maschine M erkennt erfüllbare Formeln F wie folgt: In einem ersten Durchlauf über die Eingabe wird festgestellt, welche Variablen in der Formel F vorkommen; wir nehmen an, es seien dies $x_1, \ldots, x_k$. Anschließend beginnt der nichtdeterministische Teil der Berechnung. M *rät* nun Belegungen $\alpha_1, \ldots, \alpha_k \in \{0, 1\}$ für die Variablen, und setzt sie in F ein; zu diesem Zeitpunkt existieren also 2^k nichtdeterministische, unabhängige Berechnungen. Für die vorgenommene Belegung der Variablen bestimmt M nun den Wert von F und geht in einen Endzustand über, wenn der Wert 1 resultiert.

Da k stets kleiner als $|code(F)|$ ist, hat dieses Vorgehen eine nichtdeterministische Rechenzeit, welche polynomiell in der Eingabelänge ist und wir haben somit gezeigt, dass SAT $\in \mathcal{NP}$ gilt.

Wenden wir uns der $\mathcal{NP}$-Härte von SAT zu. Wir nehmen an, L sei eine beliebige Sprache aus $\mathcal{NP}$ und $M_L = (Z, \Sigma, \Gamma, \delta, z_0, \square, E)$ sei die nichtdeterministische TURING-Maschine, die L erkennt. Wir dürfen für M_L annehmen, dass ein einmal erreichter Endzustand nie wieder verlassen wird, d.h. dass $\delta(z_e, a) \ni (z_e, a, N)$ für alle $a \in \Gamma$ und alle $z_e \in E$ gilt. Sei p ein Polynom, dass die Rechenzeit von M_L von oben beschränkt und $x = x_1 x_2 \ldots x_n \in \Sigma^\star$ die Eingabe von M_L. Wir geben nun eine Formel F an, so dass

$$x \in L \iff F \text{ ist erfüllbar}$$

gilt. Dazu codieren wir in gewisser Weise die Arbeitsweise der TURING-Maschine M_L in die Formel, wodurch diese Äquivalenz ermöglicht wird.

Da M_L nichtdeterministisch ist, kodiert eine konkrete Belegung (wie im Folgenden beschrieben) stets nur eine *mögliche* Berechnung; unsere Formel wird am Ende aber die Freiheit lassen, durch die Variablenbelegung eine der Berechnungen auszuwählen, sodass die Formel genau dann erfüllbar wird, wenn M_L wenigstens *eine* akzeptierende Berechnung hat.

Mit $\Gamma = \{a_1, \ldots, a_l\}$ das Band-Alphabet und $Z = \{z_1, \ldots, z_m\}$ die Zustandsmenge der TURING-Maschine M_L verwenden wir dazu die folgenden Variablen:

$zust_{t,z}$ für $0 \leq t \leq p(n)$, $z \in Z$:

Diese Variablen repräsentieren den aktuellen Zustand von M_L während einer Berechnung; wir stellen sicher, dass $zust_{t,z} = 1$, genau dann, wenn M_L sich nach t Schritten im Zustand z befindet.

$pos_{t,i}$ für $0 \leq t \leq p(n)$, $-p(n) \leq i \leq p(n)$:

Diese Variablen repräsentieren die Position des Lese-/Schreibkopfes von M_L; wir stellen sicher, dass $pos_{t,i} = 1$, genau dann, wenn der Lese-/Schreibkopf von M_L sich nach t Schritten auf Zelle i befindet.

$band_{t,i,a}$ für $0 \leq t \leq p(n)$, $-p(n) \leq i \leq p(n)$, $a \in \Gamma$:

Diese Variablen repräsentieren die Bandinschrift von M_L; wir stellen sicher, dass $band_{t,i,a} = 1$ genau dann, wenn in Zelle i des Bandes von M_L nach t Schritten das Symbol a steht.

Die Formel F besteht nun aus mehreren Teilen, auf die wir im Folgenden eingehen. Eine der Teilformeln, die mehrfach vorkommt, ist Formel G, die folgende Eigenschaft besitzt:

$$G(y_1, \ldots, y_r) = 1 \iff \quad \text{es gibt } genau \text{ ein } i \text{ mit } y_i = 1.$$

Lemma 8.12 (Hilfslemma Formel G): Für jedes r gibt es eine Formel G der Länge $\mathcal{O}(r^2)$ mit den Variablen $y_1, \ldots, y_r$ derart, dass G genau dann den Wert 1 annimmt, wenn genau eine der Variablen mit 1 belegt ist. ◀

Die eigentliche Länge einer Formel hängt selbstverständlich von der verwendeten Codierung ab; wir zählen hier (und später) die Anzahl der Variablenpositionen in der Formel. Diese hängt in einer sinnvollen Codierung sicher polynomiell mit der eigentlichen Codierungslänge zusammen.

Beweis von Lemma 8.12: Wir wählen

$$G \;=\; \underbrace{\left(\bigvee_{i=1}^{r} y_i \right)}_{\text{mindestens } 1} \wedge \underbrace{\left(\bigwedge_{j=1}^{r-1} \bigwedge_{k=j+1}^{r} \neg(y_j \wedge y_k) \right)}_{\text{höchstens } 1}.$$

Da offensichtlich der linke Teil genau dann wahr ist, wenn mindestens eine der Variablen, der rechte Teil, genau dann wenn höchstens eine der Variablen wahr ist, hat G die geforderte Eigenschaft. Die Länge von G liegt aufgrund des rechten Teils in $\Theta(r^2)$. ∎

Unsere Formel F hat nun folgende Gestalt:

$$F \;=\; R \wedge A \wedge T_1 \wedge T_2 \wedge E.$$

R beschreibt hierbei gewisse Randbedingungen, A die Anfangsbedingungen, T_1 und T_2 beschreiben Übergangsbedingungen und E die Endbedingung.

   Durch R wird sichergestellt, dass zu jedem Zeitpunkt t nur für genau ein z $zust_{t,z} = 1$, nur für genau ein i $pos_{t,i} = 1$ und für jede Bandposition i nur für genau ein a $band_{t,i,a} = 1$ gelten. Dies wird durch

$$R \;=\; \bigwedge_{t=0}^{p(n)} \left(G\big(zust_{t,z_1}, \ldots, zust_{t,z_m}\big) \wedge G\big(pos_{t,-p(n)}, \ldots, pos_{t,p(n)}\big) \wedge \right.$$

$$\left. \bigwedge_i G\big(band_{t,i,a_1}, \ldots, band_{t,i,a_l}\big) \right)$$

erreicht. A legt den Status der Maschine M_L (der Variablen) zum Zeitpunkt $t = 0$ fest; wir wählen

$$A \;=\; zust_{0,z_0} \wedge pos_{0,1}$$

$$\wedge \bigwedge_{j=1}^{n} band_{0,j,x_j} \wedge \bigwedge_{j=-p(n)}^{0} band_{0,j,\square} \wedge \bigwedge_{j=n+1}^{p(n)} band_{0,j,\square}.$$

T_1 passt all diejenigen Variablen an, die beim Übergang der TURING-Maschine vom Zeitpunkt t zum Zeitpunkt $t+1$ einer Änderung unterworfen sind:

$$T_1 = \bigwedge_{t,z,i,a} \left(\left(zust_{t,z} \wedge pos_{t,i} \wedge band_{t,i,a} \right) \right.$$

$$\left. \rightarrow \bigvee_{\substack{z',a',y \\ \delta(z,a) \ni (z',a',y)}} \left(zust_{t+1,z'} \wedge pos_{t+1,i+y} \wedge band_{t+1,i,a'} \right) \right).$$

T_2 stellt sicher, dass die am Übergang vom Zeitpunkt t zum Zeitpunkt $t+1$ unbeteiligten Bandinhalte unverändert bleiben; wir erzwingen dies über

$$T_2 = \bigwedge_{t,i,a} \left(\left(\neg pos_{t,i} \wedge band_{t,i,a} \right) \rightarrow band_{t+1,i,a} \right).$$

Schließlich verwenden wir E, um zu kontrollieren, ob M_L einen Endzustand erreicht hat; nur dann wird die Eingabe akzeptiert. Da wir vorausgesetzt haben, dass ein einmal erreichter Endzustand nie wieder verlassen wird und $p(n)$ die Laufzeit von M_L auf einer Eingabe der Länge n nach oben beschränkt, genügt es hierzu, den Zeitpunkt $p(n)$ zu betrachten:

$$E = \bigvee_{z \in E} zust_{p(n),z}.$$

Ist $x \in L$, so gibt es eine nichtdeterministische Berechnung von M_L der Länge höchstens $p(|x|)$, die in einen Endzustand führt. Wenn alle Variablen *zust*, *pos* und *band* gemäß ihrer Intention so belegt werden, dass sie den Verlauf dieser Berechnung nachstellen, so erzeugt diese Belegung für alle Teilformeln R, A, T_1, T_2 und E den Wert 1. Also wird F durch diese Belegung erfüllt.

Ist umgekehrt F durch eine Belegung erfüllt, so muss durch diese Belegung auch R erfüllt sein. Folglich können wir für jedes t die Variablenwerte von $zust_{t,i}$, $pos_{t,i}$ und $band_{t,i,a}$ sinnvoll als Konfiguration von M_L interpretieren. Da die Belegung auch A erfüllen muss, entspricht die für $t = 0$ in den Variablen kodierte Konfiguration gerade der Startkonfiguration von M_L bei Eingabe x. Da T_1 und T_2 durch die betrachtete Belegung erfüllt sind, werden aus dieser bei jedem Übergang von t nach $t+1$ sinnvolle Nachfolgekonfigurationen einer möglichen nichtdeterministischen Berechnung beschrieben. Da die Belegung auch E erfüllt, endet die so beschriebene Berechnung in einem Endzustand, und es folgt $x \in T(M_L)$, was zu zeigen war.

Es bleibt zu beweisen, dass sich F in polynomieller Zeit konstruieren lässt. Es ist offensichtlich, dass eine deterministische TURING-Maschine die Codierung von F anhand obiger Festlegungen für die verschiedenen Teilformeln direkt aus der Eingabe x ableiten und in einer Zeit linear in der Codierungslänge als Bandinschrift erzeugen kann. Dabei ist zu beachten, dass nur Teilformel A direkt von der Eingabe x abhängt und M_L kein Teil der Eingabe ist; wir reduzieren ein *festes* L auf SAT. Nun treten in allen Teilformeln (die Anwendung von G zunächst unberücksichtigt) offensichtlich stets polynomiell in $p(n)$ viele Variablen auf. Mit unserer Hilfsbehauptung wissen wir, dass dann auch die Anwendung von G dazu führt, dass in den Teilformeln nur polynomiell in $p(n)$ viele Variablen vorkommen. Damit können wir folgern, dass die Codierungslänge von F polynomiell in $p(n)$ und, da p ein Polynom ist, folglich polynomiell in n ist. Somit haben wir gezeigt, dass F effizient konstruiert werden kann.   ∎

Damit haben wir den Nachweis erbracht, dass es ein erstes $\mathcal{NP}$-vollständiges Problem gibt, von dem aus wir unsere Reduktionen beginnen können.

Bemerkung 8.13 (NP ist nicht beliebig schwer): Alle bekannten deterministischen Algorithmen für das Erfüllbarkeitsproblem haben eine Zeitkomplexität von $2^{\mathcal{O}(n)}$ im Worst-Case, da sie im Kern das Problem stets lösen, indem sie alle möglichen Variablen-Belegungen durchprobieren. Da nach dem Satz von COOK und LEVIN aber alle Sprachen $L \in \mathcal{NP}$ polynomiell auf SAT reduzierbar sind, kann die deterministische Komplexität all dieser L von oben durch $2^{p(n)}$, p ein geeignetes Polynom, abgeschätzt werden. Damit wissen wir

$$\mathcal{NP} \subseteq \bigcup_{p \text{ Polynom}} TIME(2^{p(n)}).$$
◀

Bevor wir im Abschnitt 8.4 verschiedene Beispiele von $\mathcal{NP}$-Reduktionen betrachten, die mithilfe des Satzes von COOK und LEVIN die $\mathcal{NP}$-Härte weiterer Probleme implizieren, wollen wir noch eine alternative Sichtweise auf $\mathcal{P}$ und $\mathcal{NP}$ einführen, die intuitiv deutlich verständlicher ist.

Diese alternative Sichtweise wird daher gerne als (einzige) Definition von $\mathcal{P}$ und $\mathcal{NP}$ verwendet; dann geht aber die Möglichkeit, einen Beweis des Satzes von COOK und LEVIN zu führen verloren: dort brauchen wir unbedingt ein formales Berechnungsmodell wie etwa die TURING-Maschinen, um in einheitlicher Weise über ein beliebiges Problem aus $\mathcal{NP}$ argumentieren zu können.

8.3 Verifizierer und Zertifikate: $\mathcal{P}$ und $\mathcal{NP}$ ohne Turingmaschinen

Die Art und Weise, wie wir gezeigt haben, dass SAT $\in \mathcal{NP}$ liegt, ist typisch: Man verwendet den Nichtdeterminismus in TURING-Maschinen anschaulich, um einen Lösungs-Kandidaten zu *raten* – bei SAT eine Belegung der Variablen – den wir anschließend auf Gültigkeit überprüfen – Ist die Formel damit wahr? Dabei entspricht jede mögliche Berechnung einem möglichen Lösungs-Kandidaten. Typisch war auch, dass der zweite Schritt, das Verifizieren eines Kandidaten, *deterministisch* abläuft. Die gesamte Laufzeit muss polynomiell beschränkt sein, trotzdem gelingt es uns durch das Raten, implizit die exponentiell vielen Kandidaten zu prüfen.

Wir werden in diesem Abschnitt zeigen, dass diese Anschauung nicht nur *eine* Möglichkeit von vielen ist, den Nichtdeterminismus zu nutzen, sondern tatsächlich *genau* das ist, was wir für die effiziente Lösung von Problemen in $\mathcal{NP}$ benötigen. Wir erhalten damit die alternative Charakterisierung von $\mathcal{NP}$ als die Klasse der *in Polynomialzeit verifizierbaren* Sprachen, die oft deutlich bequemer zu verwenden ist, als das eher unintuitive Konzept der nichtdeterministischen Berechnung.

Wir beginnen mit der formalen Definition.

Definition 8.14 (Verifizierer):
Eine Sprache L heißt in Polynomialzeit verifizierbar, wenn es ein Polynom p und eine polynomial zeitbeschränkte deterministische TURING-Maschine V gibt, so dass für jede Eingabe w gilt:

- *Ist $w \in L$, dann gibt es eine Zeichenkette z (das Zertifikat für w) polynomieller Länge, d.h. $|z| \le p(|w|)$, so dass V die Eingabe (w, z) akzeptiert.*

- *Ist $w \notin L$, so lehnt V alle Eingaben (w, z) mit $|z| \le p(|w|)$ ab.*

Wir nennen die Turingmaschine V dann Verifizierer für L. ◀

Definition 8.15 (VP):
Die Klasse $\mathcal{VP}$ besteht aus allen in Polynomialzeit verifizierbaren Sprachen. ◀

Die Zugehörigkeit zu $\mathcal{VP}$ ist meist bequemer zu begründen als für $\mathcal{NP}$; insbesondere sind wir jegliche nichtdeterministischen Maschinen los! Codiert beispielsweise $w \in$ SAT eine erfüllbare Formel, dann können wir als Zertifikat z den Bitstring wählen, der eine erfüllende Variablenbelegung repräsentiert. Der Verifizierer muss nur überprüfen, ob w und z eine gültige Codierung einer Formel bzw. einer Variablenbelegung sind und die Formel bzgl. dieser Belegung *auswerten*. Letzteres ist leicht in Polynomialzeit lösbar, folglich ist SAT $\in \mathcal{VP}$. Tatsächlich gilt das allgemein, wie wir in Abschnitt 8.3.2 zeigen werden.

8.3.1 Nein-Zertifikate und co-$\mathcal{NP}$

An dieser Stelle mag einem eine gewisse Asymmetrie in der Definition von $\mathcal{NP}$ und $\mathcal{VP}$ auffallen: Wir verlangen für $w \in L$ die Existenz eines Zertifikats, aber nicht für den Fall $w \notin L$. $\mathcal{VP}$ – und wie wir im nächsten Abschnitt sehen werden damit auch $\mathcal{NP}$ – ist also die Klasse von Sprachen, für die es effizient überprüfbare *Ja-Zertifikate* gibt: Wenn ein Wort in der Sprache ist, gibt es einen Beweis dafür, den wir angeben können. Analog definiert man die Klasse co-$\mathcal{NP}$.

Definition 8.16 (co-NP):
Die Klasse co-$\mathcal{NP}$ ist definiert als

$$\text{co-}\mathcal{NP} := \{L \mid \overline{L} \in \mathcal{NP}\}.$$

wobei wir für $L \subseteq \Sigma^\star$ mit $\overline{L}$ die Komplementsprache $\overline{L} = \{w \in \Sigma^\star \mid w \notin L\}$ bezeichnen.   ◄

Analog zu $\mathcal{VP} = \mathcal{NP}$ lässt sich die Klasse co-$\mathcal{NP}$ als jene Menge von Problemen charakterisieren, die ein in Polynomialzeit verifizierbares *Nein-Zertifikat* besitzen: Wenn $w \notin L$, können wir dafür einen Beweis angeben.

Probleme mit Ja- und Nein-Zertifikat liegen damit in co-$\mathcal{NP} \cap \mathcal{NP}$; man nennt sie *well-characterized*. Man vermutet, dass $\mathcal{NP} \neq$ co-$\mathcal{NP}$ und daher (aus Gründen, die wir in den Übungen genauer betrachten), dass $\mathcal{NP}$-vollständige Probleme nicht zwingend well-characterized sind.

8.3.2 $\mathcal{VP}$ und $\mathcal{NP}$

Wir wollen nun beweisen, dass die Zertifikatssichtweise äquivalent zur Verwendung nichtdeterministischer Berechnungen ist.

> **Satz 8.17 (nichtdeterministisch berechenbar $\Leftrightarrow$ verifizierbar):**
> $\mathcal{NP} = \mathcal{VP}$.

Beweis: Wir skizzieren den Beweis für beide Inklusionen.

„$\subseteq$" Es sei eine beliebige Sprache $L \in \mathcal{NP}$ und eine nichtdeterministische TURING-Maschine M mit $T(M) = L$ gegeben. Wir können aus M einen deterministischen Verifizierer V für L konstruieren, der auf Eingabe (w, z) wie folgt arbeitet: V simuliert M und wählt, wann immer ein nichtdeterministischer Schritt erfolgt, *eine* mögliche Berechnung aus. Das Zertifikat z dient dabei als Wegweiser, die wievielte der aktuell möglichen Alternativen gewählt wird.

Wenn nun $w \in L$, so hat M eine akzeptierende Berechnung, und folglich akzeptiert V die Eingabe (w, z) für das z, das die akzeptierende Berechnung von M codiert. Ist umgekehrt $w \notin L$, so verwirft M in allen Berechnungen, und auch für V führt dann für kein z die gewählte Berechnung zur Akzeptanz von w.

Die Laufzeit von V entspricht bis auf sicherlich polynomiell beschränkten Overhead der Laufzeit von M. Auch ist $|z|$ für $w \in L$ polynomiell beschränkt, da wir i.W. mit einem Zeichen pro Berechnungsschritt von M auskommen und M polynomiell zeitbeschränkt ist.

Also haben wir einen Polynomialzeit-Verifizierer für L gefunden, d.h. $L \in \mathcal{VP}$.

„$\supseteq$" Sei nun $L \in \mathcal{VP}$ und V ein Polynomialzeit-Verifizierer, dessen Zertifikate durch das Polynom p in der Länge beschränkt sind. Wir konstruieren die nichtdeterministische TURING-Maschine M, indem wir bei Eingabe w zuerst nichtdeterministisch die bis zu $p(|w|)$ Zeichen eines möglichen Zertifikats z raten und anschließend V auf Eingabe (w, z) simulieren.

Ist $w \in L$, so wir M auch das gültige Zertifikat z raten, sodass V (w, z) akzeptiert, und folglich wird M Eingabe w auch akzeptieren. Umgekehrt verwirft M nur, wenn kein String z mit $|z| \leq p(|w|)$ zur Akzeptanz von (w, z) durch V führt; in diesem Fall ist aber auch $w \notin L$.

Die Laufzeit von M ist für $w \in L$ i.W. durch $p(|w|)$ plus die Laufzeit von V, also durch ein Polynom in $|w|$, beschränkt. Damit haben wir $L \in \mathcal{NP}$ gezeigt. ∎

Wie der Beweis zeigt, sind die beiden Konzepte also tatsächlich sehr eng miteinander verwandt, und das Ergebnis $\mathcal{NP} = \mathcal{VP}$ ist, wenigstens im Nachhinein, nicht allzu überraschend.

Trotzdem sind die Implikationen von Satz 8.17 weitreichend, weil es eine Reihe intuitiver Interpretationen nahelegt, die uns zwar in unserem formalen Studium der Komplexitätstheorie (aufgrund fehlender quantitativer Aussagen) nicht weiterbringen, aber den grundlegenden Charakter der Fragestellungen unterstreichen, und auch erklären, warum gerade dieser Teil der theoretischen Informatik auf so großes Interesse stößt: Mit „$\mathcal{P} \neq \mathcal{NP}$?" stellen wir gewissermaßen die Frage, ob es intrinsisch schwieriger ist, einen Beweis (ein Zertifikat) von Null auf zu *finden,* als einen *gegebenen* Beweis lediglich auf Korrektheit zu *überprüfen.* Jeder Studierende der (theoretischen) Informatik oder Mathematik wird diese Frage aus seiner Erfahrung wohl klar bejahen; und dennoch ist die Möglichkeit $\mathcal{P} = \mathcal{NP}$ nicht ausgeschlossen. Können wir Kreativität simulieren, ohne auf die triviale Lösung zurückzufallen, einfach *alle* möglichen Produkte des kreativen Akts aufzulisten?

So spannend diese philosophisch angehauchten und bewusst vage formulierten Fragen sind, muss man doch davor warnen, die formalen Ergebnisse aus ihrem Kontext zu reißen. Es ist nicht klar, inwiefern ein etwaiger – potentiell nicht-konstruktiver! – Beweis für $\mathcal{P} = \mathcal{NP}$ tatsächlich helfen würde, Beweise für offene Probleme der Mathematik zu finden. Im Umkehrschluss heißt das, wir sollten unsere Überzeugung für $\mathcal{P} \neq \mathcal{NP}$ nicht (alleine) daraus beziehen, dass wir es für schwieriger halten, mathematische Beweise zu finden, als sie zu verifizieren. Im folgenden Abschnitt werden wir aber weitere Argumente für $\mathcal{P} \neq \mathcal{NP}$ sammeln, indem wir eine Reihe anderer $\mathcal{NP}$-vollständiger Probleme betrachten.

8.4 Wichtige NP-vollständige Probleme

In diesem Abschnitt wollen wir einige weitere $\mathcal{NP}$-vollständige Probleme betrachten. Wir untersuchen dabei gezielt solche Beispiele, die häufig für den Nachweis der $\mathcal{NP}$-Vollständigkeit neuer Probleme mittels polynomieller Reduktion verwendet werden. Wir brauchen hier nicht mehr so kompliziert zu argumentieren wie im Falle von SAT; ab jetzt reicht die Konstruktion *einer* polynomiellen Reduktion von SAT oder von einem anderen als $\mathcal{NP}$-vollständig bekannten Problem auf das neue Problem.

Wir beginnen damit, die fraglichen Sprachen (Probleme) formal einzuführen. Anders als zuvor, beschreiben wir nun allerdings ein Problem, indem wir eine Eingabe und eine zu entscheidende Eigenschaft der Eingabe spezifizieren. Im Falle von SAT hätten wir beispielsweise als Eingabe eine Formel F der Aussagenlogik vorausgesetzt und versucht zu entscheiden, ob diese Formel erfüllbar ist. Es ist dies die in der Praxis übliche Form, wie ein Entscheidungsproblem spezifiziert wird; in unserem formalen Rahmen müssten wir streng genommen allerdings jeweils eine entsprechende Codierung als formale Sprache angeben.

Bemerkung 8.18 (Unsinnige Kodierungen): Wie in der Komplexitätstheorie üblich, werden wir bei der Definition der folgenden Probleme darauf verzichten, explizit eine Codierung der Probleminstanzen als Strings / formale Sprache anzugeben, wie sie für den formalen Rahmen aus Abschnitt 8.1 eigentlich nötig sind.

Das ist insofern nicht ganz unproblematisch, als dass man jedes Problem beliebig „leicht" machen kann, indem man eine unsinnig lange Kodierung wählt: Indem wir etwa an die eigentliche Eingabe w einen String von $|w|2^{|w|}$ Nullen anhängen, vergrößern wir die Eingabe künstlich auf $N = n + n2^n$ und würden damit etwa den Brute-Force-Algorithmus für SAT zu einem effizienten Linearzeit Algorithmus erklären – schließlich läuft dieser in $\mathcal{O}(N)$ Zeit!

Das Beispiel ist natürlich extrem konstruiert, aber es gibt Fälle, in denen man auf subtilere Weise ähnlich lange Codierung erhält. So kann man etwa natürliche Zahlen in *unärer Codierung* angeben, also die Zahl N durch 1^N (einen String von N Einsen), darstellen. Auf den ersten Blick mag das nicht besonders verschwenderisch sein, aber tatsächlich ist die Codierungslänge, nämlich N, in diesem Beispiel *exponentiell größer* als die Länge einer sinnvollen Codierung: Für die Darstellung der Zahl N als Binärzahl etwa genügen uns $n = \lceil \mathrm{ld}(N+1) \rceil \le \mathrm{ld}(N) + 2$ Ziffern; d. h. $N \ge 2^{n-2}$.

Im Allgemeinen ist der Begriff einer unsinnig langen Kodierung nicht ganz einfach formal zu fassen; für ein konkretes Problem ist dagegen die Angabe einer sinnvollen Codierung meist trivial. Wir einigen uns daher darauf, implizit stets eine solche sinnvolle Codierung zu verwenden.   ◄

Definition 8.19 (3KNF-SAT):

Gegeben sei eine BOOLEsche Formel F in konjunktiver Normalform mit höchstens 3 Literalen pro Klausel. Das Problem 3KNF-SAT besteht in der Entscheidung der Frage, ob F erfüllbar ist.   ◄

Definition 8.20 (Mengenüberdeckung):

Gegeben sei eine endliche Menge M und Teilmengen $T_1, \ldots, T_k \subseteq M$ von M sowie eine Zahl $n \le k$. Das Problem Mengenüberdeckung (set cover) besteht in der Entscheidung der Frage, ob es eine Auswahl von n Mengen $T_{i_1}, \ldots, T_{i_n}$ gibt, deren Vereinigung ganz M ergibt.   ◄

Definition 8.21 (Clique):

Gegeben sei ein ungerichteter Graph $G = (V, E)$ und eine Zahl $k \in \mathbb{N}$. Das Problem Clique besteht in der Entscheidung der Frage, ob es eine Knotenmenge $V' \subseteq V$ mit $|V'| \ge k$ gibt, so dass für alle $u, v \in V'$ mit $u \ne v$ stets $\{u, v\} \in E$ gilt.   ◄

Definition 8.22 (Knotenüberdeckung):
Gegeben sei ein ungerichteter Graph $G = (V, E)$ und eine Zahl $k \in \mathbb{N}$. Das Problem Knotenüberdeckung (vertex cover) besteht in der Entscheidung der Frage, ob es eine Knotenmenge $V' \subseteq V$ mit $|V'| \leq k$ gibt, so dass für alle Kanten $\{u, v\} \in E$ stets $u \in V'$ oder $v \in V'$ gilt. ◀

Definition 8.23 (Hamilton-Kreis):
Gegeben sei ein gerichteter (ungerichteter) Graph $G = (V, E)$. Das Problem gerichteter (ungerichteter) Hamilton-Kreis besteht in der Entscheidung der Frage, ob G einen geschlossenen Weg enthält, der jeden Knoten in V genau einmal besucht. ◀

Definition 8.24 (Travelling-Salesman):
Gegeben sei eine $n \times n$ Matrix M mit positiven Einträgen und eine Zahl k. Das Problem Traveling-Salesman (kurz TSP) besteht in der Entscheidung der Frage, ob es eine Permutation π der Elemente $\{1, \ldots, n\}$ gibt, so dass

$$M_{\pi(n),\pi(1)} + \sum_{1 \leq i < n} M_{\pi(i),\pi(i+1)} \leq k$$

gilt. ◀

Bemerkung 8.25 (Anschauung hinter TSP): Das Traveling-Salesman-Problem hat seinen Namen durch folgende Interpretation erhalten: Die Elemente $\{1, 2, \ldots, n\}$ repräsentieren Städte, die ein Handlungsreisender alle nacheinander besuchen möchte. In der Matrix M sind dabei die paarweisen Distanzen zwischen den Städten abgelegt, $M_{i,j}$ entspricht also der Wegstrecke von Stadt i nach Stadt j. Die gesuchte Permutation legt somit die Reihenfolge fest, in der die Städte aufgesucht werden, wobei danach gefragt ist, ob es möglich ist, alle Städte anzufahren und insgesamt nur eine Gesamtstrecke $\leq k$ zu benötigen. Der Term $M_{\pi(n),\pi(1)}$ in der Summe der Weglängen berücksichtigt dabei, dass der Handlungsreisende am Schluss wieder in der Stadt ankommen möchte, in der er gestartet ist; es wird also nach einer Rundreise gesucht. ◀

All diese Entscheidungsprobleme sind $\mathcal{NP}$-vollständig, was wir im Folgenden beweisen wollen. Dabei verzichten wir jeweils auf den Nachweis, dass das betrachtete Problem in $\mathcal{NP}$ liegt; dafür genügt es stets, eine entsprechende Lösung zu raten und deren Gültigkeit in polynomieller Zeit zu verifizieren.

Satz 8.26:
Das Problem 3KNF-SAT ist $\mathcal{NP}$-vollständig.

Beweis: Wir zeigen SAT $\leq_p$ 3KNF-SAT, d.h. wir geben ein Polynomialzeitverfahren an, dass beliebige BOOLEsche Formeln F derart zu solchen in konjunktiver Normalform und höchstens drei Literalen pro Klausel, F', umformt, dass

$$F \text{ ist erfüllbar} \iff F' \text{ ist erfüllbar}$$

gilt. Dabei müssen wir keine Äquivalenz der Formeln im strengen Sinne erreichen, wie dies bei der bekannten Umwandlung einer Formel in konjunktive Normalform der Fall ist, sondern es genügt eine Äquivalenz bzgl. der Erfüllbarkeit. Es sei daran erinnert, dass man eine Formel zwar stets in eine äquivalente Formel in konjunktiver Normalform überführen kann, dass die resultierende Formel aber exponentiell größer sein kann als die ursprüngliche. Dieser Weg ist damit hier unbrauchbar.

Wir beschreiben die erfüllbarkeitserhaltende Umformung von F in mehreren Schritten und verdeutlichen unser Vorgehen am Beispiel $F = \neg(\neg(x_1 \vee \neg x_3) \vee x_2)$. Dabei beziehen wir uns vielfach auf die Darstellung der Formel durch einen Syntaxbaum, der an seinen inneren Knoten die Operatoren und an seinen Blättern die Variablen trägt.

1. Schritt: Negationen nach unten.
Durch die Anwendung von DE MORGANs Regel bringen wir alle Negationen zu den Blättern. Hierbei verändern sich u. U. die Operatoren der inneren Knoten ($\vee$ wird zu $\wedge$ und umgekehrt), vor allem aber sind nun alle inneren Knoten binär, d. h. sie haben stets zwei Nachfolger. Alle Blätter sind nun mit negierten oder unnegierten Variablen beschriftet.

Dieser Schritt erfordert nur einen Durchlauf über die Formel und kann deshalb mit einem linearen Aufwand realisiert werden. Für unser Beispiel F resultiert so die Form $F = (x_1 \vee \neg x_3) \wedge \neg x_2$.

2. Schritt: Neue Variablen.
Wir ordnen jedem inneren Knoten des Syntaxbaums eine neue Variable aus $\{y_0, y_1, \ldots\}$ zu; die Wurzel wird mit y_0 assoziiert. Auf diese Weise sind nun alle Knoten des Baumes mit einer Variablen versehen, nicht mehr nur die Blätter.

3. Schritt: Verknüpfung Knoten und neue Variablen.
Wir betrachten nun jeden inneren Knoten des Baumes und seine beiden Kindknoten. Repräsentiert ein innerer Knoten ν den Operator $\circ$ und ist mit der Variablen v assoziiert und tragen weiter seine Kinder die (u. U. negierten) Variablen w und z, wobei diese entweder aus der Menge $\{y_0, y_1, \ldots\}$ entstammen oder eine u. U. negierte Variable x_i eines Blattes sind, so ordnen wir ν die Teilformel $(v \leftrightarrow (w \circ z))$ zu.

Alle diese Teilformeln und zusätzlich die Formel y_0 werden mit $\wedge$ verknüpft. Für unser Beispiel erhalten wir so

$$F_1 \;=\; \big[y_0\big] \,\wedge\, \big[y_0 \leftrightarrow (y_1 \wedge \neg x_2)\big] \,\wedge\, \big[y_1 \leftrightarrow (x_1 \vee \neg x_3)\big].$$

Die so erhaltene Formel F_1 ist zu der ursprünglichen Formel F hinsichtlich der Erfüllbarkeit äquivalent: Aus einer erfüllenden Belegung für F wird eine für F_1, indem man die Belegung der x

Variablen übernimmt und die Variable y_i, $i \geq 0$, button-up mit dem Wahrheitswert des Teilausdrucks belegt, dessen Syntaxbaum die mit y_i assoziierte Wurzel besitzt. So ist beispielsweise $x_1 = 1$, $x_2 = 0$, $x_3 = 1$ eine erfüllende Belegung für das F aus unserem Beispiel; die damit implizierte Belegung für die y Variablen ist $y_1 = 1$ und $y_0 = 1$, durch die F_1 erfüllt wird. Umgekehrt ist jede auf die x Variablen eingeschränkte erfüllende Belegung für F_1 auch eine für F.

4. Schritt: Teile in KNF bringen

Jede der Teilformeln $[\cdot]$ aus F_1 wird nun einzeln in konjunktive Normalform überführt. Da jede dieser Teilformeln nur drei Variablen besitzt, entstehen dabei nur Klauseln mit höchstens drei Literalen. Die konstante Größe der Teilformeln (3 Variablen, unabhängig von n), auf die der Umformungsalgorithmus dabei angewendet wird, impliziert eine konstante Laufzeit und Größe für die Erzeugung der konjunktiven Normalform pro Teilformel $[\cdot]$. Die Umformung erzeugt dabei folgende Terme:

$$[a \leftrightarrow (b \vee c)] \quad \leadsto \quad (a \vee \neg b) \wedge (\neg a \vee b \vee c) \wedge (a \vee \neg c),$$
$$[a \leftrightarrow (b \wedge c)] \quad \leadsto \quad (\neg a \vee b) \wedge (\neg a \vee c) \wedge (a \vee \neg b \vee \neg c).$$

Dies liefert die letztlich gesuchte Formel F'; für unser Beispiel erhalten wir so

$$F' = y_0 \wedge (\neg y_0 \vee y_1) \wedge (\neg y_0 \vee \neg x_2) \wedge (y_0 \vee \neg y_1 \vee x_2)$$
$$\wedge (y_1 \vee \neg x_1) \wedge (\neg y_1 \vee x_1 \vee \neg x_3) \wedge (y_1 \vee x_3).$$

Da alle beschriebenen Umformungen deterministisch in polynomieller Zeit durchgeführt werden können, haben wir somit SAT $\leq_p$ 3KNF-SAT bewiesen. ■

Bemerkung 8.27 (2KNF-SAT): Es ist interessant darauf hinzuweisen, dass das analog definierte Problem 2KNF-SAT in $\mathcal{P}$ liegt. ◄

Satz 8.28:

Das Problem Mengenüberdeckung ist $\mathcal{NP}$-vollständig.

Beweis: Wir zeigen 3KNF-SAT $\leq_p$ Mengenüberdeckung. Für $F = K_1 \wedge K_2 \wedge \cdots \wedge K_m$ eine Formel in konjunktiver Normalform mit m Klauseln und den n Variablen x_i, $1 \leq i \leq n$, wählen wir die Grundmenge $M = \{1, 2, \ldots, m, m+1, \ldots, m+n\}$. Für $1 \leq i \leq n$ sei

$$T_i = \{m+i\} \cup \{j \mid x_i \text{ tritt in Klausel } K_j \text{ auf}\},$$
$$T_i' = \{m+i\} \cup \{j \mid \neg x_i \text{ tritt in Klausel } K_j \text{ auf}\},$$

d.h. die Teilmengen des Problems sind durch $T_1, \ldots, T_n, T_1', \ldots T_n' \subseteq M$ gegeben.

Für dieses Mengensystem gilt nun, dass es genau dann eine F erfüllende Belegung der n Variablen gibt, wenn eine Auswahl von n der $2n$ Mengen T_i, T_i' ganz M überdecken. Dazu wählen wir für eine gegebene erfüllende Belegung all jene Teilmengen T_i, deren Variable x_i in der erfüllenden Belegung auf 1 gesetzt wird, für die anderen Variablen wählen wir T_i'. Offensichtlich besitzt diese Auswahl genau n Mengen und enthält jedes der Elemente aus M.

Sei umgekehrt $U := \{U_1, \ldots, U_n\} \subset \{T_1, \ldots, T_n, T_1', \ldots, T_n'\}$ eine Auswahl die ganz M überdeckt. Da nach Konstruktion das Element $m + j = k \in M$ mit $k > n$ nur durch die beiden Mengen T_j und T_j' überdeckt werden kann, muss für jedes $i = 1, \ldots, n$ eine der beiden Mengen T_i oder T_i' zu U gehören. Wir können also o.B.d.A. annehmen, dass $U_1 \in \{T_1, T_1'\}, \ldots, U_n \in \{T_n, T_n'\}$ gilt. Wir erhalten nun eine die Formel F erfüllende Belegung der x_i, indem wir x_i auf 1 setzen, wenn $U_i = T_i$ gilt; ist $U_i = T_i'$, setzen wir x_i auf 0. Da in U alle Elemente aus $\{1, \ldots, m\}$ vorkommen, werden so alle Klauseln in F erfüllt.

Damit ist die polynomielle Reduzierbarkeit von 3KNF-SAT auf Mengen-überdeckung bewiesen. ∎

Satz 8.29:
Das Problem Clique ist $\mathcal{NP}$-vollständig.

Beweis: Der Beweis erfolgt mittels einer Reduktion von 3KNF-SAT auf Clique. Für Details sei auf die Übungen verwiesen. ∎

Satz 8.30:
Das Problem Knotenüberdeckung ist $\mathcal{NP}$-vollständig.

Beweis: Der Beweis gelingt durch eine triviale Reduktion von Clique. Der Graph $G(V, E)$ und die Zahl k der Eingabe von Clique werden auf den komplementären Graphen

$$\overline{G} = \left(V, \{\{u, v\} \mid u, v \in V \wedge u \neq v \wedge \{u, v\} \notin E\}\right)$$

und die Zahl $|V| - k$ abgebildet. Man mache sich klar, dass diese Konstruktion das eine Problem jeweils in das andere überführt. ∎

Satz 8.31:
Das Problem gerichteter Hamilton-Kreis ist $\mathcal{NP}$-vollständig.

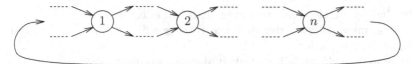

Abb. 8.1 Teilstruktur des zur Reduktion von 3KNF-SAT auf gerichteter Hamilton-Kreis konstruierten Graphen; jeder gezeigte Knoten korrespondiert mit einer Variablen der gegebenen Formel F.

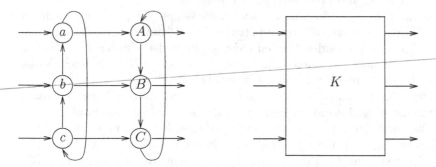

Abb. 8.2 Struktur der Teilgraphen K, die verwendet werden, um die Knoten des Graphen aus Abb. 8.1 miteinander zu verbinden.

Beweis: Auch hier können wir 3KNF-SAT auf das Problem reduzieren. Wir nehmen dazu an, dass F eine Formel in konjunktiver Normalform sei, in der stets genau 3 Literale pro Klausel vorkommen. Für m die Anzahl der Klauseln in F, $\{x_1, \ldots, x_n\}$ die Menge der Variablen und $z_{j,l} \in \{x_1, x_2, \ldots, x_n\} \cup \{\neg x_1, \neg x_2, \ldots, \neg x_n\}$, $1 \le j \le m$, $1 \le l \le 3$, hat F also die Gestalt

$$F = \bigwedge_{1 \le j \le m} (z_{j,1} \vee z_{j,2} \vee z_{j,3}).$$

Der Graph, den wir konstruieren, hat zunächst für jede der Variablen x_i, $1 \le i \le n$, einen Knoten, den wir mit i bezeichnen wollen. Jeder dieser

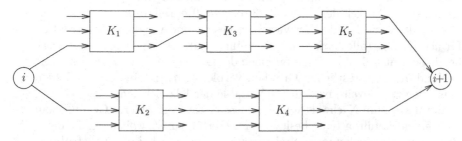

Abb. 8.3 Ausschnitt eines zur Reduktion von 3KNF-SAT auf gerichteter Hamilton-Kreis konstruierten Graphen.

Knoten hat zwei eingehende und zwei ausgehende Kanten, diese sind aber nicht direkt miteinander verbunden. Die Topologie dieses Teils des Graphen wird in Abb. 8.1 gezeigt.

Die gepunktet dargestellten Teile in dieser Graphik repräsentieren Teilgraphen, deren Struktur wir nachfolgend betrachten. So führt jede von einem Knoten i ausgehende Kante in einen der Teilgraphen K_j, $1 \leq j \leq m$ (also für jede Klausel einen), wobei jeder dieser Teilgraphen K_j die Struktur des in Abb. 8.2 links dargestellten Graphen besitzt.

In der weiteren Diskussion werden wir die Graphen K_j stets wie rechts in der Abbildung dargestellt repräsentieren. Dabei kann es sein, dass die den Graphen K verlassenden Kanten nicht direkt in den Knoten $i + 1$ führen, sondern zunächst in einen anderen der Teilgraphen K_l münden. Welche ausgehende Kante von Knoten i zu welcher Eingangskante von welchem K_j führt und wohin die Ausgangskanten von K_j führen, hängt von dem Vorkommen der Literale x_i und $\neg x_i$ in den einzelnen Klauseln ab:

Die obere der beiden den Knoten i verlassenden Kanten orientiert sich dabei an Literal x_i. Für jede Klausel K_j, in der x_i vorkommt, wird zwischen den Knoten i und $i + 1$ der Graph K_j aufgesucht. Kommt x_i dabei in K_{j_1} als l_1-te Variable vor (ist also gleich z_{j_1, l_1} in obiger Darstellung von F), so verbinden wir die obere der Knoten i verlassenden Kanten mit dem l_1-ten Eingang von K_{j_1}. Kommt x_i als l_2-te Variable in K_{j_2} vor, so wird die l_1-te ausgehende Kante von K_{j_1} mit der l_2-ten eingehenden Kante von K_{j_2} verbunden, usw. Wie wir nachfolgend sehen werden, haben wir dabei keine Wahl, welche ausgehende Kante wir verwenden. Der Teilgraph K, der das letzte Vorkommen von x_i repräsentiert, wird letztlich über die obere einmündende Kante mit Knoten $i + 1$ verknüpft.

Die Vorkommen des Literals $\neg x_i$ werden auf dieselbe Weise über die unteren Kanten der Knoten i und $i + 1$ berücksichtigt. Nachfolgendes Beispiel soll diese Konstruktion verdeutlichen. Seien folgende Klauseln all jene in F, in denen Variable x_i vorkommt:

$$F = (x_{i-2} \lor x_{i-1} \lor x_i) \land (\neg x_{i-4} \lor \neg x_i \lor x_{i+5}) \land (x_{i-7} \lor x_i \lor \neg x_{i+5})$$
$$\land (x_{i-1} \lor \neg x_i \lor \neg x_{i+1}) \land (x_i \lor \neg x_{i+1} \lor \neg x_{i+2}) \land \dots$$

Nummerieren wir die Klauseln sowie die Vorkommen von x_i von links nach rechts, so ergibt sich der in Abb. 8.3 dargestellte Teilgraph.

Da jede Klausel exakt drei Variablen besitzt und wir diese Konstruktion für alle Knoten (alle Variablen) durchführen, gibt es schließlich keine eingehende oder ausgehende Kante für einen der Graphen K_j, die *lose*, d.h. ohne Verbindung zum restlichen Graphen verbleibt; irgendeine der Variablen muss die erste, zweite bzw. dritte Variable der Klausel sein.

Bevor wir zum Nachweis kommen, dass der so konstruierte Graph genau dann einen Hamilton-Kreis besitzt, wenn F erfüllbar ist, wollen wir auf obige Bemerkung zurückkommen, und motivieren, warum bei der Konstruktion für die k-te eingehende auch immer die k-te ausgehende Kante benutzt wurde.

Lemma 8.32 (Hilfsbehauptung K_j): Wenn der ein K_j umgebende Graph G einen Hamilton-Kreis hat, so muss dieser, wann immer er K_j über Knoten a (bzw. b bzw. c) betritt, K_j über Knoten A (bzw. B bzw. C) verlassen. ◀

Beweis von Lemma 8.32: Nehmen wir an, der Kreis betritt K_j zwar über Knoten a, verlässt den Teilgraph aber über Knoten B beispielsweise über den Pfad $a \to A \to B$. Dies bedeutet aber für Knoten b, dass er nicht Teil des Kreises sein kann, denn beide potentiellen Nachfolger von b, die Knoten a und B, sind bereits besucht. Dies widerspricht der Voraussetzung, dass wir einen Hamilton-Kreis betrachten. Für alle anderen Möglichkeiten, wie wir K_j über a betreten aber über einen Knoten ungleich A verlassen können, ergibt sich stets ein analoger Widerspruch, und zwar für den Pfad

$$a \to A \to B \to C \qquad \text{für Knoten } b,$$
$$a \to c \to C \qquad \text{für Knoten } A,$$
$$a \to c \to b \to B \qquad \text{für Knoten } A \text{ und } C,$$
$$a \to c \to b \to B \to C \qquad \text{für Knoten } A,$$
$$a \to c \to C \to A \to B \qquad \text{für Knoten } b.$$

Die Fälle, dass der Kreis K_j über b oder c betritt, verhalten sich aus Symmetriegründen analog. ∎

Für den Fall, dass K_j über a betreten wird heißt das also, dass ein Hamilton-Kreis nur einen der Pfade $a \to A$, $a \to c \to C \to A$ oder $a \to c \to b \to B \to C \to A$ verwenden kann. Wenn die Formel F eine erfüllende Belegung besitzt, kann man beginnend bei Knoten 1 wie folgt einen geschlossenen Weg durchlaufen: Hat die Variable x_1 die Belegung 1, so wählt man die obere Kante, sonst die untere. Allgemein betrachtet man im Knoten i die Belegung der Variablen i und wählt die ausgehende Kante entsprechend. Die auf dem Weg bis zum Knoten $i + 1$ aufgesuchten Graphen K (die all jene Klauseln repräsentieren, in denen x_i bzw. $\neg x_i$ vorkommen) müssen stets über einen der drei oben genannten Wege durchlaufen werden.

Welcher der drei Wege der richtige ist hängt davon ab, welche der beiden anderen Literale der zugehörigen Klausel durch die betrachtete Belegung den Wert 1 erhalten. Ist beispielsweise keines der anderen Literale wahr, so heißt das entweder, dass die zugehörige Variable auf 1 gesetzt, im Literal aber negiert ist, oder dass sie zwar unnegiert auftritt, aber mit 0 belegt wird. Im ersten Fall wird der konstruierte Hamilton-Kreis den zur Variablen gehörenden Knoten über die obere Kante verlassen, der zur Klausel gehörende Graph K_j ist aber über die untere Kante erreichbar; im zweiten Fall verhält es sich genau umgekehrt. Damit dennoch alle Knoten aus K_j besucht werden, wählen wir in diesem Fall den Pfad $a \to c \to b \to B \to C \to A$ bzw. einen der analogen, der alle Knoten in K_j besucht. Auf diese Weise kann stets sichergestellt werden, dass nach der Rückkehr zum Knoten 1 alle Knoten i, $1 \leq i \leq n$ und alle Knoten der Teilgraphen K_j, $1 \leq j \leq m$ genau einmal besucht wurden.

Ist umgekehrt ein Hamilton-Kreis gegeben, so durchläuft dieser Knoten 1, anschließend gewisse Teilgraphen K, dann Knoten 2 usw. bis er letztlich zu Knoten 1 zurückkehrt. An dieser Stelle greift obige Hilfsbehauptung, denn sie erzwingt, dass es für einen Pfad, der alle Knoten genau einmal besucht, nicht möglich ist, anders als vorgesehen die Teilgraphen K_j zu passieren. Je nachdem, ob der Kreis den Knoten i über seine obere oder untere Kante verlässt, setzen wir $x_i = 1$ oder $x_i = 0$. Die so erzeugte Belegung erfüllt F, da der Kreis jeden Graphen K_j mindestens einmal betritt, d.h. es für jede Klausel mindestens ein Literal innerhalb der zugehörigen Klausel gibt, das den Wert 1 annimmt. Es ist dies (mindestens) das Literal mit Variable i, wenn K zwischen den Knoten i und $i + 1$ besucht wird.

Es bleibt zu bemerken, dass obige Konstruktion problemlos in polynomieller Zeit bewerkstelligt werden kann. ∎

Satz 8.33:
Das Problem ungerichteter Hamilton-Kreis ist $\mathcal{NP}$-vollständig.

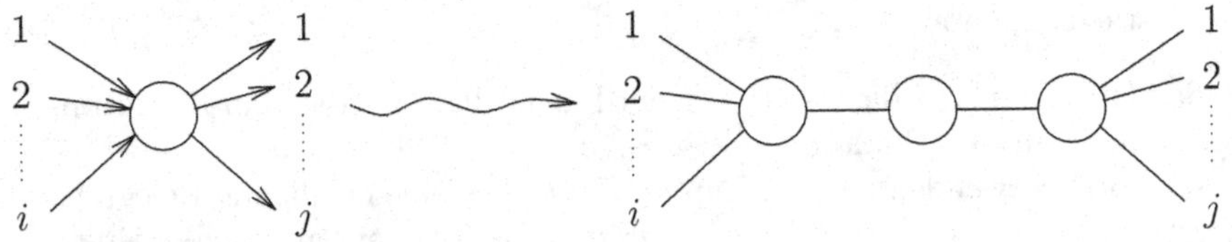

Abb. 8.4 Expansion der Knoten zwecks Aufgabe der Kantenrichtungen.

Beweis: Wir beweisen diesen Satz, indem wir zeigen, wie man den gerichteten auf den ungerichteten Fall reduzieren kann. Dazu transformieren wir einen gerichteten Graphen in einen ungerichteten derart, dass die Eigenschaft einen Hamilton-Kreis zu besitzen erhalten bleibt.

Jeder Knoten mit i verschiedenen einmündenden und j verschiedenen ausgehenden Kanten, wird lokal durch drei Knoten ersetzt. Der erste dieser Knoten hat i Kanten, die mit den i Startknoten der Kanten im gerichteten Graphen (bzw. mit dem dritten Knoten der aus ihnen resultierenden *Drei-Knoten-Struktur*) verbunden sind. Der zweite Knoten hat genau zwei Kanten, die ihn mit dem ersten und dem dritten Knoten verbinden. Der dritte Knoten hat j Kanten, diese sind zu den j Zielknoten des gerichteten Graphen (bzw. zu dem ersten Knoten der aus ihnen resultierenden *Drei-*

Knoten-Struktur) inzident. Abb. 8.4 zeigt anschaulich diese Expansion eines einzelnen Knotens.

Offensichtlich impliziert ein Hamilton-Kreis des gerichteten Graphen auch einen für den ungerichteten; anstelle des einzelnen Knotens werden hier einfach die drei Knoten der Reihe nach durchlaufen. Hat umgekehrt der ungerichtete Graph einen Hamilton-Kreis, so können wir folgern, dass dieser niemals den ersten (dritten) Knoten einer der Drei-Knoten-Strukturen von links (rechts) her betritt und wieder nach links (rechts) verlässt. In diesem Fall nämlich wird es unmöglich, den zweiten Knoten der Struktur in den Kreis mit einzubeziehen; wird er später von rechts (links) her betreten, kann er nicht mehr verlassen werden, ohne einen Knoten doppelt aufzusuchen. Somit muss jeder Hamilton-Kreis, der eine der Drei-Knoten-Strukturen über den ersten (dritten) Knoten betritt, danach den zweiten Knoten aufsuchen und die Struktur anschließend über den dritten (ersten) Knoten verlassen.

Da ein *Richtungswechsel* bei dieser Durchquerung des ungerichteten Graphen nur möglich wäre, indem man eine der Drei-Knoten-Strukturen auf der gleichen Seite wieder verlässt, auf der man sie betreten hat, werden alle Teilstrukturen in derselben Richtung durchlaufen. Damit können wir o. B. d. A. annehmen, dass jede Drei-Knoten-Struktur linear von links nach rechts durchlaufen wird; sollte der umgekehrte Fall vorliegen, können wir den Hamilton-Kreis einfach komplett umkehren. Für den einer Drei-Knoten-Struktur entsprechenden Knoten im gerichteten Graphen bedeutet dies, dass es stets eine einmündende und eine ausgehende Kante am entsprechenden Knoten gibt, entlang der ein Hamilton-Kreis verläuft. ∎

> **Satz 8.34:**
> *Das Problem* Traveling-Salesman *ist* $\mathcal{NP}$-*vollständig.*

Beweis: Durch folgende, offensichtlich in polynomieller Zeit berechenbare Konstruktion, wird der gerichtete HAMILTON-KREIS auf Traveling-Salesman reduziert:

$$G = (\{1, \ldots, n\}, E) \quad \leadsto \quad \begin{bmatrix} \text{Distanzmatrix: } M \\ \text{Reisenlänge: } n \end{bmatrix} \text{ mit } M_{i,j} = \begin{cases} 1, (i,j) \in E \\ 2, (i,j) \notin E \end{cases}$$

Wenn der Digraph G einen Hamilton-Kreis besitzt, so entspricht die Reihenfolge, in der auf diesem Kreis die Knoten besucht werden, einer Permutation π der Elemente $\{1, 2, \ldots, n\}$. Jeder der Matrix-Einträge $M_{\pi(i),\pi(i+1)}$ als auch der Eintrag $M_{\pi(n),\pi(1)}$ haben nach Konstruktion den Wert 1, da der Kreis ja genau die Kanten $(\pi(i), \pi(i+1))$ bzw. $(\pi(n), \pi(1))$ benutzt. Folglich summieren sich diese Matrix-Einträge zu n.

Gibt es umgekehrt eine Permutation der Elemente $\{1, 2, \ldots, n\}$, die eine Lösung des Traveling-Salesman-Problems mit Schranke n ist, so kann darin kein Indexpaar $(\pi(i), \pi(i+1))$ vorkommen, mit $M_{\pi(i),\pi(i+1)} = 2$; in diesem Fall impliziert nämlich der Umstand, dass die kleinsten Einträge von M gleich 1 sind, dass die Summe über n Summanden (n Matrix-Einträgen) echt größer n wäre. Folglich existiert zu jedem Indexpaar $(\pi(i), \pi(i+1))$ in G eine Kante, so dass wir durch die Permutation einen Hamilton-Kreis impliziert bekommen.   ∎

Die geführte Reduktion zeigt überdies, dass das Traveling-Salesman-Problem $\mathcal{NP}$-vollständig verbleibt, selbst wenn alle Distanzen durch eine Konstante beschränkt sind.

*   *   *

Wir wollen im nächsten Kapitel unsere Betrachtung der $\mathcal{NP}$-vollständigen Probleme damit fortführen, uns zu fragen, was wir in der Praxis denn tun können, wenn wir mit einem solchen Problem konfrontiert werden.

8.5 Quellenangaben und Literaturhinweise

Das Konzept der $\mathcal{NP}$-Vollständigkeit wurde 1971 von Stephen A. Cook eingeführt [7] (in diesem Papier wird auch SAT als $\mathcal{NP}$-vollständig bewiesen). Unsere Darstellung zur Komplexitätstheorie ist in wesentlichen Teilen an [26] angelehnt. Für eine deutlich weiterführende Abhandlung sei an [10] verwiesen.

8.6 Aufgaben

Aufgabe 8.1: Im Kontext der $\mathcal{NP}$-Vollständigkeit trennen wir effiziente und nicht effiziente Algorithmen darüber, dass wir polynomielle und exponentielle Laufzeitschranken gegenüberstellen. Ist es möglich, dass wir einen Algorithmus untersuchen, und dabei auf eine Laufzeit stoßen, die schneller als jedes Polynom und dennoch nicht exponentiell schnell wächst? Beweisen Sie Ihre Antwort.

Aufgabe 8.2: Wir definieren co-$\mathcal{NP}$ als die Menge all jener Sprachen $\mathcal{L}$, deren Komplement zur Klasse $\mathcal{NP}$ gehören (für die also $\overline{\mathcal{L}} \in \mathcal{NP}$ gilt). Zeigen Sie $\mathcal{P} \subseteq$ co-$\mathcal{NP}$. Zeigen Sie weiter, dass wenn $\mathcal{NP} \neq$ co-$\mathcal{NP}$ gilt, daraus $\mathcal{P} \neq \mathcal{NP}$ folgt.

Aufgabe 8.3: Zur Wiederholung: Für einen Digraphen $G = (V, E)$ ist seine *transitive Hülle* der Digraph $G' = (V, E')$ mit $e = (u, v) \in E'$ genau dann, wenn es in G einen gerichteten Weg von u nach v gibt. In dieser Aufgabe betrachten wir das Konzept der Reduktion eines Problems auf ein anderes als eine weitere Entwurfsmethode für Algorithmen. Verwenden Sie dazu unsere Lösung für das *All Pairs Shortest Path Problem*, um die transitive Hülle eines Digraphen $G = (V, E)$ zu berechnen.

Aufgabe 8.4: Beweisen Sie durch eine Reduktion von 3KNF-SAT, dass das Problem Clique $\mathcal{NP}$-vollständig ist.

Aufgabe 8.5: Wir erweitern unseren Katalog $\mathcal{NP}$-vollständiger Probleme um zwei weitere:

- Rucksack: Hier sind die natürlichen Zahlen $a_1, a_2, \ldots, a_k \in \mathbb{N}$ und $b \in \mathbb{N}$ gegeben; es ist zu entscheiden, ob es eine Teilmenge $I \subseteq \{1, 2, \ldots, k\}$ derart gibt, dass $\sum_{i \in I} a_i = b$ gilt.
- Partition: Für die gegebenen natürlichen Zahlen $a_1, a_2, \ldots, a_k \in \mathbb{N}$ ist gefragt, ob es eine Teilmenge $J \subseteq \{1, 2, \ldots, k\}$ gibt, für die $\sum_{i \in J} a_i = \sum_{i \in \{1,2,\ldots,k\} \setminus J} a_i$ gilt.

Beweisen Sie unter der Annahme, dass Rucksack $\mathcal{NP}$-vollständig ist, dass dann auch Partition $\mathcal{NP}$-hart ist.

Aufgabe 8.6: Beweise Sie: Rucksack ist $\mathcal{NP}$-vollständig.

Aufgabe 8.7: Wir betrachten die gewichtete Variante des Rucksack-Problems aus Aufgabe 8.5 und ordnen jeder der natürlichen Zahlen a_i den Nutzen $c_i \in \mathbb{N}$ zu, $1 \leq i \leq k$. Gesucht ist nun eine Teilmenge $I \subseteq \{1, 2, \ldots, k\}$, die die Summe $\sum_{i \in I} c_i$ maximiert und dabei $\sum_{i \in I} a_i \leq b$ erfüllt.

Entwerfen Sie mit Hilfe der dynamischen Programmierung einen Algorithmus, der diese Variante des Rucksack-Problems in Zeit $\mathcal{O}(n^2 \cdot \max_{1 \leq i \leq k}(c_i))$ löst.

Hinweis: Betrachten Sie als j-tes Teilprobleme jeweils die Instanz, die bei unverändertem b nur die Zahlen a_i, $1 \leq i \leq j$, sowie die zugehörigen Nutzen enthält und assoziieren Sie die Tupel

$$(\ell, a_{j,\ell}, T_{j,\ell}) \in \left\{0, 1, \ldots, \sum_{1 \leq i \leq j} c_i\right\} \times \{0, 1, \ldots, b\} \times 2^{\{1,2,\ldots,j\}},$$

$$\ell \in \{0, 1, 2, \ldots, \sum_{1 \leq i \leq j} c_i\},$$

wobei $\sum_{i \in T_{j,\ell}} c_i = \ell$ und dabei $\sum_{i \in T_{j,\ell}} a_i = a_{j,\ell}$ minimal gilt.

Aufgabe 8.8: Das Problem dominierende Menge ist folgendermaßen definiert:

Gegeben ein Graph $G = (V, E)$ und eine Zahl $k \in \mathbb{N}$; es ist zu entscheiden, ob es eine Teilmenge $V' \subseteq V$ gibt mit $|V'| \leq k$ und $\forall u \in V \setminus V' \ \exists v \in V' : (u, v) \in E$.

Zeigen Sie: Dominierende Menge ist $\mathcal{NP}$-vollständig.

Aufgabe 8.9: Zeigen Sie, dass die Klasse $\mathcal{P}$ in der Klasse der Sprachen enthalten ist, deren charakteristische Funktion Loop-berechenbar ist. Dabei ist die charakteristische Funktion χ_A einer Menge A definiert als $\chi_A(x) = 1 \leftrightarrow x \in A$.

Kapitel 9
Entwurfsmethoden für schwere Optimierungsprobleme

Im vorherigen Abschnitt haben wir Entscheidungsprobleme in Probleme formaler Sprachen transformiert, indem wir $L \subseteq \Sigma^\star$ als die Sprache all jener codierten Instanzen des Problems definierten, für die das Entscheidungsproblem das Ergebnis Ja liefert. In diesem Kapitel wollen wir unseren Blickwinkel erweitern und (ähnlich wie in Abschnitt 7.6 zur linearen Programmierung) Optimierungsprobleme untersuchen.

Dieser Klasse von Problemen entstammt die Mehrheit der bekanntesten $\mathcal{NP}$-vollständigen Probleme, und vielen in der Praxis relevanten Problemstellungen liegt ein Optimierungsproblem zugrunde. Deshalb wollen wir anhand einiger Beispiele von Optimierungsproblemen auch die typischen Strategien behandeln und aufzeigen, was man angesichts der entmutigenden Nachricht, es mit einem schweren Problem zu tun zu haben, unternehmen kann, um dennoch Lösungen für ein gegebenes Problem zu finden.

9.1 Formales Modell

Wir beginnen wieder mit dem formalen Rahmen. Da wir nun nicht mehr nur Ja/Nein-Fragen beantworten wollen, haben unsere Probleme etwas mehr Struktur.

Definition 9.1 (Optimierungsproblem):
Ein Optimierungsproblem ist ein 4-Tupel $P = (X, F, Z, \odot)$ mit

- *X ist eine Menge von Instanzen (codiert als Wörter),*
- *F ist eine Abbildung, die jeder Instanz $x \in X$ die Menge ihrer zulässigen Lösungen (feasible solutions) $F(x)$ zuordnet,*
- *Z ist die Zielfunktion, die dem Paar (x, y), $x \in X$ und $y \in F(x)$, einen Wert (seine Kosten bzw. seinen Nutzen) aus $\mathbb{R}$ zuweist.*
- *$\odot$ ist die Optimierungsrichtung (Minimierung, Maximierung).* ◀

Damit ein Optimierungsproblem überhaupt algorithmisch sinnvoll zu handhaben ist, müssen wir Einschränkungen vornehmen.

© Springer Fachmedien Wiesbaden GmbH, ein Teil von Springer Nature 2018
M. Nebel und S. Wild, *Entwurf und Analyse von Algorithmen*,
Studienbücher Informatik, https://doi.org/10.1007/978-3-658-21155-4_9

Definition 9.2 (Komplexitätsklasse $\mathcal{NPO}$):

Die Menge $\mathcal{NPO}$ ist die Menge der Optimierungsprobleme $P = (X, F, Z, \odot)$ mit

a) X kann deterministisch in Polynomialzeit entschieden werden,

b) die Zielfunktion Z ist in Polynomialzeit berechenbar, und

c) es gibt ein Polynom p, sodass $|y| \leq p(|x|)$ für alle $x \in X$ und $y \in F(x)$ gilt (d.h. die Codierungslänge der zulässigen Lösungen hängt höchstens polynomiell von der Eingabelänge ab).

d) Für alle $x \in X$ und alle $y \in F(x)$ mit $|y| \leq p(|x|)$ kann in Polynomialzeit entschieden werden, ob $y \in F(x)$ gilt.   ◀

Die Punkte c) und d) der Definition fordern also insgesamt, dass wir keine Lösung betrachten müssen, deren Codierung zu lang ist, und die Zulässigkeit einer jeden potentiellen (u.U. geratenen) Lösung einfach zu entscheiden ist.

Die *optimale Lösung* eines Problems in $\mathcal{NPO}$ und einer zugehörigen Instanz $x \in X$ ist ein $y^* \in F(x)$ mit

$$Z(x, y^*) \;=\; z^* \;:=\; \odot \left\{ Z(x, y) \mid y \in F(x) \right\}.$$

Wir nennen z^* auch den optimalen Zielfunktionswert (*optimal objective value*) des Optimierungsproblems.

Wie im Falle der klassischen Entscheidungsprobleme wollen wir den potentiell schwierigen Problemen in $\mathcal{NPO}$ die effizient optimierbaren Probleme gegenüberstellen.

Definition 9.3 ($\mathcal{PO}$):

Die Klasse $\mathcal{PO}$ besteht aus allen Optimierungsproblemen, für die eine optimale Lösung deterministisch in Polynomialzeit berechnet werden kann.   ◀

Eine Anwendung, viele Probleme

Man kann einem Problem $P = (X, F, Z, \odot) \in \mathcal{NPO}$ neben der Berechnung einer optimalen Lösung *drei* weitere Varianten zuordnen. Die eine kennen wir bereits; sie liegt in der Betrachtung des entsprechenden *Entscheidungsproblems*, d.h. in der Beantwortung der Frage, ob es für eine Instanz $x \in X$ und einen Schwellwert B eine zulässige Lösung $y \in F(x)$ mit $Z(x, y) \geq B$ ($\odot = \max$) bzw. mit $Z(x, y) \leq B$ ($\odot = \min$) gibt. Zum anderen kann man sich nach dem *optimalen Wert* z^* der Zielfunktion fragen, der für eine optimale Lösung y^* angenommen wird, ohne eine solche Lösung selbst zu verlangen. Letztere Variante bezeichnet man als *Evaluationsproblem* (*evaluation problem*).

Die dritte Variante ist eine Kombination der beiden vorherigen: Gegeben eine Instanz $x \in X$ und einen Schwellwert B, löse das Entscheidungsproblem und falls die Antwort Ja ist, so gib euch einen Zeugen y für diese Behauptung aus. Diese Variante wird *(Zertifikats-) Suchproblem* (*certificate search problem*) genannt und macht auch für gewöhnliche Problem in $\mathcal{NP} = \mathcal{VP}$ Sinn: Auch dort können wir für $w \in L$ die Ausgabe eines Zertifikats z verlangen, sodass

der Polynomialzeit-Verifizierer für L die Eingabe (w, z) akzeptiert. Tabelle 9.1
stellt die vier Problemvarianten gegenüber.

	z^* besser als B?	Was ist z^*?
Behauptung	Entscheidungsprob.	Evaluationsprob.
Behauptung + Zeuge	Suchproblem	Optimierungsprob.

Tabelle 9.1 Die vier Varianten eines Optimierungsproblems, aufgeschlüsselt nach
der Art der Frage bezüglich des optimalen Zielfunktionswerts z^* (Spalten) und
der Art der gewünschten Ausgabe (Zeilen).

Vergleich der Problemtypen: Offensichtlich kann man eine Lösung für eine
Problemvariante der zweiten Zeile in Tabelle 9.1 stets zu einer Lösung der
ersten Zeile machen, indem man den Zeugen weglässt. Auch von der zweiten
Spalte in die erste zurückzukommen ist trivial. Die Härte des Optimierungsproblems kann damit auf die Härte des zugehörigen Entscheidungsproblems
zurückgeführt werden. Ist das Entscheidungsproblem P_D $\mathcal{NP}$-hart, dann
nennen wir auch das entsprechende Optimierungsproblem P so, denn eine
Polynomialzeitlösung für P implizierte auch eine für P_D.

Nicht direkt klar ist, ob auch der Weg in die umgekehrte Richtung jeweils
möglich ist. Vom Entscheidungs- zum Evaluationsproblem gelingt dies mit polynomiellem Overhead mittels binärer Suche, wenn die Zielfunktion ganzzahlig
oder rational ist. Da sie in Polynomialzeit berechnet werden kann, wissen wir,
dass der Funktionswert stets nur polynomiell viele Ziffern hat.

Selbstreduzierbare Probleme: Oft zeigt auch eine sog. Selbstreduktionsei-
genschaft, dass die Entscheidungsvariante bzw. das Evaluationsproblem der
schwierige Kern eines Optimierungsproblems in $\mathcal{NPO}$ ist. Dann können wir
unter der Annahme eines *Orakels* – eines magischen Unterprogramms, das
für uns eine beliebige Instanz des Entscheidungsproblems löst, ohne dass
wir wissen müssen, wie es arbeitet – ein Zertifikat, also eine Lösung für das
Suchproblem, konstruieren.

Wir betrachten zur Verdeutlichung SAT als Suchproblem, nehmen also an,
es sei eine Formel φ in konjunktiver Normalform über den Variablen $x_1, \ldots, x_n$
gegeben, für die eine erfüllende Belegung oder „unerfüllbar" auszugeben ist.
Angenommen, wir haben ein Orakel f, das für eine Formel nur entscheidet, ob
sie erfüllbar ist oder nicht. Wir können damit sukzessive auch eine erfüllende
Belegung finden (sofern sie existiert), indem wir beide Belegungen für x_1,
wahr oder falsch, einsetzen und mittels f prüfen, ob die resultierende Formel
mit $n - 1$ Variables erfüllbar ist. Falls ja, so können wir die entsprechende
Belegung für x_1 beibehalten, falls beide Varianten unerfüllbar sind, so gilt
das auch für φ selbst und wir brechen ab. Nach höchstens n solchen Schritten
haben wir eine komplette Variablenbelegung konstruiert.

Für Optimierungsprobleme bestimmen wir zuerst z^* und wenden dann ein Verfahren wie oben an; auch hier wollen wir uns ein Beispiel ansehen. Wir betrachten Knotenüberdeckung als Minimierungsproblem: Überdecke alle Kanten eines Graphen mit einer kleinstmöglichen Knotenmenge. Ist f ein Orakel für die Entscheidungsvariante, so können wir mittels binärer Suche leicht den optimalen Zielfunktionswert ermitteln; da z^*, die Größe eines minimalen Vertex Covers, in $[1..n]$ liegt, könnte wir alternativ sogar k von 0 bis n laufen lassen, und beim ersten Ja abbrechen. Auch dann hätten wir höchstens n Aufrufe an f verwendet.

Damit haben wir eine Lösung f' für das Evaluierungsproblem an der Hand. Wir wählen nun einen Knoten des Graphen aus und entfernen ihn samt seiner Kanten. Der entfernte Knoten ist genau dann Teil einer optimalen Lösung, wenn sich die Größe der optimalen Lösung des neuen Graphen genau um 1 von der des ursprünglichen Graphen unterscheidet, was wir mittels f' überprüfen. Ist aber ein Knoten v nicht Teil der Überdeckung, so müssen alle Nachbarn von v dazugehören; nur so werden die zu v inzidenten Kanten überdeckt. Durch Iteration dieses Vorgehens erhalten wir letztlich eine optimale Lösung ausgehend alleine von einem Orakel für das Entscheidungsproblem. Ist die Laufzeit von f polynomiell beschränkt, so gilt das auch für unseren skizzierten Algorithmus für das Optimierungsproblem.

$$*\qquad*\qquad*$$

Natürlich sollten wir für $\mathcal{NP}$-harte Probleme nicht erwarten, eine effiziente Methode zu finden, um das Entscheidungsproblem zu lösen. Obige Konstruktionen sind also lediglich insofern von Interesse, als dass sie erlauben, uns bei der Bestimmung der Komplexität auf die Entscheidungsvariante zu beschränken; sie liefern aber keine brauchbaren Algorithmen, um die Probleme tatsächlich zu lösen.

Dennoch sind viele schwierige Optimierungsprobleme in der Praxis von Bedeutung. Wir wollen deshalb in diesem Kapitel einige Ansätze diskutieren, die für die Lösung dieser Probleme erfolgreich sein können.

9.2 Backtracking und Branch & Bound

Die hier zu betrachtende Methode für die Lösung schwieriger Optimierungsprobleme ist das *Branch & Bound*. Zu ihrer Vorbereitung betrachten wir ein relativ naives Vorgehen, das *Backtracking*, das sich insbesondere für Entscheidungsprobleme anbietet.

9.2.1 Backtracking

Beim Backtracking handelt es sich um eine Strategie, mit der man einen baumförmig strukturierten Lösungsraum durchmustern kann. Hierbei ist die Baumstruktur (der Lösungsraum) allerdings nicht explizit als solche gegeben (andernfalls würde das Thema auch besser in den Abschnitt *Graphen und Bäume* passen), sondern sie entsteht aus der eigentlichen Eingabe erst dynamisch während der Durchmusterung selbst.

Suchen wir nach einem Lösungsvektor mit n Komponenten und stehen für die einzelnen Komponenten verschiedene aber endlich viele Alternativen zur Verfügung, so können wir dieser Situation einen baumförmigen Lösungsraum zuordnen, indem wir die i-te Stufe des Baumes mit der i-ten Komponente des Lösungsvektors korrespondieren lassen. So entspricht die Wurzel der ersten Komponente, gibt es für diese l_1 Alternativen, so hat die Wurzel l_1 Kinder; das j-te Kind entspricht dann der Wahl der j-ten Alternative für die erste Komponente der Lösung. Diese Anschauung setzt sich über die einzelnen Ebenen des Baumes fort, sodass ein Pfad durch den Baum auf jeder Ebene eine weitere Komponente der Lösung festlegt.

Die Idee des Backtracking besteht nun darin, mit einer vollkommen unspezifizierten Lösung zu starten und nacheinander für die einzelnen Komponenten des Lösungsvektors die erste mögliche Alternative zu wählen (dies entspricht dem Pfad, der immer die linkeste Kante eines Knotens verwendet), bis wir durch diese Wahl in eine Sackgasse geraten. Dies kann beispielsweise durch Nebenbedingungen geschehen, wobei zwar einzeln betrachtet jede Komponente die erste Alternative tragen darf, eine Lösung mit vielen mit der ersten Alternative belegten Komponenten aber die Nebenbedingung verletzt.

Wenn wir eine Sackgasse erreicht haben, gehen wir zu der Position zurück (backtrack), auf der wir die letzte Belegung einer Komponente vorgenommen haben (im Bild unserer Baumstruktur heißt das, dass wir um eine Ebene in Richtung Wurzel gehen), und belegen dort die entsprechende Komponente mit dem nächstmöglichen Wert. Steht keine weitere Alternative zur Verfügung, so müssen wir eine weitere zuvor gemachte Belegung rückgängig machen (wieder ein Level in Richtung Wurzel), und dort die nächste Alternative ausprobieren. Dieses Verwerfen von Belegungen kann sich letztlich bis auf die erste Komponente fortsetzen; steht dort keine weitere Alternative zur Verfügung, so gibt es keine Lösung. Wir wollen dieses Vorgehen an einem einfachen Beispiel verdeutlichen.

Beispiel 9.4 (Backtracking-Algorithmus für SAT): Wir betrachten das $\mathcal{NP}$-vollständige Erfüllbarkeitsproblem für Formeln in konjunktiver Normalform. Für $x_1, \ldots, x_n$ die Variablen der zu erfüllenden Formel φ, sei das Wort $a_1 a_2 \ldots a_k$, $k \leq n$, $a_i \in \{0, 1\}$ die Beschreibung der partiellen Belegung der Variablen, die sich aus $x_i = a_i$, $1 \leq i \leq k$, ergibt. Anschaulich belegen wir die Variablen in φ also in der Reihenfolge ihrer Indizes beginnend bei x_1. Eine partielle Belegung führt zu einer Sackgasse, wenn sie bereits alle Variablen mindestens einer Klausel derart belegt, dass diese den Wert 0 besitzt. In diesem Fall kann keine Verlängerung der partiellen Belegung erfolgreich sein. Im Detail lässt sich das Backtracking in diesem Fall wie folgt beschreiben:

Methode: Backtracking-Algorithmus für SAT

Eingabe: Formel φ

Ausgabe: true falls φ erfüllbar, false sonst

isSatisfiable(α):   *(α ist partielle Variablenbelegung)*

1. Falls a alle Variablen belegt, gib $\varphi(\alpha)$ zurück.

2. Sonst: Wird eine der Klauseln von φ von α auf 0 gesetzt, gib false zurück.

3. Sonst: Wenn isSatisfiable($\alpha \cdot 0$) = true gib true zurück,   ◄
   sonst gibt isSatisfiable($\alpha \cdot 1$) zurück.

Dabei repräsentieren wir (partielle) Variablenbelegungen einfach als Wörter über $\{0,1\}$ und schreiben $\varphi(\alpha)$ für den Wahrheitswert von φ ausgewertet unter der Variablenbelegung α. Aufgerufen wird die Prozedur über isSatisfiable(ε), wobei ε das leere Wort ist. Offensichtlich können wir – wenn gewünscht – auch die gefundene Belegung α selbst statt nur true zurückgeben.

   Obwohl der Algorithmus in günstigen Fällen schnell eine erfüllende Belegung finden kann, sind wir mit einer Worst-Case-Laufzeit in $\Omega(2^n)$ konfrontiert, da jeder Prozeduraufruf zwei rekursive Aufrufe nach sich ziehen kann.   ◄

   Kehren wir zu einer allgemeineren Betrachtung zurück und wenden wir uns dabei dem typischen Anwendungsgebiet des Backtracking, den Entscheidungsproblemen mit Nebenbedingungen, zu. Seien die Nebenbedingungen N_i, $1 \le i \le m$, gegeben, die alle gleichzeitig durch die Belegung der Variablen $x_1, \ldots, x_n$ erfüllt werden sollen. Wie oben beschrieben, wird das Durchprobieren der Belegungen durch das Backtracking zu Teilbelegungen führen, die mindestens eine Nebenbedingung verletzen, wodurch bestimmte Bereiche des Suchraumes ausgeschlossen werden können.

   Die Effizienz des Backtracking lässt sich steigern, wenn man die Reihenfolge, in der man die Variablen belegt, so steuert, dass nach möglichst wenigen Schritten alle Variablen einer Nebenbedingung N definierte Werte erhalten. Ist k die Anzahl der Variablen, die in N vorkommen, und existieren für jede der Variablen d verschiedene Belegungen, so existieren d^k mögliche Belegungen der die Bedingungen N determinierenden Variablen. Mindestens eine dieser Belegungen muss gegen N verstoßen, da N andernfalls trivial wäre; diesen Fall können wir getrost vernachlässigen.

   Damit greift auf Level k des Baumes an mindestens einem der Äste das Konzept der Sackgasse im Backtracking, und wir müssen mindestens einen der Äste nicht weiterverfolgen. Damit wird aus dem vollständigen Suchraum der Größe d^n ein Suchraum der Größe $d^n - d^{n-k} + 1$, wobei d^{n-k} die Anzahl der vollständigen Belegungen darstellt, die durch die Sackgasse entfallen, und 1 die eine partielle Belegung berücksichtigt, die erzeugt werden muss, bis die Sackgasse erkannt werden kann. Im Bild unseres baumförmigen Suchraums ist dies in beiden Fällen gerade die Anzahl der Blätter, die wir im schlimmsten Fall aufsuchen müssen. Es empfiehlt sich also, unter allen N_j, die Reihenfolge der Variablen an einer solchen Nebenbedingung auszurichten, für die k möglichst klein ist.

   Um einem falschen Eindruck entgegenzuwirken sei abschließend bemerkt, dass sich das Backtracking nicht auf die systematische Suche nach einer geeigneten Variablenbelegung beschränkt. Alle Suchräume, die sich in einer Art

Baumstruktur anordnen lassen, können so durchmustert werden. So kann man mittels Backtracking beispielsweise auch nach einem Ableitungsbaum für ein gegebenes Wort bei gegebener kontextfreier Grammatik in Greibach-Normalform suchen. Man startet hierzu mit dem Axiom der Grammatik und probiert die zur Verfügung stehenden Regeln in einer beliebigen Anordnung durch. Für die erste angewandte Regel verifiziert man, ob die erzeugten Terminalsymbole mit den ersten Symbolen der Eingabe übereinstimmen. Falls nicht, verwirft man diese Alternative und versucht die nächste. Falls doch, markiert man diese Symbole als erzeugt und geht zum linkesten Hilfszeichen der rechten Seite der verwendeten Produktion und verfährt mit diesem entsprechend. Macht man bei diesem Vorgehen Entscheidungen rückgängig, muss man die Markierung des Eingabewortes entsprechend anpassen.

9.2.2 Branch & Bound

Branch & Bound wendet die Idee des Backtracking, den baumförmig strukturierten Suchraum systematisch zu durchmustern, auf Optimierungsprobleme an. Dabei stehen in der Regel solche Optimierungsprobleme im Fokus, die $\mathcal{NPO}$-vollständig sind. An die Stelle der Sackgassen treten nun *Schranken* für die Güte einer optimalen Lösung, die nach und nach auf anderem Wege berechnet werden.

Hat ein *Branch*-Schritt, also die Verzweigung an einem Knoten des Suchbaumes zu allen möglichen Kindern, stattgefunden, so wird für all die so erreichten neuen Blätter des Baumes eine Schranke b berechnet, die besagt, dass *keine* im Suchbaum unterhalb des aktuellen Knotens befindliche Lösung (also keine Vervollständigungen der bis dahin konstruierten partiellen Lösung) einen Wert der Zielfunktion *besser* als b besitzen kann.

Dabei unterscheiden wir den Teil des Suchbaumes, den wir bereits gesehen haben und den gesamten Suchbaum des Problems. Ersterer hat die Blätter, für die wir die Schranken b bestimmen; Abb. 9.1 soll diesen Umstand verdeutlichen.

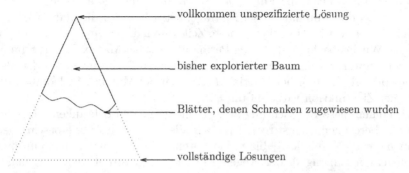

vollkommen unspezifizierte Lösung

bisher explorierter Baum

Blätter, denen Schranken zugewiesen wurden

vollständige Lösungen

Abb. 9.1 Baumförmig strukturierter Suchraum und dessen partielle Exploration mittels Branch & Bound.

Die Berechnung dieser Schranke bezeichnet man als *Bound*-Schritt. Für den nächsten Branch-Schritt werden nun die Schranken aller Blätter des bis dahin explorierten Teils des Suchbaumes verglichen und dasjenige Blatt mit der besten Schranke[1] expandiert. Die partielle Lösung dieses Blattes wird also um eine Komponente erweitert (d. h. es werden mögliche Nachfolger aufgesucht) und die Schranken der neuen Blätter bestimmt.

Hier besteht ein wesentlicher Unterschied zum Backtracking, bei dem für eine Komponente jeweils nur eine Belegung betrachtet wird, wobei das Branch & Bound stets sofort alle möglichen Belegungen der zusätzlichen Komponente untersucht. Wird bei diesem Vorgehen ein Ast so weit entwickelt, dass ein Blatt eine vollständige Lösung repräsentiert, deren Wert der Zielfunktion mindestens so gut wie alle bis dahin berechneten Schranken ist, so ist diese Lösung optimal; für alle anderen noch nicht betrachteten vollständigen Lösungen wissen wir, dass sie nicht besser sein können, als die schlechteren Schranken der anderen Blätter im Baum.

Die Schranken ersetzen also die Sackgassen des Backtracking indem solche Äste im Baum nicht weiter betrachtet werden, die eine zu schlechte Schranke erhalten haben. Dadurch muss der Suchbaum oft nicht vollständig durchmustert werden, im Worst-Case durchsucht die Methode allerdings dennoch einen exponentiell großen Suchraum und behält damit eine exponentielle Laufzeit.

9.2.3 Beispiel: Ein Branch & Bound-Algorithmus für TSP

Wir betrachten die Optimierungsvariante des *Travelling-Salesman*, bei der es darum geht, eine Permutation π der Elemente $\{1, 2, \ldots, n\}$ zu finden, die die Summe aus dem Entscheidungsproblem minimiert. Wir gehen davon aus, dass $M_{i,i} = \infty$, $1 \leq i \leq n$, gilt, was auf die Bestimmung einer optimalen Permutation π keinen Einfluss hat. Aufgrund des *Ringschlusses* der Summation über die Matrix-Einträge ist es für die Optimierung der Summe unbedeutend, mit welchem Element die Permutation π beginnt.

Bound ...: Doch wie beschränken wir die Summe für eine nur teilweise konstruierte Permutation? Für $a_1, a_2, \ldots, a_n$ die Einträge einer festen Zeile von M und m das Minimum dieser Einträge, betrachten wir die Matrix M', die entsteht, indem wir in M die betrachtete Zeile durch $a_1 - m, a_2 - m, \ldots, a_n - m$ ersetzen. Wir beobachten, dass jede Permutation π bei Matrix M mit Summe s zu einer Summe von $s - m$ führt, wenn wir π auf M' anwenden. Ist also π eine optimale Lösung bei Matrix M, so auch bei Matrix M'; lediglich die Werte der Zielfunktion variieren um m.

Wir greifen diese Beobachtung auf, um die gesuchten Schranken folgendermaßen zu berechnen. Zuerst reduzieren wir alle Zeilen von M wie beschrieben, wodurch wir die Minima m_1 bis m_n erhalten; jede Zeile in M' hat nun mindestens einen Eintrag 0, der wegen $M_{i,i} = \infty$ außerhalb der Diagonalen

---

[1] Um das Blatt mit bester Schranke effizient bestimmen zu können, empfiehlt es sich, die Schranken aller Blätter in einer Priority-Queue zu verwalten.

liegt. Bei der Bestimmung der Minima werden außerdem all jene Einträge unberücksichtigt belassen, die einem in der betrachteten Teillösung bereits *verworfenen Übergang* $M_{\pi(i),\pi(i+1)}$ bzw. $M_{\pi(n),\pi(1)}$ entsprechen; wir werden dies implizit erreichen, indem wir solche Einträge ebenfalls auf ∞ setzen.

Die so erzeugte Matrix M' reduzieren wir anschließend analog nach ihren Spalten, wodurch die Minima $m_{n+1}, \ldots, m_{2n}$ bestimmt werden, die nur dann von 0 verschieden sind, wenn die Zeilenreduktionen in der betrachteten Spalte nicht bereits eine 0 erzeugt haben. In der resultierenden Matrix M'' hat nun auch jede Spalte einen Eintrag 0 außerhalb der Diagonalen.

Als Schranke dient nun die Summe $S := \sum_{1 \leq i \leq 2n} m_i$, die nur unterboten werden könnte, existierte für M'' eine Rundreise mit negativen Kosten; M'' hat aber keine negativen Einträge. Da S der Variation der Zielfunktion im Vergleich zu der Matrix M'' entspricht und eine Permutation π mit Kosten c bzgl. Matrix M nach obiger Beobachtung die Kosten $c - S$ bzgl. Matrix M'' besitzt, impliziert die Annahme $c < S$ jene Rundreise negativer Länge.

...durch Kosten eines Cycle Cover: Die konstruierten Einträge 0 in M'' erlauben eine Überdeckung aller Knoten durch u. U. mehrere Permutationen über Teilmengen von $\{1, 2, \ldots, n\}$ mit der Eigenschaft, dass sie nur Summanden von 0 hervorrufen. Folgende Matrix verdeutlicht diesen Umstand:

$$\begin{pmatrix} \infty & 1 & 7 & 9 \\ 1 & \infty & 12 & 5 \\ 6 & 5 & \infty & 3 \\ 8 & 5 & 1 & \infty \end{pmatrix} \rightsquigarrow \begin{pmatrix} \infty & 0 & 6 & 8 \\ 0 & \infty & 11 & 4 \\ 3 & 2 & \infty & 0 \\ 7 & 4 & 0 & \infty \end{pmatrix} \rightsquigarrow \begin{pmatrix} \infty & 0 & 6 & 8 \\ 0 & \infty & 11 & 4 \\ 3 & 2 & \infty & 0 \\ 7 & 4 & 0 & \infty \end{pmatrix}$$

Man erkennt, dass die Reduktion nach den Spalten im zweiten Schritt keine Veränderung mehr hervorruft; als Schranke für unsere optimale Rundreise wenden wir in diesem Fall die aus den Permutationen[2] $(1,2)$ (geschlossener Weg $1-2-1$) und $(3,4)$ (geschlossener Weg $3-4-3$) resultierenden Summen $1+1$ zuzüglich $3+1$ gleich 6 an, was genau der Summe der m_i für dieses Beispiel entspricht.

Branch: Nachdem nun geklärt ist, wie wir den Bound-Schritt bewerkstelligen, wollen wir uns dem Branch-Schritt zuwenden. Wir erzeugen einen baumförmigen Suchraum mit folgender Idee: Jeder Knoten hat zwei Nachfolger. Wir wählen ein beliebiges Paar (α, β) mit $M_{\alpha,\beta} \neq \infty$ aus und verzweigen zum ersten Nachfolger, der repräsentiert, dass es für die Permutation π ein i mit $\pi(i) = \alpha$ und $\pi(i+1) = \beta$ gibt, oder dass $\pi(n) = \alpha$ und $\pi(1) = \beta$ gilt. Der zweite Nachfolger repräsentiert genau den umgekehrten Fall, also dass der Übergang $\alpha - \beta$ in der Rundreise *nicht* vorkommt.

---

[2] Wird die Menge der Knoten eines Graphen durch mehr als einen Kreis überdeckt, spricht man von einem *Cycle Cover*. Es ist bekannt, dass sich minimale Cycle Cover, wobei sich deren Kosten über die Summe der Marken der beteiligten Kanten berechnen, effizient konstruieren lassen.

Für den ersten Nachfolger drücken wir den Umstand, dass $\alpha - \beta$ Teil der Rundreise ist, dadurch aus, dass wir mit ihm die Matrix M_1 assoziieren, in der der Eintrag $M_{\alpha,\delta} = \infty$ für alle $\delta \neq \beta$ und $M_{\delta,\beta} = \infty$ für $\delta \neq \alpha$ gesetzt wird. Diese Wahl bewirkt, dass mit dem Übergang $\alpha - \beta$ nun α als Start und β als Ziel entfallen. Dem zweiten Nachfolger ordnen wir die Matrix M_2 zu, die aus M hervorgeht, indem wir $M_{\alpha,\beta} = \infty$ setzen; durch diese Wahl kommt $\alpha - \beta$ auch zukünftig nicht mehr in Frage.

Für diese beiden Nachfolger werden nun die Schranken berechnet und mit dem Blatt mit kleinster Schranke fortgefahren. Für dieses wird nun in der ihm assoziierten Matrix nach einem Eintrag ungleich ∞ gesucht, usw.

Neben der systematisch determinierten Durchmusterung eines Suchraumes kann eine Optimierung auch dadurch gelingen, dass man zufällige Punkte des Suchraumes betrachtet und diese, in Abhängigkeit von deren Zielfunktionswert, u. U. wieder verwirft. Bekannte Varianten dieses Vorgehens sind das Simulated Annealing, der Metropolis-Algorithmus, oder Evolutionäre Strategien.

Wir werden uns in Abschnitt 9.5 noch detailliert der Idee zuwenden, bei der Lösung schwieriger Probleme auf zufällige Ereignisse zurückzugreifen. Zuvor jedoch betrachten wir den Umgang mit schwierigen Optimierungsproblemen durch den Verzicht auf Optimalität.

9.3 Approximations-Algorithmen und Heuristiken

Wenn ein Optimierungsproblem $\mathcal{NPO}$-hart ist, ist davon auszugehen, dass es uns nicht gelingt, für beliebige Eingaben in angemessener Zeit eine optimale Lösung zu berechnen. Ein Ausweg besteht nun darin, Abstriche beim Anforderungsprofil zu erlauben und insbesondere approximative Lösungen zuzulassen, also Lösungen, deren Zielwert *nahe* am Optimum liegt. Ein Beispiel für diesen Ansatz haben wir mit der Best-Fit-Strategie im Kontext des Binpacking bereits kennengelernt. Bei diesem Ansatz sind die Laufzeit einerseits und die Güte der Approximation andererseits möglicherweise einander entgegengerichtete Ziele. Die Handhabung dieses Trade-Offs ist das Ziel der Forschung auf dem Gebiet der Approximations-Algorithmen. Es geht also letzten Endes um die Frage: *„Mit wieviel Laufzeit muß ich für ein höheres Maß an Präzision bezahlen?"*

Um den Begriff der Präzision zu formalisieren, führen wir den Begriff des Verlustfaktors ein. Er stellt gewissermaßen die Güte-Garantie eines Algorithmus dar. Wir definieren ihn wie folgt:

Definition 9.6 (Verlustfaktor):
Sei Zielwert y_{opt} eine optimale Lösung eines Optimierungsproblems und sei y der vom Approximations-Algorithmus erreichte Zielwert. Als Verlustfaktor einer Approximationslösung bezeichnen wir den Quotienten

- $\frac{y}{y_{\text{opt}}}$, *falls ein Minimierungsproblem vorliegt, und*

- $\frac{y_{\mathrm{opt}}}{y}$, *falls ein Maximierungsproblem vorliegt.*

Als Verlustfaktor eines Algorithmus bezeichnen wir das Supremum der Ver-lustfaktoren über alle Eingaben gleicher Länge. ◀

Je besser die Approximation ist, desto kleiner wird der Verlustfaktor. Stimmt der Verlustfaktor mit 1 überein, so hat der Approximations-Algorithmus eine exakte Lösung ausgegeben.

Mengenüberdeckung

Um diese Konzepte und Begriffe zu verdeutlichen, wenden wir uns der Optimie-rungsvariante der Mengenüberdeckung (*Set Cover*) zu. Hier werden zusätzlich jeder Teilmenge $T_i \subseteq M$ positive Kosten c_i aus $\mathbb{Q}$ zugeordnet und nach einer Mengenüberdeckung $T_{i_1}, \ldots, T_{i_n}$ gesucht, die $\sum_{1 \le k \le n} c_{i_k}$ minimiert. Folgender Greedy-Algorithmus findet eine approximative Lösung:

Wir bezeichnen mit C die Teilmenge von M, die durch die bisherige Auswahl bereits überdeckt ist. Für die jeweilige Iteration sei die *Kosteneffizienz* der Menge T_i durch $c_i/|T_i \setminus C|$ gegeben; sie entspricht also den mittleren Kosten, die für die Überdeckung eines Elementes durch die Hinzunahme von T_i aufgewendet werden. Der Preis eines Elementes aus M sei gleich diesen mittleren Kosten, mit denen es überdeckt wird (dieser Parameter wird nur für die Analyse des Algorithmus benötigt). Mit diesen Bezeichnern beschreibt folgendes Programm unseren Greedy-Algorithmus:

Methode: Greedy Set-Cover-Approximierung

Eingabe: Teilmengen $T_1, \ldots, T_k \subseteq M$, Kosten $c_1, \ldots, c_k$
Ausgabe: Mengenüberdeckung $C \subset [1:k]$, d.h. $\bigcup_{i \in C} T_i = M$

1. Setze $C := \emptyset, I := \emptyset$.
2. Solange $C \ne M$, wiederhole:

    2.1. Setze $j^* := \underset{j \in [1:k] \setminus I}{\arg\min} \dfrac{c_j}{|T_j \setminus C|}$.

    $\left(\text{Für } e \in T_{j}^* \setminus C \text{ setze Preis}(e) := \dfrac{c_{j^*}}{|T_{j^*} \setminus C|}\right)$.

    2.2. Setze $I := I \cup \{j^*\}$, $C := C \cup T_{j^*}$.
3. Gib I zurück. ◀

Wir nummerieren die m Elemente in M in der Reihenfolge, in der sie durch den Algorithmus überdeckt wurden; Mehrdeutigkeiten lösen wir dabei beliebig auf. Sei $e_1, \ldots, e_m$ die resultierende Nummerierung.

Lemma 9.8: Sei y_{opt} die Kosten einer optimalen Mengenüberdeckung für die gegebene Eingabe. Für jedes $k \in \{1, \ldots, m\}$ gilt

$$\mathsf{Preis}(e_k) \le \frac{y_{\mathrm{opt}}}{m - k + 1}.$$ ◀

Beweis: Wir betrachten die Iteration des Algorithmus, in der e_k überdeckt wird, k beliebig, und notieren mit $\overline{C} := M \setminus C$ die Menge der bis dahin noch nicht überdeckten Elemente. Da die bisher noch nicht ausgewählten Mengen T_j aus der optimalen Lösung stets die Elemente aus $\overline{C}$ mit Kosten von höchstens y_{opt} überdecken, ist y_{opt} eine obere Schranke für die Kosten zur optimalen Überdeckung von $\overline{C}$. Damit muss es möglich sein, mindestens eines der Elemente aus $\overline{C}$ mit Kosten höchstens $y_{\text{opt}}/|\overline{C}|$ zu überdecken (das Minimum ist höchstens so groß wie der Durchschnitt). Da $\alpha := c_j^* / |T_j^* \setminus C|$ nach Wahl von j^* im Algorithmus die beste für ein Element aus $\overline{C}$ mögliche Kosteneffizienz darstellt, muss also

$$\alpha \ \leq \ \frac{y_{\text{opt}}}{|\overline{C}|} \tag{9.1}$$

gelten. In der Iteration, in der der Greedy-Algorithmus e_k überdeckt, enthält die Menge $\overline{C}$ mindestens $m-k+1$ viele Elemente. Nutzen wir $|\overline{C}| \geq m-k+1$ zusammen mit Ungleichung (9.1) aus, so folgt

$$\text{Preis}(e_k) \ = \ \alpha \ \leq \ \frac{y_{\text{opt}}}{|\overline{C}|} \ \leq \ \frac{y_{\text{opt}}}{m-k+1},$$

wie behauptet. ∎

Aus diesem Lemma folgt unmittelbar das folgende Resultat.

Satz 9.9 (Greedy-Approximation für Mengenüberdeckung):
Der Greedy-Algorithmus erzielt für das Problem der minimalen Mengenüberdeckung einen Verlustfaktor von höchstens H_m, wobei $H_m := \sum_{1 \leq i \leq m} \frac{1}{i}$ die m-te Harmonische Zahl ist.

Beweis: Da anschaulich die Kosten jeder ausgewählten Menge gleichmäßig auf die neu überdeckten Elemente verteilt werden, sind die Gesamtkosten für die erzeugte Überdeckung durch $\sum_{1 \leq k \leq m} \text{Preis}(e_k)$ gegeben. Mit dem vorherigen Lemma evaluiert sich diese Summe zu $\left(1 + \frac{1}{2} + \cdots + \frac{1}{m}\right) \cdot y_{\text{opt}}$. ∎

Es sei bemerkt, dass dieser Verlustfaktor tatsächlich scharf ist. Mit $M = \{1, 2, \ldots, n\}$ und $T_i = \{i\}$, $c_i = \frac{1}{i}$, $1 \leq i \leq n$, und $T_{n+1} = M$, $c_{n+1} = 1 + \varepsilon$, wählt der Greedy-Algorithmus die Überdeckung, die aus den einelementigen Mengen besteht, da in jeder Iteration eine dieser Mengen am kosteneffizientesten ist. Folglich entstehen Kosten für die Überdeckung von

$$\frac{1}{n} + \frac{1}{n-1} + \cdots + 1 = H_n,$$

wogegen die optimale Überdeckung mittels T_{n+1} mit Kosten $1 + \varepsilon$ gelingt.

Im nächsten Abschnitt wird uns ein weiteres Beispiel für einen Approximations-Algorithmus begegnen.

9.4 Online-Algorithmen

Die von uns bisher betrachteten Problemstellungen nahmen an, dass das Problem mit samt seiner Eingabe komplett vorliegt und dann der Algorithmus darauf angesetzt wird. Die Annahme, dass das Problem in seiner ganzen Spezifikation vorliegt, nennt man die *Offline Annahme*. Folgerichtig spricht man von *Offline-Algorithmen*, *Offline-Szenarien* oder *Offline-Problemen*.

In vielen Fällen ist diese Annahme nicht zu halten. Oft entwickeln sich die Parameter des Problems erst *während der Algorithmus bereits läuft*. Solche Konstellationen heißen *Online-Szenarien*.

Die Berechnung, die im Offline-Fall nach dem Schema *Inputs entgegennehmen, Berechnung anstellen, Lösung ausgeben*, abläuft, erhält hier eine interaktive Komponente. Der Algorithmus bekommt zunächst nur einen Teil der Inputs und muss darauf aufbauend Entscheidungen treffen, die später nicht mehr rückgängig gemacht werden können. Im Laufe seiner Berechnung bekommt er nach und nach immer mehr Inputs, die er in die laufende Bearbeitung einfließen lassen muss.

Um diese abstrakte Beschreibung mit etwas Leben zu füllen, betrachten wir die folgenden zwei Fälle, die sich auf den ersten Blick ähneln.

Beispiel 9.10 (Szenario Zeitungsboten): Zwei Zeitungsausträger tragen in ihrer Heimatstadt das Magazin *„Der theoretische Informatik Fan"* an die zahlreichen Abonnenten aus. Da sie natürlich so schnell wie möglich fertig sein wollen, suchen sie vorher im Stadtplan nach allen Adressen, die sie anfahren müssen, und bestimmen eine optimale Aufteilung der Adressen und die beiden optimalen Routen. Dann schwingen sie sich aufs Fahrrad und spulen ihre jeweilige Tour ab.   ◀

Beispiel 9.11 (Szenario Schlüsselnotdienst): Es ist Vollmond, und eine ganze Horde orientierungsloser Schlafwandler sperrt sich aus. Der mobile Schlüsselnotdienst, der mit zwei Wagen mit Autotelefon ausgestattet ist, erhält während der ganzen Nacht Anrufe von gerade erwachten Schlafwandlern, die vor ihren zugefallenen Wohnungstüren stehen.

Den armen Schlosserinnen kann es nun durchaus passieren, dass sie einen Auftrag zu einer Adresse bekommen, wo sich eine(r) der beiden noch vor zwanzig Minuten aufgehalten hatte, dann aber zu einem anderen Notfall am anderen Ende der Stadt gefahren ist. Dann werden sie vermutlich etwas wie *„Mensch hätten wir doch vorhin..."* murmeln, aber es wird zu spät sein. Es ist leicht einzusehen, dass die Fahrerinnen, selbst bei geschicktester Ausnutzung aller gerade vorhandenen Informationen, kaum eine optimale Route produzieren werden, was sie erkennen, wenn sie am nächsten Morgen ihre Fahrtstrecken auf dem Stadtplan nachvollziehen.   ◀

Hier wird der wesentliche Unterschied zwischen *Offline* und *Online* deutlich. Die Zeitungsausträger wussten vorher die kompletten Adressen, die *Spezifikation* ihres Problems. Die Schlosserinnen hatten es mit der Online-Situation zu tun. Sie hätten sich natürlich auf den Standpunkt stellen können, *„Wir warten* *erst einmal die Nacht ab, sehen, was für Aufträge wir bekommen und überlegen uns dann in Ruhe unsere optimale Route.*" Bei einem 24-Stundendienst würde diese Strategie aber scheitern, da es dann so etwas wie den *letzten Input*, den man abwarten könnte, gar nicht gibt. In diesem konkreten Beispiel werden die Fahrerinnen sicher besser daran tun, auch während noch Inputs eingehen, bereits Aufträge abzuarbeiten. Aber in welcher Reihenfolge? Und wer bearbeitet welchen Auftrag? Jede(r) jederzeit den nächstliegenden? Kaum. Sollten sie sich die Stadt aufteilen, und unabhängig voneinander optimale Teillösungen suchen? Vielleicht. Oder ...

Hier sind viele verschiedene Strategien denkbar, auf deren Diskussion jedoch verzichtet werden muss. Wir haben aber gesehen, dass ein Online-Szenario ganz spezielle Lösungen verlangt. Auch die Frage, wie nah man mit Online-Algorithmen an das optimale Offline-Resultat herankommen kann, ist von zentraler Bedeutung. Auch hier wird von Verlustfaktoren zu sprechen sein.

9.4.1 Das Paging-Problem

Das Paging-Problem ist ein Problem, mit dem sich Betriebssysteme und ihre Hersteller auseinandersetzen müssen. Wir nehmen an, wir können nur wenige Seiten (sequentielle Speicherbereiche einer festen Größe) in einem schnellen internen Speicher ablegen und müssen die übrigen bei Bedarf aus einem langsamen externen Speicher laden. Laden wir eine Seite, die im externen Speicher stand, in den internen, so müssen wir dafür eine andere Seite aus dem schnellen Speicher in den langsamen auslagern.

Natürlich gilt es, die Zahl dieser Ladevorgänge zu minimieren, da sie die zeitliche Leistungsfähigkeit des Systems dominieren. Wir haben es mit einem Paradebeispiel für Online-Szenarien zu tun. Wenn wir schon vor unseren Entscheidungen wüssten, welche Seiten in nächster Zeit nachgefragt werden, so hätten wir offensichtlich deutlich bessere Karten. Man sieht aber auch ein, dass das eine völlig weltfremde Annahme wäre.

Um die Analyse auf das wesentliche zu konzentrieren, nehmen wir an, dass jeder Ladevorgang vom externen in den internen Speicher uns einen Strafpunkt kostet.

Die Eingabe besteht aus einer Folge von Nachfragen. Ein Offline-Algorithmus würde die ganze Sequenz kennen wollen, um sich dann für eine Folge von Speicherbewegungen zu entscheiden. Der realistische Online-Algorithmus wird auf die erste Nachfrage irgendwie reagieren müssen, bevor er die zweite erhält.

Wir wollen folgende Online-Strategien vergleichen:

LIFO (Last-In-First-Out): Lagere die Seite aus, die als letztes eingelesen wurde. (Man vergleiche mit einem Stack.)

LFU (Least-Frequently-Used): Lagere die Seite aus, die am wenigsten nachgefragt wurde.

LRU (Least-Recently-Used): Lagere die Seite aus, deren letzte Anforderung am weitesten zurückliegt.

FIFO (First-In-First-Out): Lagere die Seite aus, die am längsten gespeichert wurde.

9.4.1.1 Last In First Out

Wir nehmen an, dass der interne Speicher k Seiten fasst. Seien p_i mit $i \in \mathbb{N}$ die Seiten, die wir am Anfang alle als im externen Speicher liegend annehmen. Wir beobachten folgende Nachfragefolge:

$$p_1, p_2, p_3, ..., p_{k-1}, p_k, p_{k+1}, p_k, p_{k+1}, p_k, p_{k+1}, p_k, ...$$

Was tut LIFO? Die Seiten p_1 bis p_k werden geladen und kosten uns insgesamt k Strafpunkte. Dann folgt die Nachfrage nach p_{k+1}. LIFO wirft die zuletzt geladene Seite p_k aus dem Speicher, um Platz für p_{k+1} zu schaffen. Als nächstes wird aber leider gerade p_k nachgefragt. Also wird p_{k+1}, als zu dem Zeitpunkt neuste Seite, wieder ausgelagert, und wir kassieren wieder einen Strafpunkt. Das Spiel wiederholt sich. Jede Nachfrage löst einen Ladevorgang aus. Die Zahl der gesammelten Strafpunkte entspricht folglich genau der Länge der Eingabesequenz.

Was würde ein Offline-Algorithmus bei dieser Folge tun? Er würde für insgesamt k Strafpunkte die Seiten p_1 bis p_k einladen. Dann, wenn die Nachfrage nach p_{k+1} eingeht, würde er in weiser Voraussicht dessen, was kommt, die Seite p_1 auslagern. Die abwechselnde Nachfrage nach p_k und p_{k+1} könnte nun ohne weitere Ladevorgänge bedient werden. Die Anzahl der Strafpunkte wäre also durch die Konstante $k + 1$ beschränkt.

Als Verlustfaktor α erhalten wir entsprechend für genügend lange Eingaben:

$$\alpha = \frac{\text{Eingabelänge}}{k + 1} \longrightarrow \infty.$$

Der Verlustfaktor von LIFO ist also durch keine Konstante beschränkt.

9.4.1.2 Least Frequently Used

Wir betrachten folgende Anfangssequenz von Nachfragen:

$$p_1, p_2, ..., p_k, p_1, p_2, ..., p_{k-1}.$$

p_1 bis p_{k-1} liegen im Speicher und haben jeweils 2 Aufrufe erhalten. p_k hat nur einen Aufruf. Wir setzen die Nachfragesequenz nun mit

$$p_{k+1}, p_k, p_{k+1}, p_k, p_{k+1}, ...$$

fort.

Was geschieht bei LFU? Die Seite p_k hat am wenigsten Aufrufe erhalten und wird zugunsten von p_{k+1} entfernt. p_{k+1} hat nur einen einzigen Aufruf, während alle anderen Seiten nach wie vor deren zwei aufweisen. Also muss p_{k+1} sofort wieder weichen, wenn p_k wieder aufzunehmen ist. Das Verwaltungssystem führt natürlich nicht global über jede Seite Buch, sondern zählt nur die Aufrufe für die Seiten im internen Speicher seit der letzten Aufnahme. Das heißt, die Seite p_k ist nun wieder eine *neue* Seite, die gerade ihren ersten Aufruf erhalten hat. Also muss p_k auch prompt wieder ausgelagert werden. Das Spiel wiederholt sich. Wieviele Strafpunkte kostet uns das? In der Anfangsphase haben wir k Strafpunkte für das Einladen der Seiten verursacht. Danach konnten $k-1$ Requests ohne Speicherbewegung bedient werden. Dann aber verursacht wieder jede Nachfrage einen Strafpunkt. Die Gesamtzahl der Strafpunkte lässt sich also mit Eingabelänge $- (k-1)$ angeben.

Analog zu den Betrachtungen bei LIFO mache man sich klar, dass ein Offline-Algorithmus auch hier mit $k+1$ Strafpunkten auskommt. Wir haben wiederum einen Verlustfaktor, der durch keine Konstante zu begrenzen ist, erhalten. Fassen wir zusammen:

Satz 9.12:
Die Online-Strategien LIFO und LFU für das Paging-Problem haben keine durch Konstanten beschränkte Verlustfaktoren.

Beweis: Die oben konstruierten Nachfragefolgen belegen die Existenz von Eingaben, die nicht-konstante Verlustfaktoren provozieren. ∎

9.4.1.3 Least Recently Used & First In First Out

Hier stellt sich die Situation ungleich besser dar. Wir werden zeigen, dass LRU und FIFO höchstens k-mal soviele Strafpunkte kassieren, wie der beste Offline-Algorithmus. Das klingt angesichts der immensen Werte, die k in der Realität annimmt, zwar bescheiden, aber wir müssen im Hinterkopf behalten, dass wir uns mit einem Hellseher messen, wenn wir unsere Algorithmen mit Offline-Algorithmen vergleichen.

Satz 9.13:
Die Online-Strategien FIFO und LRU für das Paging-Problem haben durch die Konstante k beschränkte Verlustfaktoren.

Beweis: Sei $\Gamma = (\gamma_1, \gamma_2, ...)$ mit $\gamma_i \in \{p_1, p_2, ...\}$ eine beliebige Eingabefolge. Wir ignorieren für die nachfolgende Betrachtung die k Strafpunkte der initialen Ladevorgänge in die anfangs leeren Zellen des internen Speichers; diese fallen für jeden, auch für den optimalen, Algorithmus an. Wir zerlegen diese Folge nun in Teilfolgen $\Gamma = \Gamma_1 \circ \Gamma_2 \circ ...$, sodass

- Γ_1 mit dem ersten Strafpunkt von LRU endet und

- Γ_j (für $j \geq 2$) nach Strafpunkt $(j-1) \cdot k + 1$ endet.

Die erste Teilfolge nimmt einen Sonderstatus ein. Alle weiteren umfassen jeweils k viele Strafpunkte. Wenn es uns gelingt zu zeigen, dass ein Offline-Algorithmus in jeder Teilfolge mindestens einen Strafpunkt in Kauf nehmen muss, ist der Beweis geführt.

Zunächst der Spezialfall Γ_1: Anfänglich ist der Speicher leer. Damit LRU eine Auslagerung vornimmt, müssen $k+1$ verschiedene Seiten angefordert worden sein. In dem Fall muss aber auch jeder noch so clevere Offline-Algorithmus einen Strafpunkt verbuchen.

In den Folgen Γ_i mit $i \geq 2$ kassiert unser Online-Algorithmus nach Konstruktion genau k Strafpunkte. Wir unterscheiden zwei Fälle.

Fall 1: Es gibt eine Seite p, für die der Online-Algorithmus zweimal einen Strafpunkt kassiert hat. Zur Erinnerung: das Einlagern einer Seite wird bestraft.

Der erste Strafpunkt für p wird vergeben, wenn wir p in den Speicher holen. Da ein zweiter Strafpunkt vergeben wird, muss p zwischenzeitlich ausgelagert werden. Nach Definition von LRU kann dies nur passieren, wenn zwischen dem ersten und zweiten Strafpunkt k neue Seiten angefordert werden. Insgesamt macht Γ_i also mindestens $k+1$ Anforderungen an *verschiedene* Seiten und damit muss jede Offline-Strategie auch mindestens einen Strafpunkt erhalten.

Fall 2: Wenn es kein solches p gibt, dann hat Γ_i seine Strafpunkte für k verschiedene Seiten bezogen.

Sei q die Seite, die als letztes in Γ_{i-1} adressiert wurde; nach Definition ist dies die Seite, für die der LRU den letzten Strafpunkt in Γ_{i-1} erhielt. Wir unterscheiden zwei Unterfälle:

- LRU erhält einen Strafpunkt für q in Γ_i: Dann können wir die Argumentation von oben übernehmen.
- LRU erhält keinen Strafpunkt für q in Γ_i: Eine optimale Offline-Strategie muss zu Beginn von Γ_i die Seite q speichern, da gerade eine Anforderung für q erfolgte. Nach Annahme werden k verschiedene Seiten in Γ_i angefordert, die alle von q verschieden sind. Damit muss jede Offline-Strategie irgendwann einen Strafpunkt in Γ_i erhalten.

Die Argumentation für FIFO folgt analog. ∎

Lemma 9.14: Die Verfahren LRU und FIFO haben jeweils mindestens den Verlustfaktor k. ◀

Beweis: Die folgende Eingabe belegt, dass der Verlustfaktor k eine scharfe Schranke ist:

$$p_1, p_2, \ldots, p_k, p_{k+1}, p_1, p_2, \ldots, p_k, p_{k+1}, \ldots$$

LRU kassiert für jede Nachfrage einen Strafpunkt, da immer genau die Seite nachgefragt wird, die eben ausgelagert wurde.

Ein Offline-Algorithmus würde beim erstmaligen Einladen von p_{k+1}, Seite p_k auslagern und könnte dann $k-1$ Nachfragen ohne Nachzuladen befriedigen. Dann, wenn wieder p_k nachgefragt wird, wird p_{k-1} ausgelagert. Wieder können damit $k-1$ Anfragen ohne Strafpunkte bedient werden. Wir haben nur in einem von k Schritten einen Strafpunkt hinzunehmen. Also gibt es einen um den Faktor k besseren Offline-Algorithmus. Auch hier sind die Argumente für FIFO de facto dieselben.   ∎

Damit haben wir LIFO und LFU als Verfahren mit abgrundtief schlechtem Worst-Case-Verhalten enttarnt. Für LRU und FIFO haben wir den Verlustfaktor mit der Größe des internen Speichers genau bestimmen können. Doch wie sind diese Verlustfaktoren zu bewerten? Haben wir hier zwei bessere unter vier schlechten Lösungen gefunden? Sind LRU und FIFO schon an der Grenze des Machbaren? Kann der Verlustfaktor k von einer anderen Online-Strategie unterboten werden?

Wir beantworten diese Frage mit folgendem Satz:

Satz 9.15:
Jeder Online-Algorithmus für das Paging-Problem mit k Seiten hat mindestens den Verlustfaktor k.

Beweis: Sei A ein beliebiger Online-Algorithmus. Wir betrachten eine Folge, die mit $p_1, p_2, \ldots, p_k, p_{k+1}$ beginnt. Beim Laden von p_{k+1} wird der Algorithmus irgend eine Seite auslagern. Jetzt können wir unsere Eingabefolge weiterkonstruieren und als nächstes die gerade ausgelagerte Seite verlangen. Darauf wird wieder eine Seite aus dem internen Speicher geschoben und niemand kann uns verbieten, eben diese als nächstes aufzurufen. Zu jedem Online-Algorithmus lässt sich so eine Nachfragefolge bauen, die nur $k+1$ Seiten verwendet und ihn zwingt, in jedem Schritt einen Strafpunkt in Kauf zu nehmen.

Andererseits kann ein Offline-Algorithmus in die Zukunft blicken. Er kann also entscheiden, welche der Seiten, die er im Speicher hat, nun am längsten nicht aufgerufen werden wird. Da er k verschiedene Seiten im Speicher hat, muss es darunter mindestens eine Seite geben, die frühestens nach k Schritten wieder aufgerufen wird. (Wir argumentieren hier nach dem sog. Schubladenprinzip: Für k verschiedene Seiten ist auf den folgenden $k-1$ Positionen der Eingabefolge einfach kein Platz.) Wählt der Offline-

Algorithmus stets eine solche Seite, so muss er schlimmstenfalls in einem von k Schritten einen Strafpunkt hinnehmen. ■

Damit sind LRU und FIFO also optimal unter den Online-Algorithmen.

9.4.2 Multiprozessor-Scheduling

Wir schlagen nun eine Brücke zwischen Online- und Approximations-Problemen. Häufig sind Online-Strategien nämlich auch recht gute Approximations-Algorithmen. Das Problem, das wir uns näher ansehen wollen, ist das Multiprozessor-Scheduling.

Gegeben sind Aufgaben $A_1, A_2, ..., A_n$ mit Laufzeiten $t_1, t_2, ..., t_n$, die auf m Maschinen auszuführen sind. Sei

$$I_j := \big\{ i \mid A_i \text{ wird auf Prozessor } j \text{ ausgeführt} \big\},$$

die Indexmenge der von Prozessor j ausgeführten Jobs. Dann möchten wir

$$\max_{1 \leq j \leq m} \left\{ \sum_{i \in I_j} t_i \right\}$$

minimieren, denn das ist die Zeit, die der am längsten arbeitende Prozessor benötigt (auch makespan genannt). Wir halten uns also an das Prinzip: Das Tempo einer Gruppe ist das des langsamsten.

Dieses Scheduling Problem ist $\mathcal{NP}$-vollständig. Insbesondere ist es mit dem oben schon diskutierten Binpacking-Problem eng verwandt. Wir müssen also davon ausgehen, dass kein Algorithmus existiert, der stets schnell eine exakte Lösung berechnet. Es wird uns im Folgenden aber gelingen, den Verlustfaktor 2 mit einem Online-Algorithmus zu erreichen. Die Strategie ist denkbar einfach: Lasse Aufgabe $i + 1$ auf dem Prozessor mit der bisher geringsten Last ausführen.

Wir beschränken also unsere Kenntnis um die Aufgaben. Wir tun so, als müssten wir die Aufgaben in der Reihenfolge ihrer Indizierung delegieren, ohne die nachfolgenden zu kennen.

Satz 9.16:
Der oben skizzierte Online-Algorithmus besitzt den Verlustfaktor 2.

Beweis: Für eine gegebene Instanz sei Prozessor P_1 der am schwersten *beladene* Prozessor, der als letzter Prozessor noch rechnet. Falls P_1 nur eine Aufgabe ausführt, ist der Online-Algorithmus offensichtlich sogar optimal, denn auch der intelligenteste Algorithmus hätte diese Aufgabe ja ausführen lassen müssen.

Angenommen, P_1 führt mindestens zwei Aufgaben aus. Sei A_i die als letzte von P_1 ausgeführte Aufgabe. Wenn T die Gesamtlaufzeit von P_1 ist, dann waren bis zum Zeitpunkt $T - t_i$ alle anderen Prozessoren beschäftigt.

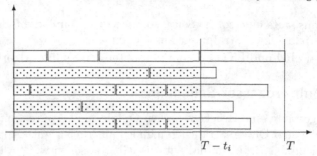

Abb. 9.2 Ein Schedule für 5 Prozessoren; die horizontalen Balken zeigen die Belegung der Prozessoren durch verschiedene Tasks an (P_1 zuoberst).

(Hätte da schon ein Prozessor nichts zu tun gehabt, so hätte dieser ja A_i zur Ausführung bekommen.) Es ergibt sich entsprechend die in Abb. 9.2 dargestellte Situation.

Folglich ist

$$\sum_{j=1}^{n} t_j \geq (m-1) \cdot (T - t_i) + T = mT - (m-1) \cdot t_i.$$

Dabei haben wir die gesamte Arbeit mit dem gepunkteten Teil der Balken plus dem Balken von P_1 nach unten abgeschätzt. Wir formen diesen Ausdruck um zu

$$T \leq \frac{1}{m} \cdot \sum_{j=1}^{n} t_j + t_i,$$

wobei wir $\frac{m-1}{m} \leq 1$ verwendet haben. Die optimale Laufzeit jedoch ist mindestens

$$\max \left\{ \frac{1}{m} \cdot \sum_{j=1}^{n} t_j, \ t_i \right\}.$$

Warum ist das richtig? Jede Aufgabe muss ausgeführt werden, deshalb ist die optimale Gesamtzeit sicher mindestens so groß wie jede einzelne Aufgabe, also auch mindestens so groß wie t_i. Außerdem ist der Quotient aus Gesamtarbeit und Prozessorzahl eine untere Schranke für die Gesamtzeit. Zuletzt verwenden wir den Schluss: $2 \cdot \max\{a, b\} \geq (a+b)$ und sind fertig. ∎

9.5 Randomisierte Algorithmen

Wir haben beim *universellen Hashen* bereits gesehen, dass die Verwendung von Zufallsbits die erwartete Leistung eines Algorithmus erheblich steigern kann. Auch beim probabilistischen Quicksort (Median of three) haben wir die Leistungsfähigkeit verbessern können. Diese Art von Algorithmen benutzt den

Zufall anschaulich dazu, die Konstruktion einer bösartigen Eingabe unmöglich zu machen.

Wir erinnern an das Paging-Problem aus dem letzten Kapitel. Bei dem Nachweis, dass alle Online-Verfahren mindestens den Verlustfaktor k aufweisen, haben wir argumentiert, dass wir ja stets die gerade ausgelagerte Seite anfordern können. Wir haben also quasi für den Algorithmus eine Worst-Case-Eingabefolge maßgeschneidert. In dieser Argumentation war aber eine versteckte Annahme enthalten. Wir haben nämlich stillschweigend vorausgesetzt, dass sich der Algorithmus auf eine Eingabe hin immer gleich verhält – das Konzept des Determinismus. Das Paging-Problem lässt sich aber durch *Randomisierung* der Konstruktion solcher gezielten Eingaben entziehen. Es gibt probabilistische Paging-Verfahren mit einem Verlustfaktor von $\log_2(k)$.

Aber der Zufall spielt noch in einem ganz anderen Zusammenhang eine Rolle im Entwurf von Algorithmen. Er kann nicht nur leistungssteigernd eingesetzt werden, sondern ist in einigen Fällen für die algorithmische Lösbarkeit sogar zwingend erforderlich. Man denke an einen Graphen in der Form eines geschlossenen Kreises, auf dessen Knoten jeweils eine Katze und eine Maus sitzen. Katze und Maus sehen einander erst, wenn sie auf demselben Knoten sind. In dem Fall hat die Katze die Maus gefangen. In einem Zug haben Katze und Maus jeweils die Möglichkeit, einen Schritt nach links oder rechts zu gehen oder sitzen zu bleiben. Kein deterministischer Algorithmus kann der Katze zum Fangen der Maus verhelfen. Zu jeder Strategie lässt sich ein *Mausverhalten* konstruieren, welches den Erfolg der Katze verhindert. Bewegt sich die Katze zufällig, so wird sie nach BOREL-CANTELLI[3] die Maus mit Sicherheit fangen.

In dem Abschnitt über Approximationen haben wir bereits angesprochen, dass es Probleme gibt, die mit vertretbarem Resourcenverbrauch (Laufzeit, Speicherplatz) nicht exakt gelöst werden können. Wir mussten Abstriche machen und haben daher in Kauf genommen, dass unsere Lösung nur *so ungefähr* optimal ist. Wir wollen jetzt bei einem anderen Parameter Zugeständnisse machen, nämlich bei der Korrektheit eines Algorithmus. Wir wollen damit leben, dass unsere Lösung nur *wahrscheinlich* richtig ist. Dieser Ansatz erscheint auf den ersten Blick (und auf den zweiten, den dritten und einigen weiteren) sicher etwas abenteuerlich. Das vergeht aber meist nach endlich vielen Blicken.

---

[3] Für E_n eine Folge von Ereignissen in einem Wahrscheinlichkeitsraum besagt das BOREL-CANTELLI-Lemma, dass aus der Endlichkeit der Summe aller Wahrscheinlichkeiten $\Pr[E_n]$ folgt, dass die Wahrscheinlichkeit dafür, unendlich viele der Ereignisse zu beobachten gleich 0 ist. Man beachte, dass dabei keine Annahme über die Unabhängigkeit der Ereignisse gemacht wird.

9.5.1 Probability Amplification

Was habe ich davon, wenn mir mein Algorithmus sagt: *„Das Resultat ist mit einer Wahrscheinlichkeit von 2/3 gleich 7"*, oder *„Die Antwort auf deine Frage ist mit Wahrscheinlichkeit $1/\sqrt{2}$ ‚Ja'"?*

Zunächst einmal sicher nicht viel. Kaum jemand würde einer solchen Antwort vertrauen, wenn es dabei um wichtige materielle Entscheidungen oder sogar Menschenleben geht (man denke an den Einsatz von Informationssystemen in der Medizin). Beschränkt sich die Anwendbarkeit von Algorithmen mit derartigen Ausgaben damit auf Bereiche, in denen uns die Lösung eigentlich sowieso ziemlich egal ist? Das wäre ausgesprochen unbefriedigend und ein gutes Argument dafür, die Arbeit an solchen Algorithmen einzustellen. Es ist aber glücklicherweise nicht so, denn wir können einen Algorithmus *mehrmals* auf dieselbe Eingabe ansetzen und so die Wahrscheinlichkeit einer korrekten Lösung vergrößern.

Entscheidungsprobleme: Nehmen wir beispielsweise an, wir hätten eine Ja/Nein-Entscheidung zu fällen und einen Algorithmus, der bei der Antwort „Ja" immer richtig liegt und bei Antwort „Nein" mit Wahrscheinlichkeit p richtig liegt, wie es für den Primzahltest in Abschnitt 9.5.2 gelingen wird.

Die Wahrscheinlichkeit, dass die Antwort eines Durchlaufs falsch ist, ist folglich $(1-p)$. Wiederholen wir den Algorithmus und erhalten wieder Antwort „Nein", so müsste sich der Algorithmus zweimal geirrt haben, wenn die Antwort falsch wäre. Die *Irrtumswahrscheinlichkeit* liegt jetzt bei $(1-p)^2 < (1-p)$. Die Wahrscheinlichkeit, dass die gegebene Antwort richtig ist, ist jetzt auf $(1 - (1-p)^2)$ gestiegen.

Wir erkennen das Prinzip. Durch simple *Iteration* können wir die Wahrscheinlichkeit einer richtigen Antwort auf jeden gewünschten *Sicherheitswert* $\alpha < 1$ steigern. In der Tat ist die Erfolgswahrscheinlichkeit P_i nach i Iterationen:

$$P_i \; = \; 1 - (1-p)^i.$$

Damit lässt sich jeder verlangte *Sicherheitsstandard* bei genügend häufiger Iteration erfüllen; man beachte, dass P_i sogar exponentiell schnell mit i, der Anzahl Wiederholungen, gegen 1 konvergiert.

Bei dieser Argumentation haben wir die *stochastische Unabhängigkeit* der Ereignisse vorausgesetzt. Das heißt, die *Korrektheitswahrscheinlichkeit* p muss wirklich für jede Iteration gelten, unabhängig davon, was vorher geschehen ist. Hier ist es wichtig, sich klar zu machen: *Zufällig ist nicht irgendwie!*

Optimierungsprobleme: Bei Optimierungsproblemen findet man oft nur mit einer geringen Wahrscheinlichkeit eine gute oder sogar optimale Lösung. Wiederholt man aber viele Läufe dieser Algorithmen unabhängig voneinander, so hat man wieder mit großer Wahrscheinlichkeit Erfolg: Ist $p(n)$ ein Polynom in der Eingabegröße n und $\frac{1}{p(n)}$ die Wahrscheinlichkeit dafür, dass ein einzelner Lauf eines Algorithmus eine gewünschte Eigenschaft besitzt (z.B. eine optimale Lösung findet), dann haben $n \cdot p(n)$ viele unabhängige Läufe desselben

Algorithmus die Erfolgswahrscheinlichkeit

$$1 - \left(1 - \frac{1}{p(n)}\right)^{p(n)\cdot n} \geq 1 - e^{-n}.$$

Damit strebt die Erfolgswahrscheinlichkeit mit wachsender Eingabegröße exponentiell gegen 1; hat der betrachtete Algorithmus eine polynomielle Laufzeit, so gilt dies auch für die Gesamtheit der durchgeführten Läufe.

9.5.2 Ein randomisierter Primzahltest

Zentrale Anwendungsgebiete probabilistischer Methoden sind die Kryptographie und die Zahlentheorie, Online-Algorithmen und parallele Algorithmen. Ein Beispiel aus dem Gebiet der Zahlentheorie ist die Entscheidung der Frage, ob eine gegebene Zahl nichttriviale Teiler hat; dieser wollen wir uns in diesem Abschnitt zuwenden. Für große Zahlen ist es völlig aussichtslos, etwa durch Ausprobieren aller möglichen Teiler zum Erfolg zu kommen. Man kann sich jedoch das folgende Lemma zunutze machen.

Lemma 9.17 (Kleiner Satz von Fermat): Sei p eine Primzahl und $a \in \mathbb{N}$ eine natürliche Zahl, so gilt:

$$a^p \bmod p = a. \qquad \blacksquare$$

Wir betrachten nun folgenden Algorithmus für die Frage nach nichttrivialen Teilern.

1. Nimm den Kandidaten p und die gewünschte Anzahl von Iterationen als Eingabe;
2. So häufig wie verlangt, wiederhole
    2.1. wähle zufällig ein $a \in \mathbb{N}$;
    2.2. teste, ob $a^p \bmod p = a$ gilt;
    2.3. falls nicht, brich den Algorithmus mit dem Resultat *„Ja, die Zahl hat nichttriviale Teiler."* ab.
3. Gib als Antwort *„Nein, keine nichttrivialen Teiler, also: Primzahl"* aus.

Was können wir aus den zwei möglichen Antworten, die der Algorithmus liefern kann, schließen?

Wenn der Algorithmus mit *Ja* antwortet, dann ist diese Antwort *mit Sicherheit* richtig, da eine Primzahl das Lemma für *jedes* $a \in \mathbb{N}$ erfüllt.

Wenn der Algorithmus mit *Nein* antwortet, dann gibt es zwei Möglichkeiten. Erstens, p hat keine nichttrivialen Teiler (ist also prim), und die gegebene Antwort ist damit richtig. Zweitens, p hat nichttriviale Teiler und ergab trotzdem bei jedem angestellten Test eine 1.

Für die Analyse der Wahrscheinlichkeit dieser letzten Konstellation verweisen wir auf ein Textbuch über *„Diskrete Mathematik"*. Hier nur in Kürze das

Resultat: Es gibt eine Menge von Zahlen, die sogenannten CARMICHAEL-Zahlen, die, obwohl sie zusammengesetzt (also keine Primzahlen) sind, für jedes a in 2.2 den Wert a liefern (Saboteure! 561 ist so eine.).

Zumindest kann man aber zeigen, dass die große Masse aller zusammengesetzten Kandidaten p, die nicht zu dieser kleinen Gruppe von Störenfrieden gehören, höchstens für die Hälfte aller a den Wert a ergeben.

Vernachlässigt man die CARMICHAEL-Zahlen, so ist die Wahrscheinlichkeit, dass eine zusammengesetzte Zahl für ein zufälliges a den Wert a ergibt, nach oben mit $1/2$ begrenzt. Diese Irrtumswahrscheinlichkeit lässt sich, wie oben aufgezeigt, unter jede gewünschte Schranke drücken. Um ganz präzise zu sein, sollten wir also oben noch die letzte Zeile des Algorithmus ersetzen durch

3. Gib als Antwort „CARMICHAEL-Zahl oder keine nichttrivialen Teiler, also eventuell Primzahl" aus.

Der MILLER-RABIN-Test baut auf diesem Algorithmus auf und löst das Primzahlproblem mit geringem Fehler.

Es liegt also eine probabilistische Lösung für ein Problem vor, die auch für solche Problemgrößen, bei denen klassische Methoden längst kapitulieren, noch taugt. Natürlich bleibt immer eine von Null verschiedene *Restwahrscheinlichkeit* für einen Fehler. Aber wenn diese Wahrscheinlichkeit um Größenklassen unterhalb der Wahrscheinlichkeit für einen Kabelbrand im Cockpit eines Flugzeuges liegt, dem die meisten von uns regelmäßig ihr Leben anvertrauen, warum sollten wir dann nicht bereit sein, das Problem als gelöst zu betrachten? Niemand käme auf die Idee, einem klassischen Algorithmus die Korrektheit abzusprechen, weil der Rechner während der Laufzeit abstürzen könnte oder magnetische Felder, die auf den Prozessor einwirken, das Ergebnis einer Gleitkomma-Operation beeinflussen könnten.

Probabilistische Methoden haben also durchaus ihre Berechtigung. Sie vergrößern die Menge der in polynomieller Laufzeit lösbaren Probleme vermutlich nicht. Sie sind jedoch oft wesentlich schneller, als ihre nicht-probabilistischen Konkurrenten. Kombiniert man aber Probabilismus mit Online-Szenarien, so lassen sich Resultate erzielen, die substantielle Verbesserungen darstellen.

9.5.3 Monte-Carlo Methode zur Bestimmung von π

Wir betrachten abschließend noch ein Szenario, bei dem der Zufall verwendet wird, um die Güte einer Approximation zu verbessern. Gegeben sei dabei ein Quadrat mit einer Einheit als Kantenlänge. Darin zeichne man einen Viertelkreis mit einem Radius von einer Einheit; Abb. 9.3 zeigt die entsprechende Situation.

Wir betrachten folgenden Algorithmus:

1. $z = 0$

2. Nimm die gewünschte Anzahl an Iterationen a als Eingabe.

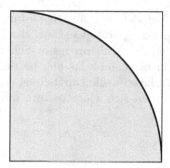

Abb. 9.3 Viertelkreis im Einheitsquadrat; werfen wir zufällig Punkte in das Quadrat, so liefert der im Viertelkreis liegende Anteil eine Näherung für π.

3. So häufig wie verlangt, wiederhole
   3.1. wähle zufällig $(x, y) \in [0; 1]^2$;
   3.2. falls $\sqrt{x^2 + y^2} \leq 1$, dann erhöhe z um eins.
4. Gib $\frac{4z}{a}$ als Ergebnis aus.

Was tut dieser Algorithmus? Er wählt eine anzugebende Zahl von zufälligen Punkten in diesem Quadrat aus. Jeder Punkt ist dabei gleich wahrscheinlich. Dann wird mitgezählt, für wieviele Punkte $\sqrt{x^2 + y^2} \leq 1$ gilt, wieviele also in den Viertelkreis fallen. Der Bruch $\frac{z}{a}$ ist die *relative Häufigkeit* dieser Punkte. Werden hinreichend viele Punkte zufällig gewählt, so darf man hoffen, dass sich die Anzahl der Punkte im Viertelkreis nicht allzu weit vom Erwartungswert entfernen wird. Die relative Häufigkeit wird sich in der Nähe der Wahrscheinlichkeit bewegen.

Wie groß ist für einen konkreten Punkt die Wahrscheinlichkeit dafür, dass er im Viertelkreis liegt? Doch wohl etwa der Anteil der Fläche des Viertelkreises am Quadrat. Das Quadrat hat die Fläche 1, der Viertelkreis hat die Fläche $\frac{1}{4}r^2\pi$. Mit $r = 1$ also $\frac{\pi}{4}$. Unsere Ausgabe sollte also eine brauchbare Näherung für π abgeben.

Natürlich wird man dieses Verfahren nicht dazu verwenden, Näherungen für Flächen zu finden, die man analytisch bestimmen kann. Vielmehr wird auch hier das Anwendungsgebiet von Fällen gebildet, bei denen die Fläche (oder das Volumen) mit klassischen Methoden nicht, oder nur unter unverhältnismäßig großem Aufwand zu ermitteln ist. In der Numerik ist dieser Ansatz als Monte-Carlo Methode bekannt und dient zum Beispiel dazu, komplizierte Integrale numerisch zu approximieren.

9.6 Quellenangaben und Literaturhinweise

Die Betrachtungen in diesem Kapitel wurden von [23] inspiriert. Unsere Darstellung des Backtracking und von Branch & Bound sowie das Beispiel des

Traveling-Salesman orientiert sich an [25]. Die Diskussion der Optimierungs-variante der Mengenüberdeckung erfolgt entlang der Betrachtung in [35]. In derselben Quelle kann auch das Multiprozessor-Scheduling vertieft werden. Online-Algorithmen und insbesondere das hier betrachtete Paging-Problem werden in [5] behandelt. Vorlage für die Darstellung des randomisierten Prim-zahltests war [14]; dort finden sich viele weitere interessante Details zum Thema.

9.7 Aufgaben

Aufgabe 9.1: Greifen Sie die Idee der Randomisierung auf, um zu einem Algorithmus zu gelangen, der für die *erfolgreiche* Suche nach einem Element in einer *unsortierten*, sequentiell repräsentierten Linearen Listen der Größe n eine (erwartete) Worst-Case Laufzeit von $\frac{1}{2}n$ besitzt. Beweisen Sie, dass Ihr Verfahren die gesuchte Laufzeit erreicht.

Aufgabe 9.2: Sei r die Kardinalität der größten Teilmenge T_i eines Mengen-überdeckungs-Problems (Optimierungsvariante). Zeigen Sie, dass dann der Verlustfaktor des zugehörigen Greedy-Algorithmus durch $\sum_{1 \leq i \leq r} \frac{1}{i} = H_r$ gegeben ist.

Aufgabe 9.3: Formulieren Sie die Optimierungsvariante des Problems Kno-tenüberdeckung als lineares Programm.

Aufgabe 9.4: Lösen Sie die Optimierungsvariante des Problems Knotenüber-deckung, indem Sie einen Algorithmus zur Lösung des Optimierungsproblems Mengenüberdeckung verwenden.

Aufgabe 9.5: Führen Sie den oben vorgestellten Branch & Bound- Algorith-mus zur Lösung des Traveling Salesman Problems für die Matrix

$$M = \begin{pmatrix} \infty & 4 & 12 & 13 \\ 5 & \infty & 7 & 8 \\ 18 & 9 & \infty & 6 \\ 11 & 17 & 3 & \infty \end{pmatrix}$$

aus, bis Sie eine optimale Lösung gefunden haben. Wählen Sie für ihre Unter-suchung jeweils die betragsmäßig kleinste nicht untersuchte Kante aus.

Aufgabe 9.6: Sei ein Suchraum der Größe n gegeben. In jeder Iteration betrachtet unser randomisiertes Suchverfahren jedes der n Elemente des Suchraumes mit Wahrscheinlichkeit $\frac{1}{n}$ ohne darüber Buch zu führen, welches Element in früheren Iterationen bereits besucht wurden. Entsprechend kann es zu Mehrfachbesuchen kommen, die in dieser Aufgabe studiert werden sollen.

a) Wie groß ist die Wahrscheinlichkeit dafür, dass unsere randomisierte Suche nach m Iterationen noch kein Element doppelt besucht hat?

b) Verwenden Sie Ihr Ergebnis aus Aufgabenteil a), um eine Darstellung der erwarteten Anzahl an Iterationen zu bestimmen, die unsere randomisierte Suche durchführt, bis sie zum ersten Mal ein Element des Suchraumes doppelt betrachtet.

Hinweis: Nutzen Sie zur Lösung von Teilaufgabe b) aus, dass für den Erwartungswert $\mathbb{E}[X]$ einer diskreten Zufallsvariablen X auf $\mathbb{N}_0$ stets $\mathbb{E}[X] = \sum_{k \geq 0} k \cdot \Pr[X = k] = \sum_{k \geq 0} \Pr[X > k]$ gilt.

Aufgabe 9.7: Wenn wir ein Optimierungsproblem durch eine randomisierte Suche exakt lösen wollen, müssen wir jedes Element des Suchraumes mindestens einmal besucht haben, um entscheiden zu können, welches Element/welche Elemente eine optimale Lösung repräsentieren.

Zeigen Sie, dass die mittlere Anzahl an Iterationen, die eine randomisierte Suche wie in der 6. Aufgabe durchführen muss, bis sie alle n Elemente des Suchraumes betrachtet hat, durch $n \cdot H_n$ gegeben ist. Dabei ist $H_n := \sum_{1 \leq k \leq n} \frac{1}{k}$ die n-te Harmonische Zahl.

Aufgabe 9.8: Entwerfen Sie einen Branch & Bound-Algorithmus, der in einem ungerichteten Graphen eine Knotenüberdeckung minimaler Größe bestimmt.

Aufgabe 9.9: Wir betrachten ungerichtete Graphen und folgende Heuristik zur Berechnung einer Knotenüberdeckung minimaler Größe: Wir wählen jeweils einen Knoten höchsten Grades und entfernen alle zu ihm inzidenten Kanten. Wir sind fertig, wenn keine Kanten mehr übrig geblieben sind. Zeigen Sie, dass dieses Vorgehen einen Verlustfaktor größer als 2 hat.

Aufgabe 9.10: Wir betrachten das Problem, im Online-Szenario das Maximum einer Folge `F[i]` von n Zahlen zu bestimmen. Dabei ist es nicht möglich, die gesamte Folge zu betrachten, sondern wir müssen uns in dem Augenblick für ein Element (als auszugebendes Maximum) entscheiden, wenn wir es präsentiert bekommen. Betrachten Sie folgenden Algorithmus

```
1   max = NEGATIVE_INFINITY;
2   for (int i = 0; i < k; ++i)
3       if (F[i] > max) max = F[i];
4   for (int i = k; k < n; ++i)
5       if (F[i] > max) return F[i];
```

Bestimmen Sie die Wahl für k, welche die Wahrscheinlichkeit, mit diesem Algorithmus das tatsächliche Maximum zu berechnen, maximiert.

Anhang

Anhang

Anhang A
Notationsverzeichnis

$\emptyset$ . . . . leere Menge

∞ . . . . unendlich (größer als jede Zahl)

$\mathbb{N}$ . . . . Menge der natürlichen (positive ganze) Zahlen

$\mathbb{N}_0$ . . . . $\mathbb{N} \cup \{0\}$

$\mathbb{Z}$ . . . . Menge der ganzen Zahlen

$\mathbb{Q}$ . . . . Menge der rationalen Zahlen

$\mathbb{R}$ . . . . Menge der reellen Zahlen

$\mathbb{R}^+$ . . . . Menge der positiven reellen Zahlen

$\mathbb{R}_0^+$ . . . . $\mathbb{R}^+ \cup \{0\}$

$\mathbb{C}$ . . . . Menge der komplexen Zahlen

$\{a \mid R(a)\}$ . . . . Menge aller a, die $R(a)$ erfüllen

$A \times B$ . . . . kartesisches Produkt der Mengen A und B

$A \cup B$ . . . . Vereinigung der Mengen A und B

$A \cap B$ . . . . Durchschnitt der Mengen A und B

$A \setminus B$ . . . . $\{a \in A \mid a \notin B\}$.

$A \subseteq B$ . . . . A ist Teilmenge (oder gleich) B: $\forall a \in A \Rightarrow a \in B$.

2^A . . . . Potenzmenge von A

$x \in A$ . . . . x ist ein Element von A

$x \notin A$ . . . . x ist kein Element von A

$[a:b]$ . . . . $\{x \in \mathbb{Z} \mid a \le x \le b\}$

$[a,b]$ . . . . $\{x \in \mathbb{R} \mid a \le x \le b\}$

$x \mid y$ . . . . x teilt y

$x \bmod y$ . . . . . . Modulo-Funktion; ist $y = 0$ dann 0 sonst $x - y \lfloor x/y \rfloor$

$a \equiv x \bmod y$ . . . . Kongruenz-Relation ($a = x + yt$, $t \in \mathbb{N}_0$)

© Springer Fachmedien Wiesbaden GmbH, ein Teil von Springer Nature 2018
M. Nebel und S. Wild, *Entwurf und Analyse von Algorithmen*,
Studienbücher Informatik, https://doi.org/10.1007/978-3-658-21155-4

$x := y$ . . . . y definiert x

$\delta_{n,m}$ . . . . KRONECKER-Symbol; ist $n = m$ dann 1 sonst 0

$\lfloor x \rfloor$ . . . . untere GAUSSklammer; $\max\{k \in \mathbb{N} \mid k \le x\}$

$\lceil x \rceil$ . . . . obere GAUSSklammer; $\min\{k \in \mathbb{N} \mid k \ge x\}$

$\log_a$ . . . . Logarithmus zur Basis a

ld . . . . $\log_2$ (binärer Logarithmus)

$\ln(n)$ . . . . $\log_e(n)$ (natürlicher Logarithmus)

$\sum_{R(k)} x_k$ . . . . Summe alle x_k mit $k \in \{a \in \mathbb{Z} \mid R(a)\}$; 0 wenn
diese Menge leer ist

$\prod_{R(k)} x_k$ . . . . Produkt alle x_k mit $k \in \{a \in \mathbb{Z} \mid R(a)\}$; 1 wenn
diese Menge leer ist

$\lim_{n \to \infty} x_n$ . . . . . . Grenzwert von x_n für n gegen ∞

$n!$ . . . . Fakultät von n; $\prod_{1 \le k \le n} k$

$\binom{n}{k}$ . . . . Binomialkoeffizient; "aus n wähle k"

$\left[\begin{smallmatrix} n \\ k \end{smallmatrix}\right]$ . . . . Vorzeichenlose Stirlingzahl erster Art; mögliche
Anordnung von n Elementen in k Zykel

$\left\{\begin{smallmatrix} n \\ k \end{smallmatrix}\right\}$ . . . . Stirlingzahl zweiter Art; mögliche Partitionierung
von n Elementen in k nicht-leere Mengen

$\mathsf{Abb}(M, N)$ . . . . . . Menge der Abbildungen von der Menge M in die
Menge N

$\frac{d^n}{dz^n} f(z),\ f^{(n)}(z)$ . . . n-te Ableitung der Funktion $f(z)$

$[z^n]f(z)$ . . . . Koeffizient bei z^n in der Entwicklung von f um
$z = 0$

$e(z)|_{z=k}$ . . . . Ausdruck $e(z)$ evaluiert für $z = k$

$\forall$ . . . . für alle

$\exists$ . . . . es existiert (mindestens ein)

$\wedge$ . . . . Konjunktion

$\vee$ . . . . Disjunktion

B_n . . . . n-te BERNOULLI-Zahl

H_n . . . . n-te Harmonische Zahl mit $H_n = \sum_{1 \le k \le n} \frac{1}{k}$

$\Pr(A)$ . . . . Wahrscheinlichkeit für Ereignis A

$\mathbb{E}[u(X)]$ . . . . Erwartungswert von $u(X)$

$\mathbb{V}[u(X)]$ . . . . Varianz von $u(X)$

e . . . . EULERsche Zahl mit
$e = 2{,}7182818284\cdots = \sum_{k \ge 0} \frac{1}{k!}$

γ . . . . EULER-MASCHERONI-Konstante mit
$\gamma = 0.5772156649\cdots = \lim_{n \to \infty}(H_n - \ln(n))$

$\boldsymbol{x}$ . . . . Vektor x

A^t, $\boldsymbol{x}^t$ . . . . Transponierte einer Matrix oder eines Vektors

$\mathbb{1}$ . . . . Einheitsmatrix

Anhang B
Formelsammlung

B.1 Binomialkoeffizienten

Anzahl Möglichkeiten, aus n Objekten k auszuwählen. Es gilt:

$$\binom{n}{k} = \frac{n!}{k!(n-k)!}, \tag{B.1}$$

$$\binom{n}{k} = \binom{n}{n-k}, \tag{B.2}$$

$$\binom{n}{k} = \frac{n}{k}\binom{n-1}{k-1}, \tag{B.3}$$

$$\binom{n}{k} = \binom{n-1}{k} + \binom{n-1}{k-1}, \tag{B.4}$$

$$\binom{n}{k} = (-1)^k \binom{k-n-1}{k}, \tag{B.5}$$

$$\sum_{0 \leq k \leq n} \binom{n}{k} = 2^n, \tag{B.6}$$

$$\sum_{0 \leq k \leq n} \binom{r+k}{k} = \binom{r+n+1}{n}, \tag{B.7}$$

$$\sum_{0 \leq k \leq n} \binom{k}{m} = \binom{n+1}{m+1}. \tag{B.8}$$

Stirlings Formel:

$$n! = \sqrt{2\pi n}\left(\frac{n}{e}\right)^n \left(1 + \Theta(n^{-1})\right). \tag{B.9}$$

© Springer Fachmedien Wiesbaden GmbH, ein Teil von Springer Nature 2018
M. Nebel und S. Wild, *Entwurf und Analyse von Algorithmen*,
Studienbücher Informatik, https://doi.org/10.1007/978-3-658-21155-4

B.2 Reihen

Es gelten die geschlossenen Darstellungen

$$\sum_{1 \leq i \leq n} i = \frac{n(n+1)}{2}, \tag{B.10}$$

$$\sum_{1 \leq i \leq n} i^2 = \frac{n(n+1)(2n+1)}{6}, \tag{B.11}$$

$$\sum_{1 \leq i \leq n} i^3 = \frac{n^2(n+1)^2}{4}, \tag{B.12}$$

und allgemein

$$\sum_{1 \leq i \leq n-1} i^m = \frac{1}{m+1} \sum_{0 \leq k \leq m} \binom{m+1}{k} B_k n^{m+1-k}, \tag{B.13}$$

für B_k die k-te BERNOULLI-Zahl definiert über die implizite Rekursionsgleichung $\sum_{0 \leq j \leq m} \binom{m+1}{j} B_j = \delta_{m,0}$ für alle $m \geq 0$ (z. B. $\binom{2}{0} B_0 + \binom{2}{1} B_1 = 0$).

Des Weiteren gelten für konstantes $z \in \mathbb{C}$ und die i-te harmonische Zahl H_i:

$$\sum_{0 \leq i \leq n} z^i = \frac{z^{n+1} - 1}{z - 1}, \qquad z \neq 1, \tag{B.14}$$

$$\sum_{i \geq 0} z^i = \frac{1}{1 - z}, \qquad |z| < 1, \tag{B.15}$$

$$\sum_{i \geq 0} i z^i = \frac{z}{(1 - z)^2}, \qquad |z| < 1, \tag{B.16}$$

$$\sum_{1 \leq i \leq n} H_i = (n+1) H_n - n, \tag{B.17}$$

$$\sum_{1 \leq i \leq n} i H_i = \frac{n(n+1)}{2} H_n - \frac{n(n-1)}{4}. \tag{B.18}$$

Potenzreihen: TAYLOR-Reihe (um Entwicklungspunkt a):

$$f(z) = f(a) + (z - a) f'(a) + \frac{(z - a)^2}{2} f''(a) + \cdots \tag{B.19}$$

$$= \sum_{i \geq 0} \frac{(z - a)^i}{i!} f^{(i)}(a). \tag{B.20}$$

Auswahl bekannter Reihenentwicklungen (um Entwicklungspunkt 0):

$$\frac{1}{1-z} = \sum_{n \geq 0} z^n \tag{B.21}$$

$$\frac{1}{(1-z)^\alpha} = \sum_{n \geq 0} \binom{\alpha + n - 1}{n} z^n \tag{B.22}$$

$$\ln(1+z) = \sum_{n \geq 1} \frac{(-1)^{n+1}}{n} z^n \tag{B.23}$$

$$\ln\left(\frac{1}{1-z}\right) = \sum_{n \geq 1} \frac{z^n}{n} \tag{B.24}$$

$$e^z = \sum_{n \geq 0} \frac{z^n}{n!} \tag{B.25}$$

$$(1+z)^\alpha = \sum_k \binom{\alpha}{k} z^k \tag{B.26}$$

$$\frac{1}{(1-z)^{k+1}} = \sum_n \binom{n+k}{n} z^n \tag{B.27}$$

$$\frac{1 - \sqrt{1-4z}}{2z} = \sum_n \frac{1}{n+1} \binom{2n}{n} z^n \tag{B.28}$$

$$\frac{1}{\sqrt{1-4z}} \left(\frac{1 - \sqrt{1-4z}}{2z}\right)^k = \sum_n \binom{2n+k}{n} z^n \tag{B.29}$$

$$\frac{1}{(1-z)^{m+1}} \ln\left(\frac{1}{1-z}\right) = \sum_{n \geq 0} (H_{m+n} - H_m) \binom{m+n}{n} z^n \tag{B.30}$$

$$\frac{1}{\sqrt{1-4z}} = \sum_k \binom{2k}{k} z^k \tag{B.31}$$

$$\frac{z}{e^z - 1} = \sum_{n \geq 0} B_n \frac{z^n}{n!} \tag{B.32}$$

$$(e^z - 1)^m = m! \sum_{n \geq 0} \left\{ {n \atop m} \right\} \frac{z^n}{n!} \tag{B.33}$$

$$\left(\ln\left(\frac{1}{1-z}\right)\right)^m = m! \sum_{n \geq 0} \left[{n \atop m} \right] \frac{z^n}{n!} \tag{B.34}$$

$$e^{z+wz} = \sum_{n \geq 0} \sum_{m \geq 0} \binom{n}{m} w^m \frac{z^n}{n!} \tag{B.35}$$

$$e^{w(e^z - 1)} = \sum_{n \geq 0} \sum_{m \geq 0} \left\{ {n \atop m} \right\} w^m \frac{z^n}{n!} \tag{B.36}$$

$$\frac{1}{(1-z)^w} = \sum_{n \geq 0} \sum_{m \geq 0} \left[{n \atop m} \right] w^m \frac{z^n}{n!} \tag{B.37}$$

$$\sin(z) = \sum_{n\geq 0}(-1)^n \frac{z^{2n+1}}{(2n+1)!} \tag{B.38}$$

$$\cos(z) = \sum_{n\geq 0}(-1)^n \frac{z^{2n}}{(2n)!} \tag{B.39}$$

Ableitungsregeln: Für u, v Funktionen in x und Konstante c gilt

$$\frac{d(cu)}{dx} = c\frac{du}{dx} \tag{B.40}$$

$$\frac{d(u+v)}{dx} = \frac{du}{dx} + \frac{dv}{dx} \tag{B.41}$$

$$\frac{d(uv)}{dx} = u\frac{dv}{dx} + v\frac{du}{dx} \tag{B.42}$$

$$\frac{d(u/v)}{dx} = \frac{v\frac{du}{dx} - u\frac{dv}{dx}}{v^2} \tag{B.43}$$

$$\frac{d(u^n)}{dx} = nu^{n-1}\frac{du}{dx} \tag{B.44}$$

$$\frac{d(e^{cu})}{dx} = ce^{cu}\frac{du}{dx} \tag{B.45}$$

$$\frac{d(c^u)}{dx} = \ln(c)c^u\frac{du}{dx} \tag{B.46}$$

$$\frac{d\ln(u)}{dx} = \frac{1}{u}\frac{du}{dx} \tag{B.47}$$

Sachverzeichnis

© Springer Fachmedien Wiesbaden GmbH, ein Teil von Springer Nature 2018
M. Nebel und S. Wild, *Entwurf und Analyse von Algorithmen*,
Studienbücher Informatik, https://doi.org/10.1007/978-3-658-21155-4

Literaturverzeichnis

1. G. M. Adel'son-Velskii and Y. M. Landis. An algorithm for the organization of information. *Dokl. Akad. Nauk SSSR*, 146:263–266, 1962. English translation in *Soviet Math. Dokl* **3**, *pp. 1259-1262*.
2. Alfred V. Aho, John E. Hopcroft, and Jeffrey D. Ullman. *Data Structures and Algorithms*. Addison-Wesley, 1983.
3. R. Bayer and E. M. McCreight. Organization and maintenance of large ordered indices. *Acta Informatica*, 1(3):173–189, 1972.
4. Hans-Joachim Böckenhauer and Dirk Bongartz. *Algorithmische Grundlagen der Bioinformatik*. Teubner, 2003.
5. Allan Borodin and Ran El-Yaniv. *Online Computation and Competetive Analysis*. Cambridge University Press, 1998.
6. Christian Charras and Thierry Lecroq. *Handbook of Exact String-Matching Algorithms*. King's College Publications, 2004.
7. Stephen A. Cook. The complexity of theorem proving procedures. Annual ACM Symposium on Theory of Computing (STOC), pages 151–158, 1971.
8. Thomas H. Cormen, Charles E. Leiserson, Ronald L. Rivest, and Clifford Stein. *Introduction to Algorithms*. MIT Press, 3. edition, 2009.
9. Philippe Flajolet and Robert Sedgewick. *Analytic Combinatorics*. Cambridge University Press, 2009.
10. Michael R. Garey and David S. Johnson. *Computers and Intractability: A Guide to the Theory of NP-Completeness*. W. H. Freeman and Company, 1979.
11. Ronald L. Graham, Donald E. Knuth, and Oren Patashnik. *Concrete Mathematics*. Addison-Wesley, 2. edition, 1994.
12. Dan Gusfield. *Algorithms on Strings, Trees, and Sequences*. Cambridge University Press, 1997.
13. Micha Hofri. *Analysis of Algorithms*. Oxford University Press, 1995.
14. Juray Hromkovič. *Algorithms for Hard Problems*. Springer, 2. edition, 2004.
15. Stasys Jukna. *Crashkurs Mathematik*. Teubner Verlag, 2008.
16. Rainer Kemp. *Fundamentals of the Average Case Analysis of Particular Algorithms*. John Wiley & Sons, 1984.
17. Donald E. Knuth. *The Art of Computer Programming – Fundamental Algorithms*, volume 1. Addison-Wesley, 3. edition, 1997.
18. Donald E. Knuth. *The Art of Computer Programming – Sorting and Searching*, volume 3. Addison-Wesley, 2. edition, 1998.
19. Hosam M. Mahmoud. *Evolution of Random Search Trees*. John Wiley & Sons, 1992.
20. Markus E. Nebel. *Formale Grundlagen der Programmierung*. Springer Vieweg Verlag, 2012.

© Springer Fachmedien Wiesbaden GmbH, ein Teil von Springer Nature 2018
M. Nebel und S. Wild, *Entwurf und Analyse von Algorithmen*,
Studienbücher Informatik, https://doi.org/10.1007/978-3-658-21155-4

21. Thomas Ottmann, editor. *Prinzipien des Algorithmenentwurfs.* Spektrum Verlag, 1998.
22. Christos H. Papadimitriou and Kenneth Steiglitz. *Combinatorial Optimization.* Prentice-Hall, 1982.
23. Georg Schnitger and Maik Weinard. Skript zur Vorlesung „Theoretische Informatik 1". Universität Frankfurt.
24. Claus-Peter Schnorr. Skript zur Vorlesung „Theoretische Informatik 1". Universität Frankfurt.
25. Uwe Schöning. *Algorithmik.* Spektrum Verlag, 2001.
26. Uwe Schöning. *Theoretische Informatik – kurz gefasst.* Spektrum Verlag, 5. Auflage, 2008.
27. Robert Sedgewick. *Algorithms.* Addison-Wesley, 1983.
28. Robert Sedgewick. *Algorithms in C++, Part 5 – Graph Algorithms.* Addison-Wesley, 3rd edition, 2002.
29. Robert Sedgewick and Philippe Flajolet. *An Introduction to the Analysis of Algorithms.* Addison-Wesley, 1996.
30. Robert Sedgewick and Kevin Wayne. *Einführung in die Programmierung mit Java.* Pearson Studium, 2011.
31. Steven S. Skiena. *The Algorithm Design Manual.* Springer, 2008.
32. Daniel D. Sleator and Robert E. Tarjan. Self-adjusting binary search trees. *Journal of the ACM,* 32(3):652–686, 1985.
33. Robert E. Tarjan. *Data Structures and Network Algorithms.* Society for Industrial and Applied Mathematics, 1983.
34. Robert J. Vanderbei. *Linear Programming: Foundations and Extensions.* Springer, 2. edition, 2001.
35. Vijay V. Vazirani. *Approximation Algorithms.* Springer, 1998.
36. Mark A. Weiss. *Data Structures and Algorithms in Java.* Pearson Education, 2nd edition, 2007.
37. Herbert S. Wilf. *generatingfunctionology.* Academic Press, 2nd edition, 1993.
38. Niklaus Wirth. *Algorithmen und Datenstrukturen mit Modula-2.* Teubner Verlag, 5. Auflage, 1996.

Printed in the United States
By Bookmasters